Wolfgang Schwab

Entwicklung und Gestalt
der Sakramententheologie bei
Martin Luther

Europäische Hochschulschriften

Publications Universitaires Européennes
European University Papers

Reihe XXIII

Theologie

Série XXIII   Series XXIII

Théologie
Theology

Bd./vol. 79

Wolfgang Schwab

Entwicklung und Gestalt
der Sakramententheologie bei
Martin Luther

Peter Lang Frankfurt/M.
Herbert Lang Bern
1977

Wolfgang Schwab

Entwicklung und Gestalt der Sakramententheologie bei Martin Luther

Peter Lang Frankfurt/M.
Herbert Lang Bern
1977

ISBN 3 261 02109 8

Druck: fotokop wilhelm weihert KG, Darmstadt
Titelsatz: Fotosatz Aragall, Wolfsgangstraße 92, Frankfurt/M.

Vorwort

Die vorliegende Arbeit wurde im Sommersemester 1976 vom Fachbereich Katholische Theologie der Ludwig-Maximilians-Universität München als Dissertation angenommen und für die Veröffentlichung geringfügig überarbeitet.

An dieser Stelle danke ich Herrn Prof. Dr. Josef Finkenzeller, der die Arbeit anregte und mit seinem Rat begleitete, Herrn Prof. Dr. Leo Scheffczyk für die Übernahme des Korreferats, sowie dem Verlag P. Lang für die Aufnahme der Untersuchung in die Reihe der Europäischen Hochschulschriften.

München, im September 1976   Wolfgang Schwab

INHALTSVERZEICHNIS

"So du fragist, was nutzs Luther der
kirchen than hat, das hastu hie yn der
summa: Er hat eyn rechte weyss der puss
geleret und antzeygt den rechten brauch
der sacrament".

(Melanchthon über Luther - WA 8, 311, 31)

Die Theologie der Sakramente ist nach wie vor ein wesentlicher Prüfstein
für die Entfernung oder Annäherung der christlichen Konfessionen im We-
sten. Deshalb rechnet auch das Ökumenismusdekret des Vaticanum II die
Sakramente zu den notwendigen Gegenständen eines Dialogs (Nr. 22). Dies
allein könnte eine Beschäftigung mit Luthers Sakramententheologie rechtfertigen. Seine programmatische Sakramentsschrift "De captivitate Babylonica" (1520) markiert einen entscheidenden Punkt der Geschichte konfessioneller Trennung, weil sie sich nicht nur mit der herrschenden Lehre
auseinandersetzte, sondern zutiefst in das kirchliche Leben eingriff und es
veränderte. König Heinrich VIII. von England erhielt für seine Gegenschrift
"Assertio septem sacramentorum" (1521) den Titel "Defensor fidei", die
vortridentinische Theologie sah in der Sakramentenfrage eine entscheidende Lehrdifferenz [1], und schließlich befaßte sich das Konzil von Trient
sehr ausführlich mit den sieben Sakramenten und formulierte auf dem Hintergrund der reformatorischen Kritik die gültige katholische Lehre. Die
fortschreitende Trennung konnte mit der Gegenüberstellung "Kirche des
Wortes" und "Kirche des Sakramentes" abkürzend beschrieben werden,
was allerdings eine gerechte Beurteilung von Luthers Sakramententheologie kaum ermöglichte. Der katholische Vorwurf eines "sakramentalen Mini-
mismus" bei Luther [2] und das besonders neuprotestantische Lob für die
"Auflösung des Sakramentes"[3] standen sich gegenüber, kamen aber darin überein, daß Luther am Sakrament wenig Interesse gefunden habe. Die
intensive Lutherforschung der vergangenen Jahrzehnte hat dieses Bild nicht
unwesentlich korrigiert. Inzwischen gibt es eine Reihe von Arbeiten über
Luthers Theologie der Taufe, des Abendmahls und der Beichte, so daß es
überflüssig erscheinen könnte, diesen eine weitere anzufügen. Doch beschränken sich fast alle Arbeiten auf die Darstellung eines Sakramentes
und dabei häufig auf eine bestimmte Phase in Luthers Theologie, entweder
auf die Aussagen des "jungen" oder des "späten" Luther. Die inneren Zusammenhänge zwischen den Aussagen zu den einzelnen Sakramenten, ihre
gegenseitige Beeinflussung und Korrektur, aber auch die bei aller Veränderung sich durchhaltenden oder diese Veränderung gar bewirkenden Grund-

[1] Vgl. H. Jedin, Wo sah die vortridentinische Kirche die Lehrdifferen-
    zen mit Luther?
[2] So noch J. Lortz im Vorwort zu E. Iserloh, Gnade und Eucharistie in
    der philosophischen Theologie des Wilhelm von Ockham, Wiesbaden
    1956, XXXI.
[3] Vgl. A. v. Harnack, Lehrbuch der Dogmengeschichte III, 851; K. Holl,
    Gesammelte Aufsätze zur Kirchengeschichte I, 292 Anm. 6.

tendenzen werden dabei zuwenig deutlich. Eine eingehendere Untersuchung darüber gibt es nicht. Obgleich Luther keine systematische Darlegung weder einer allgemeinen noch einer speziellen Sakramentenlehre kennt, geben seine Ausführungen doch genügend Anhaltspunkte für eine Beantwortung der Frage nach dem Wesen des Sakramentes in seinem Verständnis. Dazu genügt jedoch nicht die Beschränkung auf ein Sakrament oder eine bestimmte Phase, vielmehr ermöglicht erst eine Zusammenschau der Entwicklung in der Theologie der einzelnen Sakramente ein umfassenderes Urteil über Luthers Stellung zum Sakrament. Der Blick auf das Ganze dieser Entwicklung eröffnet erst den rechten Zugang zu seiner Sakramententheologie und läßt durch manche Widersprüche hindurch, die sich bei einer thematischen oder zeitlichen Begrenzung oft als unlösbar erweisen, das Grundanliegen deutlich werden. Damit ist das Ziel der vorliegenden Arbeit abgesteckt. Sie versucht nicht, die Theologie der einzelnen Sakramente umfassend zu beschreiben, sie will vielmehr in der Beschreibung verschiedener Entwicklungsstufen der Sakramentsaussagen die inneren Zusammenhänge und gestaltenden Grundmotive sichtbar machen.

Die Art des Vorgehens ergibt sich aus der gestellten Aufgabe. Es gilt, den Aussagen zu den einzelnen Sakramenten in ihrer jeweiligen Entwicklung anhand der verschiedenen Phasen von Luthers Theologie nachzugehen und dabei auf die inneren Zusammenhänge und treibenden Kräfte zu achten. Wiederholungen lassen sich dabei nicht vermeiden. Die wichtigsten Momente dieser Entwicklung und daraus zu gewinnende Einsichten werden in einem abschließenden Kapitel zusammengefaßt.

Grundsätzlich ist auf die Eigenart der theologischen Arbeit Luthers zu achten, welche J. Lortz so beschreibt: "Verhältnismäßig selten hat Luther theologisch oder seelsorglich rein aus der Sache heraus gedacht und gesprochen. Meist aber denkt und spricht er aus einer bestimmten Situation heraus, ... in ungewöhnlicher Weise von der Situation beeinflußbar. In einem entscheidenden Maß haben seine Dialogpartner oder -gegner auf die Färbung seiner Position eingewirkt, manchmal ... bis in die Sache hinein"[4]. Deshalb sind die Ausführungen Luthers genauestens auf die jeweilige Frage-Antwort-Situation hin zu betrachten; nur so kann der ihnen zukommende Stellenwert ersichtlich werden.

---

[4] J. Lortz, Martin Luther. Grundzüge seiner geistigen Struktur 238.

1. KAPITEL: DIE SAKRAMENTE IN LUTHERS THEOLOGIE BIS 1517

Die Stellung Luthers zum Sakrament im Zeitraum bis 1517, in dem nach
W. Jetters Untersuchung zum frühen Sakramentsbegriff Luthers das Sakrament eine "verhältnismäßig geringe Rolle" spielt [1], wie auch in den Jahren danach, in denen die Beschäftigung mit den kirchlichen Sakramenten
eine neue Dringlichkeit erhält, läßt sich nur recht verstehen in der Zuordnung und Konfrontation mit den Grundzügen der frühen Theologie, wie sie
Luther in Auslegung der Hl. Schrift gewonnen hat. Die Frühform seiner
theologischen Arbeit ist durchgängig geprägt von der Frage nach der Rechtfertigung des Sünders, d. h. wie der Mensch in Gottes Heil kommt. Im folgenden soll daher Luthers frühe Rechtfertigungslehre in Grundzügen skizziert werden, soweit sie den Rahmen für die Aussagen über das Sakrament
bildet, ohne dem Anspruch der damit gegebenen vielschichtigen Problematik in allem gerecht werden zu können [2].

A. Die Rechtfertigung des Sünders

1. Luthers Hermeneutik

Luthers theologische Arbeit war von Anfang an die Erklärung der Schrift.
Sie blieb es - im Hörsaal wie auf der Kanzel - bis zu seinem Tod. Daß Luther als Professor in Wittenberg "nur exegetische Vorlesungen hielt,

---

[1] W. Jetter, Die Taufe beim jungen Luther. Eine Untersuchung über das
Werden der reformatorischen Sakraments- und Taufanschauung 112.
[2] "Als Karl Holl sich 1910 mit Luthers Vorlesung über den Römberbrief
beschäftigte, war er erstaunt darüber, 'wie weit der Reformator schon
im Jahre 1515 gekommen war', und behauptete: 'Das Kernstück seiner
Anschauung, die Rechtfertigungslehre, ist bereits zu einem Abschluß
gelangt'. Dieses Urteil ist dann für eine Generation von Lutherforschern
bestimmend geblieben und ist es wahrscheinlich heute noch für viele".
Mit diesen Sätzen skizziert E. Bizer, Fides ex auditu 23, die For-
schungslage zur Rechtfertigungslehre beim jungen Luther bis zum Erscheinen seines Buches, das dann eine heftige Diskussion entfachte.
(Die Diskussion ist übersichtlich dargestellt bei O. H. Pesch, Zur Frage nach Luthers reformatorischer Wende: Ergebnisse und Probleme
der Diskussion um Ernst Bizer, Fides ex auditu, in: Der Durchbruch
der reformatorischen Erkenntnis bei Luther (hrsg. v. B. Lohse) Darmstadt 1968, 445-505.) Die Frage, ob Luthers frühe Rechtfertigungslehre 'reformatorisch' oder noch 'vorreformatorisch' ist - wie immer diese Charakterisierungen selbst wieder zu deuten sind - will die folgende Darstellung nicht beantworten.

war etwas Neues" [1], und darin lag eine Vorentscheidung für seine gesamte Theologie [2]. Gerhard Ebeling sagt in seinem Lutherbuch: "All die einprägsamen Erscheinungen dieses Mannes ... erhalten erst ihre eigentliche Schärfe, wenn man darin den Doktor der Heiligen Schrift am Werk erkennt" [3].

In den Jahren bis 1517, dem Beginn des eigentlichen "lutherischen Lärmens" [4], konnte sich Luther dem Schriftstudium widmen, ohne in äußeren Auseinandersetzungen zu stehen, hier hat sich seine schöpferische Kraft am gewaltigsten entfaltet [5]. In dieser Zeit wurden Grundstrukturen seiner Theologie gelegt, wieviel sich später auch noch gewandelt hat [6]. Das Ringen um das Wort der Schrift und damit auch um das Verhältnis zwischen Gott und Mensch, wie es in der Schrift zur Sprache kommt, prägen die beiden großen Vorlesungen dieser Zeit: über die Psalmen (1513/15) und den Römerbrief (1515/16). Das Verhältnis Gott - Mensch wird deutlich in Jesus Christus, dem "Deus et homo, mortuus et vivus, mortalis et Immortalis" [7]. Nicht nur der Römerbrief, auch die Psalmen reden von Christus, der gleichsam die "Tür" zur Schrift ist [8]. Luther stellt seinem Psalmenkommentar eine "PRAEFATIO IHESU CHRISTI ... in Psalterium" voran, in der Christus selbst zu Wort kommt und zeigt, wie er "Schlüssel" und "Leitfaden" für die Psalmenauslegung ist [9].

---

[1] G. Ebeling, Die Anfänge von Luthers Hermeneutik 1 Anm. 3.
[2] Karl Bauer (Die Wittenberger Universitätstheologie und die Anfänge der Reformation, Tübingen 1928) hat die Keimzelle der Reformation in der von Luther mitgetragenen Universitätsreform in Wittenberg gesehen. Siehe dazu den Brief Luthers an Joh. Lang vom 15. 8. 1517: WABr 1, 99 Nr. 41.
[3] G. Ebeling, Luther. Einführung in sein Denken 5. Ähnlich auch E. Wolf J. Staupitz 84f.
[4] Nach WA 51, 541, 7.
[5] E. Vogelsang, Die Anfänge von Luthers Christologie 3.
[6] Damit ist keine Entscheidung in der Frage nach dem Zeitpunkt des reformatorischen Durchbruchs getroffen. Jede inhaltliche Bestimmung des "Reformatorischen" und damit jede zeitliche Datierung der "Wende" muß auf die formalen Grundentscheidungen vor 1517 achten. G. Ebeling hat gezeigt, wie Luthers neu akzentuierte Hermeneutik untrennbar verbunden ist mit der Genesis seiner Theologie. "Bereits in den Jahren 1513-15 hat Luther in den Bahnen und mit den Mitteln der überkommene Hermeneutik den Grund zu seiner reformatorischen Theologie gelegt" (G. Ebeling, Die Anfänge 6). Später wird eine Umorientierung der Hermeneutik eine Umorientierung der Theologie zur Folge haben. Vgl. M. Kroeger, Rechtfertigung und Gesetz 198-203.
[7] 55 II 73, 13.
[8] 55 I 6, 4.
[9] 55 I 6ff. Zur "Präfatio" siehe neben G. Ebeling, Die Anfänge 54ff, auch: ders. , Luthers Psalterdruck vom Jahre 1513, bes. 109ff.

Mit Hilfe zweier hermeneutischer Schemata versucht Luther, das Christus-
zeugnis der Psalmen aufzubrechen: mit dem Schema vom vierfachen Schriftsinn sowie dem Gegensatzpaar spiritus - litera [10].

a) Der vierfache Schriftsinn [11]

Das Schema des vierfachen Schriftsinns ist traditionell: Der Literalsinn zeigt
die buchstäbliche Bedeutung eines Textes, der allegorische Sinn deutet den
Text auf Christus und die Kirche, der tropologische (moralische) auf das
Handeln des Einzelnen, der anagogische Sinn auf die Vollendung [12]. Doch
wird dieses Schema von Luther nicht unwesentlich verändert. Mit Faber
Stapulensis und manchen hermeneutischen Theorien der Spätscholastik sieht
er den Literalsinn eines Psalmes nicht in der historisch-alttestamentlichen,
sondern in seiner prophetisch-christologischen Bedeutung [13]. Die Psalmen sind Prophetien und ihr buchstäblicher Sinn ist Prophetie von Christus [14]. Das entscheidend Neue an Luthers Exegese in der 1. Psalmenvorlesung nennt G. Ebeling, "daß mit solcher Energie und Konzentration eine
ausschließlich christologische Auslegung als hermeneutisches Grundprin-
zip statuiert wird" [15].

Nun ist aber der buchstäblich-prophetische Sinn für Faber Stapulensis End-
punkt, für Luther erst Ausgangspunkt der weiteren Auslegung. Während
jener mit dem christologischen Literalsinn den vierfachen Schriftsinn für
erledigt hält, baut Luther auf dem christologischen Sinn erst auf [16]. In
den Psalmen die christologische Prophetie als das vom Autor Intendierte
zu erkennen, heißt noch nicht, damit die Psalmen geistlich auszulegen.
Der christologische Sinn muß auf den Einzelnen, die Kirche und die end-
zeitliche Vollendung hin ausgelegt werden [17]. Dabei steht die tropologi-

---

[10] G. Ebeling, Die Anfänge 11f.
[11] Siehe dazu besonders G. Ebeling, Die Anfänge 51-68; ders. , Evange-
     lische Evangelienauslegung; H. Feld, M. Luthers und W. Steinbachs
     Vorlesungen 127-163.
[12] "Littera gesta docet: quid credas allegoria, Moralis quid agas: quo
     tendas anagogia". So lautet der berühmte Vers in der Form, wie er
     sich bei Nikolaus Lyra findet. Zitiert nach H. Feld, aaO. 128.
[13] Vgl. G. Ebeling, Die Anfänge 14; ders. , Luthers Psalterdruck 125f.
[14] "Omnis prophetia et omnis propheta de Christo domino debet intelligi,
     nisi ubi manifestis verbis appareat de alio loqui" (55 I 6, 25).
[15] Evangelische Evangelienauslegung 280.
[16] G. Ebeling, Die Anfänge 57: "Hier wird ein tiefgreifender Unterschied
     zwischen beiden Exegeten sichtbar. Darin, daß Luther die literale
     christologische Exegese Fabers kombiniert mit dem traditionellen
     Schema des vierfachen Schriftsinnes, liegt der selbständige und neue
     hermeneutische Ansatz Luthers".
[17] Der prophetische, d.h. buchstäbliche Sinn, "est fundamentum cetero-
     rum, magister et lux et author et fons atque origo" (4, 305, 6-8). An

sche Auslegung eindeutig im Vordergrund. Was von Christus ausgesagt wird, muß auf seine Bedeutung für den Hörer ausgelegt werden: "Adventus in carnem ordinatur et fit propter istum spiritualem: alioquin nihil profuisset" [18]. "Die christologische Interpretation ruft nach der existentialen Interpretation" [19]. Damit tritt die tropologische Auslegung immer mehr in den Vordergrund, während die allegorische und anagogische Auslegung stark zurücktreten [20].

b) Der Gegensatz von spiritus und litera [21]

Das Gegensatzpaar spiritus - litera, besonders als hermeneutisches Schema in der Verhältnisbestimmung von Altem und Neuem Testament, war

---

Psalm 1, 1 (Beatus vir qui non abiit etc.) zeigt Luther sein Verständnis exemplarisch auf: "Litera est dominum Ihesum non concessisse in studia Iudaeorum et generationis pravae et adulterae, quae tempore suo concurrebat. Allegoria est ecclesiam sanctam non consensisse malis studiis: persecutorum, hereticorum et impiorum christianorum. Tropologia est spiritum hominis non consentire. suadelis et suggestioni carnis adversariae. et impiorum motuum corporis peccati" (55 I 8, 12ff).

[18] 4, 19, 31ff. Vgl. auch die in Schol Ps 30, 10 aufgestellte Regel: "Wo auch Christus in den Psalmen, und zwar ganz wörtlich zu nehmen" (d. h. im Literalsinn), "in körperlicher Anfechtung wehklagt und betet, da klagt und betet mit denselben Worten jede gläubige Seele, die in Christus geschaffen und erzogen ist und zugibt, daß sie zur Sünde versucht oder in Sünde gefallen sei. Denn Christus wird bis auf den heutigen Tag in uns bespien, getötet, gegeißelt und gekreuzigt" (3, 167, 21ff; hier nach LD 1, 38).

[19] G. Ebeling, aaO. 68. Zum rechten Verständnis des Terminus "existentiale Interpretation" siehe die Antwort Ebelings auf A. Brandenburg: aaO. 8f Anm. 31.
Für Luther siehe 4, 344, 7ff: "Lex generalis esto, quod ubicumque aliquis versus de adventu Christi in carnem exponitur vel exponi potest, debet simul exponi de adventu eius per gratiam et in futuro per gloriam"

[20] Vgl. etwa den Umfang der anagogischen, allegorischen und tropologischen Deutung des iudicium Dei: 3, 464ff zu Ps 71(72). Zu Ps 59(60) sagt Luther: "Quaecumque scripta sunt ad nostram doctrinam scripta sunt (Röm 15, 4) et ideo tropologicus sensus est ultimatus et principaliter intentus in scriptura" (3, 335, 20ff). Vgl. zur tropologischen Auslegung A. Brandenburg, Gericht und Evangelium 55-59. Die Bedeutung der tropologischen Schriftauslegung für die Entwicklung von Luthers Christologie hat E. Vogelsang, Die Anfänge von Luthers Christologie, aufgezeigt.

[21] Siehe dazu G. Ebeling, Die Anfänge, bes. 12-42.

16

Luther ebenso wie der vierfache Schriftsinn aus der Tradition bekannt [22].
Entscheidend ist, daß dieser Gegensatz für Luther in einem grundsätzlichen
Dualismus gründet, der den Psalmen- wie den Römerbriefkommentar be-
stimmt: spiritualia et carnalia, interiora et exteriora, futura et praesentia
usw. stehen sich gegenüber. Viele dieser Gegensatzpaare finden sich in der
Vulgata, doch dürfen sie nicht ontologisch - philosophisch, etwa im Sinne
des Neuplatonismus verstanden werden, sie können nur von der Schrift her
theologisch verstanden werden, als ein in die letzte Tiefe hineinreichender
Gegensatz, den das Wort der Schrift als "zwei entgegengesetzte Weisen des
Verhältnisses zwischen Gott und Mensch aufdeckt" [23]. Solche Ent-deckung
oder Offenbarung ereignet sich im Wort von Christus. In ihm treffen Gottes
und des Menschen Urteil - wie überkreuz - als unvereinbar zusammen:
"Iudicium dei ... contrarium est iudicio hominum, damnat enim ea, quae
eligunt homines, et eligit ea, quae damnant homines. Et hoc medium est in
cruce Christi nobis ostensum" [24].

Aus dem Zusammentreffen von gegensätzlichen Urteilen gewinnt der Gegensatz spiritus - litera die Bedeutung von zwei entgegengesetzten Verstehens-
weisen menschlicher Existenz: coram deo und coram mundo. Was vor der
Welt gilt, gilt nichts vor Gott und umgekehrt. Das Handeln Gottes geschieht
in contrario und damit in Verborgenheit: "Quia (Christus) humiliatus nimis
coram mundo est exaltatus nimis coram deo" [25]. So stehen sich die in-
firmitas Gottes und die virtus des Menschen, die iustitia Dei und die iustitia
propria des Menschen unversöhnlich gegenüber. Spiritualiter aber lebt, wer
das Paradox des Kreuzes versteht und in sich aufnimmt als Urteil über den
Menschen und als Aufweis Gottes in contrario: Leben im Tod, Kraft in der
Schwachheit.

Die oft zu einem unentwirrbaren Knäuel verschlungenen Leitlinien, das Schema spiritus - litera und die tropologische Auslegung, helfen Luther, das
Wort von Christus und seinem Kreuz aus der Schrift zu erheben. Die Botschaft der Schrift, des Wortes Gottes, ist Evangelium vom Heilshandeln
Gottes in Jesus Christus. Die tropologische Auslegung läßt Luther nicht
distanziert vom Christusgeschehen reden, ohne nicht sofort auf dessen Konsequenzen für den Christen hinzuweisen. So wird das Ringen um das rechte
Verstehen des Wortes Gottes zum Ringen um das rechte Verstehen der Rechtfertigung des Menschen. Wie stehen Gott und Mensch zueinander? Solches
Fragen ist für Luther nicht distanziertes Wissenwollen, sondern Ausdruck
einer ringenden Existenz: Wie finden Gott und Mensch zueinander?

---

[22] Zur Bedeutung des Schemas in der Tradition vgl. G. Ebeling, aaO. 12-17.
[23] G. Ebeling, aaO. 27. Vgl. auch ders., Luther 112f.
[24] 3,463,16-18; vgl. 3,464,7.
[25] 4,449,36; "Abscondita coram deo sunt clara coram mundo et econtra"
(3,112,25). Vgl. ferner das Schol Röm 9,3 (56,392,28ff).

2. Das Offenbarungshandeln Gottes in Jesus Christus [1]

In Jesus Christus hat Gott das Heil der Menschen geschaffen. Er ist die Kraft und die Gerechtigkeit Gottes [2], er hat für alle Genugtuung getan [3], und ohne ihn kann niemand gerettet werden [4]. Die Inkarnation ist Erfüllung der Verheißung Gottes. Gott hat sich aus reinem Erbarmen in seinen Worten verpflichtet, die Gnade zu schenken; die Erfüllung der Verheißung ist für uns misericordia, für Gott veritas, weil er seine Verheißung wahrgemacht hat. Das Stehen Gottes zu seiner Verheißung kann durch den Unglauben der Menschen nicht zunichte gemacht werden [5].

Entscheidend ist nun, daß die Erfüllung der Verheißung Gottes sich ganz anders ereignete, als es die Menschen von Gott erwarteten: "Als er ihn (Christus) verherrlichen und in sein Königreich einsetzen wollte - so wie es das fromme Denken aller Jünger heiß ersehnte und erhoffte -, da ließ er ihn in völligem Gegensatz dazu sterben, der Vernichtung anheimfallen und in die Unterwelt hinabsteigen" [6].

---

[1] Aus der Vielzahl der Literatur siehe zu diesem und den folgenden Abschnitten vor allem: O. Bayer, Promissio; E. Bizer, Fides ex auditu; A. Brandenburg, Gericht und Evangelium; M. Kroeger, Rechtfertigung und Gesetz; A. Gyllenkrok, Rechtfertigung und Heiligung; H. Oberman, Wir sein pettler; R. Schwarz, Vorgeschichte der reformatorischen Bußtheologie; K. H. zur Mühlen, Nos extra nos.

[2] 3, 458, 6 (zu Ps 70(71), 19).

[3] 56, 204, 6ff (Schol Röm 2, 15).

[4] 56, 3, 5ff (Gl Röm 1, 1).

[5] Zu Ps 84(85), 11 glossiert Luther: "MISERICORDIA gratia Dei ET VERITAS impletio promissi OBVIAVERUNT SIBI in una persona convenerunt" (4, 2, 19ff). In der Randglosse (4, 2, 38ff) heißt es dazu:

Misericordia dei Veritas dei	} ex parte { nostra Dei } sic dicitur,
Quia quod Deus	{ nobis dat filium, est misericordia pro nobis, reddit promissum, est veritas eius pro se.

Diese Auslegung nimmt Luther wieder auf zu Röm 3, 3f, wo es um die Frage geht, ob etwa der Unglaube (das Nichtannehmen der Verheißungserfüllung) der Juden die Wahrhaftigkeit Gottes (so deutet Luther hier die fides Dei - vgl. 56, 30, 18ff) zunichte gemacht habe. Vgl. 56, 209, 8-212, 9 und 213, 16ff. Im Schol Ps 113, 9 (= 115, 1) greift er ebenfalls auf Ps 84(85), 11 zurück: "Quod promisit Deus filium suum, fuit misericordia, quod autem exhibuit, fuit veritas et fidelitas eius ... Unde quod deus fecit se debitorem nobis, ex promissione est miserentis" (4, 261, 29-33); vgl. 4, 13, 25-27 (zu Ps 84, 11) und die bei Röm 3, 3 gestrichene Randglosse: 56, 31 Anm. 1. Zum ganzen siehe O. Bayer, Promissio 115ff.

[6] Schol Röm 8, 26 (56, 377, 5-8; deutsch LD 1, 201).

Weil Christus so tief erniedrigt wurde, ist er nun zu höchster Herrlichkeit erhöht [7]. Die humilitas Christi ist nach Phil 2, 7 der Grund seiner Erhöhung [8]. Der Weg des Kreuzes, d. h. die Erniedrigung Christi, ist die Mitte des Evangeliums [9]. Die ganze Schrift verkündet das Kreuz Christi [10]. Das Evangelium vom Kreuz als Kraft für die Menschen [11] ist diesen im Denken unfaßbar [12]. Aber so sind die Wege Gottes [13], so ist es sein Ratschluß [14]. Er handelt "sub contrario in abscondita" [15], weil er erwählt, was Menschen für gering achten, wie Luther immer wieder - fasziniert vom Paradox des Kreuzes (1Kor 1, 18ff) - hervorhebt [16].

Das Paradox des Kreuzes als Werk und Weg Gottes bleibt jedoch nutzlos (frustra), wenn es nur literaliter von Christus und nicht auch moraliter (tropologice) auf den Menschen hin betrachtet wird [17]. Für den Menschen aber wird das Kreuz Christi zum Gericht, zur Offenbarung seiner Sündhaftigkeit. "Was beweist die Tatsache, daß Christus gelitten hat und durch sein Leiden uns zum Mittler geworden ist, anderes als daß wir, für die er dazu (= ungerecht) geworden ist, ungerecht sind und somit von Gott allein unsere Gerichtigkeit erbitten sollen" [18]. Das Kreuz zeigt den Zustand des Menschen: Er ist Sünder, er braucht die Gnade Gottes, weil er sich nicht selbst retten kann. Obgleich schon die Schriften des Alten Testamentes den

---

[7] 3, 458, 6f.

[8] In der Glosse zu Röm 15, 12 deutet Luther die "Wurzel Jesse": "Significat enim 'radix' mortem et passionem Christi i. e. Christum humiliatum ... et sic exaltatum" (56, 139, 20f). Vgl. Schol Röm 9, 3 (56, 392, 7-12).

[9] Schol Röm 1, 3: "Evangelium est sermo de Christo filio Dei primum humiliato et postea glorificato per spiritum sanctum" (56, 169, 2f; vgl. 168, 33ff; 167, 10ff).

[10] 3, 63, 1f.

[11] 56, 169, 28ff.

[12] Siehe den in Anm. 6 nachgewiesenen Text.

[13] 56, 375, 1ff.

[14] 56, 375, 21.

[15] Gl Ps 144(145), 5: "Mirabilius (est), quod sub contrario suo abscondita sunt. Quia humiliatus (Christus) nimis coram mundo est exaltatus nimis coram Deo etc. " (4, 449, 35ff).

[16] So z. B. zu Röm 1, 16 (56, 169ff, besonders 171, 10ff), Röm 12, 16 (56, 471, 10ff), Ps 71(72) (3, 463, 15ff). Vgl. für die Psalmenvorlesung die vielen Belege bei E. Vogelsang, Die Anfänge 25 Anm. 2.

[17] 3, 458, 10f.

[18] RGl Röm 3, 26 (56, 38, 22-24; deutsch LD 1, 164). Den Gerichtscharakter des Wortes Gottes in der Psalmenvorlesung hat A. Brandenburg, Gericht und Evangelium, dargestellt. "Das Letztbedeutsame der Vorlesung ist ... die sich gleichzeitig mit der Neubegründung der Hermeneutik anbahnende Lehre vom Wort, das Gericht und Gnade des unter der Gegensatzgestalt wirkenden, verborgenen Gottes als heilswirksam verkündet" (aaO. 13; vgl. auch aaO. 103).

Menschen als Sünder offenbaren [19], hat doch erst das Leiden Christi die Augen der Menschen geöffnet [20]. Was kein Mensch wußte, nämlich daß der Zorn Gottes auf allen Menschen lag, und daß sie Sünder vor ihm waren, hat Gott durch das Evangelium geoffenbart und so auch gezeigt, daß nur die Gerechtigkeit Christi von diesem Zorn befreien kann [21]. Gott mußte erst aus sich herausgehen, damit der Mensch zur Erkenntnis seiner selbst kommen kann [22]. "Nun aber hat Gott enthüllt, was er über uns denkt und urteilt, nämlich daß wir alle in der Sünde sind" [23].

Das Urteil Gottes ist Gericht, es verdammt alles menschliche Denken über sich selbst, es ist dem Menschenurteil entgegengesetzt [24]. Denn der Mensch glaubt in seinem Hochmut, selbst etwas zu sein, zu seiner Gerechtigkeit selbst etwas beitragen und so auf das Gnadengeschenk Gottes in Christus verzichten zu können [25]. Das Kreuz aber hat die Situation des Menschen aufgedeckt, wie es wirklich um ihn steht: "omnis homo mendax" (Röm 3, 4) [26]. Er lügt, wenn er glaubt, selbst etwas zu sein, und er macht damit Gott zum Lügner [27], der doch gesagt hat, daß alle in Sünde sind, d. h.

---

[19] 3,289,31f. In Schol Röm 4, 7 stellt Luther eine Liste von Schriftstellen zusammen, die alle die Sündigkeit des Menschen aufweisen: 56,287,25-288,32; ähnlich auch zu Röm 3,21 (56,259,9ff) vgl. ferner Schol Röm 3,9f (56,234,22ff).

[20] "Quia ipse asserit nos peccatum habere mittens filium in mortem pro peccatis nostris (quia ex quo Scriptura ubique iustitiam et veritatem promittit, sequitur quod nulla fuerit in terra)" (3,171,4ff).

[21] 3,174,13-20. Dies wird dort als 'conclusio' des ganzen Römerbriefes angegeben.

[22] So Schol Röm 3,4 (56,229,20ff).

[23] 56,229,28f (LD 1,131).

[24] "Vocatur iudicium dei, quia contrarium est iudicio hominum, damnat enim ea, quae eligunt homines, et eligit ea, quae damnant homines. Et hoc iudicium est in cruce Christi nobis ostensum" (3,463,15ff). Schol Röm 6,17: "Quia Sapientia carnis adversaria est verbo Dei" (56,329,27); ebenso Schol Röm 12,3 (56,446,31ff); vgl. auch die Gegenüberstellung göttlicher und menschlicher Tugenden in Schol Röm 3,7 (56,216,24ff). Beide Urteile stehen sich "per vim et necessitatem relationis" konträr gegenüber: Schol Röm 4,7 (56,269,13).

[25] 3,171,9ff; 3,174,1ff; 3,172,30-36; 3,175,9-15.

[26] Vgl. dazu besonders die zweite Auslegungsreihe von Röm 3,5 (56,229, 7ff). Von Röm 3,4 her wird auch Ps 50(51),5 ausgelegt (3,287,22ff).

[27] "Qui statuit iustitiam suam, negat iustitiam dei et mendacem eum facit" (3,170,33ff). Nach 1 Joh 1,10 gilt: "Wenn wir sagen, wir haben keine Sünde, machen wir Gott zum Lügner": 3,171,2f.9ff; 3,288,8-12; 284,32ff; 3,288,32ff; 56,217,3; ferner: 56,230,22f; 235,38f; 260,7f; 271,23; 289,8f; 1,187,38.

nichts aus sich selbst haben, sondern der Gnade bedürftig sind [28]. "Deus verax est" (Röm 3, 4) [29].

Im Kreuz Christi treffen göttliches und menschliches Urteil, humilitas und superbia unvereinbar aufeinander. So bekommt das Wort vom Kreuz zerstörerische Kraft [30], es macht menschliches Denken und Streben zunichte, es nimmt dem Menschen seine Substanz, auf der er zu stehen glaubt [31]. "Es liegt im Wesen Gottes, erst einmal alles, was in uns ist, zu zerstören und zu vernichten, und dann erst das Seine zu gewähren" [32]. Das Paradox des Kreuzes muß auch am Menschen Wirklichkeit werden. Alles was vor den Menschen gilt: Wissen, Weisheit, Kraft, Gerechtigkeit, verwirft Gott und erwählt, was vor den Menschen nichts gilt [33]. Das Wort vom Kreuz, das Evangelium tritt dem Menschen zunächst als Feind gegenüber, als eine Größe, die zerstört, verurteilt, vernichtet [34].

---

[28] Siehe oben Anm. 19 und 20. Ferner Ps 50(51), 6: "Wer seine Sünde nicht anerkennt, strebt ganz offenbar danach, Gott in seinen Worten zu verdammen, mit denen er ja bezeugt hat, daß wir in Sünden sind. Und er behauptet, Christus sei nicht für unsere Sünden gestorben. Und so richtet er Gott und will ihn zum Lügner machen" (3, 288, 8-12).

[29] Vgl. dazu die immer neu einsetzende, besonders von Ps 50(51), 5f her bestimmte Auslegung von Röm 3, 1ff (56, 209, 8-234, 9).

[30] "Iudicium Dei: Hoc est quo deus condemnat et condemnare facit, quicquid ex nobis habemus, totum veterem hominem cum actibus suis" (3, 465, 2ff). Schol Röm 1, 16: "Sed hanc (virtutem hominis) Deus penitus evacuavit per Christi crucem, ut daret virtutem suam" (56, 170, 9f). Schol Röm 10, 14: "Verbum Dei 'conterit petram' ac destruit et crucifigit, quicquid nobis in nobis placet" (56, 423, 29f; ebenso 423, 21f).

[31] "Substantia ... ambitiosorum est gloria, divitum divitiae, gulosorum esca et venter, luxuriosorum voluptas. Has autem substantias Christus per suam non substantiam omnes destruxit: ut fideles in illis non subsistant nec confidant, sed sint sine substantia, habeant autem fidem pro eis, quae est substantia alia, scilicet substantia dei. Sicut Mors Christi destruxit vitam gloriae, divitiarum, ut in ea non vivant neque subsistant" (3, 440, 34-39).

[32] Schol Röm 8, 26 (56, 375, 18ff). Luther nennt dieses Handeln "consilium (dei) piissimum".

[33] Siehe oben Anm. 24; ebenso Schol Röm 1, 16 (56, 169, 27ff) mit dem Verweis auf 1 Kor 1, 25ff.

[34] Ps 2: "'Virga ferrea' Sanctum est Evangelium ... Quia dura est et adversaria carni, quia Indicit crucem, ... quia sicut ferrum omnia conterit" (55 I 37f); Ps 67(68): "Quia sic Evangelium habet nomen et verbum dei, quod sit adversarius noster" (3, 574, 10f); Ps 71(72): "Evangelium est iudicium dei" (3, 463, 15ff; siehe oben Anm. 24); Schol Röm 1, 16: Das Evangelium ist die Kraft Gottes, die menschliche Kraft zerstört (siehe oben Anm. 30; ebenso 56, 171, 8ff); Schol Röm 8, 15: Die Menschen meinen, "tyrannice agit Deus, non est pater, sed adversarius,

Erst wenn das Evangelium dieses sein Werk ausgeführt hat, kann es zur Gnade und Gerechtigkeit führen. Wie das geschieht, muß nun gezeigt werden.

3. Die Antwort des Menschen

a) Die Demut

An Christus, d. h. an seinem Kreuz hat Gott gezeigt, daß alle menschlichen Versuche, sich selbst Gerechtigkeit vor Gott zu erwerben, nicht zum Ziel führen. "Denn Gott will uns nicht durch unsere eigene, sondern durch eine außer uns liegende Gerechtigkeit und Weisheit retten" [1]. Dagegen aber wehrt sich der menschliche Hochmut, der selbst etwas beitragen, selbst Geltung haben will. Gott aber erwählt nicht, was vor der Welt gilt, sondern was nichts ist, nimmt er auf. Dieses Paradox von 1 Kor 1, 18ff wurde im Kreuz Christi als die Grundstruktur göttlichen Denkens und Handelns offenbar. Der humiliatus wurde erhöht. Die Entäußerung Christi ist Grund seiner Erhöhung [2]. Der Weg Christi nach Phil 2, 5f ist deshalb auch der einzige Weg für den Glaubenden, der sich dem Denken Gottes ausliefert. Das Paradox des Kreuzes muß an ihm wirklich werden. Wie Gott an Christus gehandelt hat, so handelt er an allen Heiligen [3]. Die tropologische Entsprechung des Kreuzes im Glaubenden wird von Luther immer wieder hervorgehoben. Weil, was geschrieben ist, zu unserer Belehrung geschrieben ist (Röm 15, 4), darum gilt: "ista de Christo ad literam dicta nobis sunt moralis doctrina" [4]. Wir müssen Christus als unserem Vorsänger respondieren [5].

---

quod et verum est" (56, 368, 25ff); vgl. auch die Texte von Anm. 24 und 30 (bes. Schol Röm 6, 17); Schol Röm 10, 14: Kennzeichnend für die Predigt der Häretiker ist es, daß dort das Wort nicht als Gegner auftritt, sondern den Hörern gefällt. "Sed vere verbum dei, si venit, venit contra sensum et votum nostrum" (56, 423, 15-33); die Vernichtung menschlicher Gerechtigkeit und Weisheit ist nach RGl Röm 1, 1 das Hauptanliegen des Römerbriefes (56, 3, 6ff); Schol Röm 12, 3: "Christus verbum suum appellaverit adversarium nostrum" (56, 446, 34f).

[1] Schol Röm 1, 1 (56, 158, 10f; deutsch LD 1, 108). Zur Formel "extra nos", die hier zum erstenmal auftaucht, siehe K. H. zur Mühlen, Nos extra nos.
[2] Siehe oben S. 18 ff.
[3] 56, 377, 4ff.
[4] 3, 432, 23ff; vgl. auch die tropologische Regel in Ps 30(31): "Immo pro tropologia haec regula est: Quod ubicunque Christus in psalmis conqueritur et orat in afflictione corporali ad literam, sub eisdem verbis queritur et orat omnis fidelis anima in Christo genita et erudita et in peccatum se tentatam vel lapsam agnoscens" (3, 167, 20ff).
[5] Schol Röm 6, 4: "In homine Spirituali omnia debent eodem modo apparere in opinione hominum et suiipsius, quo Christus sepultus et mortuus

Die responsio äußert sich leiblich in der Bereitschaft zum Leiden, zum Ausharren in Trübsal [6], geistlich aber im Mitsterben mit Chistus [7], im Aufgeben aller eigenen Gerechtigkeit, kurz in der Haltung der Demut als Widerspruch zu allem menschlichen Hochmut.

Die Demut preist Luther als d i e Grundhaltung des gläubigen Menschen [8]. Was aber ist diese Demut, wie verhält sie sich zur geschenkten Gerechtigkeit, kommt die Gerechtigkeit aus dem Glauben oder aus der Demut, wie stehen Glaube und Demut zueinander [9]?

Schol Röm 6,17 heißt es:
"Quia Sapientia carnis adversaria est verbo Dei, Verbum autem Dei est immutabile et insuperabile. Ideo necesse est Sapientiam carnis mutari et suam formam relinquere ac formam verbi suscipere. Quod fit, dum per fidem seipsam captivat et destruit, conformat se verbo, credens verbum esse verum, se vero falsam. Sic 'Verbum caro factum est' et 'assumpsit formam servi', ut caro verbum fiat et homo formam assumat verbi" [10].

Der Glaube steht der sapientia carnis gegenüber, die geprägt ist von der Selbstbehauptung, während der Glaube sich auf das Wort richtet, das die Form des Knechtes in der Selbstentäußerung (Phil 2, 7) angenommen hat. So führt der Glaube zur Zerstörung der menschlichen Eigengerechtigkeit oder, wie es Schol Röm 10, 6 formuliert, zur Tötung des alten Menschen, was wiederum durch den Glauben geschieht, der den eigenen Sinn demütigt [11]. Der Glaube richtet sich auf das Wort vom Kreuz als der göttlichen

---

apparuit in oculis Iudaeorum. Ipse enim precinit nobis, ut ei per omnia respondeamus" (56, 324, 5ff).

[6] Schol Röm 8, 7: Wir müssen aushalten "sicut Christus suo exemplo nos docet et fiducialiter obviam eundo morti et passionibus" (56, 366, 11f); vgl. Schol Röm 2, 7 (56, 194, 9ff).

[7] So z. B. : 3, 463, 18ff; 3, 621, 10ff; 56, 392, 11ff; besonders aber zu Ps 68(69), 17, wo deutlich wird, wie Höllen- und Himmelfahrt Christi nachvollzogen werden müssen von denen, die sich ihrer Sünde bewußt geworden sind. "Wer deshalb nicht mit Christus stirbt, und zur Hölle hinabsteigt, wird auch nicht mit ihm auferstehen und emporsteigen" (3, 432f; LD 1, 80).

[8] Darauf hat schon K. Holl, Gesammelte Aufsätze zur Kirchengeschichte I, 132, hingewiesen, obgleich er andererseits im Römerbriefkommentar die Rechtfertigungslehre Luthers als schon zum Abschluß gekommen ansah.

[9] Diese für die frühe Rechtfertigungslehre Luthers entscheidende Frage wird vor allem unten im Abschnitt 4 (Bund und Gnade) aufzugreifen sein.

[10] 56, 329, 27ff.

[11] "Fides ... excecat omnem sapientiam carnis faciens Nihil sciri, paratum doceri ac duci et promptum audire et cedere. Quia Non Magnitudinem operum, sed mortificationem veteris hominis requirit Deus. Non

- dem Menschen feindlichen - Denkungsart und führt gerade als solcher Glaube zur Haltung der Demut. Diese ist die Negation jeder eigenen Gerechtigkeit [12], die Anerkenntnis des eigenen Nichts [13]. Nur die Einsicht, selbst nichts zu sein und zu haben, führt zur Erkenntnis der Barmherzigkeit Gottes [14]. Das Pochen auf eigene Gerechtigkeit leugnet die Gerechtigkeit Gottes [15]. Die von Luther immer wieder geforderte Demut als Selbstpreisgabe und ständige Unterwerfung ist die einzig mögliche Existenzform des Glaubens an das Wort vom Kreuz [16]. "Humilitate et fide opus est" [17]. So lehrt die Schrift nichts anderes als Demut [18] und will nichts anderes als die Demütigung des Hochmütigen [19]. Die Demut allein macht bereit für die von Gott erwartete Gerechtigkeit [20], ja die vollkommene

---

autem Mortificatur nisi per fidem, quae humiliat sensum proprium et subiicit alterius ... Quod facit ... fides verbi Dei" (56,416,5ff). Vgl. auch zu 10,10: "Hoc fit per fidem, qua homo sensum suum captivat in verbum crucis et abnegat se et a se omnia, mortuus sibi et omnibus. Et sic soli Deo vivit" (56,419,15ff).

[12] 55 II 36,24f; 56,3,6ff; 56,159,12ff.

[13] 55 II 36,19ff; 55 II 52,16ff; 3,126,32; 56,159,12ff.

[14] 3,429,1ff; vgl. auch zu Ps 49(50),14 (3,282,23 - 283,20).

[15] "Qui statuit iustitiam suam, negat iustitiam dei et mendacem eum facit" (3,170,33); vgl. oben S. 20 Anm. 27.

[16] Die humilitas kann oft als Gehorsam beschrieben werden, z.B. 4,406,3f. Hierher gehört auch die interessante Auslegung zu Röm 3,22 (56,251, 11ff; 255,20ff): Zu der Stelle "Iustitia autem dei per fidem" würde man gewiß mehr erwarten, als nur die angeführte Bemerkung gegen die Häretiker, daß der Glaube an Christus sich auf alles beziehe, was von ihm und seiner Kirche gelehrt und gesagt wird (ähnlich auch 56,249,19ff). Aber Luther begründet gerade mit der Vielzahl der Glaubensobjekte den Ungehorsam der Häretiker, sowie die Notwendigkeit der Demütigung ins Unermeßliche (56,252,17), weil wir nicht alle Worte, die Christus zu uns spricht, wissen (56,256,11ff) und auch nie gewiß sein können, ob wir allen Worten gehorchen (56,252,17ff). Diese überraschende Auslegung findet sich auch bei der Erklärung des Glaubens Abrahams in Schol Röm 4,3 (56,267,9ff.22ff). Ebenso Ps 77(78),25 (3,578,14- 579,28). Vgl. O. Bayer, Promissio 46-51.

[17] 56,218,13.

[18] 56,199,30; vgl. 56,159 Anm.12: "Die humilitas durchzieht wie in der Vorlesung über die Psalmen als Dominante fast die ganze Auslegung des Briefes als Thema der gesamten heiligen Schrift".

[19] "Hoc est totum negocium Apostoli et Domini eius, ut superbos humiliet et ad huius rei agnitionem perducat et gratia eos indigere doceat, iustitiam propriam destruat, ut humiliati Christum requirant, peccatores se confiteantur ac sic gratiam percipiant et salvi fiant" (56,207,7-11). Vgl. RGl Röm 1,1 (56,3,6ff), wo als Ziel des Römerbriefes die Demütigung angegeben wird.

[20] Schol Röm 3,17: "Timor ... Dei humiliat omnia, humilitas autem capacem facit omnium. Ideo illi nihil capiunt, quia sunt superbi" (56,246,21ff

Demut kann selbst vollkommene Gerechtigkeit genannt werden [21].

Die Demut kann Gerechtigkeit sein, weil Gott den Demütigen für gerecht erklärt [22]. Wer im Blick auf das Schicksal Jesu, d. h. im Glauben an das Handeln Gottes in contrario, im Paradox des Kreuzes, seine eigene Situation erkennt, um seine Nichtigkeit weiß, auf seine eigene Gerechtigkeit verzichtet und so vor Gott mit leeren Händen dasteht und alles Heil demütig von Gott erwartet, den macht Gott gerecht [23]. Der Glaube richtet sich nicht auf ein festes Zusagewort der Vergebung oder Gerechtmachung, sondern er haftet an dem in Christus erfüllten Paradox von 1 Kor 1,18ff oder Phil 2,5f: von der Annahme des Niedrigen, der Erhöhung des Erniedrigten, kurz vom Handeln Gottes in contrario [24]. Auf solches Handeln hat Gott sich in seinem Versprechen festgelegt: "Deus superbis resistit, humilibus autem dat

---

[21] Schol Röm 2,11 (56,199,28f); ferner 4,83,3; 4,406,4; 56,449,8.
[22] Schol Röm 1,1: "Oportet se habere in humilitate, quasi adhuc nihil habeat, et nudam misericordiam Dei expectare eum pro Iusto et sapiente reputantis. Quod tunc facit Deus, si ipse humilis fuerit et non praevenerit Deum Iustificando seipsum et reputando, quod aliquid sit" (56, 159,12ff).
[23] "Quanto minus nos habere Iudicamus Iustitiae, quanto magis nosipsos iudicamus et execramur et detestamur, tanto abundantior influit in nos gratia Dei" (55 II 36,28ff). "Mors Christi nisi humilibus proficit, et omnis superbus est negator Dei" (3,172,35). "Qui sibi iniustus est et ita coram deo humilis, huic dat deus gratiam suam"(3,462,37f). In Fortsetzung dazu heißt es dann, daß so die Gerechtigkeit der Glaube an Christus ist, denn in ihm ist die Gerechtigkeit Gottes offenbar geworden (463,1f). Zu Röm 2,11 siehe den oben Anm.19 nachgewiesenen Tex: "... ac sic gratiam percipiant". Vgl. ferner Ps 83(84): "Haec est veritas, humiliari et agnoscere seipsum. Et tunc gratiam dabit et gloriam" (3,651,35); ebenso die Fortsetzung von Schol Röm 6,17 (s. oben Anm.10): "tunc ... homo fit iustus, verax, sapiens, bonus, mitis, castus, sicut est verbum ipsum, cui se per fidem conformat" (56,330,3ff). Hier interessiert der Umschlag zur Gnade (tunc!) in dem, der die Demutsgestalt des Wortes angenommen hat. Vgl. ferner Schol Röm 10,10 (Anm.11): "Et sic vivit".
[24] "Christus est auxilium et virtus, quod fit per fidem ... in illum, sicut 1Cor 1,24: Nos praedicamus Christum ipsis sanctis virtutem et sapientiam Dei" (3,648,30f). "Oportet eum, qui credit evangelio, infirmum fieri et stultum coram hominibus, ut sit potens et sapiens in virtute et sapientia Dei. Quia 1Cor 1,17: Infirma et stulta mundi eligit Deus, ut confundat fortia et sapientia. Et quod infirmum et stultum est Dei, fortius et sapientius est hominibus" (56,171,8ff). Hierher gehört auch zu Röm 10,6: "Verbum credendum est nihil aliud quam illud: Christus est mortuus et resurrexit ... hoc est enim verbum quod salvabit te" (56,414,28ff). Vgl. auch Ps 118(119),162 (4,383,4-8).

gratiam" (Spr 3, 34) [25], oder: "de stercore erigit pauperem" (Ps 112, 7) [26]. Den humiles und pauperes ist die Gnade Gottes versprochen [27]. Besonders deutlich wird dies in der Geschichte vom Pharisäer und Zöllner im Tempel (Lk 18, 13f): Der Demütige, der nichts zu seiner Rechtfertigung vorweisen kann, geht gerechtfertigt nach Hause, der Hochmütige, der auf eine große Zahl guter Werke verweisen kann, nicht [28].

Gewißheit über den Bund Gottes und die Erfüllung seines Versprechens, den Demütigen zu rechtfertigen, gewinnen wir aus dem Weg Christi. Er hat die neue Regel der humilitas aufgestellt, an ihm wurde diese Regel als wahr erwiesen [29]. Der Demütige lebt mit Christus, er geht den gleichen Weg

---

[25] Ps 74(75): "Sed intus gratia et vivus spiritus solum humilibus datur" (3, 514, 27; vgl. 515, 16; 517, 3f); Ps 83(84): "Humilibus dat suam gratiam. Et exaltat humiles et abiectos" (3, 651, 37); zu Ps 112(113) glossiert Luther: "HUMILIA RESPICIT oculis gratiae" (4, 254, 17) und in der RGl dazu: "Quia humilibus dat gratiam suam" (4, 254, 37).

[26] 4, 254ff; vgl. ferner 3, 393, 24ff; 3, 442, 31ff. Zur Deutung von Ps 112 (113) besonders des 'stercus' (= cloaca) in der Tradition vor und bei Luther selbst siehe H. A. Oberman, Wir sein pettler, bes. 234-239. Da sowohl Spr. 3, 34 wie auch Ps 112(113) im Magnificat eine große Rolle spielen, wird auch das Gebet Mariens bei Luther immer wieder als Regel des Handelns Gottes angeführt.

[27] "Oportet destrui omnino ... alioquin virtus Dei non erit in nobis. Divites enim et potentes non recipiunt evangelium, ergo nec virtutem Dei, quia Scriptum est: 'Pauperes evangelisantur' (= Lk 7, 22)" (56, 170, 20ff).

[28] Dieses Gleichnis wird von Luther öfters aufgenommen, besonders bei Ps 74(75), 8: "Superbum humiliat .... humilem exaltat" (3, 514, 13), im Anschluß an Augustins Auslegung: "Quem humiliat, quem exaltat iudex ille? Attendite duos illos in templo, et videtis, quem humiliat et quem exaltat etc." (zitiert nach WA 3, 514 Anm. 1). Vgl. ferner: 55 II 33, 6; 52, 20; 87, 4; 3, 458, 3; 56, 516, 21; 56, 427, 31, sowie die Predigt über Lk 18, 10ff in 4, 653f.

[29] "Hanc novam regulam Christus attulit humilitatis" (4, 256, 26); vgl. 56, 392, 7-16. "Omnes oportet esse abiectos coram mundo ... et cum Christo dicere: 'Ego sum opprobrium hominum et abiectio plebis'. Quia infirma et stulta mundi elegit deus etc" (3, 652, 28ff); vgl. 4, 256, 16ff und 56, 194, 8-14 sowie den Text der folgenden Anmerkung. Es stimmt, wenn E. Bizer sagt: "Luther verweist auf den Weg, den Christus gegangen ist, als den Heilsweg, den wir alle gewiesen sind und zu gehen haben. Dieser Weg aber ist der Weg der Entäußerung von allem, was der Mensch an geistlichen oder zeitlichen Gütern besitzen kann, d. h. der Weg der äußersten Demut" (Fides ex auditu 27). Doch übersieht Bizer den Bundesgedanken, der den Weg Christi zum Heilsweg macht. Sonst könnte er nicht sagen: "Es beruht also nicht auf einer sachlichen Notwendigkeit, daß die Gnade nur durch Christus gegeben wird, sondern auf der willkürlichen Setzung der potestas ordinata Gottes, der man sich demütig zu unterwerfen hat" (aaO. 29).

mit ihm in Hölle und Himmel, er darf hoffen und glauben, daß Gott auch ihm die Gerechtigkeit schenkt [30]. An Christus geht kein Weg vorbei [31]. Was sich an ihm vollzogen hat, muß sich in allen Heiligen nachvollziehen [32].

Der Glaube richtet sich also auf das Wort vom Kreuz (1 Kor 1, 25ff; Phil 2, 5f). Die dort abgelesene neue, dem Menschen feindliche Erkenntnis führt zur Demut. Die Demut gibt alles preis, was im Menschen ist, und erwartet alles von Gott. Solcher Haltung ist die Gnade Gottes gewiß (Spr 3, 34 und Ps 112, 7), wie wir am Beispiel Christi und anderer (z. B. Lk 18, 13f: Zöllner im Tempel, Lk 1, 51: Marias Demut) sehen können [33].

b) Das Sündenbekenntnis

Eine besondere Form der Demutshaltung aufgrund des Glaubens an das Wort vom Kreuz ist das Bekenntnis der eigenen Sünde, die Selbstanklage. Das Kreuz hat die Sünde des Menschen offenbart, es ist Gericht über den Menschen, das Evangelium tritt deshalb dem Menschen als Feind entgegen und führt zu einem "kriegerischen Gerichtshandel" [34]. Dem Evangelium als Feind aber muß man zustimmen, will man dem Gericht entgehen, wie Luther Mt 5, 25 im Blick auf das Gerichtswort deutet [35]. So kommt das Gericht, das Gott in Jesus Christus erfüllt hat, erst zum Ziel, wenn es auch angenommen und nicht nur gehört wird [36]. Es muß in das Herz eingehen,

---

[30] Ps 70(71): "Iustitia Dei est tota haec: sc. sese in profundum humiliare. Talis enim venit in altissimum: quia descendit in profundissimum prius. Et proprie Christum hic exprimit. Qui est potentia Dei et iustitia dei per maximam et profundissimam humilitatem: ideo iam est in altissimis per summam gloriam" (3, 458, 4-7). Zur Nachbildung der Höllen- und Himmelfahrt Christi im Glaubenden siehe 3, 431, 40-432, 25 und 56, 171, 14ff.
[31] "Sic statutum est, sic placet Deo et non mutabitur" sagt Luther denen, die ohne Christus, ohne Glauben an ihn, d. h. an seinen Weg, gerecht werden wollen (56, 255, 26ff).
[32] Zu Röm 9, 3 (56, 392, 7-16). Von diesem Text sagt O. Bayer, Promissio 73, daß "sich in ihm das Eigentümliche der Rechtfertigungslehre der Römerbriefvorlesung völlig adäquaten christologischen Ausdruck verschafft: Das Christusgeschehen ist selbst - urbildlich - Rechtfertigungsgeschehen".
[33] Welche Bedeutung diese und ähnliche Schriftstellen in der Bußpredigt des Augustinus hatten, zeigt R. Schwarz, Vorgeschichte 36f (bes. 38 Anm. 73).
[34] 1, 187, 24.
[35] 55 II 38, 4; 3, 574, 10ff; 3, 579, 10ff; 56, 368, 27ff; vgl. auch oben S. 21 Anm. 34.
[36] "Quod nostri Scolastici theologice vocant actus penitentie, scil. displicere sibi, detestari, condemnare, accusare, velle vindicare, punire

was im Glauben an dieses Wort und in der Selbstanklage geschieht [37]. Nach Spr 18,17 ist der Gerechte der Ankläger seiner selbst [38], der Hochmütige aber der Verteidiger seiner selbst [39]. Die Selbstanklage, das Bekenntnis, die Übernahme des Urteils Gottes sind Ausdruck der Demut und des Glaubens an das Wort Gottes [40]. Dem Selbstankläger ist die Vergebung der Sünden gewiß [41]. Denn Gott hat einen Bund oder Pakt mit uns geschlossen,

---

seipsum, castigare et cum effectu odire malum et irasci sibi, uno verbo appellat Scriptura Iudicium" (55 II 36,10ff). "Igitur iudicium est nihil aliud nisi vilificatio sui seu humiliatio ex corde et agnitio sui, quia sit vere peccator et indignus omnium" (3,203,6ff). Vgl. auch 3,289,15ff und besonders die verschiedenen Auslegungsmöglichkeiten von iudicium in 3,461ff, insbesondere 3,465.

[37] So heißt es bei der tropologischen Auslegung von iudicium: "Es verdammt die Werke des Fleisches und der Welt. Es zeigt nämlich, daß alles, was in der Welt und in uns ist, vor Gott verabscheuungswürdig und verdammenswert ist. Und daher wird, wer im Glauben an ihm festhält, notwendigerweise sich selbst verächtlich und nichtig, verabscheuungswürdig und verdammenswert erscheinen. Das ist die wahre Demut. Daher wird auch mit jenem Wort die Natur und Eigentümlichkeit der Demut treffend ausgedrückt. Denn nicht, wer sich demütig aufführt, sich so nennt oder vorkommt (ist gemeint), sondern wer sich verächtlich und verdammenswert, und das nicht nur mit dem Herzen und dem Mund, sondern auch in seinen Taten zeigt. (Und das ist das Gericht, von dem der Psalmist hier spricht.) Denn Geißelung und Kreuzigung des Fleisches und das Verdammungsurteil über alle Dinge der Welt, das sind Urteile Gottes, die er durch das Gericht, d.h. durch das Evangelium und durch seine Gnade über die Seinigen verhängt. Und so entsteht Gerechtigkeit. Denn wer sich selbst ungerecht vorkommt und so demütig vor Gott ist, dem schenkt Gott seine Gnade. Und in diesem Sinne kommt Gerechtigkeit sehr häufig in der Schrift vor. So ist die Gerechtigkeit bildlich gesprochen der Glaube an Christus. Röm 1,17: Denn daran wird offenbart die Gerechtigkeit Gottes..." (3,462,27-463,2; deutsch LD 1,88f). Vgl. 3,466,8ff.

[38] So zitiert z.B. 55 II 33,1 (vgl. Apparat zur Stelle); 3,288,31; 56,27,20; 270,6. Dieses Zitat wurde in der Tradition seit Augustinus immer wieder zur Deutung des Bußgerichtes herangezogen: Vgl. R. Schwarz, Vorgeschichte 33; 73; 93; 114; 159; 334.

[39] 55 II 33,16f; 3,288,32.

[40] Vgl. dazu die gesamte Auslegung von Ps 50(51). Die Selbstanklage richtet sich nach 1 Kor 11,31: Wenn wir uns selbst richten, werden wir nicht gerichtet: 3,291,14-21; 3,465,31-35; 4,469,13-17; 56,393,32.

[41] 55 II 331ff; 56,207,7ff. Hierher gehören auch die Aussagen Luthers über die durch Selbstanklage bewirkte compunctio in den Psalmen 76(77); 101(102),5; 115(116),10-19; vgl. dazu O. Bayer, Promissio 39-43. Den Umschwung zur Gnade, der sich in der compunctio vollzieht, wird von Bayer als gleichsam sakramentales Geschehen, als 'sacramentum internum' angesehen (aaO. 41).

"daß 'wer da glaubet und getauft wird, der wird selig werden (Mk 16,26)'.
In diesem Bund aber ist Gott wahrhaftig und treu und hält, was er versprochen hat. Daher ist es wahr, daß wir vor ihm immer in Sünden sind, so
daß er selbst nämlich durch seinen Pakt und Bund, den er mit uns geschlossen hat, der ist, der gerecht macht. Daher heißt es im Hebräischen wörtlich: 'An dir habe ich gesündigt, deshalb wirst du in deinem Wort, d.h. in
deinem Bund gerecht machen'. Wer also nicht sündigt und die Sünde nicht
bekennt, den macht Gott nicht in (seinem) Bund gerecht: denn 'wer aber
nicht glaubet' usw. (Mk 16,16), deshalb, weil Gott es nicht kann" [42].

Wie hinter dem "humilibus Deus dat gratiam" ein Pakt Gottes steht, so
auch hier, diesmal ausgedrückt durch Mk 16,16. Das Sündenbekenntnis ist
Bedingung der Bundeserfüllung [43]. Auch hier zeigt sich wieder das Handeln Gottes in contrario: Das Bekenntnis der eigenen Häßlichkeit ist Schön-
heit vor Gott [44].

Das Sündenbekenntnis ermöglicht unsere Rechtfertigung dadurch, daß in
ihm Gott in seinen Worten gerechtfertigt wird und damit auch wir selbst.
Diesen Gedanken greift Luther in immer neuen Versuchen in Schol Röm
3,4f im engen Anschluß an Ps 50(51) auf. Beide Texte sind für ihn von besonderer Wichtigkeit. Ps 50 ist der Bußpsalm, dem Luther täglich im Stun-
dengebet begegnete [45], Röm 3,4 half ihm, den schwierigen Text zu ent-
schlüsseln [46]. So ist das Interesse an beiden Textfolgen verständlich.
"Deus verax - homo mendax" (Röm 3,4) und das Zitat aus Ps 50: "Damit
du gerechtfertigt werdest in deinen Worten" bilden die Grundlinien des Schol
Röm 3,4f [47].

---

[42] 3,289,3-10 (deutsch LD 1,55); weitere Stellen für Mk 16,16: 55 I 52,
   28; 3,383,35; 4,92,26f.
[43] Deshalb auch das Lob des Bekenntnisses in den Psalmen, z.B. 3,290,
   25ff. Daß trotz des synergistischen Scheins die Bedingung nicht Menschenwerk ist, wird unten noch zu zeigen sein.
[44] 3,290,22ff.
[45] Bayer, Promissio 123; "Hier liegt die Mitte seiner mönchischen Existenz und zugleich seiner frühen Theologie" (ebd.). Zur Auslegung von
   Ps 50,6 in der ersten Psalmenvorlesung siehe die ausführliche Beschreibung bei R. Schwarz, Vorgeschichte 228-259.
[46] Vgl. 3,287,20ff.
[47] Dabei überschneiden sich zwei Gedankenkreise. Zunächst geht es - von
   Röm 3,1 her gefordert - um die Frage, ob der Unglaube der Juden die
   Treue Gottes (fides Dei) zu seinen Verheißungen zunichte gemacht hat
   (209,8-212,9 und 213,16ff; auch das zweite Scholion zu Röm 3,4 (224,
   13ff) geht darauf ein, wenn auch schon in der Deutung von fides Dei als
   credulitas in Deum). Die philologische Erklärung des "Est" (212,10-
   213,15) hilft Luther, diese erste Frage zu klären, und führt ihn sogleich
   zur Lösung des auch von Paulus berührten Problems, wie unsere Sünden Gottes Gerechtigkeit hervorheben: eben durch das Bekenntnis unserer Sünden. Zum Schol Röm 3,4 siehe außer den S.18 Anm. 1 genann-

Gott muß als verax erwiesen werden in seinen Worten, denn an sich selbst ist er es auch ohne uns [48]. In seinen Worten wird er gerechtfertigt, wenn wir bekennen, daß sie wahr sind [49]. Das aber tun wir, wenn wir demütig seinem Wort glauben und unsere Sündigkeit bekennen [50], die sein Wort uns offenbart hat [51]. So wird er als der allein Gerechte verherrlicht [52]. Nicht unsere Sünden rechtfertigen Gott, sondern das Bekenntnis unserer

---

ten Arbeiten: A. Brandenburg, Thesen zur theologischen Begründung der Rechtfertigungslehre Luthers 18-20; R. Schwarz, Fides, spes und caritas 259-316. (Soweit nicht ein eigener Band angegeben ist, beziehen sich die Stellenangaben in dieser und den folgenden Anmerkungen immer auf WA 56).

[48] 212,19-25; 214,19.

[49] "Sed tunc Iustificatur Deus in sermonibus suis, quando sermo eius a nobis Iustus et verax reputatur et suscipitur, quod fit per fidem in eloquia eius. Tunc autem Iudicatur in sermonibus suis, quando sermo eius ut falsus et mendax reputatur, quod fit per incredulitatem et 'super biam mentis cordis nostri'" (212,26-30); vgl. 226,4ff; 228,1f: "Sermones eius non Iustificamus, nisi dum credimus eos Iustos etc."

[50] "Iustificatur ergo in iis, qui humiliati sensu suo cedunt et huic credunt" (213,4); "Cedo Iustitiam meam et sensum meum, qui resistit et damnat tuos sermones, et fateor me peccatorem et iniustum et mendacem, Ut tui sermones in me locum habeant et Iustificentur ac veri sint et fiant" (226,17f); "Nos oportere peccatores fieri et mendaces... hoc autem fit, quando nos credimus esse peccatores, mendaces etc." (229 9ff); "Huic ergo revelationi suae (= daß wir Sünder sind) sive sermonibus suis debemus cedere et credere ac sic Iustificare et verificare eos ac per hoc nos ipsos (quod non cognoveramus) secundum eos peccatores confiteri" (229,29ff); zu Ps 50(51): "Hoc est iudicium... seipsum accusare et iudicare. Et tunc iustificatur Dominus in verbis suis' (3,289,15ff); vgl. 3,289,31ff (s. folgende Anmerkung).

[51] 229,20-29: Das Herausgehen Gottes hat uns zur Erkenntnis der Sünde geführt: "Und so veranlaßt uns Gott durch sein Hinausgehen, zu uns selbst hineinzugehen, und durch die Erkenntnis seiner bringt er uns auch die Erkenntnis unser selbst... daß wir alle in der Sünde sind" (deutsch LD 1,131). Zu Ps 50 siehe die vier Thesen 3,287,32 - 288,3, sowie 3,289,31ff: "Qui sese iustificat, Deum condemnat, qui illum peccatorem esse affirmat per omnes scripturas. Qui sese iudicat et confitetur peccatum, deum iustificat et verificat: quia dicit id de se, quod deus dicit de eo". Siehe ferner die Zusammenstellung der Schrift stellen für die Sünde des Menschen: Schol Röm 4,7 (287,25-288,32) und Schol Röm 3,21 (259,9ff).

[52] "Qui abnegat humiliter a se Iustitiam et peccatorem se coram Deo fatetur, utique Deum glorificat, quod solus sit Iustus" (215,5ff); vgl. 214, 21; 215,24; 3,288,40.

Sündigkeit läßt Gottes Wort als gerecht und wahr hervortreten [53]. Weil dem Deus verax der homo mendax konträr gegenübersteht [54], kann Gott in seinem Wort nur gerechtfertigt werden, wenn wir unsere Lüge aufgeben, die Sünde erkennen und bekennen [55]. "Ergo humilitate et fide opus est"[56]. Wer dies nicht tut, macht Gott zum Lügner, der gezeigt hat, daß alle in Sünden sind [57]. Wir müssen also Sünder werden [58] und mit dem Psalmisten bekennen: An dir habe ich gesündigt, auf daß du gerechtfertigt werdest in deinen Worten [59]. Solche passive Rechtfertigung Gottes ist zugleich unsere eigene aktive [60], weil wir demütig zurückweichen und Gott glauben, gemäß seinem in Mk 16,16 verkündeten Ratschluß [61].

---

[53] Womit Luther immer wieder die Möglichkeit einer falschen Konsequenz aus Ps 50,6 (vgl. 56,32,1ff) - allerdings anders als Paulus in Röm 3,5 ff - ausschließt. Vgl. 215,7f; 216,12ff; 221,20ff; 3,288,13ff.

[54] "Deus sive sermones eius non possint Iustificari ac veraces fieri, nisi nos mendaces efficiamur et iniusti, cum sint nobis contrarii" (228,9ff); vgl. 3,288,26ff.

[55] 228,9ff (s. vorhergehende Anmerkung); 218,7ff; 218,20ff: "Non impletur nisi quod vacuum est, non construitur nisi quod instructum est. Et ut philosophi dicunt: Non inducitur forma nisi ubi est privatio formae praecedentisque expulsio". In Psalm 50 wird als allgemeine Regel formuliert: "Non potest deus laudari, iustificari, glorificari, magnificari, admirari etc., nisi simul et prius nos vituperemur, accusemur et confundamur et econtra" (3,292,1f); vgl. dazu 3,293,10-20.

[56] 218,13.

[57] 217,2f; 3,288,11; weitere Stellen für die Aufnahme von 1Joh 1,10 siehe oben S. 20 Anm. 27.

[58] 229,9f; 230,1f: "Qui vult esse iustus, verax, potens, fiat peccator, mendax et infirmus". Interessant auch das Corolarium 231ff: Auch wenn wir bei uns keine Sünde kennen, müssen wir unser Sündersein glauben, denn auch hier gilt: Gott kann nicht lügen. Darum dürfen wir auch zeitlebens nie mit der Gewissenserforschung und dem Sündenbekenntnis aufhören. Vgl. auch 3,288,6f.

[59] Allein zehnmal in Schol Röm 3,4 (214,18; 215,1.24; 218,15; 219,10; 221,27; 226,17; 227,1; 230,10; 232,15).

[60] "Iustificatio Dei passiva, qua a nobis Iustificatur, est ipsa Iustificatio nostri active a Deo. Quia illam fidem, que suos sermones Iustificat, reputat Iustitiam" (226,23ff). Hier wird das Verhältnis zwischen Gott und Mensch und damit die Rechtfertigung ganz deutlich als Gerichtsverfahren sichtbar: Gott spricht über uns das negative Urteil, wir stimmen dem Urteil zu und rechtfertigen damit Gott, der uns dann wegen dieses "Glaubens" als gerecht beurteilt. Vgl. ferner 227,18 und 213,13.

[61] 213,15; 3,289,10. Auch in den Glossen und im Scholion zu Röm 1,17 ist Mk 16,16 aufgenommen (10,8 und 171,28ff). Das Evangelium, das dort Objekt des Glaubens ist, kann aber vom Zusammenhang her nur als Gerichtsoffenbarung über das Sein des Menschen vor Gott verstanden werden. Das zeigt auch das Arztbeispiel im Schol Röm 3,4 (217,8ff):

Der demütig bekennende Glaube an das Gerichtswort rechtfertigt Gottes Wort als wahr, oder - wie Luther dann in aktivischer Übersetzung von Ps 50,6 sagt -: wenn wir die Sünde bekennen, wird Gott in seinem Wort gerecht machen [62], d.h. er wird uns so machen, wie sein Wort ist: wahr, gerecht, stark usw.[63]."Dum Iustificatur Iustificat et dum Iustificat Iustificatur"[64]. Aufgrund unseres Glaubens - aber an das Gerichtswort - verbunden mit dem Sündenbekenntnis hält Gott uns seinem Bund gemäß für gerecht [65], oder rechnet den Glauben als Gerechtigkeit an [66]. Darum kann die Gerechtigkeit "iustitia fidei et Dei" genannt werden [67].

Das Wort des Arztes beschuldigt uns, krank zu sein, ebenso wie das Wort, durch das Gott uns heilen will, uns beschuldigt, Lügner, Ungerechte und Schwache zu sein.

[62] Im Anschluß an Reuchlin nach dem hebräischen Text: 227,1ff. So auch schon zu Ps 50(51),3 (3,289,7f): vgl. dazu die Anmerkung des Hrsg. in WA 56,227, sowie H. Feld, Luthers und Steinbachs Vorlesungen 71.

[63] "Iustificat enim in verbo suo, dum nos tales facit, quale est verbum suum, hoc est iustum, verum, sapiens etc. Et ita nos in verbum suum, non autem verbum suum in nos mutat; facit autem tales tunc, quando nos verbum suum tale credimus esse, sc. iustum, verum. Tunc enim iam similis forma est in verbo et in credente i. e. veritas et iustitia" (227,2ff; vgl. auch 226,20f). Diese Stelle (im Zusammenhang des gesamten Corolariums) ist in der Römerbriefvorlesung singulär und hat tatsächlich die deutlichste Ähnlichkeit mit Luthers späterer Rechtfertigungslehre, wie im Streit um den reformatorischen Durchbruch immer wieder betont wird (vgl. Bizer, Fides ex auditu 56; 58). Doch die 'forma verbi' in uns ist deutlich an Phil 2,5 orientiert, wie auch die Wiederaufnahme in Schol Röm 6,17 (329,25ff) deutlich macht. Wie dort steht auch hier der Glaube an das Wort im Horizont der Selbstpreisgabe in der Anklage: vgl. 227,1 und das sich unmittelbar anschließende Schol Röm 3,5 (228,3ff). Siehe auch Anm. 65.

[64] 227,7ff.

[65] "Per tale enim credere iustificat, i. e. iustos reputat" (221,17f; 220, 10f). Zwar wird im zweiten Schol Röm 3,4 vom Glauben an die Verheißung gesprochen, nicht so sehr an das Gerichtswort. Im Hintergrund steht jedoch die Frage, ob der Unglaube der Juden etwa Gottes Verheißung entleert habe, oder ob die ungläubigen Juden uns vom Glauben abhalten könnten (224,27). Daß auch hier - wenn auch mit gewissen Nuancen - der Glaube der Demut entspricht, zeigt der Hinweis auf die Hochmütigen (226,7). Auch wird im Fortgang des Scholions wieder der Gedanke des Glaubens an das Gerichtswort aufgenommen (z. B. 229,29f; 230,14).

[66] "Illam fidem, quae suos sermones iustificat, reputat iustitiam" (226, 25); vgl. dazu die Anmerkungen 63 und 65.

[67] 220,11; 221,18.

c) Das Bittgebet

Die dem Handeln Gottes einzig gemäße Haltung der Demut äußert sich im Sündenbekenntnis und - damit aufs engste verbunden - im Erbitten und Erflehen der Gnadenzuwendung Gottes. Das ständige Bittgebet betont Luther besonders in der Scholienfolge zu Röm 4,7, die schon von ihrem Umfang her wie die Scholienfolge zu Röm 3,4f das deutliche Interesse Luthers an beiden Texten bekundet [68].

Grundthema des 4. Römerbriefkapitels ist für Luther der Aufweis, daß das Heil nicht aufgrund eigener Werke verdient, sondern aufgrund des Glaubens geschenkt wird. Dem meritum steht die gratia gegenüber, der operatio die fides [69]. Tiefster Grund für die Kritik einer falschen Einschätzung der Werke [70] ist für Luther die Unverfügbarkeit des Heiles. Jedes Pochen auf eigene Werke macht das Heil verfügbar, läßt um es wissen, macht es errechenbar und damit den Menschen selbstsicher [71]. Um den Gnadencharakter des Heiles, sein extra nos [72], hervorzuheben, lehnt Luther mit aller Entschiedenheit jegliche positive Befindlichkeit des Menschen ab. Nicht im esse des Menschen, sondern allein in der reputatio (bzw. der nonimputatio) vonseiten Gottes liegt die iustitia des Menschen begründet [73]. Das Urteil

---

[68] 56,268,26-291,14.

[69] Vgl. besonders die Glossen zu Röm 4,1ff (56,42f).

[70] Daß Luther nicht grundsätzlich gegen die Werke polemisiert, sondern nur gegen deren falsche Einschätzung als Verdienst, zeigt u.a. Schol Röm 4,6 (267,29ff).

[71] "Illorum (= hipocritae, impii) vox et doctrina est: Iustus est, qui haec et haec fecerit; Istorum (= humiles) autem haec: Iustus est, 'cui Dominus non imputat peccatum'. Illi sciunt, quantum et quid operandum, ut Iustus quis sit. Isti vero ignorant, quando Iusti sunt, quia ex Deo reputante Iusti tantummodo sunt, cuius reputationem nemo novit, sed solum postulare et sperare debet. Ideo illi habent tempus, quando se non putent esse peccatores. Isti vero semper sciunt se esse peccatores" (268,18-24).

[72] "Intra te non est nisi perditio, sed salus tua extra te est", so glossiert Luther Hos 13,9 (269,5f). Weitere Belege aus der Zeit der Römervorlesung finden sich bei O. Bayer, Promissio 57ff und 63ff.

[73] Vgl. das Corolarium über die verschiedenartige Verwendung von iustitia bei den Philosophen und in der Schrift (287,15-24): "'Iustitia' Scripturae magis pendet ab imputatione Dei quam ab esse rei". Vgl. ferner 172,9ff; 418,27ff. Diese "aus dem Anspruch des biblischen Textes" (G. Ebeling, RGG IV, 497) gewonnene Sicht führt Luther zur Kritik der aristotelisch-scholastischen Habituslehre und ihrer Anwendung in der Gnadenlehre (vgl. dazu G. Ebeling, Luther 79-99). Im Kampf gegen die philosophische Habituslehre sieht Ebeling "die verborgene Atomspaltung, deren Kettenreaktion dann das Reformationsgeschehen auslöste" (aaO. 73). In der Konsequenz dieses Ansatzes liegen dann auch die beiden Disputationen "De viribus et voluntate hominis sine

Gottes aber ist nicht verfügbar, es kann von dem, der um seine Sünde, sein Nichts weiß, nur erfleht und erbeten werden [74]. Weil göttliches und menschliches Urteil sich konträr gegenüberstehen [75], folgt: "Sancti intrinsece sunt peccatores semper, ideo extrinsece iustificantur semper. Hipocritae autem intrinsece sunt iusti semper, ideo extrinsece sunt peccatores semper" [76]. Einer falschen Sorglosigkeit und Sicherheit gerade auch nach der Beichte [77] hält Luther die Notwendigkeit der ständigen Demutshaltung, der ständigen Bitte um Gnade entgegen [78]. Gerade die Betonung des 'semper'

---

gratia" von 1516 (1,145ff) und "Contra scholasticam theologiam" von 1517 (1,224-228). Dazu: L. Grane, Contra Gabrielem; R. Schinzer, Die doppelte Verdienstlehre. Zum Gedanken der "imputatio" bei Luther und der Tradition: M. Kroeger, Rechtfertigung und Gesetz 72-85; W. Dettloff, Die Entwicklung der Akzeptations- und Verdienstlehre von Duns Scotus bis Luther.

[74] "Reputatio eius (= dei) non in nobis nec in potestate nostra est. Ergo nec Iustitia nostra in nobis est nec in potestate nostra" (269,2ff). Zur Notwendigkeit der Bitte: Röm 4,7 (268,22; 269,25ff; 270,5ff; 271,21f; 284,12f; 287,19-24); Röm 3,10 (235,32); Röm 3,21 (256-261); Röm 8,26 (376,2ff); Röm 14,1 (503,20ff).

[75] "Per vim et necessitatem relationis" (269,13).

[76] 268,27ff; intrinsece = "quomodo in nobis, in nostris oculis sumus"; extrinsece = "quomodo apud Deum et in reputatione eius sumus" (aaO. 31ff).

[77] "Unsere Theologen haben an dieser Stelle die Sünde ausschließlich auf die Werke bezogen und allmählich nur noch gelehrt, wodurch die Werke davor bewahrt werden können, aber nichts darüber (gesagt), wie sie mit Seufzen demütig um die rettende Gnade bitten und sich als Sünder bekennen. So bringen sie die Menschen unausweichlich dahin, daß sie aufgeblasen werden und durch den Erlaß für das (sündhafte) Tun nach außen hin schon vollkommen gerecht zu sein glauben und in keiner Weise darum besorgt sind, auch ihren Begierden durch beständiges Flehen zum Herrn den Kampf anzusagen. Daher ist auch jetzt in der Kirche die Rückfälligkeit nach den Beichten so groß. Denn die Leute wissen nichts davon, daß ihre Rechtfertigung noch bevorsteht, sondern vertrauen darauf, sie seien schon gerechtfertigt und stürzen so durch ihre Sicherheit gerade ohne jedes Zutun des Teufels ins Verderben. Das kommt mit Sicherheit dabei heraus, wenn man die Gerechtigkeit auf Werke gründet" (56,276,6-15; deutsch LD 1,173f). Der Kampf gegen Sicherheit und Sorglosigkeit bestimmt das ganze Scholion.

[78] "Gott beläßt uns in dieser Sünde hier, in der Sinnlichkeit und der Begierde, um uns eben dadurch in seiner Furcht und in Demut zu halten, damit wir auf diese Weise immer zu seiner Gnade Zuflucht nehmen (sollen), immer besorgt, nur ja nicht zu sündigen, d.h. immer darum bittend, er möge uns das nicht zurechnen und die Sünde nicht die Oberhand über uns gewinnen lassen" (281,5-9; deutsch LD 1,176). Zu Röm 14,1 heißt es: "Pestilentissimum itaque genus praedicantium est hodie,

als ständiger Bewegung [79] führt ihn zur Ablehnung der scholastischen Erb-
sündenlehre [80] und der Lehre von der Verdienstlichkeit menschlicher
Werke im Stande der Gnade [81].

Um des ständigen Bittgebetes willen wendet er auch das - bei Paulus als
präsentische Zusage verstandene - Psalmwort: "Selig, denen die Sünden
vergeben" (Ps 31,1) zum Gebet um die noch ausstehende Rechtfertigung [82].
Die Notwendigkeit der ständigen Bitte bedingt Luthers "simul iustus et
peccator" [83]. In diesem "simul" zeigt sich das Handeln Gottes in contrario und abscondito [84], die Spannung zwischen "in re" und "in spe" [85].

---

quod de signis praesentis gratiae praedicat, ut securos homines faciat,
cum hoc sit optimum signum gratiae, timere scil. et tremere" (503,
21ff).

[79] Das Motiv der "ständigen Bewegung" und seine Verankerung im aristotelischen Motusbegriff hat O. Bayer im ersten Teil seiner Arbeit her-
ausgearbeitet und der späteren Sicht Luthers gegenübergestellt: Promissio, bes. 17-31; 134ff; 139.

[80] In unserem Scholion: 271,1-278,23; 283,12-287,14; 289,1-290,14.

[81] Vgl. dazu O. Bayer, Promissio 139; R. Schinzer, Die doppelte Verdienstlehre 24-51.

[82] 269,10ff; 270,1ff; 271,16ff und öfter.

[83] "'Mirabilis Deus in sanctis suis', cui simul sunt Iusti et Iniusti. Et
Mirabilis in hipocritis Deus, cui simul sunt Iniusti et Iusti. Qui dum
sancti peccatum suum semper in conspectu habent et Iustitiam a Deo
secundum misericordiam ipsius implorant, eoipso semper quoque Iusti
a Deo reputantur. Ergo sibiipsis et in veritate Iniusti sunt, Deo autem
propter hanc confessionem peccati eos reputanti Iusti; Re vera peccatores, Sed reputatione miserentis Dei Iusti; Ignoranter Iusti et Scienter Iniusti; peccatores in re, Iusti autem in spe" (269,21-30). Zur
Verankerung des "simul" im Gebet vgl. die Bemerkungen O.H. Peschs
zu Luthers existentieller Theologie: "Die dogmatisch-theoretische Formulierung des "simul" ist sozusagen nur eine nachträgliche grammatische Variante einer Aussage, die ihren ursprünglichen Ort im Sprechen mit Gott in der Ich-Du-Form hat. So ist Luthers "simul" geradezu ein klassischer Fall existentieller, d.h. die Glaubensexistenz selber thematisierender Theologie" (O.H. Pesch, Existentielle und
sapientiale Theologie 736). Zur Deutung der Formel selbst vgl. bes.
die Arbeiten von R. Kösters (s. Lit. Verz.), sowie: M. Bogdahn, Die
Rechtfertigungslehre 189ff; A. Hassler, Luther in der katholischen
Dogmatik 160ff.

[84] Psalm 67,36 wird von Luther immer wieder verwandt, wenn es um
das Handeln Gottes in contrario geht: vgl. 3,290,22; 56,290,20ff; 389,
3ff; 1,208,15ff. Die Verborgenheit des Handelns Gottes und damit auch
die bleibende Heilsungewißheit zeigt sehr deutlich der Abschnitt 3,290,
15-291,6.

[85] Siehe Text von Anmerkung 83.

Der Mensch darf aus dieser zur Demut führenden Spannung nie entlassen werden, aber er muß nicht verzweifeln, er darf hoffen aufgrund des Glaubens an die promissio Gottes [86]. Diese promissio aber legt sich wieder als Bundesschluß Gottes aus: "Statuerit Deus nulli velle non imputare nisi gementi et timenti ac assidue misericordiam suam imploranti. Quo consilio misericordissimo nos piissimus Deus cogit ad tedium huius vitae, ad spem futurae vitae, ad desiderium gratiae suae, ad odium peccati, ad penitentiam etc." [87].

Diesem Bundesschluß entspricht es nun wieder, daß das Bekenntnis der Sünde und die Bitte um Barmherzigkeit 'Voraussetzung' der Verheißungserfüllung wird: "sunt peccatores semper, ideo (!) iustificantur semper"[88], und: "Ergo sibiipsis et in veritate iniusti sunt, Deo autem propter (!) hanc confessionem peccati eos reputanti iusti"[89].

Wurde in Schol Röm 3,4f als Datum des Paktes Gottes Mk 16,16 angegeben, so wird in Schol Röm 4,7 nicht auf ein solches Wort verwiesen, wohl aber in den Dictata. Dort heißt es zu Ps 113,9 (= 115,1): Die Ankunft Christi im Fleisch ist Erfüllung der Gnadenverheißung Gottes und unabhängig von menschlichen Verdiensten. Dennoch gab es eine praeparatio und dispositio. Ebenso ist es mit der geistigen Ankunft der Gnade, die auch nicht in den Verdiensten des Menschen, sondern in der Verheißung des sich erbarmenden Gottes begründet ist. Die Verheißung lautet: "Bittet und ihr empfangt, sucht und ihr findet" (Lk 11,9f - Mt 7,7f) [90]. In dem 'petere' sieht Luther nun das traditionelle 'facere quod in se est': "Hinc recte dicunt Doctores, quod homini facienti quod in se est, deus infallibiliter dat gratiam, et licet non de condigno sese possit ad gratiam praeparare, quia est imcomparabilis, tamen bene de congruo propter promissionem istam dei et pactum misericordiae" [91]. Die nicht singulär auf Ps 113,9 beschränkte Deutung des

---

[86] Vgl. die Beschreibung des königlichen Weges zwischen Sicherheit und Verzweiflung: 3,278,25-283,12.
[87] 281,18ff.
[88] 268,27ff.
[89] 269,27ff.
[90] 4,261,25-262,17. Die WA gibt als Schriftstelle Mt 7,7 an, ebenso zu Ps 113,9 (4,375,33). Da aber G. Biel,dessen Bedeutung für Luther noch zu zeigen sein wird, Lk 11,9 (Coll. III d. 27 q. un. a. 3 dub. 2) angibt, und Luther später in seinen Randbemerkungen zu Biels Collectorium (Degering, Randbemerkungen 16) und in der Disputation gegen die scholastische Theologie (1,225,22f) die Deutung des 'facere quod in se est' durch Lk 11,9 ablehnt, sollte auch für Ps 113,9 die Stelle mit Lk 11,9 angegeben werden. Bei H. Oberman, Wir sein pettler, wird der Gegensatz zwischen Aufnahme und Kritik Biel'scher Aussagen verdeckt, wenn einmal Lk 11,9 (aaO. 246) und das andere Mal Mt 7,7 (aaO. 249) angegeben werden.
[91] 4,262,4ff.

'facere quod in se est' durch Lk 11, 9f [92] kann als der Hintergrund des in Schol Röm 4, 7 beschriebenen Bundes Gottes, dem Bittenden seine Gnade zu geben, angesehen werden [93].

4. Bund und Gnade

Faßt man die bisherigen Darlegungen zusammen, so ergibt sich: Das Handeln Gottes im Kreuz seines Sohnes offenbart - entgegen allem menschlichen Sinnen - das nie und nimmer aus menschlichen Verdiensten ableitbare, sondern allein von Gott geschenkte Heil, sowie die Unfähigkeit des Menschen, von sich aus zum Heil zu gelangen. Solches Offenbarungshandeln zwingt den um seine Rechtfertigung bemühten Menschen zur Erkenntnis seiner Sündigkeit und zum Verzicht auf jedes eigene Verdienst, kurz zur Demut als der einzig rechtmäßigen Haltung. Aus dieser Demut darf der Mensch nie entlassen werden, will er der Gefahr des eigenen Rechtfertigungsversuches entgehen. Der Demütige geht mit Christus den Weg des Kreuzes, bekennt seine Sünde und bittet Gott um Gerechtigkeit. Er darf aber auf das Heil hoffen, weil Gott sich in einem Bund festgelegt hat, den Demütigen (Spr 3, 34; Lk 1, 51; Lk 18, 13f) und Armen (Ps 112, 7; Lk 7,22), den Selbstanklägern (Spr 18, 17), den Glaubenden (Mk 16, 16) und den Bittenden (Lk 11, 9) seine Gnade zu geben.

Mit Lk 11, 9 konnte Luther das scholastische Axiom 'facientibus quod in se est deus non denegat gratiam' bestimmen [1].Ein Vergleich mit der schola-

---

[92] Vgl. Ps 118(119), 147 (4, 375, 33ff). Anspielungen auf Lk 11, 9 : 4, 329, 33ff; 4, 443, 5ff.

[93] Für das Schol Röm 4, 7 kann Lk 11, 9 nur als über Ps 113, 9 erschlossener Hintergrund gelten, weil dort das Logion selbst nicht zitiert wird. Das dürfte übrigens nicht unbegründet sein: Während Luther 56, 198, 8ff das 'facere quod in se est' als Disposition noch gelten läßt, lehnt er es 56, 502, 14ff (zu Röm 14, 1) als pelagianischen Irrtum ab. (Vgl. dazu R. Schinzer, Die doppelte Verdienstlehre 14ff). Freilich bestimmt er dann das 'facere quod in se est' entgegen seiner eigenen früheren Deutung als 'facere aliquid vel posse'. Die Loslösung vom 'facere quod in se est' im Laufe der Römerbriefvorlesung könnte bedingt sein durch die als gleichzeitig nachgewiesene kritische Beschäftigung mit Biels Collectorium (L. Grane, Contra Gabrielem 367, nimmt Januar bis Oktober 1516 an. Das heißt nicht, daß alle Randbemerkungen zu G. Biel schon 1516 entstanden sind. S. unten S.314). Aus dieser Beschäftigung erwuchs dann auch die Disputation "De viribus et voluntate hominis sine gratia" vom September 1516 (vgl. bes. 1, 148, 14ff).

[1] Dieser Satz war in der Frühscholastik vorbereitet und wurde scholastisches Allgemeingut, wenn auch in unterschiedlicher Interpretation. Vgl.: J. Trütsch, LThK III, 1336f (Lit.); A. Landgraf, Dogmengeschichte der Frühscholastik I/1, 249-264; L. Grane, Contra Gabrielem 214ff; H. Oberman, Spätscholastik und Reformation I, 125-138 (dort auch Hinweise auf

stischen, vor allem der spätscholastischen Tradition wäre hier interessant [2]. Er muß unterbleiben, doch soll wenigstens kurz auf Gabriel Biel hingewiesen werden, der nach H. Jedin der geschätzteste deutsche Theologe des ausgehenden 15. Jahrhunderts war [3].

In der Lectio 59 seiner Meßerklärung kommentiert Biel das Kanongebet

---

die Ablehnung des Axioms bei Gregor von Rimini, sowie die unterschiedliche Sicht bei Thomas von Aquin); ders., Wir sein pettler 242-246; H. McSorley, Luthers Lehre vom unfreien Willen 163-172; 192-206. Zur Übernahme des Axioms und dessen allmählicher Ablehnung durch Luther siehe R. Schinzer, Die doppelte Verdienstlehre 7-51.

[2] Es gibt nicht die Spätscholastik als einheitliche theologische Schule. Selbst der Nominalismus kannte sehr verschiedene theologische Richtungen (Vgl. dazu H. McSorley, Luthers Lehre 177-184). Von Luthers ockhamistischer Herkunft her konzentriert sich das Interesse vor allem auf die Einflüsse (positiv wie negativ) der Ockham-Biel-Schule. Der Weg "Von Ockham zu Luther", sowie das Verhältnis von Spätscholastik und Reformation ist Gegenstand vieler Erörterungen. Die zahlreichen Untersuchungen dazu haben zwar viele Einzelheiten zu Tage gefördert, aber man muß feststellen, "daß die Meinungen über den Ockhamismus und Luthers Verhältnis dazu sehr von einander abweichen" (L. Grane, Contra Gabrielem 40). Es gibt auch kaum ein Anzeichen, "daß es hinsichtlich der Einwirkung der via moderna auf Martin Luther bald zu einer einhelligen Auffassung kommen wird" (H. Oberman, Von Ockham zu Luther 583). Vgl. dazu die Forschungsberichte bei L. Grane, Contra Gabrielem 20-42; H. Oberman, Von Ockham zu Luther 536-541; 580-584; G. Müller, Neuere Literatur zur Theologie des jungen Luther, bes. 326-334.

[3] H. Jedin, Die Geschichte des Konzils von Trient I, 114. Die frühe Bekanntschaft Luthers mit der Theologie Gabriel Biels steht mit Sicherheit fest. An der Erfurter Universität, wo Luther vor und nach seiner Priesterweihe studierte, spielte die nominalistische Theologie, die 'via moderna', gegenüber dem Thomismus und Scotismus die größere Rolle (vgl. L. Grane, Contra Gabrielem 15; H. Fausel, D. Martin Luther. Leben und Werk I, 20). Die beiden führenden Männer der Artistenfakultät, Jodokus Trutvetter und Bartholomäus Arnoldi von Usingen, sowie Luthers theologischer Lehrer im Generalstudium der Erfurter Augustinereremiten, Johann Nathin, waren Schüler Biels (vgl. E. Kleineidam, Die Universität Erfurt 159f. 175ff. 179ff). Luther begann als Ockhamist (L. Grane, Contra Gabrielem 205). Zur Vorbereitung auf seine Priesterweihe las Luther Biels Meßerklärung "mit blutendem Herzen" (WATi 3, 564, 6). Ab 1516 versieht Luther das Klosterexemplar von Biels Collectorium mit Randbemerkungen (herausgegeben und eingeleitet von H. Degering, Weimar 1933. Kritische Anmerkungen zu Degerings Ausgabe bei H. Volz, Luthers Randbemerkungen zu zwei Schriften Gabriel Biels, in: ZKG 81 (1970)207-219).

"Nobis quoque peccatoribus..." [4]: Es ist ein Gebet des Sünders und kann erhört werden, weil, wie die Schrift zeigt, Gott den demütigen, um seine Sünde wissenden Beter erhört. Das wird u. a. mit Lk 18,13 und Spr 18,17 erhärtet [5]. Im Fortgang der Erklärung kommt Biel auch auf das 'facere quod in se est' zu sprechen und erklärt es mit der Demutshaltung des Sünders [6]. Im Anschluß an Alexander von Hales [7] sagt er dann: "Iste facit quod in se est, qui illuminatus lumine rationis naturalis aut fidei vel utroque cognoscit peccati turpitudinem, et proponens ab ipso resurgere, desiderat divinum adiutorium quo possit a peccato mundari, et deo suo creatori adherere. Hec facienti deus gratiam suam tribuit necessario, necessitate non coactionis, sed immutabilitatis"[8]. Zusammen mit den Bestimmungen des 'facere quod in se est' im Collectorium [9] ergibt sich für Biel: Der Mensch, der um Gott weiß, aber außerhalb der Gnade steht, bereitet sich auf den Gnadenempfang vor, indem er um seine Sünde wissend dieser abschwört, sich Gott zuwendet und von ihm Heil erbittet. Wer aber "facit quod in se est", dem gibt Gott mit Notwendigkeit seine Gnade. Denn er hat es so beschlossen und er kann seinen einmal geschlossenen Pakt nicht ändern [10].

Biel sieht den Bund Gottes beschlossen u. a. in Zach 1,3 (Convertimini ad me, et ego convertar ad vos), Jer 29,13 (Cum quaesieritis me in toto corde vestro, inveniar a vobis), Lk 11,9 (Quaerite et invenietis...) und Jak

---

[4] Can. Miss. Expos. 59 (II,428-447).
[5] 59 B (II,429).
[6] 59 P (II,443) mit Verweis auf König Achab (3Kg 21,29): "Nonne vidisti humiliatum regem achab coram me, quia igitur humiliatus est mei causa, non inducam malum in diebus eius".
[7] S. theol. p.III q.61 m.5 a.3.
[8] 59 P (II,443).
[9] "Fidelis vero facit quod in se est, si secundum regulam fidei detestatur peccatum proponens in omnibus oboedire Deo et eius praecepta servare; peccatum detestando removet obicem, volendo Deo tamquam summo bono oboedire propter Deum habet bonum motum in Deum" (Coll. II d.27 q. un. a.2 concl.4). "Perfectissimus modus faciendi quod in se est quaerendi deum, appropinquandi deo et convertendi ad deum est per actum amoris amicitiae" (Coll. III d.27 q.un.a.3 dub.2 prop.2).
[10] Es ist ein principium fidei, "quod certissimum est, sc.quod Deus dat gratiam facienti quod in se est" (Coll. II d.27 q. un. a.3 dub.5). "Deus dat gratiam facienti quod in se est necessitate immutabilitatis et ex suppositione, quia disposuit dare immutabiliter gratiam facienti quod in se est... Illa ergo ordinatione stante et suppositione non potest non dare gratiam facienti quod in se est quia tunc esset mutabilis" (aaO. dub.4). Vgl. aus der Expositio dazu 59 P (II,443f) und 59 T (II,447).

4, 8 (Appropinquate Deo et appropinquabit vobis) [11]. Wenn der Mensch innerhalb des Bundes das Seinige tut, kann er sich de congruo die Gnade verdienen [12]. Dabei ist allerdings zu bedenken, daß für Biel hier nur ein uneigentliches Verdienst vorliegt. Denn daß Gott beschlossen hat, das 'facere quod in se est' zu belohnen, ist einzig und allein Ausfluß seiner Freigebigkeit und Gnade; sein Festhalten am Bund ist Treue [13]. Damit will Biel einerseits die völlige Gnadenhaftigkeit des Heiles betonen, andererseits die Gefahr eines sorglosen, sich in Sicherheit wähnenden Christentums abwehren [14]. Wieweit es ihm dabei gelungen ist, der Gefahr des (Semi-) Pelagianismus zu entgehen, ist nach wie vor umstritten [15].

Diese kurzen Hinweise auf die Bundestheologie Gabriel Biels zeigen immerhin eine gewisse Nähe zu den Aussagen Luthers. Damit stellt sich abschlie-

---

[11] Alle vier Schriftstellen in Coll. III d. 27 q. un. a. 3 dub. 2 prop. 2; Zach 1, 3 und Jak 4, 8 in Coll. II d. 27 q. un. a. 2 concl. 4; IV d. 14 q. 2 a. 2 n. 2 und Expos. 59 P (II, 443). Luther hat später in der "Disputatio contra scholasticam theologiam" (September 1517) die Verwendung dieser vier Schriftstellen zur Bestimmung des 'facere quod in se est' als pelagianischen Irrtum zurückgewiesen (1, 225, 22ff).

[12] Über das mereri de condigno und de congruo handelt Biel ausführlich in Coll. II d. 27 q. un. a. 2 und in Expos. 59 N-T (II, 440-447), in Kurzfassung in Coll. IV d. 16 q. 2 dub. 4.

[13] Zum Nachweis vgl. die in der vorigen Anmerkung aufgewiesenen Texte. De potentia absoluta war Gott dazu nicht gezwungen. In seiner Freiheit hat er sich de potentia ordinata zur Freigebigkeit verpflichtet. Der Entschluß Gottes ist unumstößlich, weil Gottes Wille unwandelbar ist. Sein Wille ist nicht Willkür, sondern höchste Treue. Aus Treue handelt Gott mit Notwendigkeit, wenn er dem seine Gnade nicht versagt, der tut, quod in se est. In der Dialektik von Freiheit und Notwendigkeit, die der Dialektik von potentia absoluta und potentia ordinata entspricht, liegt es begründet, daß man Biels Rechtfertigungslehre sowohl mit "sola gratia" als auch mit "solis operibus" charakterisieren kann (H. Oberman, Spätscholastik und Reformation I, 167).

[14] Vgl. H. Oberman, Spätscholastik und Reformation I, 148f.

[15] H. McSorley nennt Biel einen Neosemipelagianer, dem man allerdings keinen formellen Irrtum vorwerfen könne, weil er wie das Mittelalter insgesamt von der Verurteilung des Semipelagianismus durch das 2. Konzil von Orange nichts wußte (Luthers Lehre vom unfreien Willen 192-206; vgl. ders., Was Gabriel Biel a Semipelagian?). H. Oberman nennt Biels Lehre wesentlich pelagianisch (Spätscholastik und Reformation 166-169), während L. Grane ihn vom Vorwurf des Pelagianismus wie des Semipelagianismus frei spricht (Contra Gabrielem 216-221). Vgl. dazu auch V. Heynck, Besprechung von H. Oberman, Spätscholastik und Reformation, in: Franz. Studien 48 (1966) 190-194; W. Dettloff, Die antipelagianische Grundstruktur der scotischen Rechtfertigungslehre, ebd. 266-270.

ßend die Frage nach der Grundstruktur der frühen Rechtfertigungslehre Luthers [16]. Das Ringen um das rechte Verstehen der Schrift als Wort von
Gott läßt Luther eine für ihn wichtige Entdeckung machen: Gott wirkt sein
Heil verborgen unter den Gestalten von Niedrigkeit, Schwachheit und Torheit. Das aller menschlichen Geltungssucht Entgegengesetzte ist der Ort
des gnadenhaften Handelns Gottes, wie das Kreuz Christi mit aller Deutlichkeit gezeigt hat. In der aller Welt sichtbaren Niedrigkeit Christi leuchtet verborgen Gottes Größe auf. Das Schicksal Jesu ist selbst exemplarisches Rechtfertigungsgeschehen und zeigt aufgrund der tropologischen Auslegung den Weg an für die Rechtfertigung des Menschen [17]. Das aber ist
eine Erkenntnis, die nicht menschlichem Wissen entspringt, sondern allein
im Glauben an das Wort Gottes gewonnen wird. Der Mensch kann um das
Handeln Gottes in Niedrigkeit nicht wissen oder es begreifen, denn er ist
auf Selbstdarstellung, Größe, Leistung und Wissen bedacht. Daher treten
Glaube und Werk, Glaube und Wissen in unversöhnliche Feindschaft zueinander. "Tota Iustitia hominis ad salutem pendet ex verbo per fidem et
non ex opere per scientiam" [18].

---

[16] Ist Luther hier schon bei seiner späteren Rechtfertigung aus Glauben,
oder wandelt er noch ganz in den Bahnen der Spätscholastik? Das ist
die Grundfrage bei der Diskussion um die Frühtheologie Luthers. Dabei wird allerdings oft zu wenig beachtet, daß weder ein "schon" wie
auch ein "noch nicht" der Entwicklung Luthers gerecht wird. Die Loslösung von vorgegebenen theologischen Gedanken hat sich langsam und
keineswegs geradlinig vollzogen und ist nur in immer neuen Umbrüchen erkennbar, bis schließlich ein neues Ganzes vor uns steht.
[17] Schol Röm 9,3: "Christus plus quam omnes sancti damnatus est et
derelictus. Et non, Ut aliqui imaginantur, facile fuit passus. Quod
realiter et vere se in aeternam damnationem obtulit Deo patri pro nobis. Et humana eius natura Non aliter se habuit quam homo aeternaliter damnandus ad infernum. Propter quam Charitatem eius in Deum
Deus statim eum suscitavit a morte et inferno Et sic momordit infernum. Quod oportet omnes sanctos eius imitari" (56, 392, 7-13). Bayer,
Promissio 73, sagt dazu: "Dieser Text kann deshalb besonderes Interesse beanspruchen, weil sich in ihm das Eigentümliche der Rechtfertigungslehre der Römerbriefvorlesung völlig adäquaten christologischen Ausdruck verschafft: Das Christusgeschehen ist selbst - urbildlich - Rechtfertigungsgeschehen ... Was Christus erlitten hat, ist
"pro nobis" geschehen, d.h. als Vorbild unserer Rechtfertigung, in
der dieses nachgebildet wird ("imitari")".
[18] Schol Röm 10,6 (56, 415, 22); deutlich auch die Fortsetzung: "Hoc autem non praestat nisi fides, quae excecat omnem sapientiam carnis
faciens nihil scire, paratum doceri ac duci et promptum audire et
cedere. Quia non magnitudinem operum, sed mortificationem veteris
hominis requirit Deus. Non autem mortificatur nisi per fidem, quae
humiliat sensum proprium et subiicit alterius. Tota enim vita veteris
hominis stat in sensu seu mente seu sapientia et prudentia carnis sicut

Coram Deo lebt nur, wer sich vom Wort Gottes überführen läßt und sich im Glauben dem im Kreuz Christi offenbar gewordenen Handeln und Denken Gottes preisgibt. Das Wort vom Kreuz zwingt den Menschen zur Preisgabe aller eigenen Fähigkeiten, des eigenen Wollens und Handelns: es zwing ihn zur Demut. Dem Demütigen ist die Gnade Gottes verheißen, wie am Beispiel Jesu ablesbar geworden ist, weil Gott sich in einem Bund festgelegt hat, nur dem Demütigen die Gnade zu geben. Die humilitas ist die Grundhaltung, die Humilitastheologie d e r Grundzug der frühen Theologie Luthers.

An diese Humilitastheologie stellen sich aber manche Fragen: Ist hier nicht die Demut an die Stelle der Werke getreten und kann somit Gerechtigkeit durch Demut verdient werden [19], so daß wir nicht von einer Glaubensgerechtigkeit, sondern von einer Demutsgerechtigkeit sprechen müssen [20]? Ist Demut eine Leistung des Menschen, die bis ins letzte verfeinerte Methode einer Selbstdemütigung und damit letzter Ausdruck einer Selbstrechtfertigung?

Man würde Luther mißverstehen, wollte man in der Demut eine menschliche Leistung sehen. Glaube und Demut sind Geschenk, sie sind das Werk des Wortes, der Schrift, von der Kreuzesbotschaft hervorgebracht, wie es Luther unmißverständlich zum Ausdruck bringt [21]. Die Demut ist Ausfluß des Glaubens, der neuen von der Schrift bewirkten intelligentia. Aber sie bleibt ein Leben lang gefordert [22]. Wenn Luther dann noch in der Demuts-

---

serpentis vita in capite. Contrito itaque capite isto totus homo vetus mortuus est. Quod facit, ut dixi, fides verbi Dei. Non quod de coelo tantum sonat, sed quod usque hodie ex ore cuiuslibet boni viri, precipu prelati, procedit" (56,416,5-14). Vgl. ferner 56,329,27; 56,446,31ff. Vgl. R. Schwarz, Fides, spes und caritas 259-287: Der Wandel des Selbstverständnisses durch den Glauben.

[19] So wenn Luther sagt: "...ut sic humiliati et impios ... nos confessi mereamur iustificari ex ipso" (56,247,15).

[20] E. Bizer, Fides ex auditu 31.

[21] "Verbum facit opus suum" (56,387,14); die Gesinnungsänderung "intendit omnis sermo Scripturae et omnis operatio Dei" (56,233,8); "Hanc compunctionem neque ex me habeo: quia me mutavit (deus) in alium virum, illuminavit enim me ad cognitionem mei" (3,541,14ff). Vgl. ferner die oben S. 21 Anm. 34 genannten Stellen, wo von der zerstörerischen Kraft des Evangeliums die Rede ist. Vgl. auch W. Jetter, Die Taufe 265f; L. Grane, Contra Gabrielem 295.

[22] Bizer, Fides ex auditu 51: "An allen entscheidenden Stellen der Vorlesung erscheint die Demut als das, was vom Menschen gefordert wird, und sie ist nicht der Glaube, sondern sie folgt aus dem Glauben ... Diese Demut ist in der Tat keine "Mönchstugend" - wenn dabei der Nachdruck auf die "Tugend" gelegt wird und wenn damit gemeint ist, daß man sich dazu entschließen könne wie etwa zur Enthaltsamkeit. Da widerspräche schon dem Begriff Demut; denn so würde sie zu einem

haltung die Erfüllung des facere quod in se est sehen kann, trifft ihn dann nicht auch der Vorwurf des Pelagianismus, den er gegen Biel und die Scholastik erhoben hat?

Der synergistische Schein so vieler Stellen der Frühschriften Luthers - einer der "schlimmsten Steine des Anstoßes für alle Lutherinterpreten" [23] - wird verständlicher auf dem Hintergrund der franziskanischen Bundestheologie, die Luther von Biel und anderen überkommen ist. Das wird in der Diskussion um die Frühtheologie Luthers zu wenig beachtet. Allzu leicht hat man das Reden vom Bund als nominalistischen Rest abgetan. "Damit aber hat man nicht nur eine entscheidende Phase in Luthers Entwicklung verkannt, sondern auch eine der wichtigsten Grundlagen seiner frühen Humilitastheologie übersehen" [24].

In seinem Bund hat Gott sich festgelegt, hat es beschlossen und versprochen, nur den Demütigen die Gnade zu geben. Gott handelt unter einem Gesetz, das er sich selbst aus Barmherzigkeit uns gegenüber gegeben hat. Innerhalb dieses Gesetzes wird vom Menschen das facere quod in se est verlangt. Die Bestimmung dieses facere ist nun bei Luther radikal auf die humilitas, das Sündenbekenntnis und das Bittgebet eingeengt [25]. Diese Einschränkung ist zugleich die Überwindung eines jeglichen 'facere', da

---

Werk des Menschen, dessen er sich rühmen könnte, womit die Demut sich selber aufheben würde. Wohl aber kann man sagen, daß hier eine Radikalisierung des vom Mönch Geforderten vorliegt, die freilich nicht der Mönch oder der Mensch von sich aus vornehmen kann, sondern die von Gott durch den Glauben an sein anklagendes Wort gewirkt werden muß". Ebenso M. Kroeger, Rechtfertigung und Gesetz 67: "Er ist reiner, d. h. empfangender Glaube, nährt aber, weil er noch als unendlich geforderte humilitas/confessio verstanden ist, den synergistischen Schein, der nicht unüberwundener "Rest" ist, sondern als wesentliche Eigentümlichkeit zur Fassung dieses Glaubensbegriffes hinzugehört, um die reine und wirkliche Demut in Unwissenheit zu ermöglichen".

[23] A. Gyllenkrok, Rechtfertigung und Heiligung 40.
[24] H. Oberman, Wir sein pettler 246. Dieses Urteil gilt auch für die Darstellung der frühen Theologie Luthers bei K. H. zur Mühlen, Nos extra nos. Zuzustimmen ist der Beschreibung des Wirkens Gottes durch das Wort als "iudicium" (34; 49f; 66; 91f). Ohne die Beachtung der Pakttheologie wird aber nicht klar, wie im Iudicium "zugleich" (aaO. 50) und "in Einheit" (aaO. 68) Iustitia geschieht. Auf den franziskanischen Bundesgedanken verweist auch R. Schwarz, Vorgeschichte 249-259.
[25] Auch in der Tradition konnte das facere auf ein Minimum eingeschränkt werden, wie die von H. Oberman, aaO. 244f, angeführten Texte von Marsilius von Inghen und Kaspar Schatzgeyer zeigen. Aber die Ablehnung jeder Verdienstlichkeit von Werken und die Reduzierung der humilitas auf die Anerkenntnis des eigenen Nichts ist doch nirgends so radikal durchgeführt wie bei Luther. Vgl. W. v. Loewenich, Luthers Theologia crucis 176 f.

die Demut als Bekenntnis des Menschen gesehen wird, vor Gott mit leeren
Händen dazustehen und gerade nichts tun zu können [26]. Die Anerkenntnis
des eigenen Nichts ist der Ort des alleinigen Handelns Gottes aufgrund seines Bundes. Die Betonung des Bundes ist Luther so wichtig, daß er es in
Kauf nimmt, pelagianisch mißverstanden zu werden. Er ist Gnadenbund,
und die geschenkte Gerechtigkeit könnte am besten als Bundesgerechtigkeit
beschrieben werden [27].

Die geforderte humilitas ist die Abwehr jeglicher Selbstrechtfertigung und
Selbstvergewisserung des Menschen. Deshalb muß die Demut auch ständig
bleiben, darf nie aufgehoben werden, um eine dann jederzeit mögliche falsche Sicherheit auszuschließen. Um die Demut in ständiger Bewegung zu
halten, darf die Erfüllung des Bundes vonseiten Gottes auch nie im festen
Zusagewort der Vergebung gewiß werden [28]. Die Dauer des Bundes ver-

---

[26] Das Bekenntnis und die Bitte kann zwar Disposition sein, aber kein
meritum: "Quod autem petit dari, significat gratiam esse, non meritum. Non enim sunt debita, que petuntur, sed gratis donanda. Non
oratione, sed operatione fit meritum" (4,390,22ff).

[27] Auf dem Hintergrund der Bundestheologie, wie sie Luther faßt, dürfte es nicht richtig sein, wenn Bizer sagt: "Der Begriff der formalen
Gerechtigkeit ist nicht überwunden; die Demut i s t eine formale Gerechtigkeit, und es ist die Demut, nicht einfach der Glaube, die hier
den Menschen rechtfertigt" (Fides ex auditu 51). Der Begriff der formalen Gerechtigkeit beinhaltet doch eine Leistung des Menschen, während
die Demut bei Luther der Verzicht auf jede Leistung ist. Freilich kann
die Negation des facere immer noch als menschliche Leistung verstanden werden. Die Forderung nach unendlicher Demut läßt die Aussagen
Luthers - wie auch bei G. Biel - in schillernder Unklarheit.

[28] Die vom Wort in Bewegung gesetzte und dauernd bleibende Selbstentäußerung und damit den Schwebezustand zwischen Iustitia und Iniustitia
zeigt sehr deutlich ein Text aus dem Schol Röm 12.2: "Semper homo
est in Non Esse, in fieri, in esse, Semper in privatione, in potentia,
in actu, Semper in peccato, in Iustificatione, in Iustitia, i.e. Semper
peccator, semper poenitens, semper Iustus. Quod enim poenitet, hoc
fit de non Iusto Iustus. Ergo poenitentia est medium inter Iniustitiam
et Iustitiam. Et sic est in peccato quoad terminum a quo et in Iustitia
quoad terminum ad quem. Si ergo semper poenitemus, semper peccatores sumus, et tamen eoipso et Iusti sumus ac Iustificamur, partim
peccatores, partim Iusti, i.e. nihil nisi poenitentes" (56,442,15ff). Vgl.
dazu Bayer, Promissio 139: "Der... bestimmende aristotelische Per-
manenzgedanke läßt es nicht zu, die Endgültigkeit der promissio und damit die Gewißheit des Glaubens konkret auszusagen. Die promissio darf
in ihrer Endgültigkeit gerade nicht zeitlich und mündlich werden - und
zwar um der Dauer der dialektischen Bewegung willen", die eben auch
vom Bund Gottes her gefordert ist.

langt die Dauer der Demut als "Bundesbedingung". Die Ungewißheit der Vergebung ist der Schutz der Demut [29]. Deshalb gehört die Ungewißheit des Heiles und damit der "königliche Weg" zwischen Sicherheit und Verzweiflung wesentlich zur frühen Rechtfertigungslehre Luthers [30]. Wenn Luther in Schol Röm 8,28 von einer Gewißheit inmitten der Erwählungsanfechtung redet, dann gründet diese Gewißheit im Glauben an die promissio Gottes, dem Demütigen das Heil zu schenken [31]. Die Gewißheit bleibt ein Hoffnungsgut der Zukunft.

Später wird Luther die Gewißheit präsentischer Gnade mit allem Nachdruck fordern. Dann aber richtet sich der Glaube nicht mehr auf das Wort vom Paradox des Kreuzes, das im Menschen die Demut als "Bundesbedingung" fordert, sondern auf das Zusagewort der Vergebung. Der Gedanke des Bundes wird bleiben, aber das Bundeswort wird sich ändern [32]. Den Unterschied soll ein Abschnitt aus dem Traktat "Von der Freiheit eines Christenmenschen" (1520) verdeutlichen:

Es "ist zu wissen, daß die ganze heilige Schrift in zweierlei Wort geteilet wird, welche sind: Gebote oder Gesetze Gottes und Verheißungen oder Zusagen... Wenn nun der Mensch aus den Geboten sein Unvermögen gelernet und empfunden hat, daß ihm nun angst wird, wie er dem Gebot Genüge tue..., so ist er recht gedemütigt und in seinen Augen zunichte geworden, findet nichts in sich, damit er könne fromm werden. Dann kommt das andere Wort, die göttliche Verheißung und Zusagung, und spricht: Willst du alle Gebote erfüllen, deine böse Begierde und Sünde los werden, wie die

---

[29] Vgl. besonders die Scholien zu Röm 3,20; 4,7; dazu M. Kroeger, Rechtfertigung und Gesetz 118-163, besonders 140: "Wir haben festgestellt, daß zum rechtfertigenden Glauben nach dem Verständnis der Römerbriefvorlesung die Ungewißheit gehört, und zwar als letzter Schutz gegen die Selbstversuchung des Glaubens, sich als genügende Demut zu rechtfertigen und darum als erfüllte Bedingung verdienstlich zu werden".

[30] Zum "königlichen Weg" vgl. Schol Röm 4,7 (56,283). Während K. Holl im Römerbriefkommentar Luthers Lehre von der persönlichen Heilsgewißheit schon voll ausgebildet sieht (Gesammelte Aufsätze I,134), hält J. Ficker (Luthers Vorlesung über den Römerbrief LXXVII) sie für teils abgelehnt und teils postuliert. A. Gyllenkrok, Rechtfertigung und Heiligung 66, und E. Bizer, Fides ex auditu 172, lehnen eine Entdeckung der Heilsgewißheit in der Römerbriefvorlesung ab. Vgl. dazu auch R. Mau, Zur Frage der Begründung von Heilsgewißheit.

[31] 56,381ff; vgl. auch das Diktat 57 I 199,6-21.

[32] Daß die Änderung des Bundeswortes auch eine Umgestaltung der Humilitastheologie zur Folge hat und damit eine Wende in der Theologie Luthers eintritt, kommt bei H. Oberman, Wir sein pettler, zuwenig zum Ausdruck. Darauf aber wollte Bizer mit seinem Buch gerade hinweisen. So ist auch die Grundaussage von Bizers Buch bei Oberman verzerrt dargestellt (aaO. 233).

Gebote erzwingen und fordern, siehe da, glaube an Christus, in welchem ich dir alle Gnade, Gerechtigkeit, Frieden und Freiheit zusage. Glaubst du, so hast du, glaubst du nicht, so hast du nicht"[33].

Hier tritt das Wort in zweifacher Gestalt auf: das eine führt zur Demut, das andere zur Freiheit: es ist Zusage der Vergebung. In der frühen Theologie Luthers fehlt das gnädige Zusagewort Gottes [34].
Denn dort tritt das Wort in einer Gestalt auf: als Feind, als Wort vom Paradox des Kreuzes, das den Menschen richtet und zur Demut führt. Auf dieses Gerichtswort richtet sich der Glaube, nicht auf die Zusage der Vergebung [35]. Das Wort vom Kreuz belehrt den Menschen allerdings auch über das Bundeshandeln Gottes und läßt ihn in seiner Demut ausharren. Aber die Zusage der Gerechtigkeit ergeht nicht im mündlichen Zuspruch, sondern allein in der Erfahrung der tribulatio, eines Zustandes in contrario et in abscondito, als "signum amantis Dei" [36]. Die Zusage wird nicht konkret in einem Wort greifbar, sie kann nur erhofft und erfleht werden im Glauben, daß Gott seinen Bund einhält. Um das Bundeshandeln Gottes 'in contrario' stets offen zu halten, müssen die Niedrigkeit der Demut als Ort des Handelns Gottes und die Ungewißheit des Heiles bestehen bleiben.

Die Entdeckung des "anderen Wortes" und damit die Neugestaltung der Bundestheologie hat ihren Ort in der Entdeckung Luthers, daß im Sakrament das befreiende Wort der Zusage in Öffentlichkeit gesprochen, hörbar und

---

[33] "Von der Freiheit eines Christenmenschen", §§ 8 und 9 (7,23f; LD 2, 254f). In der Heidelberger Disputation etwa fehlt das Auftreten des "anderen Worts" noch, es kommt zu einem gleitenden Umschlag von lex zu gratia: "Lex notum facit peccatum, ut cognito peccato gratia quaeratur et impetretur. Sic sic humilibus dat gratiam, et qui humiliatur, exaltatur. Lex humiliat, gratia exaltat. Lex timorem et iram, gratia spem et misericordiam operatur. Per Legem enim cognitio peccati, per cognitionem autem peccati humilitas, per humilitatem gratia acquiritur. Sic opus alienum Dei inducit tandem opus eius proprium, dum facit peccatorem, ut iustum faciat" (1,360,37-361,5).

[34] Vgl. O. Bayer, Promissio 57 und öfter; M. Kroeger, Rechtfertigung und Gesetz 124-134; Wenn G. Ebeling (RGG IV, 501) vom "Glauben wirkenden Heilswort" spricht, dann muß deutlich gesagt werden, daß das anklagende Wort der Schrift nur im Umbruch tiefster Niedrigkeit zum Heilswort werden kann, aufgrund des Bundes Gottes.

[35] Vgl. die Zusammenfassung bei O. Bayer, Promissio 39f; Bizer, Fides ex auditu 37.

[36] Ps 59(60),10: "Quia omnes, quos deus amat, castigat. Ideo omnis tentatio est signum amantis Dei" (3,340,13f). In aller Deutlichkeit zeigt sich dieser Gedanke in Schol Röm 8,28 (56,381ff; vgl. auch das Kollegdiktat 57 I 199,6-21). Eine gute Zusammenfassung seiner frühen Theologie gibt Luther in der deutschen Auslegung der sieben Bußpsalmen vom Frühjahr 1517 (1,154-220; bes. Ps 51 = 184ff). Vgl. dazu Bayer, Promissio 144-158.

greifbar wird. Das wird unten genauer darzulegen sein [37].

Auf dem Hintergrund der hier dargelegten Rechtfertigungslehre der Frühzeit muß nun die Stellung Luthers zum Sakrament bis 1517 aufgezeigt werden.

B. Die Sakramente

Ausführungen Luthers zur allgemeinen oder speziellen Sakramentenlehre sind bis 1517 selten [1]. Ein besonderes Interesse am Sakrament ist nirgends festzustellen. Es fehlen auch Hinweise auf eine einsetzende kritische Distanzierung oder positive Neuorientierung. "Luther rechnet noch unkritisch mit den 7 Sakramenten" [2]. Eucharistie, Taufe und Buße werden am häufigsten genannt [3], Ordo, Firmung, Krankensalbung und Ehesakrament meist nur nebenher erwähnt [4]. Deshalb werden im folgenden vor allem die Aussagen über Taufe, Buße und Eucharistie dargestellt werden. Ferner wird zu fragen sein, wie Luther in dieser Zeit das Verhältnis von Wort und Sakrament sieht. Einleitend soll auf die Deutung des Kreuzestodes Christi als Sakrament eingegangen werden.

1. Der Kreuzestod Christi als Sakrament

Im Anschluß an einen Augustinustext spricht Luther vom Kreuz Christi als "sacramentum et exemplum" [5]. Diese knappe Formel läßt sich bei ihm

---

[37] Stellvertretend sei hier nur auf einen Text aus der Primizpredigt von 1518 hingewiesen: Bei der Beschreibung des priesterlichen Dienstes im Bußsakrament heißt es: "Ich sage dir zcu: du bist absolvirtt, biß auch gutter dinge, in hoc nihil dubita ... Ita salus nostra in verbo est et non in verbo, sed quia Christus in verbo est annexus, eß muß nicht pampeln. Sacramentum ist ein felß in Christum grundtt ..." (4, 658, 23ff).

[1] E. Bizer, Die Entdeckung 67; W. Jetter, Die Taufe 112; E. Vogelsang, Die Anfänge 115ff. Die Sentenzenlektur in Erfurt hat Luther abgebrochen bevor er zu dem für die Sakramentenlehre wichtigen 4. Buch der Sentenzen gekommen ist.

[2] Jetter, aaO. 184.

[3] Siehe den statistischen Überblick bei Jetter, aaO. 175 Anm. 1 u. 257 Anm. 1.

[4] Im Psalmenkommentar werden Ordo und Firmung nicht, Krankensalbung 2mal (3, 402, 15f und 4, 267, 37ff), das Ehesakrament 1mal (3, 346, 32f) erwähnt. Im Römerbriefkommentar fand ich den Ordo 2mal (56, 172, 11ff und 248, 18ff), die Firmung 1mal (56, 248, 18ff), Ehe und Krankensalbung nicht genannt.

[5] Behandelt ist diese Formel u. a. bei O. Bayer, Promissio 78-93; E. Bizer, Die Entdeckung 65-71; E. Iserloh, Sacramentum et exemplum

von 1509 bis 1543 nachweisen [6], was nicht von vorneherein heißen muß, daß auch der Aussagegehalt der Formel gleichbleibt [7]. In den Darstellungen der Sakramententheologie Luthers - insbesondere für die Frühzeit - wird oft auf diese Formel verwiesen, um von der christologischen Aussage auf Luthers Position in der Sakramentenfrage zu schließen [8]: ob zu Recht, muß die Untersuchung zeigen.

a) Augustinus

Das Begriffspaar "sacramentum et exemplum" übernimmt Luther von Augustinus, De Trinitate, lib. IV cap. 3 [9]. Dort weist Augustinus daraufhin, daß dem einfachen Tod Jesu bei uns ein doppelter Tod entspricht. Wir stehen im Tod an Leib und Seele, bedürfen also auch einer doppelten Auferstehung. Christus war ohne Sünde, war also auch nur dem Leibe nach tot und erstand nur dem Leibe nach auf zu neuem Leben. Was Augustinus herausstellen will, ist - wie der Gesamtzusammenhang in cap. 2 und 4 zeigt - das Verhältnis 1:2, das aufgrund der Zahlensymbolik auf eine Harmonie von höchster Bedeutung hinweist [10]. Von diesem Verhältnis heißt es: "Duplae morti nostrae salvator impendit simplam suam, et ad faciendam utramque resuscitationem nostram in sacramento et exemplo praeposuit et proposuit unam suam", und zwar "interioris hominis sacramentum, exterioris exemplum" [11]. Sacramentum sind Tod und Auferstehung Jesu, sofern sie auf Sterben und Auferstehen des bisher der Sünde lebenden, inneren, geistlichen Menschen hinweisen (significare), exemplum, sofern sie Tod und Auferstehung des menschlichen Leibes anzeigen. Sacramentum be-

---

(aufgenommen in: E. Iserloh, Luther und die theologische Tradition 31-47); W. Jetter, Die Taufe 136-159; F. Mann, Das Abendmahl 29ff; E. Roth, Sakrament nach Luther 9ff; M. Elze, Das Verständnis der Passion 148ff; H. Kasten, Taufe und Rechtfertigung 215-227.

[6] Gut zugänglich sind alle wesentlichen Texte bei Iserloh, aaO.

[7] Während Iserloh das "Thema 'sacramentum - exemplum' eindrucksvoll durchgehalten" sieht (aaO. 264), haben Bizer und Bayer auf die Wandlung im Zuge des reformatorischen Umbruchs hingewiesen.

[8] So vor allem Jetter: "Unter 'sacramentum' versteht also Luther hier die zugleich zeichenhaft bedeutsame wie geistlich wirksame Art, in der sich das geschichtliche, im Wort begegnende Heilsgeschehen von Tod und Auferstehung Christi in der menschlichen Existenz gegenwärtig im Glauben verwirklicht. Und man kann von da aus nur sagen: so liegt in Luthers Hermeneutik schon fast alles bereit, was dann seine eigentliche Sakramentslehre brauchen wird" (Die Taufe beim jungen Luther 147). Als Aussage für die Sakramente wird die Formel gedeutet auch bei Iserloh (siehe den Text unten Anm. 20), Mann und Roth.

[9] CChr 50,165-169; BKV II 13,144-149.

[10] AaO. bes. 169.

[11] AaO. 166f.

48

zeichnet hier nicht das kirchliche Sakrament, sondern ist ein Terminus der Schriftauslegung und verweist auf den über das sichtbare Kreuz hinausgehenden Sinnbezug und die Bedeutung des Christusgeschehens im Christen[12].

b) Luthers Randbemerkungen

Den schwierigen Gedankengang des Augustinustextes macht sich Luther um 1509 in den Randbemerkungen zu "De Trinitate" durch ein Schema deutlich:

"Crucifixio Christi est:

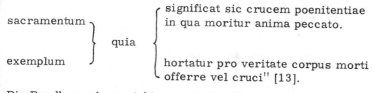

sacramentum ⎫
⎬ quia
exemplum ⎭

⎰ significat sic crucem poenitentiae
⎱ in qua moritur anima peccato.

⎰ hortatur pro veritate corpus morti
⎱ offerre vel cruci" [13].

Die Randbemerkung steht ganz in der Linie des Augustinustextes und muß von dorther ausgelegt werden. Der Kreuzigung Christi - Luther interessiert, anders als Augustinus, nur die Kreuzigung, nicht auch die Auferstehung - entspricht im Verhältnis 1:2 bei uns ein Doppeltes: das Kreuz der Buße als inneres Geschehen, worauf das Kreuz als sacramentum hinweist, und die Bereitschaft zu Tod und Leid als äußeres Geschehen, wozu das Kreuz als exemplum ermuntert.

Die inhaltliche Bestimmung von sacramentum stimmt fast wörtlich mit Augustinus überein, die von exemplum dagegen ist eine Verschärfung. Denn während Augustinus davon spricht, daß das Kreuz auffordert, keine Angst vor einem etwaigen Martyrium zu haben, spricht Luther gerade von einer Aufforderung zum Martyrium und Leiden.

Umstritten ist nun die Frage, ob dem significare des sacramentum auch ein efficere zukommt. Während Bizer die noetische, moralische Zeichenfunktion im Sinne der Humilitastheologie betont [14], möchte Iserloh im Kreuz

---

[12] Zum hermeneutischen Gebrauch von sacramentum bei Augustinus vgl. Bayer, Promissio 80f. Augustinus gewann seine Bestimmung des Sakramentes als sacrum signum (De civ. Dei X, 5) aus der alexandrinischen Zeichentheorie. Die Definition des Zeichens als einer "res praeter speciem, quam ingerit sensibus, aliud aliquid ex se faciens in cogitationem venire" (De doctr. Christ. II,1,1 = CChr 32,32) führt dazu, daß Brot und Wein als Sakramente bezeichnet werden können, "quia in eis aliud videtur aliud intelligitur" (Sermo 272 = PL 38,1247). Vgl. dazu A. Michel, Art. Sacrements, in: DThC XIV, 520.

[13] WA 9,18,19ff.

[14] "Der Tod Jesu am Kreuz zeigt uns die Demut als den Weg des Heils, denn die Demut ist die Haltung des Büßenden". Und: "Das Sakrament gibt nicht in erster Linie etwas, sondern es vermittelt eine am Kreuz Christi zu gewinnende Erkenntnis, die auf einer bestimmten Deutung

Christi das sacramentum als ein signum efficax sehen [15]. Für diese Deutung wird auf eine zweite Randbemerkung Luthers zum Augustinustext verwiesen [16]:

"Potest illud simplum alio etiam modo ad duplum comparari.

Ut mors Christi
{
redimat animam a morte, sic per mortem suam mortem momordit.

faciat animam mori peccato, ut sic sumus crucifixi mundo et mundus nobis".

In dem "faciat animam mori peccato" wird eine Verdeutlichung für das "sacramentum" der ersten Randbemerkung gesehen, weil es nicht nur hinweist, sondern auch bewirkt [17]. Eine solche Deutung ist jedoch nicht gerechtfertigt. Die zweite Randbemerkung steht nicht mehr unter dem Gesichtspunkt sacramentum - exemplum, sondern sie greift auf neue Weise das grundsätzliche Verhältnis 1:2 auf (alio modo potest comparari) [18].

---

derselben beruht; wenn ich sie mir zu eigen mache oder wenn sie mir von Gott eingeprägt wird, so wird sie sich freilich auch als heilsame Erkenntnis auswirken" (Die Entdeckung des Sakraments 66).

[15] Sacramentum et exemplum 250f.

[16] 9,18,27ff.

[17] So Iserloh, Sacramentum et exemplum 250. Dabei wird allerdings der erste Satz der Gegenüberstellung (redimat animam...) übergangen und damit ein falsches Bild gezeichnet: "Ernst Bizer deutet diese Stelle direkt im Widerspruch mit der Intention Luthers, wenn er die sakramentale Bedeutung des Todes Christi im Bereich der Erkenntnis und des moralischen Verhaltens beschlossen sieht ... Dabei sagt Luther ausdrücklich 'ut mors Christi faciat animam mori'" (aaO.). Der Meinung Iserlohs schließt sich auch Mann, aaO. 30 Anm. 8 an.

[18] Der Bezugstext für Luthers Anmerkung ist nicht der WA 9,18,27 angegebene, sondern der bei Augustinus unmittelbar folgende Satz: "Una ergo mors nostri salvatoris duabus mortibus nostris saluti fuit" (CChr 50,169), wobei freilich Luther Augustins Gedanken verläßt und sich auf das Paradox von Todesbefreiung und Todesveranlassung konzentriert. Das zeigt auch die dunkel bleibende Fortsetzung der Anmerkung 9,18, 31. Obwohl auch M. Elze, aaO. 149f, auf das "alio modo" und das Fehlen der Formel "sacramentum - exemplum" hinweist, interpretiert er doch von der zweiten Randbemerkung aus das sacramentum (zwar nicht in der ersten Randbemerkung aber in der weiteren Verwendung), wenn er schreibt: "Der wesentliche Aspekt am Kreuzestod Christi ist hier also die Tatsache des Gestorbenseins, nicht die besondere Art und Weise des Sterbens, aus der sich für Augustin zunächst die Art und Weise des erforderten menschlichen Leidensnachvollzugs ergeben hatte... Es ist nun aber dieses Verständnis, das sich bei Luther überall dort wieder einstellt, wo er sich später des augustinischen Begriffspaares

Der eine Tod Christi hat eine paradoxe Entsprechung im zweifachen Todes-
geschehen bei uns: er erlöst uns vom Tod und er führt zum Tod (der Sünde).
Die zweite Randglosse darf nicht zur inhaltlichen Bestimmung der ersten
herangezogen werden, beide verbindet nur die formale Verhältnisbestimmung 1:2, wie sie von Augustinus herkommt. Es ist deshalb unzulässig, in
der ersten Randbemerkung einen "Sakramentstext Luthers" [19] zu sehen
und ihn als Beweis für ein neues Verstehen der kirchlichen Sakramente zu
nehmen [20]. Luther geht über Augustinus hinaus, indem er die Formel
"sacramentum et exemplum" auf das Kreuz einschränkt - während Augustinus den Akzent mehr auf die Auferstehung legt - und die Entsprechung des
Kreuzes im Menschen verschärft. Insofern kann die Randbemerkung eher
für die entstehende und oben beschriebene Humilitastheologie herangezogen werden.

c) Psalmenkommentar

In der Psalmenvorlesung wird das Begriffspaar nicht ausdrücklich gebraucht, wohl aber klingt der Augustinustext an zwei Stellen an. Zwei weitere Stellen sind zur Verdeutlichung mitheranzuziehen.

Ps 67(68), 5: "Breviter itaque Occasus domini simplus (secundum Augustinum) concinit nostro occasui duplo: Et ipse uno simplo victo et ascenso
nostrum simul vicit duplum. Occasus enim noster in peccatum et mortem
est utrunque. Christi autem in mortem tantum et non in peccatum. Et
assidue nunc ascendit in nobis super occasum ... in peccatum ... Tandem
in futuro etiam ascendet super occasum mortis" [21].

Ganz im Sinne der tropologischen Auslegung wird das Christusgeschehen
in seiner Entsprechung in uns im Verhältnis 1:2 beschrieben.

---

sacramentum - exemplum erinnert und das er ihm dann jeweils unter-
legt" (aaO. 150).
[19] Mann, Das Abendmahl beim jungen Luther 31.
[20] Iserloh, aaO. 251: "... in Rückführung des Sakramentsbegriffs im
Sinne der älteren Tradition auf Christus als Ursakrament überwindet
Luther die Entleerung des Sakraments durch den Nominalismus und
läßt zugleich die stark vom juristischen Denken bestimmte, als Satis-
fikation verstandene Erlösungslehre zurücktreten zugunsten der in der
Vätertheologie maßgebenden Auffassung von der Erlösung". Jetter,
aaO. 139 Anm. 1: "Luther scheint hier mit 'sacramentum' über die
scholastische Dogmatik hinweg auf Augustin zurückzugreifen und ein
andersartiges, gerade nicht in den Sakramenten erfolgendes Gegen-
wärtig- und Wirksamwerden der Passion Christi zu meinen, nämlich
ein durchs Wort vermitteltes". Zur Interpretation durch Jetter vgl.
auch H. Kasten, Taufe und Rechtfertigung 217f.
[21] 3, 392, 35ff.

Ps 68(69),2: Wir leiden unter einem doppeltem Übel: Sünde und Strafe, Christus erlitt nur die Strafe, die er für uns auf sich genommen hat. So ist sein Gebet um Befreiung von der Strafe ein Gebet um doppelte Befreiuung für uns: von der Sünde und der Strafe. "Notandum autem, quia Christus semper suo simplo nobis duplo nostro respondet, secundum s. Augustini li. 4. tri. 3. Ut quia spiritualiter non fuit in miseria, sed tantum literaliter" [22].

Auch hier interessiert wieder das Verhältnis simplum-duplum. Interessant dabei ist, daß, was vorher sacramentum hieß, nun mit spiritualiter bezeichnet wird. Beide Begriffe verweisen auf den Vorgang in der tropologischen Auslegung: Was wir von Christus lesen, muß sich im homo interior nachvollziehen [23].

Ps 110(111),4: "Memoriam fecit mirabilium suorum" legt Luther so aus: Die 'mirabilia' sind die Wunder, die sich an Christus vollzogen haben, "quod mortem morte occidit et penas pena, passiones passione, ignominias ignominia" [24], also das Paradox des Kreuzes. "Ista autem mirabilia radicaliter et causaliter in Christi passione sunt facta, ad cuius exemplum omnes formari necesse est. Ergo Sacramentum Eucharistie est passionis, id est mirabilium eius memoria. In quo reficiuntur et comedunt timentes eum. Veruntamen ista esca et memoria est duplex, scilicet sacramentalis et spiritualis. Spiritualis est ipsa predicatio de Christo et Evangelium" [25].

Das Paradox des Kreuzes muß sich an uns nachvollziehen; um dies zu ermöglichen, ist die Eucharistie memoria. Gedächtnis und Speise können jeweils sacramentalis oder spiritualis sein. Dabei interessiert Luther gerade die memoria et esca spiritualis, die memoria et esca sacramentalis läßt er unbeachtet.

Weder steht hinter diesem Text das Begriffspaar "sacramentum et exemplum" [26], noch sagt der Text, "daß die Passion im Sakrament der Eucharistie als einem bewirkenden Zeichen uns gleichzeitig wird" [27]. Sacramentalis (hier im Sinne der Sakramente) und spiritualis sind in diesem Text wenn auch nicht "Gegensätze" [28] so doch verschiedene Weisen der Vergegenwärtigung des Kreuzes Christi [29]. Wir werden unten sehen, wie gerade die tropologische Auslegung der Passion die frühe Auffassung Luthers von der Eucharistie prägte.

Ps 115(116),15: "Omnes autem accipere debent calicem domini, licet alii tantum intentionaliter, id est in memoria. Alii spiritualiter, id est cruci-

---

[22] 3,418,20-22.
[23] Vgl. oben Seite 15 und Bayer, aaO. 83ff.
[24] 4,243,6ff.
[25] AaO. 14-19.
[26] Wie Mann, aaO. 32, vermuten läßt.
[27] Iserloh, aaO. 252, und ähnlich Mann, aaO. 32.
[28] Jetter, aaO. 205 Anm.6.
[29] Vgl. die Glossen zu Ps 110(111) 5 in: 4,236,21f und 33ff.

figendo carnem et concupiscentias eius, quod est (sacramentaliter) velut per sacramentum significatum per passionem Christi ... Alii exemplariter, ut martyres" [30].

Dieser Text zeigt, wie unterschiedlich Luther die einzelnen Begriffe gebrauchen kann. Hier entspricht spiritualis wieder dem sacramentum im hermeneutischen Sinn, beide stehen dem exemplariter in der Linie der ersten Randbemerkung gegenüber. Memoria meint hier nur die Erinnerung, ohne die geistliche Verlebendigung wie im vorhergehenden Text. Damit bestätigt sich die Beobachtung zu den Randbemerkungen, daß mit sacramentum nicht ein Geschehen im kirchlichen Sakrament in den Blick genommen wird, sondern das geistliche Lebendigwerden des Christusgeschehens in uns infolge der tropologischen Auslegung, die betont neben, aber nicht gegen das Sakramentsgeschehen zu stehen kommt.

d) Römerbriefkommentar

Die einschlägigen Texte aus der Römerbriefvorlesung führen über das bisher Gesagte nicht hinaus. In Schol Röm 6,3 bringt Luther ein ausführliches Zitat aus De Trinitate IV cap. 3 [31], um zu zeigen, daß Paulus in Röm 6,3 (in morte ipsius baptisati sumus) "quoad sacramentum" und nicht "quoad exemplum" rede, d.h. von unserem geistlichen, nicht unserem körperlichen Tod [32]. Dabei ist trotz Röm 6,3 vom Sakrament nicht die Rede, sondern immer vom Tod der Sünde - angezeigt im Tod Christi -, der sich im homo spiritualis vollzieht, was aber, wie die weiteren Scholien zu 6,4ff zeigen, im Rahmen der beschriebenen Humilitastheologie zu verstehen ist [33]. Sacramentum meint die heilschaffende Bedeutung, die der leibliche Tod Christi für uns besitzt, indem er über das Kreuz hinausweisend zum Zeichen unseres geistlichen Sterbens wird [34].

---

[30] 4,271,10-15. Das "sacramentaliter" ist bei Luther wieder gestrichen. Um eine Beziehung zum Sakrament, die sich vom Psalmtext her nahelegt, auszuschließen?

[31] 56,321,23-322,7.

[32] 56,322,7ff.

[33] Die Humilitastheologie beherrscht die gesamte Auslegung von Röm 6. Vgl. besonders das oben Seite 23 angeführte Schol Röm 6,17 (56,329, 25ff). Zwar erwähnt Luther gelegentlich die Taufe, ohne sie jemals zu thematisieren, aber ihn interessiert dabei die mersio baptismi als Bild des geistlichen Sterbens. So besonders in den Glossen zu 6,3ff (56,8ff).

[34] In der ZGl zu Röm 6,9 sagt Luther, daß Christus "sibi corporaliter, nobis sacramentaliter" auferstanden ist (56,58,19f). Die RGl zu 6,10 bezeichnet den Tod Christi als Sakrament, weil der leibliche Tod Jesu den geistlichen Tod des Menschen anzeigt (56,59,15ff). Die Glossen zu 6,1ff bringen immer wieder die Gegenüberstellung: corporaliter (bei Christus) - spiritualiter (bei uns). Der leibliche Tod (und die

In Schol Röm 4,25 betont Luther, daß der Tod Christi "non solum significat, sed etiam facit remissionem", und daß die Auferstehung "non tantum est sacramentum Iustitiae nostrae, sed efficit eam in nobis, si eam credimus, et est causa" [35].

Als Paralleltext ist die RGl zu 5,10 heranzuziehen: "Resurrectio et Vita Christi est non tantum sacramentum, sed et causa i. e. efficax sacramentum nostrae spiritualis resurrectionis et vitae, quia facit resurgere et vivere credentes in eam, Ut infra: 'Si credideris in dominum Ihesum et confessus fueris, quod Deus illum suscitavit, salvus eris', quia in morte eius spiritualiter morimur" [36]. Die betonte Hervorhebung der effektiven Bedeutung des Todes Christi dürfte gegen die Glossa ordinaria, die von der signifikativen Bedeutung spricht, gerichtet sein [37]. Entscheidend ist, daß die Wirksamkeit des Todes Christi den Glauben als Bedingung erfordert: "si eam credimus"; "facit ... credentes in eam". Dem Glaubenden sind Tod und Auferstehung Christi Ursache für das Sterben und Auferstehen des homo interior et spiritualis, worauf Tod und Auferstehung Christi als sacramentum hinweisen. Es ist aber - im Zusammenhang der frühen Rechtfertigungslehre - der Glaube an das Kreuz Christi als Weg des Heiles, den auch wir nachgehen müssen, um zum Leben zu kommen.

Die Bedeutung von sacramentum im Umkreis der Formel "sacramentum et exemplum" mußte ausführlich dargestellt werden, weil diese Stellen häufig als Beweis dafür genommen werden, daß Luther in seiner Frühzeit entweder das Sakrament abwertet zugunsten des "Wortes" [38], oder aber gegen den Nominalismus zu einem vertieften Sakramentsverständnis findet [39]. Beides ist aus diesen Texten nicht zu erheben. Mit sacramentum meint Luther hier nicht ein Wirklichwerden des Christusgeschehens in den kirchlichen Sakramenten, sondern die über die Historie hinausreichende Bedeutung des Todes Christi für den homo spiritualis. Daß dabei dem Wort vom Kreuz eine große Rolle zukommt, wurde oben gezeigt. Aber es ist das Wort vom Kreuz und nicht das heilschaffende Zusagewort, das Luther später im Sakrament entdecken wird.

2. Die Sakramente allgemein

Die sieben Sakramente gehören zu den Werken Christi in seiner neuen Schöp-

---

Auferstehung) Christi ist ein zeichenhaftes Geschehen für den geistlichen Tod (und die Auferstehung) bei uns.

[35] 56,296,17ff.
[36] 56,51,20ff.
[37] Vgl. die Glossa ordinaria zu Röm 4,25 (PL 114,484; PL 191,1378).
[38] Das ist der Grundtenor in der Untersuchung Jetters.
[39] So bei Iserloh (s. o. Anm. 20). H. M. Müller, Luthers Kreuzesmeditation 39 Anm. 12: "Man kann aus seinen Äußerungen in dieser Zeit weder eine Bestätigung für noch eine Polemik gegen die augustinische oder scholastische Gnaden- oder Sakramentslehre herauslesen".

fung, der Kirche [1]. Sie sind von ihm eingesetzt, um die Kirche zu beleben [2]. Zusammen mit der Schrift, dem Evangeliumswort, den Einzelgemeinden sind sie die Tore des neuen Zion [3], die Brunnen des neuen Israel [4], die verborgenen Schätze der Kirche [5]. Die Siebenzahl wird nicht in Frage gestellt, sowenig wie die Einsetzung der Sakramente durch Christus und ihre Notwendigkeit [6]. Sie spielen auch keine besondere Rolle. Sie gehören einfach zur Kirche, sie überragen das Zeremonienvielerlei des Alten Testamentes. Wie die Verkündigung gehören auch die Sakramente zum Dienst der Priester [7], denn nur sie dürfen die Sakramente spenden [8],

---

[1] Christus ist der beatus vir von Psalm 1. Vers 3 (omnia quaecumque faciet prosperabuntur) erklärt Luther: "omnia, que instituit et ordinavit fieri in Apostolis et discipulis, in sacramentis, mysteriis" (55 II, 18,15f; dort auch Belege für die exegetische Tradition).

[2] 3,170,14ff (zusammen mit dem verbum Dei); 3,429,24ff; 4,454,18ff (Wort und Sakrament stärken die humiles).

[3] 4,456,20ff; 4,23,33ff.

[4] Glossen und Scholion zu Psalm 67(68),27: 3,389,1ff.28; 406,1ff.

[5] 3,183,32ff. Die Sakramente interessieren Luther weiter nicht. Ihm liegt alles an dem verborgenen Heilsgeschehen in der Kirche. Daß die Sakramente aber zur "fleischlich sichtbaren Kirche" gehören, wie Jetter, Die Taufe 177 Anm.2, aus der Stelle herausliest - um einen Gegensatz zwischen Wort und Sakrament zu konstruieren -, ist im Text überhaupt nicht gesagt. Deshalb kann ich hier auch keine Theologie erkennen, "deren kirchliche Konsequenz - die Reformation war" (Jetter, aaO. 178 Anm.1).

[6] Der Text 3,262,10-29 behandelt die dreifache Offenbarung Gottes:
    1. zur Zeit der Propheten war noch alles verhüllt, in Zeichen und Schatten;
    2. zur Zeit Christi und der Kirche ist auch noch manches verhüllt und in eine Vielheit getrennt;
    3. Im Himmel wird Gott ohne Verhüllung und in konzentrierter Einheit sich offenbaren.
    In diesem Zusammenhang heißt es von den Sakramenten: "Et tam multa, quibus nunc sub Christo etiam utimur et egemus, scilicet gratiis et donis, que sunt per multa olim carnalia significata (nunc enim pauca sunt ceremonialia, immo nulla fere de necessitate Euangelii, nisi 7 sacramenta, que olim erant plurima: sed tamen spiritualiter ista remanent et adhuc sunt multa): et tunc omnia ista pater uno nobis verbo prestabit ... Sicut modo in spiritu unica ceremonia, scilicet sacramento, omnia tribuit" (3,262,21ff). Damit werden die 7 Sakramente traditionell dem Vielerlei der alttestamentlichen Zeremonien gegenübergestellt, sowie ihre Endlichkeit, aber auch ihre Notwendigkeit betont. Vgl. Jetter, Die Taufe 184 Anm.3.

[7] 3,170,14ff; 3,380,32ff.

[8] Schol Röm 3,20: Die gegen Aristoteles gerichtete Aussage, daß Werke nicht die Person schaffen, wohl aber Ausfluß der Person sind, erklärt Luther am Beispiel der Priesterweihe: "Si Laicus homo omnia

zum Dienst an den Menschen [9]. Darum gebührt Gott Lob für das Geschenk der Sakramente (und des Evangeliums) [10], darum dürfen sie auch nicht zugunsten frommer Bräuche vernachlässigt werden [11]. Mehr weiß Luther von den Sakramenten in ihrer Gesamtheit nicht zu sagen. Sein ganzes Interesse gilt der Verlebendigung des christlichen Glaubens innerhalb der bestehenden Kirche und ihrer Sakramente. Sein Kampf gilt den "Buchstabenchristen", die das "Leid und die Schwäche der Kirche" sind, wie er bei der Kommentierung von Psalm 68(69) klagt [12]. Er wendet sich gegen die Trägheit in der Gottesverehrung, die nur "literaliter, sine affectu et spiritu" geschehe [13], er geißelt die Leichtfertigkeit in der Sakramentsverwaltung und Predigt [14]. Nicht gegen die Sakramente, sondern für die Durchsetzung des Gotteswortes setzt er sich ein, jenes Gotteswortes, das den Menschen zur Erkenntnis seiner selbst und damit zur Umkehr und Buße führt.

3. Taufe und Bußsakrament

a) Die Taufe

Christus hat eine neue Taufe gebracht, welche die Johannestaufe überragt. Während jener nur die Taufe der Buße predigte, brachte Christus die Tau-

---

opera sacerdotis exterius agat celebrando, confirmando, absolvendo, sacramenta ministrando, dedicando altaria, Ecclesias ... etc., certum est hec opera per omnia simillima esse veri sacerdotis operibus ... Sed quia non est ipse consecratus et ordinatus ac sanctificatus, nihil penitus agit" (56,248,18-23; ähnlich auch 56,172,11ff).
Die Sakramentsaussage ist nicht die Hauptsache. Sie illustriert nur. Andererseits spricht nichts dafür, daß sich Luther mit der Sakramentsaussage nicht mehr identifizieren möchte. Jetter läßt zumindest einen solchen Zweifel anklingen (aaO. 297f).

[9] 4,184,22ff.
[10] 4,456,2; vgl. auch den Aufruf zur Dankbarkeit für die Sakramentsgaben: 3,429,24ff.
[11] Es geht um die Auslegung von Psalm 115,11. Dieser Vers hatte in der mittelalterlichen ars moriendi großes Ansehen: dreimal beim Sterben gesprochen, verschaffe er Sündenvergebung (4,267,34ff und Anmerkung dazu). Luther mahnt zur Vorsicht, "ne sacramenta Ecclesie ideo negligat, confiteri, communicare, iniungi" (4,267,37f; gemeint sind natürlich die Sterbesakramente. Das Fehlen der Taufe ist also ganz natürlich zu erklären: gegen Jetters Vermutung aaO. 185 Anm. 1).
[12] 3,416. Vgl. die gesamte Auslegung von Psalm 68(69).
[13] 3,416,19.
[14] Der Psalm 73(74) klagt "de nostris moribus pessimis", die u.a. bestehen "in temeritate administrandorum sacramentorum, verbi dei, potestatis iudiciarie, iurisdictionis etc. In istis enim talia fiunt in Ecclesia, que dominus multo egrius fert, quam Turcorum blasphemias" (3,509,26).

fe der Gnade und der Sündenvergebung [1]. Wenn Luther so von der neuen Taufe redet, kommt freilich das Taufsakrament der Kirche kaum in den Blick. Luther meint hier wohl mit Taufe einfach das neue Geschehen "in spiritu", das mit Christus gegenüber dem Geschehen "in litera" gekommen ist [2]. Damit schließt er allerdings das Sakrament der Taufe nicht aus, reiht es aber - ohne besonderes Interesse an ihm - der Heilsverkündigung von Gottes Handeln in Christus und seiner Kirche ein.

Durch die Taufe schafft Gott die Glaubenden [3], werden sie von der Kirche, wie Jesus von Maria, geboren [4]. Die Wiedergeburt aus Wasser und Geist geschieht in der Taufe [5]. Wenn Luther Joh 3, 5 zitiert, liegt ihm weniger an der Taufe, als vielmehr an der "nova creatio in spiritu", gegenüber jeder Existenz "in litera" [6]. Von der aber wird nur befreit, wer durch die Taufe mit Christus stirbt [7]. Das Sterben mit Christus geschieht zwar anfanghaft in der Taufe, muß sich aber das ganze Leben lang vollziehen [8]. Damit treffen wir die Mitte der Taufanschauung Luthers in dieser Zeit: Ihn interessiert nicht der in der Vergangenheit liegende, einmalige Akt der Taufe, sondern der damit begonnene, ständig zu wiederholende Prozeß der Wiedergeburt [9]. Das zeigt deutlich die Auslegung des "Taufkapitels" Röm

---

[1] "Iohannes baptista venit solum in aqua sed non in sanguine: quia predicavit baptismum poenitentie, sed non baptismum gratie et remissionem peccatorum. Et quia aqua est vocalis predicatio, sanguis autem est gratia incrementi" (3,457,22ff). Die Taufe trennt auch Kirche und Synagoge: 3,239,7.32; 3,403,32; 3,178,7.

[2] Im Gesamtzusammenhang von 3,456f handelt Luther vom Verhältnis lex - evangelium, litera - spiritus, von der neuen Erkenntnis durch die Offenbarung Christi. Selbst wenn er an dieser Stelle auf das Taufsakrament abzielt, so sicher nur, um die Überlegenheit des Neuen gegenüber dem Alten herauszustellen. So sagt er in der RGl zu Vers 16: "Omnes baptisant aqua tantum, sicut Iohannes, Christus autem est qui baptisat spiritu sancto, i. e. unus immo vivo verbo intus docet" (3,451, 35f). Vgl. Jetter, Die Taufe 215ff.

[3] 4,166,5f.

[4] 4,234,3ff.

[5] 4,24,7-14.

[6] 4,24,7-14; 4,176,6ff; 3,139,8; 4,3,17ff; 56,117,25ff; 56,240,21ff; 56, 293,22f; 56,75,9f.

[7] "A lege literae nemo solvitur, nisi cum Christo moriatur per baptismum" (56,64,21).

[8] "Baptisati enim sunt 'in mortem' i. e. ad mortem, hoc est, inceperunt agere, ut mortem istam assequantur ... Sicut enim licet ad vitam eternam baptisentur et ad regnum celorum, non tamen statim habent eius summam, sed inceperunt agere, ut ad illud perveniant" (56,324, 17-21).

[9] Siehe Text von Anmerkung 16. Jetter, Die Taufe 214: Es zeigt sich, "wie geistlich, d.h. wie unsakramental sein theologisches Interesse

6. Sowohl die Glossen wie die Scholien legen die "Taufe auf den Tod Christi" geistlich aus, d.h. auf das ständige Sterben des geistlichen Menschen, ganz im Rahmen der beschriebenen Humilitastheologie [10]. Die empfangene Taufe setzt den Anfang [11], richtet auf den Tod aus [12], führt aber zu keinem Wissen um das Heil, sondern allein zum Glauben und zur Hoffnung: Der Weg Christi vom Tod zum Leben ist Grund der Hoffnung, daß auch der geistlich Sterbende leben wird [13]. Zwar hat die Taufe eine geistliche Wirkung, sie gibt Vergebung der Sünde und Gnade [14], doch davon redet Luther überraschend wenig [15]. Ihm kommt es vor allem darauf an,

---

ist: es geht ihm um das reine Herz ... Die Taufe ist in diesem Grundriß sachlich entbehrlich".

[10] "Loquitur in hoc capitulo de mysterio mortis et resurrectionis Ihesu Christi" (56,57,23f). Mysterium meint sicher nicht das auf Christus allein bezogene Geheimnis, sondern das Weiterwirken von Tod und Auferstehung im geistlichen Menschen. Das zeigt auch das Scholion zu Vers 3, wo das "in morte ipsius baptisati sumus" mit Hilfe des Schemas "sacramentum - exemplum" gedeutet wird, ohne jeden Bezug zum Taufsakrament.
Das Zusammenwachsen mit dem Tod Christi erläutert Luther in der RGl zu 6,5 bezeichnenderweise mit Joh 12,24 (Wenn das Weizenkorn nicht in die Erde fällt und stirbt) und mit Joh 12,25 (Wer sein Leben haßt in dieser Welt ...): 56,58,22-26.
Auch im Psalmenkommentar wird Röm 6 ohne Bezug zur Taufe verwendet: 3,432,3ff; 4,43,37ff.
Der Durchzug durch das Rote Meer brachte für die Israeliten Befreiung von den Feinden, für uns Befreiung von Sünden durch die Taufe, so daß wir uns auf den Weg in die Wüste der Welt machen können (3, 595,1-10). Wird hier der Durchzug noch auf die Taufe bezogen, so wird in Psalm 77(78),13 die "Taufe in der Wolke und im Meer" (1Kor 10,1) nicht auf das Taufsakrament, sondern vielmehr auf die Bußtaufe (= Glaube!) und die Bluttaufe (= Verfolgung) gedeutet (3,570,28-39).
[11] 56,58,14.
[12] "Ordinatur enim baptismus ad istam mortem et per eam ad vitam" (56,324,22f).
[13] Die Gesamtfolge der ZGl zu Röm 6,8f soll dies verdeutlichen: "SI AUTEM MORTUI SUMUS spirituali morte per baptismum, ad finem peccati CUM CHRISTO: CREDIMUS quia hec vita non habet experientiam sui, sed fidem. Nemo enim scit se vivere aut experitur se esse iustificatum, sed credit et sperat QUIA SIMUL ENIM VIVEMUS in spiritu et novitate incipiente usque ineternum CUM ILLO. SCIENTES quia scimus QUOD CHRISTUS postquam mortuus fuit RESURGENS EX MORTUIS sibi corporaliter, nobis sacramentaliter IAM i.e. ultra NON MORITUR: ineternum MORS ILLI ULTRA NON DOMINABITUR. q.d. ergo nec vobis in spiritu debet dominari" (56,58,14-59,2).
[14] 3,285,13; 56,70,24ff; 56,284,21ff; 56,289,1-12; 56,379,10ff.
[15] Vgl. Jetter, Die Taufe 237.

daß die Taufe "semper" wiederholt, verlebendigt werden muß [16]. Die empfangene Taufe mit dem dreimaligen Übergießen wird zum Abbild der dreitägigen Grabesruhe Christi: vom Tod zum Leben [17]. So geschah auch die Taufe Jesu im Jordan stellvertretend für uns, damit wir hineingenommen werden in seinen Demutsweg [18]. Der "Weg", das "semper", das "Fortschreiten" kennzeichnen Luthers Theologie [19]. In diesem Rahmen kommt dem einmaligen Taufakt keine besondere Bedeutung zu [20]. Die Taufe hat den Anfang, aber nur den Anfang eines ständigen, nie in diesem Leben zu Ende gehenden Prozesses gesetzt: den Prozeß ständigen Sterbens oder ständiger Buße, und damit den Anfang zu einem neuen Leben.

Wie wenig dieser Prozeß an die Einmaligkeit der Taufe gebunden ist, zeigt deutlich die Verwendung von Mk 16,16. Im Jahr 1520 sagt Luther: "Das erste, was bei der Taufe beachtet werden muß, ist die göttliche Verheißung, die sagt (Mk 16,16): 'Wer da glaubet und getauft wird, der wird selig werden'. Denn an dieser Verheißung hängt unsere ganze Seligkeit. Aber man muß sie so beachten, daß wir den Glauben an ihr üben und ganz und gar nicht zweifeln, daß wir selig sind, nachdem wir getauft sind" [21]. Der Glaube richtet sich auf die in der Taufe gegebene Gnadenverheißung. Anders in unserem Zeitraum: Auch hier verwendet Luther Mk 16,16, aber es interessiert ihn nicht die Taufe, sondern allein der Glaube als Bundeserfüllung. Es ist nicht der Glaube an das Zusagewort der Taufe, sondern an das Bundeswort, das unabhängig von der Taufe besteht. Dieser Glaube legt sich aus als Glaube an das Gerichtswort Gottes, und nur über die Annahme

---

[16] "Si enim filii dei sumus, semper oportet esse in generatione. Unde dicitur: 'Qui natus est ex deo, non peccat', sed generatio dei conservat eum. Sicut enim in deo filius semper et abeterno et ineternum nascitur: ita et nos semper oportet nasci, novari, generari" (4, 365, 14-18).

[17] ZGl zu Röm 6,3: "Mersio baptismi trina significatur per triduanam mortem et sepulturam Christi" (56, 57, 9f).

[18] Die RGl zu Ps 37(38), 1 erläutert: Der Sündenbekenntnispsalm muß mit Christus gesprochen werden, der für uns "factus est maledictum et peccatum". Denn: "Sicut baptismum nobis consecravit et pro nobis seu in persona nostra baptisari voluit, ita et confiteri pro nobis" (3, 211, 13-23). Wenn Jetter, Die Taufe 218, zur Stelle richtig bemerkt: "Luther will hier nicht primär eine Aussage über die Taufe machen. Er will die exemplarische Stellvertretung als das Wesensgeheimnis des ganzen Tuns Christi aufzeigen", dann ist nicht verständlich, wie er aus dieser Glosse so weitreichende Schlüsse zieht: etwa keine spezifische Heilsnotwendigkeit der Taufe (aaO. 219).

[19] Siehe Anm. 16. Vgl. dazu Jetter, Die Taufe 228-232, und Bayer, Promissio, bes. 32-38.

[20] "Der sakramentliche Akt, das sakramentliche Perfekt ist mit seiner Bedeutung gegenüber dem geistlichen Präsens noch gar nicht bewußt geworden" (Jetter, Die Taufe 224).

[21] "De captivitate Babylonica" (6, 527, 33-38; deutsch LD 2, 203).

des Gottesurteils über den Menschen kommt der Mensch zum Heil. So verwundert es auch nicht, daß Luther Mk 16,16 oft ohne Nennung der Taufe zitiert [22].

Bleibt die Taufe Vergangenheit, dann wird auch die Kindertaufe nicht zum Problem [23]. Alle haben die Taufe hinter sich, es ist auch nicht nötig, zu ihr zurückzukehren. In "De captivitate" heißt es später: "Wenn wir darum von Sünden aufstehen oder Buße tun, so tun wir nichts anderes, als daß wir zu der Kraft und dem Glauben der Taufe, daraus wir gefallen sind, umkehren und wieder zu der damals gemachten Verheißung kommen, die wir durch die Sünde verlassen hatten. Denn die Wahrheit der einmal geschehenen Verheißung bleibt allezeit bestehen" [24]. Hier ist die Buße "reditus ad baptismum" [25], weil die dort einmal "geschehene Zusage sich dem Allemal neuer Zusagen unüberholbar voraussetzt"[26]. Zwar spricht das Schol Röm 6,10 auch von der Einmaligkeit der Taufe, aber nicht unter dem Blickpunkt der Rückkehr, sondern der Wiederholung: "Unde et non nisi semel baptisamur, quo Christi vitam assequimur, licet saepius cadamus et resurgamus, quia vitam Christi saepius repetere licet, non autem nisi semel initiari potest, sicut qui nunquam dives fuit, semel tantum incipit dives fieri, licet saepius depauperari et divitias repetere possit" [27]. Daß wir immer wieder zu Gottes Gnade kommen können und es nicht notwendig ist, "peccatum evadere aliud aut iustitiam aliam acquirere" [28], gründet nicht in der stets aufgerichtet bleibenden Taufpromissio, sondern in der immer wieder - von der Taufe unabhängig - gegebenen Möglichkeit, sich dem Leben Christi angleichen zu lassen: "Si autem mortui sumus cum Christo, credimus, quia et vivemus cum illo" [29].

b) Das Bußsakrament

Die Taufe stellt den Menschen hinein in das neue Existenzverständnis in spiritu - coram deo. In dieser Neuheit des Lebens bleiben Buße, contritio, humilitas, Sündenbekenntnis und Vergebungsbitte ständige Aufgabe. Das Sakrament der Buße ist dazu dem Glaubenden als Hilfe angeboten [30]. In

---

[22] Vgl. dazu oben S. 29. Mit der Taufe wird Mk 16,16 angeführt: 3,289, 1ff; 56,172,1f; ohne Taufe: 4,94,26f; 4,193,10ff; 56,10,7; 56,186,24f; 56,213,15.
[23] Vgl. Jetter, Die Taufe 251ff und 322 Anm. 1.
[24] 6,528,13-17; deutsch LD 2,204.
[25] 6,572,16.
[26] Bayer, Promissio 35.
[27] 56,327,20-24.
[28] 56,328,12f - gegen den novatianischen Irrtum der Nichtwiederholbarkeit der Vergebung.
[29] 56,327,15f. Der hier aufgewiesene Unterschied zwischen 1515/16 und 1520 ist bei Jetter, Die Taufe 317f, übersehen.
[30] 3,346,32f.

ihm wird er wiedergeboren [31], wird ihm Vergebung der Sünde und Gnade geschenkt [32], und so wird die Kirche durch das Geschenk des Bußsakramentes zum Tor Zions, zum Tor des Heiles [33]. Doch für das Bußsakrament gilt wie für die Taufe: Luther redet kaum davon [34]. Das ist zunächst verwunderlich, da doch die Humilitastheologie überfließt vom Lob der Bußhaltung. Weil aber das ganze Leben des Christen Buße ist, braucht das Sakrament der Buße nicht hervorgehoben zu werden [35]. Nicht die sakramentale Buße muß eingeschärft werden, sondern die existentielle, die nicht auf den Vorgang des Sakramentes beschränkt bleiben darf. Das verbindet Taufe und Bußsakrament - und Luther kann darum meist von beiden in einem reden - : Der Akt des Sakramentes darf nicht isoliert für sich bleiben, sondern muß ständig wiederholt, verlebendigt, erneuert und in das tägliche Leben eingebracht werden.

Zwar wird in der Taufe und im Bußsakrament die Sünde vergeben, zugedeckt, aber dabei handelt es sich nicht um einen Zustand, der die Sünde nicht mehr kennt. Die Sünde ist vergeben, aber die Kraft der Sünde bleibt, der Ansporn zur Sünde gefährdet nach wie vor das Leben [36]. Luthers Sündenverständnis und sein persönliches und seelsorgerliches Ringen erwecken in ihm eine geradezu ängstliche Allergie gegen jede Aussage über die Vergebung von Sünden, die dem Menschen nur ein Stück Sicherheit geben könnte. Denn dann liefe er Gefahr, sich der ständig geforderten Buße, dem ständigen "der Sünde Sterben" zu entziehen.

Die Humilitastheologie dieser Zeit hatte ihre Mitte in dem "semper" und damit in der Ungewißheit der Rechtfertigung. Das aber liegt darin begründet, daß das Verheißungswort der Absolution nicht zur Sprache kommt, nicht ortsfest gemacht werden kann. Nirgends in dieser Zeit kommt Luther das Vergebungswort der Absolution in den Blick. Später wird er gerade im Bußsakrament das Wort Mt 16,19 (Mt 18,18 und Joh 20,23) als Zusagewort der Vergebung entdecken und damit einen festen Ort der Zusage angeben können. Jetzt bleibt die Vergebung eingebunden in den Bundesschluß Gottes: den Demütigen, Selbstanklägern, Glaubenden und Bittenden die Gnade zu geben. Die Erfüllung des Bundes wird nicht gewiß, bleibt in der Hoffnung. Deshalb darf der Mensch nie aus der Haltung der Buße entlassen werden [37].

---

[31] 56,75,9f.
[32] 3,299,31f; im Schol Röm 4,7 öfters (56,282-289); 56,349,24ff; 56,379, 10ff.
[33] 4,25,5ff; 4,456,25.
[34] Im Psalmenkommentar 7mal, im Römerbrief 13mal.
[35] Wenn Luther von Psalm 50(51) sagt, er sei "optima penitencium et confiteri volentium eruditio et exemplum", so ist kaum zu entscheiden, ob damit die Buße als Sakrament oder als Glaubensvollzug gemeint ist (3, 284,2).
[36] 3,557,32ff; 4,205,32ff und 211,9ff; besonders aber die Scholien zu Röm 4,7 (56,268ff).
[37] Der Grund für die Nichtbeachtung des Absolutionswortes liegt kaum darin, daß "die Kirche im Bußsakrament jene sakramentale Mächtigkeit

Darum genügt es nicht, daß man getauft und von den Sünden absolviert ist, als ob man damit schon das Himmelreich hätte. Nur durch Trübsal hindurch ist es zu erreichen [38], d. h. es muß über das Sakrament hinaus "zur existentiellen Gleichgestaltung mit dem Kreuz Christi" kommen [39]. Auch nach der Taufe und Buße bleibt die Bitte um Vergebung notwendig [40], weil durch die Sakramente die Sünde nicht schlagartig beseitigt wird, sondern unter Seufzen und Tränen zu bekämpfen bleibt [41]. Die concupiscentia bleibt und damit der Kampf [42]. Der aristotelischen Philosophie wirft Luther vor, die Theologie verdorben zu haben, weil sie mit ihren Lehren die bleibende Macht der Sünde auch im Getauften und Absolvierten nicht mehr sah, und damit zu einer falschen Sicherheit und Ruhe führte [43]. Friede und Sicherheit aber sind für Luther die Übel seiner Zeit, gefördert durch Ablässe und bequeme Lehren. Ihm ist der Ablaß in dieser Zeit nicht verdächtig aufgrund mangelnder Schriftgrundlage oder päpstlicher Machtansprüche, sondern weil er ihm als Instrument erscheint, sich auf bequeme Weise der Buße und Umkehr zu entziehen [44]. Wer daher zur Beichte geht,

---

des Wortes institutionell isoliert und damit für sich verfügbar gemacht" hat (Jetter, Die Taufe 200 Anm. 2), sondern ist vielmehr mit der Struktur der Humilitastheologie gegeben, die Luther gar nicht das gnädige Zusagewort entdecken läßt. Darum war ihm die Absolution gerade keine Stelle, "an der das Wort Sakrament und das Sakrament Wort war" (Jetter, ebd.).

[38] So in der RGl zu Ps 52(53),2: David kam nur per tribulationes zu seinem regnum. "Ita Christum oportuit pati et sic intrare in gloriam suam sibi destinatam. Ita et nos per multas tribulationes oportet intrare in regnum coelorum nobis promissum ... Quare non sufficit, quod sis baptizatus et a peccatis absolutus, quia iam quidem tuum est regnum, sed per tribulationes illud accipiendum est" (3, 299, 24-33).

[39] Jetter, Die Taufe 186. Das meint wohl auch das Schol Röm 5,2: Es genügt nicht, in Taufe und Buße den Glauben zu empfangen, man muß auch "Christus haben", d.h. aber Absage an alle Eigengerechtigkeit: die Haltung der Demut (56, 298, 22-31).

[40] 56, 289, 1-12; vgl. auch 56, 379, 10ff: "primam gratiam eam voco, non que in principio conversionis infunditur, sicut in baptismo, contritione, compunctione, sed omnem aliam sequentem et novam".

[41] 56, 350, 1ff.

[42] 56, 513, 17f; 56, 70, 24ff (mit Verweis auf Augustinus).

[43] 56, 349f; über die Sicherheit derer, die nur die Tatsünden, nicht aber die bleibende Sündenmacht sehen, sagt Luther im Schol Röm 4, 7: "Qui solum ad actuale peccatum respicit et de illo purgando tantum sollicitus est, cito presumit et securus fit, quia per sacramentum et confessionem scit sese purgari ac sic sine timore incedit et nullius peccati sibi amplius est conscius" (56, 282, 15-18).

[44] Dies wird eindringlich dargelegt in der Auslegung von Psalm 68(69), in der unter der Leitlinie: Kampf gegen "pax et securitas" zur Gewissenserforschung und zur Demut aufgerufen wird (3, 416-441).

soll nicht glauben eine Last abzulegen, um dann in Ruhe leben zu können. Er muß vielmehr wissen, daß, wenn die eine Last genommen ist, er in die militia Dei eintritt und damit eine neue Last auf sich nimmt: für Gott - gegen den Teufel [45].

Hierher gehören nun auch die Aussagen über die Taufgelübde [46]. In der Taufe (und auch im Bußsakrament) haben wir den Eid geschworen, dem Teufel abzusagen und Gott zu dienen. Diese Versprechen müssen eingehalten werden. Das Zeitübel sieht Luther darin, daß viele diese Eide "ficte" schwören, "quia non statuunt hoc sic facere in corde, sicut loquuntur" [47]. Gegen dieses Übel, gegen die Lauheit der Buchstabenchristen ("literalium Christianorum") [48], die nicht "in spiritu" leben, wendet sich Luther mit seiner Theologia crucis. Jetters Vermutung, durch die Betonung der Taufgelübde werde die Einmaligkeit der Taufe hervorgehoben, ist nicht richtig [49]. Das Gegenteil ist der Fall: Die Taufe bleibt in der Vergangenheit. Ihre existentielle Heimholung ist nicht mehr an den damaligen Akt oder ein damit gegebenes Heilswort gebunden, sondern erfüllt sich in der Demutshaltung unter dem Wort Gottes. Taufe und Buße bleiben Gegebenheiten, die aber immer überholt werden müssen.

Luther verwirft also das Sakrament nicht, es bleibt ihm eine unantastbare Institution [50]. Aber ihm liegt alles an der neuen Existenz in spiritu, geschaffen durch das Evangelium vom Kreuz Christi, das im Glaubenden den Heilsweg der humilitas eröffnet.

---

[45] 56, 350, 12-15.
[46] Im Psalmenkommentar bei der Glossierung von vota, iurare: 3, 279, 1ff; 3, 359, 10ff; 3, 377, 1ff; 3, 520, 23f (zusammen mit der Buße); 4, 266, 17ff; 4, 295, 12f; aufgenommen wird es im Schol Ps 118, 106: "Iuramentum est promissio in baptismo et penitentia, ubi non fit propositum novum sine voto et iuramento. Iuratur enim, quando deus in testimonium ducitur, de renunciando diabolo, etiamsi non fiat formalibus verbis iurandi ... Multi iurant ficte, quia non statuunt hoc sic facere in corde, sicut loquuntur" (4, 357, 3-9).
[47] Siehe vorhergehende Anmerkung.
[48] 3, 416, 29.
[49] Jetter, Die Taufe 247f.
[50] Von den Sakramenten gilt ihm jetzt sicher noch, was er von der Kirche allgemein sagt: "Statuit (deus) enim locum, ubi vult adorari, ideo nullus extra illum debet exquiri, ne aliquid ex nobis Deo et non ex Deo offeramus. Omnia enim nobis dat, constituit quando, quomodo, quibus, ubi, quantum velit coli, ne homo glorietur, quod Deo aliquid dederit non prius acceptum ab eo, et ita Deus non sit Deus" (4, 125, 34ff). Auch J. Lortz konstatiert, daß Luther zur Zeit der Römerbriefvorlesung "noch ganz selbstverständlich im sakramentalen Leben der Kirche" stand (Luthers Römerbriefvorlesung 139).

4. Die Eucharistie

Wie das Evangelium stellt uns auch die Eucharistie das Kreuz Christi vor
Augen. Sie ist "memoriale", "memoria passionis", wie Luther - im Anschluß an die Tradition - an den wenigen Stellen des Psalmenkommentars,
die von der Eucharistie reden, betont [1]. Besonders die Auslegung von
Psalm 110(111) bringt das deutlich zum Ausdruck. "Sacramentum Eucharistiae est passionis, id est mirabilium eius (Christi) memoria" [2]. Die
"mirabilia" der neuen Heilszeit meinen zunächst das paradoxe Konträr-
handeln Gottes in Jesu Passion - "secundum differentem conspectum, dei
scilicet et hominum" [3]. Diesen in Christus "radicaliter et causaliter"
geschehenen "mirabilia" müssen wir gleichgestaltet werden, denn er ist
unser "abstractum", wir sein "concretum" [4]. So geschehen denn auch in
der Kirche der Glaubenden die großen und wunderbaren Werke Gottes [5],
wenn wir uns selbst anklagen, unsere Bosheit bekennen und damit zugleich
Gott verherrlichen [6]. Das sind die Werke der neuen Schöpfung, zu denen

---

[1] Außer dem in Anm. 2 genannten Text siehe auch: ZGl Ps 21(22), 28:
     "memoriale passionis, scil. sacrificium altaris" (3, 138, 20); Schol Ps
     71(72), 16: Die Eucharistie ist "memorabile triticum: quia in memori-
     am dominicae passionis institutum est. Ideo et memoriale domini dici-
     tur" (3, 471, 3f); ferner 3, 320, 9 und 3, 549, 22-25. Bei G. Biel, Can. Miss.
     Expos. 16 A heißt es: "sacrificium ... memoriale est dominicae pas-
     sionis, secundum 1Cor 11, 24: Quotienscunque panem hunc manducave-
     ritis et calicem domini bibetis, mortem domini annunciabitis donec
     veniat. Ideo totum misse officium ad passionem domini representan-
     dum ordinatur" (I, 129). Weitere Belege in WA 57 III, 199.

[2] Scholion zu Vers 4: "Memoriam fecit mirabilium suorum. Ista sunt mira
     bilia: non tantum miracula que fecit, sed multo magis, quod mortem
     morte occidit et penas pena, passiones passione, ignominias ignominia,
     ita quod mors in Christo est ita preciosa in conspectu domini, ut sit
     eterna vita, pena sit gaudium, passio sit voluptas, ignominia sit gloria:
     et econtra vita sit mors, gaudium sit pena, voluptas passio, gloria
     ignominia, sed secundum differentem conspectum, dei scilicet et homi-
     num. Sic enim 'mirificavit dominus sanctum suum'. Ista autem mira-
     bilia radicaliter et causaliter in Christi passione sunt facta, ad cuius
     exemplum omnes formari necesse est. Ergo Sacramentum Eucharistie
     est passionis id est mirabilium eius memoria. In quo reficiuntur et
     comedunt timentes eum" (4, 243, 7-17). Vgl. auch Zeilen- und Rand-
     glosse zur Stelle: 4, 236, 17 und 29.

[3] Siehe Anm. 2. So auch in den Glossen zu Ps 4, 4: "MIRIFICAVIT DOMI-
     NUS SANCTUM SUUM: in evacatione omnium que sunt carnis, et in-
     stitutione omnium, que sunt spiritus, per crucem suam" (55 I, 20, 1ff
     und 11ff).

[4] Schol zu Vers 3 (4, 242, 10); vgl. auch 4, 172, 28 und 173, 23.

[5] 4, 240, 26-34.

[6] Das ist der Duktus des Scholions zu Vers 3 (4, 241, 8-243, 7).

wir geführt werden durch die memoria passionis, die uns in der Eucharistie
u n d im Evangelium entgegentritt [7]. Von beiden kann Luther deshalb auch
in gleicher Weise reden: dabei wird nicht das Sakrament gegen das Wort
ausgespielt [8], beide sind die Speise, die wir essen müssen [9]. Gilt der
Psalm 110 generell von der confessio des neuen Menschen in spiritu, so
gilt er auch von der Eucharistie, wenn man dabei weniger auf das sacramentum, sondern mehr auf die res sacramenti sieht [10].

Die Unterscheidung von sacramentum und res sacramenti war in der scholastischen Sakramentenlehre üblich. Bei der Eucharistie wurde die Unterscheidung erweitert durch den Begriff sacramentum et res: Sacramentum
tantum sind Brot und Wein, sacramentum et res sind der wahre Leib und
das wahre Blut Christi, die res tantum ist der mystische Leib der Kirche [11]. Auch Luther nennt die Kirche die res sacramenti [12]. Aber er

---

[7] So heißt die Fortführung des Scholientextes von Anm. 2: "Veruntamen
ista esca et memoria est duplex, scilicet sacramentalis et spiritualis.
Spiritualis est ipsa predicatio de Christo et Euangelium" (4,243,18f).
[8] Jetter, Die Taufe 194.
[9] ZGl zu Vers 5: ESCAM sacramentalem et spiritualem" (4,236,21);
und RGl z. St. :

"Escam $\left\{\begin{array}{l}\text{euangelicam}\\\text{sacramentalem}\end{array}\right\}$ simul enim sacramentum et

Euangelium est sumendum, et utrunque est memoriale eius, unde
'Quocienscunque manducaveritis, mortem domini annunciabitis'. Ecce
Euangelium cum sacramento" (236,33ff).
[10] "Totus psalmus perstat in enumeratione operum dei, super quibus proposuit domino confiteri. Et potest quidem adhibito studio totus psalmus pulchre ad sacramentum Eucharistie applicari, dumodo magis
res sacramenti, quam ipsum sacramentum inspiciatur" (4,244,12ff).
[11] Stellvertretend für viele Belege sei hier nur aus Biels Meßerklärung
zitiert: "Tria sunt in hoc sacramento: forma visibilis panis et vini,
veritas corporis et sanguinis christi, virtus spiritualis unitatis et
charitatis communicantis populi. Primum est sacramentum tantum.
Secundum est sacramentum et res. Tertium est res tantum" (35 Q -
II,31; weitere Belege in WA 55 I 21,40 - 23,38; vgl. auch DS 783). Leib
und Blut = "res contenta et significata", die kirchliche Einheit = "res
significata et non contenta" (G. Biel, Coll. IV d. 8 q. 3 a. 3).
[12] RGl Ps 4,6: "'Sacrificium Iustitiae' coram Deo non potest esse nisi
spirituale, rationale, vivum, quod est Christus in sacramento cum
re sacramenti (i. e. Ecclesia et seipso)" - (55 I 20,30ff). Schol Ps
109(110),4: Melchisedek opferte nur sacramentaliter, Christus aber
"sacramentaliter et spiritualiter simul. Nam sacramentalis panis et
vinum sunt species sacramenti panis et vini. Spiritualis autem panis
et vinum est ipse Christus caput et tota Ecclesia" (4,234,33ff); 'spiritualis' vertritt damit 'res sacramenti'.

nimmt dabei weniger die Einheit der Glaubenden in den Blick, als vielmehr die Einheit von Christus und Kirche im Vollzug des Opfers, des neuen geistlichen Opfers gegenüber den nur zeichenhaften äußeren Opfern des Alten Bundes [13]. So kann Luther im Scholion zu Psalm 49(50) sagen: "sacrificium laudis et res ipsa sacramenti sit idem" [14]. Das aber heißt: "suam totam abyssum agnoscere et omnia que est, habet, potest, dei bonitati ascribere et confiteri" [15], wie die Erklärung des "sacrificium laudis" (Vers 5) abschließt, die in aller Schärfe die Humilitastheologie zusammenfaßt [16]. Das neue durch das Evangelium geforderte Opfer ist das "sacrificium confessionis et laudis" [17]. Als solches kann es auch im "sacrificium altaris" dargebracht werden, aber - und damit zeigt sich das eigentliche Interesse Luthers an der Messe - es darf nicht auf die Dauer der Messfeier beschränkt bleiben, sondern muß als ständiger Vollzug die christliche Existenz prägen [18]. Auch kommt es bei der Messe nicht bei allen zum Vollzug des geistlichen Opfers, sondern nur bei denen, "qui etiam seipsos in illo et cum illo in effectu et re sacramenti offerunt. Non enim sufficit nobis, quod placeat ex opere operato et non ex opere operantis. Quia non ideo nobis datum est, quod tantum ex se placere debeat, immo omnino ex nobis. Alioquin iam non esset sacrificium. Quare frustra edificant, ornant, multiplicant Ecclesias ac instituunt missas, qui non et ipsi sacrificant seipsos in sacrificium laudis et confessionis. Que confessio consistit in verbo et opere et animo" [19].

"Es ist der tropologisch verstandene Opfergedanke, der Luthers Interesse an der Messe entscheidend bestimmt" [20]. Nicht äußeres Opfern, sondern

---

[13] Vgl. die beiden Texte der vorherigen Anmerkung; dazu 55 I 22, 7.
[14] 3, 283, 22; die ZGl z. St.: "IMMOLA DEO SACRIFICIUM LAUDIS confessionis, sacramentum Eucharistie" (3, 279, 1f).
[15] 283, 17ff.
[16] 282, 23 - 283, 20: mit den Stichworten: "Tibi soli peccavi"; "Beatus vir, cui non imputavit dominus peccatum"; "Omnis homo mendax"; "Humiliatus sum nimis" und dem Verweis auf Röm 3.
[17] Beide sind nur zwei Seiten eines Vorgangs: 3, 279, 1; 280, 6; vgl. ferner die Erklärung der duplex confessio (laudis et peccati) in 4, 238, 14ff.
[18] "In ipso (= sacrificio altaris) offertur semper sacrificium laudis ... sed non solum in illo: immo sacrificium laudis est iuge sacrificium, quod nunquam cessat offerri" (3, 283, 23ff). So nimmt Luther auch die in der RGl zu Ps 4, 6 vorgetragene Deutung des sacrificium iustitie auf die res sacramenti (s. Anm. 12) im Schol z. St. nicht mehr auf, sondern spricht nur noch allgemein vom geistlichen Opfer: "Hoc est: bestialia et animalia membra mactetis et concidatis, crucifigatis et mortificetis, ut non serviant peccato ad peccatum, Sed ... ut serviant Deo viventi" (55 II 79, 10ff).
[19] RGl Ps 49, 23 (3, 280, 31-37). Ähnlich 4, 605, 1ff.
[20] Bayer, Promissio 100; ähnlich auch Jetter, Die Taufe 203, und 248: "... auch bei der Messe geht es im Kern um dieses Selbstopfer der Glaubenden".

66

das den Menschen selbst erfassende Opfergeschehen, das opus operantis, will Gott [21]. Mit dieser Betonung des opus operantis nimmt Luther gewiß den Gedanken des geistlichen Mitopferns der "omnium circumstantium" aus der Liturgie auf [22], ordnet ihn aber ganz seiner Humilitastheologie ein. Nicht nur die Messe, sondern das ganze Leben des Glaubenden ist sacrificium confessionis.

Von der Übernahme des Kreuzes Christi in das Leben des Glaubenden spricht dann in geradezu "kultischer" Sprache das Scholion zu Psalm 83(84), 4: [23] Die humilitas, die compunctio und die Werke der Buße sind unser Platz, dort "nisten wir im Kreuz Christi" [24]. Das Nest des Kreuzes sind die Altäre Gottes [25]: Einmal der Altar, der Christus selber ist, auf dem er sich und uns opfert [26], zum andern der Altar der Christusnachfolge:

> "Crux Christi mystica, in qua omnes oportet offerri. Quia 'qui non accipit crucem suam et sequitur me, non est me dignus': sicut enim ipse in cruce oblatus est: ita et nos similiter in cruce offerri oportet. Et ita iam redit quod dictum est, scilicet nidum esse altaria Christi, et crucem et passiones Christi, que sunt ista vilia et abiecta in mundo, humilitas, opprobrium, peripsima, aporia etc. Ex illis enim nidus fit, et super et in illis offerimur Deo: sicut Christus in cruce, ita et nos in illis: que sunt cruces nostre et passiones nostre et altaria nostra, super quibus exhibemus corpora nostra hostiam viventem. Si enim sacerdos est Christus, ergo altaria, ergo mactat victimam. Altaria sunt cruces, verbum dei sunt cultri, quibus mactat" [27].

Von der Eucharistie spricht hier Luther nicht, trotz des Stichwortes altaria [28]. Das verwundert auch nicht. Der Altar unseres Opfers ist nicht nur in der Eucharistie aufgerichtet, sondern überall dort, wo die crux Christi uns vor Augen gestellt wird und wir dieselbe erwählen "ad imitationem"[29]. Das kann geschehen durch das Evangelium, die Betrachtung der

---

[21] "Non enim requirit nostra sed nos" (3,280,27; 283,25); das opus operantis leistet freilich nicht der Mensch von sich aus, es ist vielmehr Ausfluß der Tat Gottes in uns: "sicut creatura est opus domini, et tamen etiam creatura habet opus suum proprium" (4,241,15). Gottes Tat ist die iustitia per fidem, "cuius (fidei) opus est confessio et magnificentia" (4,241,25).

[22] G. Biel, Can. Miss. Expos. 29 B: In der Messe "offert sacerdos summo patri vere et sacramentaliter, populus circumstans spiritualiter" (I, 290); vgl. dazu die Erklärung des sacrificium laudis in 29 F (I,293), sowie 16 E (I,132).

[23] 3,644,9-648,3. Vgl. dazu R. Schwarz, Vorgeschichte 223-228.

[24] 645,3-11 und 30-34.

[25] 646,6ff.

[26] 646,13-19.

[27] 646,20-32.

[28] 647,26ff hält Luther die Deutung auf das "altare spirituale" für literal im prophetischen Sinn.

[29] 647,39.

Messe, auch durch die Betrachtung eines Heiligenlebens [30]. Wenn das
Evangelium der Messe etwas voraus hat, dann höchstens dies, daß sein
Messer schärfer ist zum "Schlachten" [31]. Ansonsten sind Evangelium
u n d Altarsakrament die Speise, die uns gegeben, der Tisch, der uns bereitet wird [32]. Nicht eine "Vorordnung des Wortes vor das Sakrament"[33]
kennzeichnet die frühe Theologie Luthers, sondern deren gemeinsame Funktion, hinzuführen zur crux Christi und damit zur crux Christi mystica [34].
Das allein findet Luthers Interesse, wenn er von der Eucharistie redet.
Das Sakrament selbst, die Gegenwart Christi im Sakrament sind für ihn
unverrückbare Tatsachen [35]. Nirgends läßt sich in dieser Zeit eine Ab-

---

[30] 647,26-648,3. Zu berücksichtigen ist hier auch,welch große Rolle in
der mittelalterlichen Meßfrömmigkeit seit Amalar v. Metz der allegorischen Deutung des ganzen Messablaufes zukommt. "Die Messe wird
aufgefaßt als dramatische Darstellung eines heilsgeschichtlichen Vorgangs, vor allem des Leidens, Sterbens und Auferstehens Christi" (J.
Jungmann, Missarum sollemnia I, 145). Vgl. dazu J. Jungmann, Der
Stand des liturgischen Lebens am Vorabend der Reformation; ders.,
Missarum sollemnia I, 137-168; H. B. Meyer, Luther und die Messe
214-246.

[31] Siehe Anm.27 und RGl z.St.: "Scripture sunt altaria maxima, que de
crucifixione carnis docent" (3,640,37).

[32] Außer den in Anm. 7 und 9 nachgewiesenen Texten: Schol Ps 4,8: "Per
'fructum frumenti' (i. e. effectu Euangelii et sacramenti corporis Christi) multi facti sunt Christiani" (55 II 82,20f). In den Glossen zu Ps 64
(65),14 wird frumentum ebenfalls auf die evangelische Lehre und die
Eucharistie gedeutet (3,372,4 und 34). ZGl Ps 127(128),4: "MENSAE
TUAE Euangelii et sacramenti tui" (4,417,4); ZGl Ps 144(145),15: "TU
DAS ESCAM spiritualem verbi et sacramenti" (4,451,20; ebenso 4,453,
22).

[33] Jetter, Die Taufe 191: "Die Vorordnung des Wortes vor das Sakrament
ist der, soweit man sehen kann, von allem Anfang an festliegende Ausgangspunkt der allgemeinen Sakramentslehre Luthers gewesen".

[34] Bei F. Mann, Das Abendmahl, kommt diese wichtige Funktion der
Eucharistie als memoria zu wenig zum Ausdruck, weil die Auslegungen
von Psalm 110 (aaO. 32ff) und Psalm 49 (aaO. 129f) nicht zusammenge-
sehen werden.

[35] Schol Ps 71(72),16: "Christus in hoc sacramento est unicum et singulare
firmamentum totius fidei et religionis Christianae. Tolle enim hoc sacramentum, ait Bonaventura, et erit confusa gentilitas et idololatria per
omnem Ecclesiam" (3,470,33ff). Vgl. ZGl und RGl z.St.: 3,460,17ff
und 31ff. Vgl. auch Jetter, Die Taufe 199 und 298. Zwar ist es Aufgabe
der Prälaten "missas facere et offerre" (3,381,4), doch es ist Gott,
der uns die Speise bereitet (3,371,28ff) und uns damit stärkt (3,140,5ff).
Die rechte Haltung diesem Geschenk gegenüber ist das Wissen um eigene Armut und Niedrigkeit (3,393,24). Luther beklagt den Stolz und den
Hochmut so vieler, die zum Sakrament gehen (3,434,30ff). Die wichtigsten Stellen über die Messe im Psalmenkommentar - meist nur kurze

wertung der Messe finden, wohl aber eine Radikalisierung des Opfergedankens, die damit freilich auch über die Messe als einer eigenständigen Größe hinausführt in das grundsätzliche und Luther ganz in Beschlag nehmende Geschehen der humilitas [36]. Die Messe verkümmert dabei zur conditio sine qua non.

Bestätigt wird die bisherige Darstellung auch durch zwei Predigten aus dem Zeitraum der Römerbriefvorlesung.

1. In einer <u>Predigtreihe über die Zehn Gebote</u> legt Luther im September 1516 das 3. Gebot aus [37]. Zur wahren Sonntagsheiligung zählen: Messe hören, Wort Gottes hören, beten, Opfer (Almosen) bringen, die Sünden bereuen [38]. Zum Thema "Messe hören" erklärt er: Der Kanon als das Kernstück der Messe ("Canon solus proprie est missa") dürfe nicht, wie manche fordern, laut gesprochen werden. Nur der Priester allein hört die ganze Messe, für alle anderen muß sie unhörbar bleiben, um so das große Geheimnis zum Ausdruck zu bringen, daß Christus selbst bei Gott für uns handelt [39]. Damit nimmt Luther nur auf, was die Meßerklärungen vor ihm zum Gebot der Kanonstille sagten [40]. "Von irgendwelchen reformatorischen oder auch nur kritischen Gedanken Luthers ist hier nicht die Rede"[41].

Glossenbemerkungen - hat Jetter, Die Taufe 200 Anm. 3, zusammengestellt.
[36] "Nicht der geistliche Opfergedanke als solcher ist neu, aber dies, daß hinter ihm das Sakramentsgeschehen als solches völlig an Interesse verliert" (Jetter, Die Taufe 201 Anm. 3).
[37] Zur Datierung siehe WA 1, 394 und 443 Anm. 1, sowie Bayer, Promissio 108. Im Druck erschien die Predigtreihe erst im Juli 1518. Die Predigt über das 3. Gebot ist die älteste uns erhaltene thematische Stellungnahme Luthers zur Messe, da die von ihm 55 II 82, 19f erwähnte Predigt über Psalm 4, 8 nicht erhalten ist.
[38] 1, 443, 8ff.
[39] 1, 443, 17-24. Ausführlicher über diesen Text handelt F. Mann, Das Abendmahl 60f.
[40] Zur nachträglichen Deutung der sich einmal eingebürgerten Kanonstille im Mittelalter siehe H. B. Meyer, Luther und die Messe 214-237. Außer der Kanonfrage behandelt Luther nur noch die kirchenrechtliche Vorschrift, die Messe in der Pfarrkirche zu hören. Interessant ist dabei seine Begründung: weniger sachliche Gründe als vielmehr der erzieherische Wert kirchlicher Vorschriften im Kampf gegen geistlichen Hochmut sprechen für dieses Gebot: "Nulli esse licitum in hoc ipso suum iudicium, suam opinionem, suam devotionem sequi, Sed authoritatem ecclesiae, et captivandum sensum in obsequium Christi, quia scriptum est: Stultus est qui confidit in corde suo" (1, 444, 14ff).
[41] Mann, Das Abendmahl 60. Schon Cochläus hat u. a. auf diese Stelle hingewiesen, um zu zeigen, daß Luther "das messopffer hoch gepreist eben in denen büchern, durch welche er ist erstlich in kuntschafft und in vieler leute gunst kommen" (Ein nötig und christlich bedenken, CCath 18, 14f).

Notwendiger als die Messe ist das Hören des Wortes Gottes, ja die Messe ist gerade dessentwegen da [42]. Denn der Wiederholungs- und Verkündigungsbefehl 1Kor 11,24f meint: "Non celebrabitis missam, nisi praedicetis euangelium" [43]. Warum die bei keiner Messe zu unterlassende Verkündigung des Evangeliums als "memoria Christi" [44] so wichtig ist, zeigt der fünfte Punkt der Sonntagsheiligung: die contritio [45]. Sie ist das "maximum et omnium primum" [46]. Sie wird durch das Evangelium bewirkt und äußert sich im sacrificium laudis (dei bona) und im sacrificium confessionis (nostra mala): als cor contritum und humiliatum [47]. Die Mitte der Sonntagsheiligung ist das geistliche Selbstopfer, zu dem die Verkündigung des Evangeliums in der Messe führt [48].

2. Im Frühjahr 1517 predigt Luther über das "Vater unser" [49]. Die Bitte um das tägliche Brot ist Bitte um geistliche Speise, die nach Mt 4,4 ("Der Mensch lebt nicht allein vom Brot") traditionell als "anhorung und betrach-

---

[42] "Secundum est magis necessarium quam primum, immo primum est propter hoc secundum" (444,33f).

[43] 444,35.

[44] 445,22.

[45] 446,11-447,16.

[46] 446,11.

[47] "Haec duo debent ex Euangelio audiri auditaque ruminari. Sunt enim haec duo, scilicet dei bona et nostra mala... Sunt etiam duo illa sacrifitia laudis et confessionis... Et haec duo simul oportet offerri, ut sint eo perfectiora" (447,8ff).

[48] In der "Instructio pro confessione peccatorum" (1517?; vgl. Bayer, Promissio 113) heißt es dann kurz zum 3. Gebot: "Sabbatum requies vel vacantia dicitur, quae optima est ea, qua homo seipso vacuus velut mendicus et pauper expectat eum, qui esurientes implet bonis et divites dimittit inanes" (1,258,14ff); sowie: "...seipsum capacem gratiae facere et materiam sese praebere operaturo Deo. Quod fit orando, Missam et verbum Dei audiendo, Christi passionem memorando et pro peccatis gemendo, quod est spiritualiter communicare" (1, 263,10ff).

[49] Johann Agricola hat Luthers Predigten nachgeschrieben und Anfang 1518 deutsch veröffentlicht. Trotz der von Agricola selbst bestätigten Ergänzungen gilt der Text als verlässlicherer Zeuge für die 1517 gehaltenen Vorträge als Luthers eigene Neubearbeitung vom 5.4.1519 ("Auslegung deutsch des Vaterunsers für die einfältigen Laien. 1519" = WA 2,74ff). Vgl. dazu WA 9,122 und WA 2,74f, sowie Bizer, Fides ex auditu 131. Für die folgende Darstellung wird die "geistliche" Auslegung der 4. Bitte herangezogen: 9,142,20-152,24. Auf Luthers Neubearbeitung wird in einem anderen Zusammenhang einzugehen sein. Zur 1. Vaterunserauslegung siehe: Bayer, Promissio 95-100; Bizer, Fides ex auditu 131-138; Mann, Das Abendmahl 62f.

tung gotliches wortes" gesehen wird [50]. Als solches ist es das Wort vom Leiden Christi, aus dessen Wunden wir "das unser saugen, dye bussz sunderlich: 'Ey hat mich got also geliebt, und ich hab also sein vorgessen und wydder yn gesundiget. Ach warumb hab ichs gethan?' dan so mus das bluth Christi in dir wircken und dich erwermen, so wirstu kommen tzu rechter rew des hertzen, wan du dye speyse hast. Das hertz tzufleust als baldt und sagt 'Ey ich dregksagk, was habe ich gethan?' und hebt an sich zu hassen und got tzu lieben" [51]. Damit aber diese Speise täglich gegeben wird, hat die Kirche durch Eingebung des Heiligen Geistes es so bestimmt, "das teglich in allen messen das evangelium ... sol gelesen werden" [52]. Das in der Messe verlesene Evangelium führt dazu, "das wir uns teylen seyn betrubnisz, jamer, elende, vorvolgunge, armut, trubsall, angst, seyn wunden, seyn bluts tropffen und alle sein gelydt betrachtende, warumb er disz gelytten. Das heist 'Comedere Christum'" [53]. Zum Gedächtnis seiner Passion hat Christus auch seinen "theuren tzarten leichnam und sein unschuldiges bluth" hinterlassen und seinen Jüngern befohlen: "So oft sye diß theten, das ist 'so vilmall ir mesz halt und meyn leyb unnd bluth sacrificirt, solt irs thun in meynem gedechtnissz'" [54]. Die rechte Vorbereitung auf die Messe ist dann nicht das Vertrauen, durch Beichte, Fasten und Gebet schon rein zu sein, sondern vielmehr die Versenkung in Christi Passion: "er gehe an eynen heymlichen orth, unnd nehm vor sich das leyden Christi adder eyn stuck van seynem leben, bilde das in sein hertze, uffs tieffste und hertzlichste er kann" [55]. Hier wird deutlich, wie sehr für Luther die Messe Andachtsmittel [56], Weg zur Kreuzesbetrachtung ist, die den Betrachtenden dazu anleitet, "sich zu hassen und Got tzu lieben" [57], was wiederum dem bisher schon als Mitte der Messe beschriebenem geistlichen Selbstopfer als sacrificium laudis et confessionis entspricht.

---

[50] 143,14; zur Auslegung der 4. Bitte durch G. Biel siehe: Can. Miss. Expos. 70f (III, 153-183, bes. 179f).
[51] 145, 31ff.
[52] 144, 30ff.
[53] 147, 17ff. Auffallend ist, wie sehr Luther die Evangeliumsverkündigung in die Meßfeier einbindet (Vgl. die abschließende Fürbitte für die Priesterschaft: 151, 3ff). Er spricht nicht von einer außerhalb der Messe stattfindenden Verkündigung, Schriftlesung oder Betrachtung. Das bedeutet freilich nicht mehr, als daß ihm die Messe der übliche Ort, die faktisch gegebene Voraussetzung für die allein notwendige Christusverkündigung ist.
[54] 146, 12ff.
[55] 146, 21ff. Luther lehnt Fasten und Beten nicht ab, sondern nur das selbstsichere Vertrauen auf das Genügen einer solchen Disposition. Zur Vorbereitung des Priesters auf die Messe vgl. H. B. Meyer, aaO. 17-22.
[56] "angesteckt und gereitzet tzu andacht" (143, 24). Bizer, Fides ex auditu 136: "Soweit sich eine Abendmahlslehre abzeichnet, ist das Abendmahl ein Mittel der Andacht und damit eben der Selbsterkenntnis".
[57] Siehe Text von Anm. 51.

5. Wort und Sakrament

Das geringe Interesse Luthers am Sakrament und seine Vorliebe für das Wort ist eine nicht zu bestreitende Tatsache. In der "Vorordnung des Wortes vor das Sakrament" sieht Jetter den eigentlichen Ertrag der theologischen Arbeit des frühen Luther und damit den "von Anfang an festliegenden Ausgangspunkt der allgemeinen Sakramentslehre" [1]. Der Primat des Wortes und die entschlossene Unterordnung des Sakramentes finde seinen Ausdruck in der Formel 'Wort und Sakrament', die insbesondere von der zweiten Hälfte des Psalmenkommentars ab feststehe [2]. Doch abgesehen davon, daß diese Formel nicht allzu häufig ist, bleibt auch zu fragen, ob mit einer formelhaften Vorordnung des Wortes schon eine neue Bestimmung des Sakramentes gewonnen ist. Zunächst steht ohne Zweifel fest: Das Ringen Luthers um das Wort der Schrift, um die christliche Existenz unter dem Wort, war die Mitte seiner theologischen Arbeit. Dabei tritt, was das theologische Interesse betrifft, das Sakrament zurück. Aber inwiefern ist solches Zurücktreten schon charakteristisch [3]? Stimmt es, daß die Theologie vor Luther von einem imposanten Sakramentalismus bestimmt war, innerhalb dessen Predigt und Wort keine Bedeutung gehabt hätten [4]? Entscheidender freilich ist, ob mit dem an sich unpräzisen [5] Schlagwort 'Wort und Sakrament' für die Frühzeit Luthers das gleiche gemeint ist wie etwa für die Zeit der "Babylonischen Gefangenschaft" und der Katechismen. Nicht ein Zurücktreten des Sakramentes hinter das Wort entscheidet schon über ein neues Sakramentsverständnis, sondern im Blick auf Luthers spätere Position ist vielmehr zu fragen, wie Wort und Sakrament einander zugeordnet sind.

---

[1] W. Jetter, Die Taufe 191.
[2] Jetter, aaO. 194 Anm. 3. Dort auch die Belege. Zu ergänzen wäre die Reihe noch durch 4, 456, 3 (zu Psalm 147), wo allerdings Sacramentum dem Evangelium wieder vorgeordnet ist. Ähnlich wie Jetter schon E. Vogelsang, Die Anfänge 116, und dann A. Brandenburg, Gericht und Evangelium 131f. Die Vorordnung sieht Jetter auch an anderen Stellen gegeben, die allerdings oftmals gekünstelt ausgedeutet werden: In 55 II 18, 15 (s. o. S. 55 Anm. 1) deutet er z. B. Apostel und Jünger auf Schrift und Predigt, und damit auf eine Vorordnung des Wortes (aaO. 184 Anm. 1); siehe ferner das entstellte Zitat S. 191 Anm. 1 oder die Deutung S. 193 Anm. 7 und 8.
[3] E. Vogelsang, Die Anfänge 117.
[4] Das Bild, das Jetter (aaO. öfter) von der mittelalterlichen Kirche und Theologie zeichnet, wirkt oft klischeehaft und von Vorverständnissen geprägt. Vgl. die Kritik an Jetters Thomasinterpretation bei Pesch. Die Theologie der Rechtfertigung 794. Auf eine rege Predigttätigkeit zur Zeit Luthers weist Jetter selbst hin (aaO. 120; ders. Drei Neujahrssermone Gabriel Biels 86). Für G. Biel siehe auch H. Oberman, Spätscholastik und Reformation I, 19ff.
[5] E. Kinder, Zur Sakramentslehre 158; E. Roth, Sakrament nach Luther 25.

Das Wort ist Offenbarung: wie es um den Menschen steht, wie Gott zum Menschen steht. Es offenbart die Sünde des Menschen und das Erbarmen Gottes, das nur als Geschenk, nie aber als Lohn eigener Werke angenommen werden kann. Der Glaubende glaubt dem richtenden Wort und verläßt sich auf den Bund Gottes, dem das Heil zu schenken, der sich demütig dem Wort unterwirft. Ist damit das Wort schon Gnadenmittel, gleich den Sakramenten [6]? Sicher führt das Wort zum Leben, zur neuen Schöpfung, nährt und leitet die Glaubenden. Aber es birgt nicht in sich schon das Geschenk der Gnade, die es in konkreter Zusage als präsentische Gabe vermitteln würde, vielmehr offenbart es das Kreuz als den Heilsweg Christi und des Christen, und die glaubende Annahme dieses Wortes ist die neue Existenz unter dem Wort, die im Vertrauen auf Gottes Bund das Heil erhofft. Hat Luther mit der fast ausschließlichen Betonung des Wortgeschehens das Sakrament zwar an den Rand seines theologischen Interesses gerückt [7], so hat er doch nicht dem Wort die Rolle des Sakramentes zugedacht und so das Sakrament in Frage gestellt. Wenn Luther das Wort und die Sakramente oft nebeneinander stellt, dann ist damit auch nicht gesagt, daß die Sakramente nicht wirksam werden könnten ohne das Wort [8]. Denn nirgends geht das Wort so in das Sakrament ein, daß sich der Glaube auf ein im Sakrament begegnendes Wort richten würde. Mit Mk 16,16 fordert Luther gerade nicht den Glauben an ein in der Taufe ergehendes Wort, sondern den Glauben an das unabhängig von der Taufe stets neu begegnende Wort vom Kreuz, das aber als solches erst das in der Vergangenheit liegende Taufgeschehen in die Existenz unter dem Wort hereinholt. Bei der Taufe selbst spielen Wort und Glaube keine Rolle. Ähnliches gilt für die Eucharistie. Sie ist Gelegenheit zur Christusverkündigung, aber sie ist nicht konstituiert als Wortgeschehen [9]. Darum ist es nicht richtig zu sa-

---

[6] Jetter, Die Taufe 359; Ebeling, Luther II, 503. Zwar sagt Jetter, daß Luther die Bedeutung seiner Stellung zum Wort als Gnadenmittel anfangs weder in seiner Besonderheit noch in seiner Tragweite gesehen hat, rechnet dies aber "zu den nicht restlos aufzuhellenden Tatbeständen in der Genesis seiner Theologie" (aaO. 192 Anm. 1). Es ist aber ebenso möglich, daß Luther im Wort - weil er es noch nicht als Gnadenmittel gesehen hat - keine Konkurrenz für das Sakrament und damit auch noch keine "Tragweite" gesehen hat. Es ist auf alle Fälle überzogen, wenn aus dem Text 4,267,34-268,5 (s.o. S.56 Anm.11) geschlossen wird: "Jedes Wort Gottes hat sakramentale ... Kraft" (Jetter, aaO. 194).

[7] A. Brandenburg, Gericht und Evangelium 132, spricht von einer in Abwertung begriffenen Stellung Luthers zum Sakrament in dieser Zeit. Vgl. dazu die kritischen Anfragen bei F. Lau, Luthers Worttheologie in katholischer Sicht 114.

[8] W. Jetter, aaO. 210.

[9] Man kann wohl nicht von einer Verbalpräsenz Christi in der Eucharistie für die Zeit der Psalmenvorlesung reden (Jetter, aaO. 199 Anm. 6), nur weil es Luther ferne liegt, "dem Sakrament eine andere, sozusagen "dichtere" Gegenwärtigkeit Christi zuzutrauen als dem Wort" (ebd.).

gen, Luther würde in dieser Zeit das Sakrament vom Wort her neu begreifen [10], in dem Sinne, daß das Sakrament eine Form des Wortgeschehens wäre - ganz gleich ob dem Wortgeschehen in der Predigt über- oder untergeordnet -, daß im Sakrament eine an Zeichen gebundene promissio ergehe, auf die sich der Glaube richte. Wort und Sakrament gehen noch nicht ineinander, sie stehen als zwei Größen nebeneinander [11]. Dabei wird dem Wort weitaus größere Beachtung geschenkt als dem Sakrament. Freilich könnte in der Eigenart von Luthers Worttheologie mit ein Grund gegeben sein für das mangelnde Interesse an Aussagen über das Sakrament. Eine Antwort auf die Frage, was Luther veranlaßt haben könnte, vom Sakrament so wenig zu reden, kommt allerdings über Mutmaßungen kaum hinaus [12].

Kennzeichnend für die neue Existenz unter dem Wort, wie Luther sie versteht, ist die bleibende Ungewißheit über das Heil, damit so jeder falschen Sicherheit der Boden entzogen werde. Ein Verständnis der Sakramente als Gnadenmittel, die ex opere operato wirken, konnte in der kirchlichen Praxis zu einer Veräußerlichung des sakramentalen Lebens führen, zu einem Sakramentsgebrauch, dem der nötige Ernst zu einem christlichen Leben fehlte. Die Gewißheit über die Wirksamkeit der Sakramente konnte eine oberflächliche Heilssicherheit zur Folge haben. Der Gefahr einer falschen Sicherheit wollte Luther mit der Theologia crucis entgegenwirken.

In diesem Sinn dürfte zu verstehen sein, was er im Scholion zu Röm 14, 1 ausführt: "Pestilentissimum... genus praedicantium est hodie, quod de signis praesentis gratiae praedicat, ut securos homines faciat, cum hoc sit optimum signum gratiae timere scil. et tremere" [13].

Zeichen der Gnade ist die demütige Anerkenntnis der Sündhaftigkeit, das zitternde Hoffen auf Gottes Erbarmen. Ein betonter Hinweis auf die "Greifbarkeit" der Gnade im Sakrament könnte den ständigen Prozeß des "timere et tremere" gefährden. Der Blick auf die lebenslang geforderte Demut, die durch Gottes richtendes Wort hervorgerufen wird, könnte ein Schweigen vom Sakrament nahelegen. Erst wenn Luther das Wort als promissio, als

_____

[10] Jetter, aaO. 195. Wenn Luther das Wort neben das Sakrament stellt, kann man noch nicht vom Sakrament als "Abart des Wortes" reden (aaO. 197).

[11] Auch R. Prenter, Spiritus Creator (1944) 160f, spricht von einer Parallelordnung von Wort und Sakrament und nimmt so Stellung gegen K. Holls Unterordnung des Sakramentes unter das Wort (bes. in dem Aufsatz: Die Entstehung von Luthers Kirchenbegriff, in: K. Holl, Gesammelte Aufsätze I, 288-325).

[12] W. Jetter, der dieser Frage ausführlich nachspürt (Die Taufe 112-135), sieht die Gründe für das Schweigen Luthers in der "antisakramentalen Spitze" des Mönchtums (aaO. 128) und im Erlebnis des "Versagens des Sakraments, vor allem des Bußsakraments" (aaO. 131). Vgl. dazu H. Kasten, Taufe und Rechtfertigung 197-215.

[13] 56, 503, 21f.

Zusage präsentischer Vergebung verstehen lernt, kann er dem Sakrament einen zentralen Ort im christlichen Leben zuweisen. Wenn er das Sakrament als den Ort entdeckt, an dem Gott sein gnädiges Wort der Sündenvergebung hörbar werden läßt, das der Glaube ergreifen kann, wird Luther das Sakrament auch in ganz neuer Weise als Wortgeschehen bestimmen können.

Vorentscheidungen in diese Richtung zeichnen sich gewiß schon in der Frühzeit ab, das sollte nicht übersehen werden. Die Beschreibung der christlichen Existenz als einer Existenz unter dem Wort läßt Luther auch im Sakrament das Wort suchen. Freilich er findet es dann als aufrichtendes Heilswort. Dann wird der Glaube sich auch nicht mehr am Bundeswort Gottes, dem Demütigen die Gnade zu geben, ausrichten, sondern das Bundeswort der Vergebung im Sakrament ergreifen. Das Wort Mk 16,16 mit dem jetzt noch kaum beachteten Bezug auf die Taufe wird ihn dann die Taufe als Ort bleibender Zusage verstehen lassen. Zwar ist auch jetzt schon die Eucharistie eine Gelegenheit zur Verkündigung, doch dann wird die Eucharistie gerade als Heilsverkündigung begründet werden können. Und war bisher zwar die ständige aber nie zu einer Gewißheit kommende Buße, kaum aber das Bußsakrament in den Blick genommen, so wird dem um seine Buße und sein Heil Ringenden gerade das Sakrament der Buße der Ort heilschaffender, weil fest zugesprochener Vergebung.

Um Luthers Entdeckung des Sakramentes und des Wortes in ihm im folgenden möglichst deutlich aufzeigen zu können, mußte seine Position in der Frühzeit ausführlich dargestellt werden. Denn nur auf diesem Hintergrund wird sein lebenslanges Ringen um das Sakrament verständlich.

2. KAPITEL: DIE ENTDECKUNG DES BUSSAKRAMENTES

A. Wandel im Bußverständnis

1. Der Ablaßstreit als Ausgangspunkt

Schon in den Vorlesungen hatte sich Luther kritisch mit der Ablaßpraxis beschäftigt, weil er darin die Gefahr falscher Heilssicherheit und eine Unterdrückung der ständig geforderten Bußhaltung sah [1]. Der Ablaß ist nur für
Faule, die einem Leben der Buße ausweichen wollen [2]. Auch 1517 geht er
bei der Ablaßkritik aus von seiner bisherigen Theologie: Der Ablaß verführt dazu, nur die Strafe, nicht aber die Sünde zu fürchten; dagegen wäre
das Volk zu ermahnen, "die Strafe zu lieben und das Kreuz zu umarmen".
Die Übernahme des Kreuzes führt zu Sanftmut und Demut und so zur Ruhe.
Die Ablässe aber befreien von den Strafen und verhindern damit die Demut
und so auch den eigentlichen "Ablaß"[3].

Im Frühjahr 1517 predigte Tetzel in der Nähe Wittenbergs den Ablaß [4],
und die Leute liefen ihm "wie verrückt" nach [5]. Luther wurde im Beichtstuhl mit den verheerenden Folgen der Ablaßpraxis konfrontiert, als Beicht-
kinder auf den Besitz von Beichtbriefen pochten und ohne Zeichen von Reue
und Besserung die Lossprechung verlangten [6]. Im "Sermo de indulgentiis
pridie Dedicationis" wendet er sich gegen die gefährliche Praxis [7]. Die

---

[1] Siehe oben S. 62.

[2] 3,416f.

[3] Predigt am 24.2.1517 (1,138-141; bes. 141,22-38): "Nam non per indulgentias, sed per mititatem et humilitatem hic dicit inveniri requiem
animarum. Mititas autem non est nisi in poenis et cruce, a qua illae
indulgentiae absolvunt, quam horrere docent, et faciunt ut nusquam
effeciamur mites et humiles, i. e. numquam indulgentiam consequamur
nec ad Christum veniamus" (141,32ff). Vgl. zur Predigt: E. Iserloh,
Luther zwischen Reform und Reformation 31. Dort auch (11-29) ein kurzer Überblick über Ablaßtheorie und -praxis bis zu Luther.

[4] Am 10. April soll Tetzel in Jüterbog tätig gewesen sein. Im Wittenberger Gebiet war die im Auftrag Albrechts v. Mainz durchgeführte Ablaß-
predigt verboten. Vgl. WATi 5,77 Nr. 5349; Iserloh, aaO. 28.

[5] WATi 5,76 Nr. 5346.

[6] Iserloh, aaO. 29.

[7] Der Sermo findet sich 1,94-99 und 4,670-74 (der abschließende Ablaß-
teil nur ganz knapp gefaßt). Die WA (1,94 Anm.2) datiert die Predigt
auf 31.10.1516 (so auch M. Kroeger, Rechtfertigung 178 Anm.32), dagegen O. Bayer, Promissio 164, auf 31.10.1517 - gehalten in der
Schloßkirche. Nach Iserloh ist aber sowohl die Kirche, die Kirchweih
feierte, wie das Datum ungewiß. Er plädiert für Mitte oder Ende 1517,
auf alle Fälle nicht am 31.10. (aaO. 31ff). N.Flörken hat die Frage
Iserlohs aufgegriffen und kommt auf den 30. Mai 1517 - in der Pfarr-

zum Fest als Evangelium verlesene Zachäusgeschichte ist ein Beispiel für das Handeln Jesu: Die in falscher Selbstgefälligkeit Befangenen (im Evangelium die Pharisäer) sollen zur Erkenntnis ihrer Heilsbedürftigkeit geführt werden [8]. Die Ablässe aber bestärken den Menschen in seiner Selbstgerechtigkeit, anstatt zur wahren Buße zu führen. Von dieser wird in einem Anhang gehandelt.

Der üblichen Dreiteilung des Bußsakramentes in contritio, confessio und satisfactio [9] zieht Luther eine Zweiteilung vor:

"Duplex est poenitentia, scilicet signi et rei. Rei est illa interior cordis et sola vera poenitentia, de qua Christus dicit: poenitentiam agite, et Petrus Act. 3: ppenitemini et convertimini. Signi est illa exterior, quae frequenter est facta, cum illa interior sit ficta saepe, et haec habet duas illas partes, Confessionem et satisfactionem"[10].

Dabei bezweifelt er, daß das jetzt übliche private Bekenntnis und die private Bußauflage göttlichen Rechts seien [11], legt aber darauf keinen großen

---

kirche (Flörken, Ein Beitrag zur Datierung 349). Das "prae foribus pompa ista indulgentiarum" (1,98,18) richtet sich gegen Tetzels Tätigkeit.

[8] 1,98,4-11.

[9] "Tres sint partes poenitentiae secundum usitatum modum" (1,98,23). Im "Sermon von Ablaß und Gnade": "Etliche neue Lehrer, wie Petrus Lombardus, Thomas v. Aquin und ihre Nachfolger, geben der Buße drei Teile, nämlich: Die Reue, die Beichte, die Genugtuung. Und obwohl dieser Unterschied nach ihrer Meinung schwer oder auch gar nicht als in der heiligen Schrift gegründet erfunden wird, noch in den alten heiligen christlichen Lehrern, wollen wir das doch jetzt so bleiben lassen" (1,243,4-11; hier LD 2,83). Die Bulle "Exsurge Domine" vom 15.6.1520 verurteilt diesen Satz in der Form: "Tres esse partes paenitentiae: contritionem, confessionem et satisfactionem, non est fundatum in sacra Scriptura nec antiquis sanctis christianis doctoribus" (DS 1455).
Die päpstliche Bulle verurteilte 41 Sätze Luthers, wovon ein Teil schon vorher von der theologischen Fakultät der Universität Löwen zensuriert worden war (6,175-178). Wie die einzelnen Sätze beurteilt werden, ist nicht ersichtlich, da nur eine globale Verurteilung ausgesprochen wird: "Praefatos omnes et singulos articulos seu errores tamquam, ut praemittitur, respective haereticos, aut scandalosos, aut falsos, aut piarum aurium offensivos, vel simplicium mentium seductivos, et veritati catholicae obviantes, damnamus, reprobamus, atque omnino reicimus" (DS 1492). Vgl. H. Roos, LThK III, 1319; ders., Die Quellen der Bulle "Exsurge Domine".

[10] 1,98,24-28.

[11] "Idcirco Dominis Iuristis eam commendo, ut ipsi probent, ubi de iure divino probentur satisfactio et Confessio, ut nunc sunt in usu... Privata vero Confessio et satisfactio fateor me nescire ubi doceantur et praecipiantur" (1,98,31-36).

Wert. Ihm liegt alles an der poenitentia interior, die er durch die Ablässe gefährdet sieht:

"Indulgentiae... tollunt autem nihil aliud quam privatae satisfactionis impositiones. Et sic timendum, quod frequenter cooperentur contra poenitentiam interiorem. Nam poenitentia interior est vera contritio, vera confessio, vera satisfactio in spiritu. Quando poenitens vere purissime sibi displicet in omnibus que fecit, et efficaciter convertuntur ad Deum pureque agnoscunt culpam et Deo confitentur in corde. Deinde per sui detestationem intus sese mordet et punit: ideo ibidem Deo satisfacit. Imo vere poenitens vellet, si fieri posset, ut omnis creatura suum peccatum videret et odisset, et paratus est ab omnibus conculcari. Non quaerit indulgentias et remissiones poenarum, sed exactiones poenarum" [12].

Wahre Buße sucht nicht die Ablässe, sondern das Kreuz [13]. Dem Aufruf zu echter Buße dienen auch die 95 Ablaßthesen: "Da unser Herr und Meister Jesus Christus sagt: "Tut Buße" usw. (Mt 4,17), wollte er, daß das ganze Leben der Gläubigen Buße sein sollte" [14].

Zusammen mit den Thesen schickt Luther an Albrecht von Mainz den "Tractatus de indulgentiis" [15]. Sowohl im Begleitbrief [16] wie im Traktat weist er nochmals auf die Gefahr hin, daß die Menschen sich in einer falschen Heilsgewißheit wiegen [17]. Sie halten eine echte Reue nicht für notwen-

[12] 1, 98, 39-99, 8. Zur Entwertung des Bußsakramentes durch die 'poenitentia interior' in vorreformatorischer Zeit siehe R. Seeberg, Dogmengeschichte III, 627; 792ff.

[13] 1, 99, 12.

[14] So die erste These: 1, 233, 10f (nach LD 2, 32); zu Mt 4, 17 siehe Anm. 10. Vgl. ferner die Thesen: 2-4; 39; 58; 63f; 65f; 91-95; Auch R. Seeberg (Dogmengeschichte IV/1, 158-172) sieht die Thesen im Rahmen der Forderung nach 'poenitentia interior'. Doch läge darin gerade Luthers neue Sicht (im Verein mit vorreformatorischer Kritik) gegenüber dem institutionalisierten Sakrament. Die im folgenden beschriebene Überwindung der Position Luthers zur Zeit der Thesen wird bei Seeberg übersehen.

[15] 1, 65-69 (von Löscher als Predigt vom 27. 7. 1516 überliefert) und WABr 12, 5-9 (eine Kopie aus dem Mainzer Universitätsarchiv); zur vorgenommenen Einordnung des Traktats vgl. H. Volz, Einleitung WABr 12, 2f; Iserloh, Luther zwischen Reform und Reformation 35-40. Bayer, Promissio 165, sieht in dem Traktat eine Vorbereitung für eine nicht stattgefundene Disputation.

[16] WABr 1, 110-112 (LD 10, 26-29). Der Brief ist im Reichsarchiv von Stockholm im Original erhalten: E. Iserloh, aaO. 43.

[17] WABr 1, 111, 17. 27. 33; vgl. WABr 12, 5, 11; 9, 152 sowie die Thesen 32 und 52. Zunächst rechnet Luther noch mit der Möglichkeit, daß die Leute die Ablaßprediger nur falsch verstehen (1, 98, 20f; vgl. auch Br 12, 5, 10), doch als er die Ablaßinstruktion zu sehen bekam (Text: W. Köhler, Dokumente zum Ablaßstreit 104-124; siehe auch E. Iserloh, aaO. 23-27), bittet er im Brief an Albrecht um die Rücknahme dieser Instruktion (WABr 1,

dig [18], glauben mit den Ablaßbriefen Vergebung jeglicher Schuld zu erhalten [19], obgleich die Ablässe doch nur die Strafen vergeben könnten [20]. Der Strafnachlaß mindert aber keineswegs die Sünde oder vermehrt die Gnade [21]. Das Austreiben der Sünde ist ein lebenslanger Vorgang [22]. Dazu bedarf es der Gnadeneingießung, die als "interior illuminatio mentis et inflammatio voluntatis" beschrieben wird [23]. Weil dieser Kampf gegen die Sünde das ganze Leben andauert, gibt es keine Heilsgewißheit, weder durch ein bischöfliches Amt, noch durch die eingegossene Gnade [24], weil niemand weiß, ob er "digne contritus" ist [25]. Auf die im Bußsakrament ergehende Absolution kommt Luther dabei nicht zu sprechen, er führt den Kampf gegen den Ablaß von jener Bußtheologie aus, wie sie im ersten Kapitel beschrieben wurde, und kämpft gegen die Gefahren einer falschen Ablaßpraxis. Erst dann folgt eine eingehendere Beschäftigung mit der Ablaßtheologie, fragt er nach dem Verhältnis von Schuld und Strafe, von kirchlichen und göttlichen Strafen, nach der Existenz göttlicher Strafen überhaupt, nach dem Schicksal der Seelen im Fegfeuer, dem thesaurus ecclesiae, nach der Schlüsselgewalt des Papstes [26].

112, 55). In der Resolution zur These 32 ironisiert er das "Mißverständnis" der Leute (1, 587, 31-589, 12).

[18] Br 1, 112, 51; vgl. auch These 35.

[19] Br 1, 111, 21; Br 12, 5, 15; Thesen 33; 75; 76.

[20] Br 1, 111, 34; Br 12, 5, 13; Thesen 5 und 34.

[21] Br 12, 5, 19-6, 24.

[22] Br 12, 6, 38ff; These 4.

[23] Br 12, 6, 36.

[24] "Denn der Mensch wird seiner Seligkeit nicht durch das Bischofsamt oder -werk, auch nicht einmal durch Gottes eingegossene Gnade versichert, sondern es befiehlt der Apostel (Phil 2, 12), allezeit mit Furcht und Zittern zu schaffen, daß wir selig werden" (WABr 1, 111, 27ff; nach LD 10, 27).

[25] Immer wieder verweist Luther im Traktat auf den "digne" oder "perfecte contritus". Das Wissen darüber kommt nur Gott zu. Der Papst kann für die Seelen im Fegfeuer nur beten, daß Gott sie befreie. Eine Gewißheit gibt es auch hier nicht, es sei denn das Vertrauen, daß Gott das Gebet der Kirche nicht zurückweist, gemäß Mt 7, 7 und Mk 11, 24: "Bittet und ihr werdet empfangen" (WABr 12, 8, 134ff); vgl. auch These :

[26] Für die weitere Auseinandersetzung mit dem Ablaß siehe: Die 95 Thesen (1, 233-238); "Tractatus de indulgentiis" (WABr 12, 5-9 = WA 1, 65-69); "Sermon von Ablaß und Gnade" (1, 243-246); Resolutionen (1, 530-628); "Asterisci contra Obeliscos Eckii" (1, 281-314); "Ein Freiheit des Sermons" (1, 383-393); "Ad dialogum Silvestri Prieratis" (1, 647-686).

2. Die Auseinandersetzung mit dem deklaratorischen Verständnis des Bußsakramentes

Unter den 95 Ablaßthesen, die nach Luthers eigenen Aussagen viel Zweifelhaftes enthalten [1], stehen drei Thesen, die der priesterlichen Losspechung im Bußsakrament hinsichtlich der Schuldvergebung und der Gnadenmitteilung nur die Funktion zubilligen, zu deklarieren und zu bestätigen, daß Gott vor der Absolution die Sünde schon vergeben hat:

These 6: "Papa non potest remittere ullam culpam nisi declarando et approbando remissam a deo Aut certe remittendo casus reservatos sibi, quibus contemptis culpa prorsus remaneret".

These 7: "Nulli prorsus remittit deus culpam, quin simul eum subiiciat humiliatum in omnibus sacerdoti suo vicario".

These 38: "Remissio tamen et participatio Pape nullo modo est contemnenda, quia (ut dixi) est declaratio remissionis divine" [2].

Damit trifft Luther die "spannungsvolle Problematik" [3], welche seit der Frühscholastik die Bußtheologie kennzeichnet. Petrus Lombardus hat das deklaratorische Verständnis der Schlüsselgewalt fest in der Geschichte der Scholastik verankert [4]. Trotz der Kritik durch Hugo v. St. Viktor und seine Schule, Thomas v. Aquin und Duns Scotus [5] wurde dieses Verständnis in den Sentenzenkommentaren weitergegeben. Gabriel Biel hat es aufgegriffen, von ihm übernimmt es wohl auch Luther.

a) Die Deklarationstheorie bei Gabriel Biel

Im Collectorium entwickelt Biel sein Verständnis in Auseinandersetzung mit der Bußlehre des Duns Scotus, mit dessen sog. Attritionismus. Er schildert zunächst die Meinung des Duns Scotus:
Gott hat einen zweifachen Weg für die Rechtfertigung des Sünders eingesetzt, und das ist ein Zeichen größeren Erbarmens, als den Menschen nur auf einen Weg zu zwängen. Ein Erwachsener kann die erste Gnade, die die Erbsünde zerstört, auf einem doppelten Weg erreichen, nämlich aufgrund einer guten Regung, die auf die Gnade de congruo bereitet, oder aufgrund des Taufempfanges. Beim ersten Weg wird "aliquis motus meritorius de congruo" gefordert, beim zweiten nur der freiwillige Taufempfang ohne Fiktion, d.h. mit der Absicht zu empfangen, was die Kirche darreicht, sowie

---

[1] WABr 1,139,52; 152,11; 170,42; 528,40.
[2] 1,233;235.
[3] Poschmann, Buße und Letzte Ölung 103. Vgl. auch Seeberg, Dogmengeschichte III, 268-281; 531-553.
[4] Sent. IV d. 18; vgl. Poschmann, aaO. 85; L. Hödl, Die Geschichte 187; 196.
[5] Hödl, aaO. 72ff; 269-305; 382f; Poschmann, aaO. 86; 89ff; 98ff.

ohne tatsächliche oder willentliche Todsünde. Auf das Bußsakrament angewandt heißt das: Es empfängt also, wer den nötigen Grad der attritio erreicht, die Gnade aufgrund des meritum de congruo; aber auch jener, der nicht einen solchen Akt hat, daß er zu einem meritum de congruo reicht, aber den Willen zum Sakramentsempfang besitzt und ohne das Hindernis (obex) einer tatsächlichen oder willentlichen Todsünde ist, empfängt - "non ex merito sed ex pacto divino" - die Wirkung des Sakramentes [6]. Gerade darin zeigt sich die Überlegenheit neutestamentlicher Sakramente gegenüber ihren alttestamentlichen Vorgängern [7].

Für Biel wäre diese Meinung annehmbar, hätte sie in Schrift und Tradition eine Grundlage, vor allem jedoch, wenn Scotus nicht einerseits den ersten, beschwerlichen Weg so unsicher machen - niemand kann gewiß sein, ob der geforderte bonus motus die ausreichende Qualität und Intensität besitzt - und andererseits den zweiten, sicheren Weg nicht so erleichtern würde [8]. Denn trotz widersprüchlicher Äußerungen bei Scotus hinsichtlich der erforderlichen Disposition für das Sakrament, glaubt Biel doch, daß für Scotus zum Sakramentsempfang kein bonus motus erforderlich sei, sondern lediglich der Sakramentsempfang und die Entfernung des obex [9]. Damit aber hat Biel nach heutiger allgemeiner Überzeugung Scotus falsch gedeutet. Denn das "zu wenig zerknirscht (parum attritus)" gilt nur auf dem Hintergrund des "sufficienter attritus" als ein Zustand, der nicht ausreicht, die Gnade aufgrund eines meritum de congruo zu erhalten, was aber keineswegs

---

[6] "... hoc est maioris misericordiae scil. duplicem viam instituere, per quam iustificetur peccator, quam ipsum ad unam viam artare. Sicut ergo adultus primam gratiam delentem originale potest habere duplici via, scil. ex bono motu disponente ad illam de congruo vel ex susceptione baptismi, sic in proposito. Et hoc declarat sic: Ad primam susceptionem gratiae requiritur aliquis motus meritorius de congruo. Ad secundam autem non requiritur nisi voluntaria susceptio baptismi et sine fictione, hoc est cum intentione suscipiendi quod confert ecclesia et sine actu vel voluntate peccati mortalis. Ita quod in primo requiritur aliquid opus instrinsecum aliquomodo acceptum tamquam meritum de congruo, in secundo solum requiritur opus exterius cum remotione impedimenti interioris. Non solum igitur attritus per aliquod tempus usque ad certum instans in ultimo instanti recipit gratiam delentem peccatum tamquam per virtutem meriti de congruo, sed non habens talem actum, qui sufficiat ad meritum de congruo, sed tamen habens voluntatem suscipiendi sacramentum ecclesiae et sine obice peccati mortalis actualiter in facto vel in voluntate inhaerentis suscipit (non ex merito, sed ex pacto divino) effectum illius sacramenti" (Coll IV d. 14 q. 2 a. 1 not. 2 col. 1f); vgl. dazu V. Pfnür, Einig in der Rechtfertigungslehre 77-80.
[7] Ebd. col. 1.
[8] Ebd. col. 3f.
[9] Ebd. col. 4; besonders: "... si ergo susceptio sacramenti, quod est signum exterius sensibile, sufficit, non requiritur aliqua attritio interior, dumtaxat non ponatur impedimentum obicis".

für den Sakramentsempfang das Fehlen jeder inneren Bereitschaft besagen will [10]. Scotus wurde bis Biel auch immer so verstanden, und erst dieser hat die falsche Deutung eingeführt und sie sowohl Luther als auch selbst scotistischen Theologen zur Zeit des Trienter Konzils beigebracht [11].

Biel versucht nun, die beiden Wege des Scotus zusammenzufassen: er verbindet die 'Anstrengung' des ersten mit der 'Sicherheit' des zweiten [12]. Zum Bußsakrament ist die contritio erforderlich, echte contritio schließt immer das votum sacramenti mit ein. Die Gnade wird allein aufgrund der contritio gegeben, wenn diese zeitlich dem Sakrament vorausgeht; wird sie erst im Sakrament erweckt, dann aufgrund der contritio und des Sakramentes zusammen. Ansonsten gibt das Sakrament zu der schon gegebenen Gnade noch etwas hinzu. Biel versucht, die contritio fest an das Sakrament zu binden, da das Sakrament selbst durch das votum sacramenti bewirkenden Einfluß auf die contritio hat [13].

Für ihn gibt es nur einen Weg. Die Sicherheit des Sakramentes wird mit der moralischen Anforderung an den Menschen verbunden. Dennoch gilt: Die Schlüsselgewalt im Bußsakrament ist weder causa principalis, noch causa sine qua non, oder causa instrumentalis [14]. Ausdrücklich schließt

---

[10] Biel erklärt das parum attritus selbst mit: "etiam attritione quae non habet rationem meriti ad remissionem peccati" (ebd. col. 2), und: "... tanta attritione, quae non sufficeret ad suscipiendum gratiam in termino attritionis sine sacramento" (ebd. col 1). Vgl. dazu H. Oberman, Spätscholastik und Reformation I, 147f; V. Heynck, Attritio sufficiens 93-104; Poschmann, aaO. 100f. Man kann sich des Eindrucks nicht erwehren, daß Biel gegen eigenes besseres Wissen falsch gedeutet hat, wie seine Hinweise auf andere Aussagen bei Scotus zeigen; auf dem Hintergrund der dargestellten scotistischen Meinung konnte er seine eigene Ansicht deutlicher werden lassen.
[11] Heynck, aaO. 112-130. Dabei ist ferner zu beachten, daß die Begriffe attritio und contritio noch nicht die feste Bedeutung haben, wie in der nachtridentinischen Zeit (vgl. J. Göttler, Der heilige Thomas 272f).
[12] Vgl. H. Obermann, aaO. 143.
[13] IV d. 14 q. 2 a. 2 concl. 2-6. Die contritio bei Biel ist weniger anstrengend als die attritio sufficiens bei Scotus, wie IV d. 14 q. 2 a. 1 not. 2 col. 4-6 zeigt: sie ist ein Akt des freien Willens, der sich sowohl auf die Sünde wie auf Gott bezieht: poenitere et convertere. Da jede Sünde Abkehr von Gott und Hinwendung zur Kreatur ist, schließt das Mißfallen an der Sünde die Abkehr von der Kreatur und die Hinwendung zu Gott ein. Das schließt auch den Wunsch zum Sakrament mit ein, weil Gott das Sakrament verordnet hat. Da Biel die attritio als Furchtreue deutet (ebd. col. 8-10), muß er sie ablehnen und die contritio für die Buße fordern. Das Mißfallen an der Sünde und die Hinkehr zu Gott entsprechen dem "facere quod in se est" (II d. 27 q. 1 a. 2 concl. 4). Der Mensch ist dazu von Natur aus fähig und Gott gibt jedem seine Gnade, der tut, "quod in se est" (vgl. oben S. 39).
[14] Coll. IV d. 18 q. 1 a. 2 concl. 2; ebenso d. 14 q. 2 a. 2 concl. 1.

Biel sich zusammen mit Ockham dem deklaratorischen Verständnis von Petrus Lombardus an [15].

b) Luthers Kritik

Die Thesen 6 und 7 spiegeln Biels Position wieder: Der Priester deklariert die durch Gott - freilich nicht ohne Bezug zum Sakrament - geschenkte Vergebung. Es ist verständlich, daß die Thomisten Eck, Tetzel, Wimpina und Prierias hier eine Minderung der priesterlichen Schlüsselgewalt sahen [16]. Luther betont demgegenüber, er habe die These 6 "non ex animo" (aus eigener Überzeugung) aufgestellt, sondern weil sie Allgemeingut der Theologen sei [17]. Alle bekennen, daß allein Gott die Schuld vergeben könne [18]. Deshalb halten es manche sogar für unangemessen zu sagen, der Papst vergebe Schuld; andere bekennen, sie wüßten nicht, was die Vergebung durch die Schlüssel sei [19]. Doch auch Luther selbst gefällt die Deklarationstheorie nicht mehr. Was ihn dabei bedrängt, ist das Wort Mt 16,19: "Was du lösen wirst auf Erden, wird gelöst sein im Himmel"[20]. Auf dieses von ihm bisher nicht beachtete Wort muß er bei der Frage nach der päpstlichen Gewalt bezüglich des Ablasses gestoßen sein [21]. Jetzt läßt es ihn die noch in den Thesen behauptete Deklaration des Priesters beim Bußsakrament fragwürdig erscheinen. Das geschieht in den um die Jahres-

---

[15] "Sequor nunc opinionem Magistri, quam etiam sequitur profundissimus veritatis indagator Guilhel. Occam, cuius doctrinam tamquam clariorem frequentius imitor" (IV d. 14 q. 2 a. 2; Ockham, Sent. IV d. 9 Q u. T). Wenn Jetter bei Biel in dieser Frage einen "nicht aufzulösende(n) Widerspruch" findet (Die Taufe beim jungen Luther 99 Anm. 3), dann deswegen, weil er Biels Referat über Scotus als Biels eigene Meinung versteht (ebd.). "Daß übrigens auch außerhalb der nominalistischen Schule die Meinung des Lombarden wenigstens als probabel angesehen wurde, zeigt der spätere Papst Hadrian VI (+ 1523)" (Poschmann, aaO. 102 Anm. 15). Vgl. ferner Seeberg, Dogmengeschichte III, 792ff.

[16] Zu Eck vgl. "Asterisci Lutheri adversus Obeliscos Eckii" (1, 285ff); zu Tetzel und Wimpina: W. Köhler, Dokumente 128-143; zu Prierias: "Ad dialogum" (1, 658ff).

[17] 1, 287, 2f; 288, 9f (Ast.); 1, 544, 33ff (Res 7); 1, 658, 41 (Ad dial.). Daß die Annahme des deklaratorischen Verständnisses deshalb nur "hypothetischen Charakter" gehabt habe (Bayer, Promissio 167 Anm. 30), ist nicht ersichtlich.

[18] 1, 539, 1.

[19] 1, 538, 40ff (Res 6); 1, 544, 35f (Res 7); 1, 627, 4f (Res 87); 1, 285, 36f; 287, 4f (Ast.).

[20] 1, 539, 14-23; 1, 594, 5ff.

[21] Luther hatte am 1. 8. 1516 über Mt 18,18 gepredigt, dabei aber nur auf die päpstliche Gewalt in der Kirche abgehoben (1, 69).

wende 1517/18 erarbeiteten Resolutionen (Erklärungen) zu seinen 95 Thesen [22].

Resolutio 7 [23]

Trotz des von Luther angenommenen allgemeinen Konsenses hinsichtlich der Deklaration [24] - und damit der Sündenvergebung aufgrund der contritio - erscheint ihm diese Theorie als von der Schrift her unangemessen. Denn Mt 16,19 spricht eher für eine Deklaration Gottes über das vorhergehende Tun des absolvierenden Priesters, als für eine Deklaration des Priesters über das vorhergehende Tun Gottes [25]. Andererseits stellt sich aber die Frage, wie ohne vorhergehende Gnade der Wunsch zum Sakrament möglich ist [26]. Luther bekennt seine Schwierigkeiten, beides zu vereinbaren [27]. In Res 7 will er seinen Versuch vorlegen.

Wenn Gott in einem ersten Akt beginnt, den Menschen zu rechtfertigen, dann stößt er ihn zunächst einmal zu Boden: eum damnat, destruit, percutit, occidit, conterit, humiliat, tremefacit [28]. So schafft Gott ein fremdes Werk (opus alienum), damit er sein eigenes vollbringen kann. In dieser "conturbatio" beginnt das Heil: sie ist die wahre contritio, die Demütigung des Geistes, das gottgefällige Opfer, und wenn der Mensch in diesem Zustand ist, wird die Gnade eingegossen [29]. Der erste Schritt entspricht

[22] 1,525-628. Am 13.2.1518 schickte er die Resolutionen an seinen Ortsbischof Hieronymus von Brandenburg zur Durchsicht (WABr 1,138-140. Zur Frage der Datierung vgl. E. Iserloh, Luther zwischen Reform und Reformation 77). Da sich die Genehmigung zur Veröffentlichung verzögerte (vgl. WABr 1,151f; 162), konnte Luther sie erst am 30.5. an Staupitz schicken mit der Bitte, sie an Papst Leo X. weiterzuleiten (1, 525ff). Am 21.8.1518 erschien der erste vollständige Druck (1,522). Da in den Resolutionen Bezug genommen wird auf die Verteidigung der von Wimpina aufgestellten Thesen durch Tetzel am 20.1.1518 in Frankfurt/Oder (1,532,33; 544,9), ist möglicherweise mit einer Überarbeitung (zumindest in den entsprechenden Partien) des ersten Entwurfs zu rechnen.
[23] 1,539-545. Vgl. dazu Bayer, Promissio 167-173; Bizer, Fides 108-114; ders., Die Entdeckung 72f; Kroeger, Rechtfertigung 192f; L. Klein, Evangelisch-lutherische Beichte 34ff.
[24] "Hanc conclusionem omnes veram concedunt" (1,539,14); vgl. auch 1, 539,35; 1,594,6.
[25] "Videtur esse ista oratio... impropria et euangelico textui incongrua" - folgt Mt 16,19 - "ubi magis intelligitur deus approbare solutionem sacerdotis quam econtra"(1,539,18ff); vgl. 1,539,38f; 569,36.
[26] "...cum sine gratia dei primo remittente culpam nec votum remissionis quaerendae habere possit homo" (1,540,6f).
[27] "adhuc laboro" (539,36); "confitebor ignorantiam meam" (539,16); vgl. 1,653,40.
[28] 540,8-12.
[29] "In ista autem conturbatione incipit salus ...: hic denique operatur opus alienum deus, ut operetur opus suum: haec est vera contricio cordis et

jener für die frühere Zeit charakteristischen Humilitastheologie [30].

Doch Luther bleibt nun dabei nicht mehr stehen. Dem ersten Akt folgt ein zweiter: Die Eingießung der Gnade erkennt der Mensch nicht, ja er glaubt sich der Verdammung näher als der Gnade, er hat keinen Frieden und keinen Trost für sein verwirrtes Gewissen [31]. In solcher Lage flieht er zur "potestas ecclesiae", deckt im Bekenntnis seine Sünde und sein Elend auf und fordert Trost. Wenn der Priester ihn so sieht, spricht er ihn im Vertrauen auf seine priesterliche Gewalt los, verkündet die Lossprechung und schenkt so dem Gewissen Frieden. Der Pönitent darf dann nicht zweifeln, daß seine Sünden bei Gott vergeben sind [32]. Wahre Reue bringt ihm keine Gewißheit der Vergebung, betont Luther nochmals, dennoch: "stare tenetur alterius iudicio non propter ipsum praelatum aut potestatem eius ullo modo, sed propter verbum Christi, qui mentiri non potest dicendo: Quodcunque solveris super terram. fides enim huius verbi faciet pacem conscientiae, dum iuxta illud sacerdos solverit" [33].

Von außen her, von einem Verheißungswort Christi, das im priesterlichen Absolutionswort vernehmbar wird, kommt die Gewißheit; sie ist aber nur im Glauben zu gewinnen. Wer den Frieden anders bekommen will, etwa durch eine innere Erfahrung, der versucht Gott und will den Frieden "in re" und nicht "in fide" [34]. "In re" heißt: in selbstgewirkter Verfügbarkeit anstatt in glaubender Annahme eines Geschenkes. "Tantum enim habebis pacis, quantum credideris verbo promittentis: quodcunque solveris etc. Pax enim nostra Christus est, sed in fide" [35]. Ohne den Glauben an das Zusagewort schafft keine Absolution - wie oft und von wem auch immer gegeben - den Frieden. Die priesterliche Absolution ist Trost für das geängstigte Gewissen. Geschieht die Vergebung der Schuld auch schon vor der priesterlichen Lossprechung, so wird sie dennoch erst richtig wahr, wenn sie aus der Ungewißheit heraustritt und als mir zugesagte ge-

---

humiliatio spiritus, gratissimum deo sacrificium... Et hic infunditur (ut vocant) gratia" (540, 18-27).

[30] Der Abschnitt 1, 540, 8-30 berührt sich eng mit den Scholien zu Röm 8, 26 (besonders 56, 375f) und 8, 28 (besonders 56, 387f).

[31] 540, 30ff.

[32] "Stante autem hac misera suae conscientiae confusione, non habet pacem neque consolationem, nisi ad potestatem ecclesiae confugiat suis que peccatis et miseriis per confessionem detectis postulet solatium et remedium... Hic sacerdos talem videns humilitatem et compunctionem de fiducia potestatis sibi ad faciendam misericordiam traditae plenissime praesumat et solvat solutumque pronunciet, ac sic pacem ei cons cientiae donet. Absolvendus vero omni studio caveat, ne dubitet sibi remissa esse apud deum peccata sua" (540, 34-42).

[33] 541, 2-6.

[34] 541, 6f.

[35] 541, 7-9.

wiß wird. Ohne diese konkrete Zusage an den Pönitenten bleibt die Vergebung in der Schwebe, kommt sie nicht an ihr Ziel. Erst das Absolutionswort stabilisiert die Vergebung, macht sie gewiß und läßt sie damit im Adressaten ankommen:

> "Ex istis nunc patet... quod licet remissio culpae fiat per infusionem gratiae ante remissionem sacerdotis, talis tamen est infusio gratiae et ita sub forma irae abscondita...ut homo incertior sit de gratia, cum fuerit ipsa praesens, quam cum est absens. ideo ordine generali non est nobis certa remissio culpae nisi per iudicium sacerdotis, nec per ipsum quidem nisi credas Christo promittenti: Quodcunque solveris etc. Donec autem nobis incerta est, nec remissio quidem est, dum nondum nobis remissio est, immo periret homo peius nisi fieret certa, quia non crederet sibi remissionem factam" [36].

Daß die Vergewisserung not-wendend zur Vergebung gehört, zeigen die Beispiele von Maria Magdalena, der Ehebrecherin, von David und König Hiskia: Trotz schon erfolgter Vergebung wären sie in ihrer Verzweiflung geblieben, wäre ihnen die Gewißheit, der Friede und der Trost nicht in einer Zusage zugekommen [37]. Hat Gott im Alten Testament durch viele Zeichen sein Heil vergewissert, so will er dies jetzt durch Wort und Urteil des Priesters tun [38].

Damit kann Luther die eingangs gestellte Frage nach dem Verhältnis von Deklaration und Mt 16,19 beantworten: Die göttliche Vergebung gibt die Gnade, die priesterliche Vergebung den Frieden. Der Friede ist aber selbst wieder Gnade, weil "Glaube an die Gegenwärtigkeit der Vergebung und Gnade" [39]. In der Gnade des Friedens sieht Luther nun jene Gnade, die nach Ansicht der Theologen durch die kirchlichen Sakramente efficaciter gegeben wird, nicht in der rechtfertigenden Gnade, die schon vor dem Sakramentsempfang zumindest im Erwachsenen dasein muß, gemäß Röm 1,17: "fides in fidem" und Hbr 11,6: "oportet enim accedentem credere" [40]. Röm 1,17 kann nur heißen: aus Glauben an die Vergebung zu Glauben an die Gegenwart der Vergebung, d.i. Friede [41]. Der Priester absolviert also nicht früher als Christus, er erklärt und zeigt die Vergebung an; wer ihm glaubt, erhält Frieden und Vergebung von Gott, was sogleich dahin interpretiert wird: er erhält aufgrund des untrüglichen Verheißungswortes die Gewißheit der erfolgten Vergebung [42].

---

[36] 541,15-24.
[37] 541,25-542,2.
[38] 542,2-6.
[39] "Igitur remissio dei gratiam operatur, sed remissio sacerdotis pacem, quae et ipsa est gratia et donum dei, quia fides remissionis et gratiae praesentis" (542,7ff).
[40] 542,9-11.
[41] So auch Bizer, Fides 111.
[42] "Non ergo prius solvit Petrus quam Christus, sed declarat et ostendit

Damit hat Luther einen Punkt erreicht, von dem aus er sowohl der Deklarationstheorie wie dem Schriftwort gerecht zu werden glaubt: Vergebung aufgrund der contritio, Gewißheit (Friede) aber im Glauben an das Zusagewort. Damit ist die Schlüsselgewalt aufgewertet gegenüber denen, die sie nur im Nachlaß der Strafen wirksam sahen und sie somit entwertet haben [43]. Freilich liegt in dieser zweiteiligen Lösung schon der Ansatz zu ihrer Überwindung. Im Laufe der Zeit wird die Vergebung selbst immer mehr im Absolutionswort verankert. Jetzt schafft das Wort des Priesters erst die Vergewisserung, den Trost, den Frieden, ohne die allerdings auch jetzt schon die Vergebung unvollständig ist. Die Vergebung wird im Glauben an das Zusagewort, durch das mir die Vergebung aufgedeckt wird, erst meine, mir persönlich geschenkte und damit ans Ziel gekommene Vergebung, weil sie Gewissenstrost und Frieden bewirkt. "Homo per remissionem culpae... per fidem absolutionis acceptam pacatus" est [44].

Die frohmachende Entdeckung der Vergebungsgewißheit genügt Luther im ersten Ansatz. Das Zusagewort schenkt die Gewißheit, es verurteilt all jene, die den Frieden haben wollen im Vertrauen auf ihre eigene Reue, ihre Werke, ihr Bekenntnis: Das ist eitelste Anmaßung und schafft nur quälende Unruhe, aus der die allein der Glaube erretten kann [45], der sich dem priesterlichen Absolutionswort ausliefert, in dem Christi Verheißung (Mt 16,19, Joh 20,23) hörbar wird. Ohne den die Vergebung stabilisierenden Glauben bestünde die Gefahr, daß die schon geschenkte Gnade infolge der Ungewißheit wieder verloren ginge, ja die Sünde bliebe, wenn ihre Vergebung nicht geglaubt und damit festgemacht würde [46]. Als knappe Zusammenfassung folgt der von der Bulle "Exsurge Domine" verworfene Satz: "Non enim suffi cit remissio peccati et gratiae donatio, Sed oportet etiam credere esse remissum" [47].

---

solutionem. Cui qui crediderit cum fiducia, vere obtinuit pacem et remissionem apud deum (id est, certus fit se esse absolutum) non rei sed fidei certitudine propter infallibilem misericorditer promittentis sermo nem: Quodcunque solveris etc. Sic Ro: V. Iustificati gratis per gratian ipsius, pacem habemus ad deum per fidem, non utique per rem etc. " (542,14-19).

[43] Vgl. 1,607,32; 615,19ff.
[44] 542,24f.
[45] 542,29-543,2.
[46] 543,16-23.
[47] 543,23f; DS 1460: "Peccata non sunt ulli remissa, nisi remittente sace dote credat sibi remitti; immo peccatum maneret, nisi remissum crede ret: non enim sufficit remissio peccati et gratiae donatio, sed oportet etiam credere esse remissum". Diese Zensur wurde auf dem Konzil vo Trient nicht einfach wiederholt, sondern sehr differenziert behandelt (vgl. dazu H. McSorley, Der zum Bußsakrament erforderte Glaube 45ff

Der Glaube, der dem Verheißungswort zustimmt, empfängt so das 'testimonium spiritus' (Röm 8,16) [48], das im Römerbriefkommentar noch als
innere Erfahrung eigener Nichtigkeit ausgelegt wurde [49], jetzt aber in
einem von außen ergehenden Wort greifbar wird. Deutlich wird die Verschiebung in Luthers Theologie auch an der Wiederaufnahme des Psalm-
wortes: "Sic mirificavit Dominus sanctos suos" (Ps 67,36). Zeigte sich
das wunderbare Handeln Gottes bisher in seinem Handeln in contrario, in
der Annahme des Niedrigen, des humiliatus [50], so jetzt in der Eröffnung
des Glaubens an das Heil schenkende Wort [51].

Mit der Charakterisierung des priesterlichen Absolutionswortes als eines
heilschaffenden Zusageswortes, weil es dem Glaubenden Gewißheit über die
schon vollzogene Vergebung schenkt, konnte Luther dem Tun des Priesters
im Bußsakrament einen höheren Rang einräumen, als es Biel getan hat.
Deshalb schiebt er auch die Fragen Biels nach der Kausalität des priesterlichen Tuns beiseite: "Sive ergo sacerdos sit causa sine qua non, sive alia
remissionis peccatorum, non curo, dum verum esse aliquo modo constet
sacerdotem remittere peccata et culpam" [52].

Weil alles am Zusagewort und dem ihm entsprechenden Glauben liegt, verliert auch die Frage "quid, si sacerdos erraret?" an Gewicht [53]. Mag
der Priester irren hinsichtlich der Reue oder des Bekenntnisses des Pönitenten oder auch aus unlauteren Motiven die Absolution spenden, das alles
kann die Absolution nicht zunichte machen, wenn der Pönitent ohne Ver-
stellung dem verheißenden Christus glaubt. "Tanta res est verbum Christi
et fides eius ... Igitur fide iustificamur, fide et pacificamur, non operibus neque poenitentiis aut confessionibus" [54].

Die neue Sicht der priesterlichen Absolution ermöglicht es Luther, die
mit der Deklarationstheorie gegebene Entleerung der Schlüsselgewalt zu
überwinden. Die Entdeckung eines Gewißheit gebenden Wortes ließ ihn noch
mehr als bisher die Notwendigkeit des Glaubens fordern, aber eines Glaubens an ein konkret ergehendes Zusagewort. Der Glaube ist notwendig
beim Sakrament, weil sonst die Gewißheit in der Erfüllung menschlicher
Leistungen gesucht würde.

Tetzel und Eck hatten in Ablehnung von Luthers Deklarationsthese die in-

---

48] 543,24.
49] 56,370,18; vgl. dazu unten S. 110.
50] Siehe oben S.35 Anm. 84.
51] "Sic enim mirificavit dominus sanctos suos, quod nemo sustineret
    manum iustificantis et medentis, nisi credat eum iustificare et mederi"
    (543,27f).
52] 543,31ff.
53] 543,35ff; zu den möglichen Irrtümern des Priesters vgl. G. Biel, Coll.
    IV d.18 q.1 a.3 d.2 und Altenstaig, Vocabularius: Clavis errans.
54] 543,40-544,7.

strumentale Wirksamkeit des Sakramentes betont [55], worin Luther - wohl durch Biel veranlaßt - die scotistische Meinung sieht, zur Wirksamkeit eines Sakramentes sei nur die Entfernung des obex erforderlich. Er nennt das "häretisch" und einen "scotistischen Traum" [56], weil es unmöglich ist, daß das Sakrament ohne Glauben fruchtbar empfangen werden kann: "Oportet enim accedentem credere, deinde non sacramentum sed fides sacramenti iustificat" [57].

Man sieht Luther in der Res 7 in vielseitiger Auseinandersetzung, was das Verständnis des Textes erschwert. Er versucht, von Mt 16,19 her die überkommene Deklarationstheorie zu überwinden. Die im Absolutionswort entdeckte Vergebungsgewißheit bedingt zugleich eine Distanzierung von seiner eigenen Humilitastheologie, die keine Gewißheit kennt, ja im Dienst bleibender humiliatio und contritio als Ort des inneren Gnadenumschwungs keine Gewißheit kennen darf. Die Forderung nach dem das Zusagewort und damit die Gewißheit annehmenden Glauben bringt ihn in Gegnerschaft zu der vermeintlichen scotistischen Sakramentsmagie, die außer der Entfernung des obex keinen Raum lasse für den Glauben. So liegt in dem vielschichtigen Übergangstext ein wichtiges Dokument für Luthers Ringen um das Sakrament, das als entscheidender Ausgangspunkt nicht übersehen werden darf.

Resolutio 38

Die Deklarationstheorie hatte Luther auch in der These 38 vertreten, zwar weniger im Blick auf die Vergebung der Schuld, als vielmehr auf die Teilhabe an den Gütern Christi und der Kirche. Auch hier kommt dem Priester nur deklaratorische Funktion zu. Die Res 37 schließt mit der Feststellung:

---

[55] Tetzel: "Non solum 'approbando et declarando' ut leprosis faciebant sacerdotes veteris legis et Aaronitae, sed etiam ministerialiter et instrumentaliter et dispositive per sacramentum id ipsum operando" (W. Köhler, Dokumente 129). Eck: "Nam sacramenta novae legis efficiunt quod figurant" (1,286,6). Vgl. auch Prierias: "Sacerdos dimittit dispositive et ministerialiter" (1,659,3).

[56] "Eckius... ex illo Scotico procedit somnio, quod sacramenta efficiunt gratiam sine opere hominis accipientis, modo non ponat obicem. Quae sententia horrendissima est haeresis" (1,286,20ff).

[57] "... nec ipsi adversarii cum omnibus suis Magistris usque hodie possunt ostendere, quomodo sacerdos remittit culpas, nisi haereticam illam sed usitatam sententiam proferant, qua dicitur, sacramenta novae legis iustificantem gratiam dare illis, qui non ponunt obicem, Cum sit impossibile sacramentum conferri salubriter nisi iam credentibus et iustis et dignis (Oportet enim accedentem credere, deinde non sacramentum sed fides sacramenti iustificat)" (544,35-41). Vgl. auch 1,286, 15ff; 1,659,6ff. "Exsurge Domine" verwirft als ersten Satz: "Haeretica sententia est, sed usitata, sacramenta Novae Legis iustificantem gratiam illis dare, qui non ponunt obicem" (DS 1451).

"sicut remissio ante remissionem, absolutio ante absolutionem, ita participatio ante participationem" [58]. Die Frage, was dann noch die Schlüssel
bewirken, will Luther in Res 38 beantworten:

Auch die These 38 hält er für allgemein akzeptiert, wenngleich sie ihm
selbst nicht mehr gefällt. Stärker als in Res 7 bringt er seine Distanzierung zum Ausdruck. Die Deklaration ist ihm "nimis modicum", sie macht
die Schlüssel "nimis viles", das Wort Christi (Mt 16,19) "irritum", wenn
dem Priester nichts bleibt, als nur Geschehenes zu approbieren. Zum andern
gibt sie dem keine Sicherheit [59], den sie treffen sollte. Ein überraschen-
des Argument, hatte Luther in Res 7 doch gerade die Gewißheit schenkende
Kraft des Absolutionswortes unter Beibehaltung der Deklaration gefunden!
Verständlich wird das Argument, wenn man bedenkt, daß die Entdeckung
der Gewißheit für ihn so neu und für das Verständnis des Absolutionswortes so zentral war, daß er das Thema Gewißheit sofort in die Anfrage an
die Deklaration einbezieht: als die Sinnspitze, die die Vertreter der Deklaration bei der Absolution gerade nicht gesehen haben.

Wie die Vergebung der Schuld so ist auch die participatio bonorum dem Menschen vor der Absolution ungewiß, das "iudicium clavis" ist notwendig [60].
Dabei kommt es nicht auf die Disposition des Priesters an, sondern einzig
auf das gewisse Wort Mt 16,19, das nicht lügt [61]. Es kommt auch nicht
an auf die Disposition des Empfängers: "Nam finge (per impossibile vel
contingens), Si quis non sit vel non putet sese satis contritum et tamen absol-
venti tota fiducia credat sese absolutum (fiducia mea sic opinor), haec ipsa
fides eum facit absolutum verissime, quia credit in eum qui dixit: Quodcunque etc."[62].

Was für das Bußsakrament gilt, gilt auch für die Taufe: "si credis ei qui
dixit: Qui crediderit et baptisatus fuerit, hic salvus erit, Dico tibi, haec
fides eius verbi facit te verissime baptisari, quicquid sit de contritione
tua. ideo fide ubique opus est. Tantum habes quantum credis"[63]. Mit dem

---

[58] 1,593,33f; zum Folgenden vgl. Bayer, Promissio 175-182.
[59] "Licet hanc conclusionem ab omnibus (ut puto) acceptam non negem,
     dixi tamen supra conclusione VI. mihi non placere hunc modum loquen-
     di, quod Papa nihil aliud faciat quam quod declaret aut approbet remis-
     sionem divinam seu participationem. Nam id primo nimis viles reddit
     Ecclesiae claves, immo verbum Christi facit irritum quodammodo,
     ubi dixit: Quodcunque etc. Declaratio enim nimis modicum est. Secun-
     do, Quia incerta erunt omnia ei, cui fit declaratio, licet aliis seu Eccle-
     siae foris in facie certa fiat illius remissio et reconciliatio" (594,5-13).
[60] "Hic itaque necessarium est iudicium clavis, ut homo sibi non credat,
     credat autem potius clavi, id est sacerdoti" (594,31f).
[61] "Atque nihil curo, si etiam sit forte indoctus claviger aut levis. Nam
     non propter sacerdotem nec potestatem eius, sed propter verbum eius,
     qui dixit et non mentitur: Quodcunque solveris etc." (594,33ff).
[62] 594,37ff.
[63] 595,2-5.

"quicquid sit de contritione tua" geht Luther einen Schritt über Res 7 hinaus. Dort war das satis contritus noch nicht abgelehnt, wird doch die Gnade nur dem contritus gegeben, wohl aber das Vertrauen auf die contritio als Grund der Gewißheit. Jetzt wird auch schon die Möglichkeit, satis contritus zu sein, in Frage gestellt, die contritio freilich nicht abgelehnt [64]. Damit wird in Res 38 die Vergebung teilweise bereits dem Absolutionswort zugeschrieben. Auch die scholastische Aussage, die Sakramente seien efficacia signa gratiae, wird nicht, wie in Res 7, mit der Gabe des Friedens interpretiert, sondern mit Bezug auf Augustinus: "Absolutio est efficax, non quia fit, a quocunque tandem fiat, erret sive non erret, sed quia creditur" [65]. Man glaubt die Deklarationstheorie schon ganz überwunden, doch dann heißt es wieder:"Confugiendum est ad solatium clavium, ut arbitrio sacerdotis quietetur (!) et pacem (!) obtineat atque fiduciam consequatur participationis omnium bonorum Christi et Ecclesiae" [66].

Wer ohne Glauben an die Absolution herantritt, "accedit ficte et iudicium sibi accipit" [67]. In Unkenntnis dieses notwendigen Glaubens sehen viele den Grund ihres Vertrauens, Vergebung der Sünde erlangt zu haben, im Gefühl, perfecte contriti zu sein. Doch darf unsere Hoffnung nicht in unserer contritio gründen, sondern allein in Gottes Wort [68]. Unter anderem führt Luther dafür Ps 51,6 an: "Tibi soli peccavi, propterea iustificabis in verbo tuo". Bisher verstand er dieses "verbum" als Gerichtswort [69], jetzt als Heilswort, das Vergebung und Gewißheit zusagt.

Am deutlichsten kommt die fast gänzliche Überwindung der Deklarationstheorie zum Ausdruck in dem Satz: "Igitur nec sacramentum, nec sacerdos,

---

[64] So auch Bayer, aaO. 176f; 198f; wenngleich der Satz: "Luther... lehnt zusammen mit der Deklaration die Notwendigkeit jeder Disposition ab" (aaO. 176) zumindest mißverständlich ist. Abgelehnt wird nicht die Disposition, sondern das Vertrauen, aufgrund genügender Disposition Vergebung zu erhalten. Vgl. Luthers Formulierungen: "non adeo (!) est necessaria contritio"; "non tam (!) necessarium est dicere: doles?"; "non ideo (!) confidat homo" (1,595f).
[65] 595,7f. Das Augustinuszitat: "...faciente verbo, non quia dicitur, sed quia creditur" (In Joan. 80 c.3 - CChr 36,529) wandelt Luther ab in "quia fit". Verurteilt wird Luthers Satz durch die Pariser Universität (WA 8,279).
[66] 595,13-15.
[67] 595,20.
[68] "Et hac fide omissa nos plurimi solum informandis contritionibus laboramus, ut doceamus homines tunc confidere remissa peccata, quando senserint sese esse perfecte contritos, id est nunquam confidere, sed magis ad desperationem laborare, cum secundum prophetam non in nostram contritionem, sed in verbum eius sit sperandum: neque enim dixit 'Memor esto contritionis meae servo tuo, in qua mihi spem dedisti', sed: memor esto verbi tui, in quo mihi spem dedisti" (595,24-30).
[69] Siehe oben S. 29ff.

sed fides verbi Christi per sacerdotem et officium eius tete iustificat" [70].
Alles liegt am Wort und am Glauben, selbst wenn Gott durch einen Esel
sein Wort hören ließe [71]. So sind, wie die Scholastiker sagen, die Sakramente "in exercitationem" gegeben, als "occasiones credendi" [72].

Manches in Res 38 spricht für eine Überwindung der Deklaration, manches
steht im Rahmen der in Res 7 gefundenen Lösung, auf die Luther selbst
hinweist, ohne sich davon zu distanzieren [73]. Das spricht dafür, Res 38
nicht allzu weit über das in Res 7 Gesagte hinaus zu interpretieren, wenn
auch ungleich stärker das nicht nur Frieden, sondern selbst Vergebung zusagende Absolutionswort zur Sprache kommt [74]. Das liegt wohl daran,
daß der Gedankengang von Res 38 bestimmt ist von der Frage nach dem
Grund des Vertrauens auf Sündenvergebung. Es gründet allein im Wort
Christi, und nicht in unserer contritio. Wie der Glaube dem Wort zugeordnet ist, so die contritio menschlichem Werk [75]; deshalb auch die fortschreitende Abwertung der contritio als Ort des inneren Gnadengeschehens.
Gegenüber den bekannten Wahrheiten des Johannes Gerson über das Vertrauen auf Heilsgewißheit mahnt Luther zur Vorsicht:

> "Non ideo confidat sese homo esse in statu salutis, quia potest dicere
> se dolere de peccatis, sed multomagis id advertat, si sic optet sacra-
> mentum absolutionis, ut credat, si ipsum fuerit assecutus, sese
> absolvi. Hoc enim est sacramentum in voto suscipere, id est in
> fide verbi vel praesentis vel desiderati auditus. Cave ergo ne quan-
> do in tuam contritionem ullo modo confidas, sed in nudissimum ver-
> bum optimi et fidelissimi tui salvatoris Ihesu Christi: Cor tuum
> fallet te, ille te non fallet" [76]

---

[70] 595,33f.

[71] "Quid ad te, si dominus per asinum vel asinam loquatur, dummodo tu
verbum eius audias, in quo speres atque credas?" (595,34f).

[72] 595,36-42.

[73] 594,14.

[74] Von einer "ausdrücklichen Preisgabe" des deklaratorischen Verständnisses (Bayer, aaO.175) in Res 38 kann man nicht reden. Dann müßte
zwischen Res 37 und 38 ein nicht zu erklärender Bruch vorliegen. Bayer
interpretiert Res 38 zu stark gegen Res 7, deren Gedanken doch noch
sehr deutlich "nachklingen" (vgl. Bayer, aaO. 181 Anm.119). Wenn Res
38 abschließt: "Istam conclusionem (= These 38), ut iacet, non omnino teneo, sed ex magna parte nego" (596,38), dann lehnt Luther damit
eine Deklaration ab, die das Moment des versichernden Wortes nicht
kennt, also eine nicht im Sinn Luthers gedachte Deklaration ("ut iacet").
Das zeigt aber, daß der Akzent noch stark auf der Gabe der Gewißheit
liegt, die im deklarierenden Absolutionswort gegeben wird.

[75] Vgl. bes. die Abschnitte: 595,24-35; 596,1-16. 17-23.

[76] 596,3ff. Die drei Wahrheiten sind: Reue, guter Vorsatz der Besserung,
Wille zum sakramentalen Bekenntnis: "Has veritates quisquis qualicun-
que loco et tempore sinceriter non ficte aut mendaciter ex corde pronuntia-

Allein das "nackte Wort" gibt Gewißheit. Damit sind die Schlüssel uns zum Trost, zu Frieden und Ruhe gegeben: "Non illius (= Papst) sunt claves, meae potius sunt, mihi donatae, meae saluti, meae consolationi, paci et quieti concessae. Pontifex servus est et minister meus in clavibus, ipse non eget illis ut pontifex, sed ego" [77].

B. Die Neugestaltung des Bußsakramentes

Die Ausführungen in Res 7 und 38 zeigen deutlich die Schwierigkeiten, die sich durch die Entdeckung des Verheißungswortes Mt 16,19 aufgetan haben: hinsichtlich der Deklarationstheorie, des Kontritionismus und damit auch einer Theologie der humilitas und der Heilsungewißheit. Eine Klärung dieser Fragen erfolgt im Frühjahr 1518.

1. Der "Sermo de poenitentia" (1518)

Nachdem Luther die wichtigsten Ergebnisse dieser Auseinandersetzung bereits in die Lichtmeßpredigt von 1518 aufgenommen hatte [1], verfaßte er vor Ostern 1518 den "Sermo de poenitentia" [2]. Hier konnte er - befreit von dem Zwang, seine Deklarationsthesen verteidigen oder erklären zu müssen - die inzwischen gewonnenen Erkenntnisse darlegen. Gemäß der üblichen Dreiteilung des Bußsakramentes behandelt er contritio - confessio - (satisfactio) [3].

1. Den Weg zur contritio sieht er einmal in der Verachtung der sündigen Vergangenheit, was ihm aber allzu leicht nur aus Furcht vor der Verdammung zu geschehen scheint [4]. Wahre Reue entsteht vielmehr im Blick auf Christus, auf die Heiligen, auf das Gute, weil der Büßer so erkennt,

---

verit securus existat se in salutis et gratiae statu consistere et vitam aeternam mereri" (J. Gerson, De praeceptis, De confessione, De arte moriendi; zit. nach Bayer, aaO. 177 Anm. 95).

[77] 596, 31-33.

[1] Die Predigt ist zweifach überliefert: 1,130-132 und 4,636-639. Der in WA 4 überlieferte Text geht gerade in den entscheidenden Passagen über den von WA 1 hinaus: vgl. 4,637,14.16-18.19ff. Gegen die Datierung auf 2.2.1517 (WA 1,130) spricht die Beschäftigung mit Mt 16,19, die eine unmittelbare Nähe zu Res 38 nahelegt. Für 1518: Bayer, Promissio 118 Anm. 496; Kroeger, Rechtfertigung 174 Anm. 14; vgl. auch Iserloh, Luther zwischen Reform und Reformation 31 Anm. 2a.

[2] 1,319-324.

[3] 1,319,8f; zur Dreiteilung vgl. oben S. 78. Für die Behandlung der satisfactio verweist Luther auf den "Sermo von Ablaß und Gnade" (1,324,28).

[4] 1,319,12-26.

daß er "non talis" ist. Erst im Blick auf das Gute ergibt sich die Verachtung des Gegenteils [5]. Der Mensch soll nicht sosehr seine Vergangenheit betrachten, sondern vielmehr, wie er in Zukunft sein Leben gestalten will: "Nymmer thun (ist) die höchste pusz" [6]. Echte Reue zeigt sich dort, wo einer auch ohne Zwang und Gebot dazu bereit ist. Doch wer ist das schon! So bleibt nur die Erkenntnis, daß man nicht von sich aus wahre Reue aufbringen kann [7]. Doch darf man zu Gott beten, "ut Christus suppleat de suo quod deest" [8]. Wahre Reue ist also nicht aus uns, sondern aus der Gnade Gottes [9]. Wahre Reue bleibt als Voraussetzung für das Bußsakrament unbestritten, wenn sie auch keineswegs Werk des Menschen ist. Darum darf der Priester - wie er ja bei der Deklaration tun muß - nicht fragen, ob der Pönitent genügend contritus sei, bzw. soll der Pönitent antworten: "Nescio an sim contritus. Rogo tamen dominum atque confido me sua gratia contritum" (esse) [10].

2. Beim sakramentalen Bekenntnis weist Luther zunächst die Meinung zurück, man müsse alles bekennen. Das ist nicht möglich, weil nicht einmal alle Todsünden erkannt werden können. Der Pönitent soll alle bekannten Todsünden beichten und alles andere im Bekenntnis seiner Sündigkeit zusammenfassen. Hinter dem Streben, alles genau zu beichten, verbirgt

---

[5] 1.319,27-320,39. Im Brief an Staupitz vom 30.5.1518 (Begleitbrief zu den Resolutionen) erinnert sich Luther, daß Staupitz den Rat gegeben habe, daß wahre Buße allein mit der Liebe zur Gerechtigkeit und zu Gott beginne (1,525,11f; vgl. damit aus dem Sermon: 1,320,35-39).

[6] "Verissimum est enim proverbium et omni doctrina de contritionibus hucusque data prestantius, Quo dicitur teutonice: Nymmer thun die höchste pusz, Optima poenitentia nova vita" (1,321,2-4; vgl. 1,386, 5 und 4,612,31ff). Die Bulle "Exsurge Domine" verurteilt den Satz in der Form: "De cetero non facere, summa paenitentia: optima paenitentia, nova vita" (DS 1457).

[7] 1,321,7-29.

[8] "Haec confessio et oratio faciet, ut Christus suppleat de suo quod deest de tuo" (1,321,39f).

[9] "Contritio vera non est ex nobis, sed ex gratia dei: ideo desperandum de nobis et ad misericordiam eius confugiendum" (1,322,9f). Die Frage nach dem Ursprung der Reue wird wieder aufgegriffen auf der Leipziger Disputation (vgl. 2,160 (These 3); 359-372; 421f), dann aber noch stärker unter dem Gesichtspunkt, daß Reue, die ohne Gnade, nur aufgrund des Abscheus vor Sünde entstehe, die Rechtfertigung nicht bringen könne. Luther wirft Eck pelagianische Ketzerei vor. Vgl. auch "De captivitate" (6,544,26ff).

[10] 1,322,17; voraus geht der Satz: "Nullus debet sacerdoti respondere se esse contritum, nec sacerdos requirere, nisi quod potest dicere: ..." Vgl. 1,324,2f (siehe Anm.14). "Exsurge Domine" Nr. 14: "Nullus debet sacerdoti respondere, se esse contritum, nec sacerdos requirere" (DS 1464).

sich der gefährliche Wunsch, sich des Heiles aufgrund eines vollständigen Bekenntnisses versichern zu wollen [11].

Dann kommt Luther auf die Absolution zu sprechen und führt in Anlehnung an Res 38 aus:
Das Vertrauen, absolviert zu sein, gründet nicht auf deiner contritio - d.h. auf deinem Werk -, sondern auf dem Wort Christi Mt 16,19. Glaube kräftig, absolviert zu sein, denn jener lügt nicht, wie immer es auch um deine contritio bestellt ist; denn selbst bei fehlender contritio - was unmöglich ist - würde der Glaube an die Absolution diese auch bewirken. "Tanta res est fides et tam potens verbum Christi". Wer nicht glaubt, möchte sich selbst als wahrhaftig hinstellen, Gott aber zum Lügner machen. "Damnabuntur itaque qui nolunt confidere sese absolutos, donec certi sint se satis contritos, Et super harenam, non super petram volunt domum conscientiae suae aedificare" [12]. Daß die Wirksamkeit der Absolution nicht von der Disposition des Spenders oder des Empfängers abhängt, wird an den in der Tradition oft herangezogenen Beispielen von Spott- und Spieltaufen erklärt [13].

---

[11] 1, 322, 21-323, 20; besonders: "Quocirca dum volumus omnia pure confiteri, nihil aliud facimus, quam quod misericordiae dei nihil volumus relinquere ignoscendum, nec confidere in eum sed in confessionem nostram cupimus, ac per hoc volumus securi esse nec iudicium eius timere, quum tamen ei sit beneplacitum super timentes eum et in eis qui sperant super misericordiam eius" (1, 323, 4-9). Der erste Satzteil (... dum - bis - ignoscendum) erscheint in "Exsurge Domine" als Nr. 9 (DS 1459), 1, 322, 22-25 als Nr. 8 (DS 1458).

[12] "Secundum vide, ° ne ullo modo te confidas absolvi propter tuam contritionem (Sic enim super te et tua opera confides, id est, pessime praesumes), sed propter verbum Christi, qui dixit Petro: Quodcunque solveris super terram, solutum erit et in caelis. Hic, inquam, confide, si sacerdotis obtinueris solutionem, et crede fortiter te absolutum, et absolutus vere eris, quia ille non mentitur, quicquid sit de tua contritione°. Nam sic non crederes sententiae pronunciatae super te a deo, qui mentiri non potest, ac sic te veracem et ipsum mendacem faceres. Nam sententia illa debet esse rata et certa: ideo multomagis tibi hic videndum, quomodo nihil huic fidei desit, quam ceteris omnibus.⁷ Imo esto per impossibile, quod confessus non sit contritus, aut sacerdos non serio sed ioco absolvat, Si tamen credat sese absolutum verissime est absolutus⁷. Tanta res est fides et tam potens verbum Christi. Damnabuntur itaque ..." (1, 323, 23-38).
Die "sententia pronunciata" ist hier Zusage der Vergebung, WA 3,25 war die "sententia lata" Offenbarung der Sündigkeit des Menschen. Der Text zwischen den Zeichen ° ... ° findet sich in "Exsurge Domine" als Nr. 11 (DS 1461; allerdings ohne den Klammersatz und den Luther so wichtigen Verweis: quia ille non mentitur), zwischen ⁷ ... ⁷ als Nr. 12 (DS 1462). Zur Verurteilung durch die Pariser Universität siehe WA 8, 279.

[13] 1, 323, 38-324, 2 (= 1, 544, 1-6: Res 7). Vgl. dazu Hahn, Die Lehre von den Sakramenten 219 Anm. 35; Landgraf, Dogmengeschichte III/1, 124.

Alles liegt am Glauben an Gottes Wort und nicht am Tun des Menschen. Daher soll der Priester bei der Beichte nicht so sehr nach der Reue, als vielmehr nach dem Glauben fragen [14]. "Fides ... et verbum Christi sunt verissima, certissima, sufficientissima" [15]. Deshalb wird als Irrtum abgelehnt:

> "quod sacramenta novae legis sic sunt efficacia gratiae signa, quod, si quis etiam non sit contritus sed attritus, modo non ponat obicem actualis peccati vel propositi mali, gratiam consequatur. Ego autem dico tibi, quod, si etiam contritus accesseris et non credideris in absolutionem, sunt tibi sacramenta in mortem et damnationem: Fides enim necessaria est, quantominus attritio vel non positio obicis sufficit! Denique talis nullus est in mundo qui non ponat obicem, nisi solus is qui credit, Cum sola fides iustificet et accedentem ad deum oporteat credere. Verissimum est enim dictum illud commune: non sacramentum sed fides sacramenti iustificat, Et B. Augustini: Abluit sacramentum, non quia fit, sed quia creditur. Quod si sacramentum non iustificat sed fides sacramenti, quantominus contritio aut non positio obicis iustificat, sed fides! etc." [16].

Hier ist nun nicht mehr eine zweiteilige Lösung wie in Res 7 in den Blick genommen. Auch Hebr 11,6 braucht hier nicht mehr im Sinne von "iam iustus et dignus" verstanden werden [17]. Das heißt nicht, daß die contritio abgelehnt wird, ja es hat sogar den Anschein, als sei zur Vergebung die von Gott geschenkte "vera contritio" nötig [18]. Die Auslegung des Absolutionswortes steht ganz unter dem Thema der Heilsgewißheit, welche niemals aus der contritio, sondern nur aus Wort und Glauben kommen kann.

Steht der "Sermo de poenitentia" noch in der Geschichte der Auseinandersetzung und Loslösung von der Deklarationstheorie, so ist der folgende Text ein Abschluß dieser Entwicklung.

[14] "Quare plus est a confitente requirendum, an credat sese absolvi, quam an sit vere contritus, sicut Christus a caecis quaesivit: Creditis me posse vobis hoc facere?" (1,324,2ff).

[15] 1,324,6f.

[16] 1,324,8-19.

[17] So in Res 7 (1,544,39f).

[18] 1,320-322 redet von der v e r a contritio, was hier nur heißen kann: für das Bußsakrament notwendig. Der Akzent liegt auf der Festellung daß Gott die vera contritio geben muß, weil der Mensch sie von sich aus nicht erreichen kann (1,322,9). Luther spricht hier deutlich anders von der contritio als im "Tractatus de indulgentiis" (WABr 12,5-9) und in der Kirchweihpredigt (1,99,1-8); deshalb steht auch in diesem Sermon der Abschnitt über die contritio keineswegs in "starker Spannung zum Schlußpassus" über die Absolution. Das wäre nur dann gegeben, wenn das Absolutionsverständnis, das sich hier bekundet, jede contritio ausschließen würde. Luther wendet sich nur gegen das Vertrauen, satis contritus zu sein und deswegen Vergebung zu erlangen (gegen Bayer, Promissio 166 Anm. 18).

2. Die Thesenreihe "Pro veritate inquirenda et timoratis conscientiis consolandis" [1]

In diesen nicht genau zu datierenden Thesen einer Zirkulardisputation aus der ersten Hälfte des Jahres 1519 [2] kommt das Ergebnis von Luthers mühevoller Arbeit klar zum Ausdruck. Sie bündeln die bisherigen Überlegungen und sind zugleich das Grundgerüst für den Bußsermon von 1519 [3].

Nach den einleitenden Thesen 1-7, in denen der remissio culpae die remissio poenae gegenübergestellt und untergeordnet wird [4], formulieren die Thesen 8 und 9 sogleich den Ertrag der an Mt 16,19 gewonnenen Einsicht:

---

[1] 1,630-633; LD 1,363-367. Auf diesen für die Geschichte von Luthers Theologie bedeutsamen Text haben K. Aland, Der Weg zur Reformation 108 (vgl. LD 1,463f), und besonders O. Bayer, Promissio 182-202, aufmerksam gemacht.

[2] Die Schlußbemerkung im Druck B (siehe WA 1,629 und 633) legt einen zeitlichen Zusammenhang mit den Resolutionen nahe. Aland plädiert für Februar/März (LD 1,463). In unmittelbarer Nähe zu den Thesen steht sicher der "Sermo de poenitentia" (vor Ostern - 4. April - 1518), in dem die Mehrzahl der Thesen bereits formuliert ist.

[3] Deshalb werden die Thesen in den Anmerkungen möglichst vollständig angeführt. Rück- und Vorverweise sollen ihre zentrale Bedeutung zeigen. Dabei werden folgende Abkürzungen verwandt:
R 7 = Resolutio 7 (1,539ff)
R 38 = Resolutio 38 (1,593ff)
Poen = Sermo de poenitentia (1,319ff)
Ast = Asterisci (1,281ff)
LP = Lichtmeßpredigt (4,636ff)
§ = entsprechende Nummer des Bußsermons 1519 (2,714-723).

[4] (1) "Inter duas ecclesiasticas illas remissiones pene et culpe longe pree lit remissio culpe". - § 1.
(2) "Remissio culpe quietat cor et maximam omnium penarum, scilicet conscientiam peccati, tollit". - § 2.
(3) "Remissio pene quandoque auget conscientiam malam, quandoque peiorem nutrit presumptionem".
(4) "Remissio culpe reconciliat hominem deo, remissio pene reconcilia hominem homini, id est ecclesie". - § 2.
(5) "Remissa culpa et conscientia, nulla pena est in pena, sed gaudium in tribulationibus". - § 2.
(6) "Sine remissione pene potest homo salvus fieri, sed nequaquam sine remissione culpe". - § 3.
(7) "Magis prodest ad salutem, si absolutus a culpa omittat redemptionem penarum". - § 3.
Die Unterscheidung culpa - pena wird nur in These 29 noch einmal berührt:
(29) "Consequens est, quod verbum illud Christi 'quorum remiseritis peccata etc.' non de penis, sed culpa intelligitur".

(8) "Remissio culpe non innititur contritioni peccatoris, nec officio aut
potestati sacerdotis,

(9) Innititur potius fidei, que est in Verbum Christi et dicentis: Quodcunque solveris etc. " [5].

Daß die Sündenvergebung nicht im menschlichen Tun - sei es des Spenders
oder des Empfängers - gründet, sondern allein im Wort Christi und dem
ihm sich ausliefernden Glauben, wird durch zwei Dicta erwiesen:

(10) "Verum est enim, quod non sacramentum fidei, sed fides sacramenti
(id est, non quia fit, sed quia creditur) iustificat" [6].

Die Thesen 11/12 begründen nochmals die Thesen 8/9:

(11) "Non voluit Christus, in manu vel arbitrio hominis consistere salutem
hominum,

(12) Sed sicut scriptum est: portans omnia verbo virtutis sue, et: fide purificans corda eorum" (= Hebr 1, 3; Apg 15, 9) [7].

---

[5] Zu (8): contritio: R 7 (1, 542, 31); R 38 (1, 595, 27; 596, 7); LP (4, 637),
Poen (1, 323, 23);
potestas: R 7 (1, 541, 3. 21; 543, 36); R 38 (1, 594, 34; 595, 33);
§§ 7; 8; 10; 14.
Zu (9)   R 7 (1, 541, 4. 22; 542, 17. 34; 543, 36); R 38 (1, 594, 34; 595, 28;
596, 7); Poen (1, 323, 24); §§ 7; 8; 10; 14.
An der Stellung zu dieser für Luthers Ringen um das Bußsakrament
zentralen These entscheidet sich die Interpretation dieses Ringens. Wenn
L. Klein, Evangelisch-lutherische Beichte, in dem Abschnitt "Das Objekt des Glaubens" (aaO. 31f) nur allgemein vom Wort Gottes, nicht
aber vom konkreten Zusagewort Mt 16, 19 redet, dann überrascht es
nicht, daß die Entdeckung der Absolution als Ort der Vergebung als
der eigentliche Ertrag der Entwicklung undeutlich bleibt (aaO. 34, bes.
Anm. 141), und daß Res 7 als für Luthers Lehre weiterhin zentral gelten kann (aaO. 35ff; 47ff).

[6] Das erste Dictum erscheint zum ersten Mal R 7 (1, 544, 40), das zweite, von Augustinus stammende, R 38 (1, 595, 7); verbunden sind beide
erstmals Ast (1, 286, 18), von da an immer: etwa Poen (1, 324, 16); § 6;
57 III 170, 1; 2, 15, 28; 7, 101, 10.
Das erste Dictum wird von Luther gelegentlich als "vulgatissimum et
probatissimum" eingeführt (z. B. Schol Hebr 5, 1: vgl. unten S. 111,
konnte aber nirgends ausfindig gemacht werden. Der Hinweis in WA 57
III 170 auf: Wander, Sprichwörterlexikon 3, 1843f, führt nicht weiter,
ebensowenig der Hinweis Fagerbergs, Theologie der lutherischen Bekenntnisschriften 174 Anm. 29, auf Augustinus, Ep. 98, 9f (PL 33, 364).
Es dürfte sich um eine von Luther gebrauchte oder geschaffene Sprich-
wortfassung des 2. Dictums handeln (vgl. BSLK 296 Anm. 1). Siehe
dazu auch K. H. zur Mühlen, Zur Rezeption 51ff; 55ff.

[7] Zu (11): R 7 (1, 542, 30ff); R 38 (1, 594, 32; 595, 15; 596, 1ff); Poen (1,
323, 35); §§ 8; 12.

Gottes schöpferisches Tun, das sich im Wort mitteilt, ist inmitten aller Anfechtung und der Brüchigkeit menschlicher Bußleistung der Garant gewisser Vergebung.

Von dem so gewonnenen festen Standpunkt aus, daß Vergebung allein in der Hand Gottes, in seinem Zusagewort gründet und nicht im ungewissen Menschenurteil, können die Thesen 13-22 das seit Res 7 zentrale Thema der Vergebungsgewißheit angehen.

Gewißheit der Vergebung eröffnet sich allein dem Glauben an die gewisse Verheißung Christi (14; 15) [8]. Dem Zweifel an der Gewißheit der Absolution ist der Tod vorzuziehen (16) [9], denn solcher Zweifel macht Christus in seinem Wort zum Lügner (17) [10]. Das geschieht dort, wo einer die Vergebungsgewißheit auf die Gewißheit seiner contritio, das heißt auf Menschenwerk, auf Sand, statt auf Gott baut (18-21) [11]. Damit tut er dem Sakrament Unrecht (19; 21). Er will als Grund der Vergebungswahrheit nicht Gott, sondern sich selbst konstituieren (20), erleidet aber damit Schiffbruch, kommt nur tiefer in die Verzweiflung hinein (19). Damit fällt er in das andere Extrem, nämlich der Vergebung aufgrund der Ungewißheit der contritio jede Gewißheit abzusprechen (13) [12]. Allen die versuchen, sich am Gewißheit stiftenden Wort vorbeizudrücken, gilt:

---

[8] (14) "Quantumlibet incertus sit tam sacerdos quam peccator de contritione, rata est absolutio, si credit sese absolutum". - R 38 (1, 594, 37; 595, 7; 596, 3); Poen (1, 322, 16; 323, 32); § 12.
(15) "Certum est ergo, remissa esse peccata si credis remissa, quia certa est Christi salvatoris promissio". - Siehe dazu die Verweise bei These (17) in Anm. 10.

[9] (16) "Absolutus per clavem potius debet mori et omnem creaturam negare quam de sua absolutione dubitare". - § 11.

[10] (17) "Dubitans, absolutionem suam deo gratam esse, dubitat simul, Christum fuisse veracem dicendo: Quodcunque etc. " - R 7 (1, 541, 4); R 38 (1, 594, 35; 595, 17); Poen (1, 323, 28); LP (4, 637, 19); § 10.

[11] (18) "Super contritionem edificantes remissionem super arenam, id est super opus hominis, fidem dei edificant". - Poen (1, 323, 36); vgl. auch R 7 (1, 542, 37); § 13.
(19) "Iniuria est sacramenti et desperationis machina, non credere absolutionem, donec certa sit contritio". - Poen (1, 323, 35); R 38 (1, 595, 18); §§ 12, 13.
(20) "Immo sic velle fiduciam conscientie edificare super contritionem est deum mendacem, se veracem constituere". - Poen (1, 323, 29); § 13; vgl. auch zu These (17).
(21) "Tales non de misericordia et verbo Christi, sed de suis operibus et viribus perditissime presumunt". - R 7 (1, 542, 30ff); Poen (1, 323, 5); § 13.

[12] (13) "Usque ad infidelitatem errant, qui remissionem culpe incertam asserunt propter incertitudinem contritionis". - R 7 (1, 542, 30ff); R 38 (1, 595, 24ff); Poen (1, 323, 35); § 12.

(22) "Perversissime volunt verbum et fidem firmare ipsi, et non potius firmari verbo et fide" [13].

Die Verkehrtheit dieses Handelns liegt in dem Streben, sich die Vergebung in eigener Aktivität zu erwerben (firmare), statt sich in Passivität der Gnade zu übergeben (firmari).

Die Thesen 23-41 wenden die Zentralaussage auf das Tun des Priesters an: Der Priester ist nicht Geber der Vergebung, sondern Diener des Wortes zum Glauben (23) [14]. Indem er das Wort darreicht, erweckt er den Glauben, der allein rechtfertigt (32; 33) [15]. Zum Glauben bedarf es des Wortes durch den priesterlichen Dienst (33). Im äußeren Tun des Priesters wirkt innerlich der Hl. Geist (30; 31) [16], und so schafft die Schlüsselgewalt in Gottes Wort und Auftrag ein untrügliches Werk, wenn der Empfänger sich nicht verstellt (24) [17]. Damit spricht sich Luther klar für die Wirksamkeit ex opere operato aus [18] und erinnert mit der Formulierung "nisi sis dolosus" (24; 38) [19] sogar an das von ihm so sehr bekämpfte "non ponere obicem", was er allerdings als Unterdrückung des Glaubens versteht [20]. Der Glaube ist gefordert, er verdankt sich aber ganz dem Wort (33). Darum soll der Priester nicht so sehr nach der contritio des Pönitenten fragen, als vielmehr nach dessen Glauben (25-28) [21].

---

[13] Bisher nicht gebraucht, dann aber § 13.
[14] (23) "Sacerdotes non sunt authores remissionis, sed ministratores verbi in fidem remissionis". - R 38 (1,596,32f); §§ 8; 15.
[15] (32) "In iis omnibus, dum ministrat verbum Christi, simul fidem exercet, qua intus iustificatur peccator". - zu fidem exercere: R 7 (1,543, 17); R 38 (1,595,36ff).
   (33) "Nihil enim iustificat, nisi sola fides Christi ad quam necessaria est verbi per sacerdotem ministratio". - Erster Teil oft angeführt, zweiter neu.
[16] (30) "Sicut sacerdos docet, baptisat, communicat vere, et tamen hec solius sunt spiritus intus operantis,
   (31) Ita vere peccata remittit et absolvit a culpa, et tamen hoc solius est spiritus intus operantis". - Beide Thesen dürften durch das Zitat Joh 20,23 in These 29 (s. Anm. 4) veranlaßt sein.
[17] (24) "Potestas Clavium operatur verbo et mandato dei firmum et infallibile opus, nisi sis dolosus". - § 11.
[18] Bayer bemerkt in Anschluß an These 24 : "Die Gültigkeit und Unfehlbarkeit des (Buß-) Sakraments ex opere operato hält Luther in der Fassung: ex verbo dicto energischer fest, als es je vor ihm geschehen ist, wovor man meist (auf protestantischer nicht weniger als - nicht ohne Schuld des Neuprotestantismus - auf katholischer Seite) die Augen verschließt" (Promissio 186).
[19] These (38) s. in Anm. 22.
[20] Siehe oben S. 90.
[21] (25) "Evidentia contritionis signa satis habet sacerdos, si peccatorem sentit petere et credere absolutionem". - §§ 12; 15.
   (26) "Immo longe magis exquirendum est ab eo, an credat sese absolvi

Weil die Vergebung im priesterlichen Tun allein vom Wort Gottes kommt, kann die Gültigkeit der Absolution durch keinen Mangel an der Disposition des Priesters eingeschränkt werden (35-39; 41) [22], wie auch aufseiten des Empfängers nicht einmal das - hypothetisch angenommene - Fehlen der contritio die Absolution außer Kraft setzt, wenn nur der Glaube da ist (40) [23]. Durch nichts wird die Absolution so unwirksam wie durch das Fehlen des Glaubens (34-38) [24].

Bei der Unterscheidung zwischen alt- und neutestamentlichen Sakramenten in den Thesen 42-45 wird die gewonnene Erkenntnis auf die Sakramente allgemein angewandt. Abgelehnt wird wieder eine Wirksamkeit der Sakramente, die nur das non ponere obicem zur Voraussetzung hat (42) [25], denn es braucht den Glauben, ohne den einer ficte und in iudicium zum Sakrament geht (43) [26]. Was die neutestamentlichen Sakramente gegenüber den altte-

---

quam an digne doleat". - R 38 (1, 596, 17); Poen (1, 322, 16; 324, 2); §§ 12; 17.

(27) "Cavendum quoque sacerdoti, ne adeo exploret solam contritionem, ut homo credat propter ipsam sese absolvendum". - Siehe zu These (26).

(28) "Illud Christi potius est inculcandum ei 'confide, fili, remittuntur tibi peccata tua', quam dignitas eius exquirenda". - Poen (1, 323, 17); § 17.

[22] (35) "Potest sacerdos abuti clave et peccare absolvendo quem non debuit utpote restrictus,

(36) Sed non ideo absolutio est nulla, nisi fides simul absoluti esset nulla.

(37) Sicut in baptismo et synaxi etiam restricta clavis et prohibita vere baptisat et communicat,

(38) Ita in penitentia quantumlibet prohibita vere absolvit, modo absit dolus absoluti.

(39) Sacerdos etiam levis ac ludens seu scienter contra restrictionem agens vere tamen baptisat et absolvit.

(41) Nec potest hic obstare ulla reservatio casuum aut restrictio, si tamen fuerit et manserit ignorata". - R 7 (1, 543, 35); R 38 (1, 595, 8. 40 LP (4, 637, 14); Poen (1, 323, 32); § 14.

[23] (40) "Finge casum (per impossibile), sit absolvendus non contritus credens tamen sese absolvi, hic est vere absolutus". - R 38 (1, 594, 37); Poen (1, 323, 32).

[24] (34) "Sine qua fide contritio peccatorum est desperationis operatio et plus deum offendens quam reconcilians". - § 6.

[25] (42) "Sacramenta nove legis non sic sunt efficatia gratie signa, quod satis sit in percipiendis non ponere obicem". - R 7 (1, 544, 37); Ast (1, 286, 20); Poen (1, 324, 8).

[26] (43) "Quin, qui sine fide ad quodcunque accedit, ficte ac per hoc in iudicium suum accedit". - R 38 (1, 595, 20); Poen (1, 324, 12); Thomas v. Aquin zitiert Sent IV q. 3 a. 2 ad 1 das Augustinuswort: "fictus est qui non credit" (De Bapt. c. Donat. I, 12).

stamentlichen auszeichnet, ist das "verbum promittentis" - das Wort aufseiten des Aktiven - und die "fides recipientis" - der Glaube aufseiten des
passiv Empfangenden (45) [27].

Die Thesen 46-50 bringen schließlich die schon vom "Sermo de poenitentia"
her bekannte Antwort auf die Frage nach dem Umfang des Sündenbekenntnis-
ses [28].
Als Summe notiert Luther: "Iustus non ex operibus neque ex lege sed ex fide vivet: Ro. 1" [29].

Mit den Thesen "Pro veritate", die in einer gleichzeitigen Primizpredigt -
die Würde des Priesters wird allein bestimmt durch seinen Dienst der Sündenvergebung - ihren Niederschlag finden [30], erreicht das mit Res 7 begonnene Ringen um das rechte Verständnis des Bußsakramentes einen vorläufigen Abschluß. Anfangs konnte Luther die Deklarationstheorie, die ihm
von Mt 16, 19 her brüchig wurde, nur abschwächen, indem er dem Priester
neben der Deklaration der Vergebung auch die Zusage der Vergebungsgewißheit als wesentlich zuordnete, um der Schlüsselgewalt gerecht zu werden. Je mehr Mt 16, 19 in die Mitte rückte, umso mehr fielen Vergebung
und Gewißheit darüber ineins. Damit verlor die contritio immer mehr den
Charakter einer die Vergebung bedingenden Disposition. In den Thesen sind
Vergebung und Gewißheitszusage gemeinsam begründet in dem einen, gewisse Vergebung stiftenden Heilswort Christi. Vergebung heißt aufgrund
des sie zusagenden gewissen Wortes selbst Gewißheit. Darum wird in den
Thesen nicht mehr von der pax conscientiae geredet, wohl aber von der
"absolutio certa" und "rata", als einem "firmum et infallibile opus" [31].
Die Vergebung im Bußsakrament garantiert Gott selbst, sie kann durch keinen menschlichen Unsicherheitsfaktor in Frage gestellt werden, weil Gott

---

[27] (44) "Sacramenta veteris legis et nove sic differunt, quod illa erant
carnis, ista vero sunt spiritus iustificationes.
(45) In Novis adest, in veteribus defuit verbum promittentis, ideoque
et fides recipientis remissionem". - § 21.
[28] Vgl. dazu Poen (1, 322, 21 - 323, 9); § 20.
[29] 1, 633, 11.
[30] 4, 655 - 659; zur Datierung siehe Bayer, Promissio 166 Anm. 19 und S.
375: Frühjahr/Sommer 1518.
[31] Vgl. auch die Häufung von Ausdrücken, die das "Festmachen" der Vergebung verdeutlichen: innititur, salutem consistere, verbo portans,
fide purificans, certa promissio, Christus verax, firmari, operatur,
vere absolvit, promittens - recipiens. Der Unterschied zwischen Res 7
und den Thesen "Pro veritate" ist bei Roth, Die Privatbeichte, nicht
gesehen: "Mit der accusatio sui als confessio ist auch schon die Vergebung der Sünden geschenkt" (aaO. 33). Andererseits wird von einer
effektiven Deklaration gesprochen (aaO. 41). Res 7 ist ein situations-
bedingter Übergangstext und kann nicht mit den späteren Texten harmonisiert werden.

selbst sich in seinem Wort bindet. Auf dieses Wort ist Verlaß, es ist ein
fester Fels - gegenüber dem Sand, auf den menschliche Heilsversicherung
baut -, weil Christus selbst sich dem Wort verbunden hat: "Ita salus nostra
in verbo est et non in verbo, sed quia Christus in verbo est annexus, eß
muß nicht Pampeln. Sacramentum ist ein felß in Christum gegrundtt" [32].

Das Wort ruft den Hörer zum Glauben, zur Annahme der Zusage ohne die
Stützen eigener Sicherung und Vergewisserung. Glauben heißt, sich allein
der im Wort ergehenden Gabe verdanken. Glaube macht Reue, Schmerz,
Buße nicht überflüssig, er nimmt ihnen aber den Charakter, Bedingung der
Vergebung zu sein [33]. Glaube ist für Luther nie losgelöst von dem um
seine Sündigkeit wissenden und daran leidenden, d.h. Reue empfindenden
Menschen. Gerade so wird ja das Bußsakrament ein Ort für "timoratis con-
scientiis"; ohne empfundenen Schmerz sind die tröstenden Schlüssel ohne
Wert [34]. Der Priester ist dabei Werkzeug Gottes, sichtbarer Ort der ergehenden Rede: "Es gehet leiplich zcu, ehr nymptt unßer bruder, kinder,
fleisch und blutt, ut non in signis, non vestitu, non in igne, sed in ore sacerdotis collocetur fidutia nostra: si solvit, solutum sit: si ligat ligatum sit"[35].

Darin liegt die potestas clavium, um deren Aufwertung Luther seit Res 7
ringt. Die Deklarationstheorie hat sie entwertet, ebenso die Meinung derer,
welche die Schlüssel nur im Erlaß von Strafen wirksam sahen. Luther wollte diesen wieder die rechte Geltung verschaffen [36]. Göttliches Tun bindet

---

[32] 4, 658, 26-28 (Primizpredigt).
[33] "Natürlich ist nicht gemeint, der Mensch sei vom Ernst der ganzen
    Buße entbunden - darin besteht nicht der geringste Unterschied gegen-
    über der Römerbriefvorlesung" (Kroeger, Rechtfertigung 189). Vgl.
    die Aussagen über die Reue im Bußsermon von 1519 (unten S. 130f).
[34] Vgl. die Überschrift zur Thesenreihe, ferner R 38 (1, 596, 2 0ff), LP
    (4, 637, 6.10), sowie die gesamte Thematik der Primizpredigt.
[35] 4, 657, 14ff.
[36] Er wollte die Schlüssel "a falso honore et tyrannica reverentia in sibi
    debitam et amabilem reverentiam" zurückführen (1, 596, 24ff; vgl. 1,
    285, 38ff; 1, 666, 17ff). J. Köstlin hat in seiner Darstellung der Ent-
    wicklung der Bußtheologie Luthers die Auseinandersetzung mit der
    Deklaration nicht gesehen. Für ihn ist daher der Ertrag der Entwick-
    lung nicht das in der Absolution entdeckte Zusagewort, sondern die
    Notwendigkeit des Glaubens, der aber auch unabhängig vom Absolutions-
    wort sich auf Gottes Gnade allgemein richten kann. Es ist dabei gerade
    die entscheidende Entdeckung des Sakramentes als Ortes der Verge-
    bung übersehen, wenn es vom Empfang der Vergebung heißt: "Aber wir
    sahen..., daß derselbe (= Glaube) nach Luthers Meinung an dieses
    Wort, trotz des ihm zukommenden überaus hohen Wertes, doch keines-
    wegs schlechthin gebunden sein sollte" (J. Köstlin, Luthers Theologie
    I, 227; ähnlich: 161f; 175; 190-196; 235). Ähnliches gilt von der Darstel-
    lung R. Seebergs, Dogmengeschichte IV, 158-172. Bei beiden spielt
    Res 7 die größere Rolle als etwa die beiden Bußsermone von 1518 und
    1519.

sich an das Tun des Priesters, weil Gott sich in das Wort gegeben hat. Das
ist keine Abwertung des faktischen Priestertums der Kirche, wohl aber eine grundsätzliche Konzentrierung priesterlichen Tuns auf die Verkündigung
und den Dienst am gnädigen Verheißungswort Gottes [37].

Daß Luther bei der Entdeckung von Mt 16,19 fast ausschließlich die Löse-
aber nicht die Bindegewalt beachtet hat, mag aus der konkreten Situation
der Fragestellung (wodurch geschieht Vergebung im Bußsakrament?), wie
auch aus Luthers persönlicher Lage (wo ist der Ort göttlichen Heilshandelns?)
verständlich sein, war aber doch ein Vorgang von nicht zu unterschätzender
Bedeutung. Der Kampf gegen das Papsttum wurde ein Kampf gegen die
Tyrannisierung und Unterdrückung der in den Schlüsseln allein wichtigen
Vergebungszusage, die in der Papstkirche erloschen war [38]. Wer das gewisse Christuswort und damit Christus selbst unterdrückt, kann nur der
Antichrist sein [39].

3. Rückblick

Blickt man von dem im Frühsommer 1518 erreichten Stand auf Luthers
frühere Theologie bis zum Beginn des Ablaßstreites zurück, so erkennt
man sogleich den Wandel, der sich in wenigen Monaten vollzogen hat [1].

---

[37] Der Gedanke, daß die Vergebung auch von einem Nichtpriester gespendet werden kann (wie der Bußsermon v. 1519 für Notfälle annimmt:
Siehe unten S.131) taucht hier noch nicht auf. Nach der Primizpredigt muß der Priester "in ordine" sein, "ut potestatem habeat das
wort auß zu reden" (4,657,31). Darum ist mit dem in These (8) Negier-
ten auch nicht "ein 'character' an sich" gemeint (Bayer, Promissio
189 Anm. 154 = 178 Anm. 98).
[38] 4,658,2ff.
[39] Siehe dazu ausführlicher S.124.

[1] Auch Kroeger, Rechtfertigung 195, spricht von einem Wandel, der
mehr ist als nur eine Akzentverschiebung. Vgl. dort auch die Beschreibung des "Wandels im Verständnis von Glaube und Wort" (aaO. 187-
198). Gegenüber K.H. zur Mühlen, Nos extra nos, wäre zu fragen,
ob die Entdeckung der Wörtlichkeit des Zusagewortes wirklich nur
Konsequenz einer sich in der Formel "extra nos" ausdrückenden Theologie war (aaO. 175; 178; 184), oder ob nicht doch die Entdeckung des
Absolutionswortes (im Kampf gegen die Deklarationstheorie) als neues
Ereignis das im "extra nos" Formulierte (Externität und Notwendigkeit der Gnade) erst recht zur Geltung bringen konnte. Brachte nicht
erst die Entdeckung des Wortes im Sakrament jene Korrektur, die Luther nicht zu einem Mystiker oder Spiritualisten (wie Karlstadt) werden ließ? Freilich darf man dann die Entdeckung nicht (nur im Blick
auf R 7) auf die Heilsbedeutung des äußeren Wortes als Gewißheitszusage beschränken (aaO. 183), sondern muß die Neuorientierung im
Bußsakrament in der Entdeckung des Wortes als Gnadenmittel sehen.

Wie im ersten Teil gezeigt wurde, galt Luthers Augenmerk von Anfang an der Abweisung jeder menschlichen Selbstrechtfertigung und Heilsvergewisserung. Dabei kam dem Wort eine entscheidende Bedeutung zu. Im Blick auf das Wort von Christus und seinem Schicksal erschien die humilitas als der einzig mögliche Ort christlicher Existenz. Damit trat Luther in Gegnerschaft zu dem, zumindest ihm so erscheinenden, nominalistischen und scholastischen (Semi-) Pelagianismus [2]. Demgegenüber mußte der radikale Geschenkcharakter göttlichen Heiles betont werden. Doch offenbart sich das Heilshandeln Gottes nur in contrario, im Schicksal Jesu, so daß die Annahme des Erniedrigungsschicksals Jesu für den Menschen der einzig legitime Ort hoffnungsvollen Glaubens an die in Christus schon bewirkte, aber immer noch ungewiß bleibende Gerechtmachung war. Die Heilszusage wurde nicht konkret im Heute. Der Glaube richtete sich auf das Handeln Gottes in Christus, und damit verbunden auf die Offenbarung der Sündigkeit des Menschen, wie auch auf das Bundeswort Gottes, dem wie Christus Erniedrigten auch dessen Leben zukommen zu lassen. Heilsgewißheit konnte es zum Schutz notwendig bleibender Demut nicht geben. So hieß es noch im Brief an Albrecht von Mainz: "Denn der Mensch wird seiner Seligkeit nicht durch das Bischofsamt oder -werk, auch nicht einmal durch Gottes eingegossene Gnade versichert, sondern es befiehlt uns der Apostel (Phil 2, 12), allezeit mit Furcht und Zittern zu schaffen, daß wir selig werden" [3].

Wie anders klingen dagegen die Thesen "Pro veritate" und die Primizpredigt. Innerhalb des schon früh gesteckten und immer bleibenden Rahmens der radikalen Ablehnung menschlicher Selbstrechtfertigung hat sich doch vieles geändert. Die humilitas ist nicht mehr der Ort inwendig geschehender Vergebung, sondern der Ort, auf den von außen her die Zusage der Vergebung im klaren und gewissen Wort trifft. Damit wird die humilitas nicht abgetan, sie bleibt - um in Luthers Bild der Primizpredigt zu reden - der eine Mühlstein, dem aber der zweite Stein des Glaubens entgegengestellt wird. Ohne den festen Stein des Glaubens an Gottes Zusagewort würde der andere Stein alles erdrücken und vernichten. So aber kommt es zum Wechselspiel und das Gewissen wird in der Mühle des Lebens froh, weil das tröstende Wort von Gottes Vergebung ein fester Fels und Eckstein ist [4].

---

[2] Zur Beurteilung des nominalistischen Pelagianismus siehe oben S. 40. Luther hat den Vorwurf auf die gesamte Scholastik ausgedehnt. Vgl. dazu L. Grane, Die Anfänge von Luthers Auseinandersetzung.

[3] WABr 1, 111, 27f; hier nach LD 10, 27.

[4] Interessant ist der Wandel in diesem von Luther schon früher gebrauchtem Gleichnis. Noch im Brief an Spalatin vom 15.2.1518 ist der zweite Mühlstein nicht der Glaube an das Zusagewort, sondern die Hoffnung, daß Gott den Selbstanklägern und Demütigen (zitiert wird wieder Spr 18, 17) gerecht macht (WABr 1, 145; vgl. ferner 3, 357, 1ff; 4, 515, 10ff; ähnlich auch WATi 6, Nr. 6717). Zur "termonologische(n) Verschiebung im Gebrauch der Begriffe tribulatio und tentatio", die sich gerade für diese Zeit konstatieren läßt, siehe Kroeger, Rechtfertigung 194f.

Damit bekommt auch das am Schluß der Thesen als Zusammenfassung zitierte Wort Röm 1,17: "iustus ex fide vivet" einen neuen Sinn. Der Glaube ist nicht mehr Glaube an Heil versprechendes Gerichtswort, sondern Glaube an Heil schaffendes, konkret ergehendes Zusagewort, das ob seines konkreten Ergehens inmitten der Trübsal Leben schenkt.

In der Römerbriefvorlesung bezog sich der Glaube auf das im Evangelium geoffenbarte Handeln Gottes in contrario, das, unter Preisgabe aller Selbstgerechtigkeit in Demut geglaubt, Leben - weil Gottes Gerechtigkeit - gibt (vgl. Schol Röm 1,16f). In den Thesen "Pro veritate" kommt der Glaube aus dem Wort, das nur als das heilschaffende, zusagende Vergebungswort verstanden werden darf. Res 7 war dann eine Zwischenlösung: fide iustificamur - fide pacificamur (1,544,7), d.h. Glaube an die in conturbatione geschehene Vergebung und Glaube an das Frieden schenkende Absolutionswort. Entsprechend wird Röm 1,17 gebraucht: Fides in fidem (vgl. dazu oben S. 87).

Die Frage ist, ob Luthers berühmter Bericht in der Vorrede zu den lateinischen Schriften von 1545 (54,185,12ff) über seine Entdeckung von Röm 1,17 den im Frühjahr/Sommer 1518 zu konstatierenden Wandel beschreiben will. Das ist nur zweitrangig eine Frage der Datierung, erstrangig eine Frage nach dem Inhalt der Entdeckung, und damit nach dem eigentlich Reformatorischen. E. Bizers These ist: Die Entdeckung von Röm 1,17 ist die Entdeckung des Wortes als Gnadenmittel, wie sie sich 1518 zeigt. Mag nun auch diese Inhaltsbestimmung allein aus einer Exegese der Vorrede nicht voll überzeugen (- wenngleich Bizer im Nachwort zur 3. Auflage eindrucksvolle Parallelen für Luthers Verständnis anführt -), so ist doch festzuhalten: Hat Luther Röm 1,17 vom Habakukzitat her begriffen (connexio verborum: 54,186,3; anders versteht die connexio A. Adam, Lehrbuch der Dogmengeschichte I,214), dann trifft sein Bericht am ehesten die Entdeckung des Zusagewortes im Bußsakrament. Denn als Abschluß seiner Überlegungen zitiert er nur das Habakukzitat aus Röm 1,17, das aber im Sinne der Vorrede verstanden werden muß: "iustus dono Dei vivet nempe ex fide". Der Gerechte lebt aus dem Glauben an das das Heil als Geschenk zusagende Wort. "Ista salus nostra in verbo est" formuliert die Primizpredigt. Damit aber berührt sich das in der, nach Aland (LD 1,465) gleichzeitigen, Predigt "De duplici Iustitia" (2,145ff) sich bekundende neue Verständnis der uns durch den Glauben als Geschenk zugeeigneten Gerechtigkeit Christi (vgl. Bizer, Fides 127ff). Die Entdeckung des Wortes als Zusage und des daran haftenden Glaubens, sowie die neue Sicht der im Glauben "mir eigen werdenden" Gerechtigkeit Christi verbinden sich möglicherweise in Luthers Rückblick zu (zeitlich) einem Geschehen: der Entdeckung von Röm 1,17. Zunächst war es die Entdeckung an Mt 16,19 (ein neues Begreifen des Glaubens an das Zusagewort), die dann über das Habakukzitat zu einem neuen Verständnis von Röm 1,17 (Übergabe der iustitia) führte. Es wurde darauf hingewiesen, daß ein Begreifen des 1518 sich vollziehenden Wandels anhand des Begriffes iustitia diesen Wandel nicht recht in den Griff bekommt, Bizers inhaltliche Bestimmung der Entdeckung aber auf die Entdeckung des Glaubens an das gewisse Wort der Vergebung zutrifft (Bayer, Promissio 345 Anm. 2 und - bei aller gegensätzlichen Position zu Bizers Bewertung - bes. Hacker, Das Ich im Glauben 324-346).

Aber selbst wenn Luthers Bericht auf eine frühere Zeit abhebt und der Inhalt der Entdeckung dann im Geschenkcharakter der Gerechtigkeit gesehen werden muß, bleibt dennoch, daß in unserem Zeitraum der Modus des Schenkens (Bizer, Fides 18f) neu bestimmt wird: durch das konkrete Wort. (Vgl. die Weihnachtspredigt von 1519: Die Evangeliumsworte geben dem Glauben das, was sie konkret sagen; sie sind wie Sakramente. "In Euangelio revelatur iustitia - Röm 1, 17": 9, 439-442 bes. 442, 20-33.)

Den gewandelten Bezugspunkt des Glaubens - und damit auch den Wandel in der Frage der Gewißheit - dokumentiert in aller Deutlichkeit der Gebrauch des Motivs: Gott zum Lügner machen. In den Dictata und der Römerbriefvorlesung dient dieses Wort seinem ursprünglichen Sinn (1 Joh 1, 10) nach der Aufforderung, Gottes Gerichtswort als Offenbarung menschlicher Sündigkeit zu akzeptieren. Wer glaubt, ohne Sünde zu sein, macht Gott zum Lügner [5]. Jetzt wird Gott zum Lügner gestempelt, wo der Mensch nicht glaubt, daß Gottes Vergebungswort (Mt 16, 19) wahr und gewiß ist [6]. Gleich bleibt in beiden Verwendungen die Kehrseite: Wer Gott zum Lügner macht, möchte sich selbst als wahr hinstellen, d. h. auf seine guten Werke oder auf seine contritio das Heil bauen. Gleich bleibt auch, daß das Heil allein in Gott gründet. Doch was zunächst verborgen und für den einzelnen Menschen ungewiß war, wird jetzt dem Geängstigten mit Gewißheit aufgedeckt.

Die Gewißheit inmitten bleibender Bedrängnis hat Luther fürs erste an einem Punkt gefunden, dem Bußsakrament. Die Entdeckung hat freilich kaum im Beichtstuhl stattgefunden, als ein Geschehen trotzigen Greifens nach Gewißheit, sondern hat sich in mühevollem Ringen um Schriftwort und - sowohl überkommener wie auch eigener - theologischer Tradition herauskristallisiert [7]. Ablaßfrage, Schlüsselgewalt, Schriftwort Mt 16, 19 und Bußsakra-

---

[5] Siehe oben S. 20 Anm. 27.

[6] 1, 541, 4; 594, 35; 595, 17; 1, 323, 28; 331, 23; 1, 631, 21. 28; 4, 637, 19 ff.

[7] "Das neue Erlebnis war der 'Friede', und nach Luthers Darstellung muß man annehmen, daß er ihn nicht beim Grübeln über eine Bibelstelle erlebt hat, sondern beim Empfang des Beichtsakramentes" (P. Hacker, Das Ich im Glauben 337). Der Grundfehler bei Hackers provozierender - deshalb auch bedenkenswerter - Lutherinterpretation liegt m. E. darin, daß er Luthers "reflexiven Glauben" nur als Ereignis seiner Spiritualität sieht und nicht als theologische Entdeckung am Schriftwort (aaO. 114), dem dieser Glaube immer verbunden bleibt. Luthers "Anmaßung des Heiles" ist immer eine Anmaßung, praesumptio des Heilwortes (vgl. aaO. 45, wo das 'Wort' überhaupt nicht mit gesehen wird). "Es war nicht das subjektive Bedürfnis der eigenen Gewißheit, das Luther zu dieser neuen Lösung des Problems trieb" (Kroeger, Rechtfertigung 170), sondern vielmehr die Entdeckung von Mt 16, 19: "Diu torsit animum meum haec auctoritas" (4, 658, 4).

ment sind die Stationen, über die der Weg zur Entdeckung des gewiß-
machenden Glaubens, weil Glaube an das gewisse Wort Gottes, führte.
"Nicht wird, wie man erwarten möchte, aus dem sicheren Verständnis
von Glaube der reformatorische Begriff vom Sakrament entworfen, sondern: aus der Notwendigkeit Sakrament zu verstehen, entsteht der entscheidende und letztlich durchdringende Begriff von Glaube"[8].

Exkurs: Luthers Vorlesung über den Hebräerbrief

Der hier beschriebene Wandel hat Parallelen in Luthers Vorlesung über
den Hebräerbrief [1], wie seit Bekanntwerden dieser Vorlesung immer
wieder bemerkt wurde [2]. Allerdings besitzen wir keine genauen Daten,
die eine zeitliche Einordnung ermöglichen [3]. Fest steht nur, daß Luther
im Winter 1517/18 über den Hebräerbrief gelesen hat [4]. Da für die Vorlesung vom Umfang her zwei Semester anzusetzen sind, wird gewöhnlich
die Zeit Sommersemester 1517 und Wintersemester 1517/18 (21.4.1517
bis 26.3.1518) angenommen [5]. So läge das für Luthers Sakramentsverständnis und damit für seine theologische Entwicklung bedeutsame zweite
Scholion zu Hebr 5,1 etwa in der ersten Oktoberhälfte 1517 - also unmittelbar vor dem öffentlichen Ablaßstreit -, wofür M. Kroeger einen
ausführlichen historischen Nachweis versucht hat [6]. Gegen diese übliche
Datierung hat O. Bayer für eine Ansetzung der Vorlesung auf Wintersemester 1517/18 und Sommersemester 1518 plädiert - das Scholion 5,1 ge-

---

[8] Kroeger, Rechtfertigung 168. Dort auch (198-203) - im Anschluß an G.
Ebeling - der Aufweis, wie die Entdeckung des gewiß machenden Wortes
das Schema vom vierfachen Schriftsinn endgültig zerbrechen läßt zugunsten des sensus literalis, der "den Sinn der sicher und wörtlich sa-
genden Schrift" begreift (aaO. 200).

[1] Text: 57 III 1-238 (hrsg. und eingeleitet von J. Ficker); Luthers Vorlesung über den Hebräerbrief nach der vatikanischen Handschrift (hrsg.
v. E. Hirsch und H. Rückert) Berlin 1929; E. Vogelsang, Deutsche
Übersetzung von Luthers Hebräerbriefvorlesung, Berlin 1930.

[2] E. Vogelsang, Die Bedeutung der neu veröffentlichten Hebräerbriefvorlesung. Zum Wechsel im Verständnis von Christologie, Glaube, Gewißheit und Geist siehe Kroeger, Rechtfertigung 170 Anm. 7; 172 Anm. 11ff.

[3] Aland, LD 1,453.

[4] Vgl. Bayer, Promissio 203 Anm. 3.

[5] Ficker, WA 57 III XVIIIf; Hirsch/Rückert, Luthers Vorlesung XXVIf;
Vogelsang, Die Bedeutung 5; Aland, LD 1,453; H. v. Schubert - K.
Meissinger, Zu Luthers Vorlesungstätigkeit 9; A. Brandenburg, Solae
aures 37 Anm. 2 (1516/17!).

[6] Kroeger, Rechtfertigung 176-180. Die Dessauer Nachschrift läßt die Ein-
teilung der Vorlesungsstunden vermuten. Danach wurde das Schol 5,1 in

hörte dann in den Anfang des März 1518 -, weil sich allein in dieser Zeit inhaltliche Parallelen dazu finden [7].

Im Anschluß an Hebr 5, 1 - aber im sachlichen Rückgriff auf 4, 16 - [8] führt Luther aus: Es genügt nicht zu glauben, daß Christus für die Menschen zum Hohenpriester eingesetzt ist, man muß auch glauben, selbst einer dieser Menschen zu sein. Dazu verweist er auf ein schon in der Römerbriefvorlesung angeführtes Bernhardzitat: Es genügt nicht zu glauben, daß Gott Sünden vergeben kann, sondern du mußt auch glauben, daß dir die Sünden vergeben sind. Darin liegt das Zeugnis unseres Gewissens, von dem Röm 8, 16 spricht [9]. Dieses Zeugnis haben wir aber nicht aus uns selbst - das wäre pelagianisch -, sondern das Zeugnis empfängt unser Gewissen [10]. Luther fährt fort:

---

der 38/39. Stunde vorgetragen (siehe Ficker, 57 III XIX).

[7] Bayer, Promissio 203ff.

[8] Zu Hebr. 4, 16 gibt es kein Scholion. Hebr 5, 1 (pontifex pro hominibus constituitur) ist nach dem ersten Schol 5, 1 der Grund dafür, daß wir "cum fiducia et sine timore adeamus thronum gratiae" (= Hebr 4, 16; 57 III 165, 16). Vgl. die ZGl 4, 16: "non impediamur scrupulo conscienciae aut timore peccatorum" (57 III 26, 7).

[9] 57 III 169, 10-20. Wie in der Römerbriefvorlesung (56, 370) zitiert Luther (in Hebr dem Sinn nach) aus Bernhards "Sermo in festo annuntiationis b. Mariae virginis" 1, 3 (PL 183, 383f). Im Schol Röm 8, 16 achtet aber Luther überhaupt nicht auf das von Bernhard zitierte Wort Mk 2, 5 par ("Dimissa sunt tibi peccata tua"), vielmehr genügt ihm als testimonium die humilitas und compunctio (56, 370, 20). Gewiß richtet sich das Zeugnis (gemäß Luthers Einfügung in das Bernhardzitat 56, 370, 12ff) auf den Tod Christi als pro me geschehen (vgl. R. Mau, Zur Frage der Begründung von Heilsgewißheit 743f), was aber vom Zusammenhang her (vgl. Glossen z. Stelle und Schol 8, 14) als Hinweis auf das Schicksal Christi zu verstehen ist, das sich im homo spiritualis nachvollzieht und Grund der Hoffnung ist. 1, 190, 1 (Auslegung von Psalm 51 im Jahre 1517) wird Mk 2, 5 zwar angeführt als "heimliches Einraunen", aber es bleibt ein verbum internum. Erst in Res 7 greift Luther wieder auf Röm 8, 16 (und gedanklich auf die Bernhardpredigt) zurück, aber jetzt ist ihm Mt 16, 19 das testimonium (1, 543, 14-17). Zur weiteren Verwendung des Bernhardzitats siehe 2, 458, 20-34; 2, 15, 35ff.

[10] "Non enim testimonium consciencie eiusmodi, ut (= quod bei Hirsch/Rückert) B. Bernhardus ait, intelligitur, quod nobis ex nobis est (hoc enim Pelagianum est) et gloria in confusione, sed quod consciencia nostra accipit" (57 III 169, 20ff). Daß Luther hier keineswegs gegen Bernhard Stellung nimmt (Bizer, Fides 80; 111; Kroeger, Rechtfertigung 167f), sondern Bernhards Gedanken aufnimmt, zeigt PL 183, 383: "Non tale testimonium, quale ille superbus Pharisaeus habebat, ... testimonium perhibens de seipso, et testimonium eius verum non erat; sed cum spiritus ipse testimonium perhibet spiritui nostro".

"Daher kommt es, daß niemand die Gnade deshalb erlangt, weil er
die Absolution oder die Taufe oder die Kommunion oder die Ölung
empfängt, sondern deshalb, weil er glaubt, so durch Absolution,
Taufe, Kommunion, Ölung die Gnade zu erlangen. Denn wahr ist
das allbekannte und anerkannte Wort: 'Nicht das Sakrament, sondern der Glaube an das Sakrament rechtfertigt' und das Wort des
selgen Augustin: 'Es (das Sakrament) rechtfertigt nicht, weil es geschieht, sondern weil es geglaubt wird'. Daraus folgt: Ein ganz ver-
derblicher Irrtum ist es, wenn man sagt, die Sakramente des neuen
Gesetzes seien derart wirksame Gnadenzeichen, daß sie gar keine
Bereitschaft in dem Empfänger fordern abgesehen davon, daß er
keinen Riegel vorschieben dürfe; Riegel nennen sie dabei eine Tat
der Todsünde. Grundfalsch ist das! Vielmehr ein ganz reines Herz
erfordert jegliches Sakrament; sonst wird man schuldig an dem
Sakrament und empfängt sein Gericht. Das Herz wird aber nicht
anders rein denn durch den Glauben (Apg 15,9) ...
So ist es auch ein großer Irrtum, will jemand zum Sakrament des
Altares gehen, daß er sich auf solch Schilfrohr stützen will: er habe
gebeichtet, sei keiner Todsünde sich bewußt oder habe zuvor gebetet und sich bereitet. Solche Leute essen und trinken sich alle das
Gericht (1 Kor 11,29), denn durch all das sind sie nicht würdig und
rein geworden; haben sich vielmehr durch solch Vertrauen auf ihre
Reinheit noch ärger befleckt. Aber, wenn sie glauben und vertrauen,
daß sie dort die Gnade erlangen werden, so macht dieser Glaube
allein sie rein und würdig, der da nicht auf jene Werkerei sich
stützt, sondern auf das einzig reine, einzig fromme, einzig zuver-
lässige Wort Christi, da er spricht: "Kommet her zu mir alle, die
ihr mühselig und beladen seid, ich will euch erquicken" (Mt 11,28).
Ja, in verwegener Zuversicht auf dieses Wort soll man zum Sakramente treten; wer so hinzutritt, der wird nicht zu Schanden werden" [11].

Die von Hebr 4,16 her ("adeamus ergo cum fiducia ad thronum gratiae eius")
gestellte Frage nach dem Grund unserer Gewißheit [12] wird beantwortet
mit dem Zeugnis, das unser Gewissen von außen her empfängt. Als Ort,
der solches Empfangen ermöglicht, wird - ohne daß es vom Schrifttext her
sich nahelegt - sogleich auf das Sakrament verwiesen. Das zeigt, daß Luther sich anderweitig mit dem Problem der Vergewisserung im Sakrament
beschäftigt und dort eine Lösung gefunden hat. Das geschah, wie dargestellt
wurde, im Frühjahr 1518.

Auch Res 7 spricht vom Zeugnis des Gewissens (Röm 8,16) und findet es
im Absolutionswort, freilich noch in der Form der pax conscientiae [13].

---

[11] 57 III 169,23 - 171,8; Übersetzung nach E. Vogelsang, Deutsche Übersetzung 81-83.
[12] Vgl. Anm. 8.
[13] 1,543,24.

111

Die Entdeckung der im Wort des Bußsakramentes empfangenen Gewißheit -
zunächst als Friede, dann auch als Vergebung selbst - hatte die Betonung
des Glaubens, der das gewisse Wort annimmt und von diesem her erst ermöglicht wird, als beim Sakramentsempfang unumgänglich notwendig zur
Folge. Was Luther für das Bußsakrament formulierte, wird im Scholion auf
mehrere Sakramente übertragen: nicht der Vollzug des Sakramentes allein
verleiht schon Gnade, entscheidend ist der empfangende Glaube [14].

Damit gibt das Schol 5, 1 in seinem ersten Teil eine knappe Zusammenfassung verschiedener Gedanken aus dem Frühjahr 1518. Die Zusammenfü-
gung beider Dicta, die erstmals in den "Asterisci" gegen Eck anzutreffen
ist, spricht für eine Abfassungszeit des Scholions nach den Res 7 und 38,
in denen die beiden Dicta noch einzeln, unverbunden angeführt sind [15].
Die Ablehnung des "non ponere obicem" berührt sich eng mit dem "Sermo
de poenitentia" [16]. Das Zitat Apg 15, 9 findet sich ebenfalls erst nach den
Resolutionen [17]. Der zweite Abschnitt des Scholions über die Vorbereitung auf den Kommunionempfang (thematisch bedingt durch Hebr 4, 16) [18]
ist eine fast wörtliche Übernahme aus dem "Sermo de digna praeparatione"
vom Frühjahr 1518, in dem die an Mt 16, 19 gewonnene Erkenntnis auf Mt
11, 28 als Vorform einer neuen Theologie des Abendmahls übertragen
wird [19]. Auf den Inhalt wird dementsprechend unten noch einzugehen
sein [20]. Der aus dem Sermo übernommene Abschnitt taucht in dieser Zeit
nochmals auf als Anhang zur "Instructio pro confessione peccatorum"[21].

---

[14] Damit wird den Sakramenten nicht einfach die Wirksamkeit abgesprochen (gegen Bayer, Promissio 208), sondern gegen jenen Irrtum polemisiert, der die Wirksamkeit der Sakramente "derart" (= ita, was bei
Bayer, aaO., ausgelassen ist!) veranschlagt, daß ein Glaube aufseiten
des empfangenden Menschen nicht nötig ist.

[15] Vgl. oben S. 99 Anm. 6. Es ist nicht verständlich, daß das seit den
"Asterisci" als communissimum (wie auch hier als vulgatissimum)
dictum angeführte Wort zusammen mit dem abgewandelten Augustinuszitat in Res 7 bzw. 38 jeweils fehlt, wenn beide im Schol Hebr 5, 1
schon so bekannt und zusammengefügt erscheinen. Kroeger, Rechtfertigung 175, verschweigt das in Res 7 bzw. 38 getrennte Auftreten beider
Dicta.

[16] 1, 324, 8ff. Vgl. oben S. 97.

[17] Außer 57 III 147;161;207;235 siehe: 1, 331 ("De digna praeparatione");
1, 356 (Heidelberger Disputation); 1, 631 ("Pro veritate"). Ein Fehlen
in den Resolutionen bei vorhergehender Fertigstellung von Schol 5, 1
ist kaum verständlich.

[18] Das "adire ad thronum gratiae" (4, 16) wird aufgenommen durch das
"accedere" in 57 III 170, 14f. Auch die RGl zu 4, 16 hat mit Mt 11, 28
schon das Thema des Scholions im Blick (57 III 27, 19).

[19] 1, 330, 36-331, 17.

[20] Siehe unten S. 145ff.

[21] 1, 264, 9-19 (lateinisch); 1, 255, 24-39 (deutsch): zu den literar-kritischen
Fragen siehe unten S. 148 Anm. 14.

Wird das Schol 5,1 auf den Oktober 1517 datiert, so müßte man eine Übernahme in die Texte von 1518 annehmen [22]. Dann ist aber nicht verständlich, daß die im Scholion formulierten Erkenntnisse in den an Albrecht von
Mainz gesandten Schriftstücken überhaupt keinen Niederschlag finden, und
auch, daß in Res 7 und 38 noch ein Ringen um die klare Erkenntnis statt-
findet, die im Scholion ohne Spur eines Übergangs schon dagewesen wäre [23].
Aus diesen Gründen spricht vieles für eine Abfassungszeit im März 1518.
Eine Frühdatierung würde die oben beschriebene Entwicklung in ihrem theologischen Gehalt - und allein darum geht es hier, nicht um die Frage der
Datierung von Luthers Wende - zwar nicht verändern, sie allerdings in ihrem zeitlichen Ablauf verschieben und schwerer verständlich machen [24].
Deshalb wurde versucht, die Entwicklung der Neuentdeckung des Bußsakramentes ohne Berücksichtigung der Hebräerbriefvorlesung darzustellen, zumal die Vorlesung für das Bußsakrament selbst nicht so wichtig ist, wie für
die Ausbildung einer neuen Abendmahlslehre [25].

---

[22] So Kroeger, Rechtfertigung 175f.
[23] Auch Kroeger sieht, daß das Neue von Schol 5,1 nur verständlich ist
auf dem Hintergrund einer außerhalb der Vorlesung sich vollziehenden
Beschäftigung mit dem Sakrament (aaO.168.170f), im Zusammenhang
mit "der Entdeckung von Mt 16,19" (aaO.173). Er kann aber die Beschäftigung mit dem Sakrament nur im Umkreis der Ablaßfrage vermuten (aaO.177 Anm.22). Es konnte jedoch gezeigt werden, daß Luther
von Mt 16,19 her (Res 6 und 7) auf das Sakrament der Buße stößt und in
einem längeren Ringen seine Lösung findet. Man wird also Luthers Angabe: "Diu torsit me Mt 16,19" (4,658,4) ernst nehmen müssen und nicht
von einer "plötzlich vor Augen stehenden Neuerung" (Kroeger, aaO.165)
sprechen können. Schol 5,1 ist dann kaum vor der Beschäftigung mit
Mt 16,19 entstanden, selbst wenn dieses Wort im Scholion fehlt, das
ja von Hebr 4,16 her weniger das Bußsakrament als vielmehr den Gang
zum Altarsakrament im Auge hatte. Daß Luther im Brief an Albrecht
seine schon gefundene Lösung der Gewißheit "verständlicherweise"
nicht darlegen wollte (so Kroeger, aaO. 180 Anm.39, weil er wohl die
Schwierigkeit sieht, die der Brief einer Frühdatierung der Vorlesung
macht), ist mir unverständlich. Auch kommt bei Kroeger nicht zum
Ausdruck, daß das in Res 7 und 38 Vorgetragene noch eine Zwischenlösung ist im Vergleich etwa mit den Thesen "Pro veritate" (aaO.192).
[24] Sieht man im Schol 5,1 schon 1517 alles Neue gegeben und deutet dann
das Ringen um das Bußsakrament als Konsequenz dieser Erkenntnis,
dann übersieht man, wie Luther durch das Ringen um ein Verstehen
von Mt 16,19 gegen seine eigene Deklarationstheorie zu einer Lösung
findet. Beispielhaft ist das bei Hacker, Das Ich im Glauben 204-211,
gegeben: "Der Versuch, den Psychologismus" (= reflexiver Glaube im
Schol 5,1) "seiner neuen Sakramentslehre durch Bibelworte zu stützen,
mußte scheitern" (aaO.211).
[25] Im Schol 7,12 kommt Luther auf Mt 18,18 (bzw. 16,19) zu sprechen:
"In sacramentis gratiae habemus promissionem Christi, scilicet: 'Quodcunque solveritis super terram solutum erit id quoque in coelis etc'.

C. Bewährung und Abschluß

1. Luthers Begegnung mit Kardinal Cajetan in Augsburg

Im Zuge des inzwischen angelaufenen römischen Prozeßverfahrens gegen
Luther sollte Kardinal Cajetan diesen in Augsburg verhören und den Widerruf entgegennehmen. Die für den Fortgang der Reformation in Deutschland
entscheidende Begegnung fand vom 12. -14. 10. 1518 statt [1]. Was zunächst
nur als Verhör gedacht war, entwickelte sich zu einem theologischen Streitgespräch, bei dem neben dem Problem des 'thesaurus ecclesiae' die letztlich entscheidende Frage nach der Glaubensgewißheit beim Sakramentsempfang im Zentrum stand [2]. Gibt es auch kein Protokoll des Gespräches, so
lassen sich doch dessen Inhalt und die theologischen Positionen aus den vorhandenen Quellen erschließen [3]. Der nach Luthers eigenen Worten den Ab-

---

Hanc sponsionem lex vetus non habuit ... Ideo Christum vocat 'meliori:
testamenti sponsorem', ut qui promittit remissionem peccatorum et
munditiam cordis per verbum sacerdotis sui, cui qui credit, omnino
iustus et mundus est apud Deum" (57 III 192, 8-15). Es ist nicht einzusehen, warum Bayer (Promissio 175, im Anschluß an Bizer, Fides 85)
in der hier zum Ausdruck kommenden Zusage noch eine "beglaubigende
Deklaration" sieht. Das Gewicht des Scholions liegt ja nicht auf der Gemeinsamkeit des T u n s der alt- und neutestamentlichen Priester (dis-
cernere inter ...), sondern auf der Verschiedenheit des O b j e k t s :
caro - vestis - pilus - domus gegen cor - conscientia - fides - spes -
amor, also von Äußerem und Innerem (vgl. auch 1, 286, 25ff). Die Ge-
dankenführung ergibt sich aus der Erklärung des scholastischen Satzes,
daß die Sakramente des Alten Testamentes nicht rechtfertigen. Den Unterschied zwischen den Sakramenten des Alten Testamentes und Neuen
Testamentes sieht Luther in dem Gegensatz: äußere und innere Reinheit. Das Matthäuszitat dient in diesem Zusammenhang dazu, das vor
Gott und nicht nur vor den Menschen gültige Tun des Priesters des
Neuen Bundes herauszustellen. Daher genügt der Hinweis auf die Bindegewalt, während für das Bußsakrament - ob mit oder ohne Deklaration - der Hinweis auf die Lösegewalt wichtiger wäre.

[1] Für Vorgeschichte und Ablauf der Augsburger Begegnung sei auf die
     Handbücher der Reformationsgeschichte verwiesen, sowie G. Müller,
     Die römische Kurie und die Anfänge der Reformation; besonders G.
     Hennig, Cajetan und Luther 41-44; 61-71 (Lit.). Zum theologischen
     Gehalt der Begegnung vgl. G. Hennig, aaO.; K. V. Selge, Die Augs-
     burger Begegnung; O. H. Pesch, "Das heißt eine neue Kirche bauen";
     P. Hacker, Das Ich im Glauben 76-83; 140-151; E. Bizer, Fides ex
     auditu 115-132; O. Bayer, Promissio 194ff.
[2] Cajetan greift Res 58 (thesaurus ecclesiae) und Res 7 (Glaube beim
     Bußsakrament) auf. Vgl. WA 2, 7.
[3] a) Die Briefe Luthers (WABr 1, Nr. 99-104),
     b) Acta Augustana (WA 2, 6-26),

laßstreit an Bedeutung übersteigende und auch keinen Widerruf duldende Streitpunkt war die These: "Oportere eum, qui ad sacramentum accedit, credere, se consecuturum gratiam sacramenti" [4]. Die Lehre von der Notwendigkeit des gewissen Glaubens hielt Cajetan für eine "nova et erronea theologia" [5].

Cajetan hatte sich auf das Gespräch gut vorbereitet. Er hat mit Sicherheit die Resolutionen und den "Sermo de poenitentia" gelesen [6]. Vor, während und nach der Begegnung mit Luther hat er in Augsburg 15 Traktate geschrieben, die sich mit dessen Schriften auseinandersetzen [7]. Cajetans Stellung zur Glaubensgewißheit bekunden die beiden Traktate vom 26.9. und 1.10. 1518.

1. Der sich besonders auf Sätze aus dem "Sermo de poenitentia" stützende Traktat "Num fides ad fructuosam absolutionem sacramentalem necessaria sit" (26.9.) hält Luthers Lehre von der Glaubensgewißheit für eine "nova inventio", ein "dogma novitatum", weil sie der kirchlichen Lehre widerspreche [8]. Der Fehler liege darin, daß Luther nicht zwischen fides infusa und fides acquisita unterscheide. Der eingegossene Glaube bezieht sich auf allgemeine Glaubenssätze, er glaubt mit Gewißheit an die Wirksamkeit der rite et digne vollzogenen Sakramente, er erstreckt sich aber nicht auf den im einzelnen Empfänger tatsächlich gegebenen Effekt des Sakramentes. Denn man kann nicht mit Gewißheit an die 'singuläre' Wirksamkeit glauben, weil

---

c) Brief Cajetans an den Kurfürsten (WABr 1, Nr. 110a, 233f),
d) Rechtfertigung Luthers gegenüber dem Kurfürsten (WABr 1, Nr. 110b, 236ff).
[4] WABr 1, 237, 56 (vgl. WA 2, 7, 35ff; 13, 6ff). Dort auch: "in eo puncto me non esse cessurum" (237, 59), sowie der Hinweis auf die unterschiedliche Bedeutung beider Streitpunkte (238, 75-82; vgl. auch WA 2, 18, 14ff).
[5] WA 2, 7, 37; 13, 10; für Cajetan siehe Anm. 8.
[6] Vgl. die Angaben bei der folgenden Interpretation der Traktate. Möglicherweise kannte er auch den "Sermo de virtute excommunicationis" (Hennig, aaO. 60 Anm. 61).
[7] Aufstellung bei Hennig, aaO. 46f. In der benutzten Ausgabe, Opuscula omnia, Lugduni 1580 (zitiert OP), finden sich die Traktate nach Sachgruppen geordnet: 97a-118b.
[8] OP 109b, 51-111a, 32; die Beurteilung 110a, 13 und 110b, 82. Im "Videtur quod" führt Cajetan an:
1. WA 1, 323, 25; 324, 15; nicht wörtlich;
2. 1, 323, 32ff - mit Auslassungen;
3. 1, 323, 38ff (= 1, 544, 1ff); 1, 324, 16ff;
4. 1, 324, 2-7 - ohne das Zitat Mt 9, 28;
5. Zusammenfassung von 1, 324, 9-12;
6. Bezieht sich auf Luthers schriftliche Antwort in Augsburg (2, 14, 30 und 15, 9ff), wird also erst nach dem 14.10. eingefügt sein. Vgl. Bayer, Promissio 183 Anm. 135, und ders., Promissio und Gebet 122 Anm. 5. Der Traktat hätte dann mit 111a, 9 geendet: "Hoc enim

die Richtigkeit der Intention des Spenders, der Disposition des Empfängers oder auch der Integrität der eucharistischen Materie nicht mit Sicherheit festgestellt werden kann. Weil der Gegenstand der fides infusa die göttliche Wahrheit selbst ist, kann die Gewißheit der fides infusa nicht durch menschliche Unsicherheitsfaktoren in Frage gestellt werden. "Fidei infusae non potest subesse falsum" [9]. Wir glauben daher - und solcher Glaube ist heilsnotwendig - mit Gewißheit an die Wirksamkeit der rite vollzogenen Absolution "in subiecto disposito: sed non habemus fidem infusam, quod in me effectum sortiatur, quod ego sim subiectum dispositum, quia potest in me inveniri impedimentum ignotum" [10].

Die Schrift redet immer von der Notwendigkeit dieser fides generalis (fides infusa), nicht aber von einer Notwendigkeit der fides singularis (fides acquisita). Der erworbene Glaube richtet sich auf die konkreten Umstände beim Sakrament, aber eben nicht auf die Allgemeingültigkeit des Verheißungswortes Mt 16,19. Dieser spezielle Glaube kann nicht gewiß sein, weil gemäß Eccl 9,1 als allgemeines Gesetz gilt, daß niemand weiß, ob er im Gnadenstand, ob er genügend disponiert sei. Eine Gewißheit darüber durch den erworbenen Glauben - der menschliches Werk ist - zu erlangen suchen, hieße sein Vertrauen auf eigenes Werk gründen. Weder Schrift noch Tradition kennen den Glauben an die Gewißheit als notwendige Bedingung für das Bußsakrament [11]. Die Forderung nach Glaubensgewißheit übersieht auch die Unterscheidung "ex parte sacramenti" und "ex parte suscipientis". Was die Wirksamkeit des Sakramentes als solche betrifft, gibt es einen gewissen Glauben, was die Wirksamkeit im einzelnen Empfänger betrifft, ist eine Gewißheit unmöglich [12]. Bei allgemeiner Gewißheit über die Sakramentswirkung bleibt die Ungewißheit eigener Würdigkeit. Darum ist die contritio als Selbstprüfung (nach 1 Kor 11,31) und Selbstanklage auch in ihrer Unsicherheit die einzig mögliche und geforderte Disposition. Gott hat befohlen, mit dieser Ungewißheit zum Sakrament zu gehen [13]. Contritio, confessio und satisfactio ohne die "fides certa de effectus in suscipiente" für schädlich zu erklären, heißt: "novam Ecclesiam construere" [14].

---

est novam Ecclesiam construere".
Die Darstellung von Luthers "novitas super exorta" im Abschnitt AD EVIDENTIAM bezieht sich auf Stellen aus dem "Sermo de poenitentia", sowie aus Res 7 und 38.

[9] OP 110a, 42.
[10] OP 110a, 55ff.
[11] "Quum nec ex sacra Scriptura, sacris canonibus, Ecclesiae traditione, sacrisque doctoribus dispositionis istius necessitas in sacramento poenitentiae habeatur, et rationi adversetur, non videtur praesumptione aut ignorantia ista excusari" (OP 110b, 4ff).
[12] OP 110b, 8-19.
[13] 110b, 53-82 (ad quartam).
[14] OP 111a, 7ff; damit hat der Traktat ursprünglich geendet (vgl. Anm. 8).

2. Der Traktat "Num sacramentalis absolutionis effectus sit remissio peccatorum" (1,10) [15] antwortet auf Luthers Lösung der Deklarationstheorie, wie er sie in Res 7 vorgetragen hat. Abgelehnt wird mit Verweis auf Mt 16,19 sowohl die Lehre des P. Lombardus, wie auch die Deutung der Absolution als einer Friede und Gewißheit schenkenden Zusage. Im Wort des Priesters wirkt Gott selbst mit aller Gewißheit, allerdings unter der Einschränkung: Die rite vollzogene Absolution, d.h. debito ministro, debita forma, supra dispositam materiam, schafft mit Gewißheit Vergebung, weil Gott selbst sie wirkt durch den Priester als Diener [16]. Über die im Einzelfall erfolgte Vergebung kann es aus genannten Gründen keine Gewißheit geben, sondern nur "humana coniectura". Deshalb ist es ein unerträglicher Irrtum, für die Wirksamkeit des Sakramentes auch noch den Glauben an die Gewißheit der Wirkung zu verlangen.

Cajetan lehnt also den Glauben an die Gewißheit der Vergebung als für den Sakramentsempfang notwendig ab. Hauptgrund ist das nach Eccl 9,1 formulierte Grundgesetz, daß niemand Gewißheit haben kann, ob er würdig zum Sakrament geht. Luther hatte bei Röm 8,38 ebenfalls mit diesem Wort die Grundregel der Heilsungewißheit begründet [17]. In Res 58 und Schol Hebr 9,24 fand er dann zu der Deutung, daß sich dieses Wort nicht auf die in der Gegenwart ergehende Zusage, sondern auf das Schicksal des Menschen in der Zukunft beziehe [18]. Insofern trifft Cajetan mit dem Luther des Römerbriefs in der Betonung der Heilsungewißheit zusammen. Für Luther war die Ungewißheit bleibender Schutz der humilitas vor anmaßender, sich selbst vergewissernder superbia des Menschen. Die Entdeckung des Zusagewortes im Bußsakrament läßt ihn die Ungewißheit überwinden, weil jetzt die Gewißheit allein vom gewissen Wort Gottes her kommt. Dieses Wort muß aber geglaubt werden, will man Gott nicht zum Lügner machen, was dort ge-

---

[15] OP 111a, 33-111b, 84. Cajetan lehnt aus den gleichen Gründen wie Luther (Mt 16,19; Gottes Alleinwirken) die Deklaration ab, kann aber die Lehre von der Gewißheit, mit der Luther die Deklaration überwand, nicht übernehmen. Daher ist die Frage nach der Gewißheit der Schwerpunkt des Traktats.
[16] Die mehrmalige Bemerkung 'servatis servandis' verweist auf die Balance: allgemeine Gewißheit (fides infusa, ex parte sacramenti) und partikulare Ungewißheit (fides acquisita, ex parte suscipientis) des ersten Traktats.
[17] 56,86,22-24: "Licet enim certum sit electos Dei salvari, Nullus tamen certus est se esse electum lege communi". Vgl. dazu das Schol: 56,381 ff und 57 I 196ff.
[18] "Illud autem, quod nescit homo an amore dignus sit, intelligitur de futuro eventu, quia qui nunc credit, nescit an sit in fide perseveratus" (1, 610,11ff mit Blick auf die 'Claves Ecclesiae', denen zu glauben ist). Im Schol Hebr 9,24 (57 III 216) wird der gewisse Glaube gefordert, weil: "oportet Christianum certum esse, immo certissimum, Christum pro se apparere et pontificem esse apud Deum" (= Christum practice (!) cognoscere, non speculative (!) - 215,14ff).

schieht, wo entweder die Gewißheit aufgrund eigener Reue, oder - was das gleiche besagt - die Ungewißheit aufgrund der Unsicherheit eigener Würdigkeit behauptet wird.

Warum betont Cajetan die Ungewißheit? G. Henning sieht als Grund dafür das Bemühen Cajetans, "den Sakramentalismus in der Balance des Kooperationismus zu halten" [19], denn "die conditio der contritio als des schrecklichsten Ausdrucks des Kooperationismus verbietet jede Gewißheit" [20]. Nach Hennig muß Cajetan die Gewißheit ablehnen, um dem menschlichen Tun sein Recht einzuräumen und es fordern zu können [21]. Doch davon ist in den Traktaten nicht die Rede. Hennigs Untersuchung geht davon aus, daß Cajetan Luther klar verstanden hat [22]. Die Traktate erweisen das Gegenteil.

Cajetan versteht Luthers Glauben an die Gewißheit als eine über die contritio hinausgehende dispositio, so daß der Mensch aufgrund eines Werkes, nämlich des erworbenen Glaubens, gerechtfertigt würde [23]. Damit wird ein "novum et impertinens accidens" als notwendige Disposition eingeführt [24]. Luther nimmt dem Sakrament die ihm eignende Wirksamkeit, wenn er den Glauben an die Gewißheit als Bedingung fordert, womit er Unmögliches fordert, weil es nach allgemeinem Gesetz Gewißheit über die Disposition des Empfängers nicht geben kann [25]. Cajetan fordert nicht Ungewißheit, um dem menschlichen Tun Raum zu geben, für ihn ist die Ungewißheit Tatsache. Gerade trotz der Ungewißheit darf im allgemeinen Glauben an Gottes Heil das Sakrament empfangen werden. Neben oder statt der contritio als Selbstprüfung - die schon keine Gewißheit bringen kann - auch noch festen Glauben an die Gewißheit der Vergebung als Voraussetzung für die Wirksamkeit des Sakramentes zu verlangen, d a s heißt für Cajetan eine neue Kirche bauen [26]. Nicht weil er in der Glaubensgewißheit eine

---

[19] Hennig, aaO. 57.
[20] AaO. 55.
[21] Vgl. Hennigs Interpretation der Traktate aaO. 49-60.
[22] AaO. 78; 81.
[23] Wenn der Glaube gefordert wird, bedeutet das, "quod sua fide acquisita sit iustificatus" (OP 110b, 41); 110b, 1ff: "cum fides ista sit opus humanum (quia ista est acquisita) consequens est, ut in opere suae fidei confidentia suae poenitentiae consistat". Vgl. auch Anm. 11.
[24] "... novellum et impertinens accidens pro dispositione necessaria ad gratiam Dei per absolutionem sacramentalem" (OP 111a, 2f).
[25] "Novitia opinio ... non opinio, sed error est: pro quanto efficaciam adimit sacramento poenitentiae sine credulitate effectus in seipso" (111b, 43f); "ista fides acquisita de effectu sacramenti in seipsa est impossibilis ... nec est requirenda" (110b, 55f).
[26] An keiner Stelle fordert Cajetan Ungewißheit, um auf die Notwendigkeit menschlichen Tuns hinzuweisen. Wenn er die contritio als notwendig fordert, dann zeigt die inhaltliche Beschreibung der contritio nur, daß der Mensch über die Selbstprüfung hinaus sich keine weitere Gewißheit verschaffen m u ß. Es ist genau auf den Zusammenhang der Argumen-

Gefahr für einen 'Kooperationismus' sah, lehnte er sie ab, sondern im Gegenteil, weil er darin eine für den Menschen nicht zu leistende Anstrengung sah, die über die contritio hinausgeht.

Daß diese Deutung nicht falsch ist, zeigt eine Schrift Cajetans von 1521, mit der er die Bulle "Exsurge Domine" verteidigte [27]. Wieder lehnt er die Forderung eines Glaubens an die Gewißheit als nicht notwendig ab, weil der Beichtende an seiner eigenen Disposition 'pie dubitare' darf, nicht muß. Denn nach Is 64, 6 sind all unsere Werke der Gerechtigkeit "pannus menstruatae". Die 'pia dubitatio' reicht für den würdigen Sakramentsempfang; Luthers darüber hinausgehende Forderung ist irrig, weil "alicui remittuntur peccata, qui non credit, sed pie dubitat ex parte propriae dispositionis remissa sibi esse peccata" [28]. Cajetan mißt Luther am eigenen Begriffs-

tation zu achten: Cajetan wirft Luther vor, er fordere zuviel: "fides exigatur" (109b, 54. 82), "plus quam contritio" (109b, 82); während die Kirche "nur" die contritio als Selbstprüfung fordert (110b, 80), kommt die Forderung des Glaubens aus einem neuen Dogma (110b, 82). "Fides infusa est sufficiens" (110b, 21). Wie sehr Cajetan Luthers Glauben als die Wirksamkeit des Sakramentes überhaupt erst ermöglichend versteht, in dem Sinne, daß der Mensch und nicht Gott wirkt, zeigt allein schon die Existenz des 2. Traktats. Hätte Cajetan Luthers Anliegen verstanden, dann hätte er nach der Lektüre von Res 7, Res 38 und dem "Sermo de poenitentia" den Traktat gegen die Deklaration und für Gottes Alleinwirken so nicht mehr verfassen können. Ob Cajetan Luther verstehen k o n n t e , ist eine andere Frage.

[27] OP 127a, 40-128b, 19. Cajetan verteidigt die Verurteilung von fünf lutherischen Sätzen durch die Bulle "Exsurge Domine" (es sind die Sätze Nr. 7, 10, 15, 17, 28). Im folgenden wird Bezug genommen auf Artikel II (127b, 4-38). Vgl. dazu Hennig, aaO. 100ff.

[28] 127b, 28ff; vgl. 110b, 14: "licitum est dubitare". (Zu 'pia dubitatio' siehe Altenstaig, Vocabularius: dubitatio). Damit ist die Anfrage aufgenommen, die P. Fraenkel an Hennigs Arbeit gestellt hat (ThLZ 94 (1969) 54-56, bes. 55). Zum Isaiaswort siehe H. Oberman, Wir sein pettler 240. Die Argumentation Cajetans kehrt wieder im Trienter Rechtfertigungsdekret: "Nam sicut nemo p i u s de Dei misericordia, de Christi merito deque sacramentorum virtute et efficacia dubitare d e b e t : sic quilibet, dum seipsum suamque propriam infirmitatem et indispositionem respicit, de sua gratia formidare et timere p o t e s t , cum nullus scire valeat certitudine fidei, cui non potest subesse falsum, se gratiam Dei esse consecutum" (DS 1534). P. Brunner, Die Rechtfertigungslehre des Konzils von Trient 158 Anm. 17, glaubt, daß kaum ein Abschnitt des Dekrets so an Luther vorbeirede, wie der über die Heilsgewißheit. Zur Diskussion auf dem Konzil vgl. A. Stakemeier, Das Konzil von Trient über die Heilsgewißheit; H. Jedin, Geschichte des Konzils von Trient II, 210ff (S. 487 Anm. 5 weitere Literatur). Zum Weiterwirken des tridentinischen Verständnisses in der katholischen Theologie siehe A. Hasler, Luther in der katholischen Dogmatik 86ff und

system. Er versteht dessen Glauben an die Gewißheit als fides acquisita und damit als Werk des Menschen, mit der er sich die Vergebung selbst verschaffen will [29]. Er sieht nicht, wie gerade Luthers Verweis auf die Gewißheit des göttlichen Wortes eine Ablehnung jeder Gewißheit aufgrund menschlicher Tat ist.

Auf der Basis seiner Vorarbeiten dürfte Cajetan das Gespräch mit Luther geführt haben. Er lehnt Luthers Schriftbeweise für die Notwendigkeit des speziellen Glaubens ab, verwirft seine Lehre und verlangt den Widerruf [30]. Nach heftiger Auseinandersetzung gestattet er ihm eine schriftliche Verantwortung, die dieser am 14.10. überreicht. Luther hat sie seinem Bericht über die Augsburger Begegnung beigefügt [31].

Die Antwort zu dem strittigen Punkt der Glaubensgewißheit ist ein einziger Schriftbeweis, in dem alle jene Worte zusammengefaßt sind, die Luther in seinem Ringen um das Verständnis des Absolutionswortes schon gebraucht hat. Röm 1,17 ("Iustus ex fide vivit") ist nun die Zentralthese für die Notwendigkeit des Glaubens. In ihm allein liegt, ja er selbst ist die Gerechtigkeit und das Leben. Glaube richtet sich auf Gottes promissio. So sind Wort und Glaube notwendigerweise "zugleich", weil ohne Wort kein Glaube. Es ist nach Is 55,11 schaffendes Wort [32]. Daher gilt: "Accessuro ad sacra-

---

196ff; St. Pfürtner (Luther und Thomas im Gespräch) hat versucht, "das Streitgespräch um die Heilsgewißheit aus seinen alten festgefahrenen Bahnen" herauszuheben (aaO. 137), indem er auf die zugrunde liegenden Mißverständnisse hingewiesen hat (aaO. bes. 125-155).

[29] Das zeigt deutlich ein Traktat Cajetans von 1532 (OP 288-292), in dem er Luthers Glauben (fides apprehensiva) als menschliche credulitas versteht, die sich die Vergebung schafft (bes.288bf: "fides apprehendit non praesupponit remissionem"). Vgl. dazu auch V.Pfnür, Einig in der Rechtfertigungslehre 369-372). Das gleiche Mißverständnis zeigt sich bei Kardinal Seripando auf dem Tridentinum: CT V, 962,12-21. Vgl. dazu E.Stakemeier, Trienter Lehrentscheidungen und reformatorische Anliegen 102: "Seripando hat Luther gründlich mißverstanden, als er in der lutherischen Heilsgewißheit ein pharisäisches Pochen auf die erlangte Sündenvergebung sah". Nach Th.Freudenberger, Zur Benützung des reformatorischen Schrifttums im Konzil von Trient 586, hatte allerdings während der Rechtfertigungsdebatte von den Bischöfen nur Ambrosius Catharinus eine gewisse Vertrautheit mit Luthers Lehre, während die übrigen sich mit Anleihen aus "Exsurge Domine" begnügten.

[30] WABr 1,234,46: "Ad illud vero de fide sacramentorum implet papyrum locis sacrae Scripturae omnino impertinentibus et perperam intellectis"; 238,61: "Velis, nolis, hodie oportebit te revocare".

[31] 2,9-16; zur Glaubensgewißheit: 13,6-16,12.

[32] "Infallibilis est veritas, quod nullus est iustus nisi qui credit in deum, ut Ro 1,17: Iustus ex fide vivit: ideo quicunque non crediderit, iam iudicatus et mortuus est. Igitur iusticia iusti et vita eius est fides eius ... Fides autem est nihil aliud quam illud, quod deus promittit aut di-

mentum necessarium sit credere, sese gratiam consequi, et in hoc non dubitare, sed certissima fiducia confidere, alioquin in iudicium accedit"[33]. Dafür wird Hebr 11, 6 ("oportet enim accedentem credere") und Mt 16, 19 angeführt:

"Man muß bei Gefahr ewiger Verdammnis und der Sünde des Unglaubens diesen Worten Christi glauben: "Alles, was du auf Erden lösen wirst, soll auch im Himmel los sein" (Mt 16, 19; 18, 18). Deshalb: wenn du zum Sakrament der Buße gehst und nicht fest glaubst, daß du im Himmel von deinen Sünden losgesprochen wirst, so trittst du dir zu Gericht und Verdammnis hinzu, wenn du nicht glaubst, daß Christus die Wahrheit sagt: "Alles, was du auf Erden lösen wirst" usw. Und so machst du durch deinen Zweifel Christus zum Lügner, was eine schreckliche Sünde ist. Wenn du aber einwendest: Wie, wenn ich für das Sakrament unwürdig und ungeschickt sein sollte? Darauf antworte ich wie oben: Du wirst durch keine Vorbereitung geeignet, durch kein Werk würdig zum Sakrament, sondern allein durch den Glauben; denn allein der Glaube an das Wort Christi macht gerecht, lebendig, würdig und geschickt. Ohne diesen Glauben führt all dein eigenes Bemühen zur Vermessenheit oder zur Verzweiflung. Denn der Gerechte lebt nicht aus seiner Vorbereitung, sondern aus seinem Glauben. Deshalb brauchst du wegen deiner Unwürdigkeit keinen Zweifel haben. Denn deshalb gehst du ja zum Sakrament, weil du unwürdig bist, um würdig zu werden und gerecht gesprochen zu werden von dem, der die Sünder und nicht die Gerechten selig zu machen sucht. Indem du aber dem Worte Christi glaubst, so ehrst du sein Wort und dadurch bist du gerecht usw. " [34].

cit, credere, sicut Ro 4, 3: Credidit Abraham deo, et reputatum est ei ad iusticiam. Ideo verbum et fides necessario simul sunt et sine verbo impossibile est esse fidem, ut Is. 55, 11: Verbum, quod egreditur de ore meo, non revertetur ad me vacuum etc. " (2, 13, 11-22). Zu Röm 1, 17 vgl. den Schluß der Thesen "Pro veritate" (1, 633, 12), zum Inhaltlichen die Thesen 24 und 33. Man wird die Stelle nicht verallgemeinern dürfen und von einer "Ausweitung des Wortbegriffs vom Wort im Sakrament zum sakramentalen Wort" reden können (Hennig, aaO. 75 - Hervorhebung von mir -, und ähnlich Bizer, Fides 121f). Die Argumentation verläuft ganz im Rahmen der Sakramentsfrage. Der grundsätzliche Aufweis der Glaubensgewißheit knüpft an Cajetan an, der bestreitet, in der Schrift sei von fides specialis die Rede. Der mit "non de fide illa generali" (s. Anm. 35) gemeinte Bezugspunkt wird von Hennig und Bizer nicht gesehen.
[33] 2, 13, 23ff.
[34] 2, 13, 31-14, 12 (Übersetzung nach LD 1, 398). Zu Hebr 11, 6 vgl. 1, 542, 12; 544, 40 (Res 7); 1, 324, 15 (De poen.); jetzt zitiert Luther den gesamten Vers, und kann - über die RGl Hebr 11, 6 (57 III 63, 15) hinaus - vom Glauben an Gottes zukünftige Vergeltung auf den Glauben an Gottes gegenwärtiges (in praesenti) Gnadenhandeln schließen.

Damit ist kurz der Ertrag der mit Res 7 begonnenen Neuentdeckung des Absolutionswortes zusammengefaßt. Im gewissen Wort Christi ergeht die gewisse Vergebung. Sie muß geglaubt werden, weil Unglaube, Zweifel und Selbstrechtfertigung Christi Wort und damit ihn selbst ins Unrecht setzen würden. Nicht in der Disposition, sondern allein in Gottes Wort gründet die Vergebung und die Gewißheit darüber.

Gegen Cajetan führt Luther dann eine lange Liste von Schriftstellen an, die alle beweisen sollen, daß im Evangelium der Glaube gefordert wird, aber nicht nur als "fides generalis", wie Cajetan meinte, sondern als "fides specialis, quae ad effectum aliquem praesentem pertineat" [35]. Dazu kommen die beiden bekannten augustinischen Dicta sowie das Bernhardzitat [36]. Diese Autoritäten halten Luther gefangen, zwingen ihn [37]. Hat er noch zur Ablaßfrage eine Unterwerfung unter kirchliches Urteil zugesagt [38], so heißt es jetzt: "Et stantibus his auctoritatibus aliud facere non possum, nisi quod oboediendum esse dei magis quam hominibus scio" [39]. Hier gibt es für ihn keinen Widerruf. An Karlstadt schreibt er noch am 14.10.: "Aber ich will nicht zu einem Ketzer werden mit dem Widerspruch der Meinung, durch welchen ich bin zu einem Christen worden; ehe will ich sterben, verbrannt, vertrieben und vermaledeiet werden" [40].

---

[35] 2,15,2. Das "non de fide illa generali" (2,14,15), sowie die fünfmalige Betonung von fides specialis - bisher von Luther nie gebraucht - gegenüber fides generalis verweist eindeutig auf Cajetan, der in den Traktaten diese Gegenüberstellung angeführt hat. S. oben S. 116. Als Schriftstellen führt Luther an: Mt 15,28: Kananäische Frau; Mt 9,28: Die Blinden (vgl. 1,596,18; 1,324,4); Mt 8,8ff (= Joh 4,50): Hauptmann von Kapharnaum (vgl. 1,331,8; 57 III 215); Mk 11,24: Was immer ihr bittet (vgl. 1,331; 57 III 215); Mt 17,20: Berge versetzender Glaube; Mt 8,26: Jüngerglaube; Jak 1,5: Glaube ohne Zweifel (vgl. 57 III 215); Lk 1,38.45; 1Sam 1,18; Lk 7,50: Maria Magdalena (vgl. 1,541 = Res 7: noch als doppelter Vorgang); Röm 5,1: iustificati ex fide pacem habemus (vgl. ebenfalls 1,541 = Res 7: iustificatio ex gratia - pax ex fide).
Den in Cajetans Arbeiten liegenden Bezugspunkt hat P. Hacker außer Acht gelassen und daher Luthers Schriftbeweis als Beweis für die Sündenvergebung (durch Glauben) gesehen und ihn "vernichtend" kritisiert (P. Hacker, Das Ich im Glauben 77-83), abgesehen davon, daß er Luthers Glauben als ein "Instrument der Wirksamkeit" deutet (aaO. 78; vgl. dazu unten Anm. 52).
[36] 2,15,28ff. 35ff.
[37] "Istae et multae aliae auctoritates, tam expresse, tam copiose, ducunt, cogunt, captivant me in sententiam, quam dixi" (2,16,4f).
[38] 2,13,4.
[39] 2,16,11f.
[40] WABr 1,217,60. Zwar bezieht sich die Äußerung auf die gesamte Verhandlung in Augsburg, darf aber im Blick auf WABr 1, Nr.110b beson-

Luther kann es nicht verstehen, daß die ihn mit Gewißheit erfüllende Entdeckung des Glaubens an Gottes Zusagewort von Cajetan nicht nur für zweifelhaft, sondern auch für falsch gehalten wird. Hier nachzugeben heißt Christus verleugnen [41]. Augustinus, Bernhard, Paulus, die ganze Schrift und
damit Christus selbst glaubt er auf seiner Seite, was kann ihm da Cajetan
anderes entgegenhalten als "opiniones Doctorum" [42]. "Adeo exulavit
Christus, lux vera hominum, et regnavit Aristoteles, caligo hominum ...
Vivat, vivat, vivat Christus" [43].

Man muß Luthers Augsburger Äußerungen immer wieder auf dem Hintergrund seiner früheren Theologie sehen, um das Gewicht der neuen Gewißheit zu begreifen, die ihn selbst vor dem Abgesandten des Papstes nicht
mehr erzittern läßt, so daß dieser nach Luthers Abreise fragt: "Non video
cuius fiducia haec agat" [44]. Man könnte antworten: in fiducia verbi Christi
non mendacis. Das Wort, in dem Christus selbst sich gibt, verleiht Luther
eine ganz neue Festigkeit, und das ausgerechnet angesichts päpstlicher
Gewalt. Nicht Luthers Vorliebe für die Hl. Schrift allgemein oder ein Biblizismus, sondern die Entdeckung des Gewißheit schenkenden Christuswortes
läßt ihn "sine scrupulo" nach der Autorität der Schrift, nach der Gewalt des
Papstes, der Konzilien und der Tradition fragen [45]. Bald steigen in ihm

---

ders auf den Streitpunkt der Glaubensgewißheit bezogen werden. Vgl.
auch 2,18,14 ff.

[41] "Doleo totis visceribus hanc rem fidei nostrae in ecclesia non solum
dubiam et ignotam, sed etiam falsam putari ... Si hanc fidei sententiam mutavero, Christum negavero" (WABr 1,238,71ff; vgl. WA 2,8,17f).

[42] "Labebatur (= Cajetan) inter dicendum semper in opiniones Doctorum.
Et expecto, peto, rogo usque hodie unam Scripturae autoritatem vel
sanctorum Patrum, quae sit contra meam hanc sententiam" (WABr 1,
238,68); vgl. Brief Nr. 103 (Luther an Cajetan): "Narrationes divi Tho-
mae ... visae sunt non satis firmo niti fundamento" (WABr 1,221,39);
ferner 2,10,2ff.

[43] So schreibt Luther am 14.10.1518 an Spalatin über die Begegnung mit
Cajetan (WABr 1,219,19). Daher auch der Zweifel: "ego eum (= Cajetan) dubito esse catholicum christianum" (Brief an Miltiz vom 17.5.
1519 - WABr 1,402,39).

[44] WABr 1,234,69.

[45] "Nam sine omni scrupulo hanc esse scripturarum sententiam credo"
(2,16,19). Die bleibende Bedeutung des Streites um den "thesaurus ecclesiae" (2,9ff) liegt nicht im Inhaltlichen, sondern im Formalen: Cajetan beweist seine Meinung mit der Bulle 'Unigenitus' (Papst Clemens
VI. von 1343), Luther fragt nach der Schrift ("Nullam enim syllabam
ex sacris literis contra me produxit" - 2,16,34). Das Grundübel der
Kirche ist, daß an die Stelle der Schrift menschliche Lehre getreten ist
(2,17). Deswegen die Abrechnung mit der Scholastik überhaupt: "Disputatio contra scholasticam theologiam" (WA 1,224ff; vgl. dazu L. Grane,
Contra Gabrielem; ders., Die Anfänge von Luthers Auseinandersetzung).
Jetzt heißt es: "Veritas divina est etiam domina Papae: non enim iudicium

die ersten Zweifel auf, ob der Papst nicht der Antichrist sei, wenn er Christus in seinem Wort unterdrückt [46]. Mit Recht hat man deshalb die Augsburger Begegnung als entscheidendes Datum, wenn nicht gar als Anfang der Reformation bezeichnet [47].

Aber war es nicht eine Begegnung unter tragischen Mißverständnissen? Für Cajetan muß das bejaht werden. Gilt es auch für Luther? Wir können Cajetans Gesprächsbeiträge nur aufgrund seiner Vorarbeiten erschließen. Luthers Antwort versucht zwar, aus der Schrift die Notwendigkeit des Glaubens zu erweisen, auch gerade als fides specialis, geht aber nicht auf Cajetans Argument ein, solche fides specialis könne nur ungewiß sein, weil sie sich nicht auf Gottes Wort, sondern auf menschliche Disposition beziehe, und sei selbst als vom Menschen erworbener Glaube (fides acquisita) eigene Vorbereitung zum Sakramentsempfang und damit eigenmächtige Vergewisserung. Für Luther ist der Glaube vom zugesagten Wort her geschaffen, ermöglicht und deshalb gewiß [48]. Cajetans Ablehnung der Gewißheit deu-

---

hominis expecto, ubi divinum iudicium cognovi" (2,18,2f). Die Augsburger Begegnung wurde so zur Autoritätsfrage: Schrift oder Papst. Vgl. dazu Pesch, Das heißt 650ff; Bizer, Luther und der Papst; ders., Fides 173ff; R. Bäumer, Martin Luther und der Papst, bes. 27ff; 46. In der Stellung zu dem feststehenden, gewissen Wort Christi entscheidet sich auch die Frage der Häresie (O. Bayer, in: ZKG 82 (1971) 415). Zu Cajetans späterem Kampf um die Autorität der Schrift, der ihm sogar eine Verurteilung durch die Pariser Universität einbrachte, siehe Hennig, aaO. 117-132; U. Horst, Der Streit um die Heilige Schrift zwischen Kardinal Cajetan und Ambrosius Catharinus.

[46] Erstmals angedeutet im Brief an Link vom 18.12.1518: "Ich schicke dir meine Einfälle (= Acta Augustana), damit du siehst, ob wirklich der Antichrist in der römischen Kurie regiert" (WABr 1,270,19); dann im Brief an Spalatin vom 13.3.1519: "Ich gehe auch die Dekrete der Päpste für meine Disputation durch, und (ich sage es dir ins Ohr) ich weiß nicht, ob nicht etwa der Papst der Antichrist ist oder sein Apostel. So abscheulich wird von ihm durch seine Dekrete Christus entstellt und gekreuzigt ... Es wächst für mich von Tag zu Tag die Hilfe und die Unterstützung gemäß der Hl. Schrift" (WABr 1,359f). Vgl. Bäumer, aaO. 54-56.

[47] Bizer, Fides 122 (= ders., Die Entdeckung 74): "Jetzt beginnt aus dem Ablaßstreit die Reformation zu werden". Ähnlich Hennig, aaO. 82, und Selge, aaO. 37. Nach K.A. Meissinger ist das Zentrale der Augsburger Begegnung, "wie hier der Lehrpunkt von der Glaubensgewißheit ... entsteht, der articulus stantis et cadentis ecclesiae" (Meissinger, Der katholische Luther 217).

[48] Im Schol Hebr 11,6 erklärt Luther den "Glauben an Gott" als fides acquisita, fides humana, der in der Versuchung keinen Halt gibt; anders der Glaube, der den "Gott pro me" glaubt: "Haec autem fides non ex natura, sed ex gratia venit" (57 III 232f). Im Blick auf die Scholien zu 5,1; 9,14 und 9,24 muß dies als Glaube an ein festes Wort (als fides specialis wie

tet er als Vertrauen auf eigene Disposition, als Versicherung des Menschen aus eigenen Werken, als Nichtkennenwollen des gewissen Wortes Christi.

Abgesehen davon, daß die geschichtliche Situation von Augsburg - verwoben in einen "Raum politischer Kräfte" [49] - eine freie theologische Auseinandersetzung nicht zuließ, kann man auch aus dem Vergleich der Schriften beider Kontrahenten dem Urteil Hennigs nicht zustimmen: "Daß Cajetan vor allem und dauernd dieses Grundmotiv der Glaubensgewißheit angegriffen hat, zeigt, wie gut er Luther verstanden hat, und daß Luther nun es unter dem Eindruck der thomistischen Einwände erst recht verteidigt, ja anfängt, von hier aus seine ganze reformatorische Theologie zu entfalten, zeigt doch wohl auch, daß er Cajetan verstanden hat. Und wäre dies der einzige Ertrag von Augsburg gewesen, der ganze Aufwand hätte sich gelohnt: Reformation und Thomismus hatten sich (wie kaum einmal wieder) verstanden und darum getrennt" [50].

Von einem Verständnis zwischen beiden kann man nicht reden [51]. Zu verschieden ist der Begriff des Glaubens, zu unterschiedlich die Frage nach der Gewißheit. Was für Cajetan ein theologisches Problem ist, das er mit aller Sachlichkeit zu lösen sucht, ist für Luther eine an der Entdeckung eines Schriftwortes aufgebrochene, existentielle Erfahrung, die Befreiung bedeutet und deren Unterdrückung er nicht verstehen kann [52].

---

in Augsburg) verstanden werden. Vgl. für 1520 die Resolutionen zur "Disputatio de fide infusa et acquisita" (6, 85; 88ff).

[49] Selge, aaO. 38. Die Augsburger Begegnung war ja nicht nur eine theologische, sondern zu allererst eine politische Konfrontation. Die Macht stand auf Seiten des Kardinals. Vgl. dazu auch Pesch, aaO. 654.

[50] Hennig, aaO. 78. Zur Frage, ob mit der Ablehnung Cajetans durch Luther - selbst wenn sie gerechtfertigt wäre - der Thomismus oder Thomas selbst getroffen ist, siehe Pesch, aaO. 655 Anm. 50.

[51] So auch Selge, aaO. 43; Pesch, aaO. 656ff. Anders Bayer, Promissio 183: "Ein Mißverständnis liegt dabei nur in jenem tiefen Sinn vor, in dem verschiedene Beurteilung derselben Sache fundamental trennt".

[52] Das Mißverständnis entspringt nicht nur der Verschiedenheit der Begriffe und Denksysteme, sondern der Art, Theologie zu treiben. Damit erweist sich auch für die Gewißheitsfrage eine Grundverschiedenheit, die O. H. Pesch in einer Erwägung zur Konfrontation zwischen Luther und Thomas den Unterschied von existentieller und sapientialer Theologie genannt hat (Pesch, Existentielle und sapientiale Theologie 731-742, bes. die Definition S. 788). Das konstatierte Mißverständnis scheint sich übrigens auch in den Arbeiten von G. Hennig und P. Hacker zu wiederholen: Während Hennig (mit Luther) Cajetans Ablehnung der Gewißheit mit dessen "Kooperationismus" begründet (s. oben), sieht P. Hacker (mit Cajetan) in Luthers "reflexiven Glauben" (so auch aufgenommen von E. Iserloh, Handbuch der Kirchengeschichte IV, 58) die überhebliche Selbstrechtfertigung des Menschen: "Es geht (= im Glauben) um das unbedingt und absolute Vertrauen zu der Person des Gottmenschen, nicht um ein Herbeiglauben von Sündenvergebung. Sünden-

2. Der "Sermon von dem Sakrament der Buße" (1519)

Während der Leipziger Disputation predigt Luther zum Fest Peter und Paul über das Evangelium Mt 16,13-19, das "alle materien der gantzen disputation" in sich faßt: die Gnade Gottes und die Fähigkeit des freien Willen, sowie die Gewalt der Schlüssel, beides bezogen allein auf das Bußsakrament [1] Im Oktober 1519 schreibt er den "Sermon von dem Sakrament der Buße", der in einer gleichzeitigen Predigt seinen Niederschlag findet und durchgängig die Thesen "Pro veritate" aufnimmt [2]. Von diesen Texten her kann nun Luthers Verständnis des Bußsakramentes für das Jahr 1519 zusammenfassend beschrieben werden.

1. Der Empfänger

Das Sakrament der Buße ist den Menschen gegeben, die ein "sündiges und blödes gewissen" haben [3], "die betrubt, unruge, yrrige, erschrockene gewissen haben, die gerne woltenn der sund los und frum seyn, unnd wissen nit wie sie es anfahen sollenn" [4]. Wen die "Sünde nicht beißt"[5], wird nicht begreifen, wozu das Sakrament da ist [6]. Damit ist der Grundzug von Luthers Darlegung gegeben: Es geht ihm nicht um ein Disputieren über die Gewalt der Schlüssel an sich, sondern um den rechten Gebrauch [7]. Das Sakrament ist als Gabe denen gegeben, die ringen um den gnädigen Gott, die an sich selbst verzweifeln, die keinen Frieden haben [8]. Das tiefe Sünden-

---

vergebung ist eine Heilsgabe, ein personales Geschenk aus der Ewigheit; sie k a n n deswegen i h r e r N a t u r n a c h nur e m p f a n g e n , aber niemals durch einen antizipierenden, apprehensiven, statuierenden Bewußtseinsakt (der sich als Glaube oder Vertrauen mißversteht) herbeigezogen werden" (Das Ich im Glauben 81f; vgl. dazu die Besprechung von O.H. Pesch, in: ThRv 64 (1968) 51-56, bes. 53f). Damit sind die beiden Positionen bezeichnet, die sich seit der Augsburger Begegnung immer wieder durchgehalten haben (vgl. oben Anm. 28).

[1] 2,244-249. Die Predigt erschien in abgemilderter Form im Druck erst nach der Disputation (vgl. 2,241). Die Disputation selbst kann hier außer Betracht bleiben. Zwar disputiert man über die Frage, wodurch wahre Reue entstehe (2,359-372), zur Frage nach der Vergebungsgewalt und dem nötigen Glauben kam man aus Zeitgründen nicht mehr (vgl. J. Köstlin, Luthers Theologie I, 200).

[2] Der Sermo: 2,714-723 (im folgenden zitiert mit §); die Predigt über Mt 9,1ff vom 30.10.1519: 9,415f. Der Bezug der Thesenreihe zum Sermon wurde oben aufgewiesen.

[3] 2,249,32; vgl. § 2.

[4] § 16.

[5] § 2.

[6] § 16.

[7] 2,248,31ff; vgl. auch das Widmungsschreiben: 2,713.

[8] Im Sermo besonders § 16, sowie 2,246-248 (erster Teil der Leipziger Predigt).

126

bewußtsein, das Erschrecken des Gewissens, die Erfahrung der Verzweiflung und der Anfechtung sind der Grund, auf dem sich Luthers Lob des Bußsakramentes erhebt [9].

2. Das Sakrament der Buße

Viele versuchen ihre Schuld los zu werden durch Ablaßbriefe, Wallfahrten,
Fasten, gute Werke und mehr [10]. Sie alle kennen nicht "das hochwirdig
gnadenreich heylig sacrament der puß, welchs gott zu trost allenn sundernn
geben hatt, do er sanct Peter an stat der gantzen Christenlichen kirchen
die schlüssel gab und sprach Matt. 16: Was du wirst binden auff erden, soll
gepunden seyn ym hymell, unnd was du wirst lößen auff erden, sol loß seyn
ym hymell" [11]. In diesem Wort Gottes "ligt das sacrament der puß" [12].
Es ist ein "heylig zeychen, das man die wort höret eußerlich, die do bedeuten die geistlichen guter ynnewendigk" [13]. Das Sakrament ist Botschaft
der Vergebung, gesprochen durch einen Menschen, der damit Zeichen Gottes ist. Das menschliche Gestalt annehmende Gotteswort ist der Ort, wo
dem Menschen Gottes Vergebung zugesagt und dargereicht wird [14].

Der Begriff 'Sakrament' wird wie bei Duns Scotus begrenzt auf die Absolution. Reue, Beichte und Genugtuung werden ausdrücklich dem Sakrament
der Buße gegenübergestellt [15]. Materia des Bußsakramentes ist nicht wie
für Thomas und Cajetan die - wie auch immer verursachte - dispositio des
Beichtenden [16], sondern das in menschlicher Sprache ergehende Abso-

---

[9] Vgl. § 5.

[10] § 4.

[11] § 5.

[12] Ebd.

[13] § 6.

[14] Vgl. §§ 11; 15; 17; 21.

[15] "Es ist vill eyn ander dingk die puß und das sacrament der puß. Das
sacrament steht yn den dreyen dingen, droben gesagt (= § 6), ym wort
gottis, das ist die absolution, ym glauben der selbigen absolutio, und
ym frid, das ist yn vorgebung der sund, die dem glauben gewiß folgt.
Aber die puß teylet man auch yn drey, yn rew, beicht und gnugthuung"
(§ 19). Zu Duns Scotus schreibt Poschmann: Das Bußsakrament "ist
nicht wie bei Thomas eine Kombination der persönlichen Bußleistungen
als Materie und der Absolution als Form, besteht vielmehr allein in
der Absolution. Paenitentia est absolutio, id est, quaedam sententia
definitiva absolvens reum (d. 14 q. 4 n. 3). Reue, Beicht und Genugtuung sind zwar notwendig als Disposition zum Empfang des Sakraments,
aber, wie ausdrücklich gegen Thomas festgestellt wird, nullo modo
partes eius (d. 16 q. 1 n. 7). So tritt das Sakrament mit dem opus operatum gegenüber dem persönlichen Faktor der Buße noch viel mehr ...
in den Vordergrund" (Poschmann, Buße und Letzte Ölung 100). Vgl.
R. Seeberg, Dogmengeschichte III, 545f.

[16] Zu Thomas vgl. IV Sent. d. 22 q. 2 a. 1f; S. th. III q. 86 a. 6; Poschmann,
aaO. 89ff. Zu Cajetan siehe oben S. 117.

lutionswort. Es ist Zeichen und Träger des dahinter stehenden und wirkenden Gotteswortes [17]. Anders als durch Menschen vermittelte, hörbar und
greifbar gewordene Zusage ergeht Gottes Vergebung nicht. Das Wort löst
sich nicht auf in ein Reden Gottes ohne menschliche Vermittlung. Denn gerade im konkreten Hörbarwerden wird die Vergebungszusage zum greifbaren und unüberwindlichen Trost [18]. Daher gehören drei Dinge zum Bußsakrament: die Absolution des Priesters, die Gabe, die in der Absolution
verkündet wird, und der Glaube, der die Gabe annimmt [19].

3. Die Gabe

Im Bußsakrament geschieht Vergebung der Strafe (peyn), die den Menschen
äußerlich mit der Kirche versöhnt [20]. Weit wichtiger aber ist die Vergebung der Schuld, der "gottliche adder hymelische ablaß", der mit Gott versöhnt [21]. Ohne diese Vergebung gibt es keine Seligkeit. Sie geschieht allein durch Gott, ist Gnade, Vergebung der Sünde, Friede und Trost des
Gewissens, Freude und Seligkeit des Herzens, schafft fröhliche Zuversicht [22]. Alles liegt an der Vergebung der Schuld. Was die Vergebung der
Strafe betrifft, verweist Luther auf den Ablaßsermon [23]. Vergebung der
Schuld steht allein in Gottes Macht, hier gibt es kein menschliches Zutun.
Das ist ja gerade die Entdeckung, daß Gott nichts verlangt, sondern alles
selbst gibt in seinem Wort. Hierin liegt die Befreiung des Menschen von
aller Selbstrechtfertigung, die ihn doch nur verzweifeln läßt. Zwar werden
gute Werke nicht abgetan, aber sie müssen der Vergebung der Schuld folgen, sie dürfen nie den Anschein erwecken, als könnte sich der Mensch
durch sie die Vergebung erwerben [24].

[17] Vgl. Anm. 13f. Die Bestimmung des Absolutionswortes als sakramentales Zeichen wird in "De captivitate" aufgegeben, und der Buße der sakra
mentale Charakter abgesprochen (6, 572), weil der Vergebungspromis-
sio das signum visibile (6, 518, 15) fehlt. Später wird Luther das Absolutionswort wieder das vergewissernde Zeichen der promissio nennen.
Vgl. zusammenfassend dazu: L. Klein, Evangelisch-lutherische Beichte 50-57.
[18] Damit ist die Sinnspitze des gesamten Sermons charakterisiert, wie sie
auch schon in der Primizpredigt von 1518 (4, 655ff) formuliert wurde:
Nach einer Beschreibung der alttestamentlichen Zeichen heißt es vom
neutestamentlichen Priester: "Sic et nobis sacerdotes dedit, ut facilli-
me nos salvare vellet. Es gehet leiplich zcu, ehr nymptt unßer bruder,
kinder, fleisch und blutt, ut non in signis, non in vestitu, non in igne,
sed in ore sacerdotis collocetur fidutia nostra: si solvit, solutum sit:
si ligat, ligatum sit" (657, 13ff).
[19] § 6.
[20] §§ 1; 2.
[21] Ebd.
[22] §§ 1; 2; 3; 5; 6.
[23] § 1. Im Ablaßsermon (1, 243-246) findet Luther keinen Schriftbeweis dafür, daß Gott "Pein oder Genugtuung begehre oder fordere von dem Sünder" (244, 15f). Seitdem trat die Frage der Strafvergebung in den Hinter
grund der Auseinandersetzung (L. Klein, aaO. 48).
[24] §§ 4; 16.

4. Das Wort der Absolution

Das priesterliche Absolutionswort sagt "nach laut und kraft" des Wortes Christ (Mt 16,19) die Vergebung vor Gott zu [25]. Ohne das Christuswort wäre die Absolution nichts, Gott selbst spricht durch den Mund des Priesters [26]. Auf dieses Wort ist Verlaß, es ist der Grund und Fels, auf den der mit seiner Sünde kämpfende Mensch bauen darf. Hier ist Gewißheit, weil Gottes Wort stärker ist als alle Macht des Teufels und der Hölle. Nicht aufgrund menschlicher Reue und Werk, auch nicht aufgrund menschlicher Gewalt, sondern allein aufgrund des Vergebungswortes Gottes, das in der Absolution hörbar wird, geschieht Vergebung. Weil Gott selbst in seinem Wort sich als der Geber gezeigt und daran gebunden hat, ist der Mensch befreit von jedem anderen Weg, Ruhe vor Gott zu finden. Er braucht nicht auf sein eigenes Tun zu setzen, er darf sich auf Gottes Wort "wagen und setzen", das ihn halten wird, weil es nicht lügt und trügt [27]. Die Entdeckung des Absolutionswortes ist nicht nur die Entdeckung der freien Gnade Gottes, sondern vielmehr die Entdeckung des konkret ergehenden, greifbar gewordenen und untrüglich feststehenden Vergebungwortes, das Gewißheit gibt inmitten der Verzweiflung. Weil das Wort so konkret zugesagt wird, kann der Mensch alles Vertrauenmüssen auf eigenes Werk aufgeben.

5. Der Glaube

Im Glauben an die göttliche Zusage nimmt der Mensch das Zugesagte an. Gottes Geschenk kann nur ankommen, wo der Mensch es haben will [28]. Glaube heißt: sich beschenken lassen, Gottes Wort wahr sein lassen; darum liegt alles am Glauben, "der allein macht das die sacrament wirkken"[29], d.h.: der Glaube ist nicht die Ursache der Vergebung, er glaubt nicht die Vergebung herbei, sondern er empfängt, gibt eigenes Tun auf und erkennt Gottes Wort an [30]. Wenn Luther vom Glauben redet, dann sind

---

[25] § 6.
[26] § 9.
[27] §§ 7-9; "Aber Christus, deyn gott, wirt dir nit liegen noch wancken, und der teuffell wirt yhm seyne wort nit umbstossen, und bawst du darauff mit eynem festen glauben, ßo stehst du auff dem felß, da widder die pforten und alle gewalt der hellen nit mugen besteen" (§ 7).
[28] § 21.
[29] § 6 mit den beiden bekannten augustinischen Dicta.
[30] Der Glaube ist Ursache der faktischen Wirksamkeit, des Ankommenkönnens der Vergebung, aber nicht Ursache der grundsätzlichen Möglichkeit der Vergebung in der Kirche, die allein aus der von Gott verliehenen Schlüsselgewalt kommt: "Alßo ist es war, das eyn priester warhafftig die sund und schuld vorgibt, aber er mag dem sunder den glauben nit geben, der dye vorgebung empfehet unnd aufnympt, den muß gott gebenn. Nichts deste weniger ist die vorgebung warhafftig, alß war, als wenß gott selber sprech, es haffte durch den glauben odder nit" (§ 21).

zwei Aussagen darin beschlossen: Glaube ist Annahme des Wortes Gottes, das Vergebung verkündet, und ist Ablehnung des Vertrauens auf eigenes, Vergebung schaffendes Tun. Glaube hängt am Wort, ist von Gott gegeben wie das Wort, weil ohne Wort, das zusagt, Glaube, der annimmt, nicht möglich ist [31]. Unglaube heißt demnach: Gottes Zusage nicht für wahr, Gott für einen Lügner halten, d.h. in eigenmächtigem Urteilen über die Wahrheit des Wortes Gottes richten, was "die aller schwerest sund ist widder gott" [32]. Gottes Zusage nicht glauben, zweifeln, daß es Gott ernst ist, heißt dann andererseits: auf eigenes Tun die Vergebung und die Gewißheit bauen wollen, was wiederum nicht zur Gewißheit führt, weil eigene Reue keine Gewißheit geben kann, und so alles in der Verzweiflung endet [33]. Doch Gott hat gerade in der Schlüsselgewalt dem Verzweifelnden Trost gegeben [34]. Darum ist Unglaube und Zweifel nicht nur Selbstbehauptung des Menschen, sondern unverständliche Abweisung der offen dargereichten Vergebung. Gottes Erbarmen zeigt sich nicht nur darin, daß er die Vergebung zusagt, sondern gerade darin, daß er uns gebietet, zu glauben, d.h. daß wir glauben dürfen, und uns so zum fröhlichen Gewissen zwingt [35]. Ohne Glauben an Gottes Wort ist alles umsonst, gibt es keine echte Reue, Beichte und Genugtuung [36]. Weil der Glaube aber Geschenk ist, muß um diesen Glauben immer wieder gebetet werden [37].

6. Die Bereitung des Empfängers

Schließt die Betonung des Glaubens jede weitere Bereitung zum Sakramentsempfang aus? Wollte man dies bejahen, würde man an Luther gründlich vorbeireden. Daß der Empfänger Reue hat über seine Sünden, daß er daran leidet, betrübt ist, den gnädigen Gott sucht, ist ja Voraussetzung, daß er überhaupt zum Sakrament kommt und es als Trost sehen kann [38]. Mit allem

---

[31] § 21; "Nec est differentia inter verbum sacerdotis remittentis et dei, quamquam fides in verbum non sacerdotis donum sit, sed dei. Unde Gratia, que tollit peccatum, non est alia ab hac fide in verbum dei per sacerdotem annunciatum" (9,415,23ff), und: "simul cum verbo fidem ... perficit" (aaO. 416,13).

[32] § 10.

[33] §§ 12f.

[34] "Es ist war, dy schlüssel seind sant Peter geben, aber nicht ym alß seiner person, ßundern in person der christenlichen kirche, und seind eben mir und dir geben zu trost unßerm gewissen" (2,248,33ff). Im Sermon kehrt dieser Gedanke immer wieder.

[35] "Drumb sihe, wie eynen gnedigen gott und vatter wir haben, der unß nit allein sund vorgebung zu sagt, ßondern auch gepeut bey der aller schweresten sund, wir sollen glauben, sie seyn vorgeben, und unß mit dem selben gepott dringt zum frölichen gewissen, und mit schrecklicher sund unß von den sunden und bößen gewissen treibet" (§ 11).

[36] §§ 6; 19.

[37] § 18.

[38] § 16, besonders: "Die hart mutigen aber, die noch nit begeren trost des gewissen, haben auch die selben marter nit befunden, den ist das

Ernst soll man Reue und Leid haben, Beichte und gute Werke tun, aber man soll nicht glauben, d e s w e g e n Vergebung zu erhalten [39]. Nicht die Reue, die Zerknirschung über die Sünde, werden abgelehnt, sie sind selbstverständlicher Anfang [40]; abgelehnt wird das Vertrauen und Pochen auf eigene Reue [41]. Darum braucht der Priester bei der Beichte nicht nach der Reue des Pönitenten zu fragen, es genügt, wenn er ihn um Vergebung bitten sieht; er soll lieber fragen nach der Bereitschaft, Gottes Wort zu glauben [42]. "Laß nur dissen blossen glauben der unvordienten vorgebung, ynn worten Christi zugesagt, vorgehen unnd haubtman ym felt bleyben" [43].

7. Der Spender der Absolution

Der Spender verursacht nicht die Vergebung - sie gewährt allein Gott -, er ist nur Diener, der Gottes Wort vorhält [44]. Wenn Luther sagt: "die Vergebung steht nicht in des Papstes, Bischofs, Priesters oder eines Menschen Amt" [45], dann meint er damit, daß nicht das Besitzen eines Amtes an sich Grund der Vergebung ist, vielmehr besteht das eigentlich priesterliche Amt gerade darin, Diener an Gottes Wort zu sein. Das Wort schafft alles, darum kann im Notfall auch ein Laie die Absolution spenden; doch soll man die gegebene Ordnung halten und nicht verachten [46]. Die Laienabsolution ist ein Grenzfall [47]. Der Akzent liegt auf dem Hinweis, daß alles an Gottes Wort liegt, das Wort der Absolution nicht durch eine beson-

---

sacrament nichts nutz, die muß man mit dem schreglichen gericht gottis vor weich und tzäg machen, das sie auch solchs trosts des sacraments suchen und seufftzen leren". Ebenso deutlich spricht der erste Teil der Leipziger Predigt (2,246ff).

[39] § 16.
[40] 2,247,22ff.
[41] § 12.
[42] §§ 15; 17.
[43] § 12.
[44] §§ 8; 15; 2,248,35f.
[45] § 8.
[46] § 9 (s. Anm. 48).
[47] "wo eyn priester nit ist" (§§ 9; 21); "so es nott ist" (§ 21). Unverständlich ist mir die Aussage: "Der in der Absolution notwendige Glaube richtet sich im letzten nicht auf das Absolutionswort, sondern auf das Wort der Einsetzung der Schlüsselgewalt. In dem Augenblick, wo dieses Wort gläubig angenommen wird, wird der Glaubende zum Träger dieses Wortes und damit auch zum Träger dieser Gewalt, die es verleiht" (L. Klein, aaO. 41). Soll so mit der Vergebung auch eine "Priesterweihe" gegeben werden? Der Glaube im Bußsakrament richtet sich doch allein auf die Vergebung durch Gott. Das Wissen um die der gesamten Kirche gegebene Schlüsselgewalt läßt Luther von der grundsätzlichen Möglichkeit der Vergebung durch jeden Christen reden. Die mittelalterliche Laienbeichte wurde bis zur Zeit Luthers von einer großen Zahl von Theologen empfohlen oder im Notfall zur Pflicht gemacht. Vgl. dazu W. Stein, Das kirchliche Amt 51f (Lit.).

dere Stellung des Spenders gesteigert oder gemindert wird [48], weil die
Schlüssel "nit eyn gewalt" der Tyrannei, sondern "eyn dienstparkeit" sein
sollen [49]. Freilich ist mit den Schlüsseln Petrus und der ganzen Kirche
eine große Gewalt gegeben, nämlich die Gewalt Gottes selbst, Sünde zu vergeben, eine Gewalt, die im Alten Testament nicht gegeben war [50]. Im
Normalfall übt der Priester diese Gewalt aus, im Notfall jeder Christ,
weil Mt 16, 19 im Blick auf Mt 18, 18 nicht auf Petrus beschränkt ist [51].
Jeder Christ ist daher ein möglicher Ort, wo Gottes Wort hörbar werden
kann [52]. Daß Gottes Zusagewort laut werden kann, ist letztlich der Grund
für Luthers Bejahung der Laienabsolution, weil ohne Verlautbarung des
göttlichen Wortes kein Trost gefunden werden kann.

8. Der rechte Gebrauch des Sakramentes

Luthers Sermon ist kein Kommentar zu den vielfältigen Fragen der Tradition über das Verhältnis von göttlicher Vergebung, menschlicher Reue und
priesterlicher Gewalt, er ist vielmehr ein Lob des Sakramentes, das denen
gegeben ist, die im Wissen um ihre Sünde bedrückt sind und keinen Ausweg
mehr sehen. Die Frage nach dem Bußsakrament bestimmt sich nicht vom
Wissenwollen an sich her, sondern vom Gebrauchenkönnen. Es ist die Frage des ringenden Sünders: wo erlange ich Vergebung? Aus der Erfahrung
der Ungewißheit, Unverläßlichkeit und Zweifelhaftigkeit aller eigenen Anstrengung und "Gewalt der Werke", Sünde los zu werden und Frieden zu erlangen [53], befreit allein die Entdeckung des Sakramentes als Gabe. Gott
gibt selbst die Vergebung und spricht sie in menschlicher Sprache hörbar
und damit offen zu Tage tretend zu. Gott selbst ist in seinem festgelegten
(Mt 16, 19), gegebenem Wort Garant und Fels der Vergebung, der sich in

---

[48] "Doch soll man die ordenung der ubirkeit halten, und nit vorachten, allein das man nit yrre ym sacrament und seynem werck, als were es
besser, ßo es ein bischoff adder bapst gebe, wan ßo es eyn priester
adder leye gebe" (§ 9). Dahinter steht die Sorge, die Praxis der Reser-
vationen und der vorgeschriebenen Beichtväter könnte zu der Vermutung führen, daß die Wirksamkeit der Vergebung mehr in der Stellung
des Beichtvaters als im Sakrament gründe: "... das ynn dem sacrament der puß und vorgebung der schult nichts mehr thut eyn Bapst, Bischoff, dann der geringiste priester, ja wo eyn priester nit ist, eben
ßovil thut eyn iglich Christen mensch ..." (§ 9 = DS 1463).
[49] § 15.
[50] § 21.
[51] Ebd. Die Exegese ist vorbereitet in Luthers Resolution über die 13.,
für die Leipziger Disputation bestimmte These: 2, 187, 36-197, 42.
[52] "Alßo eyn groß dinck ist es umb eyn Christen mensch, das gott nit voll
geliebt und gelobt werden mag, wan unß nit mehr geben were, dan eynen
zu hören yn solchem wort mit unß reden. Nu ist die welt voll Christen,
unnd niemant das achtet noch gott danckt" (§ 21).
[53] Vgl. § 4.

der Anfechtung bewährt, während alles Vertrauen auf eigenes Werk keinen
festen, sondern nur sandigen Grund legen kann. Wer Gottes Wort nicht glauben will - was für Luther, nachdem ihm, dem Suchenden, die Garantie im
Gotteswort als Geschenk offenbar wurde, vollkommen unverständlich ist -,
will selbst den Grund des Trostes und Vertrauens befestigen, statt sich von
Gott befestigen zu lassen [54]. Den Betrübten und Geängstigten ist das Sakrament, "die aller gnedigste tugent der schlussel" [55] als Trost und Friede
gegeben. Hier liegt der "rechte prauch" des Sakramentes von seiten des
Empfängers. Der Mißbrauch der Schlüssel in der Kirche liegt dort, wo das
Wort Mt 16, 19 und das Bußsakrament als Herrschaft der Tyrannei, als Ver-
ängstigung der Gewissen genommen wird [56]. Aus dieser Gefangenschaft
muß das Sakrament befreit werden.

3. Luthers Ringen um die Freiheit der Beichte

In den Jahren 1518/19 hat Luthers Theologie des Bußsakramentes ihre grundlegende Form erhalten, die in den folgenden Jahren nicht mehr wesentlich
geändert, wohl aber in der Kritik am Bestehenden und der Übersetzung in
eine neue Praxis expliziert wurde. Er hat das Bußsakrament neu entdeckt
als einen Ort, an dem Gottes Vergebungszusage hörbar wird im Menschenwort, das der Beichtende im Glauben vertrauensvoll ergreifen und darin Gewißheit über Gottes Vergebungsurteil finden kann, weil es untrügliches Wort
Gottes ist. Von dieser Erkenntnis aus kämpft er um die Befreiung des
kirchlichen Beichtinstituts aus der Tyrannei, unter der er das Bußsakra-

---

[54] "Die aber nit frid wollen haben, sie meynen dan, sie haben gnugsam
rew und werck than, ubir das, das sie Christum lugen straffen, und
mit der sund yn den heyligen geyst umgehen ... ßo nehmen sie yren
vordienten lohn, nemlich das sie auff den sand bawenn ... Dan was
suchen sie anders, dan das sie durch yhr thun wollen gewiß werden?
sam sie wolten mit yren wercken gottis wort befestigen, durch welchs
sie solten befestiget werden ym glauben, und heben an den hymell zu
unterstutzen, daran sie sich halten solten" (§ 13).
[55] § 15.
[56] "Nu wie yn der rew manicherley mißprauch drobenn ist angezeygt, alßo geht es auch yn der beicht und gnugthuung, seyn fast vill bücher voll
dißer dinge, und leyder wenig bücher vom sacrament der puß ... Wo
aber der glaub nit ist, do ist keyn rew, beicht, gnugthuung gnugsam,
und da her flissen ßo vill bucher und lere von der rew, beicht unnd
gnugthuung, da mit vil hertzen sehr geengstet werden" (§ 19). "Das sag
ich darumb, das man die aller gnedigste tugent der schlussell lieb hab
und eer wirdige, unnd nit vorachte umb ettlicher mißprauch, die nit
mehr, dan bannen, drawen und plagenn, lauter tyranney machen auß
solcher lieblicher trostlicher gewalt, alß het Christus nur yhren willen und hirschafft mit den schlussel eyngesetzt, gar nichts nit wissenn,
wa zu mann yhr prauchen soll" (§ 15); vgl. auch 4, 658, 2ff.

ment gefangen sieht [1]. Das Ringen Luthers um die Freiheit der Beichte soll hier nur noch in Grundzügen beschrieben werden, da die wesentlichen Gesichtspunkte für die Sakramentsstruktur schon dargestellt wurden [2].

Die Kritik richtet sich zunächst gegen die im IV. Laterankonzil verfügte Beichtpflicht, nach der jährlich im geheimen Bekenntnis vor dem Priester alle Sünden zu bekennen sind [3]. In dieser Bestimmung sieht er einen nicht gerechtfertigten Machtanspruch des Papstes, wodurch die Beichte zu einem Herrschaftsinstrument degradiert wurde [4]. Von Gott geboten ist das Sündenbekenntnis vor Gott [5], die Versöhnung mit dem Nächsten [6] und der außer Übung gekommene Gemeindeausschluß eines unbelehrbaren und verstockten Sünders gemäß Mt 18,15ff [7]. Nicht von Gott geboten ist das geheime Bekenntnis aller Sünden vor einem Priester oder Mitchristen [8]. Alle dafür vorgebrachten Schriftbeweise lehnt Luther als nicht stichhaltig ab [9]. Wann immer er von der Beichte spricht, betont er die Freiheit des geheimen Bekenntnisses; auch die Absolution ist nicht "in ein Gebot gefaßt", sondern bleibt freies Angebot Gottes [10]. Die übliche Beichtpraxis mit der Vielzahl von Geboten und Verboten kann er nur als Ausfluß päpstlicher Machtausübung verstehen [11], so daß niemand mehr den Heilscharakter

---

[1] 6,543,7; 30 I 233,21.
[2] Als Hauptquellen wurden herangezogen: Der Abschnitt über die Beichte in "De captivitate" (1520 - 6,543-549); "Von der Beichte, ob die der Papst Macht hat zu gebieten" (1521 - 8,129-185); Invokavitpredigt vom 16.3.1522 (10 III 58-64); Der Abschnitt über die Beichte im "Sermon von dem Sakrament" (1526 - 19,513-523); Die Vermahnung zur Beichte im Großen Katechismus (1529 - 30 I 233-238); "Von den Schlüsseln" (1530 - 30 II 435-507); Die Schmalkaldischen Artikel III (1537 - BSLK 436-456); Gründonnerstagspredigt 1523 (12,491ff); Palmsonntagspredigt 1524 (15,484ff); Gründonnerstagspredigt 1528 (27,96f). Aus der Literatur: L. Klein, Evangelisch-lutherische Beichte; E. Roth, Die Privatbeichte und Schlüsselgewalt in der Theologie der Reformatoren; B. Lohse, Die Privatbeichte bei Luther; J. Fendt, Luthers Reformation der Beichte; E. Kinder, Beichte und Absolution nach den lutherischen Bekenntnisschriften; E. Sommerlath, Der sakramentale Charakter der Absolution.
[3] DS 812.
[4] Vgl. besonders 8,168ff.
[5] 6,546,1; 10 III 60; 19,513ff; 30 I 235.
[6] 19,516ff; 30 I 235.
[7] 6,546,7ff; 8,173ff; 10 III 59f; 2,645.
[8] 6,546f; 8,182; 11,65; 15,484.
[9] 8,152-164.
[10] 30 I 235,22: "Denn es ist nicht ynn gepot gefasset ..., sondern einem iglichen, wer sein darff, heymgestellet, das ers zu seiner not brauche". Es besteht kein Gebot zur Beichte, wohl aber zur Absolution, wenn sie verlangt wird: "Denn da mus der zwang umb gekeret werden, das wir yns gebot und du yn die freiheit komest" (30 I 237,32).
[11] 6,546; 8,164.

der Beichte erkennen, sondern nur eine Zwangsverpflichtung darin sehen
konnte. Immer wieder weist Luther darauf hin, wie bisher alle unter dem
Zwang standen, jährlich alle Sünden im geheimen Bekenntnis vor bestimmten Priestern zu beichten [12]. Damit wurde die Osterbeichtzeit zu einer
"Marterzeit" [13], weil niemand frei und ungezwungen der Beichtpflicht
Folge geleistet hat. Bisher ist man zur Beichte gegangen, weil "es geboten
war alle jar zu beichten, damit man die gewissen also hat geengstet, das
man alle stuck erzelen musst mit allen umbstenden, wenn, wie und wu; da
hat man nur gedacht, das die beicht gethon wer"[14]. Nicht die Einrichtung
der geheimen Beichte wollte Luther beseitigen, sondern die Tyrannei des
Zwanges.

Er sieht die Beichte aber nicht nur gefangen unter päpstlichem Zwang, sondern, was entscheidender ist, unter einem falschen Verständnis. Er wirft
der Kirche vor, daß sie die Beichte nicht mehr als Sakrament Gottes verstanden und verkündigt hat, sondern als ein von Menschen zu leistendes
Werk [15]. Die Polemik gegen ein meritorisches Verständnis der Beichte
ist das Zentrum von Luthers Beichtkritik [16]. Das Gnadengeschenk des
Beichtsakramentes wurde nicht mehr erkannt, weil das Zuspruchswort der
Vergebung und der empfangende Glaube als die grundlegenden Elemente
nicht gesehen wurden [17]. Die der Kirche gegebenen "Schlüssel" wurden
zu einem Herrschaftsinstrument mißbraucht [18], der "löseschlüssel" blieb
"verrostet" liegen [19]. Deshalb konnte niemand erkennen, welch großes
Geschenk Gott in der Absolution dem Sünder ohne eigenes Verdienst anbietet, das er nicht selbst zu verdienen braucht, sondern im Glauben empfangen kann [20]. In der Unterdrückung von Vergebungswort und Glaube sieht

---

[12] 8,164,25; 10 III 61; 12,491; 15,484f; 19,513; 522; 30 I 233.
[13] 15,485; 30 I 234.
[14] 12,492B, 1ff.
[15] 6,543,12: "Primum huius sacramenti et capitale malum est, quod
     sacramentum ipsum in totum aboleverunt, ne vestigio quidem eius relic-
     to. Nam cum ... constet verbo promissionis divinae et fide nostra,
     utrunque subverterunt". 30 I 237, 8: "Eben also haben bisher des Bapsts
     prediger dis trefflichen, reichen almosen und unaussprechlichen schatz
     geschwiegen". 30 II 506,23: "So ward auch nichts von Christo unserm
     mitler, nichts vom trost der schlüssel, nichts vom glauben geleret,
     Sondern allein von der untreglichen, doch vergeblichen marter der rew,
     beicht, gnugthun und unser werck".
[16] L. Klein, aaO. 31.
[17] 6,543,19: "Universis enim suis libris, studiis, sermonibus non hoc
     egerunt, ut docerent, quid Christianis in his verbis promissum esset,
     quid credere deberent, et quantum consolationis haberent".
[18] 30 II 465-475; vgl. auch 54,249ff ("Wider das Papsttum zu Rom" 1545);
     51,492f ("Wider Hans Worst" 1541).
[19] 30 II 474,8.
[20] 6,544,14: "Non hoc contenta Babylonia nostra fidem quoque adeo extin-
     xit, ut impudenti fronte eam negaret necessariam esse in sacramento

Luther den wesentlichen Grund für die Gefangenschaft der Beichte. Den im Zusagewort angebotenen "Schatz Gottes" und den von der Sorge um selbstgewirkte Vergebung befreienden Glauben hat man bisher verschwiegen und statt dessen Reue, Bekenntnis und Genugtuung als die integralen Bestandteile der Beichte angegeben [21], aber in einer Weise, daß die Kraft der Beichte in der Erfüllung dieser Bußleistungen gesehen wurde. Luther lehnt nicht jeden Anteil menschlichen Tuns in der Beichte ab, er bekämpft die Vorstellung, welche die Sündenvergebung im Beichtsakrament abhängig sieht von den Werken des Beichtenden und nicht allein von Gottes Werk im Absolutionswort. Dabei unterscheidet er nicht zwischen Theorie und Praxis.

Er sieht die Beichtpraxis geprägt von dem Vertrauen auf eigene Werke. Bisher habe man darauf geachtet, durch eine möglichst umfassende Reflexion über begangene Sünden Reueschmerz zu erwecken und sich durch solche "contritio activa" [22] die Vergebung zu verdienen, anstatt echte Reue im Glauben an Gottes Drohung sich entfalten zu lassen ("contritio passiva") und alle Vergebung im Glauben an Gottes Verheißung zu erwarten [23]. Ebenso glaubte man, durch ein möglichst vollständiges Sündenbekenntnis [24] und durch Werke der Genugtuung [25] sich die Vergebung verdienen zu können. Das Vertrauen auf die eigenen Werke bedeutet aber Mißtrauen gegen das Werk Gottes in seinem Verheißungswort. "Nam si contritio tua deleret peccata, supervacanea esset Dei promissio, inutile ipsum testamentum" [26].

Die Verachtung von Gottes Verheißung und Testament geschieht dort, wo wie bisher die Beichte auf Reue, Bekenntnis, Genugtuung und Gebotserfüllung gegründet wird, auf menschliche Werke also, statt auf Gottes Werk [27]. Damit wurde die Absolution als Geschenk Gottes unterdrückt und dem Menschen vorenthalten und dafür der neue Heilsweg der Werke eingeführt. "Das ist gantz Pelagianisch, Türckisch, Heidenisch, Jüdisch, Widderteuffisch,

---

isto, immo Antichristica impietate definiret haeresim esse, si fidem necessariam quis esse assereret".

[21] 6,544,21ff; 30 I 235ff.
[22] BSLK 437.
[23] Vgl. die Beschreibung falscher und echter Reue in 6,544f und BSLK 437ff.
[24] 30 I 236,1: "Nu hat man bisher allein auff unser werck getrieben und nicht weiter gedacht denn das wir ia reine gebeicht hetten ... gerade als were es allein ein gut werck, damit man Gott bezalen solte". Vgl. BSLK 441; 17 I 170,22ff.
[25] 6,548,29; 15,488; BSLK 441ff.
[26] 4,632,13.
[27] "Stellet also der Bapst die krafft der Absolution auff die reue, Beicht und gnugthuung des, der sie empfehet" (47,334); "Ideo eorum beicht, rew et satisfactio nihil est, quam etiam auff unsere opera gesetzt" (34 I 302); "zwingen die leut also vom glawben und von der absolutio auff yhre werck" (15,488); vgl. auch 30 II 505f; BSLK 439.

Schwermerisch und Endechristisch ... Rewen soltu (das ist war), Aber das darumb die vergebunge der sunden solt gewis werden und des schlüssels werck bestettigen, das heisst den glauben verlassen und Christum verleugnet, Er wil dir die sunde nicht umb deinen willen, sondern umb seins selbs willen aus lauter gnaden durch den schlüssel vergeben und schencken" [28].

Deshalb warnt Luther immer wieder davor, Vergebung von der Leistung der Reue, des vollständigen Bekenntnisses oder der Werke der Genugtuung zu erwarten:

"Cave ergo, in contritionem tuam confidas aut dolori tuo tribuas remissionem peccatorum. Non respicit te propter haec deus, sed propter fidem, qua minis et promissis eius credidisti" [29].

"Confessuro necessarium est ante omnia, ut non fiducia confessionis vel faciendae vel factae nitatur sed in solius dei clementissimam promissionem tota fidei plenitudine confidat" [30].

"Unser beychten ist bysher gewesen, wenn man die leut absolvirt, hat man yhn so viel werck auffgelegt, damit sie solten für die sund genug thuen, das solt absolvirt heyssen ... zwingen die leut also vom glawben und von der absolutio auff yhre werck" [31].

Das Vertrauen auf eigene Bußleistungen widerspricht nicht nur dem Gnadenhandeln Gottes im Sakrament, es führt auch entweder zu falscher Sicherheit oder zu zweifelnder Ungewißheit: wer auf eigene Leistungen baut, wiegt sich in vermessener Sicherheit [32], wer auf das Vertrauen auf eigene Leistungen gewiesen wird, bleibt der quälenden Ungewißheit ausgeliefert, ob seine Leistungen auch ausreichend waren [33]. Die Ungewißheit aufgrund eigenen Ungenügens hat Luther in seiner persönlichen Beichtpraxis selbst erfahren:

"Ego Monachus ... solebam, semper ante contritus, confiteri et recensere omnia peccata mea et saepe iterabam confessionem ac poenitentiam iniunctam mihi sedulo praestabam. Et tamen conscientia mea nunquam poterat certa reddi, sed semper dubitabat et dicebat: Hoc non fecisti recte, non fuisti satis contritus, hoc inter confitendum omisisti etc. " [34].

Aus dieser Ungewißheit wurde Luther errettet, als er Gottes Befehl kennen lernte, dem Absolutionswort zu glauben [35]. Im Glauben an das gewisse

[28] 30 II 496f; damit stellt der Papst als neuer "Ab-Gott" seinen Heilsweg dem Gottes entgegen: 8,172.
[29] 6, 545, 25ff.
[30] 6, 158, 7ff.
[31] 15, 488, 18ff.
[32] 6, 544; 8, 171.
[33] 30 I 236, 6ff; 8, 170.
[34] 40 II 15; ähnlich 27, 44, 35.
[35] 40 II 412: "Hoc uno verbo (IUSSIT) ita confirmabar, ut scirem Absolutioni credendum esse, quam saepe quidem antea audieram, sed stultis

Zusagewort Gottes gibt es Gewißheit. Gott hat der Kirche den "Löseschlüssel" übergeben, damit er "treffe" [36], nicht damit er "fehle" [37]. Er ist kein "Feilschlüssel" [38], kein "clavis conditionalis" [39], kein Schlüssel, der irren kann [40]. Das hat man aus ihm gemacht, da man seine Wirksamkeit abhängig sah von der Bußleitung des Menschen:

> "Bistu berewet, und ists jm himel also, wie wir absolvirn, so bistu gewis absolvirt, Wo nicht, so bistu nicht absolvirt, denn der Schlüssel kan feilen. So höre ich aber mal, das der Schlüssel steht auff meiner rew und wirdigkeit fur Gott, Und ich kan mit meiner rew ein solcher feiner kleinschmied werden, das ich unserm Herrn Gott kann aus seinen schlüsseln machen beide Feilschlüssel und Treffschlüssel, Denn rewe ich, so mache ich seinen schlüssel zum Treffschlüssel, Rewe ich nicht, so mache ich jhn zum Feilschlüssel, Das ist: Rew ich, so ist Gott wahrhafftig, Rewe ich nicht, so leuget Gott" [41]

Gottes Wort ist gewiß und schenkt Vergebung jedem, der diesem Wort glaubt. Im Vertrauen auf eigene Leistung gibt es keine Gewißheit, die bisherige Beichtlehre war aber nach Luther ganz auf solches Vertrauen abgestellt. Demgegenüber sieht er die Beichte als Ort der hörbar ergehenden Gotteszusage, die dem Glaubenden Gewißheit der Vergebung schenken und ihn vom falschen Vertrauen auf eigene Leistungen befreien kann.

Wie steht nun Luther zur Beichte, nachdem er sie von der Tyrannei des Zwanges und eines falschen Verständnisses befreit hat [42]? Zunächst ist festzuhalten, daß mit Beichte verschiedene Formen gemeint sein können.

Luther bedauert, daß der öffentliche Gemeindeausschluß derer, die öffentlich bekannte Vergehen auf sich geladen und sich auf die private Vermahnung von Gemeindemitgliedern hin nicht gebessert haben, in der Kirche außer Übung gekommen ist trotz der göttlichen Vorschrift in Mt 18,15ff, und er möchte diese Praxis in Form des kleinen Bannes wieder einführen [43]. Daneben kennt er das private Bekenntnis der Sünde vor Gott [44] und die pri-

---

cogitationibus impeditus non putabam me verbo debere credere, sed audiebam, tanquam nihil ad me pertineret".
[36] 30 II 479,19.
[37] 30 II 483,5ff.
[38] 30 II 475-487.
[39] 30 II 499,18.
[40] 30 II 499,21: "Bistu berewet und frum, so löse ich dich, Wo nicht, so feile ich. Das heisst Clavis errans".
[41] 30 II 477,10ff, vgl. auch 505ff.
[42] 30 I 233,24: "Denn kein schwerer ding bisher gewesen ist, wie wir alle versucht haben, denn das man yderman zu beichten gezwungen ... Und das ergste ist gewest, niemand geleret noch gewust hat, was die beichte were odder wie nutz und tröstlich".
[43] Vgl. bes. 8,173f; 10 III 59f; dazu L. Klein, aaO. 13 und 75ff.
[44] 8,175f; 10 III 60f; 15,482f; 19,513ff; 27,96.

vate Abbitte vor dem Bruder für zugefügte Beleidigung [45]. Beides kann auch öffentlich geschehen in der allgemeinen Beichte, wie sie in der "Offenen Schuld" im Gottesdienst üblich war. Luther hat die "Offene Schuld" in seinen Meßordnungen ersetzt durch das Vaterunsergebet nach der Predigt als die Form allgemeiner Lossprechung [46].

Neben diesen Formen will er weiterhin die Beichte im engeren Sinn als Privatbeichte, als geheimes Bekenntnis vor dem Priester oder einem Laien mit privater Absolution beibehalten. Nur von dieser Privatbeichte soll hier gehandelt werden.

So heftig Luther gegen den Zwang zur Privatbeichte Stellung nimmt und betont, daß sie von Gott nicht geboten sei, so deutlich setzt er sich auch für ihre Beibehaltung ein und warnt davor, sie zu verachten. Er möchte sie in keiner Weise missen:

> "Occulta autem confessio, quae modo celebratur, et si probari ex scriptura non possit, miro modo tamen placet et utilis, imo necessaria est, nec vellem eam non esse, immo gaudeo eam esse in Ecclesia Christi, cum sit ipsa afflictis conscientiis unicum remedium" [47].

> "Die heimliche Beichte achte ich wie die Jungfräulichkeit und Keuschheit, ein sehr köstlich heilsam Ding. O es sollte allen Christen leid sein, wenn die heimliche Beicht nicht wäre" [48].

> "Aber dennoch will ich mir die heimliche Beichte von niemand nehmen lassen und wollt sie nicht um der ganzen Welt Schatz hingeben. Denn ich weiß, welchen Trost und Stärke sie mir gegeben hat" [49].

Nachdem Karlstadt während Luthers Wartburgaufenthalt die Beichte abgeschafft hatte, tritt Luther in den Invokavitpredigten für ihre Wiedereinführung ein [50].

Der Grund für die Hochschätzung der Privatbeichte, die Luther an vielen Stellen ausspricht, liegt in seiner Entdeckung des Absolutionswortes als greifbaren Gottesspruchs, darin dem Sünder in seiner Anfechtung Gottes Vergebungsurteil bekannt wird. "Wo nu ein hertz ist, das seine sunde fület und trost begeret, hat es hie ein gewisse zuflucht, da es Gottes wort findet und höret, das yhn Gott durch ein menschen von sunden entbindet und los spricht" [51]. Gott selbst spricht im Absolutionswort des Menschen. "Pa-

---

[45] 15, 482f; 19, 516ff; 27, 96.
[46] 30 I 235, 1: "Ja das gantze Vater unser ist nicht anders denn eine solche beichte". Vgl. ähnlich 19, 516f; zu Luthers Meßordnung siehe H. B. Meyer, Luther und die Messe 121-131.
[47] 6, 546, 11f.
[48] Nach 8, 164, 15ff.
[49] 10 III 61 (hier LD 4, 92).
[50] 10 III 58ff; vgl. dazu L. Klein, aaO. 163f.
[51] 30 I 235, 25ff.

stor dicit: Tibi remissa peccata, Hoc est verbum dei, non illius qui dicit"[52]
Die Absolution ist Gottes Werk in der Beichte, sie ist die zentrale Mitte. Luther stellt das Geschehen der Beichte ganz auf die Absolution, sie ist "das Sakramentliche, der konstituierende Faktor darin"[53]. Das Werk des Menschen, Bekenntnis und Vergebungsbitte, sind notwendig, aber die Gewißheit der Vergebung liegt einzig und allein am Wort Gottes [54]. "Das Wort, sage ich, odder absolutio solltu ansehen gros und thewer achten als ein trefflichen grossen schatz, mit allen ehren und danck anzunemen"[55].

Mit den "Schlüsseln" hat Gott der Kirche die Macht gegeben, Sünden zu vergeben. Er hat sich an das Menschenwort gebunden. "Er verpflichtet und verbindet sich an unser werck, Ja er befilhet uns sein selbs eigen werck"[56]. Es ist ein und derselbe Schlüssel im Himmel und auf Erden. Es stimmt nicht, "gott sey hoch droben und weit, weit, weit von solchem wort, das auff erden ist ... Es sind wol himels schlüssel, Aber sie sind nicht jm himel, Ich habe sie herunter auff erden gelassen, Du solt sie nicht jm himel noch jrgent anders wo suchen, Sondern jnn Peters munde finden"[57].

Es gibt für Gott keine andere Weise, "die sunden zu vergeben denn durch das mündliche Wort, so er uns menschen befohlen hat", so antwortet Luther den Schwärmern, die Vergebung nicht über das äußere Wort, sondern in innerer Geisteinrede haben wollen [58].

Die Gewalt der Sündenvergebung ist der ganzen Kirche gegeben, jeder kann sie grundsätzlich ausüben, wenngleich die Absolution im Regelfall Aufgabe des Priesters ist [59]; die Laienabsolution blieb Ausnahme [60]. Luther selbst

---

[52] 27,97,12; vgl. 10 III 64; 15,487; 12,493, und öfter.
[53] E. Kinder, aaO. 545.
[54] 30 I 235,30: "Das erste ist unser werck und thuen, das ich meine sunde klage und begere trost und erquickung meiner seele. Das ander ist ein werck, das Gott thuet, der mich durch das wort, dem menschen yn mund gelegt, los spricht von meinen sunden, welchs auch das furnemste und edelste ist". Die zwei Stücke sind weit voneinander zu scheiden: 236,12ff. Vgl. auch 15,486ff; 17 I 170.
[55] 30 I 236,30.
[56] 30 II 497,19.
[57] 30 II 497,35; 498,2ff.
[58] 30 II 498,27. Ausführlicher ist der Gegensatz Luthers zur schwärmerischen Verachtung des äußeren Wortes darzustellen im Kapitel über das Abendmahl.
[59] Vgl. L. Klein, aaO. 38ff. E. Kinder, aaO. 549: "So betont Luther in "De captivitate Babylonica" dafür eintrat, daß jeder christliche Bruder Beichte abnehmen und absolvieren könne, und dem kirchlichen Amt das alleinige Recht dazu bestritt, so findet sich davon kaum noch etwas in seinen späteren Äußerungen über Beichte, Absolution und Schlüsselamt, und auch in den übrigen Bekenntnisschriften nicht". Im Groß.Kat. wird die Schlüsselgewalt dem "Bruder" zugesprochen (30 I 235,18), der Kl.Kat. kennt nur die Bezeichnung Beichtiger und Beichtvater (vgl. 30 I 383 Anm. 6; 385 Anm.2).
[60] L. Fendt, aaO. 127f.

hat, so weit bekannt, nie vor einem Laien gebeichtet [61]. Die Frage nach dem Spender und seiner Vollmacht tritt zurück, weil alles am Vergebungs- wort Gottes liegt, nicht am Spender und Verkünder des Absolutionswor- tes [62], der nur Mund Gottes ist [63].

Zwar hat Gott die Beichte nicht zur Pflicht gemacht, aber er hat die Aus- übung des Vergebungsamtes verpflichtet [64], wo immer ein Christ um die Privatabsolution bittet. "Denn es ist nicht ynn gepot gefasset ..., sondern einem iglichen, wer sein darff, heymgestellet, das ers zu seiner not brau- che. Und ist daher komen und geordnet, das Christus selbs die absolutio seiner Christenheit ynn mund gelegt und befohlen hat uns von sunden auffzu- losen" [65].

Der Absolution wegen ist die Privatbeichte nicht zu verachten, denn in ihr wird Christi Erlösungstat gegenwärtig: die Schlüssel Christi sind Himmel- schlüssel, "darumb mus jnn den schlüsseln Christi verborgen ligen sein blut, tod und aufferstehen, damit er uns den himel eröffenet hat, und teilet also durch die schlüssel den armen sündern mit, was er durch sein blut er- worben hat" [66].

Die Privatabsolution übertrifft die allgemeine Lossprechung um ein wesent- liches Moment: sie trifft den einzelnen ganz persönlich, während das allge- meine Vergebungswort an jedermann sich richtet. "Dicere potes: hoc ver- bum deus hat mit mir geredt, anders ghet auff yderman" [67]. In der Privat- beichte kann der je einzelne das Wort Gottes als an ihn persönlich gerich- tet ergreifen, erfährt als einzelner die Zusage der Vergebung, darf dieses gewisse Wort Gottes, der nicht lügt, ergreifen. "Hör gottes urteyl, das du gewiß seyest, das dir gott holt sey" [68].

---

[61] B. Lohse, aaO. 225.
[62] 15,486.
[63] 17 I 170,22: "qui stat loco dei et os eius est"; vgl. ferner die Stellen, die davon reden, daß Gott die Absolution der Christenheit in den Mund gelegt hat: etwa 12,493; 19,520; 30 I 235.
[64] Die Absolution wird gesprochen "ex mandato" und "ex commissione dei" (27,96,35; 97,3).
[65] 30 I 235,23; Christus hat mit der Übertragung der Schlüsselgewalt sei- ne Knechte zur Vergebung gezwungen: 8,157; darum gibt es ein Anrecht auf Absolution: "Meyn beycht steht nit yn deynem, ßondernn meynem wilkor, datzu die absolution steht yn meynem und nit deinem recht" (8, 157,7); ähnlich 7,291,7f.
[66] 30 II 468,6ff; 501,3: Die Schlüssel sind "das rechte heiligthum, welche der edlesten, heiligsten kleinot eins sind, Gottes, Christi und der Kir- chen mit Christus blut geheiliget, und die noch teglich Christus blut austeilen".
[67] 27,97,18; ebenso 8,177f; 15,486f.
[68] 12,492,10.

Die Absolution ist nichts anderes als Evangelium, d.h. Heilszusage [69].
Freilich ist auch das Evangelium selbst Absolution [70], aber deswegen
sollte die Beichte als Ort des persönlichen Getroffenseins nicht verachtet
werden [71]. Immer wieder ruft Luther um des Absolutionswortes willen
zur Hochschätzung der privaten Beichte auf. Für ihn kann man nicht oft genug und auf vielfältige Weisen Gottes Absolution hören [72]. Wer, wie Luther, unter der eigenen Sündigkeit und Anfechtung leidet, wird die von Gott
nicht gebotene aber als freies Angebot geschenkte Möglichkeit des persönlichen Vergebungszuspruchs nicht ungenützt lassen [73]. Luther selbst hat
von dieser Möglichkeit häufig Gebrauch gemacht [74].

Wenn man begreift, wie zentral für Luthers Theologie die oben beschriebene
Entdeckung des hörbaren Gotteswortes war, in dem Gottes Heilszuspruch
ohne das Vertrauenmüssen auf eigene Werke ergriffen werden kann, und
das Gewißheit über Gottes Erbarmen gibt, wird man die Hartnäckigkeit verstehen können, mit der er an der Privatbeichte festgehalten hat, obgleich
sie nicht von Gott geboten ist [75]. Prägnant beschreibt Luther den großen
Nutzen der Beichte:

> "In der heimlichen Beichte ist viel Nutzen und köstlichen Dings:
> Zum ersten die Absolution, was gleich viel ist, als wenn Gott selbst
> spräche; das sollte uns ja tröstlich sein. Wenn ich wüßte, daß Gott
> an einem Ort wäre, und mich selbst freisprechen wollte, wollte ichs
> nicht einmal noch an einem Orte, sondern so oft ich immer könnte
> daselbst holen. Solches hat er nun in Menschenmund gelegt. Darum
> ist es gar tröstlich, besonders den beschwerten Gewissen, solches
> da zu holen" [76].

Die Vermahnung zur Beichte im Großen Katechismus schließt:

> "Die Papisten lassen wir plagen und martern sich und ander leute,
> so solchen schatz nicht achten und yhn selbs zuschliessen. Uns
> aber lasset die hend auff heben, Gott loben und dancken, das wir
> zu solchem erkenntnis und gnaden komen sind" [77].

---

[69] "Absolucio nihil aliud est quam praedicacio euangelii" (34 I 308,19).
[70] "Euangelium nihil aliud est quam absolutio" (15,485,9).
[71] 15,486.
[72] 10 III 62: "Wir müssen auch viel Absolution haben, damit wir unser
     furchtsames Gewissen und verzagtes Herz gegen den Teufel und Gott
     stärken können". Vgl. 15,485ff.
[73] 10 III 62f; 27,96f; 30 I 235ff.
[74] Siehe L. Klein, aaO. 163.
[75] B. Lohse, aaO. 224: "Es dürfte kein anderes Stück des christlichen Gl
     bens geben, bei dem Luther, ohne über eine klare Schriftgrundlage zu
     verfügen, eine so dezidierte und kompromißlose Haltung eingenommen
     hat".
[76] 19,520 (hier LD 4,211).
[77] 30 I 238,12ff.

Mag es Luther selbst gelungen sein, die Spannung zwischen den beiden Polen Freiheit und Notwendigkeit der Privatbeichte durchzuhalten, so erwiesen sich in der Praxis seine Worte von der Befreiung der Privatbeichte aus päpstlichem Zwang doch mächtiger und wirksamer, als seine Hinweise auf den großen Nutzen und die Notwendigkeit der privaten Absolution. Seine Lehre von der Wirkung der allgemeinen Beichte und Lossprechung fand überall Verbreitung. "Sie war eine der Lehren, die das Volk am liebsten hörte" [78]. Luther sah sich daraufhin genötigt, zur Beichte nicht nur zu "reizen", sondern mit schärfsten Worten zu vermahnen und den Rückgang des Beichteifers zu verurteilen. Jenen, welche die neue Freiheit so verstanden, "als solten odder dürfften (= brauchten) sie nymermehr beichten", erwidert er: "solche sew ... solten nicht bey dem Euangelio sein noch etwas davon haben, sondern unter dem Bapst bleiben und sich lassen treiben und plagen"[79].

Zwar will er kein neues Gebot einführen, begründet aber die Beichtpflicht unmißverständlich aus dem Christsein:

"Bist Du nun ein Christ, so bedarfst Du weder meines Zwanges noch des Papstes Gebot überhaupt, sondern wirst Dich wohl selbst zwingen und mich darum bitten, daß Du solches teilhaftig werden mögest. Willst Du es aber verachten und so stolz ungebeichtet hingehen (= zum Sakrament des Altars), so beschließen wir das Urteil, daß Du kein Christ bist und auch des Sakramentes nicht genießen sollst. Denn Du verachtest, was kein Christ verachten soll, und machest damit, daß Du keine Vergebung der Sünde haben kannst. Und das ist ein sicheres Zeichen, daß Du auch das Evangelium verachtest. In Summa: wir wollen von keinem Zwange wissen. Wer aber unsere Predigt und Vermahnung nicht hört noch ihr folget, mit dem haben wir nichts zu schaffen"[80].

Die Praxis in Wittenberg kannte nach der Vertreibung Karlstadts weiterhin die Privatbeichte als Voraussetzung zum Abendmahlsempfang [81]. Luther versuchte ihren Bestand zu sichern durch die Verbindung mit dem Kommunionverhör, das er ab 1523 zur Erforschung und Unterweisung über den rechten Abendmahlsglauben einführte [82]. Die immer stärkere Verflechtung beider hatte zur Folge, daß die Beichte, nachdem im Verhör die katechetischen Elemente mehr und mehr hervorgetreten waren, "auf das Niveau eines Katechismusunterrichts" herabgedrückt wurde [83], was schließlich zu ihrem Untergang führte [84]. Die Eigenständigkeit der Beichte als Ort des

---

[78] L. Klein, aaO. 164.
[79] 30 I 234,11-17.
[80] 30 I 237,20-29 (hier LD 3,149).
[81] Vgl. L. Klein, aaO. 165ff.
[82] Vgl. dazu ausführlicher L. Klein, aaO. 75-81; L. Fendt, aaO. 129-135.
[83] L. Klein, aaO. 80.
[84] Ob die Schuld Luther selbst oder der späteren Zeit zuzusprechen ist, wird unterschiedlich beurteilt: vgl. L. Klein, aaO. 80; B. Lohse, aaO. 227; L. Fendt, aaO. 136f; H. Urner, Evangelische Einzelbeichte 650.

gnädigen Vergebungszuspruchs an den Sünder ging immer mehr verloren. Die Besonderheit der privaten Absolution gegenüber der allgemeinen hätte, sollte sie Bestandteil der lutherischen Gemeinden bleiben, ein entschiedeneres Eintreten für die Privatbeichte verlangt. Andreas Ossiander hat es in Nürnberg mit der Abschaffung der allgemeinen Absolution versucht [85]. Einen solchen Schritt konnte Luther nicht vollziehen, wollte er die gewonnene Freiheit vom Beichtzwang nicht wieder aufgeben. Die Verwirklichung von Luthers Idee der Privatbeichte in der Spannung zwischen Freiheit und Notwendigkeit erwies sich in der Praxis als äußerst schwierig [86]. So blieb sie auf Luther allein bezogen ein "Lutherdenkmal" [87] eigener Art, ein Vorgang, der nicht ohne Tragik ist: den Ort, den die Privatbeichte in Luthers Theologie und religiöser Erfahrung hatte, konnte sie in den Gemeinden nicht finden.

---

[85] Zum Nürnberger Beichtstreit siehe L. Klein, aaO. 168-173.

[86] B. Lohse, aaO. 228; "Wir stehen damit vor dem merkwürdigen Phänomen, daß eine richtige theologische Konzeption im Grunde kaum in eine brauchbare praktische Ordnung umgesetzt werden konnte: entweder ging dabei die theologische Konzeption verloren, oder die kirchliche Ordnung erwies sich als undurchführbar".

[87] L. Fendt, aaO. 137.

3. KAPITEL: DAS ABENDMAHL

A. Auf dem Weg zu einem neuen Verständnis der Messe

Bis 1517 hatte die Messe wie auch die anderen Sakramente in Luthers Theologie keine sonderliche Aufmerksamkeit gefunden. Wo sie Gegenstand der Erörterung war, hat Luther in ihr vor allem einen Ort gesehen, an dem der Kreuzesweg Christi dem Christen vor Augen gestellt wird, um ihn auf eben diesen Weg als Heilsweg zu weisen. Die Messe stand wie das Bußsakrament ganz im Zeichen der frühen Humilitastheologie. Inzwischen hatte aber Luther im Bußsakrament die Absolution als Zentrum des Sakramentes verstehen gelernt, weil in ihr Gottes Zusage der Vergebung in aller Deutlichkeit dem Sünder entgegentritt, der im Glauben an das hörbare Zusagewort Vergebung der Sünde und Gewißheit über Gottes Erbarmen ergreifen kann.

Bis diese im Laufe des Jahres 1518 erprobte und abgesicherte neue Sicht des Bußsakramentes zu einer theologischen Neugestaltung der anderen Sakramente führte, vergingen noch volle zwei Jahre. Erst 1520 werden Messe und Taufe wie das Bußsakrament von der in ihnen ergehenden Zusage her verstanden, die im Glauben als rechtem Sakramentsgebrauch ergriffen wird. Es erstaunt, wie wenig in den gleichzeitig gegen Ende 1519 verfaßten drei Sermonen über Bußsakrament, Messe und Taufe die im Bußsermon niedergelegte neue Sicht sich auf die Theologie der beiden anderen Sakramente auswirkte.

Dem Weg vom neuen Beichtverständnis zu dem daraus folgenden neuen Verständnis der Messe soll im folgenden nachgegangen werden. Dabei wird sich zeigen, wie mühsam und keineswegs geradlinig dieser Weg verläuft. Aber im Nachspüren der einzelnen Etappen wird Luthers Ringen um das Sakrament deutlich.

1. Die Übertragung des Schemas "Zusage - Glaube" auf die Messevorbereitung - "Sermo de digna praeparatione" (1518)

Etwa gleichzeitig mit dem "Sermo de poenitentia" verfaßte Luther im März 1518 - vielleicht in Anlehnung an den Brauch des praeconium paschale [1] -

---

[1] So H. B. Meyer, Luther und die Messe 328. Das praeconium paschale war die zu Beginn und während der Fastenzeit übliche Belehrung der Gläubigen über die Osterkommunionpflicht und die damit zusammenhängenden Fragen (aaO. 305f). Einen deutlichen Bezug darauf nimmt der "Sermon von der würdigen Empfahung des heiligen wahren Leichnams Christi" vom Gründonnerstag 1521 (7,692-697; in der Nachschrift Polianders: 9,640-649), wo Luther gegen den durch die Kirchengebote ausgeübten Zwang zum Sakrament polemisiert, weil dadurch der "rechte Hunger" zum Sakrament nicht gefördert wird. Die Belehrung über die

den "Sermo de digna praeparatione cordis pro suscipiendo Sacramento Eucharistie" [2], in dem die von 1 Kor 11,28f her aufgeworfene Frage nach der rechten Würdigkeit zum Sakramentsempfang beantwortet werden soll [3].

Einen ersten Schritt zur Vorbereitung auf das Sakrament sieht Luther im Bekenntnis aller bewußten Todsünden [4]. Doch die eigentliche Vorbereitung besteht im Bekenntnis eigener Unwürdigkeit, sowie im Vertrauen, im Sakrament die Gnade zu empfangen. Beide Haltungen sind nötig zum rechten Empfang [5].

Nach Augustinus, besonders aber nach Mt 5,6 und Lk 1,53 verlangt die eucharistische Speise eine "hungrige Seele", die Erkenntnis eigener Armut, Bedürftigkeit und Leere [6]. Weil alles Streben nach einer würdigen Disposition die Gefahr in sich birgt, Gott ein reines Herz anbieten statt von ihm empfangen zu wollen [7], weist Luther entschieden jenes Vertrauen als Irr-

---

Ostersakramente führt Luther auch in seinen Gründonnerstagspredigten der folgenden Jahre weiter.

[2] 1,329-334.

[3] Wie sehr 1 Kor 11,29: "Qui ... manducat et bibit indigne, iudicium sibi manducat et bibit" den Sermon bestimmt, zeigt nicht nur Luthers eingehende Exegese dieses Verses (1,331,36 - 332,24), sondern auch das immer wiederkehrende "dignus fieri" und "in iudicium manducare".
1 Kor 11,28f hatte in der Tradition große Bedeutung in der Frage nach der Würdigkeit zum Sakrament: Vgl. G. Biel, Can. Miss. Expositio (ed. Oberman IV,239 - Register) und für das Tridentinum: DS 1646f. Siehe auch H. Hilgenfeld, Mittelalterlich-traditionelle Elemente 432ff, und L. Braeckmans, Confession et communion au moyen âge et au concile de Trente, Gembloux 1971, das mir allerdings nur in der ausführlichen Besprechung von H. Junghans, in: ThLZ 97 (1972) 290-92, bekannt war.

[4] 1,329,5ff; vgl. 1,322 ("Sermo de poenitentia"). Die Beichte und das Bekenntnis, nicht alle Sünden zu kennen, was zur Bitte um Gottes Erbarmen führt, rechnet Luther zur praeparatio remota (1,330,9).

[5] "Ac sic accede cum fiducia misericordie eius et in timore indignitatis tue" (1,331,34). Damit werden die Abschnitte 4 (eigene Unwürdigkeit: 1,330,11 - 331,4) und 5 (Glaube: 1,331,5-25) zusammengefaßt.

[6] 1,330,11-17; "Oportet ut animam vacuam et esurientem offeras, id est, te plenum multis malis morbisque anime confitearis, sicut in veritate es, etiam si forte non sentias" (ebd. 11-13); vgl. 1,331,1-12. Der augustinische Gedanke spielte in der Erbauungsliteratur eine große Rolle (H. Hilgenfeld, Mittelalterlich-traditionelle Elemente 434f). Zu Luther vgl. 2,746,30ff; 7,692,12ff; 9,643,1: "Hunger ist der beste Koch"; 10 III 52,12f.

[7] "... quando sentis te miserrimum et egenum gratia, iam eoipso capax es gratie et idoneus maxime. Rursus plus quam mortem et infernum timeas, ne quando sic accedas, ut tibi dispositus videaris ac dignus, quasi allaturus Deo cor mundum, quod potius fuerat tibi querendum et

tum zurück, das glaubt, aufgrund eigener Dispositionsakte wie Beichte, Gebet und Fasten des Sakramentes würdig zu werden. Solches Vertrauen auf eigene Werke macht nicht würdig, sondern unwürdig, weil es blind macht für den Geschenkcharakter des Sakramentes [8].

Zum Bekenntnis eigener Bedürftigkeit muß der Glaube hinzutreten, im Sakrament das Geschenk der Gnade zu empfangen. Beide zusammen machen rein und würdig [9]. Sie stützen sich nicht auf eigene Werke, sondern auf Christi festes Wort: "Kommt alle zu mir, die ihr mühselig und beladen seid, ich werde euch erquicken" (Mt 11,28), sowie: "Selig die hungern und dürsten ..." (Mt 5,6). Denn nach Apg 15,9 ist es der Glaube, der rein und würdig macht [10].

---

recipiendum" (1,330,26-29); ebenso: "Volunt enim iusti et digni venire et similes deo sicut Lucifer, quum deberent velle iusti et digni fieri et redire a deo" (332,5f).

[8] "Magnus et perniciosus error est, si quis accedat ad sacramentum ea nixus fiducia, quod confessus sit, quod non sit sibi conscius mortalis peccati, quod orationes et preparatoria sua premiserit. Omnes hii iudicium sibi manducant et bibunt, quia his omnibus non fiunt digni neque puri, Immo per eam fiduciam puritatis peius polluuntur. Fiunt autem puri per fidem" (1,330,36ff). Zur Vorbereitung des Priesters auf die Messe vgl. H. B. Meyer, Luther und die Messe 17-21; J. Jungmann, Missarum Sollemnia I, 354-359; G. Biel, Can. Miss. Expos. 1-10. Dort heißt es 82 G aber auch: "Non sum dignus ex mea iusticia, ex mea preparatione, ex mea operatione, sciens a te dictum: Cum feceritis omnia, que precepta sunt vobis, dicite: Quia inutiles servi sumus" (IV,53). Vgl. ferner die Aussagen über das Erzittern vor dem Einladungsruf Christi zum Sakrament in "Nachfolge Christi" IV,1 und über die Vorbereitung zum Sakrament IV,7. Die Forderung und Verwirklichung der "Reinheit zum Sakrament" in der mystischen Literatur ist beschrieben bei K. Boeckl, Die Eucharistielehre der deutschen Mystiker (s. Stichwort: Kommunionvorbereitung). Vgl. H. Hilgenfeld, Mittelalterlich-traditionelle Elemente 431ff.

[9] "... id cura, ut cum plena aut saltem possibili fide accedas certissime confidens tete gratiam consequuturum. Tantum enim accipies quantum credis te accepturum ... Hec itaque fides sola et summa ac proxima dispositio facit vere puros et dignos ..." (1,331,5ff.11f). Die "summa et proxima dispositio" meint die unter Nr. 4 beschriebene Haltung der "hungrigen Seele"; vgl. 1,330,42: optima dispositio; ferner 1,264,28 und 1,256,5.

[10] Fortsetzung des Textes der vorhergehenden Anmerkung: "... quia non nititur in operibus aut viribus nostris, sed in purissimo, piisimo firmissimoque verbo Christi dicentis: Venite ad me omnes, qui laboratis et onerati estis, et ego reficiam vos, Et iterum: Beati, qui esuriunt et sitiunt iusticiam, quoniam ipsi saturabuntur. Fides enim est que iustificat, purificat, dignificat, Ut Actu: 15. Fide purificans corda eorum" (1,331,11-17).

In verwegener Zuversicht auf diese Worte Christi soll man zum Sakrament gehen [11]. Wer ohne ein solches Vertrauen hinzutritt - d. h. die Würdigkeit zum Sakrament lieber von den eigenen Vorbereitungswerken erwartet -, macht Christus zum Lügner [12] und will die Gewißheit eigener Würdigkeit in falscher Selbstreflexion statt im Vertrauen auf Christus finden [13].

Damit werden am Bußsakrament gewonnene Einsichten auf die Vorbereitung zur Eucharistie übertragen. Bezugspunkt des Glaubens, der im Vertrauen auf eine Verheißung alle Eigenleistung zurückläßt, ist aber noch nicht ein Wort im Sakrament selbst - wie später die Abendmahlsworte -, sondern Christi Einladungsruf Mt 11, 28 und seine Verheißung an alle, die um ihre Unwürdigkeit wissen (Mt 5, 6; Lk 1, 53).

Wie wichtig Luther diese Gedanken waren, zeigt die Tatsache, daß er sie in prägnanter Zusammenfassung gleichlautend in zwei andere Schriften aufnahm: in eine Beichtinstruktion und in das zweite Scholion zu Hebr 5, 1. Sie lautet:

"... magnus est error eorum, qui ad Sacramentum Eucharistiae accedunt, arundini illi innixi, quod confessi sint, quod non sibi conscii sint peccati mortalis vel praemiserint orationes suas et praeparatoria. Omnes illi sibi iudicium manducant et bibunt, Quia his omnibus non fiunt digni et puri, Imo per eam fiduciam puritatis peius polluuntur. Sed si credant et confidant sese gratiam ibi consequuturos, haec sola fides eos facit puros et dignos, quae non nititur operibus illis, sed purissimo, piissimo firmissimoque verbo Christi dicentis: Venite ad me omnes, qui laboratis etc. In praesumptione, inquam, istorum verborum accedendum est, et sic accedentes non confundentur" [14].

---

[11] " ... illud maxime stude, ut in praesumptione istorum verborum Christi accedas" (1, 331, 20).

[12] 1, 331, 22ff.

[13] Versteht man 1 Kor 11, 28 (Probet autem seipsum homo) so, als wollte der Apostel, daß wir nicht eher zum Sakrament gehen, "quam donec invenerimus nos dignos et puros ab omni peccato" (332, 1f. 26f), so führt dies nur zu skrupelhafter Angst und Zweifel (332, 2; 333, 30ff), was Luther an vielen Christen schon festgestellt hat (333, 30f). Glaubt man aber, dieses Gebot durch Gewissenserforschung und Reue genügend erfüllt zu haben, so geht man in falscher Sicherheit zum Sakrament (332, 4. 26ff).

[14] Die Zusammenfassung findet sich als Anhang zur Beichtinstruktion: 1, 255, 24-35 (deutsch) und 1, 264, 9-18 (lateinisch), und im zweiten Schol Hebr 5, 1: 57 III 170, 13 - 171, 8 und Hirsch-Rückert 172-175. Hier zitiert nach 1, 264, 9-18.
Die Instruktion entstand 1517, wurde aber 1518 um diesen Anhang vermehrt herausgegeben (So M. Kroeger, Rechtfertigung und Gesetz 176 Anm. 16, und O. Bayer, Promissio 113 Anm. 463 und 205 Anm. 13. Beide im Anschluß an Th. Brieger, Kritische Erörterungen zur neuen

Der erste Teil des Schol Hebr 5,1 überträgt eine am Bußsakrament gewonnene Erkenntnis auf alle Sakramente: Es genügt nicht der Sakramentsvollzug, vielmehr muß der Glaube da sein, der das dort Angebotene annimmt [15].

Lutherausgabe, in: ZKG 11 (1890) 101-154, bes. 130f. 139ff).
Die Abweichungen von Instruktion zu Scholion sind geringfügig: Wechsel
von Dativ zu Ablativ bei arundini(e) illi(a) nixi; Wechsel zwischen Kon-
junktiv und Indikativ beim anschließenden quod-Satz. In drei weiteren
kleinen Änderungen differieren zudem die beiden Handschriften von Schol
5,1 (vgl. Apparat z.St. in WA).
Verhältnis von Kurztext (Instr. u. Schol) zu Langtext (Sermo):
1,264,9-13 (= 57 III 170,14 - 171,3) entspricht 1,330,36-331,3. Außer
   grammatikalisch bedingten Änderungen fällt die Abwandlung von "nixus fiducia" zu "arundini illi nixi" auf. Vgl. dazu Gerson, De digna
   praeparatione ad Missam etc. (conss.9): "... si innitimur (erg.
   nostra praeparatione) fallimur et cadimus, aut tamquam si quis
   baculo arundineo sustentetur, vacillamus" (zitiert nach Hirsch -
   Rückert 174 Anm.).
1,264,13b-14a (= 171,3b) faßt 1,331,5-11a zusammen.
1,264,14b-16 (= 171,4-7a) entspricht 1,331,11b-14.
1,264,16c-17 (= 171,7b-8) nimmt (nach Auslassung von Mt 5,6 und Apg
   15,9) 1,331,20f auf.
1,264,18-265,11 ist eine Zusammenfassung von 1,330 und 332.

Bei der üblichen Datierung der Hebräerbriefvorlesung müßte man eine
Übernahme des Scholions in die Instruktion, sowie eine Ausweitung zum
"Sermo de digna" annehmen. Oben (Seite 113) wurde bei einem inhaltlichen Vergleich zwischen Texten aus dem Jahr 1518 und dem ersten
Teil des Schol 5,1 für eine Datierung des Scholions in das Frühjahr 1518
plädiert. Auch ein Vergleich der hier gegebenen Texte läßt in der Präg-
nanz des Kurztextes eher eine nachträgliche Zusammenfassung aus dem
Sermon erkennen als umgekehrt. Vor allem die Beibehaltung des Plu-
rals "in praesumptione istorum verborum", die bei einer Zitierung von
Mt 11,28 allein inkonsequent ist (weshalb Hirsch-Rückert, 174,19, gegen die handschriftl. Bezeugung "istius verbi" setzt; dementsprechend
wäre auch die Übersetzung Vogelsangs oben S.111 zu korrigieren), erklärt sich aus einer Übernahme des Textes aus dem Sermon. Hinzu
kommt, daß die Aufnahme in das Schol 5,1 den Gedankengang des Scholions verändert: Geht es zuerst um den Glauben beim Sakrament, so
liegt dann der Akzent auf dem Glauben in der Vorbereitung zum Sakrament. Diese Verlagerung erklärt sich leichter aus der Thematik des
Sermons, wird aber schwerer erklärlich, wenn dem Text des Scholions
die Priorität zugesprochen wird.
In der Bulle "Exsurge Domine" ist der erste Teil des Kurztextes - allerdings in sinnentstellender Verkürzung - verurteilt (DS 1465). Vgl. auch
das Urteil der Löwener Fakultät: 6,177,3ff.
[15] Vgl. oben S.111 ; 57 III, 169f: Absolution, Taufe, Kommunion und Ölung;
   siehe auch 1,331,10: in omni alio sacramento.

Ohne solchen in Empfang nehmenden Glauben gereichen die Sakramente zum Gericht: "requirit purissimum cor quodlibet sacramentum, alioquin reus erit sacramenti et iudicium sibi suscipiet. Cor autem non purificatur nisi per fidem", wozu, wie im "Sermo de digna", auf Apg 15,9 verwiesen wird [16]. Daran schließt sich die oben zitierte Zusammenfassung über die rechte Vorbereitung zur Eucharistie an.

Achtet man auf den Gesamtzusammenhang des Scholions und die deutliche Verbindung mit der Thematik der rechten Messvorbereitung, dann läßt sich auch die Frage beantworten, wie der aus Apg 15,9 abgeleitete Grundsatz, jedes Sakrament erfordere ein reines Herz, zu interpretieren ist. Es ist damit nicht gemeint, daß unabhängig vom Sakrament und bereits vor seinem Empfang das Gnadengeschenk allein dem Glauben gegeben werde, so daß gar nicht mehr einsichtig wäre, was das Sakrament darüber hinaus noch bringen sollte [17]. Vielmehr geht es Luther gerade um das Sakrament und seinen rechten Gebrauch, der aber nur der Glaube sein kann. Weil in

---

[16] 57 III 170,8ff. In der Auslegung von Joh. 15,3 (Vos mundi estis propter verbum) zitiert Augustinus ebenfalls Apg 15,9, um die Aussage: "unde ista tanta virtus aquae, ut corpus tangat et cor abluat, nisi faciente verbo, non quia dicitur, sed quia creditur"? zu erläutern (Tract. in Ioan. 80,3 - CChr 36,529). Der Verwendung von Apg 15,9 im "Sermo de digna" am nächsten kommt Schol Hebr 3,12, wo ausgehend von Jer 17,9 (Pravum et inscrutabile est cor hominis - 1,332,33) ebenfalls auf Joh 15,3 und Apg 15,9 verwiesen wird (57 III 147,18ff); ganz ähnlich in einer Predigt von 1520 (? - vgl. K. Aland, Hilfsbuch 209): 4,695,30-37. Weitere Belege für Apg 15,9: ohne Bezug zum Sakrament: 57 III 161,10; 207,25; 235,15; 1,356,21f; 2,469,7ff; 489,13; in Zusammenhang mit dem Sakrament: 1,631,11f. Zum Verständnis von Apg 15,9 vor Luther siehe R. Schwarz, Fides 420ff. Bei G. Biel, Can. Miss. Expos. 29 D (I, 291f) bezieht sich der Glaube der Eucharistieteilnehmer (zitiert wird ebenfalls Apg 15,9) auf die Tatsache der Realpräsenz.

[17] E. Bizer, Fides ex auditu 81: "Was das Sakrament dann überhaupt noch nützt, ist nicht klar; der Glaube ist ja bereits die Reinheit des Herzens". Ähnlich auch O. Bayer, Promissio 208: Der Glaube "empfängt sich aber offenbar nicht aus dem Sakrament. Denn dann wäre ja gerade dieses das Wirksame - was Luther aber heftig bestreitet". Dazu wird 57 III 170,5f sinnentstellend zitiert. Doch Luther lehnt nicht die Wirksamkeit der Sakramente ab, sondern eine so verstandene Wirksamkeit, daß der Glaube nicht erforderlich ist, sondern allein die Entfernung des obex genügt. Die am Bußsakrament (!) herausgearbeitete Bedeutung des Glaubens sowie die Einbindung von Apg 15,9 in das Thema "cor mundus et purus" (als praeparatio digna zum Sakrament!) sollten davor warnen, die Betonung des Glaubens vom Sakramentsgeschehen zu isolieren, richtet sich doch der Glaube auf das Wort beim Sakrament. Eine solche Isolierung findet sich auch bei F. Mann, Das Abendmahl 39f.

jedem Sakrament Gottes Gnade verheißen wird, kann es keinen Sakramentsempfang geben ohne den Glauben, der sich der Verheißung ausliefert und
das Verheißene empfangen will ohne Vertrauen auf eigenes Verdienst. Nur
wo das Geschenk im Glauben an das sichere Zusagewort Gottes angenommen wird und nicht im unsicheren Vertrauen auf eigene Leistung, kann es
Gewißheit geben. "Der Glaube stützt sich eben nicht auf das Bewußtsein
selbsterworbener sittlich-religiöser Reinheit, sondern auf das reine Wort
Christi"[18].

2. Die Messe als "Gedächtnis" des Todes Christi

Den Bezugspunkt des Glaubens sieht Luther bei der Messe noch nicht in einem im Sakrament ergehenden Wort, sondern im Einladungsruf Mt 11,28 [1].
Wozu die Einladung ergeht, was also der Inhalt der Messe ist, wird im
"Sermo de digna" nur am Rande berührt: Der Name des Sakramentes (communio) und die res sacramenti (unitas cordium), die beide in dem einen
Brot aus vielen Körnern und dem einen Wein aus vielen Trauben abgebildet
sind, zeigen dem, der zur Vorbereitung sein Gewissen erforscht, daß nichts
so sehr dem Sakrament widerspricht wie die discordia [2]. Daneben läßt
sich aus dem Bezug zu den "Hungrigen" und "Beladenen" das Sakrament
bestimmen als Arznei [3], mit der die in Gal 5,22 genannten Güter gegeben
werden [4], weil Christus bei der Einsetzung dieses Sakramentes sich selbst
als Erinnerungszeichen (memoriale) seiner großen Liebe überlassen wollte [5]. Im letzten Abschnitt des Sermons wird dann als Ziel aller Vorberei-

---

[18] R. Schwarz, Fides 303 Anm. 152.

[1] Außer den angegebenen Stellen auch schon in der Glosse zu Hebr 4,16
(57 III 27,18f). In 1,105 (Predigt vom 2. Advent 1516) und 1,140 (Predigt vom 24.2.1517) ist Mt 11,28 die Einladung zur Gleichgestaltung
mit Christus am Kreuz. Ähnlich 9,131,1-10 (Vaterunser 1517), dagegen 2,107 (Vaterunser 1518/19). Sehr nahe kommt dem "Sermo de digna" und den Parallelstellen der letzte Abschnitt einer Auslegung von
Psalm 22 (31 I 471 - aus der Zeit um 1516?): Vom Glauben ist dort
allerdings nicht die Rede, es genügt die Erkenntnis der Bedürftigkeit.
Auch später versteht Luther Mt 11,28 noch als Einladung zum Abendmahl: 7,697,8; 30 I 230,31.
In der "Nachfolge Christi" wird in Buch IV, 1-4 dieses Schriftwort
6mal als Einladung zum Sakrament zitiert.
[2] 1,329,11-18. Vgl. auch die Exegese von 1 Kor 11,28, wonach mit dem
Aufruf zum 'probare seipsum' ein zur discordia führendes 'probare
alios' abgewiesen werden soll (332,7-19); ebenso 1,265,8: "Tota ergo
virtus verbi est in isto pronomine se ipsum ..."
[3] 1,333,30 - 334,2.
[4] 1,330,18ff.
[5] "Non enim venenum nobis dedisse ac reliquisse timendus est, qui
novissimum et maximum charitatis, quam ad peccatores gerit, memoria-

tung ausdrücklich die memoria Christi genannt. Der Gedächtnis- (1 Kor 11, 24f) und Verkündigungsbefehl (1 Kor 11,26) Christi werden als Grund für die kirchliche Anordnung angeführt, daß keine Messe ohne Evangelium gelesen werden dürfe. Wie diese memoria in der Messe vollzogen wird, sagt Luther nicht, verweist vielmehr auf einen eigenen Sermon [6]. Ist damit die Messe als memoria noch immer Andachtsmittel zur Kreuzesbetrachtung, Anlaß, das Kreuz Christi an sich zu vollziehen, wie oben für die frühe Zeit festgestellt wurde [7]?

Der von Luther angezeigte Sermon legt es nahe [8]. Denn dort ist in Abwehr einer falschen Passionsbetrachtung (Beklagung Christi) auf die signifikative Rolle des Kreuzes abgehoben: Die Betrachtung des Kreuzes zeigt den Zustand des inneren Menschen und führt zur Erkenntnis und zum klagenden Bekenntnis eigener Sündigkeit. Allerdings wird in diesem Sermon an keiner Stelle auf die Messe Bezug genommen, so daß er zur inhaltlichen Bestimmung der Messe nicht herangezogen werden kann. Dagegen ist auf einige Abschnitte aus der Hebräerbriefvorlesung und der Vaterunserauslegung 1519 zu achten, die ein genaueres Bild ermöglichen.

a) Hebräerbriefvorlesung

Im Scholion zu Hebr 9,2 wird "Mensa et propositio panum" auf Christus gedeutet, der nach Joh 6,41.51 das lebendige Brot ist. Dieses empfangen wir im Sakrament der Eucharistie, in der nach dem in der Fronleichnamsliturgie oft gebrauchten Psalm 22 ein Tisch bereitet ist gegen Anfechtung und Bedrängnis. Nur im Sakrament gibt es Trost und Sieg [9]. Christus als Geschenk ist Inhalt der Messe, was im Blick auf die Fronleichnamstexte nur als der in Brot und Wein gegenwärtige Christus verstanden werden kann.

Luther bemerkt darüber hinaus, daß auch die dem hebräischen Text näher kommende Übersetzung "panis facierum" für die Schaubrote von Ex 25,30 (= Hebr 9,2) auf Christus in der Eucharistie hinweise. Einmal, weil gemäß 1 Kor 11,24 in der Messe Christus im Gedächtnis vor uns gestellt wird,

---

le seipsum protestatur nobis reliquisse, dum institueret sacramentum illud" (333,9-12).

[6]   334,3-12.

[7]   S. oben S. 64 ff.

[8]   Gemeint ist der Passionssermon von 1518 (1,336-340). Zwar wird die signifikative Funktion der Passion Christi als sacramentum ergänzt: "... immo et occidit et suscitat" (1,337,16), doch dann heißt es wieder, daß die an Christus gewonnene Erkenntnis (cognitio) dazu führt, "ut ... non cessemus plangere, dolere, flere et poenitere, donec liberemur in aeternum" (337,36f).

[9]   57 III 199,1-9. Die Anklänge an die Fronleichnamstexte sind vermerkt in den Anmerkungen der WA z.St. Sehr eng berührt sich das Schol 9,2 mit einer Auslegung von Ps 22,5 in 31 I 469,1ff und 471,1ff.

weshalb das Sakrament auch memoriale passionis Dominicae genannt wird [10], zum andern, weil Christus im Sakrament uns nicht den Rücken, sondern das Gesicht zuwendet [11].

Die Messe als memoria kehrt wieder im letzten Teil des Scholions zu Hebr 9,24 [12], wo die Frage, warum Christi Opfer heute noch immer vollzogen werde, im Anschluß an Chrysostomus mit dem Hinweis beantwortet wird, daß das Opfer Christi selbst vollendet ist, die Kirche, sein geistlicher Leib, aber noch täglich geopfert wird im Gedächtnis des Opfers (1 Kor 11,24f), d.h. aber im ständigen Mitsterben mit Christus [13]. Könnte das noch verstanden werden als Aufforderung, den Weg Christi zu gehen, so deutet es der Schluß doch anders: In dem täglichen Opfer der Kirche geschieht ein Gedächtnis der Sündenvergebung durch das Wort: "Vater, vergib ihnen", "Es ist vollbracht" und "Das für euch vergossen wird zur Vergebung der Sünden" [14]. Mit dem letztgenannten Wort - wohl einer Kurzfassung der Konsekrationsworte aus dem Missale [15] - tritt zwar das später so wichtige Sakramentswort in den Blick, doch vollzieht Luther hier noch nicht den Schritt, in der Verkündigung der Sündenvergebung, wie sie im Sakramentswort der Eucharistie selbst laut wird, die Mitte der Meßfeier zu sehen. Vielmehr geschieht in der Messe das Gedächtnis der in der Schrift verkündigten Sündenvergebung [16].

---

[10] 199,10-18; vgl. 31 I 469.
[11] "Non enim vertit ad nos dorsum seu relinquit, sed potius vertit faciem ad nos" (200,2f).
[12] 57 III 217,25-218,15.
[13] "Christus oblatus est non nisi semel, ut capite praecedente. Quod autem a nobis offertur quotidie, non tam oblatio quam memoria est oblationis illius, sicut dixit: 'Hoc facite in mei commemorationem'. ... Deinde oblatio haec novi testamenti quoad caput Ecclesiae, qui Christus est, perfecta est et cessavit omnino, spiritualis autem corporis sui, quod est Ecclesia, offertur de die in diem, dum assidue moritur cum Christo ... scilicet concupiscentiis mortificatis ad futuram gloriam transiens ex hoc mundo" (217,29ff; 218,5ff).
[14] "... fit memoria remissionis peccatorum per verbum, quod dixit: 'Pater, dimitte illis'. Et: 'Consumatum est'. Item: 'Qui pro vobis effundetur in remissionem peccatorum" (218,12ff).
[15] Mt 26,28: pro multis; Lk 22,29 fehlt: in remissionem; Missaletext: qui pro vobis et pro multis effundetur in remissionem peccatorum.
[16] Um Mißverständnisse und Unklarheiten zu vermeiden, empfiehlt sich eine klare Sprachregelung. Im folgenden meint der Terminus "Einsetzungsworte" die Worte Jesu über Brot und Wein, wie sie in den biblischen Berichten über das Abendmahl Jesu tradiert sind. Die Verkündigung dieser Worte in der kirchlichen Meß- oder Abendmahlsfeier soll mit "Abendmahlsworte" wiedergegeben werden. "Predigt" meint die Verkündigung der Kirche generell, "Meßpredigt" die Predigt als speziellen Teil der Messe.

Wie sehr Luther mit den biblischen Einsetzungsworten das Heilsgeschehen in Christus deuten kann, ohne dabei einen Bezug zur Messe herzustellen, zeigen die beiden Scholien zu Hebr 9,14 und 9,17.

Zu 9,14 (wieviel mehr hat das Blut Christi unser Gewissen gereinigt) [17] führt Luther aus, daß das Gewissen des Menschen, der im Blick auf seine Sünden Angst und Trübsal erfährt, nur gereinigt wird im Blick auf das Blut Christi, und zwar, wenn es als "zu der Sünden Vergebung vergossen" geglaubt wird. Im Glauben kommt das durch Christi Blut erworbene Geschenk zum Menschen, so daß in diesem Glauben das Gewissen rein wird (Apg 15,9). Der Glaube hängt an Christi Testament: "Dies ist das Blut, das für euch und für viele vergossen wird zur Vergebung der Sünden" [18]. Zusammenfassend sagt Luther: "Ein gutes, reines, ruhiges, fröhliches Gewissen ist nichts anderes, denn der Glaube an die Vergebung der Sünden, die man nicht empfangen kann außer in Gottes Wort, welches uns predigt, daß Christi Blut vergossen sei zur Vergebung der Sünden" [19].

Entscheidend ist der Zusatz "zur Vergebung der Sünden", denn ohne diesen wäre der Wert des vergossenen Blutes nicht zu erkennen. Aber selbst diese Präzisierung genügt noch nicht zur Reinigung des Gewissens, wenn nicht geglaubt wird, "es sei zu der eigenen Sünden Vergebung vergossen" [20]. Damit wird die im Anklang an Bernhard schon im Schol zu Hebr 5,1 und dann zu 11,6 betonte Notwendigkeit eines Glaubens "pro me" und nicht nur eines historischen Glaubens aufgenommen [21]. Erstaunlich ist, wie wenig trotz der Betonung des "pro me" ein Ort in den Blick kommt, an dem die

---

[17] 57 III 207,11 - 210,12.
[18] "Nec ab his angustiis liberatur nisi per sanguinem Christi, quem si per fidem intuita fuerit, credit et intelligit peccata sua in eo abluta et ablata esse. Sic per fidem purificatur simul et quietatur, ut iam nec poenas formidet prae gaudio remissionis peccatorum. Ad hanc igitur munditiam nulla lex, nulla opera et prorsus nihil nisi unicus hic sanguis Christi facere potest, nec ipse quidem, nisi cor hominis crediderit eum esse effusum in remissionem peccatorum. Oportet enim testatori credere, ubi dicit: 'Hic sanguis qui pro vobis et pro multis effunditur in remissionem peccatorum'" (207,23-208,4). Das hier zitierte Einsetzungswort dürfte wieder aus dem Missaletext geformt sein.
[19] 208,23ff; Übersetzung nach E. Vogelsang, Deutsche Übersetzung 134.
[20] "Imo nec hoc satis est credere effusum esse in remissionem peccatorum, nisi in eorum ipsorum peccatorum remissionem effusum crediderint. Ecce sic per fidem verbi Christi mundat conscientiam sanguis Christi non nisi effusus" (208,29ff).
[21] Siehe oben S. 110 ; Schol 11,6: 57 III,233,10-12. Der damit abgelehnte erworbene Glaube, fides acquisita, wird oben im Text mit historisch bezeichnet, weil er sich auf die Heilstatsache an sich bezieht; vgl. 17 I 175,17.

Verkündigung "pro me" konkret ergeht. Ein Bezug zur Messe wird im Schol 9,14 gerade nicht hergestellt, vielmehr wird mit Joh 6,55 auf das geistliche Essen verwiesen, das mit dem Augustinuswort: "Wozu bereitest du den Bauch und die Zähne? Glaube, so hast du gegessen" auf den Glauben an Christus gedeutet wird, ohne dabei eine in der Tradition übliche Verbindung zur "geistlichen" Kommunion erkennen zu lassen [22]. Der Glaube an den Wert des Blutes Christi kommt - so wird im weiteren Verlauf gesagt - vom häufigen Bedenken des Leidens Christi [23]. Solches Betrachten führt zwar nicht mehr wie in der Vaterunserauslegung von 1517 dazu, "das wir uns teylen seyn betrubnisz, jamer, elende..." usw. - was jetzt als unfruchtbar abgelehnt wird [24] - , sondern vielmehr zur Erkenntnis des Blutes Christi als Gabe für die Vergebung unserer Sünden. Wie aber soll in der Betrachtung des Leidens Christi diese Gabe als zugeteilte geglaubt werden und damit zur Gewißheit führen können, wenn nicht ein Wort dem Menschen diese Gabe persönlich zuspricht [25]?

Dazu bedarf es aber eines konkreten Ortes, für den Luther später die Messe mit ihren Abendmahlsworten angeben kann. Hier ist dieser Ort noch nicht

---

[22] "Hoc enim 'manducare' et 'bibere' spiritualiter dicit id est credere, sicut expresse Beatus Augustinus ibi exponit: 'Ut quid paras ventrem et dentem? Crede, et manducasti'" (209,10ff). Das Augustinuswort findet sich in der Form: "Quid paras dentes et ventrem. Crede et manducasti" in der Auslegung von Joh 6,28 (Tract. in Ioan. 25,12 - CChr 36,254), wo der Glaube an Christus als die Speise, die nicht vergeht, erklärt wird. H.R. Schlette, Die Lehre von der geistlichen Kommunion, hat gezeigt, welche Bedeutung dieses Wort, das bei Augustinus den personalen Glaubensvollzug ohne Beziehung, aber auch nicht in Konkurrenz zum Sakramentsempfang meint (aaO. 9f), in der Ausbildung der Lehre von der manducatio spiritualis als e i n e r Form des Sakramentsempfanges hatte. Vgl. dazu die Ausführungen des Tridentinums: DS 1648. F. Mann, Das Abendmahl 41, scheint die Stelle im Schol 9,14 so zu deuten, daß Luther das nur äußerliche Essen des Sakramentes auf das geistliche Essen als Überhöhung hin aufbrechen wolle. Ein Bezug zum Sakrament ist aber im Scholion überhaupt nicht in den Blick genommen.
[23] "Sed eo studio debet eius passio cogitari, ut fides augeatur, scilicet ut quo frequentius meditetur, eo plenius credatur sanguinem Christi pro suis peccatis effusum" (209,19ff).
[24] 209,15ff. Zum Vaterunser von 1517 siehe oben S. 70.
[25] Entgegen der Interpretation bei O. Bayer, Promissio 212ff, und E. Bizer, Fides 88f, kann ich im Schol 9,14 noch nicht die "Eindeutigkeit (des) speziellen Wortes" (Bayer, aaO. 214), bzw. die Bedeutung der Predigt (Bizer, aaO. 89) erkennen. Zwar heißt es vom Wort Gottes, daß es Christi Blut als zur Vergebung der Sünden vergossen verkündet, wie aber aus der hier in Schrift- und Passionsmeditation ergehenden Verkündigung jene letzte Gewißheit der persönlichen Zusage, wie sie sich dann später im Abendmahl zuträgt, empfangen werden kann, ist in diesem Scholion noch nicht geklärt.

gefunden. Und damit bleibt das Scholion zu 9,14 trotz vieler später bedeutsam werdender Elemente noch hinter der für das Bußsakrament schon gewonnenen Erkenntnis zurück.

Gleiches gilt auch für das Scholion zu 9,17 (Ein Testament wird festgemacht durch die Toten) [26]. Mit einer aus Chrysostomus übernommenen Erläuterung des Wortes testamentum versucht Luther die Neuheit und Überlegenheit des Neuen Bundes gegenüber dem Alten Bund aufzuzeigen [27]. Chrysostomus kennzeichnet das Testament so: 1. Es wird kurz vor dem Tod gemacht; 2. einige werden dadurch beerbt, andere enterbt. 3. Das Testament verfügt, was die Erben a) empfangen, b) tun sollen. 4. Jedes Testament muß Zeugen haben [28].

Den ersten Punkt läßt Luther mit Chrysostomus als bekannt beiseite. Denn Lk 22,20: "Dieser Kelch ist das neue Testament in meinem Blute" - beim letzten Mahl, kurz vor dem Tod, gesprochen - ist Beweis genug. Weil aber Luther in diesem Wort nicht nur eine Angabe über das Stiftungsdatum des Testamentes, sondern zugleich dessen Urkunde sieht, greift er sogleich den Inhalt des Testamentes (3a) auf und tadelt Chrysostomus, weil er darüber sehr wenig gesagt habe, obgleich es das Wichtigste ist [29]. Mit den Einsetzungsworten Lk 22,22, Mk 14,24 und besonders Mt 26,28 wird das Testamentsvermächtnis bestimmt als die unschätzbaren Güter der Sündenvergebung und des Besitzes des zukünftigen Reiches, die Christus durch sein Blut erworben hat [30]. Der Auftrag an die Testamentsempfänger (3b) ist

---

[26] 57 III 211,15 - 213,21.

[27] Damit wird das Schol 7,22 (57 III 193) aufgenommen.

[28] 211,23-27 = wörtliche Übernahme aus Chrysostomus, In Epist. ad Hebr., Homilia 16, in der Übersetzung Mutians (PG 63,341; vgl. PG 63,123). Luther behandelt zunächst Punkt 1 (211,27ff), dann 3a (212,4ff), darauf folgt 2 (212,24ff) was aber wegen der damit verbundenen Prädestinationsfrage nicht näher ausgeführt werden soll, dann 4 (213,6ff) und schließlich 3b (213,11ff).

[29] "Verum et id quoque brevius tangit ..." (212,4). Zu dieser Kritik an Chrysostomus siehe auch die bei Hirsch-Rückert 230 angeführten Zeugnisse aus den Tischreden.

[30] "Ideo sciendum, quod testatus fuit et post se reliquit fidelissimo testamento bona inaestimabilia, scilicet remissionem peccatorum et aeternam vitam" (212,5f). G. Biel, Can. Miss. Expos. 53 (II, 312-334) interpretiert testamentum als den Neuen Bund mit seinen Einrichtungen (fides et lex Christi), der durch das Blut Christi (gemäß Hebr 9,16) in Kraft getreten ist (53 N), ebenso wie die Sündenvergebung durch das Blut Christi gewirkt wurde (53 Q-T). Nicht wird wie bei Luther die Sündenvergebung als Inhalt des Testamentes angegeben. Zwar kann Biel das Testament auch als promissio bezeichnen, doch meint dies dann das ewige Leben, das denen verheißen ist, die Gottes Gebote (mandata) halten (53 O). Daher ist der von O. Bayer, Promissio 219, herausgestellte Gegensatz zwischen Biel und Luther so nicht haltbar: Das Erbe wer-

ausgesprochen im Gedächtnis- und Verkündigungsbefehl 1 Kor 11, 24ff, der durch Lk 24, 47 verdeutlicht wird: Sie sollen Buße, Vergebung der Sünden und ewiges Leben predigen [31]; außerdem sollen sie - damit folgt Luther wieder Chrysostomus - das Gebot der Liebe erfüllen [32].

Trotz des später so bedeutsamen Begriffes testamentum und seiner inhaltlichen Bestimmung durch die biblischen Einsetzungsworte als Geschenk der Sündenvergebung, und trotz des Verkündigungsbefehls 1 Kor 11, 24ff kommt die Messe auch hier nicht in den Blick [33]. Doch bleiben diese Aussagen in unmittelbarer Nähe zur Messe. Denn mit den in den Scholien zu 9, 14 und 9, 17 ins Zentrum gerückten Einsetzungsworten und ihrer Verheißung der Sündenvergebung wurde im Schol 9, 24 der Memoriacharakter der Messe, der schon im "Sermo de digna" und im Schol 9, 2 angesprochen war, inhaltlich bestimmt. In der Messe geschieht demnach das Gedächtnis - nicht die aktuelle Verkündigung - der Sündenvergebung, die im Schauen auf Christi Kreuzestod und im Bedenken der diesen Tod als "für uns geschehen" deutenden Einsetzungsworte uns vor Augen tritt. Im Glauben an die im Blut Christi ergehende Sündenvergebung wird die Befreiung des Gewissens geschenkt, und so kann die Messe zur Speise der Hungrigen, Beladenen und Angefochtenen werden.

In der Messe vollzieht so der mystische Leib Christi das Opfer des Glaubens, weil Christus mit seinem am Kreuz geopferten Leib Vergebung der Sünden und Heil erworben hat für die, die an ihn glauben [34]. Die memoria

---

de bei Luther "schon jetzt in der Gegenwart Sündern ausgeteilt und nicht erst in der Zukunft Würdigen zuerkannt". Wenn Biel die promissio als ewiges Leben versteht, schließt dies ja nicht die Sündenvergebung in der Gegenwart aus, der dann die Erfüllung der mandata (wie auch bei Luther) folgen kann. Weil Luther mit promissio das Testament der Sündenvergebung versteht, muß sie in der Gegenwart ausgeteilt werden.

[31] 213, 11ff. Der Verkündigungsbefehl ist bei Chrysostomus nicht genannt.
[32] 213, 14ff; vgl. PG 63, 341.
[33] So auch E. Bizer, Fides 88, und O. Bayer, Promissio 219 Anm. 109. Gegen das Schol 9, 17 interpretiert F. Mann, Das Abendmahl 61: "Die im Testament liegenden unschätzbaren Güter sind also das Abendmahl selbst mit der im Wort der Zusage verheißenen Sündenvergebung als dessen Inhalt". Die Güter sind beim letzten Mahl Jesu (unsicher was Mann mit 'Abendmahl' meint) als Testament niedergelegt worden. Der Aufruf zur Predigt der Sündenvergebung durch Christi Blut beschränkt sich nicht, wenn sie hier überhaupt gemeint ist, auf die Meßpredigt (vgl. Mann, aaO. 62). Auch E. Vogelsang, Die Bedeutung 20f, spricht von einer hier erstmals ausgeführten Abendmahlslehre.
[34] Damit ist das Schol Hebr 10, 5 aufgenommen, das zwar nicht ausdrücklich vom Opfer in der Messe spricht, aber eine unmittelbare Nähe zum letzten Teil des Schol 9, 42 aufweist, das sich selbst wieder auf Hebr 9, 24f und 10, 3f bezieht. Der Vers 10, 5 (corpus autem aptasti mihi =

passionis in der Eucharistie führt nun nicht mehr wie in der Dekalogausle-
gung von 1516 [35] und der Vaterunserauslegung von 1517 [36] zum geistlichen Selbstopfer der contritio und zum "geistlichen Essen" in der Betrachtung des Leidens Christi, sondern vielmehr zum Opfer des Glaubens an die
im Tod Christi geschenkte und im biblischen Einsetzungswort (!) verkündete
Sündenvergebung [37].

Ps 39,7/LXX; oder nach dem hebräischen Text: aures autem perficisti
oder aperuisti mihi) läßt verschiedene Deutungen zu: Christi Opferleib
anstelle der alttestamentlichen Tieropfer; oder: "Passive sic: 'Aperuisti
mihi aures', id est fecisti, ut mihi et in me crederetur, et ita fieret per
me, non per pecora remissio peccatorum et salus credentibus in me"
(221,12ff); die Gemeinde der Glaubenden ist aber auch der mystische
Leib Christi. So gehen alle drei Deutungen ineinander über: "...ut 'apta
sti', 'fodisti', 'emisti aures mihi', rursus 'aptasti, fodisti, emisti corpus meum' mysticum, aptatum, fossum et emptum corpore meo proprio
pro eo oblato et aptato" (221,25ff). Vgl. dazu A. Brandenburg, Solae
aures sunt organa Christi hominis.

[35] S.o.S. 69.

[36] S.o.S. 70.

[37] Damit ist der Tod Christi weniger sacramentum im Sinne eines Zeichens für das "der Sünde Absterben", zu dem das Kreuz Christi auffordert, sondern Heilszeichen Christi für uns, weil er den Tod und die
Vergebung der Sünde gewirkt hat. Die Unterscheidung sacramentum/ex-
emplum nimmt Luther expressis verbis auf im Schol Hebr 2,3 und 10,1
Im Schol 2,10 könnte es im Hintergrund stehen. Gegenüber der oben beschriebenen Verwendung lassen sich in der Hebräerbriefvorlesung deutliche Akzentverschiebungen erkennen. Vgl. besonders 57 III 114,13ff
und die Bezeichnung Christi als causa, instrumentum und medium in
57 III 124f. Deutlich zeigt sich die Akzentverschiebung im Schol 10,19.
Zunächst wird wie früher das Begriffspaar im Verhältnis 1:2 von Christi leiblichen Tod auf des Menschen geistlichen und leiblichen Tod gedeutet. Dadurch führt Christus den neuen und lebendigen Weg (222,10-
223,23). Doch dann wird in einem weiteren Abschnitt ausgeführt, daß
uns Christus auf diesen Weg ruft als exemplum, d.h. nun, daß er vor-
ausgegangen ist, und als sacramentum, d.h. nun, daß er uns dabei
hilft: "Ideo exemplum Christi, ducis et antisignani nostri, primum
proponit, qui cum nullam haberet necessitatem, pro nostra tamen eri-
genda fidutia prior omnium transivit asperrimamque viam complanat.
Deinde quod non solum exhibuit exemplum transeundi, sed et manum
porrigit sequentibus... hic Christus non solum comes, sed dux viae
est, nec solum dux, sed adiutor, imo portitor... Ille enim portatur in
humeris Christi, qui fide nititur in eum" (223,26-224,15). Hier wird
das Geschehen an Christus nicht mehr im Verhältnis 1:2 auf unser inneres und äußeres Geschehen verteilt, vielmehr ruft Christus uns (jetz
im Verhältnis 2:1) als Vorbild und Helfer zu sich. Dies aber geschieht
im Glauben an ihn, der nicht nur einen Weg aufzeigt, sondern auch die

b) Vaterunserauslegung 1519

Eine entscheidende Verknüpfung zwischen dem Auftrag, Christus als Gabe zu verkünden, und der Messe als dem Ort dieser Verkündigung, stellt die "Auslegung deutsch des Vaterunsers für die einfältigen Laien" dar, die Luther 1519 - die Aufzeichnungen Agricolas korrigierend - herausgab [38]. Wieder ist die vierte Bitte [39] eine Bitte um Trost für die "hungrigen und durstigen Seelen". Das erbetene Brot ist Gottes Wort, mit dem Gott stärkende Speise gibt, wie die Schrift zeigt. "Und dyser leere ist die gantze schrift voll, voll, voll" [40].

Das Wort, das Brot, die Speise ist Christus selbst [41], aber nun nicht mehr als Andachtsmittel, weil die Betrachtung des Leidens Christi stärkt, sondern vielmehr als Gabe, die Gott gibt: "Christus ist das brot, gotis wort ist das brot, und doch ein dingk, ein brot. Dan er ist yn dem wort und das wort in ym, und gleuben in dasselbe wort, das heyst essen das broth, und wem das got gibt, der lebet ewiglich" [42].

Christus als Brot wird auf zweierlei Weise gegeben: äußerlich durch Menschen (Priester und Lehrer) [43], innerlich durch Gott selbst [44]. Auch die äußerliche Mitteilung geschieht zweifach: "Eyn mall durch wortte, Czum andern ym Sacrament vom altar" [45]. Der Sakramentsempfang allein wäre umsonst, wenn Christus daneben nicht durch das Wort der Predigt zugeteilt würde [46]. Daher bezeichnet Luther als das Vornehmste der Messe die Meßpredigt, in der der Verkündigungsauftrag (1 Kor 11, 25) vollzogen wird, und sieht in ihrem Fehlen bzw. in ihrer Christusferne den Grund für den "unfruchtbaren brauch" der Messe seiner Zeit [47].

Hilfe dazu gibt. Mit Recht sagt Bizer, Fides 79: "Hier scheint das Schema von Exemplum-Sacramentum durchbrochen". Ähnlich dürfte das Schema auch in den "Asterisci" (1, 309, 16ff) zu verstehen sein.
[38] 2, 80-130; vgl. dazu oben S. 70 Anm. 49.
[39] 2, 105-116; vgl. dazu O. Bayer, Promissio 302ff; F. Mann, Das Abendmahl 62ff; E. Bizer, Fides 140.
[40] 107, 40. Unter den Worten, die Stärkung durch Gott verkünden, ist auch Mt 11, 28.
[41] "Das broet, das wort und die speysz ist niemandt, dan Jhesus Christus unser herr selbst, Wie er sagt Johan. vi. Ich bin das lebendige broet, das vom hymel herabe gestigen ist das es die welt lebendig mach" (111, 27ff).
[42] 114, 1ff.
[43] 112, 8 und ebenso 108, 3.
[44] 112, 35 und 108, 18ff.
[45] 112, 9f.
[46] 112, 13ff.
[47] "Darumb ist es ein schwerß wesen tzu unsern tzeyten, das man vill messen helt unnd nur auff messze stifften eylet, und leyder das fuernemest, darumb die messzen seind eingesatzt, nach bleybt, das ist dye prediget, Als Christus sagt unnd gebeuth: Als offt ir das thut, so solt

Doch zu der äußerlichen Austeilung des Brotes, das Christus ist, muß die innere Zuteilung kommen, diese aber ist wiederum an die äußere gebunden: "Dan goth lest seyn worth nymmer meher an frucht aus gehen. Er ist da bey und lereth innerlich selbst, das er gibt eusserlich durch den priester, Als er spricht durch Isaiam (= 55,10): Mein worth, das von meynem mundt auszgehet, wirth nit leher wyderkommen" [48].

Durch das Wort, besonders durch die Meßpredigt wird Christus als Speise ausgeteilt. Ohne diese Austeilung bleibt Christus, ob er nun "im hymel sitzt ader under des brots gestalt ist", ohne Nutzen. "Er mus tzuteylet, angericht und tzu worten werden durch das innerliche und eusserliche wort" [49]. Die Messe ist hier ganz von der Meßpredigt her gesehen, die Sakramentsgaben selbst spielen kaum eine Rolle. Noch ist nicht die Rede von der Verkündigung in den Abendmahlsworten. Aber die Verknüpfung von Verkündigung, als Medium, durch das sich Christus gibt, und Messe hat auf dem Weg dazu einen Schritt weitergeführt.

3. Die Sakramentszeichen als Zusage der communio

Doch bevor Luther die Messe von der Testamentsverkündigung in den Abendmahlsworten her bestimmen kann, kommt es zu einer Zwischenlösung. Die Zusage des Abendmahls ergeht nicht im Wort, sondern im Zeichen. Das geschieht im "Sermon von dem hochwürdigen Sakrament", der im Dezember 1519 erschienen ist. Zuvor wurde diese Lösung schon im "Sermon von der Bereitung zum Sterben" an den Sterbesakramenten allgemein erarbeitet [1].

a) "Sermon von der Bereitung zum Sterben"

In der Todesstunde liegt großer Trost und große Gnade in den Sterbesa-

---

ir mein tzu gedencken thun, Und ob man schon prediget, so ist die messe von Christo, und die predigeth von Dietrich von Bern ader sunst ein fabeln. Also plagt uns got, das wir nit bitten umbs teglich broet und kumpt tzu letzt das hochwirdige Sacrament nit allein in ein vorgeben, unfruchtbarn brauch, sundern auch yn vorachtungen. Dan was hilffts, da er da ist und uns ein broeth bereyt ist, und doch uns nit gegeben wirt unnd wyr seyn nith nyssen konnten" (112,17-26). Ähnlich in einer Predigt über Melchisedech (aus der Reihe der Genesispredigten 1519?): "Docere enim et 'eucharistia' sic coniungi debent, ut nunquam separentur. Ideo male nunc in ecclesia agitur tot missis, citra tamen verbum Dei, quum Christus et Paulus iusserint mortem Domini esse annunciandam" (4,610,19f).

[48] 112,37f.
[49] 113,36 ff.

[1] 2,685-697; nach 2,680 im Herbst 1519 erschienen. 2,680-83 verzeich-

kramenten [2], weil durch sie dem Sterbenden, der vom Anblick des Todes, der Sünde und der Hölle erschreckt ist [3], verkündet wird, das Christus diese überwunden hat [4]. Daher sei es gut zu wissen, was die Sakramente "seyn, wo zu sie dienen, wie man yhr prauchen soll" [5]. In der Bestimmung der Sakramente zeigt sich nun, wie Luther die für das Bußsakrament bedeutsame Struktur Zusage - Glaube auf die Sakramente allgemein
als Zeichen, Wahrzeichen, Urkunden überträgt. Was vom Wort gilt, gilt
nun auch vom Zeichen, ja Sakramente sind Zeichen und Wort, Anzeige und
Zusage [6]. In ihnen "handelt, redt, wirckt durch den priester Deyn gott
Christus selbs mit dyr, und geschehen da nit menschen werck oder wort,
Da geredt dyr gott selbs alle ding, die itzt von Christo gesagt seyn, und
will die sacrament eyn wartzeichen und urkund seyn, Christus leben soll
deynen tod, seyn gehorsam soll deyn sund, seyn liebe deyn helle auff sich
genommen und ubirwunden haben" [7].

Aufgabe der Sakramente ist es, die Gabe Christi zu verkünden: entweder
durch die Worte in den Sakramenten, oder durch die Zeichen der Sakramente, d.h. dadurch, daß sie die Gabe anzeigen. Dabei ist nicht an ein
Miteinander von Wort und Zeichen gedacht. Je nach Sakrament kann das
Zeichen an die Stelle des Wortes treten: Das Zeichen redet, sagt zu, indem es anzeigt. Es ist sprechendes Zeichen, denn hinter den Sakramenten
steht Gott in seinem Wort und Werk [8]. Daher können Wort und Zeichen
mit den dazugehörenden Verbformen im Sermon ständig parallelisiert werden [9]. Soweit Luther allgemein von den Sakramenten redet, wird nicht
auf ein konkretes Wort verwiesen, das in einem der Sakramente laut werden würde, vielmehr ist die Zusagefunktion des Wortes ganz auf die Zeichen übergegangen. Worin die Zusage der Krankensalbung liegt, wird überhaupt nicht gesagt. Für die Zusage der Beichte wird dann wieder das Wort

---

net die vielen Ausgaben dieses weit verbreiteten Sermons.
[2] 686,9; 692,24ff; 695,5.
[3] 686,31-692,21.
[4] 692,29ff; 693,7ff; 694,10f; 695,6ff.
[5] 695,4; Dabei liegt das ganze Interesse eindeutig am Sakramentsgebrauch
    und nicht an einer Lehre über die Sakramente; vgl. 692,22.
[6] "..yn wilchen eytel gottis wort, zusagen, zeichen geschehen" (693,17).
[7] 692,27-32; 686,25: "gott darynnen sagt und anzeygt"; 686,28: "gott
    durch den priester redt und zeychnet".
[8] Vgl. etwa 686,25.27.29; 692,28.29; 693,8.13.17.27.28.33; 694,10.15;
    696,17.
[9] Besonders 686,9-30 und 692,22-695,15. Das geht soweit, daß sogar
    Lk 1,38 ausgeweitet wird zu: "Mir geschech nach deynen worten und
    zeychen" (686,27; vgl. zum Gebrauch von Lk 1,38 in Augsburg: 2,15,
    15). Nur einmal wird das Sakrament aufgeteilt in "eußerliche wort got-
    tis, durch eynen priester gesprochen" und "eyn sichtlich zeichen got-
    licher meynung" (692,36ff).

des absolvierenden Priesters angegeben, hier braucht es kein Zeichen [10].
Die Zusage des Altarsakramentes aber ergeht im Zeichen des Leibes Christi, in dem sich die communio sanctorum als res sacramenti anzeigt [11].
Hier wird deutlich, wie das Bußsakrament mit seinem Absolutionswort Modell ist für die Erkenntnis der Zusagefunktion des Altarsakramentes, bei dem aber, da es noch nicht vom Abendmahlswort her konzipiert ist, alles, was vom Absolutionswort gilt, auf die Zeichenhaftigkeit des Sakramentes übertragen wird.

Im Sakrament als "Wort-Zeichen" geschieht die feste und gewisse Zusage, daß Christus die Anfechtungen des Todes überwunden hat [12]. Im Glauben an das Sakrament als "Wort-Zeichen" wird die Gabe Christi dem einzelnen zugeeignet [13]. Der Glaube ist der rechte Gebrauch der Sakramente, ohne ihn nützen sie nichts im Kampf des Todes; er hält für wahr, was in den Zeichen verkündet wird [14]. Unglaube macht Gott zum Lügner, wie in Einklang mit dem gleichzeitigen Bußsermon betont wird [15]. Ebenso wird auch hier das Schauen auf die eigene Würdigkeit oder Unwürdigkeit als Zweifel an Gottes Tun verworfen [16]. Gott "bawet auch seyn wort und sacrament auff deyne wirdickeit nicht, sundern auß lauter gnaden bawet er dich unwirdigen auff seyn wort und zeychen" [17].

b) "Sermon von dem hochwürdigen Sakrament"

Was Luther von den Sterbesakramenten allgemein sagt, überträgt er im

---

[10] "Hatt mich der priester absolvirt, ßo vorlaß ich mich drauff als auff gottis wort selber. Seynd es dan gottis wort, ßo wirt es war seyn, da bleyb ich auff, da stirb ich auff. Dan du sollt eben ßo fest trawen auff des priesters absolution, als wan dir gott eynen bsondern engel odder Apostell sendet, Ja als ob dich Christus selbs absoviret" (694,12-16).

[11] "Alßo soltu auch sagen ubir dem sacrament des Altars: Hat mir der priester geben heyligen leychnam Christi, das eyn zeychen und zusagen ist der gemeynschafft aller Engel und heyligen, das sie mich lieb haben, fur mich sorgen, bitten und mit mir leyden, sterben, sund tragen und hell ubirwunden, Szo wirt es und muß alßo seyn, das gottlich zeychen treugt mich nit ... " (694,22ff); vgl. ebenso: 695,20ff.

[12] Siehe Anm. 4.

[13] "... das deyn tod, deyn sund, deyn hell dyr da ubirwunden und vertilget sey, und alßo erloßest seyest ... die ding, die dir daselb anzeygt, geben und vorsprochen werden" (693,23ff).

[14] "Der prauch ist nit anders, dan glauben, es sey alßo, wie die sacrament durch gottis wort zusagen und vorpflichten" (695,10); vgl. ferner: 686,18; 692,38; 693,14.25; 694,36.

[15] 686,28ff; 693,12f; 694,6.26. Zum Bußsermo siehe oben S. 130.

[16] 693,34-694,6.

[17] 694,7ff.

Sakramentsermon auf die Messe. Bei dessen Interpretation ist auf den Volltitel zu achten: "Eyn Sermon von dem hochwirdigen Sacrament des Heyligen Waren Leychnams Christi Und von den Bruderschaften" [18].

Die Praxis der "gleyssenden Bruderschafften, der itzt soviel seynd" [19], soll gemessen werden an Inhalt und Bedeutung der Messe, welche wie schon im "Sermo de digna" und im "Sermon von der Bereitung" als communio, Gemeinschaft gekennzeichnet werden [20]. Der falschen Gemeinschaft der Bruderschaften, die in egoistischer Exklusivität und Lieblosigkeit leben [21], zwar viele Messen stiften, diese aber entehren durch ihr Verhalten [22], wird die "rechte Christenliche bruderliche eynickeit" [23] gegenübergestellt, die aus dem rechten Gebrauch der Messe kommt. Dadurch ist das "ekklesiologische und ethische Interesse" [24] des Sermons bedingt, das auch die Aussagen über das Wesen des Altarsakramentes selbst leitet [25]. Die Realpräsenz ist unbefragte Selbstverständlichkeit, ebenso die "Verwandlung" der Elemente [26]. Doch beide sind nicht Thema: Nicht Christi

---

[18] 2, 742-758. Aus der reichen Literatur zu diesem Sermon: H. Hilgenfeld, Mittelalterlich-traditionelle Elemente 287-301; P. Althaus, Luthers Abendmahlslehre (= Theologie Luthers 319f); ders., Communio sanctorum 75-79; R. Seeberg, Dogmengeschichte IV/1, 397-400; E. Bizer, Die Entdeckung 79f; F. Mann, Das Abendmahl 46ff; 70ff; 90ff; H. Graß, Die Abendmahlslehre 19-25; O. Bayer, Promissio 226-241; J. Köstlin, Luthers Theologie I, 258-264.

[19] 754,17. Nach Köstlin, aaO. I, 262, gab es in Wittenberg damals 21 verschiedene Bruderschaften.

[20] Im "Sermo de digna" wird die communio in der unitas cordium (1, 329, 14) gesehen, im "Sermon von der Bereitung" (2, 694, 22ff; 695, 16ff) und im Sakramentssermon als Gemeinschaft mit Christus, den Engeln und Heiligen und allen Christen. Nach P. Althaus, Communio sanctorum 38, bedeutet Gemeinschaft im 16. Jhr. meist: verbundensein, teilhaben mit jemandem, gemeinsame Teilhabe.

[21] 755, 24-756, 16. Dieser Gedanke auch in der Vaterunserauslegung: 2, 114, 22ff.

[22] 754, 20-755, 4.

[23] 754, 16.

[24] O. Bayer, Promissio 233.

[25] "So wird die Rücksicht auf sie (= Bruderschaften) mit dazu beigetragen haben, daß er den Gesichtspunkt, unter dem er das Abendmahl auffaßte, recht nachdrücklich geltend machte" (Köstlin I, 262). Das gilt für die Betonung der communio und ihrer Entfaltung als Gabe und Aufgabe. Läßt man dabei die Intention des Sermons außer acht, kann es leicht zu der verzerrenden Charakterisierung kommen, daß im Sermon "das Soteriologische sofort durch das Ethische" verdrängt werde (so O. Bayer, Promissio 235 und öfters).

[26] Weitere Fragen nach dem Vorgang der Verwandlung werden als unnütze "subtilickeit" bezeichnet (749, 36ff). Daß Luther hier noch die Transsubstantiation lehre (H. Graß, aaO. 22; P. Meinhold, Abendmahl und

"natürlichen" Leib im Sakrament, sondern den "geistlichen" Leib, die res sacramenti, gilt es zu bedenken, wenn vom Altarsakrament geredet wird [27] Drei Dinge konstituieren das Sakrament: das Zeichen, die Bedeutung und der Glaube, der beide "zu nutz und yn den prauch" bringt [28].

Die Bedeutung des Altarsakramentes ist "Gemeinschaft und Einleibung mit Christus und allen Heiligen", communio, der geistliche Leib [29]. Diese Gemeinschaft entfaltet sich einerseits als Gabe und andererseits als Aufgabe, was immer wieder korrespondierend aufgenommen wird [30]. Als Gabe teilt die Gemeinschaft die geistlichen Güter Christi und seiner Heiligen, ihre Hilfe und Fürbitte, kurz Liebe mit, als Aufgabe fordert sie zu Solidarität gegenüber den leidenden und bedürftigen Gliedern des Leibes Christi, kurz zur Liebe auf [31]. "Dann wer mit geniessen will, der muß auch mit gelten, und lieb mit lieb vorgleychen" [32].

Im Sakrament wird die Gabe der Gemeinschaft "zugesagt, gegeben und zugeeignet" [33], "wirt dem menschen eyn gewiß tzeychen von gott selber geben durch den priester, das er mit Christo und seynen heyligen soll al-

---

Opfer 41), läßt sich nicht ausmachen, da er nur von der Verwandlung redet und dabei die Frage des "wie und wo" unbeantwortet sein lassen will (750, 3).

[27] 751, 4ff. 13ff; 752, 4f; zur Bestimmung der res sacramenti in der Tradition siehe oben S. 65 Anm. 11.

[28] "Das Sacrament muß eußerlich und sichtlich seyn, yn eyner leyplichen form odder gestalt. Die bedeutung muß ynnerlich und geystlich seyn, yn dem geyst des menschen. Der glaub muß die beyde zusammen zu nutz und yn den prauch bringen" (742, 10ff). Nicht bringt der Glaube beide (Zeichen und Bedeutung) zusammen (so Hilgenfeld, aaO. 287, und Bayer, aaO. 238), sondern er bringt beide "zu nutz".

[29] 743, 7ff. 21; 744, 9; 745, 12ff; 749, 25ff. Für die traditionelle Bestimmung der Messe als Sakrament der Liebe und Einheit genügt der Hinweis auf G. Biel, Can. Miss. Expos. 86 C-H (IV, 112-129), wo sich manche Paral lelen zu Luther finden. Vgl. auch H. de Lubac, Corpus mysticum, bes. 207-228.

[30] Zwar gebraucht Luther nicht die Bezeichnung Gabe und Aufgabe, doch ist damit dem Sermon am besten entsprochen (so auch Graß, aaO. 20; Althaus, Communio 54ff; Bayer, Promissio 235). Die Aussagen über die communio als Gabe und Aufgabe trennt Luther durch das oftmalige "widderumb": 743, 29. 33; 744, 16; 745, 20. 26. 40; 747, 29; 748, 20. 37; bzw. durch die Gegenüberstellung "niessen" und "gelten": 743, 35; 744, 17; 745, 19; 747, 26.

[31] Nach der grundsätzlichen Auffächerung der communio in Gabe und Aufgabe in § 5 handeln von der Gabe: §§ 7/8; 10/11; 18; und von der Aufgabe: §§ 9; 12/13; und beide zusammenfassend: 754, 9-18.

[32] 743, 34f.

[33] 749, 24; zur "Zusage" durch das Zeichen vgl. auch: 744, 27; 746, 28; 747, 28; aus dem "Sermon von der Bereitung": 2, 694, 24. 29. 30; 695, 27.

ßo voreynigt und alle ding gemeyn seyn" [34]. Wie bei der Absolution durch
das Wort, so wird hier durch das Zeichen die Gabe des Sakramentes zugesagt. Daß das Sakrament zusagen kann, was es gibt, gründet in den Zeichen,
die als Symbole die Bedeutung des Sakramentes kundtun, ansagen. "Solch
gemeynschafft zu bedeuten, hat gott auch solch zeychen dißes scraments
eyngesetzt, die sich allethalben da hyn fugen und mit yhren formen unß zu
solcher gemeynschafft reytzen und bewegen" [35]. Zeichen des Sakramentes sind Brot und Wein im Vollzug des Essens und Trinkens [36], weshalb
es Luther "fur gut ansehen" würde, wenn ein Konzil wieder den Laienkelch
verordnete [37].

Dreifach wird der Zeichencharakter ausgeführt:

a) Viele Körner und Trauben werden unter Verlust ihrer Gestalt zu dem einen Brot und dem einen Wein [38]. Ebenso nimmt in der communio Christus
unsere Gestalt (mit ihrer Schwachheit) und wir seine Gestalt (mit seiner Gerechtigkeit und seinem Leben) an und "seyn alßo durch gemeynschafft seyner guter und unßers unglucks eyn kuche, eyn brott, eyn leyb, eyn tranck,

---

[34] 744, 8ff.
[35] 748, 6ff. Bayer, Promissio 228f, konstatiert eine Spannung zwischen
   dem Moment der "Zusage" und dem instrumental-effektiven Verständnis des Zeichens. Doch sind im Sermon nicht Element und Handlung an
   sich causa instrumentalis (Bayer, aaO. 229), sondern eher die in Element und Handlung ergehende "Zusage". Vollkommen übersehen ist
   die Zusagefunktion der Zeichen und damit auch der richtige Bezugspunkt des Glaubens bei F. Mann, Das Abendmahl, was sich auch aus-
   drückt in der auf drei Kapitel verteilten Interpretation des Sermons:
   46f (Glaube); 70f (Sakrament), 90f (Zeichen). Damit kommt die Bedeutung dieses Sermons für die Entwicklung von Luthers Abendmahlslehre nicht zum Tragen.
[36] 742, 15ff.
[37] 742, 24f. Die Einführung des Laienkelches begründet Luther hier nicht
   mit den Einsetzungsworten, sondern mit der Symbolik des Zeichens,
   das in seiner Ganzheit die communio besser darstellen kann. Sein Eintreten für den Laienkelch brachte ihm den Widerspruch Georgs v. Sachsen und des Bischofs v. Meißen ein. In zwei Antworten ("Verklärung
   D. Martin Luthers etlicher Artikel": 6, 78ff und "D. Martin Luthers
   Antwort auf die Zettel": 6, 137ff und 144ff) begründet er den Laienkelch
   der Böhmen mit der Einsetzung durch Christus (6, 79, 22ff; 6, 139, 15)
   und spricht sich erneut dafür aus, daß ein Konzil diese Frage klären
   sollte. Vgl. dazu die Verurteilung in DS 1466.
[38] 748, 8ff; Vgl. Cyprian, ad. Caecil. ep. 63 (CSEL III, 2, 711f); Augustinus, Tract. in Joan. 26, 17 (CChr 36, 268); Thomas v. A., S. theol.
   III q. 74 a. 1; q. 79 a. 1; Biel, Can. Miss. Expos. 40 M, 48 Y, 86 C. Neu
   bei Luther ist der Gedanke vom "Verlust der Gestalt": 1, 329, 16: amissa differentia; vgl. H. Hilgenfeld, aaO. 286; P. Althaus, Communio
   76.

und ist alls gemeyn" [39]. Ebenso sollen wir uns selbst aufgeben und durch die Liebe zu den Mitmenschen "ynn eynander vorwandelt" werden " und gemeyn durch die Liebe, an wilche keyn wandell nit geschehen mag" [40].

b) Essen und Trinken schaffen die engste Verbindung zwischen Speise und Mensch, was wiederum auf die communio als Gabe und Aufgabe gedeutet wird [41].

c) Schließlich kann auch die Verwandlung der Elemente in Leib und Blut Christi die Verwandlung der Sakramentsteilnehmer in die Gemeinschaft Christi und aller Heiligen anzeigen [42]. Dabei übernimmt die Doppelgestalt der Elemente die Aufteilung: im Leib werden Christi Leben und gute Werke (communio als Gabe), im Blut seine Leiden und Martern (communio als Aufgabe) angezeigt [43].

Die in den Zeichen bedeutete Gemeinschaft mit Christus und allen Heiligen wird in den Zeichen dem Menschen zugesagt und gegeben. Als Gabe äußert sich die communio in der Hilfe gegen alles, was den Menschen bedrängt: die Sünde, das böse Gewissen, die Todesfurcht, das blöde Herz [44]. Das alles macht verzagt, bedürftig und hungrig, aber gerade darin liegt die "nützliche" Voraussetzung für den rechten Sakramentsempfang, wie Luther den "Sermo de digna" wieder aufnehmend sagt [45]. Die geschenkte communio schafft Trost, Stärke und Freude, weil Christi "gerechtickeit, seyn leben und leyden fur mich steht mit allen heyligen Engellnn und seligen ym hymell und frummen menschen auff erden" [46].

Als Aufgabe fordert die communio zu gegenseitiger Hilfe und Beistand auf nach dem Vorbild Christi [47]. Dazu werden die Einsetzungsworte des Abendmahles angeführt, die Christi Hingabe als Exempel (!) vor Augen stellen, das zum Gedächtnis seiner von den Empfängern des Sakramentes (- ein "warzeichen, das yhr meyn nit vorgesset" -) nachvollzogen werden soll [48].

---

[39] 748,17ff.
[40] 748,24f.
[41] 748,27-749,6.
[42] 749,7ff. Die Verwandlung kommt hier nur in den Blick, soweit sie ein Zeichen für die Verwandlung der Gläubigen sein kann.
[43] Daß die Doppelgestalt die Aufteilung in Gabe und Aufgabe übernimmt, wird aus dem Abschnitt allerdings nicht deutlich. Vergleicht man aber damit die grundsätzliche Bestimmung der communio in 743,26-35 (Güter als Gabe, Leid als Aufgabe), sowie die jeweilige Aufteilung bei den Zeichen a) und b), so wird man sie auch hier vermuten dürfen.
[44] §§ 7;10.
[45] § 11 mit der Aufnahme des Augustinuswortes: "Diß speyß sucht nur eynn hungerige seel".
[46] 745,12ff.
[47] §§ 9;12;13.
[48] 745,36ff. Damit wird das Sakrament zu einem "gewissen warzeichen, das yhr meyn nit vorgesset, Sondernn euch teglich dran ubet und vormanet, was ich fur euch than hab und thu, damit yhr euch stercken muget und auch eyner den andernn alßo trage" (746,2ff).

Im Blick auf spätere Abendmahlstexte und selbst auf die Aussagen der Hebräerbriefvorlesung ist hier Luthers Desinteresse an den Einsetzungsworten als der zentralen Verkündigung im Abendmahl Jesu überraschend. Noch steht an der Stelle des Abendmahlswortes das Zeichen, durch das die Zusage der Messe kommt.

Das Wissen allein um die Zusage nützt nicht, wenn nicht der Glaube - das dritte Hauptstück - hinzukommt, wozu das Sakrament mit seinen die communio bedeutenden Zeichen anreizt, so daß "du begerest hertzlich diß sacraments und seyner bedeutung, und nit dran zweyffelest, wye das sacrament deutet, ßo geschech dyr, Das ist, das du gewiß seyest, Christus und alle heyligen treten zu dir ..."[49]. Zweifel macht Gott zum Lügner [50], Glaube muß am Sakrament immer wieder geübt werden [51]. Was Luther hier vom Glauben an die angebotene Gabe als der einzig legitimen Haltung vor dem Sakrament sagt, unterscheidet sich durch nichts von dem, was auch im Bußsermon, auf den verwiesen wird, gesagt ist [52].

Ist der Glaube der rechte Gebrauch der communio als Gabe, so ist die Übung der Liebe der rechte Gebrauch der communio als Aufgabe. Nicht, daß nach Art des ius talionis die Zuteilung der Gabe der Erfüllung der Aufgabe entspräche [53] - immer ist erst von der Gabe und danach von der Aufgabe die Rede [54] -, wohl aber drängt die Gabe der communio zur Erfüllung der communio, "zum wechsel der lieb" [55]. Dann aber ist eine Frömmigkeit, die nur an der Gegenwart des "natürlichen" Christusleibes und nicht auch des "geistlichen" Leibes orientiert ist, gegen die Ab-

---

[49] 750, 6ff.

[50] 750, 24.

[51] 750, 22ff: Es ist "nott unnd gutt, das man vill mall zum sacrament gehe, odder yhe yn der messe teglich solchen glauben ube unnd stercke, daran es alles ligt, Und umb seynen willen auch eyn gesetzt ist".

[52] 750, 26. Die Gewißheit des Glaubens kommt aus der Gewißheit des Zeichens. Es stimmt nicht, wenn Bayer, Promissio 239, im Blick auf § 21f sagt: "Das äußere Zeichen soll gerade nicht trösten und festen Halt bieten". Der Schlußteil des Sermons will für die Situation des Todes und des Unglücks auf die unsichtbare "Geistlichkeit" der Meßfrüchte gegenüber der Erwartung zeitlicher Früchte hinweisen (vgl. 7, 695, 10-26).

[53] So Bayer, Promissio 237: "Besteht die Heilsgabe in der Liebe, so muß offenbar sofort der Gedanke aufkommen, sie gleich wieder zu verrechnen... Es gilt hier also ein ius talionis der Liebe, dem zu entsprechen, wiederum der Exemplumsgedanke ermöglicht". Auch E. Bizer, Die Entdeckung 79f, sieht den Sermon zu einseitig von Christus als Exempel her. Die Gemeinschaft mit Christus als Gabe wird zuwenig beachtet.

[54] Vgl. außer den Hinweisen in Anm. 30 auch das zweimalige "darnach": 750, 27; 752, 21.

[55] 751, 18. Vgl. dagegen "Die älteste deutsche Gesamtauslegung der Messe" (hrsg. v. Fr. Reichert) 121f, wo das "sich gemein machen" den

sicht Christi, der "seynen leyb darumb geben hatt, das des sacraments bedeutung, die gemeynschafft und der lieb wandell geubt wurde, Und seynen
eygen naturlichen corper geringer achtet, dan seynen geystlichen corper"[56].

Die Fixierung auf die Realpräsenz des Leibes und Blutes Christi mit der
darauf bezogenen eucharistischen Andacht [57] verdrängt den rechten Gebrauch des Sakramentes. Man glaubt, sich darauf verlassen zu können, das
Sakrament sei - vor allem wegen der Realpräsenz - ein "opus gratum opere
operati" (!), ohne auf den rechten Gebrauch (opus operantis) durch den Empfänger zu achten [58]. Eine solche Isolierung ist Mißbrauch, denn das Sakrament ist "nit umb seynet willen eyngesetzt, das es gott gefalle, ßondern umb
unßer willen, das wir seyn recht brauchen... Alßo ists nit gnug, das das
sacrament gemacht werde (das ist opus operatum), Es muß auch praucht
werden ym glauben (das ist opus operantis)" [59]. Der rechte Gebrauch
aber ist, "das eyn betrubt, hungerige seele sol seyn, die lieb, hulff und
beystand der gantzen gemeyn, Christi und aller Christenheit hertzlich begere und dieselben zu erlangen nit zweyffele ym glauben, darnach sich auch
yn der selben lieb gemeyn mach ydermann: wer da her nit zeugt und orde-
net seyn meß hören adder leßen und sacrament empfahen, der yrret und
praucht nit seliglich diß sacraments" [60].

---

anderen und Gott gegenüber Voraussetzung für die Teilhabe an der Gabe
der Messe ist.
[56] 751,4f.
[57] "Fallen darnach yn die blindheit, das sie nit mehr wissen yn dißem
   sacrament tzu thun, dan wye sie Christum kegenwertig furchten und
   eeren mit yren bettlyn und andacht. Wan das geschehen ist, ßo achten
   sie, es sey woll auß gericht" (751,1ff).
[58] 751,18ff; 752,4f.
[59] 751,31-38; vgl. auch 752,8f: "Drumb sich zu, das das sacrament dir
   sey eyn opus operantis, das ist eyn prauchlich werk und gotte gefalle
   nit umb seyns weßens willen, Szondern umb deins glaubens und guten
   prauchs willen". Daß Luther hier nichts anderes sage, als zu Psalm
   49 (s. o. S. 66), wie C. Wislöff, Abendmahl und Messe 20, meint, ist
   nur teilweise richtig. Gleich ist die Betonung der Notwendigkeit des
   opus operantis gegenüber dem opus operatum. Der Inhalt des opus
   operantis aber ist anders: dort geistliches Selbstopfer, hier rechter
   Gebrauch im Glauben an die Gabe und dann in der Verwirklichung der
   Gemeinschaft. Aber auch in der Bestimmung des opus operatum deutet sich hier ein Umschwung an: Von dem "aus sich selbst wohlgefällig"
   (3,280 und hier 2,751,21) verlagert sich der Akzent auf das "gemachte" Sakrament als Werk (751,37; 752,6). Siehe dazu unten S. 202 . Es
   geht auch weniger um eine Ablehnung einer Wirksamkeit ex opere
   operato (H. B. Meyer, Luther und die Messe 157 Anm. 3) im traditionellen Verständnis, sondern vielmehr um einen Aufruf zum rechten Gebrauch des Sakramentes.
[60] 752,19-24.

B. Das Abendmahl in den Jahren 1520/23

Die Interpretation der Messe als Verkündigung der Sündenvergebung, wie sie sich schon in der Hebräerbriefvorlesung andeutete, geschieht erstmals 1520 und bestimmt die Abendmahlstheologie der folgenden Jahre bis etwa 1523 [1]. Deshalb kann dieser Zeitraum im Zusammenhang dargestellt werden. Eine Begrenzung auf das Jahr 1520 ist allzu willkürlich und läuft Gefahr, Einzelaspekte der Position Luthers zu isolieren und damit ein falsches Bild zu zeichnen. Die Darstellung hat auszugehen von der für unsere Frage wohl wichtigsten Schrift jener Jahre, von "De captivitate Babylonica ecclesiae praeludium" mit ihrem Abschnitt über das Altarsakrament. Die dort vorgelegten Gedanken sollen in den Kontext anderer Schriften gestellt werden. Zuvor sei deshalb ein kurzer Überblick gegeben.

Bereits im November 1519 arbeitet Luther anläßlich seiner Genesispredigten als Struktur des heilsgeschichtlichen Handelns Gottes die Zweiheit von promissio (testamentum) und signum heraus, der aufseiten des Menschen der Glaube entspricht [2]. In der Auslegung des 3. Gebotes in der Schrift "Von den guten Werken" wird dann im Frühjahr 1520 die Struktur: testamentum - signum - fides erstmals auf die Messe übertragen [3]. Die Osterpredigt 1520 [4], Der "Sermon von dem Neuen Testament, das ist von der heiligen Messe" (1520) [5] und dessen lateinische Bearbeitung in "De captivitate" [6] führen den Grundgedanken weiter. Die Gründonnerstagspredigten je-

---

[1] In Luthers Abendmahlstheologie lassen sich zwei Stadien unterscheiden: der Kampf gegen Rom und der ab 1523 beginnende Streit um die Realpräsenz. Beide stehen in enger Beziehung zu einander, wie noch gezeigt werden soll.

[2] Ausgehend von der Beschreibung des Noebundes (9,344ff) stellt Luther in der Abhandlung über Gen 9,9 (9,348f) eine Liste der Promissio-Handlungen Gottes zusammen, in die auch die Sakramente der Kirche aufgenommen sind (9,349,2ff). Die Predigt wurde im November 1519 gehalten, ist aber in der vorliegenden Scholienform eine ergänzende Bearbeitung, eventuell durch Melanchthon (vgl. W. Maurer, Der junge Melanchthon zwischen Humanismus und Reformation II, 150).

[3] 6,229ff.

[4] Predigt vom 8.4.1520 (9,445-449; in Nachschrift Polianders).

[5] 6,353-378. In die Nähe dieses Sermons gehört die Aufzeichnung 4,618f: Vetus ac novum testamentum.

[6] 6,512,7-526,33 (die dritte Gefangenschaft). Die erste Gefangenschaft (Entziehung des Laienkelches): 6,502-507, die zweite Gefangenschaft (Nötigung, die Transsubstantiationslehre anzunehmen): 6,508-512,6. Der Abschnitt über die dritte Gefangenschaft ist eine oft wörtliche, im ganzen aber besser disponierte und gestraffte Übernahme des "Sermons vom Neuen Testament". Einen genauen tabellarischen Vergleich hat W. Niesel (in: Neue kirchliche Zeitschrift 35 (1924) 478ff) vorgelegt. Sein Vergleich zeigt, "daß Luther den 'Sermon' in irgendeiner Form vor sich gehabt hat, als er 'De capt. Babyl.' ausarbeitete" (aaO. 480).

ner Jahre richten die schon bekannten Aussagen über die Sakramentsvorbereitung auf die neue Sicht der Messe aus [7].

Die konzentrierte Erklärung der Messe als testamentum führt zum Kampf gegen die Messe als Opfer und damit verbunden gegen Privatmesse und Meßpriestertum [8], sowie zum Kampf gegen das Fronleichnamsfest [9]. Der Angriff auf so zentrale Punkte der mittelalterlichen Kirche macht andererseits auf lutherischer Seite die Durchführung von Reformen im gottesdienstlichen Bereich erforderlich [10], sowie die Abwehr eines übereilten und falsch verstandenen Bruchs mit der Tradition [11]. In diesem Zusammenhang tauchen dann vermehrt die Fragen um die Realpräsenz auf, die zunächst thematisch mehr am Rande stehen, ab 1525 aber ins Zentrum von Luthers Abendmahlsschriften rücken.

Es wird sich zeigen, wie sowohl die Kennzeichnung der Messe als testamentum (und damit eine vorübergehende Minderbewertung von Christi Leib und Blut in der Messe) als auch die Behauptung der Realpräsenz (gegen alle Versuche sie aufzulösen) ihren Grund haben in der konsequenten Interpretation der Messe durch die Einsetzungsworte, der einzig legitimen Richtschnur der Meßerklärung.

1. Die Kritik am Mißbrauch der Messe als Ausgangspunkt

Luthers Ringen um die Messe war ein Kampf gegen den Mißbrauch der Messe. So bestimmt er auch die dritte Gefangenschaft des Altarsakramentes von der praktischen Seite her als jenen gottlosen Mißbrauch, durch den die Messe zu einem guten Werk und einem Opfer geworden ist, bis der Sakramentsglaube ausgelöscht und aus der Messe "Jahrmärkte, Krämerei und gewinnsüchtige Verträge" gemacht wurden [12]. Das Sakrament wurde zum

---

[7] Gründonnerstagspredigt von 1521 (im Druck: 7,692-697, in Nachschrift: 9,640-649); von 1522 (10 III 68-71); von 1523 (12, 476-493; die dazugehörigen Abendmahlsfragen: 11, 79f).

[8] "De abroganda missa privata Martini Lutheri sententia" (8, 413-476); deutsch: "Vom Mißbrauch der Messe" (8,482-563).

[9] Siehe die Fronleichnamspredigten von 1520 (?): 4,700-706; von 1522: 12,580-584; von 1523 (Luthers letzte): 11,125-127.

[10] "Von ordenung gottis dienst ynn der gemeyne" (1523): 12,35-37; "Formula missae" (1523): 12,205-220.

[11] Die Invocavitpredigten zu Wittenberg (in der Fastenzeit 1522): 10 III, 1-64; von Luther verarbeitet zur Schrift "Von beider Gestalt das Sakrament zu nehmen" (1522): 10 II 11-41; die an die Böhmischen Brüder gerichtete Schrift "Vom Anbeten des Sakraments" (1523): 11,431-456.

[12] "Tertia captivitas eiusdem sacramenti est longe impiissimus ille abusus quo factum est, ut fere nihil sit hodie in Ecclesia receptius ac magis persuasum, quam missam esse opus bonum et sacrificium. Qui abusus deinde inundavit infinitos alios abusus, donec fide sacramenti penitus exincta meras nundinas, caupanationes et quaestuarios quosdam

Geschäft der Priester und Mönche, so lautet Luthers heftiger Vorwurf. Er weiß, daß damit ein zentraler Punkt im Erscheinungsbild der damaligen Kirche getroffen ist, und die Abschaffung der Mißbräuche einer Veränderung des "ganzen Gesichts der Kirche" gleichkäme [13]. Die Kritik richtet sich in erster Linie gegen Meßpraxis und Meßfrömmigkeit der Zeit [14], die nach den Darstellungen von A. Franz und J. Lortz allen Grund zur Kritik gaben [15]. Massive Werkauffassung und "abergläubische Vorstellungen über die Wirkkraft der Messe" [16] als Allheilmittel in allen möglichen Situationen kennzeichnen zum Teil die Frömmigkeit [17], bedingt durch fehlende und irregeleitete Unterweisung der Gläubigen [18] und mangelnde Ausbildung eines verarmten Klerikerproletariats [19],das allein von der Vielzahl der Messen sein Leben fristen konnte [20].

---

contractus e divino sacramento fecerint. Hinc participationes, fraterni-
tates, suffragia, merita, anniversaria, memoriae et id genus negotio-
rum in Ecclesia venduntur, emuntur, pasciscuntur, componuntur, pen-
detque in his universa alimonia sacerdotum et monachorum" (6, 512, 7-
15); vgl. auch 6, 520, 19: infinita lucri et quaestus negotia; ferner 11,
441, 35f; Schmalk. Artikel II (BSLK 417).

[13] 6, 512, 16ff; 521, 34; 8, 411ff; 482ff.
[14] So besonders Fr. X. Arnold, Vorgeschichte 71ff, und auch C. Wislöff,
Abendmahl und Messe 21ff; 90; 147.
[15] A. Franz, Die Messe im deutschen Mittelalter; J. Lortz, Die Reformation in Deutschland, bes. I, 69-138; ferner P. Browe, Die Verehrung
der Eucharistie im Mittelalter; Fr. X. Arnold, Vorgeschichte und Einfluß des Trienter Meßopferdekrets 71-79; J. A. Jungmann, Das liturgi-
sche Leben am Vorabend der Reformation; B. Neunheuser, Eucharistie in Mittelalter und Neuzeit 44-51.
[16] Lortz, aaO. II, 113.
[17] Lortz, aaO. II, 113f; Franz, aaO. 73-114.
[18] Zwar gab es eine ganze Reihe auch gehaltvoller Meßerklärungen (man
denke nur an G. Biels Canonis Missae Expositio; zu weiteren siehe
Franz, aaO. 333-740), doch waren diese nicht für das Volk bestimmt,
ja sollten ihm vorenthalten werden (Franz, aaO. 617). Zudem wurden
durch die Kanonstille und die Geheimhaltung der Konsekrationsworte
der Volksbelehrung enge Grenzen gesetzt (vgl. Franz, aaO. 618-637).
[19] Lortz, aaO. I, 86.
[20] Lortz, aaO. I, 86: "Es ergab sich ein geistliches Proletariat von er-
schreckender zahlenmäßiger Stärke und sinkender Qualität. Zu Breslau gab es am Ende des 15. Jahrhunderts an zwei Kirchen bloß als Altaristen (nur zum täglichen Lesen der heiligen Messe bestellte Geistliche)
zusammen 236... Wenn man das Massive und Abergläubische in der damaligen Volksfrömmigkeit richtig sehen will, darf man nicht vergessen, daß ein großer Teil dieser seßhaften oder herumziehenden Priester an Bildung das Volk kaum überragte und selbst voller Aberglau-
ben war. Andererseits verstanden sie es nur allzu gut, auf Wallfahrten,
beim Stationieren, bei Messelesen und Ablaßverkündigung, 'Gott und
die Welt zu betrügen', wie Geiler und Murner wetterten". Vgl. auch
Franz, aaO. 293ff.

Diese negative Seite bestimmte zwar nicht die Frömmigkeit in ihrer Gesamtheit, aber es ist nach J. Lortz gerade ein Symptom der "Erregtheit"
jener Zeit, daß neben intensiver, echter Frömmigkeit eine grobe Veräußerlichung des religiösen Lebens steht [21]. Man muß diesen Hintergrund in
aller Deutlichkeit sehen, will man Luthers Protest verstehen, und zwar
gerade seinen theologischen. Auch beim Ablaßstreit war der Ausgangspunkt
zunächst die Kritik der Praxis, die zur theologischen Aufarbeitung der
Probleme führte. Ähnlich ist bei der Messe der Kampf gegen den Mißbrauch, das Ringen um den rechten Gebrauch der Ausgangspunkt für eine
Theologie, die Elemente der vorhergehenden Jahre aufnehmend und ver-
bindend zur Praxis zurückführen will [22]. Luther sagt selbst 1526 in einem Rückblick, daß sein Kampf gegen Rom ein Kampf um den Glauben oder
den rechten Brauch der Messe war, nicht um das obiectum fidei, die Realpräsenz, die er besonders ab 1525 zu verteidigen hatte [23].

Sein theologischer Protest gegen die Messe als Opfer, gegen das opus
operatum wird nicht verständlich ohne den Hintergrund der religiösen Praxis. Deren unbestreitbare Werkfrömmigkeit sieht Luther in der scholastischen Theologie grundgelegt; was er jedoch der theologischen Tradition
an Meinungen über das Meßopfer unterstellt, haben die Theologen nie behauptet [24]. Das heißt nicht, Luther habe diese Theologie nicht gekannt
und sein Protest dagegen könne daher als unsinnig abgetan werden. Vielmehr hat die mit Recht kritisierte Praxis sein theologisches Gegenbild geprägt und ihm die Möglichkeit versperrt, sachlich nach der theologischen
Aussage seiner Gegner zu fragen [25]. Doch auch die damalige Theologie

---

[21] Lortz, aaO. I, 96-125.
[22] Das zeigt sich bei fast allen Abendmahlsschriften: Im "Sermo de digna"
geht es um die rechte Vorbereitung und damit um den rechten Brauch
des Sakramentes (vgl. bes. 1, 332, 1-7), ebenso ist der "Sermon vom
hochwürdigen Sakrament" selbst in seiner theologischen Wesensaus-
sage (die Messe als communio) von der Praxis der Bruderschaften
her bestimmt. Die Auslegung des 3. Gebotes in "Von den guten Werken" will zum rechten Gebrauch der Messe, des Gebetes und der Predigt führen (6, 230, 1ff). Der "Sermon vom Neuen Testament" sowie
der entsprechende Abschnitt in "De captivitate" kämpfen durchgehend
gegen den Mißbrauch (6, 362ff; 6, 520, 7-526, 21 stellt den abusus dar,
nachdem 514, 26-520, 6 der rechte usus beschrieben wurde. Für die
Darlegung, w a s die Messe ist, bleibt nur der Abschnitt: 512, 26-514, 10).
[23] "In diesem Sakrament sind zwei Dinge zu wissen und zu predigen. Zum
ersten, was man glauben soll (was man auf lateinisch obiectum fidei
nennt, das ist das Werk oder Ding, das man glaubt oder daran man hangen soll). Zum zweiten der Glaube selbst oder der Brauch, wie man
dessen, was man glaubt, recht gebrauchen soll... Nun habe ich bisher
von dem ersten Stück nicht viel gepredigt, sondern alleine das andere,
welches auch das beste ist, behandelt" (19, 482f; hier nach LD 4, 186).
[24] Lortz, aaO. I, 398.
[25] Das gilt besonders für die Kritik am Meßopfer, wie unten noch zu zeigen sein wird. Es ist nicht so, daß Luther in seiner Polemik "die Leh-

war - nach E. Iserlohs wiederholten Hinweisen [26] - auf Luthers Kritik nicht vorbereitet. Ihr ganzes Interesse galt den Fragen der Transsubstantiation und kaum einer Darlegung des Meßopfers [27]. Sie hatte bis in die Verhandlungen des Konzils von Trient hinein Schwierigkeiten, überzeugend das Zueinander von Meßopfer und einmaligem Kreuzesopfer darzustellen, weil ihr dazu das theologische Rüstzeug fehlte [28].

2. Die Neubestimmung der Messe als Verkündigung der Abendmahlsworte

Der Kampf gegen den Mißbrauch leitet Luthers Besinnung auf das Wesen der Messe. Eine solche Besinnung nimmt ihren Ausgang aber jetzt nicht mehr bei den communio und unitas als res sacramenti symbolisierenden Zeichen Brot und Wein, sondern einzig und allein bei der Einsetzung der Messe durch Christus [1]. "Exemplum et verba institutionis" sind Norm und einzig maß-

---

re des Gegners teilweise verzerrt", sie aber im Grunde richtig versteht (F. Mann, Das Abendmahl 52). Das wird auch nicht dadurch erhärtet, daß man sagt, Luther sei nicht nur Seelsorger, "sondern auch, ja vielleicht sogar in erster Linie" Theologe gewesen (aaO. 54 Anm. 53). Beides schließt sich nicht aus. Aber gerade in Luthers Kampf gegen die Messe zeigt sich, daß er in echter Sorge um die rechte Praxis ein theologisches Feindbild aufbaut, das sich historisch nicht halten läßt.

[26] Der Wert der Messe 58f; Abendmahl und Opfer 77ff; Der Kampf um die Messe 12f;58f; Die Eucharistie in der Darstellung Ecks 167f; Ebenso auch F. Pratzner, Messe und Kreuzesopfer 22.

[27] Eine der wenigen rühmlichen Ausnahmen scheint Kasp. Schatzgeyer gewesen zu sein, der aber zu wenig Gehör gefunden hat: E. Iserloh, Der Kampf um die Messe 39-46; E. Komposch, Die Messe als Opfer der Kirche.

[28] Siehe dazu besonders die Arbeit von F. Pratzner, Messe und Kreuzesopfer. Sieht Pratzner (und im Anschluß daran A. Gerken, Theologie der Eucharistie 97-156) den Grund dafür in der Krise der sakramentalen Idee, die bereits seit der Frühscholastik die Theologie prägte (aaO. bes. 119ff), so macht E. Iserloh einerseits die Konzentrierung auf die Fragen der Transsubstantation, andererseits das mangelnde Verständnis des Nominalismus für das Sakrament verantwortlich (s. Anm. 26). Im Gegensatz zu beiden Autoren beurteilt Fr. X. Arnold, Vorgeschichte 83ff, die vortridentinische Kontroverstheologie weitaus positiver und konstatiert eine "folgerichtige Durchführung der sakramentalen Leitidee" (aaO. 86).

[1] "... ut ad veram liberamque huius sacramenti scientiam tuto et foeliciter perveniamus, curandum est ante omnia, ut omnibus iis sepositis, quae ad institutionem huius sacramenti ... humanis studiis et fervoribus sunt addita, ... ad ipsam solam et puram Christi institutionem oculos et animum vertamus, nec nobis aliud proponamus quam ipsum verbum Christi, quo instituit et perfecit ac nobis commendavit sacramen-

gebende Richtschnur zur Bestimmung dessen, was Messe ist [2]. "Hie mussenn wir die wort Christi ertzelen, da er die meßz einsetzt" [3]. So wird in der Auslegung des 3. Gebotes in "Von den guten Werken" zum ersten Mal die Messe allein von den Einsetzungsworten her gedeutet. Die verba institutionis sind seitdem "eigener Interpret des Sakramentes" [4], was den Grundsatz ergibt: Je näher die heutige Messe dem Abendmahl Jesu kommt, um so echter ist sie [5]. Was darüber hinaus hinzugekommen ist, wie Gebärden, Schmuck, Gebete aber auch der Kanon, traditionell Richtschnur der Meßerklärung, sind Menschenwerk, das nicht verachtet werden muß, aber den Blick auf das eigentliche nicht verstellen darf [6].

a) Das Abendmahl als testamentum und promissio

Aus den Einsetzungsworten, besonders aus dem Kelchwort, ergibt sich nun für Luther, daß die Messe ein Testament ist, in dem die Vergebung der Sünden vermacht ist, das aber auch in der Messe angeboten und ausgeteilt wird [7]. Und darin liegt das Entscheidende und gegenüber Luthers früherer Position Neue: Die Berichte über die in der Vergangenheit liegende Einsetzung deuten die heutige Messe nicht nur, vielmehr werden die Einsetzungsworte Christi als Abendmahlsworte heutiger Meßfeier wieder laut und legen die Verheißung Christi dem heutigen Menschen vor, so daß die Abendmahlsworte das "Hauptstück" der Messe sind [8]. "Nam in eo verbo

---

tum" (6,512,26-31); vgl. 6,355,21ff; 523,10ff; 8,506,17; 509ff; 9,445, 21ff.

[2] Auf diese Worte und nicht auf Menschenlehre soll man bauen. "Nihil enim in his omissum, quod ad integritatem, usum et fructum huius sacramenti pertinet..." (6,513,9f); vgl. 6,523,16f.35f; 8,509ff.

[3] 6,230,12ff.

[4] C. Wislöff, Abendmahl und Messe 26.

[5] 6,523,25ff; 355,3ff.

[6] 6,512,27ff; 355,3-20. In "De captivitate" wird zwar deutlich gesagt, daß dem Kanon und der Tradition im Zweifelsfall "verba et exemplum Christi" vorzuziehen seien (6,523,10ff.16f.19f), doch ist die Kanonkritik noch kaum vorhanden (6,523,10). Deutlich ist die Kritik am Kanon schon in "De abroganda missa privata" (8,448ff bzw. 525ff), bis in der "Formula Missae" der Kanon zum Teil des Baalskultes gerechnet und abgeschafft wird (12,207,14). Die schärfste Kritik erfährt der Kanon in der Schrift "Vom Greuel der Stillmesse" (18,22-36). Vgl. dazu H. B. Meyer, Luther und die Messe 246-261.

[7] "Stet ergo primum et infallibiliter, Missam seu sacramentum altaris esse testamentum Christi, quod moriens post se reliquit distribuendum suis fidelibus. Sic enim habent eius verba 'Hic calix novum testamentum in meo sanguine'. Stet, inquam ista veritas ut fundamentum immobile" (6,513,14ff); vgl. 6,230,17ff; 6,358,14ff; 4,705,3.

[8] 6,518,25: "summum et capitale"; ferner: 6,355,1-34; 362,16; 10 II 30, 6; 32,8.27; 11,432,11.

et prorsus nullo alio sita est vis, natura et tota substantia Missae" [9]. Ohne diese Worte kann die Messe nicht bestehen [10]. Die Identität von Einsetzungswort und Abendmahlswort bindet das Abendmahl Jesu und das der Kirche aufs engste zusammen, weswegen Luther auch die Einsetzungsworte meist in einer Mischform aus neutestamentlichen Zitaten und Elementen aus dem Meßkanon zitiert [11].

Im Abendmahl hat Jesus die Vergebung der Sünden versprochen und er hat dieses Versprechen durch seinen eigenen Tod bekräftigt und unwiderrufbar gemacht [12]. Dieses durch den Tod bekräftigte und damit in Kraft gesetzte Versprechen der Sündenvergebung wird in der Messe verkündigt, bzw. die Messe ist dieses Tesamtent, die göttliche Verheißung [13].

Die strenge Gleichsetzung: Messe ist testamentum/promissio markiert einen deutlichen Unterschied zu G. Biel. Während für Luther gilt, daß die Messe "secundum substantiam suam" nichts anderes ist als die Verkündigung des Testamentes Christi [14], wird bei Biel durch den Zusatz "novi et eterni testamenti" im Konsekrationswort lediglich auf die Inkraftsetzung des Neuen Bundes am Kreuz hingewiesen ("significatur innovati testamenti confirmatio") [15]. Dabei stimmen beide weitgehend überein in den formalen Aussagen über das Wesen eines Testamentes: Es ist die Verteilung von

---

[9] 6,512,33; 6,355,26: ".. dan darynnen ligt die meß gantz mit all yhrem weßen, werck, nutz und frucht, on wilche nichts von der meß empfangen wirt"; vgl. 6,517,34; 9,445,24; 11,432,19.
[10] Siehe vorherige Anmerkung sowie 6,512,34f und 6,362,28:"... darynnen die messe steet und geht".
[11] 6,230: "Nemet hyn und esset, das ist mein leichnam, der fur euch gebenn wirt ... Nemet hyn und trincket alle drausz, das ist ein newes ewiges testament in meinem blut, das fur euch und fur viel vorgossen wirt zu vorgebung der sund, das solt yhr thun, als offt yhrs thut, tzu meinem gedechtnis".
6,355: "Nemet hyn und esset, das ist mein leychnam, der fur euch geben wirt, Nemet hyn und trinckt darauß allesampt, das ist der kilch des newen und ewigen Testaments yn meynem bluet, das fur euch und fur viele vorgossen wirt zuvorgebung der sund".
6,512: "Caenantibus autem eis, accepit Ihesus panem et benedixit ac fregit, deditque discipulis suis et ait 'Accipite et manducate, hoc est corpus meum quod pro vobus tradetur'. Et accipiens calicem, gratias egit et dedit illis dicens 'Bibite ex hoc omnes, Hic est calix novum testamentum in meo sanguine qui pro vobis et pro multis effundetur in remissionem peccatorum. Hoc facite in meam commemorationem'".
Vgl. dazu H. Hilgenfeld, Mittelalterlich-traditionelle Elemente 13-41.
[12] 6,230,17-23.
[13] "Missam aliud non esse quam promissionem divinam seu testamentum Christi, sacramento corporis et sanguinis sui commendatum" (6,520,22).
[14] 6,515,17; 517,11; 8,520,33ff.
[15] Can. Miss. Expos. 53 N (II,324).

Gütern, es wird durch den Tod des Testators bekräftigt, wird so unwiderruflich und ewig. Neu ist das Testament Christi, weil es geistliche und nicht wie im Alten Bund zeitliche Güter vermacht und nicht durch das Blut von Tieren, sondern durch Christi eigenes Blut bekräftigt wurde [16]. Die Stellen aus dem Hebräerbrief geben beiden diese Deutung an die Hand [17].

Doch bei Biel meint testamentum den am Kreuz in Kraft gesetzten Neuen Bund mit seinen Einrichtungen und Verheißungen [18]. Für Luther ist testamentum die promissio, die Verheißung der Sündenvergebung, aber nicht nur als Inhaltsbeschreibung, sondern als Vorgang: eine Verheißung ergeht im Wort des Verheißenden, ist seine Tat und sein Handeln. Diese Verheißung ist am Kreuz bekräftigt worden. Bei Biel tritt durch die Gegenwart von Christi Leib und Blut in der Messe das Kreuzesgeschehen zwar in den Blick und damit das Datum der Inkraftsetzung des Neuen Bundes und seiner Verheißungen [19], aber eine aktuelle Beziehung von damaliger Einsetzung des Testamentes und heutiger Verkündigung in der Messe wird nirgends hergestellt [20]. Bei Luther tritt in der Messe das testamentum der Sündenvergebung je neu als Zusage auf, die durch das Kreuz seine Bekräftigung erfahren hat. Für Biel kann es deshalb letztlich unentschieden bleiben, ob der Satz "novi et aeterni testamenti" zur Substanz der forma sacramenti (dem die Konsekration bewirkenden Wort) gehört oder nicht [21], für Luther beinhaltet dagegen der Testamentszusatz in den Abendmahlsworten die Grundaussage über die Messe und den Grundvorgang in der Messe.

---

[16] "Circa primum advertendum, quod cum testamentum sit ultima distributio bonorum morte testatoris firmata, seu constitutio vel traditio de ordinandis bonis attestatione legittima firmata, recte fides et lex christi est testamentum novum. In illa siquidem christus eternam hereditatem fratribus suis et fidelibus distribuit, ordinat et promittit. Hec autem lex confirmata est per mortem et passionem christi in qua sanguis eius effusus est, que effusio est sui testamenti legittima attestatio et confirmatio. Testamentum enim nisi in morte testatoris roboretur, non est immobile et stabilitum, pro quanto semper a testatore poterit et revocari et immutari... Est ergo testamentum christi eternum, quia immobile et irrevocabile tanta morte confirmatum" (53N - II 324f). Vgl. damit: 6, 357, 16ff; 513, 24ff; 8, 521, 5ff; 444, 10ff; 9, 447, 1ff.

[17] Hebr 9, 17 wird bei allen scholastischen Auslegern herangezogen. Vgl. dazu und zu den traditionellen Elementen in Luthers Testamentserklärung H. Hilgenfeld, Mittelalterlich-traditionelle Elemente 88ff.

[18] 53 N: "fides et lex Christi"; 53 O: Verheißung des himmlischen Erbes "omnibus mandata ipsius conservantibus".

[19] 53 U (II, 331).

[20] Sie fehlt nach H. Hilgenfeld, aaO. 91, bei allen scholastischen Auslegern.

[21] 53 N: "sive sint de substantia forme sive non"; vgl. auch 53 B (II, 313).

Das entscheidend Neue bei Luther ist die Verbindung von testamentum und promissio, und damit die Gleichsetzung von Einsetzungswort und Abendmahlswort. Bei einer noch mehr juristisch und formal geprägten Interpretation des Begriffes testamentum in den Scholien zu Hebr 9,14 und 9,17 blieb auch für Luther das testamentum mehr der Vergangenheit zugeordnet [22]. Durch die memoria an das in den Einsetzungsworten beschriebene Testament Christi wurde dessen Inhalt für den Glauben greifbar, nicht aber durch die aktuelle Verkündigung in den Abendmahlsworten dem Glauben vorgelegt. Deshalb führte auch die inhaltliche Füllung des Begriffes testamentum durch die neutestamentlichen Einsetzungsworte noch nicht zur Interpretation der Messe als in Gegenwart ergehender Verkündigung des Testamentes. Das geschah erstmals bei der Auslegung des 3. Gebotes in "Von den guten Werken" [23]. Ermöglicht wurde die neue Sicht durch eine mehr heilsgeschichtlich orientierte Betrachtung von testamentum.

Bei der Beschäftigung mit Gen 7ff (Noebund) erkannte Luther als die Grundstruktur göttlichen Handelns die Zweiheit von promissio und vergewissernden signum [24]. Durch eine promissio, die in der Schrift auch pactum, foedus oder testamentum (!) genannt wird [25], wendet sich Gott an die Menschen und bekräftigt seine Verheißung durch ein Zeichen. Diese Erkenntnis kehrt in den folgenden Schriften Luthers wieder: testamentum oder promissio werden zum Inbegriff göttlichen Handelns und machen eine Grundaussage über die Reaktion des Menschen:

---

[22] Siehe oben S. 154ff.

[23] 6, 230, 12ff.

[24] Vorbereitet in 9, 344, 10. 21. 28; 345, 25ff; 346, 17ff kommt es dann bei Gen 9,9 zu einer Liste, in der die wichtigsten Handlungen Gottes im AT zusammengestellt sind, die in der Zweiheit promissio/signum sich vollziehen: 9, 348, 12-349, 2. Diese Liste kehrt in abgewandelter Form wieder in der Osterpredigt: 9, 446, 12ff (promissio) und 448, 25ff (signum); im "Sermon vom Neuen Testament": 6, 356, 20ff und 358, 35ff; in "De captivitate": 6, 514, 26ff und 517, 38ff; in "Vom Mißbrauch der Messe": 8, 516, 20ff. Die Liste über das AT schließt 9, 349, 2: "Christiani (erg. habent) verbum Euangelii, Baptismum, Eucharistiam, Quibus si vis adde promissionem et divine doctrine meditationem. Matrimonium, unctio, Confirmatio non sunt sacramentalia signa, quae non habent annexam promissionem. Ordo figmentum est". Nach W. Maurer, Der junge Melanchthon II, 150 Anm. 157, ist statt 'promissionem' 'orationem' zu lesen, wie eine fast wörtliche Übernahme des Textes in Melanchthons Capita von 1520 (CR 21, 42f) zeigt. W. Maurer hat (aaO. 148-151; ders., Zur Komposition der Loci Melanchthons von 1521, 164ff) gezeigt, wie sehr Melanchthon in seiner Sakramentenlehre von Luthers Genesispredigten und besonders der Osterpredigt von 1520 beeinflußt ist.

[25] 9, 348, 9f; 357, 4ff; 9, 446, 30ff; 6, 514, 5.

"Wen der mensch soll mit gott zu werck kummen und von yhm ettwas empfahen, ßo muß es also zugehen, das nit der mensch anheb und den ersten steyn lege, sondern gott allein on alles ersuchen und begeren des menschen muß zuvor kummen und yhm ein zusagung thun. Dasselb wort gottis ist das erst, der grund, der felß, darauff sich ernoch alle werck, wort, gedancken des menschen bawen, wilch wort der mensch muß danckbarlich auffnehmen und der gotlichen zusagung trewlich gleuben und yhe nit dran zweyffeln, es sey und gescheh also, wie er zusagt... alßo das nit muglich ist, das ein mensch auß seyner vornunfft und vormugen solt mit wercken hynauff genn hymel steygen und gott zuvorkummen, yhn bewegen zur gnade, sondern gott muß zuvorkummen alle werck und gedancken, und ein klar außgedruckt zusagen thun mit worten, wilch den der mensch mit eynem rechten, festen glauben ergreyff und behalte, ßo folgt den der heylig geyst, der yhm geben wirt umb desselben glaubens willen" [26].

Im Begriff promissio/testamentum kommt zum Ausdruck: Gottes Handeln in Verheißungen ist ein Wort-Geschehen, dem der Mensch im Glauben antwortet, und ist ein Gnaden-Geschehen, das der Mensch im Glauben, ohne Vertrauen auf eigene Werke, annimmt. Wird nun die Messe als promissio/testamentum ausgelegt, so wird sie mitten hinein in Gottes Heilsgeschichte gestellt [27]. Weil in ihr das mit Jesu Tod vermachte Testament im Verheißungswort zugesagt wird, ist sie die vollkommenste Verheißung [28], ja die Summe des Evangeliums [29]. In den sie konstituierenden Abendmahlsworten wird die Heilstat Christi, die Vergebung der Sünden, zusammengefaßt. Schon die Bezeichnung als testamentum verweist, weil nach Hebr 9, 16 testamentum den Tod des Testators mit einschließt, auf die Mitte der Heilsgeschichte: Menschwerdung und Tod Christi [30]. Ist so die Messe in

---

[26] 6,356,3-19. Ebenso 6,516,30f; 514,21ff; 9,446,7ff. 30.

[27] Siehe dazu die in Anm.24 aufgewiesenen Promissiolisten.Damit ist das juristisch-formale Verständnis eingebunden in den Oberbegriff promissio als Grundelement der Heilsgeschichte. Das hat Eck überhaupt nicht gesehen, wenn er Luther einen "Juristtheologus" nennt, der noch dazu juristisch nicht sehr beschlagen sei (vgl. E. Iserloh, Die Eucharistie in der Darstellung 168-171). Daß Eck klar gesehen habe, daß bei einer Bestimmung der Messe als testamentum für ein Opfer kein Platz mehr bleibe, und deshalb konsequent diese Identifizierung abgelehnt habe (so C. Wislöff, Abendmahl und Messe 39 Anm. 33), ist doch sehr unwahrscheinlich.

[28] 6,515,5; 518,10.

[29] 6,525,36-39: "At missa est pars Euangelii, immo summa et compendium Euangelii. Quid est enim universum Euangelium quam bonum nuntium remissionis peccatorum? At quicquid de remissione peccatorum et misericordia dei latissime et copiosissime dici potest, breviter est in verbo testamenti comprehensum". Vgl. auch, 6,374,5; 8,524, 19.22.33; 11,432,24f.

[30] "ita in eodem testamenti vocabulo compendiosissime et incarnatio et

ihren Testamentsworten Zentrum göttlichen Handelns und Ort der Heilszusage, so ist es nur verständlich, wenn Luther die laute und deutsche Verkündigung der Abendmahlsworte in der Messe fordert und ihre Geheimhaltung verantwortlich macht für die bisherige Unkenntnis der Messe als testamentum [31].
Christus selbst redet in den Worten des Priesters:

"Sihe da, mensch, ich sag dir zu und bescheyde dir mit dißen worten vorgebung aller deyner sund und das ewig leben, und das du gewiß

---

mors Christi comprehensa est" (6, 514, 8); ebenso: 6, 357, 20-27; 513, 25. 36; 9, 447, 3ff; 357, 5f. Durch Christi Tod ist der Neue Bund an die Stelle des Alten getreten: 6, 357, 28-358, 13; 9, 447, 3ff. Weil in dem Begriff testamentum der Tod Christi mit eingeschlossen ist, darf man diese Stelle nicht so interpretieren, daß der Tod als Erlösungstat keine Rolle spiele, die Sündenvergebung nicht - heilsgeschichtlich - am Kreuz, sondern - aktuell - erst in der gläubigen Annahme der Verheißung sich ereigne, im Sinne von erwirkt werde. So F. Mann, Das Abendmahl 48ff, besonders 52: "Wurde die Verheißung der Sündenvergebung auch geschichtlich von Christus gegeben, so ist die Sündenvergebung selbst nicht geschichtlich gewirkt. Das Sakrament ist daher nicht Bürge für unser Heil aufgrund seiner geschichtlichen Einsetzung durch Christus, sondern erst der Glaube an die Verheißung des Heils bringt selbst Heil". Es wird in den Texten Luthers klar, daß ohne den Tod Jesu das Testament nicht nur keine Bezeugung, sondern auch keine Kraft und Gültigkeit hätte: Christus spricht: "Das laß ich euch zcur letze, mich selbst, zcum zceichen, das Ir mein seitt und ich euer, seidt nuh getrost: all euer sunde seint euch nuh vorgeben, Der vatter Ist vorsunett, Der teuffell, die hell und todt, Die werldt seindt uberwunden. Wan Ihr zcußamme kommt, predigt von mir..." (4, 618, 34ff). Der Glaube ergreift die Versöhnung, die Christus getan hat (8, 519, 20). In diesem Sinn sind dann auch die Aussagen über die Bekräftigung des Testamentes durch den Tod Jesu zu verstehen (6, 230, 23; 257f; 513, 35; 515, 23; , 618, 30; 9, 447, 15). Bekräftigen heißt nicht nur glaubwürdig machen, sondern vor allem geltend machen, ratifizieren: 6, 357, 17; 4, 705, 2; 8, 524, 9ff; 10 III 69, 21. Manns Interpretation geht gegen Luthers Absicht: Im Abendmahl geschieht ja gerade die Zusage der durch Christi Kreuz schon gewirkten Sündenvergebung. Das Sakrament mit seinem Wort und Zeichen ist dafür der Bürge.
[31] Im "Sermon vom Neuen Testament" (6, 362ff) und "De capti itate" (6, 516 und 524, 30ff) wird die Geheimhaltung getadelt und das laute Sprechen als wünschenswert erklärt. Deutlicher ist der Wunsch dann formuliert: 7, 694, 19ff; 8, 508, 7ff; 524, 26ff; 525, 5ff; vollzogen dann in der "Formula missae": 12, 212, 23ff. Durch das Verschweigen der Worte "ist den der glawb gefallen unnd eyn lautter eußerlich werck on glawben auß dem sacrament worden" (11, 432, 30).

seyest und wissest, das solch gelubd dir unwidderrufflich bleyb, ßo
wil ich drauff sterben und meyn leyb und bluet dafur geben, und bey-
des dir zum zeychen und sigell hynder mir lassen, da bey du meyn
gedencken solt, wie er sagt 'ßo offt yhr das thut, ßo gedenckt an
mich' " [32].

Wenn Luther in diesem Zusammenhang gelegentlich vom Gedächtnis an diese Worte spricht [33], daß man sie bedenken, meditieren soll [34], so dürfte das seinen Grund darin haben, daß er ja vom rechten Gebrauch einer
noch nicht reformierten Messe spricht, in der diese Worte eben noch nicht
laut gesprochen werden [35]. Aber die Worte sind, auch wenn sie leise gesprochen werden, das Hauptstück dieser Messe. Das Gedächtnis richtet
sich auf anwesende, wenn auch nicht hörbare Worte, eben auf die Abendmahlsworte, und nicht - wie noch in der Hebräerbriefvorlesung - auf die
Einsetzungsworte der Vergangenheit [36]. Damit bekommt das Gedächtnis
in der Messe einen anderen Sinn und Bezug [37].

---

[32] 6,358,18ff (= 6,515,17ff). Ähnlich ist die Vergangenheit und Gegenwart
     ineins verschränkende direkte Rede: 9,447,13ff; 4,618,3ff, während in
     6,230,17ff (3. Gebot) die gleichen Gedanken noch nicht in direkter Re-
     de, sondern nur zur Beschreibung des Inhaltes der Messe gebraucht
     sind. Deshalb wird dort auch mit keinem Wort das laute Sprechen der
     Abendmahlsworte verlangt. H. Hilgenfeld, aaO. 147, glaubt, daß in
     keiner Schrift von 1520 ausdrücklich gesagt ist, "daß es Worte des
     gegenwärtigen Christus sind und nicht vielmehr verba a Christo tradita
     ... Einen Hinweis darauf, daß das Wort, weil Wort des gegenwärtig
     sprechenden Christus an die gegenwärtig anwesenden Christen, auf
     die sich das Wort als Anspruch bezieht, ist, wird man in den Schriften
     von 1520 vergeblich suchen... Von dem ersten Abendmahl Christi sind
     wir historisch getrennt". Doch was zwar erst 7,694,19ff (1521) deut-
     lich gesagt ist: "ßo redet sie auch der priester an Christus statt zu
     allen... ", fehlt keineswegs 1520: vgl. 6,360,22; 517,31; 521,27ff; 524,
     32; 526,7.15; 9,448,8; die verba sind lebendige Worte Christi: 6,361,
     9; sie sind in der Messe anwesend: 6,515,28; 516,3-13; 521,14; 9,447,
     24ff.30. Die Verbindung von testamentum und promissio erlaubt gar
     kein Nicht-zur-Sprache-Kommen der verba promissionis.
[33] 6,230,17f; 358,26; 9,447,26.
[34] Besonders 6,516,5ff; ähnlich 6,372,27; 373,17; 517,37.
[35] Deshalb muß auch die Predigt die Sakramentsworte treiben, daß der
     Christ sie beim Sakramentsempfang ins Herz fassen kann: 10 II 29,18ff.
[36] Siehe oben S. 157.
[37] Das ist in der Darstellung von F. Pratzner, Messe und Kreuzesopfer
     52-58, zu wenig gesehen. Für das Verständnis von "Gedächtnis" bei
     Luther werden als grundlegende Beispiele Texte aus den Dictata und
     der Hebräerbriefvorlesung genommen (Gedächtnis = sich erinnern), die
     aber im Vergleich mit Texten aus dem Jahr 1520 als überholt gelten
     müssen. Siehe dazu unten S. 217 Anm. 63.

Durch die Worte Christi wird der Glaube genährt und gestärkt [38], ebenso wie durch die Elevation von Leib und Blut Christi, den sichtbaren Zeichen der Verheißung [39]: "Hic, hic est, per quem certo scias, abolitum esse peccatum"[40].

Ist die Messe die "summa Evangelii", dann kann die Meßpredigt nichts anderes sein als immer wieder Auslegung der Messe und ihres Testamentes [41]: "hoc enim esset fidem docere et vere Ecclesiam aedificare" [42].

b) Der Glaube als rechter Gebrauch

Ist die Messe ihrem Wesen und ihrem Geschehen nach promissio/testamentum der Sündenvergebung, so läßt sich daraus der rechte Gebrauch wie der Mißbrauch, die angemessene wie unangemessene Vorbereitung bestimmen [43].

---

[38] 6, 516, 8f; 524, 29f. 33.
[39] 6, 524, 24ff: Die Elevation durch den Priester ist "admonitio nostri, quo provocemur ad fidem testamenti huius, quod tum verbis Christi protulit et exhibuit, ut simul et signum eiusdem ostendat et oblatio panis proprie respondeat huic demonstrativo 'Hoc est corpus meum', nosque circumstantes ceu alloquatur hoc ipso signo, sic oblatio calicis proprie respondeat huic demonstrativo 'Hic calix novi testamenti etc.'. Fidem enim in nobis sacerdos excitare debet ipso elevandi ritu". Zu Luthers Stellung zur Elevation vgl. ferner: 6, 359, 22f; 366, 22f; 7, 694, 24ff; 8, 525, 5 (447, 21); 12, 212; 19, 99f; besonders aber aus dem Jahre 1544: 54, 162-166; Luthers Haltung zur Elevation ist uneinheitlich. Luther beschreibt seine schwankende Haltung 54, 162ff. Einerseits möchte er daran festhalten als Aufruf zum Glauben, andererseits sieht er in diesem Ritus die Gefahr gegeben, ihn als Opferritus mißzuverstehen. Er sieht im Brauch der Elevation eine gute Möglichkeit, den Glauben an die Realpräsenz zu bekennen, und muß schließlich 1544 erklären, daß er trotz Abschaffung der Elevation in Wittenberg nicht zu den Leugnern der Realpräsenz übergelaufen ist. Vgl. dazu H. B. Meyer, Luther und die Messe 280-288 (ausführlicher: ders., Die Elevation im deutschen Mittelalter und bei Luther, in: ZkTh 85 (1963) 162-217); C. Wislöff, Abendmahl und Messe 139-147; Vajta, Theologie des Gottesdienstes 70ff; J. Diestelmann, Konsekration 27ff; W. Schanze, Die Konsekrationspraxis in der lutherischen Kirche 36ff.
[40] 9, 448, 15.
[41] "Unde et conciones populares aliud esse non deberent quam expositiones Missae, id est declarationes promissionis divinae huius testamenti" (6, 526, 1f); vgl. auch 6, 231, 16-232, 12; 6, 373f.
[42] 6, 526, 3.
[43] "Ex quibus iam sua sponte patet, quis sit usus et abusus Missae, quae digna vel indigna praeparatio. Si enim promissio est, ut dictum est, nullis operibus, nullis viribus, nullis meritis ad eam acceditur, sed

Promissio weist auf zwei Aspekte hin: auf die Wortgestalt und den Geschenk-charakter des göttlichen Handelns. Dem entspricht als Antwort des Menschen der Glaube, der dem Wort glaubt und das im Wort Angebotene annimmt unter Verzicht, eigene Werke vorzuweisen:

> "Ubi enim est verbum promittentis dei, ibi necessaria est fides acceptantis hominis, ut clarum sit initium salutis nostrae esse fidem, quae pendeat in verbo promittentis dei, qui citra omne nostrum studium gratuita et immerita misericordia nos praevenit et offert promissionis suae verbum"[44].

Darin ist die Grundstruktur göttlichen Handelns ausgedrückt: Alle Initiative liegt bei Gott, er ist der "autor salutis", nicht der Mensch mit seinem Werk [45]. Das Wort, das von Gott ausgeht, ist Grund des Heiles. An ihm hängt der Glaube, dem die Liebe folgt, die Gutes tut und das Gesetz erfüllt [46] Promissio und fides sind die beiden Pole: ohne promissio kein Glaube, ohne Glaube kein Nutz, kein Ans-Ziel-kommen der promissio [47]. Die Messe hat als Ort des Handelns Gottes die gleiche Struktur: [48] als promissio kann sie nur im Glauben aufgenommen und angenommen werden [49]. Glaube ist Gebrauch und Vorbereitung zugleich [50]. Der Glaube hält das Verheißene für wahr, Unglaube macht den Verheißenden zum Lügner [51]. Glaube zweifelt nicht an der Gabe und bejaht damit den Primat der Gnade vor den Werken [52]. Unglaube baut auf Werke und glaubt, mit einem erworbenen Anspruch zum Altar gehen zu können [53]. Die Unkenntnis der Messe als

---

sola fide" (6,514,11ff); vgl. 6,355,34f; 360,3ff; 9,446,3.

[44] 6,514,13-17; vgl. 6,356,3-19 und die oben Anm.24 genannten Stellen, die von der Struktur des Handelns Gottes sprechen.

[45] "Nec alia via potest homo cum deo aut convenire aut agere quam per fidem, id est, ut non homo suis operibus ullis, sed deus sua promissione sit autor salutis" (6,514,21ff); vgl. 6,356,13ff.

[46] "Verbum dei omnium primum est, quod sequitur fides, fidem charitas, Charitas deinde facit omne bonum opus" (6,514,19f); ebenso: 515,30; 516,35; 6,316,17f.

[47] "... haec duo sunt simul necessaria, promissio et fides: sine promissione enim credi nihil potest, sine fide autem promissio inutilis est, cum per fidem stabiliatur et impleatur" (6,517,8ff); siehe auch 8,512, 1ff.

[48] Die Messe beschließt jeweils die Aufzählungen von Gottes Promissio-handlungen: 6,357,10ff und 6,515,17.

[49] "Rursus, nec nos cum deo unquam agere aliter possumus quam fide in verbum promissionis eius" (6,516,31); 6,515,27; 230,26ff.

[50] Vgl. die Parallelisierung: 6,514,11; 515,27; 517,22ff; 519,9-520,6; 6,360,3ff.

[51] 6,360,21-28; 515,29; 517,27.

[52] 6,514,22; 515,6.29; 9,447,29f.

[53] "...ut his paratis existiment sese legitime altaria accedere, et revera non fuerint ullo tempore vel opere magis inepti propter infidelitatem

testamentum hat nicht nur die Messe als Geschenk in Vergessenheit geraten lassen und damit dem Menschen einen Ort des Trostes genommen [54], sie hat - und darin liegt die Schwere von Luthers Vorwurf - aus der Messe jene "indigna religio" der Werkfrömmigkeit gemacht, jene Gotteslästerung [55], die die Struktur des Heilshandelns Gottes auf den Kopf stellen möchte, so daß nicht: promissio dei - fides hominis - salus, sondern: opus hominis - acceptatio dei - salus den Weg beschreiben [56]. Die Interpretation der Messe als promissio/testamentum macht diese zu einem Kristallisationspunkt in Luthers Theologie und zu einem konkreten Fall, an dem sie sich zu bewähren hat [57].

Die Messe ist der Ort, an dem der irrende und betrübte, der suchende und bedürftige Mensch Gottes Heil erfährt, sie ist ein Ort des Trostes, der im Glauben mit Gewißheit ergriffen werden kann [58]. Glaube verläßt sich auf das Wort der Verheißung, verzichtet auf das Vertrauen in die eigene Würdigkeit, trotzt den Anfechtungen eigener Unwürdigkeit im Pochen auf Gottes Verheißung [59]. Glaube ist somit der rechte Gottes-

---

quam secum afferunt" (6,517,14f); 6,514,12f; 7,696,9ff; 8,522,19ff; auch hier gilt: nicht die Werke der Vorbereitung werden abgelehnt, sondern das falsche Vertrauen darauf: 6,360,32ff.

[54] "Hatt nit hie der teuffel uns das haubt stuck von der messe meysterlich gestolen und in ein schweygen bracht? dan wer hat yhe gehort predigen, das man in der messe soll dißer wort des testaments warnhemen und drauff trotzen mit eynem festen glauben, das doch hett solt das furnhemst seyn? Alßo haben sie sich furchtet und uns furchten leren, da kein furcht ist, ya da aller unser trost und sicherheit an ligt" (6,362, 16-21); vgl. 6,516,3-22.

[55] "O indigna religio nostro saeculo omnium impiissimo et ingratissimo" (6,517,20).

[56] Siehe Text von Anm. 44 und 45.

[57] J. Ratzinger, Ist die Eucharistie ein Opfer? 299.

[58] "Wer wolt nit mit grossem frölichen begirden, hoffnung und trost gehen und fordern tausent gulden, ßo er wiste, das sie yhm an eynem orth bescheyden weren, sonderlich ßo yhm nichts auffgelegt were, den des testators zu gedencken yhn loben und preyssen. Alßo mustu hie fur allen dingen deyniß hertzen warnhemen, das du den worten Christi glaubist und lassist sie war seyn, da er tzu dir und allen sagt: das ist meyn blut, eyn news testament, damit ich dir bescheyde vorgebung aller sund unnd ewiges leben" (6,360,17-24). Ferner: 6,230,36ff; 358, 30ff; 376,17ff; 526,22-33; 8,537,26ff; 7,692; 9,448,16ff; 10 III 54f; 12, 495ff.

[59] "So dich nu wurd anfechten... der tzwey stück eins, das erst, das du zu gar unwirdig seyest solchs reychs testament, zum andern, ob du gleych wirdig werest, sey doch das gut so groß, das die natur sich entsetzt für der grösse der gütter... so mustu, wie ich gesagt hab, die wort Christi mehr ansehen, dan solche gedancken werden dich triegen... Alßo muß auch hie ein blöde, klein mütig gewissen wider seyne gedank-

dienst [60], der die Erben des Testamentes kennzeichnet [61].

3. Die Bedeutung der Realpräsenz

Wie schon erwähnt, unterscheidet Luther im "Sermon von dem Sakrament" (1526) zwischen einem Glauben, der anzeigt, wie man das Altarssakrament gebrauchen soll, und einem Glauben, der zum Ausdruck bringt, was man in diesem Sakrament glauben soll, womit Luther das obiectum fidei meint, die reale Gegenwart von Leib und Blut Christi in Brot und Wein [1]. Was bisher zur Sprache kam, galt dem rechten Gebrauch des Sakramentes als Testament Gottes, als Zusage der Sündenvergebung. Jetzt ist zu fragen, welche Bedeutung in diesem Zusammenhang der Realpräsenz zukommt, welchen Platz sie bei einer Interpretation des Abendmahles als Verkündigung der Sündenvergebung einnimmt.

Grundsätzlich ist festzustellen, daß sich keine einzige Stelle findet, an der die Realpräsenz als solche, abgesehen von ihrer Deutung durch die Transsubstantiationslehre, in Frage gestellt worden wäre. Doch schreibt Luther 1524 in einem Brief an die Christen von Straßburg:

> "Das bekenne ich, Wo D. Carlstadt oder yemand anders fur funf jaren mich hette möcht berichten, das ym Sacrament nichts denn brod und weyn were, der hette myr eynen grossen dienst than. Ich hab wol so hartte anfechtunge da erlitten und mich gerungen und gewunden, daß ich gerne eraus gewesen were, weyl ich wohl sahe, das ich damit dem Bapstum hette den grössisten puff kund geben" [2].

Von den hier erwähnten Anfechtungen fehlt aber in den Texten jede Spur. Entweder gab es sie nicht, oder aber sie haben sich nirgends in den Schriften niedergeschlagen [3].

---

ken auff das testament Christi pochen und trotzig sein ym festen glauben, unangesehen, wie unwirdig sie und groß das gutt ist" (6, 361, 22ff) und 362, 5ff). Ferner 6, 515, 28; 519, 15ff; 520, 1ff; 7, 694, 19ff. 24ff; 9, 447, 31ff.

[60] "Indiget autem, ut verax in suis promissis a nobis habeatur talisque longanimiter sustineatur, ac sic fide, spe et charitate colatur. Quo fit, ut gloriam suam in nobis obtineat, dum non nobis currentibus sed ipso miserente, promittente, donante omnia bona accipimus et habemus. Ecce hic est verus cultus dei et latria, quam in missa debemus persolvere" (6, 516, 34ff).

[61] 6, 359, 13; 513, 32; 8, 444f.

[1] 19, 482; s. oben S. 172.

[2] 15, 394, 12ff.

[3] H. Graß, Die Abendmahlslehre 18f, meint im Blick auf diese Stelle, daß von "einer selbstverständlichen Übernahme (erg. der Realpräsenz) aus der Tradition der Kirche" nicht die Rede sein könne, vermag aber auch nicht aufzuzeigen, worin die Anfechtung gelegen hatte. Dagegen

Andererseits zeigt freilich ein Blick auf diesen Zeitraum, daß, verglichen mit der theologischen Tradition wie auch mit Luthers späteren Schriften aus der Zeit des Abendmahlsstreits die Realpräsenz eine "eigentümliche Unbetontheit" [4] erfährt; sie steht am Rande und nicht im Zentrum von Luthers Ausführungen, was nicht heißt, daß sie auch am Rande des Interesses stehen müßte. Es darf nicht übersehen werden, daß der Kampf Luthers für den Laienkelch, dessen Entzug er die erste Gefangenschaft des Sakramentes nennt [5], ebenso wie die Kritik an der Verpflichtung, die Tatsache der Realpräsenz nur innerhalb der Transsubstantiationslehre deuten zu dürfen (die zweite Gefangenschaft) [6], ein großes Interesse an der Realpräsenz selbst dokumentieren. Auch die Bestreitung des Meßopfers und die Ablehnung des Fronleichnamsfestes ist, wie sich noch zeigen wird, zutiefst vom Glauben an die Wirklichkeit der sakramentalen Gegenwart Christi geprägt. Darauf muß hingewiesen werden, wenn man von einer "Randstellung der Realpräsenz" spricht, die sich im Blick auf jene Texte nahelegt, in denen Luther die dritte Gefangenschaft des Sakramentes, den falschen Gebrauch, behandelt [7].

Zwei Motive scheinen mir im wesentlichen für die geringe Betonung der Realpräsenz verantwortlich zu sein: die Erklärung der Messe als promissio/ testamentum (ein systematisch-theologisches Motiv) und die Auseinandersetzung mit der Meßfrömmigkeit (ein religiös-praktisches Motiv). Beide Motive gehen natürlich ineinander über, sollen aber der Klarheit halber getrennt dargestellt werden.

a) Realpräsenz und Wort

Bei der in "unerhörter Einseitigkeit"[8] vollzogenen Deutung der Messe als

---

stellt A. Peters, Realpräsenz 165, fest, daß es bei einem Blick auf Luthers Entwicklung keine Frage ist, "daß er das Ja zur Realpräsenz aus der Lehre der Kirche übernimmt, ohne zu fragen oder zu zweifeln". K. Jäger, Luthers religiöses Anliegen 26, vermutet, daß die berichtete Versuchung "nur ganz vorübergehend gewesen sein" könne. K. Barth, Ansatz und Absicht in Luthers Abendmahlslehre 45ff, sieht in dem Brief ein Zeugnis für Luthers frühere "reformierte Anwandlungen", die er aber mit seinem aus dem Grundansatz seiner Theologie mit innerer Notwendigkeit folgendem Ja zur Realpräsenz unterdrückt habe.

[4] Graß, aaO. 19.
[5] Vgl. 6, 502-507. Luthers Protest gegen den Kelchentzug braucht hier nicht weiter dargestellt werden. Vgl. dazu den Überblick bei A. Dieckhoff, Die evangelische Abendmahlslehre 266-274.
[6] Vgl. 6, 508-512.
[7] Das wird meist übersehen, da man sich nur auf die Abschnitte, etwa aus "De captivitate", stützt, in denen von der Realpräsenz expressis verbis gesprochen wird. Der Ausdruck "Randstellung der Realpräsenz" bei Graß, aaO. 25ff.
[8] O. Bayer, Promissio 242.

promissio/testamentum kommt dem Leib und Blut Christi unter den Elementen die Rolle des Zeichens, des Siegels und Pfandes zu.

Eine mehr juristische Betrachtung von testamentum sieht Leib und Blut in Analogie zu weltlichen Testamenten als Siegel, Brief und Siegel, welche die Gewißheit und Gültigkeit des Testamentes bekräftigen:

"Dan alßo thut man auch in weltlichen testamenten, das nit allein die wort schrifftlich vorfast, sondern auch sigell oder Notarien zeychen dran gehengt werden, das es yhe bestendig und glaub wirdig sey. Alßo hatt auch Christus in dißem testament than, und ein krefftigs, aller edlist sigill und zeychen an und in die wort gehenckt, das ist sein eygen warhafftig fleysch und blut unter dem brot und weyn"[9].

Doch ist das Siegel nicht nur eine Bestätigung des Testamentes, sondern auch ein Faustpfand in der Hand dessen, dem das Testament mit dem Siegel gegeben ist:

Bei Vertrauen auf eigene Würdigkeit "müstest du lange die schu wisschen, fedder ab leßen und dich erauß putzen, das du ein testament erlangist, wo du nit brieff und sigell fur dich hast, damit du bweyssen mügist dein recht zum testament: hastu aber brieff und sigel, und glaubst, begerest und suchst es, ßo muß dirß werdenn, ab du schon grindicht, gnetzischt, stinckend und auffs unreynist werest"[10].

Deutlich wird auch in der Schrift "Vom Mißbrauch der Messe" von einem Pfand geredet, das Gott zur Erfüllung der Testamentsgabe verpflichtet und das zugleich eine Gewißheit dieser Erfüllung gibt:

"Das wyr dißer tzusagunge Christi gewiß seyn unnd uns eygentlich darauff verlassen mögen on allen tzweyffell, ßo hatt er uns das edelste unnd thewreste sigill und pfandt, seyn waren leychnam und blutt, under brott und weyn, gegeben, eben dasselb, domit ehr erworben hatt, das uns dißer thewre, gnadenreyche schatz geschenckt und vorheyssen ist... Wer ist doch unter den menschen ßo nerrisch, der das sigil an eynen brieff, daryn ym ettwas verheyssen ist, dem tzusager opfferte? Er nympts tzu sich unnd behellt es und warttet mit gewissen vertrawen, das er entpfahe, was ym tzugesagt ist.

---

[9] 6, 359, 1-6. Vgl. dazu: 6, 230, 23; 8, 516, 27ff (440, 32ff).
[10] 6, 361, 3ff; ebenso 10 III 68, 34ff: "Als wen man yemants versichern wil, gibt man ymm zcuer sicherung brieff und sigel. Also thut hie unser herr Jhesus Christus uns auch: das wir ye gewisz sollen sein und uns nit furchten vor sunde, todt, teuffel unnd helle, seczt er seyn leyb und bluet fur unns, widder welches todt, sund, teuffel noch hell nichts vermogenn, unnd das soll fur uns steen". Der Gedanke des Faustpfandes könnte, abgesehen vom weltlichen Testament, auch vom neutestamentlichen "versiegeln" herkommen: so in 9, 448, 33.

Alßo hallden wyr, das gott des unmeßlichen Pfandes hallben uns ver-
pflicht ist, und wyr hoffen gewiß, mit großenn freuden unßers hertzen,
das er hallden wirt, was er uns hatt tzugesagt und mit eym solchen
thewren pfandt und sigill bekrefftiget"[11].

Wird die Messe mehr als promissio verstanden und damit in den Rahmen
des heilsgeschichtlichen Handelns Gottes hineingestellt, so werden Leib und
Blut Christi als Zeichen gesehen, die - wie Luther bei der Erkenntnis von
Gottes Promissiohandeln generell festgestellt hat [12] - Gott seinen Verheißungen zur Bekräftigung und Stärkung des Glaubens hinzugibt: "Weytter
hatt gott in allen seynen zusagen gemeyniglich neben dem wort auch ein
zeychen geben zu mehrer sicherung oder sterck unßers glaubens"[13]. "Hoc
sane verum est, in omni promissione sua deus fere solitus est adiicere
signum aliquod, ceu monumentum, ceu memoriale promissionis suae, quo
fidelius servaretur et efficatius moneret" [14]. Wie Gott in der Heilsgeschichte in der Zweiheit von promissio und signum handelt, so auch in der
Messe: "Ex quibus intelligimus, in qualibet promissione dei duo proponi,
verbum et signum, ut verbum intelligamus esse testamentum, signum vero
esse sacramentum, ut in Missa verbum Christi est testamentum, panis et
vinum sunt sacramentum"[15]. Sacramentum ist hier in seiner engsten Bedeutung gebraucht, als Brot und Wein, Leib und Blut, als des edelste Zeichen [16]. Daneben kann Luther ebensooft mit sacramentum die Messe als
Ganzes meinen [17]. Darauf ist bei den jeweiligen Texten zu achten.

Daß Gott in Verheißung und Zeichen handelt, entspringt nicht nur Gottes
Anordnung [18], sondern hat auch eine Entsprechung in der menschlichen
Existenz: "Dan wir arme menschen, weyl wir in den funff synnen leben,
müssen yhe zum wenigsten ein eußerlich zeychen haben neben den worten,

---

[11] 8,516,33; lateinisch: 8,441,5ff.
[12] 9,348,12ff und dann: 9,448,26ff; 6,358,37ff; 518,2ff; 8,516,20ff.
[13] 6,358,35ff.
[14] 6,517,38ff; vgl. 6,515,24; 4,705,1ff.
[15] 6,518,10ff; vgl. ebenso 6,363,1ff.
[16] 6,359,5. Daß gerade Leib und Blut Christi, die doch nur dem Glauben
zugänglich sind, als Glauben bestärkendes Zeichen und Siegel verstanden werden, zeigt wie selbstverständlich Luther die Realpräsenz war.
[17] Im Abschnitt 6,512,7-526,33 zähle ich sacramentum in Bezug auf die
Eucharistie 43mal: davon bezeichnet sacramentum 21mal die Messe
als ganzes, 22mal bezieht es sich im engeren Sinn auf Leib und Blut
Christi. Aber auch da ist zu differenzieren: 6mal im Sinn: das Sakrament empfangen, 5mal in Gegenüberstellung zum Wort als Zeichen
(der Verheißung) und Siegel (des Testamentes), 11mal in der schon
formelhaften Beschreibung der Messe als "testamentum et sacramentum".
[18] Deus solet: 9,448,25; 6,358,35; 517,39.

daran wir uns halten... mugen"[19]. Deutlich formuliert die Osterpredigt
von 1520 die Funktion der Zeichen: "... ut humana natura certius comprehenderet deum et ad unum aliquod signum defigeretur, quo comprehenderet
deum, nec vagaretur aut fluctuaret in suis speculationibus... Ideo semper
data sunt signa, per que comprehendimus et tenemus et nihil dubitamus
..."[20]. Gerade der Gedanke, daß die Sakramente den Menschen vor dem
"Schwärmen" und Suchen nach dem Ort des Handelns Gottes bewahren, ist
Luther zeitlebens sehr wichtig.

Siegel und Zeichen können nebeneinander gebraucht werden und gemeinsam die Funktion der sakramentalen Gestalten zum Ausdruck bringen [21].
Grundsätzlich erklärt Luther zu ihrer Stellung: "Nu als vil mehr ligt an
dem testament den an dem sacrament, also ligt vil mehr an den worten
den an den tzeychen, dan die tzeychen mügen wol nit sein, das dennoch der
mensch die wort habe, und also on sacrament, doch nit an testament selig
werde"[22]. Und: "Atque ut maior vis sita est in verbo quam signo, ita
maior in testamento"[23]. Diese Stellen dürfen nicht für die Frage nach
dem Verhältnis von Wort und Sakrament herangezogen werden, sie wollen
das Verhältnis von Wort und Zeichen im Sakrament beschreiben [24]. Da-

---

[19] 6,359,6f. Die psychologische Funktion der Zeichen will gewiß nicht
ihre heilsgeschichtliche Funktion verwischen, wie F. Mann, Das Abendmahl 76, vermutet. Luther will für die heilsgeschichtliche Ordnung
eine anthropologische Basis aufzeigen.

[20] 9,448,34ff. Auch die Menschheit Christi ist ein solches Zeichen, an
dem wir Gott finden können: "Ecce Christus errabundam, palabundam
et vagantem rationem ad signum sensibile, sese, accersit, ut in illo
signo sensibili per fidem comprehendat deum" (449,20). Bei Bayer,
Promissio 245f, wird eigentlich nur auf diesen Aspekt des Zeichens
im Sakrament hingewiesen (die "entmächtigten Elemente"). Von der
Realpräsenz und ihrer Bedeutung für Luthers Abendmahlsverständnis
auch des Jahres 1520 ist bei der Interpretation der Schriften dieses Jahres nicht die Rede. Damit wird aber das Abendmahl entgegen den Zeugnissen ganz in ein Wortgeschehen aufgelöst und damit eine Seite von
Luthers Verständnis isoliert aufgenommen.

[21] 6,358,22; 359,5.18.24; 10 II 29,18ff; 10 III 51ff; 69,7; 8,516f; 12,479,9.
Die Bezeichnung des Leibes und Blutes Christi als pignus, signum und
memoriale ist zwar auch vor Luther bekannt (vgl. H. Hilgenfeld, Mittelalterlich-traditionelle Elemente 251f), wird aber nirgends so konsequent einer Konzeption des Abendmahles als promissio/testamentum
zugeordnet, macht daher auch nie die Frage, ob Leib und Blut Christi
als pignus, signum usw. "nur Anhängsel" seien, akut.

[22] 6,363,6.

[23] 6,518,17; vgl. 10 III 68,28ff; 11,432,25.

[24] So auch C. Wislöff, Abendmahl und Messe 30ff, besonders 30 Anm. 34:
"Es ist darum irreführend, die Stellen... zum Ausgangspunkt für einen
Vergleich von 'Sakrament' und 'Wort' bei Luther zu nehmen".

bei gilt, daß Luther fast ausschließlich das Verheißungswort im Blick hat und daneben die Realpräsenz an sich zurücktritt, wenngleich sehr oft die Messe einfach als ein Miteinander von "testamentum et sacramentum" begriffen wird [25].

Doch gerade dieses nicht näher geklärte Nebeneinander bedingt gewisse Schwierigkeiten, die sich auch immer deutlicher auftun. Wie können Leib und Blut Christi, durch welche in der Vergangenheit das Testament in Kraft gesetzt wurde, zugleich das Bekräftigungssiegel der gegenwärtigen Testamentsverkündigung sein? So heißt es 1520: "In Missa ostenditur sacramentum, quod nihil alius significat quam: Ecce hic est verus Christus, signum novi testamenti et condonatorum delictorum"[26]. Christus als Testamentseinsetzer und er selbst mit seinem Leib und Blut als Siegel dieses Testamentes stehen in Konkurrenz zueinander. Die sprengende Kraft dieser Konkurrenz zeigt sich immer mehr:

> ".. ßo hatt er uns das edelste und thewreste sigill und pfandt, seyn waren leychnam und blutt, under brott und weyn, gegeben, eben dasselb, domit ehr erworben hat..."[27].
> Oder: "Ich glawb das Christus seynn leyb unnd blut fur mein sunde gegeben hat... den er hat gesagt: Nym hyn, das ist mein leyb der fur dich geben ist... das seynd seyn wort, darauff verlasse ich mich. Darczu hat er diese wort bestettigt ynn dem, das er darauff gestorben ist, und uns zu eynem zeychen und bestetigung seyner wort hat er mir seyn leyb und blut gegeben"[28].

Bezugspunkt des Glaubens ist nicht mehr allein das testamentum, sondern in zunehmender Weise auch das signum, das sacramentum, Leib und Blut Christi für mich: "Es wirt verheyssen der leychnam Christi und vergiessung seyns blutts tzu vergebung der sund, wilchs das newe testament ist"[29].

b) Realpräsenz und Meßfrömmigkeit

Die festgestellte Unausgewogenheit gründet nicht nur in der (eben nicht bis

---

[25] In "De captivitate" redet Luther nach der grundsätzlichen Aussage über die Zweiheit von promissio und signum (6, 518) fast durchwegs, schon formelhaft, von der Messe als "testamentum et sacramentum": 520, 22. 33; 521, 3. 32; 522, 4. 30; 523, 22; 524, 18; 525, 34; 526, 8. 14. Im "Sermon vom Neuen Testament" ist es nicht anders.
[26] 9, 448, 13ff.
[27] 8, 516, 34ff; 8, 440, 35ff: "Ita, ut haec promissio divina nobis omnium esset certissima fidemque nostram tutissimam redderet apposuit pignus et sigillum omnium fidelissimum et praeciosissimum, scilicet ipsumet precium promissionis, corpus et sanguinem proprium sub pane et vino, quo nobis emeruit promissionis divitias donari..."
[28] 10 III 69, 21ff.
[29] 8, 511, 33ff; ähnlich 7, 695, 5; 696, 1.

in alle Einzelheiten durchführbaren) Übertragung des Schemas Testament/
Siegel oder Verheißung/Zeichen auf die Messe, sondern noch mehr in Luthers Stellung zur herrschenden Meßfrömmigkeit. Diese ist weitgehend
ausgerichtet am Wunder der Realpräsenz, am Schauen der verwandelten
Elemente, wie die Hochschätzung von Monstranz, eucharistischen Prozessionen und Andachten, sowie die Bedeutung der ins Zentrum der Meßfrömmigkeit gerückten Elevation in aller Deutlichkeit kundtun [30]. Auch die Theologie selbst war seit dem Berengarstreit fast ausschließlich mit der Darstellung und Begründung der Transsubstantiationslehre beschäftigt [31].

Auf diesem Hintergrund kämpft Luther gegen eine isolierte Sicht der Realpräsenz, die nicht nach dem "Wozu", sondern nach dem "Was" fragt. Schon
im Sakramentssermon von 1519 warnte er vor einer Fixierung auf "Christi
natürlichen Leib" im Sakrament, welche die Bedeutung des geistlichen Leibes, der res sacramenti, außer acht läßt [32]. Wird in den Schriften von
1520 die Messe verstanden als "eyn testament und sacrament, das ist gottis wort oder zusagung und ein heyliges zeychen des brotes und weynß, da-
runder Christus fleysch und blut warhafftig ist" [33], als "promissio divina seu testamentum Christi, sacramento corporis et sanguinis sui commendatum"[34], so werden damit Leib und Blut Christi aus ihrem An-sich-
sein herausgenommen und in ihrer Beziehung zum Empfänger gesehen.
Weil Gabe Gottes an den Menschen, ist es Sinn des in der Messe präsenten Leibes und Blutes Christi, "für" den Menschen da zu sein. Ohne das
zuteilende Wort bleibt das Zeichen für sich und unnütz, weil sein Geschenkt
sein "für" nicht gesehen, verkündigt und verstanden wird [35]. Deshalb krit
siert Luther die Theologen, daß sie den Testamentscharakter der Messe
nicht gesehen und die Realpräsenz ohne Bezug zum Glauben, d.h. nicht als
anzunehmendes Geschenk betrachtet haben [36]. Gerade im Fronleichnams-

---

[30] Hier genüge der Hinweis auf das bei P. Browe, Die Verehrung der
     Eucharistie, beigebrachte Material.
[31] So besonders E. Iserloh in den S. 173 Anm. 26 genannten Arbeiten;
     auch C. Wislöff, Abendmahl und Messe 32f.
[32] siehe oben S.168.
[33] 6, 365, 15f.
[34] 6, 520, 22ff.
[35] Darauf macht neben den in der folgenden Anmerkung genannten Texten
     besonders die Gründonnerstagspredigt von 1523 (12, 476ff) aufmerk-
     sam: "Nun yhr wist, das man bißher alleyn hat gesucht und gefordert
     ynn dem Sacrament, das da sey gott warhafftig mit fleisch und blut...
     do hat mans denn bey lassen bleyben" (476, 7). Luther deutet auch an,
     daß er ab dem nächsten Jahr keinen mehr zum Sakrament zulassen
     wolle, der nicht auf das "Was" und "Wozu" des Sakramentes eine Ant-
     wort geben kann: 12, 478A, 10. In einem Zusatz zu dieser Predigt sind
     auch 5 Sakramentsfragen überliefert: 11, 79f.
[36] "Hic vides, quid et quantum Theologi sententiarii in hac re praestite-
     rint. Primum, id quod summum et capitale est, nempe testamentum
     et verbum promissionis, nullus eorum tractat, atque ita fidem et to-

fest mit seinem Pomp sieht er den Ausdruck dieser falschen Sicht des Sakramentes, das nicht zum Umhertragen, sondern zum Genuß gegeben ist [37]. In der Isolierung der Realpräsenz liegt auch ein Grund dafür, daß das Geschenk des Sakramentes von der Werksfrömmigkeit verdeckt wurde: Dem gegenwärtigen Christus muß der Mensch etwas bringen: seine Würdigkeit, seine Verehrung und Anbetung [38]. Die isolierte Sicht kann aber durchbrochen werden durch die Beachtung des Wortes im Sakrament:

> "Die wortt leren dich achten unnd trachten, warumb Christus da sey, und werden dich machen, das du deyner werck vergissest unnd nur auff seyne warttest. Denn sacrament ist eyn glawbengeschefft, da eyttel gottis werck ynnen sollen gehen und geschehen durch seyn wort... Brott und weyn odder der leyb und blutt Christi on die wortt angesehen werden dich leren achten und trachten auff deyne werck und werden dich treyben von gottis werck und warumb er da sey, das du fast sorgest, wie du yhm viel thust und dyr nichts thun lassest, und wirt alßo auß dem sacrament eyn lautter werckgeschefft" [39].

---

tam missae virtutem nobis obliterarunt. Deinde, alteram eius partem, scilicet signum seu sacramentum, solum versant, sed ita, ut nec in hac fidem doceant sed suas praeparationes et opera operata, participationes et fructus missae, donec in profundum venerint, et de transsubstantiatione aliisque infinitis metaphysicis nugis nugarentur, et scientiam verumque usum tam testamenti quam sacramenti cum universa fide abolerent" (6,518,24-32). Vgl. 6,363,16ff und besonders 12,476ff.

[37] In seiner letzten Fronleichnamspredigt (1523) sagt Luther: "Scitis per orbem celebrari Sacramentum corporis. Ego huic festo bin nit gut, quod sacramentum wirt boslich gehandlet et ignominia magna datur. Neque praedicassem, sed wir wollens bescharren und begraben" (11, 125,12ff). Vgl. auch 4,705; 11,445,6ff.

[38] In der Frage der Anbetung meint Luther, man solle sie frei lassen (11,447ff). Christus könne natürlich angebetet werden im Sakrament, weil er da sei (447,5ff), aber er wolle im Himmel angebetet werden, im Sakrament wolle er helfen (447,16ff). - Der Kommunionempfang wird zu einem Werk, wo er nur aus Pflicht, nicht aber aus dem Wissen um die heilsame Gabe vollzogen wird: 12,478B,20; 479A,2; 482A,7.

[39] 11,448f. Warum das "achten und trachten, warumb Christus da sey" sich nicht auf die Realpräsenz in den Elementen, sondern auf die Gegenwart Christi im Wort beziehen soll, wie H. Hilgenfeld, aaO. 312, gegen H. Graß, aaO. 32, einwendet, ist nicht einzusehen. Das Einsetzungswort zeigt doch gerade die Bedeutung der Realpräsenz und darum auch ihre Wirklichkeit. Weil Hilgenfeld das übersieht, kann es bei ihm heißen: "Von hier aus ist es schwer zu erklären, warum Luther gegen Hoen die Realpräsenz des Leibes und Blutes Christi von den Einsetzungsworten her fordert" (aaO. 312).

Entscheidend ist der Glaube an das "für mich" der Realpräsenz, während der Glaube an die Tatsache der Gegenwart Christi noch nicht heilsentscheidend und nützlich ist.

> "Darumb soll man fordt an die do dartzu gehen wollen, fragen, was sy do nemen und warumb sie es nemen, und die sollen also anwortten: Seht das sind die wort Christi, das er habe seyn leyb und blut fur mich dar gegeben, das mir meyn sunde sollen abgewaschen seyn, und darumb hat er mir hieher gestelt zum zeychen seyn blut und fleysch wie eyn Sygel, damit ich versichert soll seyn, ym sey also"[40].

Der Glaube an die Realpräsenz an sich ist nur ein Teil des Abendmahlsglaubens. Wesentlich, nützlich und heilsam ist erst der Glaube an die Realpräsenz als einer Gabe für den Menschen. Erst bei einem solchen Glauben kann das Abendmahl ans Ziel kommen und sein Werk tun [41]. Den Geschenkcharakter der Realpräsenz zeigt aber gerade das Wort im Sakrament. Luthers Absicht, die Realpräsenz aus ihrer Isolierung zu befreien, ist ein wesentlicher Grund für die Betonung des Wortes gegenüber dem Zeichen im Sakrament. Das Wort lenkt das Interesse vom esse zum frui der Sakramentsgaben. Dabei erhält aber auch die Zuordnung von Wort und Realpräsenz eine bessere Lösung als im Schema Testament/Siegel. Zunehmend weitet sich der Glaube an die Sündenvergebung, die im Wort zugesagt wird, zum Glauben an die Gegenwart der in eben diesem Promissiowort benannten Quelle der Vergebung, nämlich Christi Leib und Blut [42]. Das Promissiowort beinhaltet ja nicht nur die Zusage der Sündenvergebung, sondern gerade auch die Zusage von "Leib und Blut" zur Vergebung der Sünden. Gewiß kennzeichnet Luther die Abendmahlsworte vorwiegend als verba promissionis, weniger als verba consecrationis, aber auch als solche haben sie - in nicht ausgesprochener Selbstverständlichkeit - eine "konsekratorische" Wirkung auf die Elemente Brot und Wein [43].

---

[40] 12,479,5ff. Beim Fronleichnamsfest mit seinem "pompa et apparatus" denkt niemand daran, warum die Eucharistie eingesetzt ist, "quomodo anima sit saginanda et firmanda hoc tam salutari viatico" (4,705).

[41] Auf die Frage: "Was gleubstu oder was bekennestu, das in diesem sacrament sei?" soll, wer zum Abendmahl zugelassen werden will, antworten: "Unter dem brodt und wein ist aldo der leyb und das blut Christi, es ist aber nicht genug, das ichs weys, sondern muss auch glauben, das myr mein Herr Christus die zu eynem gewissen Sigell, zeichenn und Testament geben hat" (11,79,28ff).

[42] Aber auch schon 6,517,34: "...totam virtutem Missae consistere in verbis Christi, quibus testatur remissionem peccatorum donari omnibus, qui credunt corpus eius tradi (!) et sanguinem eius fundi (!) pro se". Ähnlich 8,521,21.

[43] Wenn Luther beklagt, daß man aus den Testamentsworten verba consecrationis gemacht habe, so will er damit nicht eine Wirkung der Worte auf Brot und Wein in Abrede stellen, sondern gegen eine Isolierung der

So ist die immer stärker hervortretende Betonung der Realpräsenz nicht erst ein Niederschlag ihrer Bestreitung durch C. Hoen, Karlstadt und Zwingli, sondern sachlich angelegt in der Hervorhebung des Testamentswortes [44]. Das Prinzip, das Wort sei höher zu achten als das Zeichen, hat die anfängliche Unbetontheit der Realpräsenz gerade selbst überwunden und zugleich gegen ihre Bestreiter den Grund gelegt zur Behauptung der Wirklichkeit der Gegenwart Christi. Das geschieht erstmals in der Schrift an die böhmischen Brüder "Vom Anbeten des Sakramentes" (1523). Dort wird gleichsam als Überschrift nochmals die Bedeutung des Wortes als "Hauptstück"[45] heraus-

---

Konsekration Stellung nehmen, welche die Verkündigung der verba testamenti übersieht. Die Konsekration durch die Abendmahlsworte ist klar ausgedrückt: 6,525,2; 8,435,1; virtute verborum: 6,510,34; 8,438,3; Wort der Benedeiung (nach 8,433,17; 444,22: Übersetzung von consecratio): 8,508,7; 509,37; 521,21; das Sakrament ist durch Gottes Wort gemacht: 10 II 20,28f; 10 III 70,29f. Vgl. dazu C. Wislöff, aaO. 124. Die konsekratorische Funktion der Testamentsworte wird also nicht erst im Abendmahlsstreit, sondern auch schon vorher behauptet, wenngleich sie zunächst von der Betonung der Testamentsverkündigung übertroffen wird. Vgl. J. Diestelmann, Konsekration 37ff; Hilgenfeld, aaO. 120ff. Zur Terminologie vgl. W. Schanze, Die Konsekrationspraxis 27f.

[44] Es liegt in der Konsequenz der Betonung des Testamentes, daß die Realpräsenz nie aus dem Gesichtskreis verschwindet, auch wenn es zunächst den Anschein hat, als sollte sie abgewendet werden. Wenn F. Mann, Das Abendmahl 81, sagt: "Seit dem Jahr 1520, zu einer Zeit, da Luthers Sicht vom Abendmahl als gegenwärtig sich ereignendes, existentielles Heilsgeschehen im Wort Gottes im Vordergrund steht, wird der innere theologische Zusammenhang zwischen Wort als göttlichem Heilsfaktor und Sakrament allmählich sehr abgeschwächt. Leib und Blut und Christi sind nur noch Zeichen, die vor allem zur Bekräftigung der göttlichen Zusage dienen. Erst in De captivitate Babylonica von 1520 (!) beginnt Luther auch ein sichtliches Interesse für die reale Gegenwart von Leib und Blut Christi im Abendmahl zu entwickeln", so liegt darin eine Inkonsequenz, die die Aussage selbst in Frage stellt. Denn hier wird der Vorgang der Abwertung wie der Aufwertung der Realpräsenz nicht nur auf das gleiche Jahr 1520, sondern auch in die gleiche Schrift verlegt. Damit zeigt sich aber auch, wie bedenklich eine willkürliche Begrenzung auf Texte des Jahres 1520 ist. Wenn die Aussagen über die Realpräsenz zunächst etwas zu kurz kommen, dann wohl deswegen, weil zunächst einmal mit aller Deutlichkeit die neue Konzeption der Messe vom Abendmahlswort her vorangetrieben werden muß. Daß in Konsequenz daraus aber auch die Betonung der Realpräsenz folgt, wurde aufgezeigt.

[45] 11,432. Dabei ist nun nicht mehr im Verhältnis Testament - Siegel, sondern einfach im Verhältnis Wort - Sakrament (im engen Sinn als sakr. Zeichen) gesprochen. Darin zeigt sich, wie das stärker hervortretende Interesse an der Realpräsenz den Begriff testamentum als Deutekategorie der Messe aufhebt, so daß er ab 1523 fast ganz verschwindet. Vgl. dazu H. Hilgenfeld, aaO. 96.

gestellt, um von da aus die Realpräsenz als Wirklichkeit zu behaupten, "weyl die wortt helle, durre und klar da stehen"[46], und sie auch aus einer isolierten Sakramentsanbetung herauszunehmen und in den eigentlichen, von Christus gegebenen [47] Sinnzusammenhang als gegenwärtige Gabe für uns hineinzustellen [48].

Der Glaube an die Realpräsenz allein ist leicht und kann vom Teufel und jedem Ketzer vollzogen werden [49], aber er nützt dem nichts, der Trost und Hilfe in seinen Anfechtungen sucht. "Aber wenn du da her kompst und alßo sagst 'sich das sind wort Christi, das seyn leyb und leben fur mich gestelt sey, das ich mich deß also kan annehmen als meynes eygens gutts, und des habe ich hye eyn zeichen', Seht also hilfft es dich, do empfehestu denn eyn uberschwencklichen grossen reychen schatz"[50].

4. Die Kritik an der Messe als opus bonum

Ist die "Messe nichts anderes als eine göttliche Verheißung oder das Testament Christi, durch das Sakrament seines Leibes und Blutes zugeteilt"[1], und zeigt sich demnach der rechte Gebrauch allein im Glauben, der annimmt, was das Testament verspricht [2], so ist damit klar die Grenze zum Mißbrauch des Sakramentes gezogen. Den sieht Luther dort, wo das Testamentswort als Interpret und Summe der Messe in Vergessenheit geraten ist [3], so daß sich an seiner Statt menschliche Lehre breitmachen konnte [4], und der Glaube ausgelöscht wurde, weil er seinen Bezugspunkt, das Wort der Verheißung, verloren hatte. An seine Stelle ist der Aberglaube der Werke

---

[46] 11,435,7.
[47] 12,483B,12: "Christus spricht nicht ynn den worten 'Sihe da ists, da ligt es', sondern also sagt er 'Nym hin, es sol deyn seyn'. Er ist nicht darumb ym Sacrament, das wir yhn da sollen haben ligen, sundern das wir seyn bruchen".
[48] 11,443-450.
[49] 12,477; Ein Kommunionempfang allein mit diesem Glauben wäre "als wenn mans eyner saw ynn hals stieß" (12,477,10).
[50] 12,480f.
[1] 6,520,22 (= 365,15).
[2] "...cum in Missa non sint nisi ista duo, promissio divina et fides humana, quae accipiat quod illa promittit" (6,521,13).
[3] 6,520,7: "Videmus ex his, quam grandi ira dei factum sit, ut verba testamenti huius nos caelarint impii doctores atque per hoc ipsum fidem extinxerunt quantum in eis fuit. Iam pronum est videre, quid ad fidem extinctam sequi fuit necesse, nempe superstitiones operum impiissimas". Vgl. auch 520,32: ignorantia testamenti; 522,1: omisso verbo dei.
[4] 6,522,1f.

getreten [5], an die Stelle gläubigen und dankbaren Empfangens das stolze Werk des Gebens, eine unerhörte Perversität, welche die barmherzige Ordnung Gottes verachtet und auf den Kopf stellt, "dum hoc donamus ut opus, quod accipimus ut donum, ut testator iam non suorum largitor bonorum sed nostrorum sit acceptor"[6].

a) sacrificium - opus bonum - opus operatum

Der Mißbrauch besteht darin, daß man aus der Messe ein gutes Werk und ein Opfer gemacht hat [7]. Sowohl im "Sermon vom Neuen Testament" wie in "De captivitate" werden beide Mißbräuche in jeweils eigenen Abschnitten besprochen [8]. Meint die Kritik an der Messe als opus bonum und als sacrificium das gleiche, oder soll damit jeweils ein eigener Aspekt getroffen werden? Die getrennte Behandlung legt letzteres nahe, wenngleich in den späteren Schriften opus und sacrificium meist in einem genannt werden. V. Vajta sieht in der Abrechnung mit beiden den gleichbleibenden Kampf gegen die in opus bonum und sacrificium sich anzeigende Werkgerechtigkeit. Beide stehen der Lehre von der Rechtfertigung aus Gnaden durch den Glauben unversöhnlich gegenüber [9]. C. Wislöff sieht demgegenüber doch zwei Aspekte getroffen: einmal kämpfe Luther gegen den Meßgebrauch als Werk (meritorische Rechtfertigung), zum andern erfolge die Ablehnung des Meßopfers aus dem Nachweis, daß die Messe aufgrund der Realpräsenz von Christi Leib und Blut unmöglich ein erneutes Versöhnungsopfer neben dem Kreuzesopfer sein könne (Theologie des Opfers) [10].

Doch ist auch damit noch nicht hinlänglich geklärt, was Luther mit der gesonderten Betrachtung der Messe als opus bonum und als sacrificium im Auge hatte. Die Kritik der Messe als sacrificium bestreitet grundsätzlich die Möglichkeit des Meßopfers und verwirft in der Folge die Institution der Privatmessen und des damit verbundenen Meßpriestertums, worüber deshalb auch in einem eigenen Abschnitt zu handeln sein wird. Die Kritik der Messe als opus bonum hat dagegen einen ganz konkreten Punkt der Meß-

---

[5] Fortsetzung des Textes von Anm. 3: "Ubi enim fides occidit et verbum fidei obmutescit, ibi mox surgunt opera in locum eius et traditiones operum" (6, 520, 10ff). 6, 364, 6: "Das muß von nöten folgen, wo der glaub und das wort odder zusagung gottis fallen oder noch bleyben, das da auffstehn an yhre statt werck unnd falsch vormessenheyt auff die selben".

[6] 6, 520, 33: "Ubi de acceptis grati esse debemus, venimus superbi daturi accipienda, irridentes inaudita perversitate donatoris misericordiam, dum hoc donamus.. .".

[7] 6, 512, 7ff.

[8] opus bonum: 6, 520, 7-523, 7 und 364, 6-365, 22; sacrificium: 6, 523, 7-526, 21 und 365, 23-372, 11.

[9] V. Vajta, Theologie des Gottesdienstes 43-113, bes. 105ff.

[10] C. Wislöff, Abendmahl und Messe 42-53; 53-67.

opferlehre im Blick, nämlich die Möglichkeit, in einem guten Werk die
Früchte des Meßopfers Lebenden und Verstorbenen zuzuwenden. Im Hintergrund stehen die Fragen der Meßapplikation und der Messe als Suffragium für Verstorbene [11]. Man muß diesen Hintergrund beachten, weil nur
so erklärlich wird, weshalb mit der Kritik an der Messe als opus bonum
die Lehre von der Wirksamkeit der Messe ex opere operato ins Spiel gebracht und der Kritik unterzogen wird. In dieser Lehre sieht Luther den
Gipfel des Mißbrauchs der Messe als opus bonum: "Ita de missa contigit,
quae impiorum hominum doctrina mutata est in opus bonum, quod ipsi
vocant opus operatum, quo apud deum sese omnia praesumunt posse. Inde
processum est ad extremum insaniae, ut, quia Missam ex vi operis operati
valere mentiti sunt, adiecerunt, eam non minus utilem esse caeteris,
etiam si ipsi impio sacrifico noxia sit" [12]. Wie ist diese Kritik zu verstehen und wie kommt es zu ihr?

b) Die Messe als suffragium (opus bonum) und die Wirksamkeit ex opere
   operato

In der scholastischen Sakramentenlehre kennzeichnet das ex opere operato
die gnadenhafte Überlegenheit der neutestamentlichen Sakramente gegenüber den alttestamentlichen, die nur ex opere operantis wirken. Denn ex
opere operato heißt nach G. Biel: Der Vollzug des Sakramentes selbst
teilt Gnade mit, sofern der Empfänger sich nicht dagegen sperrt, einen
Riegel vorschiebt. Ein bonus motus im Empfänger ist nicht erforderlich
insofern, als dadurch die Gnade verdient werden müßte [13]. Die ganze

---

[11] Das zeigt allein schon die Terminologie: 2mal applicationes (6,520,18;
521,36) und 5mal applicare (521,5.7.10.12; 522,16); suffragari (521,
7) und suffragia (521,36). Im "Sermon vom Neuen Testament" behan-
deln die Nr. 19 und 20 die Zuwendung der Messe, des Gebetes und
des Almosens (6,364f). In Nr. 29 wird über die Messe als Suffragium
gehandelt und in diesem Zusammenhang erscheint dann auch die Unterscheidung ex opere operato und ex opere operantis (6,370f).
[12] 6,520,13ff.
[13] "Ita quod eo ipso quod opus illud, puta signum aut sacramentum, exhibetur, nisi impediat obex peccati mortalis, gratia confertur, sic quod
praeter exhibitionem signi foris exhibiti non requiritur bonus motus
interior in suscipiente, quo de condigno vel de congruo gratiam merea-
tur" (Coll. IV d.1 q.3 a.1 not.2); vgl. auch Can. Missae Expos. 21 D
(I,188); Altenstaig, Vocabularius Theol., Stichwort opus operatum:
"Sic autem conferunt gratiam ex opere operato, quia ad consequendam
gratiam per ea non requiritur (secundum Scotum) motus bonus interior
de congruo sufficiens ad gratiae infusionem, sed sufficit quod suscipiens
ea non ponat obicem infidelitatis contrariae voluntatis aut consensus in
mortale peccatum commissum vel committendum".

Kraft und Wirksamkeit liegt im Sakrament selbst. Der bonus motus wird keineswegs verworfen, sondern nur als notwendiger Verdienstgrund für die Gnade abgelehnt [14]. Ex opere operantis heißt demgegenüber, daß nicht das Sakrament selbst, sondern der bonus motus beim Sakramentsvollzug der Verdienstgrund der Gnade ist [15]. In diesem Sinn verstand die Mehrheit der scholastischen Theologen die Wirksamkeit der alttestamentlichen Sakramente [16].

Bei der Darstellung der Bußlehre wurde schon gezeigt, wie Luther, ohne dabei den Begriff ex opere operato zu gebrauchen, sich gegen die Ansicht wendet - er nennt sie einen scotistischen Traum -, die Sakramente wirkten derart, daß der Mensch als Empfänger nichts tun brauche, als nur den Riegel zu entfernen, was als eine sehr indifferente Haltung gedeutet wird. Das Abwegige einer solchen Ansicht sieht er darin, daß sie dem Glauben keinen Platz gibt, der doch als Empfänger der promissio wesentlicher Bestandteil des Sakramentsempfanges zu sein hat [17].

Bei der Kritik der Messe als opus bonum geht es Luther zwar auch um den Glauben als einzig möglicher Haltung vor dem Sakrament, aber nun nicht im Gegensatz zu non ponere obicem, sondern im Gegensatz zu opus. Denn er versteht hier ganz klar das opus operatum als verdienstliches Werk,

---

[14] Die Absicht der Unterscheidung ist es, Heil aufgrund menschlicher Verdienste und Heil aus Gnade gegenüberzustellen. Die Überlegenheit der neutestamentlichen Sakramente liegt gerade darin, daß sie Geschenk Gottes sind. Nicht getroffen wird diese Absicht von der Interpretation bei R. Damerau, Die Abendmahlslehre des Nominalismus 130 Anm. 50: "Der Fortschritt vom alttestamentlichen zum neutestamentlichen Sakrament besteht also angeblich darin, daß der Glaube an Bedeutung verliert".

[15] "Alio modo ... per modum meriti, quando scil. sacramentum foris exhibitum non sufficit ad gratiae collationem, sed ultra hoc requiritur bonus motus seu devotio interior suscipientis sacramentum" (Coll. IV d. 1 q. 3 a. 1 not. 2).

[16] Vgl. das Referat darüber bei G. Biel, Coll. IV d. 1 q. 3 a. 1 not. 3 und a. 2. Petrus Lombardus vertrat die Meinung, daß die alttestamentlichen Sakramente auch nicht auf verdienstliche Weise wirkten (Sent. IV d. 1 c. 7). Luther bezieht sich in den Scholien zu Hebr 9, 8 (57 III 205f) und 9, 24 (57 III 217) darauf. Er stimmt Lombardus zu in dem Gedanken, daß die alttestamentlichen Sakramente nicht aus sich selbst wirkten, er widerspricht aber in dem Gedanken, daß der Glaube beim Empfänger dieser Sakramente nicht verdienstlich gewesen sei. Er bleibt damit entgegen eigener Behauptung doch in der Reihe der Kritiker des P. Lombardus.

[17] Resolutio 7: 1, 544, 35-41; "Asterisci": 1, 286, 15-23; "Sermo de poenitentia": 1, 324, 8ff; "Pro veritate": 1, 632, 32; Schol Hebr 5, 1: 57 III 170, 5ff (vgl. auch 191, 19-24); ganz besonders aber 6, 88f ("Disputatio de fide infusa" von 1520) und 7, 101ff bzw. 7, 317-329 ('Assertio").

als ein Tun des Menschen, der aufgrund eben dieses Tuns, unabhängig von seinem Glauben und seiner Gutheit, bei Gott alles mögliche erwirken zu können glaubt, der die Messe zur Sündentilgung, als Wiedergutmachtung, für Verstorbene oder Lebende verdienstlich opfert [18]. In der traditionellen Aussage von der Wirksamkeit ex opere operato sieht Luther nicht eine Wirksamkeit unabhängig vom menschlichen Verdienst, sondern gerade eine Wirksamkeit aufgrund verdienstlichen Tuns. Aber gerade das sollte mit der Aussage ex opere operato ausgeschlossen sein.

Nun findet sich aber die Unterscheidung ex opere operato und ex opere operantis nicht nur in der Sakramentenlehre, sondern ebenso in den Abhandlungen über die Meßapplikation und die Suffragien, die im Hintergrund der hier behandelten Texte stehen [19]. Als Suffragien, als Fürbittwerke für die Verstorbenen gelten gemeinhin: Messe, Gebete, Fasten und Almosen [20]. Über ihre Wirkung wurde viel geschrieben: Wie wirken sie?, wem nützen sie?, ist ihre Wirkung abhängig von der persönlichen Verfaßtheit dessen, der diese Werke tut oder anordnet [21]? G. Biel erörtert in seinem Meßkommentar diese Fragen bei der Erklärung des 'Memento mortuorum'. Nach ihm, und er gibt nur die gängige Meinung wieder, können die Suffragien ex opere operato oder bzw. und ex opere operantis wirken. Ex opere operato wirkt das Meßopfer, wie die Sakramente überhaupt, aufgrund göttlicher Einsetzung, wirken bestimmte kirchliche Gebete aufgrund kirchlicher Einsetzung und die Ablässe aufgrund kirchlichen Privilegs [22]. Damit ist der Kreis der Vollzüge, die ex opere

---

[18] Siehe oben Anm. 12 und 6, 521, 3ff.

[19] Vgl. zum Folgenden auch V. Pfnür, Einig in der Rechtfertigungslehre? 47-62.

[20] Man faßte die Suffragien in dem Vers zusammen: "Missa, preces, dona, ieiunia, quatuor ista Absolvunt animas quas ardens detinet ignis". (A. Franz, Die Messe im deutschen Mittelalter 229 Anm. 6). Altenstaig zitiert als Wort Gregors d. Gr.: "Animae defunctorum quatuor modis solvuntur, aut oblationibus Sacerdotum, aut precibus sanctorum, aut carorum eleemosynis, aut ieiunio cognatorum" (Vocabularius Theol., Stichwort suffragium); ebenso bei G. Biel, Can. Missae Expos. 57 A (II, 392) und Thomas v. A., S. theol. Suppl. q. 71 a. 9. Vgl. auch DS 856; 1304.

[21] Altenstaig, Stichwort suffragium: "valde multa scribunt Theologi"; er verweist dann auf G. Biel, Can. Missae Expos. 26f und 56ff. In den Sentenzenkommentaren: Buch IV d. 45; auch Thomas v. A., S. theol. Suppl. q. 71.

[22] "Suffragiorum quedam proficiunt ex operante tantum, alia ex opere operato, alia simul ex opere operato et operante. Ex operante tantum que ex sola dispositione et acceptatione agentis acceptantur a deo, ut sacrificia veteris testamenti et opera non privilegiata... Ex opere operato que ex ipso opere exhibito etiam circumscripta dispositione operantis, quantum ad eius esse acceptum, habent suum effectum, ut est sacrificium altaris et ecclesie sacramenta, que effectum habent ex

operato wirken, über die neutestamentlichen Sakramente hinaus beträcht-
lich erweitert. Was aber ist damit gemeint? Ausführlicher handelt Biel
davon in den Abschnitten über die Meßapplikation, die Zuwendung der Messe und ihrer Früchte [23]. Die Messe ist ja das vornehmste Suffragienwerk [24].

Der Priester kann in persona ecclesiae die Messe in ihrer Wirkung anderen zuwenden [25]. Die Wirkweise der Messe bestimmt sich sowohl ex
opere operato als auch ex opere operantis. Ex opere operantis wirkt die
Messe aufgrund des persönlichen Verdienstes des Zelebranten, ex opere
operato aufgrund der Konsekration, der Darbringung und des Empfangs
der Eucharistie ohne Rücksicht auf die persönliche Heiligkeit und Verdienste des Priesters [26]. Für die letztgenannte Wirksamkeit gibt es zwei
Gründe:

a) Einmal kommt diese Kraft aus der göttlichen Einsetzung, weil Gott sich
verpflichtet hat, beim Vollzug des Sakramentes seine Gnade zu geben, wie

---

institutione christi, non ex dispositione ministri offerentis vel dis-
pensantis... Sic non est impium sentire de oratione dominica, de
horis canonicis ac aliis orationibus, quas ecclesia dicendas instituit
... Ita sunt quedam que effectum sortiuntur ex privilegio, ut indulgen-
tie vel similia" (57B - II, 394); vgl. auch 58 A (II, 415). Almosen wirken aufgrund des Gebetes, das der Arme nach Empfang des Almosens
für den Toten verrichtet. Über den Ablaß als Suffragienwerk handelt
Biel nochmals 57 H - R (II, 399-410).
[23] AaO. 26-28 (II, 240ff).
[24] "Inter omnia mortuorum suffragia quantum ad liberationem defunctorum excellit eucharistie oblatio per manus sacerdotum, ecclesie mini-
strorum" (57 C - II, 394).
[25] "Sacerdos offerens sacrificium in persona ecclesie potest eius fructum et virtutem alicui vel aliquibus specialiter applicare" (26 B-I, 240).
Über diese potestas des Priesters handelt dann 26 B-X (I, 240-256).
[26] "Ex opere operante hoc est ex merito personali persone celebrantis,
propter quod confert deus petita a sacerdote eis quibus orationem et
misse sacrificium applicat. Ex opere operato, id est ex ipsa consecra-
tione oblatione et sumptione venerabilis eucharistie non habendo respec-
tum ad personalem sanctitatem aut meritum sacerdotis" (26 G-I, 244).
Biel verweist dabei auf Duns Scotus (Qodlibet q. 20 a. 2). Der Text Biels
ist auch aufgenommen bei Altenstaig, Stichwort opus operatum. Dort
wird auch das Augustinus zugeschriebene, aber von Paschasius, De
corp. et sang. dom., c. 12 (PL 120, 1310) stammende und in der Tradition immer wieder zitierte Wort angeführt: "In mysterio corporis et
sanguinis Domini nihil a bono maius, nihil a malo minus perficitur
sacerdote: quia non in merito consecrantis, sed in verbo perficitur
creatoris". (Ebenso bei G. Biel, aaO. 57E - II, 397).

im Rahmen der franziskanischen Sakramentenlehre angenommen wird [27].

b) Weil aber die Messe nicht nur Sakrament, sondern auch Opfer ist, kann sie auch ex opere operato Gott angenehm sein, und zwar insofern geopfert wird. Zu einem Opfer gehört ein Opferakt; damit dieser Gott angenehm ist, muß der Opferer Gott angenehm sein. Nun opfern aber in der Messe sowohl die Kirche als Braut und Leib Christi wie auch der Priester in ihrem Namen. Weil die Kirche als Leib Christi Gott immer angenehm ist, ist auch die Messe als Opfer Gott immer angenehm, also unabhängig von der Heiligkeit und dem Verdienst des Priesters, und deshalb ex opere operato [28].

Das zeigt, worum es bei der Unterscheidung geht. Es gilt, die Wirkung der Messe (und im Zusammenhang damit der anderen Suffragien) zu sichern, zu objektivieren mit dem Ziel, sie von der subjektiven Disposition des Priesters unabhängig zu machen. Dabei geht es um die seit dem Donatistenstreit errungene und in der Auseinandersetzung mit mittelalterlichen Sekten bestärkte Erkenntnis, daß nicht die Heiligkeit oder Schlechtheit des Spenders über die Gewißheit der Sakramentswirkung entscheidet [29]. Gerade die Zeit Luthers mit ihrer Suffragien- und Meßfrömmigkeit hatte an dieser Sicherung größtes Interesse. Auch ein Priester in Todsünde oder im Bann konnte als Priester der Kirche, wenn er in deren Intention handelte, als causa

---

[27] "Uno modo quod hic valor sit ex divina institutione, qui efficaciter determinavit se ad conferendum quosdam effectus gratuitos et salutares ad consecrationem, oblationem et sumptionem corporis et sanguinis christi factam a sacerdote, sicut dicimus de ceteris sacramentis nove legis, quod habent virtutem ex christi institutione, ita quod ipsis exhibitis aliquibus assistit deus causando in eis quosdam effectus salutares, scilicet remissionem peccatorum et gratiam gratum facientem" (26 G - I, 244). Zu den Ansichten über die Wirksamkeit der Sakramente siehe das Referat G. Biels in Coll. IV d. 1 q. 1 a. 1 not. 2; ferner: W. Lampen, De causalitate sacramentorum iuxta scholam Franciscanam, Bonn 1931.

[28] "Alio modo intelligitur missa habere effectum et esse accepta deo ex opere operato, precise ratione oblationis sacrificii quod in missa perficitur, non attendendo christi institutionem, quia oblatio non videtur grata deo et accepta, nisi sit alicuius offerentis grati et accepti ... Est autem duplex offerens ... Primus est sacerdos consecrans et summens sacramentum ... Offerens vero mediate et principaliter est ecclesia militans in cuius persona sacerdos offert ... Primus offerens non semper gratus est deo, nec semper sibi placet, quia sepe peccator est. Secundum offerens deo est semper acceptum, quia ecclesia semper sancta est et unica sponsa christi pudica ..., cum ergo missa semper valorem suum habet et accepta est deo" (26 G/H - I, 245f).

[29] Siehe etwa Augustinus, De bapt. contra Donat. III c. 10 n. 15; V c. 21 n. 29; Thomas v. A., S. theol. III q. 64 a. 5 und 9. Ferner DS 793f (Professio Valdesii); 1154 (gegen Wyclif) und dazu K. J. Becker, Wesen und Vollmachten des Priestertums 21ff.

ministerialis die Messe gültig vollziehen und damit Lebenden und Toten
zuwenden [30].

Mit der Lehre von der Wirksamkeit ex opere operato, die also sowohl der
Messe wie auch bestimmten kirchlichen Suffragien zugesprochen wurde,
sollte nicht eine magische und noch weniger eine verdienstliche Wirkung
behauptet werden. Vielmehr sollte die Wirksamkeit der menschlichen Verfügung entnommen und auf die Seite Christi und seiner Kirche gestellt werden [31]. Konnte es aber bei einer solchen Betonung der Wirksamkeit der
Messe ex opere operato in der Praxis ausbleiben, daß man bestimmten
Meßformularen und Meßreihen ganz bestimmte, oft sehr abwegige Wirkun-
gen und die "Verheißung eines unbedingt eintretenden Erfolges, sei es für
Verstorbene, sei es für Lebende" zuschrieb [32]? Es kam dazu, daß man
die Messe als Zaubermittel, ohne Rücksicht auf die Disposition von Spender und Empfänger, oder als Werk, äußerlich persolviert und quantitativ
meßbar, auffaßte, mit der man in abergläubischer Übersteigerung eben
doch alles bei Gott zu erreichen glaubte, wie Luther kritisierte [33].

---

[30] Vgl. besonders G. Biel, Can. Missae Expos. 27 A - G; 27 F: "Licet
enim sacerdos malus sit organum mortuum ecclesie pro quanto caret
in seipso vita gratie, influere tamen eam potest in alia membra ministerialiter" (I, 262). Vgl. ferner 21 E (I, 188); 22 A (I, 196); 85 H (IV, 103);
Thomas v. A., S. theol. III q. 82 a. 6 und Suppl. 71 a. 3; Altenstaig, Stichwort Missa: "... virtus missae principaliter consistit in sacramento,
et quantum ad hoc aequaliter est bona missa celebrata a malo sacerdote sicut a bono ...".

[31] Altenstaig, Stichwort Missa (de valore): "Alioquin missa mali sacerdotis, qui in illo actu non meretur personaliter, sed demeretur, nulli
valeret in Ecclesia, quod reputatur communiter inconveniens. Nam
quandocunque Christus, ut summus sacerdos offert, panis quem dat,
id est caro eius est mundi vita". Ebd., Stichwort Suffragium: "Prosunt
et suffragia facta per malos ex opere operato, ut missa mali tantum
quantum boni: sicut et baptismus". Vgl. auch Biel, Can. Missae Expos. 57 U (II, 412ff). Auch R. Seeberg, Dogmengeschichte III, 517,
sieht die Aussage des opus operatum darin, "daß der Effekt des Sakramentes in einem rein objektiv wirksamen göttlichen Schöpfungsakt bestehe". Trotz des Hinweises auf diese Stelle interpretiert V. Vajta,
Theologie des Gottesdienstes 76, die Lehre von der Wirksamkeit der
Messe ex opere operato falsch: "... durch das Vollziehen der Messe
als solches konnte vor Gott ein Werk aufgewiesen werden, das die Gnade Gottes verdiente".

[32] A. Franz, Die Messe im deutschen Mittelalter 248. Vgl. dort besonders die Abschnitte: Totenmessen: 218-248; Votiv- und Notmessen:
268-291.

[33] 6, 520, 15; vgl. dazu den Abschnitt über die Messe als Zaubermittel im
"Sermon vom Neuen Testament": 6, 375, 5-21.

c) Luthers Verständnis der Messe als opus operatum

Wenn Luther die damalige Praxis als Werkfrömmigkeit bezeichnet, dürfte
er weitgehend Recht haben, wenn er aber die Lehre von der Wirksamkeit ex
opere operato als verdienstliche "Werkerei" interpretiert, sieht er sie
falsch. Das ex opere operato ist nun einmal Bestandteil einer theologischen
Lehre und seine Ablehnung durch Luther wurde zu einem charakteristischen
Kennzeichen konfessioneller Trennung. Luthers Verständnis, mag es noch
so erklärlich sein im Blick auf die Meßpraxis, auf gewiß bedenkliche Volks-
belehrungen und auch auf Ungenauigkeiten in der Suffragienlehre, muß als
falsch bezeichnet werden [34]. Es hat sich bereits im Sakramentssermon
von 1519 angebahnt. Dort wird zunächst die Meinung referiert, "das die
meß odder das sacrament sey... opus gratum opere operati, das ist, eyn
solch werck, das von ym selb gott wollgefellet, ob schon die nit gefallen,
die es thun"[35]. Das läßt sich noch als richtige Wiedergabe der traditionellen Lehre verstehen. Doch dann lenkt Luther den Sinn in eine andere Richtung, wenn er sagt: "Alßo ists nit gnug, das das sacrament gemacht werde
(das ist opus operatum), Es muß auch praucht werden ym glauben (das ist
opus operantis)"[36]. Der Gegensatz: machen - glauben provoziert ja geradezu die Gegenüberstellung von Werk und Glaube, und in diesem Sinn ist

---

[34] E. Iserloh, Die Eucharistie in der Darstellung des Johannes Eck 174,
sagt zum Verständnis des ex opere operato in "De captivitate": "Wir
würden heute... sagen, daß hier das Wesentliche der katholischen
Auffassung vom opus operatum nicht gesehen wird ... Luther bekämpft
also nach unserer Sicht zweifellos etwas als "katholische Lehre", was
nicht katholische Lehre ist". Gegen diese Interpretation hat sich V.
Vajta, Theologie des Gottesdienstes 77ff, ausgesprochen. Allerdings
muß sein Verständnis des opus operatum (siehe oben Anm. 31) als
falsch zurückgewiesen werden. Die Aussage, "daß Luther den Gegensatz von opus operatum und opus operantis als einen Gegensatz von
Werk und Glauben versteht", ist richtig, aber damit wird Luthers
Interpretation der "scholastischen Ideenwelt" noch nicht richtig (aaO.
78). F. Mann, Das Abendmahl 52f, meint, daß Luther die Lehre vom
opus operatum hier teilweise verzerre, sie im Ganzen aber richtig
verstehe. Denn es sei nicht einzusehen, "warum er sie jetzt auf einmal nicht mehr richtig verstehen sollte". Das Mißverständnis wird
aber verständlicher auf dem Hintergrund der Lehre und der Praxis
der Meßapplikation. Von daher lautet aber dann Luthers Kritik nicht:
"daß die Sakramente durch ihren bloßen Vollzug in sich keine Gnade
enthielten" (aaO. 52), sondern er versteht dann das opus operatum als
verdienstliches Werk.

[35] 2, 751, 19ff. Ebenso noch 6, 371, 10ff: "Es ist leychtlich gesagt, Ein
meß ist krefftig, sie geschehe von eynem frummen odder bößen pffaf-
fen, sie sey angenhem opere operati, nit opere operantis". Vgl. auch
2, 136, 28ff und oben S. 66 zu Ps 49.

[36] 2, 751, 36f.

es dann in "De captivitate" verstanden. Das wird ganz deutlich, wenn Luther dort statt der Messe den Gebeten in der Messe, die er selbst gute Werke nennt, und die anderen zugewandt werden können, eine Wirksamkeit ex opere operato zuspricht. Denn das Gebet sei Werk, das aus dem Glauben komme, die Messe aber werde im Glauben ohne Verdienste empfangen [37].

Wiesehr sich die katholischen Theologen von Luthers Interpretation mißverstanden fühlten, zeigt stellvertretend ein Text aus Joh. Mensings Antapologie:

"... offt spure ich, wie Luther und seyne gesellen die theologen tzeyhen, als sagten sie, wan wyr gute wercke thun, solten solche wercke duchtig seyn ausz yn selber vor got, unn das sol opus operatum heysen, was eyner thut auch ane glauben und liebe, und sol also vordienstlich seynn". Mensing zeigt dann, wie die Aussage ex opere operato die Sakramente Christi auszeichnen soll gegenüber den alttestamentlichen: "Das eusserliche werck oder geschehn werck, opus operatum der sacrament Christi... synt gottes unn Christus wercke ... Darumb wan die theologi sagen, die Sacramenta Christi seyn gnaden reich oder geben gnade ex opere operato, reden sie das Christo dem obersten sacrament auszteyler zu ehren"[38].

Verbindet sich ein falsches Verständnis des opus operatum mit einer verzerrten Sicht des non ponere obicem [39], dann kann es nicht ausbleiben, daß der Satz von der Wirksamkeit der Sakramente ex opere operato non ponentibus obicem zum Ausdruck glaubensloser Magie und gotteslästerlicher Werkfrömmigkeit wird [40].

---

[37] "Hoc autem facile admitto, Orationes, quas ad missam percipiendam congregati coram deo effundimus, esse bona opera seu beneficia, quae nobis mutuo impartimus, applicamus et communicamus et pro invicem offerimus... Haec enim non sunt missa sed opera missae, si tamen opera vocari debent orationes cordis et oris, quia fiunt ex fide in sacramento percepta vel aucta... Omnes imaginantur, sese offerre ipsum Christum deo patri tanquam hostiam sufficientissimam et bonum opus facere omnibus quibus proponunt prodesse, quia confidunt in opere operati, quod orationi non tribuunt. Sic paulatim errore crescente, id quod orationum est tribuerunt sacramento" (6, 522, 14f. 19ff. 24-28). Vgl. die gerade entgegengesetzte Charakterisierung bei Thomas v.A., S. theol. III q. 82 a. 6.

[38] "Antapologie ander teyll": Text bei H. Laemmer, Die vortridentischkatholische Theologie 220f.

[39] Das Verbindungsglied könnte das an beiden Sätzen kritisierte Fehlen einer frommen Haltung des Menschen sein: "wenn nur der Riegel entfernt wird" und: "auch wenn der Priester böse ist".

[40] Der zweifache Ansatz in der Kritik des Satzes "ex opere operato non ponentibus obicem" ist bei C. Wislöffs Darstellung: Abendmahl und Messe 46ff, nicht gesehen. Zwar verteidigt er die Lehre vom opus

Daß Luther gerade die Objektivität der Sakramente (was das traditionelle opus operatum sichern wollte) betont, daß er sie gerade durch das opus operatum (wie er es verstand) gefährdet sah, zeigen seine Ausführungen zur traditionellen Frage nach dem Wert der Messe eines schlechten Priesters:

> "Von daher kann jeder leicht verstehen, was gar oft bei Gregor d. Gr. gesagt wird: die Messe eines schlechten Priesters ist nicht geringer zu achten als die eines guten ... Denn es ist ganz wahr, daß durch gottlose Priester nicht weniger vom Testament und Sakrament gegeben und empfangen wird als selbst durch die allerheiligsten. Denn wer wollte zweifeln, daß das Evangelium auch durch Gottlose verkündigt wird? Nun ist aber die Messe ... die Summe und die Zusammenfassung des Evangeliums ... Wie deshalb ein gottloser (Priester) taufen kann ..., so kann er auch die Verheißung dieses Sakramentes den Teilnehmern darreichen und es mit ihnen nehmen ... Es bleibt trotzdem allezeit dasselbe Sakrament und Testament, das im Gläubigen sein Werk und im Ungläubigen das fremde Werk wirkt"
> [41].

Das ist nicht ein "widerstreitender Kompromiß" [42], sondern Luthers tiefste und zeitlebens vertretene Ansicht. Freilich nicht das Sakrament an sich, nicht das Tun der Kirche, sondern das Wort Gottes im Sakrament garantiert die Wirklichkeit der Sakramentsgabe, welche im Glauben empfangen wird. Was aber von seinem innersten Wesen her auf Empfang angelegt ist, kann sinnvollerweise nicht gegeben oder geopfert werden. Ist die Messe aber nichts anderes, "den eyn testament unnd sacrament, darynnen sich gott vorspricht gegen uns unnd gibt gnad und barmhertzigkeit, ßo wirt sichs nit fugen, das wir ein gutt werck odder vordienst solten drauß machen, den ein testament ist nit beneficium acceptum, sed datum, es nympt nit wolthat von uns, ßondern bringt uns wolthat ... und ist nit officium, sed beneficium, keyn werck odder dienst, sondern allein genieß und gewinst" [43].

Die Praxis der vielen Messen mit ihren Zuwendungen, Jahresgedächtnissen und Bruderschaften ist gegen das Wesen der Messe als Gabe, die nur jeder für sich, nicht aber für andere annehmen kann [44]. Das Gebet kann anderen

---

operatum gegen protestantische Vorwürfe der Magie und des Aberglaubens, deutet aber das non ponere obicem als den Aufruf zur verdienstlichen Sakramentsvorbereitung (in einer überzogenen Interpretation von Schol Hebr 5,1: aaO. 48f), so daß die Verbindung "ex opere operato non ponentibus obicem" Ausdruck menschlicher Verfügung über die Erlösung sei (aaO. 50). Das aber wollte die scholastische Theologe gerade abwehren.

[41] 6, 525, 27-526, 10 (Übersetzung nach LD 2, 199f).
[42] So F.X. Arnold, Vorgeschichte 83; J. Lortz, Die Reformation I, 229; A. v. Harnack, Lehrbuch der Dogmengeschichte III, 894.
[43] 6, 364, 17-22; 365, 10f.
[44] "Quis enim promissionem dei, quae uniuscuiusque singulatim exigit fi-

zugewandt werden, aber nicht die Gabe des testamentum et sacramentum [45].
Daß Luther damit mit der herrschenden Praxis in Konflikt kommt, weiß er.
Aber das Wort Christi, das er als die Mitte der Messe erkannt hat, läßt
ihm keine andere Möglichkeit [46].

5. Die Kritik an der Messe als Opfer

Die Ablehnung der Messe als opus bonum bestreitet die Möglichkeit, die
Messe als ein gutes Werk anderen zuzuwenden, weil sie als testamentum
und sacramentum Gabe Gottes an den Menschen ist, der eine solche Gabe
nur im persönlichen Glauben annehmen und nicht als gutes Werk anderen
geben kann. Konkreter Ausgangspunkt für die Kritik am opus bonum war
zunächst die Idee der Meßapplikationen und Suffragienwerke. Mit der ins
Spiel gebrachten opus-operatum-Lehre konzentriert sich die Kritik auf die
Ablehnung der Messe als verdienstliches menschliches Tun und leitet damit konsequent über zur Ablehnung der Messe als Opfer. Denn das Meßopfer ist für Luther der verwerfliche Versuch des Menschen, statt die mit
dem realpräsenten Leib und Blut Christi verkündigte und gegebene Gabe
der Versöhnung im Glauben anzunehmen, eben diese Gabe des zur Vergebung der Sünden geschenkten Leibes und Blutes Christi in Umkehrung der
Heilsordnung Gott zu opfern, um so in einem verdienstlichen Tun Gott zu
versöhnen und sich das Heil zu erwerben. Eine falsche Sicht der Rechtfertigung des Menschen und der falsche, gegen Christi Heilstat gerichtete
Gebrauch der Heilsgaben von Christi Leib und Blut kennzeichnen den Glauben, "missam ... esse sacrificium, quod offertur deo" [1].

a) Opferkritik und Kirchenkritik

Das Meßopfer ist für Luther der ärgste Mißbrauch, der größte Greuel im

---

dem, potest pro alio acceptare aut applicare?... Ita et Missam unusquis-
que tantum sibi potest utilem facere fide propria et pro nullis prorsus
communicare..." (6, 521, 8ff. 24f).
[45] 6, 522f; 525f.
[46] "Sed dices 'Quid? Nunquid subvertes omnium Ecclesiarum et Monasterio-
rum usum et sensum, quibus per tot saecula invaluerunt, fundatis super
Missam anniversariis, suffragiis, applicationibus, communicationibus
etc. hoc est, pinguissimis redditibus?' Respondeo: Hoc est, quod de
captivitate Ecclesiae scribere me compulit. Sic enim venerabile testamentum dei in impiissimi quaestus servitutem coactum est per impiorum hominum opiniones et traditiones, qui omisso verbo dei sui cordis
nobis cogitationes proposuerunt et orbem seduxerunt. Quid mihi de
multitudine et magnitudine errantium? Fortior omnium est veritas. Si
potes Christum negare qui docet, Missam esse testamentum et sacramentum, volo illos iustificare" (6, 521, 34-522, 4).

[1] 6, 523, 9.

Papsttum [2]. Nichts hat er so sehr bekämpft und ausgelöscht wie die Meß-opfervorstellung. Hier ist für ihn der klarste Trennungsstrich zur Kirche des Papstes, hierin sieht er auch keine Verständigungsmöglichkeit auf einem künftigen Konzil. So sagt er 1537 in den Schmalkaldischen Artikeln:

> "Wo es muglich wäre, daß sie uns alle andere Artikel nachgeben, so konnen sie doch diesen Artikel nicht nachgeben, wie der Campegius zu Augspurg gesagt: er wollt' sich ehe auf Stucken zureißen lassen, ehe er wollt' die Messe fahren lassen. So werde ich mich auch mit Gottes Hulfe ehe lassen zu Aschen machen, ehe ich einen Messeknecht mit seinem Werk lasse meinem Heilande Jesu Christo gleich oder hoher sein. Also sind und bleiben wir ewiglich gescheiden und widernander. Sie fuhlen's wohl: wo die Messe fället, so liegt das Bapsttum"[3].

Der Kampf gegen das Meßopfer wurde in viel größerem Ausmaß als die Ablaßkritik zum Kristallisationspunkt lutherischer Reformation. Denn die Ablehnung des Opfercharakters der Messe betrifft ja nicht nur eine theologische Lehre oder eine durch Mißbräuche und Veräußerlichungen gekennzeichnete Praxis, die von solchen Ausschreitungen gereinigt werden könnte, sondern trifft die Meßpraxis und -frömmigkeit der damaligen Zeit überhaupt. Die vielen Stifts-, Votiv-, und Totenmessen, die entweder ohne Beteiligung des Volkes als private "Winkelmessen", oder mit Volksbeteiligung, aber ohne die - da nur zu Ostern übliche [4] - Kommunionausteilung persolviert wurden, geraten zunehmend in den Sog der Meßopferkritik. Die dem Meßopfer entgegengestellte Lehre von der Messe als lauter Verkündigung der Sündenvergebung aus Gnaden und als Austeilung der zum Genuß bestimmten Gaben von Christi Leib und Blut (Laienkelch) sieht Luther nicht nur in Mißbräuchen, sondern generell in der herrschenden Praxis in Frage gestellt. Damit aber stehen die "Messe" - für Luther teilweise terminus technicus für die Messe als Opfer -, die stille Privatmesse, die Kommunionverweigerung und der Entzug des Laienkelches gegen die Ordnung Christi. Die Abschaffung der das kirchliche Leben wie nichts anderes prägenden Messe wurde zum Kennzeichen der Reformation. "Das Problem der Rechtfertigung, in dem Luther die Frage nach dem Wesen des christlichen Glaubens neu erfahren und die katholische Weise des Glaubens als Abwendung von dessen eigentlicher Mitte anzusehen sich genötigt gefunden hatte, erhält hier seine ganze Schärfe und seine Konkretheit"[5].

---

[2] Die Messe ist Greuel (8,513,4; 12,211; 26,508;), ärgster Mißbrauch (6,365,25; 523,8; 8,489,19), Jahrmarkt (6,520,19; 38,207,14; 266; 11,441,32), Kaufmesse (8,531,25; 540,33; 38,199,27; 268,11; 30 II 293, 1; 51,490,17) Baalskult (12,207), ein schändliches (18,22,3; 8,489,18) und böses Ding (10 III,14).
[3] 50,204 (= BSLK 419). In die Darstellung von Luthers Meßopferkritik werden im folgenden auch Texte aus der Zeit nach 1523 miteinbezogen, weil der Kampf gegen die Messe als Opfer seit 1520 gleichbleibend war.
[4] H.B. Meyer, Luther und die Messe 304.
[5] J. Ratzinger, Ist die Eucharistie ein Opfer? 299.

Mit der Messe theologisch wie finanziell aufs engste verknüpft ist der Priesterstand. Die Abschaffung des Meßopfers bedeutete zugleich die Abschaffung eines Opferpriestertums (aber nicht eines kirchlichen Amtes) und führte zur Betonung des allgemeinen Priestertums (aber nicht eines allgemeinen Amtes). Man muß sich bei den damaligen Priester- und Meßzahlen die religionssoziologische Bedeutung eines solchen Reformprogrammes vor Augen halten. Hinzu kommt, daß die im Glaubensartikel vom Meßopfer zutage tretende, dem Evangelium von der Erlösung durch Christus widerstreitende Frömmigkeit Luther auch in vielen kirchlichen Handlungen, Lehren und Gebräuchen, wie Fegfeuer, Ablässe, Wallfahrten, Bruderschaften und Stiftungen gegeben sieht, die deshalb alle in einem Zusammenhang mit der Messe in den Schmalkaldischen Artikeln dem Verdikt verfallen, "denn die Messe hat's alles regiert" [6]. Mit der Messe fällt für Luther die Papstkirche, denn sie steht auf der Messe [7]. Der Kampf gegen die Messe und den Priesterstand war die theologische und faktische Infragestellung der mittelalterlichen Kirche.

Daraus folgt, daß gerade in der Auseinandersetzung um die Messe am schärfsten der Kampf für die Vorherrschaft der Heiligen Schrift gegen kirchliche Traditionen geführt wurde. Der von allen hochgeschätzte Meßkanon und seine Ausleger interpretieren die Messe als Opfer, die Schrift entlarvt für Luther eine solche Theologie als radikal falsch. Die Schrift kennt kein Opferpriestertum, weil es keine Opfer kennt, die einem eigenen Stand zugeordnet wären; die Gesetze der Papstkirche haben diesen Stand erfunden. Die massiven Angriffe haben theologisch und historisch ihren stärksten Ausgangspunkt im Kampf gegen die Messe als Opfer. Mit einem letztlich unentwirrbaren Knäuel von Motiven führt Luther diesen Kampf. Im folgenden gilt es, die wichtigsten Motive und Konsequenzen darzustellen. Das kann freilich im Rahmen dieser Arbeit nur in großen Zügen geschehen.

b) Opfer und promissio

Gegen die Lehre, daß die Messe ein Opfer sei, wobei zunächst einmal unberücksichtigt bleiben kann, wie diese Lehre von Luther verstanden wird und wie sich sein Verständnis zur Lehre selbst verhält, stehen "verba et exemplum Christi"[8]. Die Einsetzungsberichte als einzig legitimer Inter-

---

[6] 50,207,11 (= BSLK 442).
[7] "Haben wyr aber die Messe, so haben wyrs gar, denn das ist des Bapstumbs und aller geystlichen hewbstück und grund, darauff yhre stifft, klöster, kirchen ia yhrer gantzer bauch, leyb unnd leben, stand unnd weßen, ehre und pracht gebawet ist, das fellet alles tzu poden daher on unßer stürmen" (10 II 258,19ff); ferner 11,441,35ff; 38,215, 24ff; 38,271.
[8] 6,523,18.35; 8,506-525 (= 431-448) und öfter.

pret der Messe wissen nichts vom Opfer [9]. Als Christus die Messe ein-
setzte, hat er nicht geopfert [10], er hat die Gaben ausgeteilt [11], er hat
sie zum Essen gegeben [12]. Aber "Christus hatt nit alleyn mit seynem
werck und exempell angetzeygt, das die Messe keyn opffer, ßondern gottis
gabe sey, ßondern hatts auch mit seynem wortt befestigt", da er befahl:
Nehmet, esset, trinket [13]. Vom Opfer, das Gott gehört, darf man nicht
essen [14]. Christus hat mit seinem Wort: "Das ist mein Leib, der für
euch gegeben wird..." eine Verheißung gegeben, nämlich den "leychnam
Christi und vergiessung seyns blutts tzu vergebung der sund, wilchs das
newe testament ist" [15]. Eine promissio ist aber eine Gabe und kein Opfer,
beide sind grundverschieden [16]. Eine promissio oder ein testamentum wird
empfangen, ein Opfer wird geopfert, gegeben [17]. Die Schrift als normge-
bender Maßstab für die Interpretation der Messe verhindert schon formali-
ter die Kennzeichnung der Messe als Opfer. Sie hat absoluten Vorrang gegenüber allen anderen Erklärungskriterien wie etwa dem Meßkanon, den
Vätertexten und den Theologen.

Nun sind aber die Einsetzungsworte nicht nur Interpret, sondern das Hauptstück im Vollzug der Messe. In ihrer Verkündigung liegt die Substanz, das

---

[9] 6, 523, 21: "Nihil enim de opere vel sacrificio in illis continetur". 8,
506-525 werden die Einsetzungsberichte ausgelegt unter der Überschrif
"Von den wortten der Messe, da durch bewert und angetzeygt wirt, das
die Meß keyn opffer ist". Vgl. auch noch 11, 442, 14ff.
[10] 6, 523, 22. 26; 8, 513, 5ff.
[11] 6, 523, 24; 8, 513ff; weil das Sakrament nicht mehr ausgeteilt wird, ist
es zum Opfer gekommen: 8, 514, 35. Auch das Brechen des Brotes durch
Jesus ist kein Opferritus, sondern gehört zum Austeilen: 8, 513, 33ff;
vgl. auch 18, 168, 1; 26, 397, 21.
[12] 8, 515, 21ff. Deshalb wurde das Abendmahl auch in einem Gasthaus, und
nicht im Tempel eingesetzt: 8, 525, 10ff.
[13] 8, 515, 6ff.
[14] 8, 516, 10f und dann besonders gegen König Heinrich, der, um zu beweisen, daß ein Opfer den Genuß der Opfergaben nicht ausschließe, auf
die alttestamentlichen Opfer hinwies. Dagegen verweist Luther auf das
größte Opfer des AT, das Brandopfer, das nicht gegessen wurde. Dabei gibt er aber selbst zu, daß dies nicht sein gewichtigster Grund für
die Ablehnung des Opfers sei (10 III 257f).
[15] 8, 511, 33ff.
[16] 6, 367, 16; 371, 3; 372, 2; 377, 7ff; 6, 523, 38; 526, 13ff; 8, 512, 12 (= 436, 38
521, 26ff (= 444, 25ff); 524, 9ff (= 446, 27ff); 10 II 210, 19. 29f; 214, 5f. 38ff
252ff.
[17] 6, 523, 38: "Quare, sicut repugnat, testamentum distribui seu promissio
nem accipere et sacrificare sacrificium, Ita repugnat Missam esse
sacrificium, cum illam recipiamus, hoc vero demus. Idem autem simul recipi et offeri non potest, nec ab eodem simul dari et acceptari".

Wesen der Messe, und sie sind die Summe des Evangeliums. Das Meßopfer widerspricht dem Evangelium von der Rechtfertigung des Menschen aus Gnaden ohne verdienstliche Werke:

"Denn Gott will keyn ander mittel noch mitler leyden, denn seynen eynigen son, wilchen der vater alleyn darumb ynn die wellt gesandt, und seyn blut hat lassen kosten, das er damit uns den schatz des glawbens erwürbe ... Denn es yhm grosser ernst daran gelegen ist, und wil keyn schertz draus gemacht haben, weyl er seynen Son darumb hat lassen sterben, Derhalben haben und wissen wyr keyn opffer mehr, den das er am creutz than hat, daran er eyn mal gestorben ist, wie die Epistel zun Ebreern sagt, und damit ausgeschepft hat aller menschen sunde, und uns auch damit heylig gemacht ynn ewikkeyt. Das ist unser Evangelion, das uns Christus frum und heylig gemacht hat durch das opffer, und erlöst von sunden, tod, teuffel und ynn seyn hymmlisch reych gesetzt" [18].

Aus dieser Botschaft aber folgt, "das alle unsere werck, so darumb furgenommen werden, die sund zubüssen und dem tod zu entlaufen, alle lesterlich sein müssen, Got verleucken, und schenden das opfer, das Christus than hat und sein blut, weyl sie das damit thun wollen, wilchs alleyne Christus blut thun mus" [19].

Die Abendmahlsworte fassen die Heilsbotschaft in einer Summe zusammen. Sie sind aber nicht nur eine inhaltliche, theoretische Zusammenfassung, sondern in ihrer Verkündigung innerhalb der Messe ergeht diese Botschaft als faktische Zusage und in ihnen wird die Versöhnung gegeben. Denn die Abendmahlsworte - und mit ihnen die Messe - sind promissio/testamentum, wodurch Gott gnadenhaft handelnd dem Menschen entgegentritt. Die Struktur promissio - fides als Struktur des Handelns Gottes im kirchlichen Abendmahl verbietet eine Interpretation der Messe als Opfer: denn das Abendmahl ist Gabe und Werk Gottes, das der Mensch im Glauben annimmt. Dagegen steht das Opfer, das der Mensch Gott gibt mit seinem Werk:

"Es wirt verheyssen der leychnam Christi und vergiessung seyns blutts tzu vergebung der sund, wilchs das newe testament ist. Zu der verheyssung gehort der glawb, das ichs da fur hallte, ich werde entpfahen, was myr verheyssen ist, und eyn pfandt der verheyssung, alßo, das verheyssung und glawb zusammen verknopft sind. Wo keyn verheyssung ist, da ist keyn glawb, und wo keyn glawb ist, da ist die verheyssung nichts. Und als gott uns lautterlich umbsonst, on unßer verdienst und werck verheysst, denn sonst wer es nitt eyn verheyssung, ßondern eyn lohn und widder geltung: alßo wird die verheyssung alleyn durch den glawben, on alle werck, entpfangen und angenommen, sonst verdienten unßer werck die tzusagung... Sihestu nu, wie blind und verkert die Papisten sind, das sie auß

---

[18] 18,23,21-24. 32ff.
[19] 18,24, 3ff.

der verheyssung und tzusagung gots eyn menschen werck machen: do mit sie selbest antzeygen, das sie gar nicht wissen, was das sacrament des altars sey, odder was Christus gethan und domit angetzeygt hat. Sie opffern eyn werck, Christus fordert den glawben. Sie geben gott, Christus vorheysst den menschen. Was mocht doch nerrischer erdacht odder erfunden werden?"[20]

Die in der Messe ergehende Verheißung Gottes schließt das Opfer des Menschen aus, weil es die Natur und Art des Sakramentes ganz und gar verändert [21] und gegen die Einrichtung Christi ist. Als Gottes Heilsordnung entgegengesetzter Versuch menschlicher Selbstrechtfertigung ist das Opfer Ausdruck von "Abgötterei und Gotteslästerung"[22].

c) Opfer und Realpräsenz

Die falsche Sicht der Rechtfertigung verstößt nicht nur gegen die promissio, sondern auch gegen das sacramentum, gegen die Sakramentsgabe Leib und Blut Christi. Diese Gabe gehört ja, wie schon gezeigt wurde, untrennbar zum testamentum, sei es als Siegel und Pfand, sei es als von den Testamentsworten selbst versprochene und angezeigte Gabe. Alle aber, die diese Gabe opfern, bilden sich ein, "sese offere ipsum Christum deo patri tanquam hostiam sufficientissimam"[23]. Mit seinem am Kreuz dahingegebenen Leib hat Christus aber ein für allemal Gott versöhnt:

"Es wirt der leyb Christi gegeben, seyn blutt vergossen, und do mit wirt gott versünt: denn fur dich wirts gegeben und vergossen, als er spricht: 'Fur euch', auff das er den tzorn gottis, wilchen wyr mit unßern sunden verdient haben, von uns abwende ... unnd wenn der leychnam nicht were gegeben, noch das blutt vergossen wurden, ßo blieb der tzorn gottis uber uns und behielten unßere sunden ... Viel weniger kan deyn nerrisch werck oder opffer, wilchs on Christum und on den glawben geschicht, ettwas von gott erlan-

---

[20] 8,511,33-512,5.25-30; 10 II 252,9: "Wyr bleyben da bey, das die Messe sey testamentum et signum dei adiectum, das ist nicht unßer wort noch werck, ßondern gottis wort, durch wilche er das sacrament alleyn macht, wenn wyr sie sprechen, drumb müge das wort unnd werck gottis, nicht unßer seyn. So kanns auch nicht unßer gutt werck noch opffer seyn, Sondern es ist gottis wortt unnd werck, das er unß gibt, unnd wyr mit dem glauben annehmen". Vgl. auch ebd. 258,14; 6,523, 38ff (oben Anm. 17).

[21] 8,511,23; 38,235,19f.

[22] "Das ist nicht alleyn on exempell, ßondern widder das wort und exempel Christi gehandelt, das es auch Christliche freyheyt nicht entschuldigen kan: denn es ist die höchste verdampte abgötterey und gottis lesterung" (8,511,24ff).

[23] 6,522,24.

gen, es were denn grösser tzorn und ungnad. Es stehet veste aldo:
Der leychnam wirtt fur euch gegeben, yhr künd nichts geben odder
opffern tzu vergebung der sund, ßondern es wirtt euch umbsonst gegeben" [24].

Der Glaube, der die Sakramentsgabe als Geschenk ergreift, weiß, daß er einen gnädigen und gütigen Gott hat [25]. Darum widerspricht nichts so sehr
dem Sakrament wie die Lehre vom Meßopfer, weil darin zum Ausdruck
kommt, daß Gott zornig und noch zu versöhnen sei [26]. Das aber heißt, daß
der Gott, auf den sich das Meßopfer richtet, ein anderer Gott als der des
Evangeliums ist, ein zorniger und noch zu versöhnender Gott. Folglich bedeutet Christi Leib und Blut zu opfern, Abgötterei treiben: "Denn sie haben
yn dem sacrament nicht eyn waren gott, sunder machen und ertichten yhn
eyn abgott yhres hertzen" [27].

Der Versuch des Menschen, von sich aus Gott durch Werke zu versöhnen,
findet seine schändlichste Aufgipfelung in der Indienstnahme der Sakramentsgabe Leib und Blut Christi, der in seiner Hingabe Gott versöhnt hat, zu einem eigenen Opferwerk [28]. Das heißt das Sakrament schmähen [29], die
Erlösungstat Christi verachten [30], Christus nochmals kreuzigen [31]. Zugleich bringt der Mensch sich dadurch um den eigentlichen Trost des Sakramentes [32]. Denn statt der Gewißheit über Gottes Erbarmen, die ihm im

---

[24] 8, 519, 9-12.14-16.21-25; vgl. 8, 493, 22; 516, 33ff; 18, 23, 21ff.
[25] 8, 517, 27 (= 441, 22ff).
[26] "Wer do opffert, der wil gott versünen. Wer aber gott versünen will,
     der hellt yhn fur tzornig und ungenedig: und wer das thutt, der versihet
     sich tzu yhm keyner gnaden nach barmhertzickeytt, ßonder forcht seyn
     gericht und urteyll" (8, 517, 24ff). Über das Gottesbild, das Luther dem
     Meßopfer zuordnet, handelt ausführlich V. Vajta, Theologie des Got-
     tesdienstes 53-61.
[27] 8, 518, 30f; Zum Ganzen: 518, 26-33.
[28] "Es ist yhe unvermüttlich, das gott durch die gantze welt den grawsa-
     men mißbrauch des allerheylsamsten sacraments seyns bluts unnd
     fleyschs teglich ßo lange hatt dulden und leyden sollen... Ach, wyr ar-
     men, elenden unnd letzten menschen, leben wyr doch noch ßo sicher,
     das wyr mit vermaledeyter abgotterey und lügen und eußerlichen
     scheyn wollen gott versünen unnd andern mit uns den hymel verdienen"
     (8, 490, 31-33. 39ff).
[29] 11, 443, 7ff; 38, 224, 15; 225, 2. 30.
[30] "Noch faren sie zu, und opfern yhn alle tage mehr denn hundert tausent
     mal ynn der welt, Damit sie mit der that und von hertzen verleugnen,
     das Christus die sunde vertilget habe und gestorben und aufferstanden
     sey" (18, 29, 30ff). Vgl. auch 18, 25; 8, 493; 8, 519.
[31] 8, 493, 37; 10 II 213, 12; 15, 770, 26; 18, 24, 3; 29, 29.
[32] 6, 523, 19: "totum Euangelium et universum solatium amittamus"; vgl.
     6, 367, 19; 8, 441 (= 517).

testamentum und sacramentum der Messe gegenübertritt [33], hat er nur
die Ungewißheit, ob Gott sein Opfer auch annehme [34]. Es ist für Luther
sowohl unverständlich wie auch höchst widergöttlich und verwerflich, daß
man aus der Messe, dem von Gott selbst gegebenen Ort, an dem die Gewißheit schaffende Zusage des Heiles ergeht, einen Ort in Ungewißheit ver-
bleibender Selbstrechtfertigung macht und sich so dem Gnadenangebot Gottes in sündhafter Selbstbehauptung verschließt. In der Messe bietet Christus sein Heilswort und seinen Leib als unverdientes Geschenk dem Menschen an, im Meßopfer weist der Mensch dieses Geschenk zurück und stellt
an die Stelle des empfangenden Glaubens die verdienenwollenden Werke [35].
"Fragistu denn 'was bleibt nu yn der meß, davon sie mag ein opffer heyssen
... Ich sag, das nichts bleybt, dan stracks unnd kurtz umb, wir müssen
die messen lassen bleyben ein sacrament und testament, wilch nit sein,
noch mügen ein opffer sein ... wir vorlören sonst das Evangelium, Christum, trost und alle gnade gottis"[36].

Die Schärfe von Luthers Kritik am Meßopfer wird nicht verständlich, wenn
man darin nur die Ablehnung einer dem Evangelium widrigen Vorstellung
über die Rechtfertigung des Menschen durch Werke sieht [37]. Erst Luthers
Entsetzen darüber, daß im Meßopfer Leib und Blut Christi selbst, "haec
incomparabilia dona et gaudia" [38], zum Werkzeug eigener Rechtfertigung
degradiert werden, erklärt die Vehemenz seiner Kritik. "Der teuffel hatts
umb keyns gutten willen bey den Papisten lassen bleyben, das Christus leyb
und blutt ym sacrament sey, ßondern er hatt mit dem jarmarckt an Christo
lassen handelln wie die Juden mit yhm ynn der nacht ynn Caiphas hawße han-
delten, da er yhn unter yhre hend geben war"[39].

---

[33] 6, 377, 7-18; 8, 516, 33; 518, 3ff.
[34] "Denn weyl sie eyn opffer auß der meß machen, werden wyr nit ungewiß,
ab unßer opfer gott beheglich sey, oder nicht ? Es ist keyner under allen meßhalldern, der sprechen thürste: Ich byn gewiß, das meyn meß-
halden gott angenem und beheglich sey" (8, 517, 17ff).
[35] "So doch die ordnung Christi klerlich sagt, das sein Sacrament solle
sein und gebraucht werden nicht zur gnugthuung durch unser opffern,
sondern zur vergebung der sunde durch sein blut. Ob nu hie die meinung Christi werde gehalten jnn jrer Messe, welche als ein werck von
menschen gethan und auch andern verkaufft wird zur gnugthuung fur die
sunde, Das sollen sie verantworten" (38, 268, 7-12; vgl. 38, 267, 28ff;
8, 517f; 10 II 251ff).
[36] 6, 367, 13ff; vgl. auch 6, 372, 1f.
[37] So vor allem bei V. Vajta, Theologie des Gottesdienstes, der als theologischen Fluchtpunkt der Meßopferkritik formuliert: "Der Meßopferge-
danke ist ein Ausdruck für das Streben des Menschen, durch Werke des
Gesetzes, das Heil zu erwerben" (aaO. 96). Der 'sakrilegische' Gebrauch des sacramentum kommt dabei zu wenig in den Blick.
[38] 8, 441, 9.
[39] 11, 442, 2ff.

Damit zeigt sich aber, daß auch in den Schriften von 1520 nur bedingt von einer "Randstellung der Realpräsenz" gesprochen werden kann. Vielmehr hat gerade die Meßopferkritik ihre Mitte im festen Glauben an die in der Messe realpräsenten Gaben von Christi Leib und Blut [40]. Im Glauben an die Realpräsenz gründet für Luther von Anfang an die Unmöglichkeit des Meßopfers [41], ebenso wie für Calvin die Unmöglichkeit des Meßopfers darin ihren Grund hat, daß Christi Leib und Blut nicht in Brot und Wein, scndern im Himmel sind [42]. Der Glaube an die Realpräsenz ermöglicht aber nun ebenso die kirchliche Überzeugung von der Messe als Opfer. So erklärt Thomas v. Aquin die Unterscheidung sacramentum - sacrificium im Blick auf die Sakramentsgabe: "rationem sacrificii habet, inquantum offertur, rationem autem sacramenti, inquantum sumitur"[43], bestimmt sich doch das Opfer im eigentlichsten Verständnis von der Opfergabe her [44], und diese ist in der Messe Leib und Blut Christi. Wegen der Realpräsenz lehnt Luther das Meßopfer ab, wegen der Realpräsenz sehen Thomas und die gesamte theologische Tradition die Möglichkeit, vom Meßopfer zu reden. Damit stellt sich die Frage nach dem Meßopfer im Verständnis Luthers und der Tradition.

d) Meßopfer und Kreuzesopfer - Luther und die Tradition

Aus dem Bisherigen dürfte genügend deutlich geworden sein, wie Luther das Meßopfer versteht. Er sieht darin ein verdienstliches Werk des Menschen, der Gott zur Versöhnung jene Gabe anbietet, die Gott als Pfand und Quelle der schon geschehenen Versöhnung dem Menschen anbieten will [45]. Wird diese Gabe auch noch zur Erreichung aller möglichen Wünsche verkauft, wird die Messe zu einer Kaufmesse [46], zu einem Handelsobjekt

---

[40] "Darumb mag und kan die meß nit heyssen noch sein ein opffer des sacraments halben" (6, 366, 25).
[41] Dies zeigt auch deutlich die Kanonkritik in "Vom Greuel der Stillmesse": Vor der Wandlung (bei Luther dort 'dyrmung' genannt) ist ein Opfer von Brot und Wein eine Lästerung des Blutes Christi (18, 25ff), nach der Wandlung ist das Opfer des Leibes und Blutes Lästerung Christi, der sich einmal geopfert hat zur Tilgung der Sünde (18, 29ff).
[42] Vgl. C. Wislöff, Abendmahl und Messe 131f.
[43] S. theol. III q. 79 a. 5.
[44] "Sacrificia proprie dicuntur quando circa res Deo oblatas aliquid fit" (S. theol. II-II q. 85 a. 3 ad 3). Vgl. auch die Bestimmung des Opfers bei Altenstaig, Stichwort sacrificium: "Capitur et ... sacrificium propriissime, et dicitur quasi sacrum factum, quia prece mystica consecratur pro nobis in memoriam Dominicae passionis, et hoc solum convenit sacramento altaris".
[45] 6, 372, 2; 522, 25; 8, 491, 1; 18, 24, 9ff; 36, 3ff; 38, 224, 26.
[46] Siehe oben Anm. 2.

geistlicher Jahrmärkte [47], zu einem "monopolium sacerdotum"[48], so ist der Verstoß gegen das Sakrament vollkommen. Doch solch ein meritorisches Verständnis der Messe, als ob der Priester durch sein Opfer Gott versöhnen, sich neben oder über Christus stellen wollte, hat die Theologie vor Luther nicht gelehrt. In diesem Punkt kann sie von Luthers Kritik freigesprochen werden [49]. Die Möglichkeit des Meßopfers wurde immer damit begründet, daß die Opfergabe der Messe und des Kreuzesopfers identisch ist: Christus ist die eine hostia. Die Kraft des Meßopfers liegt in der Werthaftigkeit der Opfergabe. Das zeigt sich gerade auch in - an sich sehr bedenklichen - Texten, wie etwa von Alfonso de Castro:

> "Und da der selige Leib Christi und dessen gebenedeites Blut offenbar sehr gute Dinge sind, folgt daraus, daß deren Darbringung ein wahres Opfer ist, und wer immer jene Dinge Gott darbringt, von dem kann man sagen, daß er wirklich geopfert habe. Damit wir also klar überzeugen, daß die Messe ein wahres Opfer sei, braucht man nichts anderes zu tun, als zu beweisen, daß der Priester, der die Messe feiert, bei dieser Gott-Vater den wahren Leib Christi und dessen wahres Blut opfert"[50].

In diesem Text dokumentiert sich freilich auch die Fragwürdigkeit und das Ungenügen einer solchen Argumentation, die für die Zeit Luthers aber charakteristisch war, wie die Untersuchungen von E. Iserloh und F. Pratzner gezeigt haben [51]. Christus hat mit dem Befehl "hoc facite" der Kir-

---

[47] 6,520,19: "id genus infinita lucri et quaestus negotia"; 38,266,23; 267, 20; 270,5.

[48] 12,207,18. H. Emser, Missae Christianorum... assertio, weist dies zurück, weil in der Messe "nulla intercedit emptio vel venditio, sed libera ac devota fidelium sive donatio sive oblatio" (CCath.28,20).

[49] Joh. Cochläus, Ein nötig und christlich bedencken...: "Es hat auch unser keiner sich Christo wollen in disem werck gleich oder höher machen. Denn wir alle wol wissen, das die mess und tyrmung nicht durch unsere krafft oder wort, sonder durch Christus wort und krafft geschehen mus ... Er allein ist der ware einsetzer und volbringer der mess, der hohe und ware priester, auch das opffer der mess, wie alle christliche lerer bekennen" (CCath. 18,17).

[50] Adversus haereses X (Opera, Paris 1556,655; zitiert nach F. Pratzner, Messe und Kreuzesopfer 115).

[51] E. Iserloh, Die Eucharistie in der Darstellung des Johann Eck; ders., Der Kampf um die Messe; ders., Der Wert der Messe; ders., Abendmahl und Opfer 77-87; F. Pratzner, Messe und Kreuzesopfer. Vgl. auch: B. Neunheuser, Eucharistie in Mittelalter und Neuzeit 47f; N. Halmer, Die Meßopferspekulation von Kardinal Cajetan und R. Tapper (Cajetans Meßopferlehre wird S. 197 als der "inmitten einer Fülle von mehr oder weniger widerspruchsvollen und oberflächlichen Darlegungen tiefgründigste und einheitlichste Versuch" charakterisiert).

che, seinem Leib, dieses Opfer anvertraut und aufgetragen [52]. In ihrem Namen oder auch im Namen Christi selbst, des sacerdos principalis, kann der Priester die wertvolle Opfergabe Gott darbringen [53]. Die Einmaligkeit des Kreuzesopfers sah man gewahrt durch den wiederholten Hinweis auf die Identität der Opfergabe. "Siehe wie groß unser Opfer ist; es ist nicht nur das Gedächtnis jenes großen, einzigartigen und vollkommensten Opfers, das einmal am Kreuz dargebracht wurde, sondern es ist es selbst, und immer es selbst"[54].

Aber wird die Identität des Opfers schon dadurch einleuchtend, daß man die Identität der Opfergaben herausstellt? Zwar wurde gelegentlich, aber doch zu selten, auf Christus als den Opferpriester sowohl am Kreuz wie in der Messe hingewiesen [55], aber meist begnügte man sich doch zu schnell mit dem Aufweis der Identität der hostia, als einziger Verknüpfung mit dem Kreuzesopfer [56]. Infolge eines letztlich nur noetisch und äußerlich konzipierten Gedächtnis- und Repräsentationsverständisses verfuhr man dann doch mit der Opfergabe des Leibes und Blutes Christi nach alttestamentlichen, allgemein religionsgeschichtlichen und kulttechnischen Opfervorstellungen [57]. So sagt etwa Eck:

---

[52] G. Biel, Can.Missae Expos. 53 U: "HEC QUOTIESCUNQUE FECERITIS, id est consecraveritis sive obtuleritis, hec scilicet corpus et sanguinem IN MEI MEMORIAM FACIETIS" (II, 331). Deshalb wurden mit diesem Wort auch die Apostel zu Priestern geweiht: "Hic eos in sacerdotes ordinasse creditur, et ipsis potestatem consecrandi contulisse ..." (53 X - II, 333). Vgl. dazu Luther: 6, 563, 11ff und Tridentinum: DS 1740. Zu Luthers Interpretation des 'Hoc facite' siehe 12, 180ff: Aufruf, corpus et sanguinem domini accipere; ähnlich auch bei G. Biel, aaO. 53 X (II, 333).

[53] AaO. 85 D-K handelt Biel vom Opfer der Messe. Nachdem er die Einmaligkeit und Größe des Kreuzesopfers gepriesen (E) und die Repräsentation des Kreuzesopfers im Meßopfer erwähnt (F) hat, spricht er von der acceptabilitas des Meßopfers u. a. aufgrund dessen, daß Christus der Opferpriester ist: "Huius magni pontificis et sacerdotis nostri pontifices et sacerdotes vicarii sunt, in quorum verbis pronunciatis verbum increatum operatur oblationem... Invisibilis autem et principalis adest sacerdos christus, qui panem et vinum in sui corporis et sanguinis substantiam convertit" (85 H - IV 103). Allerdings ist eine solche Stelle bei Biel singulär.

[54] G. Biel, aaO. 85 I (IV, 103).

[55] Siehe Anm. 53. H. B. Meyer, Luther und die Messe 154, Anm. 10: "Im deutschen Spätmittelalter gab es, wie es scheint, nur wenige Theologen, die Christus als eigentlichen "offerens bzw. sacerdos principalis" des Meßopfers lehrten". Zu K. Schatzgeyer, der einer der wenigen war, dem es gelang, das Opfer der Kirche mit hineinzunehmen in das Opfer Christi als des sacerdos principalis, siehe E. Komposch, Die Messe als Opfer der Kirche 16-63.

[56] F. Pratzner, Messe und Kreuzesopfer 98.

[57] "In einer theologisch wohl "schwachen Beweisführung" ... suchten Theo-

"In der Feier der Messe gibt es ein Opfer nicht nur, weil das Gedächtnis des Leidens Christi dargestellt wird, oder weil die heilige
katholische Kirche die Eucharistie zum Andenken an das Leiden gebraucht, sondern auch dadurch, daß sie durch den ganzen Apparat
von Gesten, Worten, Riten und Kleidern die Darbringung des Leidens
Christi repräsentiert: und so opfert sie vom Hl. Geist und den Säu-
len der Kirche belehrt Christus selbst wiederum Gott dem allmächtigen Vater zu lieblichem Wohlgeruch auf"[58].

Bei allem Ungenügen einer solchen Argumentation, mit der die theologischen Kontrahenten Luthers im Kampf um die Messe mangels theologischen
Rüstzeugs auskommen mußten [59], kann dennoch festgestellt werden: sie
wollten die Einmaligkeit des Kreuzesopfers wahren, sie lehnten mit dem
Hebräerbrief eine "reiteratio" des Kreuzesopfers ab [60], und sie wollten
einen im Verdienst des Menschen begründeten Wert der Messe ausschließen [61].

Es ist erstaunlich, daß Luther auf solche Gedanken überhaupt nicht eingeht.
Ein Hinweis oder eine Auseinandersetzung mit der Vorstellung von Christus
als dem sacerdos principalis, oder einer repraesentatio des Kruzesopfers
in der Messe fehlt vollständig [62]. Nirgends wird auch nur die Möglichkeit
in Betracht gezogen, daß aufgrund der Realpräsenz von Leib und Blut Christi
in der Messe Christus sein Opfer vollziehe. Das wird nur verständlich, wenn

logen und Väter vor allem zu zeigen, daß Abendmahl und Messe in ihrem rituellen Vollzug einerseits den allgemeinen Opferdefinitionen und
im besonderen den atl. Opfervorbildern (wie Paschalamm, Opfer des
Melchisedech und Speiseopfer des Malachias u. a.) vollkommen entspra-
chen, andererseits aber auch diese durch die Gegenwart des Leibes
und Blutes Christi als der vollkommensten Opfergabe übertrafen" (F.
Pratzner, aaO. 52). Vgl. dazu auch ebd. : 27-52 (Verhandlungen in Trient);
58-83 (Theologen vor Luther); 108-118 (Kontroverstheologen). Ebenso
E.Iserloh, Die Eucharistie in der Darstellung des Johann Eck 130-142.
[58] De Sacrificio Missae 18 (zitiert nach E. Iserloh, aaO. 135).
[59] Der Mangel lag nach E. Iserloh sowohl in der bis zum Auftreten Luthers
kaum erfolgten Meßopfertheologie, so daß man sich erst die theologischen Argumente suchen mußte und nicht auf Bewährtes zurückgreifen
konnte, aber auch in der fehlenden religiösen Lebendigkeit, die eine
wirksame Antwort auf Luthers von religiösem Anliegen getragene Kritik verhinderte. Vgl. E.Iserloh, Die Eucharistie in der Darstellung
167f; ders. , Der Kampf um die Messe 81ff.
[60] "Nostra oblatio non est reiteratio" (Biel, Can.Missae Expos. 53U - II,
332). Vgl. auch aaO. 85 F (IV,101f) und E.Iserloh, Die Eucharistie in
der Darstellung 142ff.
[61] Die Frage nach einem eigenständigen propitiatorischen Wert der Messe
als Repräsentation des Kreuzesopfers (vgl. DS 1743) kann hier übergangen werden. Vgl. dazu O.Karrer, Die Eucharistie im Gespräch der
Konfessionen 375ff;
[62] So auch C. Wislöff, Abendmahl und Messe 102;116.

man bedenkt, daß Luther unter Opfer nur ein verdienstliches Tun des Menschen gegen die in Christus schon ergangene Versöhnung versteht. Auch die Vorstellung, die Messe sei aufgrund der memoria des Kreuzesopfers ein Opfer, verwirft Luther, weil er auch darin den Versuch sieht, durch die Hintertür wieder ein Werkopfer einzulassen: durch das Gedenken als Werk macht der Mensch aus der Messe ein Opfer. Allergisch reagiert er gegen jede Ausdrucksweise, die ein Werk des Menschen zuläßt [63].

Mit Recht stellt H. B. Meyer fest: "Das Mißtrauen Luthers gegen die papistische Opfermesse, die unzähligen Meßpriestern ihren Lebensunterhalt sichert und für das Volk zu einem Allheilmittel in allen geistlichen und welt-

---

[63] In der Messe geschieht das Gedächtnis des Kreuzesopfers (23,273). Aber aus dem Gedenken ein aktives Opfer machen, heißt Christus nochmals opfern: "Si autem ex memoria oblationis eius sacrificium facitis et eum denuo offertis, cur non ex memoria nativitatis eius aliam nativitatem quoque ei affingitis et denuo nasci eum facitis?" etc. (8,421,2Off). Der Akzent liegt an dieser Stelle ganz deutlich auf dem Vorwurf, mit solchem Gedenken wollten die Menschen aktiv eingreifen: facitis, resuscitate usw.
Gegenüber katholischen Vorschlägen, den Opfercharakter der Messe als "misteriale odder memoriale sacrificium, das ist Ein deud opffer und merck opffer" (30 II 611,5) zu begreifen, ist Luther skeptisch: einmal vermutet er darin eine Täuschung, denn die bisherige Lehre stehe dagegen (30 II 611; vgl. auch WATi 2,43), zum andern ändern auch "solch gloslin" nichts am Werkcharakter des "Denckopfers". Denn ein Gedenken, wie es immer in der Passionsbetrachtung gelehrt wurde, führt nicht zum Glauben, der die Heilsbotschaft des Kreuzes annimmt, sondern zu werkhaftem, auch von Gottlosen zu vollziehendem Bedenken nur der Historie des Kreuzes (fides historica gegen fides pro me): 30 II 612. F. Pratzner, Messe und Kreuzesopfer 52-58, glaubt, daß Luthers Memoria-Verständnis wie in der mittelalterlichen Theologie nur ein bloßes "Sich-Erinnern" zulasse, und er deswegen keinen Zugang zu einer Vergegenwärtigung des Opfers Christi im Gedächtnis finde. Abgesehen davon, daß es Luther vor allem darum ging, jeden Versuch, aus der memoria ein Opferwerk zu machen (was Pratzner bei der Interpretation von WA 8,421 - aaO. 55 - übersieht), von vornherein abzulehnen, geht Luther doch auch von einem anderen Verständnis von memoria aus. Das Verständnis in den Dictata (Kreuzesgedächtnis führt zur Selbsterkenntnis: siehe oben S. 64 , von Pratzner, aaO. 52ff, zur Mitte der Interpretation gemacht) wird von Luther gerade überwunden zugunsten eines Gedächtnisses, das von Gott her ermöglicht wird durch die Verkündigung des Testamentes im Abendmahl. Aus einer nur bewußtseinsmäßigen, rememorativen, letztlich in menschlicher Verfügung stehenden memoria, wird eine Verkündigung, die dem Menschen gegenübertritt, die nicht nur historische Daten vermittelt, sondern als Heilszusage Gottes Gabe anbietet. Nicht die mittelalterliche (so Pratzner, aaO.) oder die nominalistische (so vor allem E. Iserloh, die Eucharistie 130ff;

217

lichen Nöten geworden ist, sitzt so tief, daß er weder in der Lage noch gewillt ist, die theologischen Bemühungen um die Rechtfertigung des Opfergedankens ernst zu nehmen. Er verdächtigt sie immer wieder als unlauteren Versuch, sich die materiellen Vorteile zu erhalten, die der Klerus aus Stiftungen, Stipendien usw. zog"[64].

C. Wislöff hat in seiner eingehenden Untersuchung über das Meßopfer bei Luther mit Recht darauf hingewiesen, daß Luthers Kritik am Meßopfer nicht nur von der Abwehr eines falschen Rechtfertigungsverständnisses bestimmt ist, sondern ihre Mitte im Glauben an und im Ringen um den rechten Gebrauch der Sakramentsgaben Leib und Blut Christi selbst hat [65]. Darüberhinaus aber ist seine These, daß auch einer von allen meritorischen Vorstellungen gereinigten Meßopferidee Luther niemals zustimmen könne. Auch einem Opfer Christi (Gen. subj.) in der Messe müsse Luther seine Zustimmung versagen. Denn für ihn sei das Opfer Christi am Kreuz ein passives Erleiden des Zornes Gottes im Tod und damit ein für allemal zu Ende, während die katholische Theologie im Opfer Christi das aktive Moment der gehorsamen Hingabe, das deshalb auch fortdauern und erneuert werden könne, betone [66]. Wislöff schließt sich ausdrücklich einer bestimm

---

149f) Entleerung der Memoria-Vorstellung ist die Wurzel für Luthers Unvermögen, die Messe als Gegenwart des Opfers Christi zu sehen, sondern vielmehr die konsequente Betonung der Messe als promissio dei, die alles aktive, selbstrechtfertigende Tun des Menschen ausschließt. Die Angst vor dem Aufkommen der Werke läßt Luther im Blick auf die Meßpraxis Opfer nur als menschliches Werk verstehen.

[64] H. B. Meyer, Luther und die Messe 161.
[65] Abendmahl und Messe 53-67.
[66] AaO. 90-110; ebd. 97: "Hinter diesen verschiedenen Opferbegriffen stehen völlig widersprechende Gedanken über die Versöhnung. Dem aktiven Opferbegriff der römischen Tradition entspricht eine Auffassung von der Versöhnung, die wesentlich mit dem Begriff satisfactio beschrieben wird: Durch eine freiwillige Leistung macht Christus das Unrecht wieder gut, das die Menschen verursacht haben. Aber dem wesentlich passiven Opferbegriff Luthers entspricht seine Auffassung von der Versöhnung durch Christus als einem stellvertretenden Strafleiden unter dem Zorn Gottes". Ebd. 100: "Ist der aktive Gehorsam und die Hingabe an Gott das eigentliche Wesen der Versöhnung, dann ruft sie im Grunde ja nach einer ständig neuen Aktualisierung. Und hat Christus sich einmal am Kreuz als die hostia, die Gott zufriedenstellt, dargebracht, dann liegt - von den gleichen Voraussetzungen aus - kein Gedanke näher, als (daß) durch die erneute Darbringung der gleichen hostia als Sühne für die täglichen Sünden dieses Opfer wiederholt wird". Ebd. 101: "In der Kontroverse um das Meßopfer begegnen sich also zwe Auffassungen des Christentums, zwischen denen es keine Brücke gibt. Der Gott des Meßopfers und der Gott des evangelischen Abendmahls ist nicht derselbe. Die sich zum Meßopfer halten, kennen den wahren Gott nicht". Damit soll dann auch ein Opferverständnis, wie es im Zuge der Mysterientheologie vorgebracht wurde, ausgeschlossen werden: ebd. 104

ten Richtung in der Interpretation von Luthers Versöhnungslehre an, auf deren Problematik hier nicht eingegangen werden kann [67]. Bemerkenswert ist jedoch, daß an allen Stellen, an denen sich Luther gegen das Meßopfer ausspricht, nicht der Gegensatz passive oder aktive Versöhnungstat Christi, sondern durchwegs der Gegensatz Opfer Christi am Kreuz und Opfer des Menschen in der Messe angesprochen wird [68]. Luthers Angst vor jedem Eindringen eines noch so verfeinerten Verdienstdenkens macht es unmöglich, in welcher Form auch immer, von einem Opfer der Messe zu reden. Er hat die Messe entdeckt und definiert als promissio Gottes, in der durch Leib und Blut Christi die Gabe der Versöhnung gegeben wird. Sein "historischer" Kampf gegen jedes verdienstliche, selbstrechtfertigende Tun des Menschen hätte wohl von vornherein einen vorurteilsfreien Dialog mit einer die lutherischen Einwände aufnehmenden und unpolemischen Meßopfertheologie, wäre es dazu gekommen, unmöglich gemacht. Heute, abseits der damaligen Kontroverssituation, ist einem Teil der Luthers Theologie verpflichteten Theologen die Vorstellung einer Gegenwart des Kreuzesgeschehens in der Messe nicht mehr unmöglich [69].

Lehnt Luther die Vorstellung ab, daß die Messe ein Opfer sei, so kann er doch von einem Opfer in der Messe sprechen. Er versteht darunter die Gaben, die man früher bei der Messe zur Unterstützung Bedürftiger opferte, woher manche Termini und Riten, wie der ritus levandi seu offerendi, in der Messe geblieben seien [70]. Doch solches Opfer bezieht sich nur auf die Kollekten, aber nicht auf das Sakrament [71]. Auch die bei der Messe

---

[67] AaO. 98: Harnack, Tiililä und Sjöstrand. Seite 109f folgt eine Auseinandersetzung mit der Versöhnungslehre des "klassischen" Typos, die Wislöff hinter V. Vajtas Darstellung von Luthers Opferkritik sieht. Siehe dazu: P. Althaus, Die Theologie Luthers 191ff.

[68] 23,273,15: "Das ist ja gewis, das Christus nicht geopffert werden kan uber und mehr denn das einige mal da er sich selbs geopffert hat. Denn solchs teglich opffern und fur unser sunde solch opffer zu verkeufen..." ist größter Greuel und Gotteslästerung. Vgl. 8,421,15; 445,3; 493,22; 12,175,18; 18,23,23; 29,25ff; WABr 3,131,53.

[69] P. Brunner, Zur Lehre vom Gottesdienst, in: Leiturgia, Handbuch des evang. Gottesdienstes I, 220ff. E. Kinder, "Realpräsenz" und "Repräsentation"; P. Meinhold, Abendmahl und Opfer. Vgl. dazu den Bericht über die evangelische Auseinandersetzung von V. Warnach, Das Meßopfer als ökumenisches Anliegen, in: Liturgie und Mönchtum 18 (1955) 65ff, und die kritische Darstellung: O. Koch, Gegenwart oder Vergegenwärtigung Christi im Abendmahl?; ferner E. Bizer, Lutherische Abendmahlslehre?; A. Peters, Realpräsenz 112f; 204f.

[70] 6,524,7-20; 6,365f.

[71] 6,524,18: "Quare vocabula sacrificii seu oblationis referri debent non ad sacramentum et testamentum, sed ad collectas ipsas". 524,38: "dirigant non ad sacramentum". Vgl. auch 6,366,25. Der Elevationsritus ist nicht Opferritus, sondern demonstrative Unterstützung der Abendmahlsverkündigung, zur Stärkung des Glaubens: 6,524,21-35; 6,366,20ff.

gesprochenen Gebete für Verstorbene und Lebende können als Opfer bezeichnet werden [72]. Doch ist dabei genau zu unterscheiden zwischen Messe,
Testament und Sakrament auf der einen und Gebeten, Werk und Opfer (Zere-
monien) auf der anderen Seite, "quia alterum venit a deo ad nos per ministeri-
um sacerdotis et exigit fidem, alterum procedit a fide nostra ad deum per
sacerdotem et exigit exauditionem. Illud descendit, hoc ascendit"[73].

Als Gedächtnis des Opfers Christi ruft die Messe darüber hinaus zum geistlichen Selbstopfer derer, "wilche unter dem creutz leben, sich selbst, die
lust und begyrlichkeyt yhres Adams teglich würgen und tödten"[74]. Dieses
geistliche Selbstopfer der Glaubenden, von dem die Schrift redet, ist an
die Stelle der materiellen Opfer getreten. Zu diesen Opfern sind alle Christen aufgerufen [75], durch die Taufe und den Glauben sind alle zum Priestertum dieses Opfers bestimmt [75]. Außer diesem geistlichen Opfer aller
Christen gibt es in der Schrift kein anderes heute noch zu vollziehendes
Opfer, weil Christi Heilstat ein für allemal die Versöhnung zwischen Gott
und Mensch gewirkt hat. Als Gabe der Versöhnung gibt er in der Messe sein
Wort und damit seinen Leib und sein Blut. Aus Zusage und Sakrament ein
menschliches Werk und Opfer zu machen ist gegen Gottes Ordnung und deshalb zu verwerfen. Aber in der Messe, neben dem Empfang des Sakramentes, das geistliche Opfer aus Glauben zu vollziehen, hat Luther nie abgelehnt [77].

---

[72] Besonders im "Sermon vom Neuen Testament" wird breit über das Gebet als Opfer in der Messe gehandelt: 6,367ff. Der Priester soll das
Geld nicht für die Messe, sondern für die Gebete, die er bei der Messe
für Verstorbene betet, nehmen: 6,525,13ff.

[73] 6,526,14-17; vgl. 8,444,33: "Nec patet hic Sophistis cavillandi locus,
quod alio respectu sit sacrificium, alio testamentum, tantum unus est
deus et una tantum Ecclesia, inter quos solos mediat deorsum testamentum et sursum sacrificium". Siehe auch 6,367,21; 369,13.

[74] 8,493,13; 421,7ff.

[75] Vgl. besonders den Abschnitt über das geistliche Opfer in der Messe
im "Sermo vom Neuen Testament": 6,368ff. Im Blick auf das Opfer des
Lebens, des Lobes und des Gebetes hält Luther es sogar für nützlich,
"das wir die meß ein opffer heyssen" (369,5). Das geistliche Opfer
wird 8,492ff von Ps 51,19; 50,14; Röm 12,1; 1Ptr 2,5; Röm 8,13 her
beschrieben.

[76] Der rechte Glaube beim Sakrament kennzeichnet die wahren Meßhalter:
"Dan der glaub muß allis thun. Er ist allein das recht priesterlich
ampt, und lesset auch niemant anders seyn: darumb seyn all Christen
man pfaffen, alle weyber pfeffyn, es sey junck oder alt, herr oder
knecht, fraw oder magd, geleret oder leye. Hie ist kein unterscheidt,
es sey denn der glaub ungleych" (6,370,24ff). Vgl. 8,492,31ff.

[77] Sehr ausführlich handelt Luther über den Sakramentsgebrauch als Dank-
opfer in "Vermahnung zum Sakrament des Leibes und Blutes Christi"
1530 (30 II 601-615). Vgl. auch C. Wislöff, aaO. 72-80.

e) "Winkelmesse" und Priesterstand

Die Idee des Meßopfers findet für Luther ihren Ausdruck in der Meßpraxis seiner Zeit: stille Messen ohne Volksbeteiligung, von Luther meist "Winkelmessen" genannt, aber auch "Hohe Messen" ohne Verkündigung der Abendmahlsworte und ohne Austeilung des Sakramentes, und wenn, dann nur unter einer Gestalt, ohne Laienkelch [78]. Hinzu kommt die Praxis verwerflicher Geschäftemacherei und einer groben Veräußerlichung der Messe. Da dies alles der Ordnung und Einsetzung Christi widerspricht, wie sie in der Schrift niedergelegt ist, entbrennt in den Jahren nach 1520 ein heftiger Kampf gegen die katholische Messe [79]. Davon zeugen die Schriften "De abroganda Missa privata" (1521; deutsch: "Vom Mißbrauch der Messe"), [80] "Von beider Gestalt des Sakraments" (1522) [81], die Erarbeitung einer eigenen Meßordnung "Formula Missae et communionis" (1523) [82], die Kritik am Meßkanon in "Vom Greuel der Stillmesse" (1525) [83]. 1533 greift Luther die Opferkritik nochmals auf in dem großen Angriff gegen das System der Papstkirche in der Schrift "Von der Winkelmesse und Pfaffenweihe"[84].

Im einzelnen braucht der Kampf gegen die katholische Messe hier nicht dargestellt zu werden, die Absicht Luthers ist aus dem Bisherigen klar geworden: ihm geht es nicht um die Abschaffung, sondern um die Reinigung der Messe und um die Herstellung eines frommen Gebrauchs [85]. Zur rechten

---

[78] "Denn es sey Hohe messe odder Früe messe, odder wie sie mügen genennet sein, so sind es Winckel messen, weil der Kirchen nichts vom Sacrament gereicht noch gegeben wird. Denn da stehet Christus ordnung und einsetzung klar: ... (es folgt der Einsetzungsbericht) ... Sol nu Christus ordnung gehalten werden (wie er spricht 'Solchs thut'), So müssen wir das brod und wein mit den worten Christi nicht allein nemen, sondern geben und andern reichen" (38,244).

[79] Zu den Vorgängen in Wittenberg siehe 8, 399-406; 18, 8-11.

[80] 8, 398-563.

[81] 10 II 11-41. Diese Schrift faßt Luthers Invocavitpredigten aus der Fastenzeit 1522 (10 III 1-64) in einer eigenen Veröffentlichung zusammen.

[82] 12, 205-220.

[83] 18, 22-36.

[84] 38, 195-256. Dazu gehört auch der Brief, mit dem sich Luther gegen den Vorwurf des Zwinglianismus in seinem Buch "Von der Winkelmesse" rechtfertigt: 38, 262-272.

[85] Luther will den Gottesdienst "qui in usu est, pessimis additamentis viciatum, repurgare et usum pium monstrare. Nam hoc negare non possumus, Missas et communionem panis et vini ritum esse a Christo divinitus institutum. Qui sub ipso Christo primum, deinde sub Apostolis simplicissime atque piissime, absque ullis additamentis, observatus fuit. Sed successu temporum tot humanis inventis auctus, ut praeter nomen ad nostra saecula nihil de missa et communione pervenerit" (12, 206, 16-22).

Gestalt der Messe gehören: laute Verkündigung der Abendmahlsworte in deutscher Sprache, Austeilung des Sakramentes in der Messe und zwar möglichst unter beiden Gestalten, Empfang der Mess-Gaben im Glauben unter Verzicht auf eigene Werke. Wo dies verweigert oder verhindert wird, ist die Meßpraxis gegen die Ordnung und Einsetzung Christi, sind die Priester zu Kirchenräubern geworden:

> "Denn das Sacrament ist nach Christus meinung da zu geordent und eingesetzt, das mans sol den andern Christen reichen odder mit teilen als eine Communio und gemeine speise zur stercke und trost jres glaubens. Das thun unser Winckel messer nicht, sondern nemens und behaltens allein, und teilen nicht einem einigen Christen etwas mit, und wenn sie es also der Christenheit gestolen und geraubt haben, geben und verkeuffen sie dar nach da für, jr opus operatum, jr eigens opffer und werck... Was ist das nu für ein Jarmarckt, ja diebstal und raub, da man mir den leib und blut Christi, so mir gebürt umb sonst mit zu teilen, raubt und umb mein geld und gut gibt eines gottlosen, elenden menschen opffer und werck?... Wie sol man solchen Pfaffen uber seinem Altar, jnn seinem Priesterlichen ampt ansehen und achten anders denn einen Gottes dieb und Kirchen reuber"[86].

Mit der Bekämpfung und Abschaffung der Privatmessen wurde theologisch wie faktisch dem dieser Messe zugeordneten und davon lebenden Priesterstand der Boden entzogen. Wie die Schrift kein Opfer kennt außer dem einmaligen Kreuzesopfer und dem ständigen geistlichen Opfer aller Christen, so kennt sie auch kein Priestertum außer dem Priestertum Christi und dem allgemeinen Priestertum aller Christen [87]. Dabei muß beachtet werden, was Luther bekämpft: das Meßopferpriestertum als einen eigenen, durch Weihe hervorgehobenen Stand von Menschen [88], die glauben, aufgrund ihrer Weihe das Recht zu haben, aus der Messe ein Opfer gegen Gott zu machen [89], die Messe als testamentum et sacramentum, als Mittel des Trostes anderen Christen vorzuenthalten [90], die Messe gegen die Ordnung Christi zu verkaufen und sich daran zu bereichern [91], die glauben, mit ihrer Weihe über den anderen zu stehen als privilegierter Stand, die damit die Würde aller Getauften mit Füßen treten [92], die ihre Weihe (Win-

---

[86] 38,207,1-7. 14-17.28-30.
[87] So besonders 8,486ff (= 415ff); 38,229f.
[88] 8,491,4; 540,5ff; 38,227f.
[89] 6,565,4f: "missas suas (quae summa est perversitas) ceu sacrifitium offerat, cum missa sit usus sacramenti".
[90] 6,565,2: "suo sacramento se satisfacere putat"; 38,206ff: sie sind Gottes- und Kirchendiebe; 38,199,14ff; 222,20ff; 224f; 235,17ff.
[91] 38,199,25ff; 206; 225,24f; 250,20ff.
[92] "... das sie sich rhumen, wie sie mit jrem Cresem und Weyhe Pfaffen machen jnn der heiligen Kirchen, das ist einen weit, weit, höhern und heiligen stand, denn die Tauffe gibt. Denn ein geweyheter und mit Cresem gesalbter Pfaffe ist gegen andere getauffte gemeine Christen, gleich wie der Morgen stern gegen ein glummend tocht"(38,227,20ff). Vgl. 6,563 31f; 566,2f.

kelweihe) für sich behalten als Eigentum [93], die nur für ihre privaten Winkelmessen geweiht sind, und kein Amt der Predigt, der Taufe, der Sakramentsverwaltung für andere ausüben [94]. Luther bekämpft nicht das Amt der Wortverkündigung und Sakramentenspendung, vielmehr beklagt er die faktische Trennung von Weihe zum Priester (zum "eigenen Opferpfaffen") und Ordination zum Amt (zum "gemeinen Kirchenpfaffen") [95]: Die Priesterweihe schließt nicht in sich den Auftrag zum kirchlichen Dienstamt an Wortverkündigung und Sakramentenspendung für alle Gläubigen, sondern isoliert und privatisiert die Geweihten zu "horales et Missales sacerdotes"[96].

In seiner Monographie "Das kirchliche Amt bei Luther" [97], in der er sorgsam dem Denken Luthers nachspürt, hat W.Stein deutlich gemacht, daß bei aller Betonung des allgemeinen Priestertums als des durch kein Privileg einer anderen Weihe zu überbietenden Christenstandes und trotz des Grundsatzes, daß "wurzelhaft" allen Christen die Gewalt (potestas) an Wort und Sakrament gegeben ist, Luther entgegen weitverbreiteter Meinung keine durch die Taufe generell schon gegebene Einzelermächtigung kennt [98]: "Quod enim omnium est communiter (!), nullus singulariter (!) potest sibi arrogare, donec vocetur"[99]. Erst die Ordination befähigt zum Amt und Dienst an Wort und Sakrament [100]. Die Sakramentenspendung gehört zu den Funktionen des Amtes, nur für den Notfall kennt Luther in Übereinstimmung mit der mittelalterlichen Theologie die Taufe und Absolution durch

---

[93] 38,198,27ff; 249,30f.
[94] "Diese Pfaffen uben der obgenanten stück keines, die zur Kirchen erhaltung Christus geordent hat, Sie Predigen nicht, Sie Teuffen nicht, Sie reichen das Sacrament nicht, Sie Absolvirn nicht, Sie beten nicht ... Sie sind jnn keinem Ampt der seelsorgen nach bey den sterbenden etwas thun, Sondern es ist das unnutz, faul, müssig gesinde, die allein das Sacrament (wie sie meinen) handeln und für ein opfer und werck verkeuffen, fressen da für beide, der Christen und unchristen, güter" (38,222,25ff). Vgl. ebd. 199,6ff; 221,10ff; 223,19; 6,565,1.
[95] Für die Ausübung der Seelsorge bedarf es neben der Weihe noch einer jurisdiktionellen Beauftragung: 6,564,24ff; 12,173,31ff und besonders 38,220f. Neben der Vielzahl von geweihten Altaristen mußte die Zahl der Seelsorger geradezu verblassen. Die Gegenüberstellung: "eigener" und "gemeiner" Pfaffe: 38,199,27ff.
[96] 6,564,28.
[97] Wiesbaden 1974. Es ist die letzte mir bekannte Untersuchung zu diesem Thema. Vgl. auch J.A. Aarts, Die Lehre Martin Luthers über das Amt in der Kirche, Helsinki 1972.
[98] Vgl. die Zusammenfassung aaO.202ff und die dort gegebenen Hinweise.
[99] 6,566,29f; vgl. 6,408,13f.
[100] Die Ordination ist zwar nur ein kirchlicher Ritus und kein Sakrament, aber das kirchliche Amt selbst ist von Gott eingesetzt: W.Stein, aaO. 202 und pass.

Laien [101]. Und parallel dazu kennt er auch für Notsituationen eine Not-ordination durch die Gemeinde [102]. Eine Abendmahlsverwaltung durch Nichtordinierte kennt Luther auch für den Notfall nicht [103]. Gerade der Gedanke der Notordination (um dann Sakramente verwalten zu können!) und die nach 1530 "not-wendig" gewordene Erstellung einer eigenen Ordi-nationspraxis zeigen, daß für Luther die Verwaltung der Sakramente und besonders der Eucharistie nicht unter den Aufgabenbereich des allgemei-nen Priestertums, sondern des kirchlichen Amtes fällt [104].

> In der Messe "tritt für den Altar unser Pfarrher, Bischoff odder Diener im Pfarrampt, recht und redlich und offentlich beruffen, zuvor aber jnn der Tauffe geweyhet, gesalbet und geborn zum Prie-ster Christi, ungeacht des Winckel Cresems, Der singet offent-lich und deudlich die ordnung Christi, im Abend mal eingesetzt, Nimpt das brod und wein, danckt, teilets aus und gibts jnn krafft der wort Christi: 'Das ist mein leib, Das ist mein blut. Solchs thut' etc. uns andern, die wir da sind und empfahen wollen. Und wir, sonderlich so das Sacrament nemen wollen, knyen neben, hinder und umb jn her, man, weib, jung, alt, herr, knecht, fraw, magd, eltern, kinder, wie uns Gott alda zu samen bringet, alle sampt rechte, heilige mit Priester, durch Christus blut geheiliget und durch den heiligen geist gesalbet und geweyhet jnn der Tauf-fe" [105].

Es kann hier nicht weiter auf Luthers Amtsverständnis eingegangen wer-den. Es sollte nur darauf hingewiesen werden, wie eng theologisch und hi-storisch die Bestreitung des Meßopfers und des (Opfer-) Priestertums zu-sammenhängen [106]. Mit dem Angriff auf die Messe und dem ihr zugeord-

---

[101] AaO. 51; 87; 110; 141.
[102] So 6,407f und besonders 11,408-416 und 12,169-196. Vgl. dazu W. Stein, aaO. 144-178.
[103] AaO. 191f.
[104] Da Luther allen Wert darauf legt, daß die Wirksamkeit der Sakra-mente nicht abhängt von der Person des Spenders, sondern von Chri-sti Wort im Sakrament, so daß sogar der Teufel die Sakramente recht spenden könnte (38,238-243), ist die Betonung der Notwendigkeit der Ordination für die Abendmahlsverwaltung selbst in Notsituationen schon überraschend. Denn in Notfällen müßte ja zur Not ein Laie das Abendmahl spenden können, wenn er kraft seines allgemeinen Prie-stertums das persönliche Recht auf Sakramentenspendung hätte. Bis zum Augsburger Reichstag 1530 hoffte Luther, mit der Kirche zu ei-nem Kompromiß zu kommen, so daß die lutherischen Pfarrer von den katholischen Bischöfen geweiht würden. Nach dem Scheitern dieser Pläne galt es zu sehen, "wie wir Pfarrhern und Prediger kriegen aus der Tauffe und Gottes wort, on iren Cresem, durch unser erwelen und beruffen geordinirt und bestetigt" (38,236,30ff).
[105] 38,247,12ff.
[106] Vgl. dazu auch C. Wislöff, aaO. 67-89, wo die gegenseitige Abhängig-

neten Priestertum führte Luther wohl den entschiedensten, weil auch in seiner konkreten Konsequenz am stärksten das kirchliche Gefüge verändernden Stoß gegen die Kirche des Papstes [107]. Die Schrift "Von der Winkelmesse und Pfaffenweihe" bringt das in aller Deutlichkeit zum Ausdruck: Der Endchrist hat in der Kirche Christi Platz genommen [108]. Der Papst hat mit den Einrichtungen der Opfermesse und des Meßpriestertums die Verkündigung des Evangeliums, das rechte Verständnis der Taufe und des allgemeinen Priestertums aller Getauften, die Absolution, das kirchliche Amt und das Altarsakrament zunichte gemacht und wurde damit zum Wider-Christus [109].

Damit gerät Luther in einen Konflikt mit der Kirche seiner Zeit, mit ihrer Lehre, ihren Gebräuchen und Gesetzen und ihrer Macht. Er weiß, daß er gegen ein von reicher und langer Tradition getragenes System steht [110] und er bekennt seine Anfechtung: "Bist du allein klug?"[111] Nirgends entbrennt der Kampf gegen die Tradition für die Vorherrschaft der Hl. Schrift in solcher Schärfe. Dem Meßkanon, als Interpret und Zeuge der Messe als Opfer, den vielen Aussagen der Väter über das Meßopfer, den vielen Legenden über die Wirkkraft der Toten- und Votivmessen, dem beim Volk festverwurzelten Brauch der vielen Messen gegenüber verweist er auf die Schrift und die Ordnung Christi [112]. "Denn die heyligen sacrament und artickel des glawbens sollen und wollen alleyn durch gotlich schrifft gegründet und bewerdt werden"[113]. Das gewisse Wort Christi hat Luther Mut ge-

---

keit von Opfer- und Priestertumskritik dargestellt wird. An die dort gegebene Darstellung des Amtsverständnisses Luthers und der Theologie vor Luther wären allerdings manche kritische Fragen zu richten. Auch scheint es fraglich, ob die Lehre vom allgemeinen Priestertum einen Ausgangspunkt (!) für die Kontroverse um das Meßopfer darstellt (aaO. 68). Wurde nicht vielmehr diese auch vor Luther gekannte Lehre beim Zusammentreffen mit der Meßopferkritik deutlicher gegen das Priestertum als privilegierten Stand abgehoben? Meßopfer und Priestertum sind so eng miteinander verknüpft, daß das eine ohne das andere nicht zur Sprache kommen kann.

[107] "Hie wird man mir fürhalten, und sagen: Mit der weise wirstu uns auch keinen Prediger, Pfarher noch Pfarrhen lassen bleiben und das Sacrament, so bis her unter dem Bapst gebraucht, gar auff heben und eitel brod und wein draus machen" (38, 220, 6ff).

[108] 38, 219ff.

[109] "... Auff das sie nicht allein ein unnützer hauffe seien jnn der kirchen, sondern auch feinde und verderber" (38, 223, 34).

[110] Siehe besonders 8, 482f und durchgehend im Buch "Von der Winkelmesse".

[111] 8, 483, 2.

[112] 6, 523, 10-15; 524, 4; Vgl. besonders die Gegenüberstellung 8, 506-525 (Schrift) gegen 8, 525-537 (Kanon, Väter, Legenden), und die Abschnitte über die wahre und falsche Meinung der Kirche: 38, 215-220.

[113] 8, 484, 13f.

geben gegen die Argumente der Papisten [114], und einem möglichen Irrtum der Väter gegenüber verweist er auf das Evangelium von der Messe als "testamentum Dei non opus nostrum" [115] und ruft emphatisch aus: "hic sto, hic sedeo, hic maneo, hic glorior, hic triumpho"[116].

6. Die Ablehnung der Transsubstantiationslehre

Die Abendmahlsstreitigkeiten des 9. und 11. Jahrhunderts fanden ein Ende durch die kirchenamtliche Entscheidung des 4. Laterankonzils (1215), das bestimmte, daß Leib und Blut Christi im Altarsakrament "sub speciebus panis et vini veraciter continentur". Der Modus der Vergegenwärtigung wurde mit dem Terminus transsubstantiatio angegeben [1]. In der Folgezeit mühten sich die Theologen, die Transsubstantiation näher zu erklären und zu beweisen. Während für Thomas v. Aquin im Interesse der biblisch begründeten Realpräsenz nur eine transsubstantiatio im Sinne einer conversio substantialis gedacht werden konnte [2], hielten Duns Scotus, Thomas von Straßburg, Wilhelm Ockham, Pierre d'Ailly und Gabriel Biel eine Deutung der Transsubstantiation im Sinne einer successio substantiae für ebenso möglich [3]. Selbst die kirchliche Entscheidung für die Transsubstantiation, wie immer diese auch zu verstehen sei, hielten diese Theologen - entgegen den von Thomas v. Aquin vorgebrachten Argumenten - von der Hl. Schrift und der Logik her für nicht notwendig gefordert. Die Annahme des Fortbestehens der Brotsubstanz tue der Realpräsenz keinen Abbruch, sei logisch möglich, und sei überdies gedanklich "rationabilior et facilior"[4]. Vom Hl. Geist geleitet habe jedoch die Kirche als göttliche Wahrheit erkannt, daß im Altarssakrament eine Wesensverwandlung stattfinde. Das sei theologisch auch sinnvoller, weil so die Allmacht Gottes erhöht werde, da es sich bei der Transsubstantiation um ein größeres Wunder handle als bei einem Nebeneinander zweier Substanzen.

[114] "Biß ßo lang, das mich Christus mit seynem eynigen, gewissen wortt befestiget und bestettiget hat, das meyn hertz nicht mehr tzappellt, ßondern sich widder die argument der Papisten, als eyn steynen uffer widder die wellen, auff lenth, unnd yhr drawen und sturmen verlachet" (8, 483, 4ff; vgl. 412, 4ff).

[115] 10 II 214, 36ff.

[116] 10 II 215, 2.

[1] DS 802: "Una vero est fidelium universalis Ecclesia ... in qua idem ipse sacerdos est sacrificium Iesus Christus, cuius corpus et sanguis in sacramento altaris sub speciebus panis et vini veraciter continentur, transsubstantiatis pane in corpus, et vino in sanguinem potestate divina". Vgl. DS 1321.

[2] S. theol. III q. 75ff.

[3] Dies, wie auch das Folgende, ist ausführlich dargestellt bei H. Hilgenfeld, Mittelalterlich-traditionelle Elemente 387-401. Vgl. bes. G. Biel, Can. Missae Expos. 40f. vor allem 41G-N (II 120ff).

[4] Wilhelm Ockham, Sent. IV q. 6D.

Die extensive Beschäftigung mit der Erklärung der Transsubstantiation und dem Aufweis ihrer logischen Schwierigkeiten und ihrer Nicht-Notwendigkeit (- so daß die kirchliche Entscheidung allein in der Autorität der definierenden Kirche gründet -) hat die Theologen ganz in Beschlag genommen. Damit verlor aber die Lehre von der Transsubstantiation immer mehr den Charakter einer Hilfskonstruktion zur Erklärung der Realpräsenz, den sie bei Thomas v. Aquin noch deutlich hatte, sie trat vielmehr "als selbständiges Stück zur Demonstration der Allmacht Gottes unverbunden neben diese"[5] und wurde so zu einem Übungsfeld für naturphilosophische Problemstellungen [6].

Am 9. September 1519 hatte Melanchthon in seinen Baccalaureatsthesen eine Ablehnung der Transsubstantiationslehre als nicht häretisch bezeichnet, weil diese Lehre aufgrund der alleinigen Norm der Schrift nicht zu den Glaubensartikeln gerechnet werden könne [7]. Joh. Eck sieht in den Thesen einen Angriff auf das Altarsakrament [8], während Luther sie als gewagt, aber wahr beurteilt [9]. Trotz dieser Zustimmung läßt der Sakramentssermon vom November 1519 noch keine Infragestellung der Lehre erkennen, wenngleich vor der Behandlung subtiler Fragen gewarnt wird, da es zu wissen genüge, "es sey eyn gottlich tzeychen, da Christus fleysch und blut warhafftig ynnen ist, wie und wo, laß yhm befollen seyn"[10]. 1520

---

[5] Hilgenfeld, aaO. 401.

[6] Vgl. E. Iserloh, Abendmahl und Opfer 79; B. Neunheuser, Eucharistie in Mittelalter und Neuzeit 44ff.

[7] Unter den 24 vorgelegten Thesen (nach W. Maurer, Der junge Melanchthon II, 102f, stammen nur die Thesen 12-24 von Melanchthon) formulieren die Thesen 16ff:
   16. Catholicum praeter articulos, quorum testis est scriptura, non est necesse alios credere.
   17. Conciliorum auctoritas est infra scripturae auctoritatem.
   18. Ergo citra haeresis crimen est non credere caracterem, transsubstantiationem et similia.
   (Suppl. Mel. VI 1, 78f; hier nach R. Stupperich, Melanchthons Werke I, 24f).

[8] So im Brief vom 8.11.1519 an Kurfürst Friedrich (-wobei Eck den ihm zugesandten "Disputations-Zedel" aber Luther zuzuschreiben scheint-): "Da merkt E(euer). Ch(urfürstl.). G(naden). wie da antascht (=angetastet) wird das heilig Sacrament des zarten Fronleichnam Jhesu Christi, daß es nit kann sicher vor ihn sein" (WABr 1, 492).

[9] Luther im Brief vom 3.10.1519 an Joh. Staupitz: "Philippi positiones vidisti aut nunc vides audaculas sed verissimas" (WABr 1, 514).

[10] 2, 750, 2ff; vgl. 749, 10ff, wo die Verwandlung des Brotes allegorisch ausgedeutet wird (siehe oben S. 166 . Es wird allgemein angenommen, daß Luther hier noch die Transsubstantiation lehre: C. Wislöff, Abendmahl und Messe 123 Anm. 5. V. Vajta, Theologie des Gottesdienstes 175, glaubt, daß Luther schon vor 1508 diese Lehre aufgegeben habe, weil das Studium Pierre d'Aillys davor liege. Doch sagt 6, 508, 7 (sie-

nimmt Luther in der Schrift "An den christlichen Adel" die Böhmen in
Schutz, wenn ihr Sakramentsirrtum nur in der Ablehnung der Transsubstantiation, nicht aber der Realpräsenz bestehe: "den es ist nit ein artik-
kel des glaubens, das brot und wein nicht weszentlich und naturlich sey ym
sacrament, wilchs ein wahn ist sancti Thome unnd des Bapsts, sondern
das ist ein artickel des glaubens, das in dem naturlichen brot und weyn
warhafftig naturlich fleisch und blut Christi sey... dieweyl kein ferlickeit
dran ligt, du gleubst, das brot da sey odder nit"[11].

Hier sind die wesentlichen Punkte genannt, um die es Luther bei der Ablehnung der Transsubstantiationslehre geht:

1. Sie ist kein Glaubensartikel, sondern eine Erfindung des Thomas [12],
    also eine menschliche Meinung, deren Annahme nicht notwendig ist.
2. Die Ablehnung der Transsubstantiation bedeutet keine Leugnung der
    Realpräsenz, die ein Glaubensartikel ist.
3. Der Streit um die Transsubstantiation ist von geringer Bedeutung.

In "De captivitate Babylonica" führt Luther den eigentlichen Angriff auf
die Lehre von der Transsubstantiation. Spätere gelegentliche Äußerungen
gehen darüber nicht hinaus [13]. Der Zwang, diese Lehre als Glaubensartikel annehmen zu müssen, wird als die zweite Gefangenschaft des Altars-
sakramentes behandelt [14]. Wie es dazu und zu seiner Kritik daran gekommen ist, beschreibt Luther so:

> "Als ich die scholastische Theologie in mich aufnahm, gab mir
> Pierre d'Ailly Anlaß zum Nachdenken. Beim vierten Buch der Sen-
> tenzen disputiert er überaus scharfsinnig, es sei viel glaubwürdi-
> ger und man brauchte viel weniger dieser überflüssigen Wunder
> vorauszusetzen, wenn man glaubte, auf dem Altar wären wahres
> Brot und wahrer Wein und nicht allein die bloßen Akzidenzien -
> wenn nicht die Kirche das Gegenteil festgesetzt hätte. Als ich da-
> nach sah, was für eine Kirche das ist, die solches bestimmt, näm-
> lich die thomistische, das heißt die des Aristoteles, da bin ich be-

---

he unten) nicht, daß Luther schon bei der ersten Lektüre d'Aillys die
Transsubstantiationslehre aufgegeben habe. Er dürfte wie dieser an
der kirchlichen Entscheidung festgehalten haben.

[11] 6,456,34ff.
[12] Diese historisch falsche Behauptung kehrt in modifizierter Form immer wieder: 6,508ff; 10 II 202ff; 10 II 246,3f; 11,441,22; WATi 1,37,
5; WABr 9,443,9.
[13] Luther kommt neben gelegentlichen Anmerkungen auf die Transubstantia-
tion nochmals zu sprechen 1522 in "Contra Regem Angliae": 10 II 202-
208 (deutsch: 10 II 245-249), dann 1523 in "Vom Anbeten des Sakraments": 11,441,18-31, 1538 in den Schmalkaldischen Artikeln: 50,243,
und schließlich 1541 in einer von ihm selbst aufgezeichneten Tischrede: WABr 9,443ff.
[14] 6,508-512.

herzter geworden. Wenn ich zuerst auch im Zweifel war, so habe ich schließlich mein Gewissen doch in der ersten Auffassung befestigt: es ist wahres Brot und wahrer Wein, in welchen das wahre Fleisch und das wahre Blut Christi nicht anders und nicht weniger ist, als jene es ihren Akzidenzien zuschreiben. Das habe ich getan, weil ich sah, daß die Meinungen der Thomisten, ob sie nun vom Papst oder einem Konzil bestätigt sind, dennoch eben nur Meinungen bleiben und nicht zu Glaubensartikeln werden würden, auch wenn ein Engel vom Himmel etwas anderes verordnete. Denn was ohne Schriftgrundlage oder ohne erwiesene Offenbarung gesagt wird, mag wohl als eine Meinung hingehen, muß aber nicht notwendig geglaubt werden"[15].

Der Hinweis auf Pierre d'Ailly dürfte diplomatische Gründe haben [16], Luther hätte ebenso auf andere Vertreter der scholastischen Kritik an der Notwendigkeit der Transsubstantiationslehre verweisen können. Die kirchliche Lehrentscheidung, für die scholastischen Kritiker Grenze und Überhöhung der logischen Spekulationen, hat für Luther allerdings keine normative Bedeutung, da ohne Schriftgrundlage kein Papst und Konzil neue Glaubensartikel aufstellen und als glaubensnotwendig vorlegen könne [17]. Die Transsubstantiationslehre bleibt eine mögliche, freigestellte Meinung [18], ihre Annahme als Glaubensartikel darf keineswegs erzwungen werden [19]. An dieser Position hat Luther immer festgehalten [20]. Er kann für sich diese Lehre allerdings nur als Irrtum bezeichnen. Nicht, daß Gott nicht

---

[15] 6, 508, 7-20; deutsch: LD 2, 179f. Dieser Text wurde auch in die Irrtumsliste über die Eucharistie in Trient aufgenommen: CT V 869, 24ff.
[16] Der Hinweis auf d'Ailly auch 10 II 246, 1. Luther weiß im Blick auf Wiclif und Hus um die Gefährlichkeit, diese Lehre anzugreifen (6, 508, 1ff; 31ff). "Vielleicht schien Luther... die Berufung auf einen Kardinal, der dazu mit der Kirche nicht in Konflikt gekommen war, wirkungsvoller" (E. Iserloh, Gnade und Eucharistie in der philosophischen Theologie des Wilhelm von Ockham 278).
[17] 6, 508, 5. 19f. 31; 509, 20; 511, 40; 512, 5; 10 II 203, 33; 204, 15.
[18] 6, 508, 19. 27. 29; 512, 4; 10 II 202, 20; 204, 15; 245, 16; 246, 30ff.
[19] 6, 508, 28; 512, 5.
[20] 10 II 247, 18: "halte yederman, was er wil "; 11, 441, 19: "Doch an dißem yrthum nicht groß gelegen ist, wenn nur Christus leyb unnd blutt sampt dem wortt dagelassen wirt"; 26, 462, 2: "... sol mirs kein hadder gelten: Es bleybe wein da odder nicht, Mir ist gnug, das Christus blut da sey, Es gehe dem wein, wie Got wil. Und ehe ich mit den schwermern wolt eytel wein haben, so wolt ich ehe mit dem Bapst eytel blut halten". Vgl. auch 26, 439, 26; WABr 9, 443, 2: der "laüsige artickel". Dagegen spricht auch nicht 10 II 208, 27ff, wo Luther das Anathema ironisch aufnimmt: "Quare ne ingratus sim Magisterio domini Henrici, nunc muto et transsubstantiare volo meam sententiam et dico: Antea posui nihil referre, sic sive sic sentias de transsubstantiatione, nunc autem visis rationibus et argumentis assertoris sacramentorum pulcherrimis decerno

das Brot verwandeln könnte, sondern daß er es tut, ist zu beweisen [21].

Was Luther an logischen Einwänden gegen die Transsubstantiation vorbringt, ist weitgehend dem Argumentationsschatz der scholastischen Kritik an Thomas v. Aquin entnommen [22]. Doch haben diese Gründe für Luther weniger die Funktion von Beweisen, sie sollen vielmehr auf die Übermacht der Philosophie und ihrer kuriosen Subtilitäten gegenüber der Einfachheit der Schriftaussagen hinweisen [23]. Denn die Schrift weiß nicht nur nichts von einer Verwandlung, sondern sie führt in ihrem einfachen Verständnis zu der Annahme der Weiterexistenz des Brotes zusammen mit dem Leib Christi [24].

Besonders Paulus bezeichne 1Kor 10,16 und 11,27 das Brot auch nach der Konsekration noch als Brot [25]. Den Worten der Schrift darf aber keine Gewalt angetan werden durch spitzfindige Unterscheidungen, welche die Bedeutung der Schriftworte nur aushöhlen [26].

---

impium esse et blasphemum, siquis dicat panem transsubstantiari, Catholicum autem et pium, siquis cum Paulo dicat: Panis, quem frangimus, est corpus Christi. Anathema sit, qui aliter dixerit et iota aut apicem unum mutarit" (= CT V, 869, 29).

[21] "Nemo enim dubitat, quin deus possit transsubstantiare panem, sed quod id faciat, non possunt ostendere" (10 II 206, 38).

[22] Vgl. Hilgenfeld, aaO. 404ff; G. Biel, Can. Missae Expos. 40f.

[23] Ausgehend von der simplicissima significatio der Schriftworte, die erst durch das Aufkommen der Aristoteles-Philosophie in der Kirche verändert wurde (6, 509, 22-34), führt Luther aus der traditionellen Kritik einige Argumente an (509, 35 - 511, 12), die zeigen, wie unnötig, verwirrend und kurios die Transsubstantiationslehre ist, die er dann nochmals mit der Einfachheit der Schrift konfrontiert (510, 32ff; 511, 13ff). Vgl. auch das Gegenüber von subtilitas u. ähnl. (509, 36; 510, 32; 511, 13) und simplicitas (509, 10. 19. 21. 22. 33; 511, 17. 19).

[24] "... cum Euangelistae clare scribant, Christum accepisse panem ac benedixisse, et actuum liber et Paulus Apostolus panem deinceps appellent, verum oportet intelligi panem verumque vinum" (6, 509, 15f). Vgl. 10 II 203, 15ff; 204, 17ff.

[25] 6, 509, 17; 511, 23; 10 II 204, 17ff; 246; 10 II 206, 32: "Stat ergo meus Paulus adversus transsubstantiatores istos futiles invictus".

[26] 6, 509, 8: "verbis divinis non est ulla facienda vis"; ähnlich 512, 3. Absurd wäre es nach Luther, "panis" als "species vel accidentia panis" zu verstehen; das hieße: "verba dei sic elevari et cum tanta iniuria suis significationibus exinaniri" (509, 25). H. Asmussen, Glaube und Sakrament 162ff (übernommen auch von F. Mann, Das Abendmahl 80), sagt im Blick auf diese Stelle, daß für Luther die Transsubstantiationslehre teilweise zu wenig die Realpräsenz aussage, weil sie die Kraft des göttlichen Wortes zu wenig ausschöpfe. Doch bezieht sich hier "verba dei", die abgeschwächt werden, auf die biblischen Aussagen vom Brot, nicht vom Leib Christi.

Der Einfachheit der Schrift entspricht die Einfachheit des Glaubens, wie er sich trotz des Theologenstreites beim einfachen Volk erhalten habe: "corpus et sanguinem veraciter ibi contineri" [27]. Der Glaube unterwirft seinen Verstand dem Gehorsam gegenüber Christus und glaubt an eine Identität - nicht nur ein lokales Beisammensein - von Brot und Leib Christi, gemäß der Schrift: "Accepit panem gratias agens, fregit et dixit 'Accipite, manducate, hoc (id est hic panis, quem acceperat et fregerat) est corpus meum'"[28]. Daß die Philosophie eine solche Identität nicht begreifen kann, ist kein Grund, daran zu zweifeln: "Maior est spiritussanctus quam Aristoteles"[29].

Wie die Identität näher zu verstehen ist, bleibt unklar, denn Luther genügt der Hinweis auf die Schriftworte und eine Parallele in der Christologie:

"Und wie es sich mit Christus verhält, so verhält es sich auch mit dem Sakrament. Denn es ist nicht nötig, daß die menschliche Natur verwandelt werden muß, wenn die Gottheit in der Menschheit leiblich wohnen soll - als ob die Gottheit an die Akzidenzien der menschlichen Natur gebunden wäre. Sondern beide Naturen bleiben zugleich unversehrt bestehen, und so wird mit Recht gesagt: Dieser Mensch ist Gott, dieser Gott ist Mensch. Und wenn die Philosophie das schon nicht versteht, so versteht es doch der Glaube. Gottes Wort hat eine größere Vollmacht, als unser Verstand es fassen kann!

---

[27] 510,23; 510,32: "Cur non explosa ista curiositate in verbis Christi simpliciter haeremus, parati ignorare, quicquid ibi fiat, contentique, verum corpus Christi virtute verborum illic adesse? An est necesse, modus operationis divinae omnino comprehendere?"
[28] "Ego sane, si non possum consequi, quo modo panis sit corpus Christi, captivabo tamen intellectum meum in obsequium Christi, et verbis eius simpliciter inhaerens credo firmiter (! - Firmiter heißt das Dekret des Lateran. IV), non modo corpus Christi esse in pane sed panem esse corpus Christi. Sic enim me servabunt verba, ubi dicit: Accepit panem..." usw. (511,18-23). Interessant ist in diesem Zusammenhang eine Stelle bei G. Biel, die trotz terminologischer Nähe - man könnte sie fast im Hintergrund von Luthers Ausführungen vermuten - die entgegengesetzte Position in der Frage Schrift oder Kirche kennzeichnet: "Et ... dicitur, quod intellectus cuiuslibet articuli in universali traditus ad illum intellectum spiritualem limitandus est, qui verus est, non curando an sit facilior vel ad intelligendum difficilior sive sequantur plura miracula sive pauca. Et ita intellectus ille quod panis convertitur et non manet cum corpore christi presente solis speciebus, quia verus est, et oppositus falsus, ab ecclesia est determinatus, debetque ad eum suscipiendum captivari cuiuslibet intellectus fidelis in obsequium fidei christi, ut dicit apostolus, quia plus potest deus sua omnipotentia efficere quam creata intelligentia capere" (Can. Missae Expos. 41 M - II,124).
[29] 6,511,26.

In dem Sakrament ist also der wahre Leib und das wahre Blut. Es
ist nicht nötig, daß sich das Brot oder der Wein in eine andere Substanz verwandle, so daß Christus unter den Akzidenzien eingeschlossen sei. Sondern beides bleibt zugleich bestehen, wie es in Wahrheit
heißt: "Dieses Brot ist mein Leib und dieser Wein ist mein Blut"
und umgekehrt"[30].

Hier wird deutlich, worum es Luther geht: um die Befreiung der einfachen
Worte Gottes in der Schrift aus der Umklammerung menschlicher Spitz-
findigkeiten und um die Befreiung von dem Zwang, menschliche Meinung
als Glaubensartikel annehmen zu müssen. Weil die Papisten, sagt Luther,
ihre Lehre gegen die Schrift stellen, "wollen wyr yhn nur tzu widder und
tzu trotz hallten, das warhafftig brott und weyn da bleybt neben dem leyb
und blutt Christi und wollen von solchen trawmchristen und nacketen Sophisten gerne ketzer gescholten seyn. Denn das Euangelion nennet das sacrament brott, alßo das brott sey der leyb Christi, da bleyben wyr bey. Es ist
uns gewiß gnug widder aller Sophisten trewme, das es brott sey, was es
brott nennet"[31].

C. Der Streit um die Realpräsenz in den Jahren 1523/25

1. Die Stellung der Realpräsenz in Luthers Theologie vor dem Ausbruch des Abendmahlsstreites (Zusammenfassung)

Charakteristisch für Luthers Abendmahlstheologie in den Jahren 1520 bis
1523 ist der Versuch, die am Bußsakrament erkannte unumkehrbare Zuordnung von Zusage Gottes und Glaube des empfangenden Menschen auf das
Altarssakrament zu übertragen. Ergeht dabei in einem ersten Stadium die
Zusage noch in der Symbolik der Zeichen Brot und Wein, so ab 1520 ausschließlich in der Verkündigung der Abendmahlsworte. Dabei konnte aber
die für das Bußsakrament geltende Zweiheit von promissio und fides nicht
einfach übernommen werden, läßt sich doch die Abendmahlsfeier nicht auf
ein reines Wortgeschehen einschränken, da auch der Empfang von Leib und
Blut Christi in Brot und Wein miteingeschlossen ist. Deshalb mußte auch
das Zeichen, das Sakrament im engeren Sinn, in die Struktur Zusage und
Glaube mit hineingenommen werden. Die Verbindung der aus der Hebräer-

---

[30] 511,34 - 512,2; deutsch LD 2,183. Luther verweist außerdem auf die
    Einheit von Eisen und Feuer im glühenden Eisenstück: 6,510,4ff; eben-
    so 10 II 207,12: "Itaque possum dicere, corpus Christi sic salvo pane
    in sacramento esse, sicut est ignis in ferro salva ferri substantia et
    deus in homine salva humanitate, utrobique sic mixtis substantiis, ut
    sua cuique operatio et natura propria maneat, et tamen unum aliquod
    constituant".
[31] 11,441,25-30. Zur Textkorrektur vgl. den Nachtrag zur Stelle: 11,488.

briefexegese gewonnenen Begriffe Testament und Siegel mit der für das heilsgeschichtliche Handeln Gottes als gleichbleibend erkannten Grundordnung promissio und bestätigendes signum kennzeichnet nun die Messe als einen Ort, an dem Gott handelnd dem Menschen entgegentritt. In der Verkündigung der Abendmahlsworte ergeht hier und heute die Zusage der Sündenvergebung, des Heiles, des ewigen Lebens. Was Jesus im Abendmahl als sein Testament versprochen hat, wird dem heutigen Abendmahlsteilnehmer im Verkündigungswort zugesagt und gegeben. Zur Bekräftigung der Verheißung sind dem Wort Leib und Blut Christi als Siegel und bestätigendes Zeichen beigegeben. Der Mensch nimmt im Glauben an das Wort und das bestätigende Zeichen das Geschenk Gottes an. Nicht eigene Werke und Leistungen, sei es die Vorbereitung, die den Empfänger würdig macht, sei es der Gebrauch der Messe als opus bonum oder sacrificium, sind hier am Platz, sondern allein der empfangenwollende Glaube, der das im Wort Zugesagte ergreift, sich darauf verläßt, indem er Gott beim Wort nimmt und für wahr hält, was die Worte sagen.

Die Abendmahlsworte verkünden die Sündenvergebung als Inbegriff der Christustat. "His verbis promitto tibi, ante omne meritum et votum tuum, remissionem omnium peccatorum tuorum et vitam aeternam"[1]. Doch mehr und mehr tritt der volle Inhalt der Abendmahlsworte in den Blick: "Es wirt verheyssen der leychnam Christi und vergiessung seyns blutt tzu vergebung der sund, wilchs das newe testament ist"[2]. Objekt der Zusage werden neben der Vergebung der Sünden zunehmend auch Christi Leib und Blut.

Dabei bleibt das Verhältnis von Christi am Kreuz zur Vergebung der Sünden hingegebenem Leib und Blut, dem Zusagewort der Sündenvergebung und der Gegenwart von Leib und Blut Christi als Zeichen und Pfand ungeklärt. Der Glaube richtet sich anscheinend auf das Wort, daß Christus seinen Leib in der Vergangenheit für mich, zu meinem Heil, zur Vergebung der Sünden hingegeben und zur Versicherung dieser Tat und deren Verkündigung im Abendmahl seinen Leib als Zeichen hinterlassen hat. Die nur "künstliche"[3] und "lockere"[4] Beziehung des gegenwärtigen Leibes Christi zur zugesagten Vergebung der Sünden scheint nur "psychologischer"[5] Art zu sein: Die Realpräsenz soll das Wort vom Kreuzesgeschehen versichern und bestätigen. Der Leib Christi "ist nicht Gnadenmittel, sondern nur Erkenntnismittel"[6].

Das noch ungeklärte Ineinander von gegebenem Christusleib in Vergangenheit und Gegenwart zeigt sehr deutlich die Gründonnerstagspredigt von 1522:

---

[1] 6, 515, 20f.
[2] 8, 511, 33f.
[3] P. Althaus, Die Theologie Martin Luthers 321.
[4] E. Sommerlath, Der Sinn des Abendmahls 104ff.
[5] AaO. 104; 107.
[6] AaO. 106.

"Ich glawb das Christus seynn leyb unnd blut fur mein sunde gegeben hat, das mir wider Teuffel noch todt schaden kan, den er hatt
gesagt: Nym hyn, das ist mein leyb der fur dich geben ist, und das
ist mein blut das fur dich vergossen ist zu vergebung der sund: das
seynd seyn wort, darauff verlasse ich mich. Darczu hat er diese
seyne wort bestettigt ynn dem, das er darauff gestorben ist, und
uns zu eynem zeychen und bestetigung seyner wort hat er mir seyn
leyb und blut gegeben, des trost ich mich, darumb wil ich seyn
fleisch und blut zu mir nemen, das ich des gewisz sey und meyn
glawben daran sterck"[7].

Das ungeklärte Verhältnis liegt meines Erachtens in Luthers Bestreben begründet, die für ihn nie zweifelhafte Realpräsenz aus ihrer Isolierung zu
befreien, das Sakrament des Leibes und Blutes Christi aus seinem An-sich-
Sein hervorzuholen und in den rechten Gebrauch zu stellen. Der rechte Gebrauch aber ist der empfangende Glaube, der sich dem Zusagewort verdankt, das Gottes Geschenk bekannt macht und anbietet. Darum liegt im
Interesse des rechten Gebrauchs alles am Wort, weil ohne das Wort das
Sakrament an sich nicht als mir gegebenes Geschenk glaubend und nur glaubend (ohne Werke) angenommen werden kann. Nur im Glauben an das Wort,
daß Christi Leib "für mich" gegeben sei, kann sein Leib im Abendmahl in
rechter Weise empfangen werden.

Es geht - bei aller Unbetontheit der Realpräsenz - nie um ein reines Ver-
kündigungsgeschehen, dem zur Versicherung noch ein bestätigendes Zeichen beigegeben ist, wobei es letztlich gleichgültig sein könnte, ob dieses
Zeichen Brot und Wein oder Leib und Blut Christi ist, so daß auch bei einer Leugnung der Realpräsenz Luthers reformatorische Erkenntnis des
Abendmahls als Verkündigung der Sündenvergebung und sein eigentliches
religiöses Anliegen durchgehalten werden könnte [8]. Bei aller Betonung
der Verkündigung der Abendmahlsworte als Zentrum der Abendmahlsfeier
bleibt die Gegenwart von Leib und Blut Christi immer im Blick, weil die
Verkündigungsworte nicht nur von der Vergebung der Sünden, sondern
ebenso von dem "Leib zur Vergebung der Sünden gegeben" reden.

Im Kampf um den rechten Sakramentsgebrauch mußte und durfte die Realpräsenz, zumal sie weder von Luther noch von seinen Gegnern jemals als
problematisch empfunden wurde, nicht besonders betont werden. Das ganze Gewicht der Argumentation lag auf dem den Glauben ermöglichenden
Wort. Wie selbstverständlich Luthers Glaube an die Realpräsenz war, zeigt
aber bereits die erste Auseinandersetzung mit den Gegnern einer Realpräsenz in den Jahren 1523 bis 1525, noch vor dem Streit mit den Schweizern.
In diesem Zeitraum werden auch die Weichen für den späteren Streit gestellt und zeigen sich deutlich die Motive, die Luthers uneingeschränktes
Ja zur Realpräsenz bestimmt haben.

---

[7] 10 III 69,21-29; ähnlich auch 19,96,20ff.
[8] K. Jäger, Luthers religiöses Interesse 30; 40; Fr. Graebke, Die Konstruktion 101 Anm.1.

2. Die Infragestellung der Realpräsenz durch C. Hoen

1521 oder 1522 wurde Luther die Abendmahlslehre des Niederländers Corne-
lius Hoen bekannt [1]. Dieser deutete das "est" der Einsetzungsworte als
"significat", d. h.: durch die symbolische Gabe von Brot und Wein im Abendmahl sollte das Kreuzesgeschehen von Golgotha in seiner Heilsbedeutung
dem Sakramentsempfänger zugeteilt werden. Auch die Böhmischen Brüder
wurden als Signifikatisten verdächtigt, zumal sie die Anbetung des Sakramentes ablehnten [2].

In seiner Schrift "Vom Anbeten des Sakramentes des heiligen Leichnams
Christi" (1523) [3] geht Luther auf diese Fragen um das Abendmahl ein und
stellt gleichsam als Überschrift nochmals die Bedeutung der Abendmahlsworte als Inbegriff der Messe heraus. Diese Worte sind mehr zu achten
als das Sakrament an sich [4]. Die rechte Achtung dem Wort gegenüber geschieht aber dort, wo man es "fur eyn lebendig ewig almechtig wort" hält,
"das dich kan lebendig, von allen sunden und todt frey machen und ewig behalten und bringe mit sich alles, was es deutet, nemlich Christum mit
seym fleysch und blutt und alles was er ist und hatt"[5].

Weil der Glaube diese lebendigen und allmächtigen Worte für wahr hält,
kann er sich darauf verlassen und "waget sich drauff ewiglich"[6]. Das heilschaffende Wort der Zusage Gottes gibt dem Glaubenden Gewißheit, festen
Grund und Trost in der Anfechtung. Die Gewißheit aufgrund des klaren und
festen Gotteswortes war ja Luthers zentrale Erkenntnis am Bußsakrament
gewesen. Nun bringt aber dieses Wort im Abendmahl nicht nur Vergebung
der Sünden, sondern ebenso "Christum mit seym fleysch und blutt und alles was er ist und hatt".

Die Leugnung der Realpräsenz, die Umdeutung des "est" in ein "significat",
als "sey schlecht brott und weyn ym sacrament"[7], ist dann ein Frevel an

---

[1] Siehe dazu H. Gollwitzer, Zur Auslegung von Joh 6 bei Luther und Zwingli 244ff; A. Dieckhoff, Die evangelische Abendmahlslehre 276; 292ff; J.
Köstlin, Luthers Theologie I, 395; 415f. Zwingli bekam durch den Brief
Hoens Anregungen für seine Interpretation und veröffentlichte den Brief
1525: CR 91, 512-519.

[2] Siehe die beiden Briefe Luthers an Paul Speratus vom 16.5. (Br 2, 530f)
und 13.6.1522 (Br 2, 599ff).

[3] 11, 431-456.

[4] Wo das nicht geschieht, "wirt bleyben eyn euserlich heuchley gegen den
sacrament mit neygen, bücken, knyen und anbeten on allen geyst und
glawben" (11, 433, 7). Damit wird auch klar, was Luther mit der Gegenüberstellung: Wort und "Sacrament selbs" beabsichtigte: Ohne Achten
auf das Wort bleibt die Realpräsenz eine in sich abgeschlossene Tatsache, kommt es nicht zur Erkenntnis des eigentlichen Sinns der Gegenwart Christi.

[5] 11, 433, 25ff.

[6] 433, 33.

[7] 434, 5.

Christi "hellem, dürrem, klarem" Wort [8], heißt dem Wort Christi eine "Nasen machen"[9].

Der Eingriff in den klaren Wortlaut ist aber nicht nur Auflehnung gegen Gottes Wort, sondern bedeutet eben auch, daß man das Wort verliert, auf das der Glaube sich verlassen kann. Hier wird deutlich, wie für Luther gerade die Betonung des Heil und Gewißheit schaffenden Zusagewortes es nicht zuläßt, die Realpräsenz, von der eben dieses Wort redet, hinwegzuinterpretieren. Die Schrift bezeugt klar das "est", und gegen alle Versuche, es anders zu interpretieren, formuliert Luther sogleich seine grundlegende Interpretationsregel: "Eyn iglich wortt soll man lassen stehen ynn seyner natürlichen bedeuttung und nicht davon lassen, es zwinge denn der glawbe davon"[10]. Daß der Glaube gegen die Gegenwart von Christi Leib und Blut sei, müßte bewiesen werden. Weil es nun aber "der glawb leydet und an keynem ortt wider yhn ist, das das brott Christus leyb ist, soll man das worttlin 'Ist' lassen stehen ynn seynem eygen natürlichen bedeutten und mit nicht davon tretten, ßondern fest halten an gottis wortt"[11].

Die Bestimmung der Messe als Verkündigung der Abendmahlsworte führt Luther dazu, den Wortlaut strengstens zu achten und ihn sich nicht durch Umdeutungen nehmen zu lassen. Das Wort, an das der Glaube als festen Grund sich halten kann, verkündet im ersten Teil die Gegenwart des Leibes und Blutes Christi. Mit der Betonung dieses ersten Teiles des Abendmahlswortes bekommt nun aber auch die Realpräsenz eine andere Zuordnung zur Zusage der Sündenvergebung. Jetzt heißt es nicht mehr, die Realpräsenz sei Siegel für das Testament - davon ist hier nicht mehr die Rede [12] -, sondern die Realpräsenz ist mit ein Inhalt des Wortes. Die Worte legen mir den "Leib zur Vergebung der Sünden" vor. Der Glaube hält sich an das Wort und glaubt, daß der Leib "mir gegeben" ist.

Diese durch die Bestreitung der Realpräsenz ausgelöste Klarstellung schlägt sich auch sogleich in den Abendmahlspredigten vom Gründonnerstag 1523 [13] und Palmsonntag/Gründonnerstag 1524 [14] nieder. Noch steht im Hintergrund das Schema: Wort und bestätigendes Zeichen, aber es wird zunehmend abgelöst durch die Gegenüberstellung: Glaube an die Realpräsenz und Glaube an die Realpräsenz für mich [15]. Der Glaube, daß Christus gegenwärtig

[8] 435,7; 434,21; 438,21; 450,19.
[9] 434,24.
[10] 436,21f.
[11] 437,8-11.
[12] Es fällt auf, "daß die Theorie von der Vorgebungszusage als dem Testament Christi, die seit 1520 die ganze Konstruktion der Abendmahlslehre beherrscht hatte, hier vollständig verschwunden ist" (Fr. Graebke, Die Konstruktion 53).
[13] 12,476-493.
[14] 15,481-506.
[15] Vor allem in der Überlieferungsform B der Predigt von 1523 zeigt sich dieser Fortschritt gegenüber der Fassung A: Vgl. etwa 12,480 A,8 mit B,20ff; 482 A,1f mit B,5ff; 483 A,1ff mit B,7ff.

ist, ist leicht, bringt aber noch keinen Nutzen, ist noch nicht der rechte Gebrauch, weil damit noch nicht erkannt wird, warum Christus da ist [16]. "Wann aber der glawb kompt, wilcher das wort fasset, und spricht 'Die wort hat Christus gesagt und ich glaub, das es war sey, unnd will drauff sterben und bin gewiss und sicher, das er da ist, das er mir gegeben und mein ist ...' Das ist gar mechtig weyt von yhenem glauben, denn ihener gibt dir nichts, dieser aber gibt dir unnd bringt dir, wie du glewbist, alle den schatz, davon die wort sagen"[17].

Das erst ist der rechte, heilschaffende Gebrauch des Sakramentes. Denn Christus spricht nicht: "Sihe da ists, da ligt es, sundern also sagt er: Nym hin, es sol deyn seyn"[18].

Weil das Wort den Leib Christi für mich bringt, mir zu eigen gibt, kann das Abendmahl, wo es im Glauben an das "für euch" empfangen wird, zum Trost werden. "Wenn ich glaube das sein leyb und blut mein ist, so hab ich den herren Christum gantz und alles, was er vermag, das mein hertz frolich und trotzig wirt, syntemal ich mich nit verlasse uff meine frumkeit, sundern uff das unschuldige blut unnd den reynen leib, den ich da neme"[19]. Jetzt sind Leib und Blut nicht mehr vergewissernde Zeichen, die dem Wort zur Bekräftigung beigegeben sind, sondern das Wort bringt Leib und Blut Christi mir zu eigen und macht sie so zu "Zeichen und Versicherung"[20], daß alles, was Christus hat, mein eigen wird [21]. Darauf kann man den Anfechtungen des Teufels gegenüber trotzig verweisen [22].

Sogleich bei der ersten Auseinandersetzung Luthers mit Gegnern einer Realpräsenz zeigt sich deutlich, daß diese für ihn ein unaufgebbares Gut ist, gerade der Wörtlichkeit der Abendmahlsworte wegen. Solange es nur um den rechten Gebrauch ging, konnte es den Anschein haben, als spiele die Realpräsenz keine große Rolle. Dieser Eindruck konnte aber nur entstehen, weil Luther, um die Realpräsenz aus ihrer isolierten Betrachtung zu reißen, mit allem Nachdruck auf das den Glauben fordernde Wort hinweisen mußte. Sobald die Realpräsenz geleugnet wurde, mußte er sie gerade im Interesse des Wortes mit allem Nachdruck verteidigen. Dabei fand auch das Verhältnis von Wort der Vergebung und gegenwärtigem Leib Christi eine Klärung: Der Leib Christi ist nicht mehr nur Zeichen des Wortes, sondern das Wort selbst bringt den "Leib zur Vergebung" für mich [23].

---

[16] 12, 477ff.
[17] 480 B, 20ff.
[18] 483 B, 12ff; vgl. auch 15, 494, 25ff.
[19] 12, 486 B, 15.
[20] 487 B, 2.
[21] 485ff.
[22] 15, 496; ebenso 12, 482.
[23] Fr. Graebke, Die Konstruktion 53: "Leib und Blut sind hier also nicht mehr als gewißmachende Zeichen gefaßt, die die Glaubwürdigkeit des Wortes unterstützen sollen, sondern sie gehören jetzt zum Inhalt der sakramentalen Gaben, die durch das Wort ausgeteilt werden".

3. Der Streit Luthers mit Karlstadt

Noch maßgeblicher als die Ablehnung der Realpräsenz durch Hoen und durch die Böhmischen Brüder war für die Ausbildung von Luthers Abendmahlstheologie die Leugnung der sakramentalen Gegenwart Christi durch Andreas von Bodenstein, genannt Karlstadt. Daß Luther im Streit um das Abendmahl zunächst auf ihn traf, hatte weitreichende Bedeutung für die Auseinandersetzung mit Zwingli und Ökolampad. Denn im Streit mit Karlstadt ging es nicht mehr nur um die Leugnung der Realpräsenz, nicht nur um eine unterschiedliche Auslegung der Abendmahlsworte, sondern hier traf Luther auf eine Rechtfertigungslehre und Heilsordnung, die seiner reformatorischen Erkenntnis diametral entgegenstand, ja die er in gewisser Weise in seiner frühen Periode vertreten, dann aber überwunden hatte.
In Karlstadts "schwärmerischen Mystizismus"[1] sah Luther seine grundlegende Erkenntnis vom gnadenhaften Handeln Gottes im äußeren Wort und Sakrament, dem der Glaube des Menschen korrespondiert, in Gefahr. Zeitlebens bleibt für ihn die Leugnung der Realpräsenz durch Zwingli eine Folge eben dieses Schwärmertums, weil er diesen immer an den "Rockschößen Karlstadts" hängen sah [2].

a) Die grundlegende Differenz im Verständnis der Heilsordnung

Karlstadts Theologie und Lehre vom Abendmahl braucht hier nicht eingehend dargestellt zu werden [3], ebenso braucht nicht untersucht zu werden, inwieweit Luther diesem gerecht wurde. In unserem Zusammenhang ist allein von Bedeutung, wie Luther Karlstadts Position sah und beurteilte.

Kennzeichend für Karlstadt - wie auch für Zwingli [4] - ist deren Spiritualismus, der in Aufnahme neuplatonisch-humanistischer Tendenzen den biblischen Gegensatz Fleisch - Geist als philosophischen Dualismus betrachtet: Fleisch und Geist, Leib und Seele, Äußeres und Inneres stehen sich gegenüber. Auf diesem Hintergrund entfaltet sich Karlstadts Heilslehre: Gott

---

[1] Fr. Graebke, Die Konstruktion 86. Zum Begriff "Schwärmer" siehe vor allem W. Maurer, Luther und die Schwärmer 11.
[2] W. Koehler, Das Marburger Religionsgespräch 18; ebenso W. Maurer, aaO. 12; Fr. Kriechbaum, Grundzüge der Theologie Karlstadts 113 Anm. 21; Fr. Graebke, Die Konstruktion 86.
[3] Dazu sei auf folgende Literatur verwiesen, auf die sich auch das folgende Referat zu Karlstadts Lehre stützt: Fr. Kriechbaum, Grundzüge der Theologie Karlstadts; A. Dieckhoff, Die evangelische Abendmahlslehre 299-351; W. Maurer, Luther und die Schwärmer; R. Prenter, Spiritus Creator 252ff; Fr. Graebke, Die Konstruktion 89ff; J. Köstlin, Luthers Theologie I, 390ff; 397ff; K. H. zur Mühlen, Nos extra nos 244ff.
[4] Vgl. H. Gollwitzer, Zur Auslegung von Joh 6 bei Luther und Zwingli 150ff.

wirkt sein Heil in der Unmittelbarkeit des Hl. Geistes, der nicht über das
äußere Wort oder Sakrament, sondern unvermittelt im Herzen des Menschen sein Werk schafft. Durch eine innere Erleuchtung, durch die himmlische Stimme [5], nicht durch das Hören des Wortes Gottes in menschlicher
Verkündigung, durch das innere, ungeschaffene, nicht das äußere, geschaffene Wort kommt Gott zum Menschen und weiß der Mensch um die Gnade Gottes.

Für die innere Erleuchtung aber muß der Mensch sich bereiten durch Abtötung des alten Menschen [6], durch "entgröbung, studirung, verwunderunge,
langweyl"[7], wie Karlstadt in Aufnahme mystischer Begrifflichkeit formuliert. Erst wer den Weg der Abtötung durchschritten hat, ist fähig für die
Aufnahme des Hl. Geistes, steht in der Verbindung mit Gott. Die Gewißheit über die Gnade Gottes kommt nicht durch ein von außen zugesagtes
Wort, sondern nur aus der nicht faßbaren inneren Erleuchtung. Weil Gottes Geist in der Inwendigkeit handelt, ist alles Äußere, wie Wort und Sakrament, gering zu achten[8].

Durch die Abtötung muß der Mensch in die Inwendigkeit hinein. Das ermöglicht vor allem der Blick auf Christus als unser Exempel. Der Nachvoll-
zug seines Kreuzes ist der Weg zur Abtötung. Glaube ist somit nicht emp-
fangendes Ergreifen der Heilstat Christi für uns in deren Zusage im Wort,
sondern imitatio Christi. Das Abendmahl ist deshalb für Karlstadt auch nicht
die Verkündigung der Sündenvergebung oder das Essen von Christi gegenwärtigem Leib und Blut. Beides lehnt er als äußerlich ab [9]. Das Abendmahl wird ihm zu einem Gedächtnis des Kreuzes Christi, zu einem Ort, an
dem die wahrhaft Glaubenden Christus geistlich essen, indem sie seiner
Hingabe gedenken und sein Kreuz in sich nachbilden. Dies muß schon vor
dem Abendmahl geschehen, so daß das Sakrament selbst, das Essen von
Brot und Wein, zu einem Erkennungszeichen der wahren Christusjünger wird.

Diese "mystische Erlösungslehre"[10] hat manche Ähnlichkeit mit Luthers
früherer Humilitastheologie. Der Demütige und der Erniedrigte, der Christi Exempel in seinem Leben nachbildet - auch die Messe sollte ja zu dieser Nachbildung führen [11] -, erfährt in seinem Inneren das "Einraunen"
des Hl. Geistes in der Hoffnung auf Gottes Bund, dem Demütigen, Erniedrig-

---

[5]   18,137,8.
[6]   18,139,14.
[7]   138,13.
[8]   136,33: "Der geyst, der geyst, der geyst mus es ynnwendig thun, Sollt
      myr brod und weyn helffen? Sollt das hauchen uber das brot Christum
      yns Sacrament bringen? Neyn, Neyn, man mus Christus fleysch geyst-
      lich essen".
[9]   136,30: "Ach wie hönisch und spöttisch schlegt er das ynn wind und will
      zuvor hyneyn ynn den geyst". 25,157: "Sacramentarii errant... quod
      dicunt: Nulla externa res prodest ad salutem".
[10] A. Dieckhoff, Die evangelische Abendmahlslehre 323.
[11] Siehe oben Seite 64ff.

ten und Christus-Gleichen sein Heil zu schenken. Freilich, und darin zeigt sich ein fundamentaler Unterschied zu Karlstadts Position, Erniedrigung und Abtötung waren für Luther nicht menschliches Werk, sondern Ergebnis des Gerichts- und Kreuzeswortes Gottes. Doch hatte Luther seine frühere Position gerade durch die Entdeckung des wörtlichen, äußeren Heilszuspruchs Gottes überwunden. Das Bußsakrament und das Abendmahl wurden für ihn Orte, an denen Gottes Heil und Gewißheit schaffendes Wort in aller Öffentlichkeit, Äußerlichkeit und Greifbarkeit ergeht. Darum mußte ihm Karlstadts Heilsordnung gerade als Umkehrung der von ihm erkannten Heilsordnung Gottes erscheinen [12]. Die Auseinandersetzung mit Karlstadts Leugnung der Realpräsenz beginnt Luther deshalb in der Schrift "Wider die himmlischen Propheten" mit dem Aufweis der Grunddifferenz in der Heilslehre [13]. Seine eigene Position beschreibt Luther so:

> "So nu Gott seyn heyliges Euangelion hat auslassen gehen, handelt er mit uns auff zweyerley weyse. Eyn mal eusserlich, das ander mal ynnerlich. Eusserlich handelt er mit uns durchs mündliche wort des Euangelii und durch leypliche zeychen, alls do ist Tauffe und Sacrament. Ynnerlich handelt er mit uns durch den heyligen geyst und glauben sampt andern gaben. Aber das alles, der massen und der ordenung, das die eusserlichen stucke sollen und müssen vorgehen. Und die ynnerlichen hernach und durch die eusserlichen komen, also das ers beschlossen hat, keinem menschen die ynnerlichen stuck zu geben on durch die eusserlichen stucke. Denn er will niemant den geyst noch glauben geben on das eusserliche wort und zeychen, so er dazu eyngesetzt hat"[14].

Karlstadt aber kehrt "diesen orden" um [15], schlägt das äußere Wort in den Wind, "will zuvor hyneyn ynn den geyst"[16], weil "er das eusserlich wort nichts achtet und gar nicht will haben zum vorlaufft des geysts"[17]. Damit aber zerstört er "beyde brucken, steg und weg, leytter und alles..., dadurch der geyst zu dyr kommen soll, nemlich, die eusserlichen ordnung Gotts ynn der leyplichen tauffe zeychen und mündlichen wort Gottes und will dich leren, nicht wie der geyst zu dyr, sondern wie du zum geyst komen sollt"[18]. Denn anstatt das Kommen des Geistes im äußeren Wort und Zeichen glaubend anzunehmen, verlangt Karlstadt die Werke der Entgröberung, Studierung, Verwunderung und Langeweile [19]. Er macht aus dem

---

[12] Vgl. dazu außer der angegebenen Literatur auch H. Bornkamm, Das Wort Gottes bei Luther 9-18, bes. 12ff.

[13] 18,135-139. Vgl. dazu auch die Parallele in der "Vorlesung über das Deuteronomium": 14,681f.

[14] 18,136,9-18.

[15] 136,28.

[16] 136,31.

[17] 185,26.

[18] 137,13-16.

[19] 138,13.

Geschenk des Abendmahles, "da Christus spricht: 'Meyn blut wird vergossen fur euch zur vergebung der sünde etc.', wilche on zweyffel alleyne mit dem glauben gefasset, erlanget und behallten werden"[20], ein Werk des Gedenkens [21]. Aus den austeilenden und verheißenden Abendmahlsworten wird in Karlstadts Exegese das Gebot, Christi zu gedenken, ihm als Exempel nachzufolgen [22]: "Er weys aber und leret Christum nicht, wie er unser schatz und Gottes geschenke ist, daraus der glaube folget, wilchs das höhest stuck ist... Und fellet also widderumb feyn vom glauben auff die werck, Das seyne lere und kunst... endlich widder dahyn will, das der frey wille sey etwas ynn Gottes sachen und guten wercken"[23].

Von solchem menschlich erwirkten Gedächtnis erwartet er in frevelhafter Verkehrung der Ordnung Gottes die Rechtfertigung [24]. Doch bevor man Christus in der Abtötung nachfolgen kann, muß man ihn "durch den glauben ym hertzen als eynen ewigen schatz" haben. "Den selben krigt man aber nicht durch werck... sondern durch hören des Euangelion"[25]. Nur auf diesem Weg, nur in der richtigen geistlichen Erkenntnis, die der Geist durch das äußere Wort in uns wirkt, gibt es die Gewißheit, "Christus sey für mich gegeben"[26]. Karlstadts menschlich-fleischliche Andacht bringt aber keine Gewißheit [27], "er lügt und trügt dich"[28], seine Lehre vom Gedächtnis im Abendmahl hilft nicht dem "blöden Gewissen"[29], weil sie keine Gewißheit über den Erfolg des Bedenkens aufweisen kann: "Das erkenntnis aber hilfft, wenn ich nicht zweyfel, sondern mit rechtem glauben feste hallte, das Christus leyb und blut sey fur mich, fur mich, fur mich (sage ich) gegeben, meyne sünde zuvertilgen, wie die wort ym Sacrament lautten 'Das ist der leyb, der fur euch gegeben wird'. Durch dis erkentnis werden fröliche, freye und sichere gewissen"[30].

---

[20] 138,23ff.
[21] 18,138,10ff; 196,7ff; 14,682,18: "nova larva operum".
[22] 18,196,1ff.
[23] 197,1-7.
[24] 197,13: "Das ist aber noch erger und toller, das er solchem gedechtnis gibt die macht, das es rechtfertige wie der glaube". H. Gollwitzer, Luthers Abendmahlslehre 95: "Indem Karlstadt an die Stelle des Gnadenmittels den das Leiden Christi sich selbst applizierenden Menschen setzte, führte er, in der Tradition der mittelalterlichen imitatio-Frömmigkeit wandelnd, die eben entfernte Werkerei wieder ein."
[25] 18,139,18ff; vgl. auch 14,681.
[26] 18,198,10.
[27] 198,5-17.
[28] 18,195ff.
[29] 195,29.
[30] 195,35ff.

b) Der Streit um das Abendmahl

Karlstadts frevelhafte Verkehrung der göttlichen Heilsordnung setzt an die
Stelle von Gottes mittelbarem, über äußere Worte und Zeichen von außen
her ergehendem Gnadenhandeln das unmittelbare Handeln Gottes in uns:
das aber in der Weise, daß nicht Gott den Anfang macht durch Wort und
Zeichen, in denen der Glaube dem unverdienten Geschenk Gottes begegnet
und es annimmt, sondern so, daß der Mensch den Anfang machen muß
durch Werke der Abtötung, denen dann die Eingießung der Gnade folgt, ohne
durch ein äußeres Wort vergewissert zu sein. So wird aus dem Evangelium
von Gottes gnadenhaftem Handeln an uns wieder ein Gesetz menschlicher
Selbstrechtfertigung durch Werke [31]. In dieser Heilslehre hat das Abendmahl keinen Platz, weder die Realpräsenz an sich, noch der heilsame, Vergebung schenkende Empfang von Christi Leib und Blut. Deshalb muß Karlstadt eine Exegesse der Abendmahlsworte bieten, die beides ausschließt [32].

aa) Die Leugnung der Realpräsenz

Er tut dies bekanntlich, indem er den Satz "Das ist mein Leib" aus dem
Zusammenhang der Einsetzungsberichte nimmt, das "Das" auf Jesus am
Abendmahlstisch deutet, so daß sich als Sinn der Abendmahlsworte ergibt:
Nehmet und esset (das Brot): Das Tut zu meinem Gedächtnis! Objekt des
Gedächtnisses aber sei "der Leib, der für euch gegeben wird". Damit ist
die Realpräsenz Christi in Brot und Wein abgelehnt, wie auch das Bedenken
des Kreuzes Christi als der Sinn der Abendmahlsfeier herausgestellt.

Luther kann einen solchen gewaltsamen Eingriff in die "hellen, dürren und
klaren" Worte und ihren klaren Zusammenhang nur als mutwilliges "her-
auszwacken"[33], als "beugen, reyssen und martern" der Schriftworte ver-

---

[31] "Dieser Gegensatz zwischen einer theozentrisch-evangelischen und einer anthropozentrisch-nomistischen Gesamtschau ist das, was Luther
meint, wenn er sagt, die Schwärmer kehrten im rechten ordo Christianae vitae 'das unterste zu oberst'. Von diesem entscheidenden Gegensatz aus müssen alle anderen Streitpunkte zwischen Luther und den
Schwärmern gesehen werden... Mit genialer Sicherheit hat Luther diesen Punkt als den Ursprung alles enthusiastischen Redens vom Geist
getroffen. Dieser Enthusiasmus machte ja den Geist zur Krone der Ge-
setzesfrömmigkeit und zum Lohn für die Vollkommenen, statt in ihm
den Quellort des Evangeliums und den Trost der Armen zu erkennen"
(R. Prenter, Spiritus Creator 253). Vgl. dazu auch E. Metzke, Sakrament und Metaphysik 169-180.
[32] So A. Dieckhoff, Die evangelische Abendmahlslehre 336. Dort werden
auch 336-351 die Argumente Karlstadts ausführlich dargestellt. Für
Luthers Schilderung der Exegese Karlstadts siehe 18, 144-164.
[33] 145, 3: "Ist das nicht eyn toll küner geyst, der Gott so frech ynn seyne
wort greyfft und eraus zwacket, was yhm gefellet?"

stehen [34], in dem sich nochmals die grundsätzliche Ablehnung des äußeren Wortes als Mittel des Heilshandelns Gottes dokumentiert [35].

Karlstadt stellt sich für ihn mit seinem "Eigendünkel", mit seiner natürlichen Vernunft über die Schrift [36], trägt seine Gedanken in die Schrift hinein, "bezaubert"[37] so die Worte Gottes und macht ihnen "eine Nase"[38]. Luther entfaltet in seiner Gegenargumentation keine Systematik der Abendmahlslehre, sondern er beweist immer wieder aufs Neue, die einzelnen Argumente Karlstadts aufgreifend, daß dessen Exegese unbegründet und unhaltbar ist, daß eine der "natürlichen Sprache und Rede"[39] folgende Exegese der synoptischen und paulinischen Einsetzungsberichte, sowie von 1 Kor 10,16 und 11,27ff, nichts anderes zuläßt als die Gegenwart von Christi Leib und Blut im Brot und Wein [40], wobei die Frage nach Art und Weise dieser Gegenwart offenbleiben kann [41]. Weder Karlstadts Exegese noch die Einwände gegen die Möglichkeit einer Realpräsenz von "Frau Hulden der klugen Vernunft" her [42] können gegen den klaren Text aufkommen. Auf die Argumente Luthers braucht hier nicht eingegangen zu werden, sie wiederholen sich im Streit mit den Schweizern. Hier ist es wichtig zu sehen, in welchem systematischen Zusammenhang die Leugnung der Realpräsenz durch Karlstadt sowie deren unverrückbare Behauptung durch Luther stehen.

Karlstadts Exegese ist ein eigenmächtiges Eingreifen in den Text, weil eine Vorentscheidung vor aller Exegese die Realpräsenz nicht zuläßt und zudem dem äußeren Wort, sowohl in seiner soteriologischen Funktion als Heilsmittel wie auch - in enger Verschränkung damit - in seiner noetischen Funktion als Grundlage aller Glaubensaussagen, keine Bedeutung beigemessen wird. Das aber mußte Luther als frevelhafter Versuch erscheinen, dem in Gottes Dienst stehenden Abendmahlswort mit "Sophisterei" seine Gültigkeit zu nehmen, das Wort sowohl als Weg Gottes zu den Menschen, wie auch als Grundlegung jeder Glaubensaussage außer acht zu lassen. Daher Luthers Pochen auf den klaren Text, denn "wo die heylige schrifft ettwas

---

[34] 143,3.
[35] 166,24: "Aber es ist des geists art, wie ich gesagt habe: Am eusserlichen wort Gotts und zeychen ligt yhm nichts, das greyfft er frisch an und machts da mit, wie er will".
[36] 142ff.
[37] 144,4.
[38] 169,10.
[39] 151,9; 159,13.
[40] 151ff; 164-180.
[41] 206,20: "Uns ist nicht befolhen zu forschen, wie es zugehe, das unser brod Christus leyb wird und sey, Gottes wort ist da, das sagts, da bleyben wyr bey und gleubens". Ebenso 166,10ff.
[42] So die Überschrift über den zweiten Teil der Widerlegung Karlstadts (18,182ff), in dem dessen Argumente, Realpräsenz sei gegen den Glauben, aufgegriffen werden.

gründet zu gleuben, da soll man nicht weichen von den worten, wie sie lautten, noch von der ordnunge, wie sie da stehet, Es zwinge denn eyn ausge-
druckter artickel des glaubens, die wort anders zu deutten odder zu ordenen.
Was wollt sonst die Bibel werden"? [43]

Der Glaube kann sich nicht auf ungewisse, zweifelhaft ausgelegte Worte gründen, nicht auf hübsche Allegorien, die oft fehlgehen, weil sie gefährlich
"mit Gottes worten spielen"[44]. Vielmehr muß der Glaube "gewiß seyn und. .
helle dürre sprüche und gantze deutliche wort aus der schrifft zu seym grunde haben"[45]. Darum ist "die natürliche sprache. . . fraw Keyseryn, die
geht uber alle subtile, spitzige, sophistische tichtunge, Von der mus man
nicht weychen, Es zwinge denn eyn offenberlicher artickel des glaubens"[46].

bb) Die Leugnung der Sündenvergebung im Abendmahl

Karlstadts Verachtung des äußerlichen Wortes hebt das Sakrament ganz und
gar auf, nicht nur die Realpräsenz, sondern auch die Frucht des Sakramentes: die Vergebung der Sünden. Er kann es nicht verstehen, daß Luther lehrt:
"Wem seyn gewissen schweer ist von sünden, solle zum Sacrament gehen
und da trost und vergebunge der sunden holen"[47]. Das kann er nur ver-
lachen: "O yhr falschen propheten, yhr verheysst den leuten Gotts reich
umb eyn stuck brods. Ich weys, das yhr durch ewer heymlich hauchen und
zisschen, das brod nicht besser macht, warumb sagt yhr denn, das sünde
vergeben künde, wenn yhr drüber geblasen habt?"[48]

Luthers Antwort auf diesen Einwurf gehört mit zum Wichtigsten seiner
Schrift gegen Karlstadt. Sie zeigt auch, wie er das Zueinander von Realpräsenz und Vergebung sieht und wie der gläubige Genuß des Sakraments
zu verstehen ist. Er wehrt sich zunächst gegen das "Zischen" und daß es
"unser" Zischen sei, vielmehr ist es so, daß wir "die göttliche, allmechtige, hymlische, heylige wort sprechen, die Christus ym abentmal mit seynem heyligen munde selbst sprach und zu sprechen befalh"[49]. Weil es
Wort Gottes ist, ist jede Verachtung dessen Gotteslästerung. Das Wort ist
es, das nicht nur Leib und Blut Christi im Abendmahl gegenwärtig macht,
sondern den Leib und das Blut Christi überhaupt erst dem Empfänger übereignet:

> "Das ist aber unser lere, das brod und weyn nichts helffe, Ja auch

---

[43] 147,23ff.
[44] Siehe dazu die Ausführungen Luthers über die Gefährlichkeit allegori-
     scher Auslegung: 18,178ff.
[45] 18,150,7.
[46] 180,17f.
[47] 200,21f.
[48] 200,23ff; vgl. auch 136,33.
[49] 202,8ff.

der leyb und blut ym brod und weyn nichts helffe... Es mus alles noch eyn anders da seyn. Was denn? Das wort, das wort, das wort, hörestu du lugen geyst auch, das wort thuts, Denn ob Christus tausentmal fur uns gegeben und gecreutzigt würde, were es alles umb sonst, wenn nicht das wort Gottes keme, und teylets aus und schenket myrs und spreche, das soll deyn seyn, nym hyn und habe dyrs. "

[50]

Das Wort muß das, wovon es redet, als Geschenk übereignen. Darin liegt gerade Karlstadts Irrtum, daß er glaubt, mit Gedächtnis und Erkenntnis Christi zum Ziel zu kommen. Doch er kommt damit nur bis vor den Schatz hin. Der Schatz selbst aber wird mir "nymer mehr geöffenet, gegeben und zubracht und ynn meyne gewallt uberantwortet"[51], weil "keyn geschenke odder Gottes wort" da ist, "das myr Christus leyb und blut darböte und gebe"[52]. Mit noch so schönen Aufrufen zum Gedächtnis kommt Karlstadt nur bis vor den Schatz hin, aber "er gibts nicht, thuts nicht auff und lesst es nicht unser eygen seyn. Ja mit solchen prechtigen worten will er uns das wort vertunckeln, das uns solchen schatz gibt"[53].

Weil das Wort im Sakrament den für mich gegebenen Leib mir zu eigen macht, gibt es auch im Sakrament Vergebung. Sie ist zwar am Kreuz erworben, ausgeteilt aber wird sie im Sakrament durchs Wort wie auch im Evangelium.

"Will ich nu meyne sunde vergeben haben, so mus ich nicht zum creutze lauffen, denn da finde ich sie noch nicht ausgeteylet, Ich mus mich auch nicht zum gedechtnis und erkentnis hallten des leydens Christi..., denn da finde ich sie auch nicht, sondern zum Sacrament odder Euangelio, da finde ich das wort, das mir solche erworbene vergebunge am creutz, austeilet, schenckt, darbeut und gibt"[54].

Die Parallelisierung "Sakrament oder Evangelium" und der Hinweis, daß bei beiden die Vergebung durch das Wort ausgeteilt wird, könnte bei einer isolierten Betrachtung der Stelle die Deutung nahelegen: Vergebung geschehe allein durch das Wort, die Bedeutung der Realpräsenz sei nicht ersichtlich, wenn nicht gar überflüssig [55]. Aber Luther fährt im obigen Text klar

---

[50] 202,32ff.
[51] 203,12.
[52] 203,6.
[53] 203,21ff.
[54] 203,39ff.
[55] So P. Althaus, Die Theologie Luthers 322; H. Graß, Die Abendmahlslehre 36; K. Jäger, Luthers religiöses Interesse 40; S. Hausammann, Realpräsenz in Luthers Abendmahlslehre 164f; Vorsichtiger A. Dieckhoff, Die evangelische Abendmahlslehre 381f, und Fr. Graebke, Die Konstruktion 55ff. Wenn Althaus sagt: "Es geht nicht um die Gegenwart von Leib und Blut als solche, sondern um die im Wort geschehene Darbietung von

weiter: Trost und Vergebung im Sakrament erhält man "nicht am brod und weyn, nicht am leybe und blut Christi, sondern am wort, das ym Sacrament myr den leyb und blut Christi alls fur mich gegeben und vergossen darbeut, schenckt und gibt"[56]. "Nicht am Leib und Blut" kann hier, wie schon in den Predigten vergangener Jahre, nur heißen: die Gegenwart von Leib und Blut Christi an sich, ohne Zuteilung durch das Wort, das erst den heilsamen Empfang des Glaubenden ermöglicht, da nur der Glaube das "für euch", Leib und Blut als Geschenk, begreifen kann. Der Glaube allein kann festhalten, "das Christus leyb und blut sey fur mich, fur mich, fur mich (sage ich) gegeben, meyne sünde zuvertilgen, wie die wort ym Sacrament lautten"[57].

Leib und Blut Christi im Abendmahl sind dieselben wie am Kreuz [58], wo die Vergebung erworben wurde, die jetzt ausgeteilt werden soll durch eben diesen Leib und dieses Blut. "Weyl nu allen die noch sunde haben, die zuvergeben sind, der leyb und blut Christi not ist, So ists noch ymer war, das er fur sie gegeben wird"[59]. Obgleich Christi Leib am Kreuz gegeben wurde zum Erwerb der Vergebung, das aber um der Austeilung willen geschah [60], gilt auch jetzt noch, daß er gegeben werde, weil nur in der Austeilung der Erwerb an sein Ziel kommt. "Es ist gnug, das dasselbige blut ist. Denn myr wirds vergossen, wenn myrs ausgeteylet und zugeteylet wird, das fur mich vergossen sey, wilchs noch teglich gehet und gehen mus"[61]. "Denn solchs brod und leyb brechen geschehe und sey eyngesetzt, das uns zu nutz kome uns von sünden erlöse, Denn Christus hat die krafft und macht seynes leydens yns Sacrament gelegt, das mans daselbst soll holen und finden"[62].

Betrachtet man Luthers Argumentation im Zusammenhang und auf dem Hintergrund der Polemik Karlstadts, isoliert also nicht einzelne Aussagen, so kann Luther hier nur so verstanden werden: Das Wort, das Gottes Wort ist, bringt Leib und Blut Christi ins Sakrament und teilt sie aus, übereignet sie dem glaubenden Empfänger zu seinem Heil, zur Vergebung seiner Sünden,

---

Leib und Blut als für mich am Kreuz dahingegeben. Das Kreuz steht also im Mittelpunkt, es liegt an dem für uns in den Tod gegebenen Leib", so ist dieses Urteil im Blick auf Stellen wie 18,200,13ff (s. unten Anm. 62), 205,16f (Anm. 59) und 207,12ff (Anm. 64) nicht zu halten. Auch H. Graß, aaO. 91, sieht hier noch die "Entbehrlichkeit der Realpräsenz" konstatiert.

[56] 18,204,6.
[57] 195,36ff.
[58] 205,6ff.
[59] 205,16f.
[60] 205,20: "... wie es alles umb das austeylen zuthun ist, und Christus die erwerbung umb der austeylung willen gethan, und ynn die austeylunge gelegt hat".
[61] 205,25ff.
[62] 200,13ff.

weil es Leib und Blut dessen ist, der am Kreuz die Vergebung der Sünden erworben hat.

Natürlich liegt bei diesem Vorgang alles am Wort, weil ohne es die Realpräsenz in sich bliebe, nicht zu ihrem Ziel käme, weil sie nicht übereignet würde. Auch durch die Verkündigung des Evangeliums wird die Vergebung der Sünden zugesagt. Im Abendmahl jedoch geschieht das durch das Zueinander von Wort und Leib Christi, weil das Wort "ym Sacrament myr den leyb und blut Christi alls fur mich gegeben und vergossen darbeut, schenckt und gibt"[63]. Luther kann sogar den Kelch (früher nur das Siegel) selbst mit dem Testament gleichsetzen: "Denn wer den Kilch also empfehet, das er da Christus blut, das fur uns vergossen ist, empfehet, der empfehet das newe Testament, das ist, vergebunge der sunden und ewigs leben"[64].

Die hier gefundene Zuordnung von Wort und Leib und Blut Christi bestimmt auch die gleichzeitigen Sakramentspredigten der Karwoche 1525 [65]: Die Abendmahlsworte bekunden ein Doppeltes: "quod corpus sit in pane" und "quod traditur pro nobis"[66]. Dabei wird wieder betont, daß zwar das Wort ohne Zeichen, niemals aber das Zeichen ohne das Wort in rechter Weise empfangen werden kann. Leib und Blut Christi sind jetzt aber nicht mehr Zeichen für die Richtigkeit des Wortes, sondern für Gottes Wohlwollen [67].

Der Glaube an die Realpräsenz an sich ist "fides historica" [68], den auch die impii, der Teufel und der Papst haben [69]. Wichtiger aber ist der Glaube an das pro me, der Glaube, einer von jenen Menschen zu sein, für die der Leib Christi gegeben ist [70]. Denn nur in diesem Glauben an das zu-

---

[63] 204, 7; Weil alles am Wort liegt, wäre auch Vergebung der Sünden im Abendmahl aufgrund der Abendmahlsworte, selbst wenn diese nicht Christi Leib und Blut brächten: "Denn wo gleich eytel brod und weyn da were, wie sie sagen, so aber doch das wort da were 'Nemet hyn, das ist mein leib fur euch gegeben' etc. , so were doch desselben worts halben ym Sacrament vergebunge der sunden" (204, 15ff). Diese Stelle läßt sich nicht dafür anführen, daß für Luther die Realpräsenz noch unwichtig sei (so P. Althaus, aaO. 322; H. Graß, aaO. 36). Luther nimmt hypothetisch das Fehlen der Realpräsenz an, um Karlstadt zu zeigen, daß auch dann Vergebung im Abendmahl wäre, was Karlstadt ja grundsätzlich bestritt (18, 200, 22ff).
[64] 207, 12ff.
[65] 17 I 170-177.
[66] 17 I 171, 9; ebenso 173, 10; 174, 1ff; 176, 12.
[67] 17 I 171, 26: "Sic debes panem et vinum accipere pro signo, quod bene (sc. deus) tibi velit". 31ff: Man muß glauben, "quod signum sit, quod tibi deus dat, et non dubites deum tibi non irasci, imo esse bene volentem, ideo dat tibi per sacerdotem".
[68] 17 I 175, 17.
[69] 174, 4ff.
[70] 174ff.

teilende Wort wird Christi Leib mein eigen, mir näher als selbst mein eigener Leib, den Gott "mir nicht ein augenblick zugesagt" hat [71]. "Corpus
autem et sanguinem Christi certissime habeo per verbum dei: Hoc est corpus meum, quod pro vobis"[72]. Weil Christi Leib mein eigen wird, werde
ich ein "Kuchen" mit ihm, kommt es zum "fröhlichen Wechsel", weil Christus mit allem, was er ist, in mir ist und in mir bleibt [73]. "Quare omnes
necesse est ut accessuri 1. credant ibi vere sumentibus dari corpus et
sanguinem Christi. 2. quod pro te traditum corpus, pro te effusus sanguis,
imo totus Christus tibi exhibetur"[74].

c) Die Bedeutung des Streites

Die Bedeutung des Streites mit Karlstadt über die Realpräsenz kann nicht
hoch genug veranschlagt werden. Fr. Graebke hat darauf in seiner Untersuchung "Die Konstruktion der Abendmahlslehre Luthers" in aller Deutlichkeit hingewiesen und festgestellt, daß Luther hier den entscheidensten
Schritt "zu einer durchgreifenden Änderung der Konstruktion seiner Abendmahlslehre" getan hat [75]. "Während Leib und Blut früher nur ein signum
der res waren, diese selbst im Wort vorhanden war, sind sie nunmehr zum
Vehikel der res geworden, die jetzt durch Vermittlung dessen empfangen
wird, das früher nur als ihr signum fungierte. Leib und Blut haben statt
einer nur signifikativen jetzt eine instrumentale Bedeutung für den Aneig-
nungsakt der Vergebung im Abendmahl erlangt"[76].

Graebkes Erklärung für diese Änderung ist aber nicht haltbar. Er sieht
zwar richtig, daß für Luther die Bedeutung des äußeren Wortes, besonders
im Sakrament, in der Vergewisserung der Vergebungsgnade Gottes bestand,
weil so dem angefochtenen Gewissen eine von außerhalb seiner selbst objektiv entgegentretende Garantie im Wort Gottes gegeben wird [77]. Im Kampf
gegen Karlstadt, der die Gewißheit letztlich von einer selbst geschaffenen
subjektiven Disposition und einem nicht faßbaren inneren Wort abhängig
machte, sei Luther aber nun, nachdem ihm zunächst das äußere Wort genügt habe, ins Extrem gefallen und habe nach einem Vehikel der Vergebung gesucht, "das noch sicherer, d. h. noch äußerlicher und sinnenfälliger
wäre als das Wort. Zu diesem Zweck verfiel er unwillkürlich auf Leib und
Blut..., weil die in noch höherem Grade als das Wort sinnenfälligen Substanzen von Leib und Blut deshalb auch ungleich besser als Vehikel der
Vergebung zur Vergewisserung über das Vorhandensein derselben dienen

[71] 174,20.
[72] 174,21f.
[73] 175.
[74] 176,11ff.
[75] Fr. Graebke, Die Konstruktion 57.
[76] AaO. 58.
[77] AaO. 87ff.

konnten"[78]. Das aber muß nach Graebke im Interesse Luthers selbst zurückgewiesen werden. "Das war nach seiner genuinen Anschauung die schlimmste Ketzerei, weil dadurch die Vollgültigkeit des Wortes in Frage gestellt wurde"[79].

Die Betonung der Realpräsenz als Mittel der Sündenvergebung hat aber nicht, wie Graebke meint, diesen nur psychologischen, außerhalb von Luthers Theologie liegenden Grund, sondern ist eine Folge der anfänglichen Konzentration auf die Wortverkündigung im Abendmahl. Karlstadts Bestreitung der Gültigkeit und Heilshaftigkeit des äußeren Wortes, seine in das Wort Gottes eingreifende "dünkelhafte" Exegese, führten Luther dazu, im Festhalten an der Wörtlichkeit des Abendmahlswortes jetzt mit aller Entschiedenheit die Realpräsenz als Inhalt eben dieses Wortes zu betonen, gegenüber einer früheren Vernachlässigung, die aber nicht durch ein Desinteresse an der Realpräsenz, sondern durch den Kampf für den rechten Gebrauch bedingt war. Jetzt, da nicht mehr nur der Mißbrauch des Sakramentes, sondern der Inhalt des Sakramentes selbst zur Diskussion stand, mußte die Realpräsenz stärker betont und in die Erkenntnis vom rechten Gebrauch des Sakramentes im Glauben an das Wort eingefügt werden, "cum usus sine re sit figmentum"[80]. Damit war die Realpräsenz aus ihrer Signumsfunktion herausgelöst und mit dem Wort, das Leib und Blut Christi vergegenwärtigt und zur Vergebung der Sünden dem zuteilt, der dem Wort glaubt, in einen inneren Zusammenhang gebracht, der bei der alleinigen Betonung des Wortes als Begründung des rechten Gebrauchs noch ungeklärt geblieben war.

Der Kampf um die Geltung der Wörtlichkeit des heilschaffenden göttlichen Wortes im Abendmahl hatte für Luther selbstverständlich eine Bedeutung für die Frage der Gewißheit. Karlstadt macht mit seiner Heilslehre und seiner Exegese den Glauben ungewiß; seine Exegese ist unbewiesen, stützt sich auf willkürliche Eingriffe in den klaren Text. Auf ungewisse Worte aber kann sich weder die fides quae, noch die fides qua creditur stützen [81]. "Der glaube aber soll und mus gewis seyn und . . . helle dürre sprüche . . . zum seym grunde haben. Wolan, da ligt yhr Carlstader auff eym hauffen. . . Ewr glaube und kunst steht auff eym ammechtigen, ungewissen punct und buchstaben, darauff wage der Belial seyn gewissen und seligkeyt, Ich nicht"[82].

---

[78] AaO. 94.
[79] AaO. 95.
[80] WATi 3 Nr. 3330.
[81] Die Doppelgestalt des Glaubens greift ineinander. Weil das Wort als Heilsmittel solche Bedeutung hat, muß es auch als Grundlage für Glaubensaussagen ernst genommen werden, ohne daß deswegen in der Schrift gegen Karlstadt das Wort aus einem Gnadenmittel zu einem "starren, mechanischen Lehrgesetz" wird, wie K. Jäger, Luthers religiöses Interesse 49, Luther vorwirft.
[82] 18, 150, 7ff.

Im Abendmahl begegnet Gottes Wort. Darauf kann man glaubend nur bauen, wenn das Wort mit dem, was es sagt ("Leib zur Vergebung"), gewiß ist. Karlstadt nimmt die Wirklichkeit der Realpräsenz und die Tatsache der Vergebungszusage aus dem Sakrament, weil er das Wort umdeutet oder ganz als Heilszusage aus dem Sakrament nimmt. Damit aber sitzt er zwischen zwei Stühlen, da er Luthers Lehre verwirft und seine eigene nicht beweisen kann [83].

Karlstadts Heilslehre, seine Verachtung des Wortes als Heilsmittel und des klaren Textes als Grundlage für Glaubensaussagen, damit verbunden die Preisgabe der Gewißheit im Glauben an das äußere Wort und das Aufrichten einer neuen Werkgerechtigkeit, bilden vereint den Hintergrund, auf dem Luther im Ringen um die Geltung des Gnadenwortes Gottes, seiner heilschaffenden, gewissen Zusage, welcher der Mensch sich im Glauben ohne Vertrauen auf eigene Verdienste überläßt, den Abendmahlsstreit der Jahre 1525 bis 1529 führte. Denn jede weitere Leugnung der Realpräsenz kann er nur verstehen als Bestreitung der Wörtlichkeit des Wortes Gottes. Alle "neuen Propheten" haben gemeinsam, daß sie "das heubtstuck Christlicher lere meyden, fliehen und schweygen, Denn sie leren an keynem ort, wie man doch solle der sünden los werden, gut gewissen kriegen und eyn fridsam frölich hertz zu Gott gewynnen, daran alle macht ligt"[84].

D. Luthers Bekenntnis vom Abendmahl seit dem Abendmahlsstreit

Ausgehend von der beschriebenen Position, die Luther im Streit mit Karlstadt entwickelt und seitdem festgehalten hatte, führte er den großen Abendmahlsstreit mit den Schweizern, besonders mit Zwingli und Ökolampad. Der Ablauf des Streites bis hin zum Marburger Religionsgespräch (1529) und den Wittenberger Konkordienverhandlungen mit den Oberdeutschen (1536) muß hier nicht dargestellt werden. Im folgenden soll vielmehr anhand von Luthers Streitschriften, Predigten und den Katechismen zusammenfassend sein Bekenntnis vom Abendmahl aufgezeigt werden, wie es sich seit dem Abendmahlsstreit unverändert darstellt.

I. Das obiectum fidei - Die Realpräsenz

Das Bekenntnis zur Realpräsenz von Christi Leib und Blut im Abendmahl übernimmt Luther als unveräußerliches Erbe [1]. Er weiß sich in einer

---

[83] 181,15ff. Wörter wie Gewißheit, Sicherheit, Beständigkeit und deren Ableitungen kehren in Luthers Schrift gegen Karlstadt fast auf jeder Seite wieder.

[84] 18,213,29ff.

[1] So A. Peters, Realpräsenz 165; P. Althaus, Die Theologie Luthers 319; E. Sommerlath, Das Abendmahl bei Luther 116; R. Seeberg, Lehrbuch der Dogmengeschichte IV/1,399.

1500jährigen Geschichte stehend, in der das Abendmahl immer im Bekenntnis zur vollen Realpräsenz gefeiert wurde [2], und in der die Verurteilung des Berengar ein geglückter Vollzug päpstlicher Kirchenleitung war [3]. Das anfängliche Zurücktreten des Interesses an der Realpräsenz und die Konzentrierung auf die Verkündigung der Abendmahlsworte, wie sie in den theologischen Quellen faßbar werden, dürfen nicht isoliert betrachtet, sondern müssen gesehen werden auf dem Hintergrund der von Luther immer im Bekenntnis zur und im Interesse an der Realpräsenz vollzogenen Abendmahlsfeier und im Blick auf sein Anliegen, die isolierte Betrachtung der sakramentalen Gaben auf den Glaubensgebrauch hin aufzubrechen. Beachtet man das Zueinander von oft situationsbezogener Aussage, praktischem Vollzug und religiösem Anliegen, wird man sich hüten, in Luthers frühen Abendmahlschriften einen fertigen systematischen Gesamtentwurf seiner Lehre vom Abendmahl zu sehen.

Die Konzentration auf die Verkündigung der Abendmahlsworte führte von sich aus zu einer immer stärker hervortretenden Betonung der sakramentalen Gaben bis hin zu jenem Punkt, an dem die Leugnung der Realpräsenz als fundamentaler Angriff auf die Gültigkeit und Heilsbedeutung eben dieser Verkündigung erkannt wurde. Wenn im Abendmahlsstreit mit Karlstadt und den Schweizern das Interesse an der Realpräsenz in den Mittelpunkt rückt, so gründet das in erster Linie im Festhalten der Abendmahlsworte und ihrer Geltung. Sosehr Luthers Bekenntnis vom Abendmahl sich einfügt in das Gesamt seiner Theologie, so ist doch sein Ja zur Realpräsenz nicht begründet (im Sinne von ableitbar) in seiner Christologie (etwa der Ubiquitäts- oder Zweinaturenlehre), oder in der Betonung der Leiblichkeit oder der Kondeszendenz Gottes als Strukturprinzip göttlicher Offenbarung, auch nicht im Suchen nach einem möglichst realistischen Versicherungszeichen - dies alles kann nachträglich zur Erklärung und Verteidigung herangezogen werden. Sein Ja gründet vielmehr im Gehorsam gegen Gottes Wort. Dahinter steht nicht ein starrer Biblizismus [4], sondern die Erkenntnis von der Heilsglauben und Heilsgewißheit begründenden Wahrheit - im biblischen Vollsinn - des Wortes Gottes [5]. Insofern ist Luthers Exegese der Abendmahlstexte von einem Vorverständnis geprägt: von der Erkenntnis des Wortes als Gnadenmittel des Hl. Geistes, von der rechtfertigenden Kraft des

---

[2]   26,314,28; 54,145,16ff; 152,28.
[3]   26,442f; 29,195,12.
[4]   Vgl. H. Gollwitzer, Luthers Abendmahlslehre 106.
[5]   Das zeigt sehr deutlich die Aufforderung Luthers an seine Gegner, nicht nur sein Verständnis zu widerlegen, sondern an dessen Stelle einen "beständigen Verstand" zu setzen. So z.B. 26,266ff: "Wenn nu ein rechter geist bey yhn were, so würde er nicht alleine den falschen verstand weg nemen, sondern auch einen andern und bestendigen warhafftigen an seine stat geben" (266,30); "... an der selbigen stat gar offentliche gewisse und bestendige warheit stellen" (267,6); "... so müste man dennoch ia einen einigen richtigen, gewissen, eintrechtigen text haben" (268,28).

Glaubens an die im Wort ausgeteilte Erlösungstat Christi und dem Festhalten an der Souveränität Gottes und seines Wortes.

1. Die Tatsache der Realpräsenz

Luthers Ausgangspunkt für die Behauptung der Realpräsenz ist seine, auf die Argumente der Gegner abgestellte Exegese der biblischen Abendmahlstexte: der Einsetzungsberichte Mt 26, 26ff [6], Mk 14, 22ff [7], Lk 22, 19ff [8], 1 Kor 11, 23ff [9], sowie 1 Kor 11, 27ff [10] und 1 Kor 10, 16 [11]. Die Brotrede in Joh 6 wird von Luther nicht auf das Sakrament, sondern durchgehend auf den Glauben bezogen [12].

Die Einsetzungsberichte bezeugen bei aller sprachlichen Unterschiedenheit die eine Stiftung des Abendmahls durch Christus und müssen daher in Einheit ausgelegt und voneinander her interpretiert werden. "Denn sie müssen

---

[6] 18, 164f; 26, 448ff.

[7] 18, 164f; 26, 453ff.

[8] 18, 164f; 207f; 23, 87ff; 26, 240ff.

[9] 18, 164f; 198ff; 26, 472ff.

[10] 18, 172ff; 26, 481ff.

[11] 11, 438ff; 18, 166ff; 26, 487ff.

[12] Erstmals deutlich datierbar für 1520 in 6, 502, 7; 6, 80, 14; 57 III 199, 1f wird noch ein Bezug zur Eucharistie angenommen. In den Fronleichnamspredigten: 4, 700ff (1519 oder 1520), 12, 580ff (1522) und 11, 125ff (1523) lehnt Luther jeden Bezug auf die Eucharistie ab, weil nach Joh 6, 54 dem Essen des Fleisches Christi ewiges Leben versprochen sei, was aber bei einem nach 1 Kor 11, 27 möglichen Essen des Sakramentes zum Gericht nicht eintreffen könne. Weil Joh 6, 51ff für das Fronleichnamsfest als Evangeliumstext verordnet war, glaubte Luther wohl, daß die Tradition Joh 6 fälschlicherweise auf das sakramentale Essen bezogen habe. Nach H. Hilgenfeld, Mittelalterlich-traditionelle Elemente 435ff, haben aber auch G. Biel, Wessel Gansfort (dessen "Farago" Luther 1521 selbst ediert hat) und Faber Stapulensis in Joh 6 nur eine Aussage über die manducatio spiritualis gesehen, die für sie allerdings mit der manducatio oralis beim Sakramentsempfang verbunden sein müsse, so daß für sie eine entfernte Verbindung von Joh 6 mit dem Sakrament gegeben war, obgleich in Joh 6 nicht direkt gemeint. Luther lehnte aber - wohl im Kampf gegen das Fronleichnamsfest - jeden Bezug zur Eucharistie ab. So auch 26, 372, 27; 498, 27 und besonders 33, 61, 9; 64, 41; 65, 14; 178, 14; 182, 15. Vgl. dazu auch H. Gollwitzer, Zur Auslegung von Joh 6 bei Luther und Zwingli, wo aber der historische Anlaß für Luthers Ablehnung eines Bezugs zur Eucharistie nicht beachtet ist, ebenso wie bei A. Peters, Realpräsenz, der deshalb in Luthers Exegese von Joh 6 "ein Abschwächen und Verwischen der neutestamentlichen Konturen" beobachtet (aaO. 184).

nicht widdernander, sondern miteinander einer meynung sein"[13]. Bei dieser "symphonischen Auslegungsweise"[14] kommt Luther unter Zuhilfenahme exegetischer Beobachtungen [15], grammatikalisch-rhetorischer Analyse der Sprache [16] und logischen Schlußverfahrens [17] immer wieder zu dem in steter Monotonie verkündeten Ergebnis, daß die biblischen Abendmahlsberichte nichts anderes zulassen, als die Annahme der realen Gegenwart von Christi Leib und Blut. "Da steht nu der spruch und lautet klar und helle, das Christus seinen leib gibt zu essen, da er das brod reicht"[18].

Ebenso kann das "Sündigwerden am Leib und Blut des Herrn" in 1 Kor 11, 27 [19] und das "Nichtunterscheiden" in 1 Kor 11,29 [20] nur sinnvoll verstanden werden bei der Annahme einer realen Gegenwart von Leib und Blut Christi.

Größte Bedeutung im Kampf um die Realpräsenz mißt Luther der Stelle 1 Kor 10,16 ("Ist das Brot, das wir brechen, nicht Teilhabe am Leib Christi?") bei [21]. Er nennt den Spruch eine "Donneraxt" auf den Kopf seiner Gegner [22], seines Herzens "Freud und Kron" [23], den Fels, auf dem wir stehen [24], und auch die lebendige Arznei "meynes hertzens ynn meyner anfechtung uber diesem Sacrament"[25]. Diese Paulusstelle verbietet jede symbolische Deutung auf eine geistliche Gemeinschaft der Abendmahlsteilnehmer. Denn - so legt Luther aus - es geht um das Brechen und Austeilen des Leibes Christi in der Gemeinde, so daß "wer dis gebrochen brod geneust, der geneust des leibs Christi als eins gemeinen guts unter viele ausgeteilet, denn das brod ist solcher gemeiner Leib Christi" [26]. Damit kann aber nur eine sakramentale Gemeinschaft, d. h. Anteilhabe an Christi Leib,

---

[13] 26,464,14; vgl. 459,35.
[14] A. Peters, Realpräsenz 176. Vgl. zum Folgenden H. Hilgenfeld, Mittelalterlich-traditionelle Elemente 13-41.
[15] 18,198f; 26,470ff; 474ff.
[16] 18,151ff; 26,271ff; 369ff; 443ff.
[17] 26,280ff.
[18] 23,87,28ff.
[19] 18,172ff; 174,30ff; 26,481ff.
[20] 18,175ff; 177,15; 26,485ff.
[21] 11,438ff; 18,166ff; 26,487ff; 18,171,26: "Heller und stercker hette er nicht möcht davon reden".
[22] 18,166,33.
[23] 26,487,13.
[24] 18,172,12.
[25] 18,166,29ff. Die hier angesprochene Anfechtung könnte sich auf die Auseinandersetzung mit der Transsubstantiationslehre beziehen. Denn dort gab gerade 1 Kor 10,16 Luther die Legitimation, von Brot und Leib zu sprechen: siehe oben S.230.
[26] 26,490,40ff; 18,168,16: "Das gebrochen odder mit stucken ausgeteylet brod ist die gemeynschafft des leybs Christi, Es ist, es ist, es ist (sagt er) die gemeynschafft des leybs Christi".

gemeint sein, da auch Judas und die Ungläubigen von dem Brot essen können [27], wogegen die von den Gegnern behauptete geistliche Gemeinschaft
nur Gläubigen möglich ist.

"Also stehet nu dieser spruch Pauli wie eyn fels und erzwingt mit
gewallt, das alle die, so dies brod brechen, essen und empfahen,
den leyb Christi empfahen und des selben teylhafftig werden. Und
das kann nicht seyn geystlich, ... so mus es leyblich seyn... Widderumb kan es nicht eytel schlecht brod seyn, sonst were es nicht
eyne leybliche gemeynschaft des leybs Christi, sondern des brods"[28]

Läßt man die biblischen Texte in ihrem jeweiligen natürlichen Zusammenhang [29] und betrachtet sie nach "natürlicher Rede und Sprache Art"[30],
so läßt sich die Realpräsenz weder durch eine auf ein Gedächtnismahl hin-
auslaufende Exegese, noch durch ein "significat" oder eine tropische Auslegung hinwegdiskutieren. Die Texte sind einfältig, hell und klar.

"Ich sehe hie dürre, helle gewalltige wort Gotts, die mich zwingen
zu bekennen, das Christus leyb und blut ym Sacrament sey... Wie
Christus yns Sacrament bracht werde... weys ich nicht, Das weys
ich aber wol, das Gottes wort nicht liegen kann, wilchs da sagt, Es
sey Christus leyb und blut ym Sacrament"[31].
"Wo man nu solche wort hat, die gewisse deutung haben bey yderman bekand, und kein ander deutung beweiset wird, das heissen
klare, dürre, helle wort"[32].

Die Texte sind so eindeutig, daß der Versuch, die Tatsache der Realpräsenz mit eigenen Worten auszudrücken, zu keiner anderen Formulierung
kommen könnte als der von Jesus gebrauchten: Das ist mein Leib [33]. Und
legte man diese Texte Heiden und Ungläubigen vor, sie könnten, selbst wenn
sie nicht daran glaubten, darin doch nur die Realpräsenz ausgesagt sehen[34]
Von sich selbst sagt Luther deshalb: "Ich bin gefangen, kann nicht heraus,
der Text ist zu gewaltig da und will sich mit Worten nicht aus dem Sinn
reißen"[35]. Die klaren Texte der Schrift müssen stehenbleiben, sie dürfen
nur dann anders gedeutet werden, wenn es ein anderer klarer Schrifttext
oder ein Glaubensartikel verlangt, wie in der grundlegenden Interpretations
regel immer wieder betont wird [36].

---

[27] 11,440,14; 18,170,1ff; 26,490f.
[28] 18,172,12ff; vgl. auch 11,438ff und 26,491.
[29] 18,151, 7ff; 159,13; 26,282ff.
[30] 18,151, 9; 174,6; 19,485; 26,403,31f.
[31] 18,166, 8ff.
[32] 26,404,21ff; die Stellen ließen sich beliebig vermehren: z.B. 18,138,2?
147,6; 19,483ff; 23,87; 26,404; 406; 417; 446; 451; 496.
[33] 26,447.
[34] 26,406,27ff; 496,34ff.
[35] 15,394,19.
[36] 18,147,23ff; 180,17; 23,93,25ff; 26,279,5ff; 403,27f; 11,436,21f.

Die Gegner können ihre Exegese nicht beweisen: Karlstadt [37] reißt die einzelnen Satzteile aus dem Zusammenhang; Hoen [38], der Wertheimer Prediger Fr. Kolb [39] und Zwingli [40] deuten, ohne zwingende Beweise für ihre Interpretation zu erbringen, das "est" durch "significat"; Ökolampad [41] biegt die klare Aussage "mein Leib" um zu "meines Leibs Zeichen". Sie müssen alle erst den Text umdeuten, sind grobe grammatische Schwärmer [42] und haben für ihre Aussage keinen gewissen Text [43]. Für die Gewißheit ihrer Exegese können sie nur ihre persönliche Meinung anführen [44]. Anstelle des gewissen Textes stellen sie eine ungewisse Interpretation, auf die sich aber kein Gewissen stützen kann [45]. Weil sie nicht vom klaren Text ausgehen, sondern ihre eigene Meinung in den Text eintragen, sind sie bei aller Einigkeit in der Ablehnung der Realpräsenz doch sehr uneinig in der exegetischen Beweisführung und gespalten in viele Geister - ein Zeichen für die Falschheit ihrer Lehre [46].

Neben der Exegese der Abendmahlstexte führen Luthers Gegner als weiteren Grund gegen die Realpräsenz an: sie sei gegen die Schrift und gegen den Glauben.

Joh 6, 63 (Fleisch ist nichts nütze) wird - bezogen auf Joh 6, 53ff - als Hauptargument dafür angeführt, daß Christus nicht das leibliche, sondern nur das geistliche Essen seines Fleisches wollte, und die Einsetzungsworte dementsprechend zu interpretieren seien. Luther weist diesen Einspruch entschieden zurück, weil - ganz abgesehen von dem fehlenden Bezug der Brotrede auf das Abendmahl - in Joh 6, 63 keine Aussage über Christi Fleisch - weder leiblich noch geistlich - gemacht werde, sondern Fleisch hier den sündigen, verkehrten Sinn der Juden meine [47].

---

[37] 18,144f.
[38] 11,434ff.
[39] WABr 3,331.
[40] 26,268ff.
[41] 26,379ff.
[42] 19,498.
[43] 18,180,31: "... das sie yhr ding widder mit schrifft beweysen noch aus dem text erzwingen mügen, sondern eytel eygen dunckel und gedancken furen, da mit sie die hellen sprüche zuverdunckeln sich unterstanden, aber doch gefeylet haben". Vgl. auch 26,446,6ff.
[44] 18,163,9: "Und dieser lügen geyst will uns auff seyne eygene wort furen, das wir keynen andern behelff sollen haben, denn das wir sagen, D. Carlstad hatts gesagt".
[45] 18,181,12: "Denn er beweysset nichts, sondern sagts nur daher, wie man eyn meerlin sagt, furet keynen grund, noch schrifft, noch ursache, das sich keyn gewissen kan drauff stonen (= stützen) odder verlassen".
[46] 19,484,13-25; 26,262-268; 54,148ff.
[47] 28,192ff; 23,167-205; 26,349-377; Luthers Zurückweisung der von Zwingli gebotenen Exegese von Joh 6,63 stimmt mit der scholastischen Tradition durchaus überein: H. Hilgenfeld, Mittelalterlich-traditionelle Elemente 440;444.

Der weitere Einwand, leibliches Essen solle im Verständnis Luthers Sünden vergeben und dies sei gegen den Glauben, weist Luther als nicht zutreffend zurück, da er nie eine isolierte manducatio oralis als heilshaft bezeichnet habe [48].

Neben Joh 6,63 ist das zweite Hauptargument, Christi Himmelfahrt schließe seine Gegenwart im Sakrament aus. Luther beweist immer wieder, daß die Himmelfahrt nicht gegen die Realpräsenz angeführt werden könne, da Gott viele Weisen habe, Christus zugleich im Himmel und im Sakrament an vielen Orten gegenwärtig sein zu lassen [49]. Er fordert seine Gegner zum Beweis auf, daß Gott das nicht könne. "Wenn er nu das kündte thun, hettet yhr uns nicht weidelich betrogen, die yhr nein dazu sagt, ehe yhrs wisset? Habt yhr des auch beweisung aus der schrifft, die Gotts allmechtickeit dis stuck abspreche?"[50] Selbst wenn keine Erklärung für das Nebeneinander von Himmelfahrt und Realpräsenz angegeben werden könnte, müßte dieses Nebeneinander ausgehalten werden, weil sowohl Realpräsenz wie auch Himmelfahrt durch Gottes klares Wort bezeugt sind. "Den einfeltigen ist gnug an den einfeltigen worten Christi"[51].

In all diesen Einwänden sieht Luther den Versuch menschlicher Vernunft, durch spitze Gedanken [52] sich vom Wort Gottes davonzustehlen. Dahinter steht der "Groll und Ekel"[53] der Vernunft, denn "es ist keyne vernunfft so geringe, die nicht dazu geneygt sey und lieber gleubte, das schlech brod und weyn da were, denn das Christus fleisch und blut da verborgen sey"[54]. Nicht menschliche Weisheit und Eigendünkel [55], nicht die Erklärbarkeit des Wie der Realpräsenz, nicht die Möglichkeit eines Aufweises, wozu die Gegenwart Christi nötig sei und was sie nütze, dürfen Maßstab sein für die Auslegung des Wortes Gottes. Wollte man Gott und sein Heilshandeln vor das Forum menschlicher Vernunft ziehen, und nur gelten lassen, was sich dort behaupten kann, so bliebe nichts davon übrig [56]. Allein der glaubende Gehorsam gegenüber dem Wort ist hier am Platz: "Gottes wort ist da, das sagts, da bleyben wyr bey und gleubens"[57].

---

[48] 18,193,34f; 23,179ff; 26,292ff.
[49] 18,206; 23,131-153; 26,317-349.
[50] 23,117,21; vgl. 26,415ff.
[51] 26,341,29.
[52] 19,484,1.
[53] 23,127,5.
[54] 18,143,8f; vgl. auch 19,484.
[55] 18,143; 19,484; 23,129.
[56] 19,486; 495; 23,157.
[57] 18,206,20; 19,494: "Deshalb summa summarum: wenn jene viel davon reden, es reime sich nicht, darum sei es nicht so, so wollen wir es eben umwenden und das Gegenteil sagen: Gottes Wort ist wahr, darum muß deine Einbildung falsch sein" (nach LD 4,195).

"Ein frum gottfurchtig hertz thut also: Es fragt am ersten, obs Gots wort sey, Wenn es das höret, so dempfft es mit henden und fussen diese frage, wo zu es nütz odder not sey. Denn es spricht mit furcht und demut also: Mein lieber Gott, ich bin blind, weis warlich nicht, was mir nütz odder not sey, wils auch nicht wissen, sondern glewbe und trawe dir, das du es am aller besten weissest und meinest nach deiner Göttlichen güte und weisheit, Ich las mir gnügen und bin dazu fro, das ich dein blosses wort höre und deinen willen verneme"[58].

Weil es ein Wort Gottes ist, welches sagt: Das ist mein Leib!, deshalb ist der Leib Christi da [59]. Bei diesem Wort sollen "wir bleiben und dran hangen als an den aller hellesten, gewissesten, sichersten worten Gotts, die uns nicht triegen noch feylen lassen konnen"[60]. "Ich wil... auf dem spruch Rom 4 stehen: Was Gott redet, das kan er auch thun"[61]. Weil es um die Stellung zu Gottes Wort geht, kann es im Streit um das Abendmahl auch keinen Frieden geben, denn ist erst einmal Gottes Wort in diesem Glaubensartikel "verachtet, verspottet und gelästert", folgt der Angriff auf alle anderen Artikel von selbst [62].

Gott will die Realpräsenz [63], und selbst wenn er in seinem Wort geboten hätte, Mist zu essen [64] oder einen Strohhalm aufzuheben [65], bliebe dem Mensch nichts als der Gehorsam, aber auch die Gewißheit, daß selbst dies zum Heile wäre, weil der Glaube sich auf Gottes Wort stützen könnte. Der Glaube braucht ein klares, gewisses Wort, auf das er bauen und sich verlassen [66], das der Teufel nicht umstoßen kann [67], einen festen und

---

[58] 23,247f; 19,495: "Viel billiger kehren wirs um und sagen: Gott will es so haben, darum ist deine Einbildung falsch. Was Gott für nötig ansieht, wer bist du, daß du dagegen zu reden wagst? du bist ein Lügner, er ist wahrhaftig" (nach LD 4,195f). P.Althaus, Die Theologie Luthers 328: "Es geht Luther hier um nichts Geringeres als um die Souveränität des Wortes und Willen Gottes gegenüber allen menschlichen Ansprüchen auf Einsicht in die religiöse Notwendigkeit und Sinnhaftigkeit göttlichen Tuns".
[59] 23,267,12; 19,491,13.
[60] 26,450,34; ebenso: 18,206; 19,485,24; 498f; 26,418,19; 450; 478; 27, 97,31; 30 I 30; 224; 36,154f; 37,349,1ff.
[61] 54,157,8ff.
[62] 54,158ff; 23,79ff; 11,434,30ff.
[63] 23,269,3ff; 19,495.
[64] "Wenn er mir gebieten würde, Mist zu essen, ich würde es tun, da ich gnugsam weiß: es ist mir heilsam" (30 III 116; hier nach W.Koehler, Das Marburger Religionsgespräch 13).
[65] 17 II 132,16; 19,496; 20,387,24; 24,254,7; 30 III 115,29.
[66] 18,150,7: Der Glaube muß "helle dürre sprüche und gantze deutliche wort aus der schrifft zum seym grunde haben". Karlstadt wirft er vor: "Ewr glaube und kunst steht auff eym ammechtigen, ungewissen punct und buchstaben, darauff wage der Belial seyn gewissen und seligkeyt, Ich nicht" (aaO.). Vgl. ferner 18,147,23; 148ff; 160,32; 164,29; 180, 24ff; 26,262; 265; 268; 279; 403; 445.
[67] 18,164,30.

nicht jenen zweifelhaften Grund, auf dem die Schwärmer mit ihrer unbewiesenen Exegese und ihren sophistischen Einsprüchen stehen, weil sie beschlossen haben, "sich nicht halten zu lassen"[68].

Der Glaube braucht das Wie und Wozu der Realpräsenz nicht erklären zu können, er muß und darf sich dem Wort Gottes unterwerfen, "denn wir werden gewislich feylen, wo wir nicht einfeltiglich yhm nach sprechen, wie er uns fur spricht, gleich wie ein jung kind seym Vater den glauben odder Vater unser nach spricht, Denn hie gilts ym finstern und blintzling gehen und schlecht am wort hangen und folgen, Weil denn hie stehen Gottes wort 'Das ist mein leib' dürre und helle, gemeine, gewisse wort"[69].

Selbst wenn seine Auslegung ungewiß wäre, wollte Luther doch ganz einfach bei dem überlieferten Text bleiben, "der aus Göttlichem munde selbst gesprochen ist, denn das ich den habe, so aus menschlichem munde gesprochen ist, Und sol ich betrogen sein, so wil ich lieber betrogen sein von Gott (So es müglich were) denn von menschen, Denn betreugt mich Gott, so wird ers wol verantworten und mir widderstattung thun"[70].

2. Die Erklärung der Realpräsenz

Obgleich Luther immer wieder mahnt, sich vor der Frage nach dem Wie der Realpräsenz zu hüten, da Gott nicht befohlen habe, danach zu forschen, wir es auch nicht zu wissen brauchen, sondern der einfältige Glaube an das Wort Gottes und seine Macht zu tun, was er sagt, genügt [1], so gibt er doch selbst "zum Überfluß", um die Argumente der Gegner zu entkräften, einige Erklärungsversuche. Sie betreffen die Frage nach dem Verhältnis von Brot und Leib Christi zueinander und die Möglichkeit der Gegenwart Christi trotz seiner Himmelfahrt. Angesprochen werden muß hier auch die oft gestellte Frage, ob für Luther der ganze Christus oder nur sein Leib bzw. Blut als himmlische Substanzen im Sakrament gegenwärtig sind.

---

[68] 26,453,18.

[69] 26,439f.

[70] 26,446,22ff. Vgl. auch Luthers fiktives Gebet beim Sterben: "Mein lieber Herr Jhesu Christe, Es hat sich ein hadder uber deinen worten ym abendmal erhaben, Etlich wollen, das sie anders sollen verstanden werden, denn sie lauten, Aber die weil sie mich nichts gewisses leren, sondern allein verwirren und ungewis machen und yhren text ynn keinen weg wollen noch konnen beweisen, So bin ich blieben auff deinem text, wie die wort lauten, Ist etwas finster darynnen, so hastu es wollen so finster haben" (26,446,33ff).

[1] 11,434,18; 18,165,39; 166,10; 206,20; 23,87; 145,20; 209,4; 265,23; 26,297;27; 29,165,4; 196,6; 30 I 54.

a) Das Verhältnis von Brot und Wein zu Leib und Blut Christi - unio sacramentalis

Luther lehnt den Zwang ab, die Realpräsenz nur in ihrer theologischen Interpretation als Transsubstantiation sehen zu müssen, obgleich er lieber eine Transsubstantiation zugestehen würde, als die Leugnung der sakramentalen Gegenwart Christi in Kauf zu nehmen [2].

In "De captivitate Babylonica" argumentiert er gegen die Transsubstantiationslehre, daß das "est" der Einsetzungsberichte, im einfachsten Verständnis genommen [3], keineswegs eine Verwandlung des Brotes nötig mache, sondern das Bestehenbleiben des Brotes wie das Dasein des Leibes Christi aussagen könne [4]. Die Möglichkeit, das "est" als Identitätsaussage (panem esse corpus Christi) zu verstehen, ergibt sich aus der christologischen Aussage "Hic homo est deus, hic deus est homo", die ebensowenig dazu zwingt, eine Verwandlung der menschlichen Natur anzunehmen [5]. Dabei geht es Luther um eine sprachliche Analogie, nicht um den Versuch, das Zueinander von Brot und Leib in Parallele zur hypostatischen Union als unio suppositalis zu deuten [6].

Gegen Hoens "significat" und Karlstadts Unverstand, "wie doch brod müge der leyb seyn"[7], betont Luther nun andererseits, das "est" fordere nicht die Preisgabe des Leibes Christi, wenn man die "eynfelltige art der sprachen" ansehe [8]. Von einem feurigen Eisen kann man sagen: Das Eisen ist Feuer [9], ebenso von Christus: Der ist Gott, obgleich man weiß, daß es jeweils zwei unterschiedliche Wesen sind [10]. Damit will Luther zeigen, daß schon der Blick auf die Sprache, nach der "zweyerley ynneynander und gleich eyn ding sind, doch eyn iglich seyn wesen fur sich hellt"[11], ein

---

[2] 26,462,4: "Ehe ich mit den schwermern wolt eytel wein haben, so wolt ich ehe mit dem Bapst eytel blut halten".
[3] 6,509,10: "verba in simplicissima significatione servanda sunt".
[4] 6,509ff.
[5] 6,511,34: "Sicut ergo in Christo res se habet, ita et in sacramento. Non enim ad corporalem inhabitationem divinitatis necesse est transsubstanciari humanam naturam, ut divinitas sub accidentibus humanae naturae teneatur".
[6] Gegen A.Dieckhoffs zu weitgehende Deutung (Die evangelische Abendmahlslehre 256ff), der allerdings selbst auf die negative - gegen die Transsubstantiation gerichtete - Funktion der christologischen Parallele hinweist (aaO.256). Vgl. dazu auch E.Sommerlath, Das Abendmahl bei Luther 116ff; ders., Der Sinn des Abendmahls 36ff.
[7] 18,186,3.
[8] 18,186,10.
[9] Zum Gebrauch dieses patristischen Bildes bei Luther siehe das Verzeichnis in WA 11,487 und WA 33 Rev. Nachtrag 24.
[10] 18,186; 11,437.
[11] 18,186,23.

Verständnis des Satzes "Das (Brot) ist mein Leib" ermöglichen könnte.

Mehr sagt Luther hier nicht über das Zueinander von Brot und Leib. Dieses kann nur verstanden werden als das Miteinanderexistieren von Brot und Leib in einer durch das "est" verbundenen, nicht näher erklärten Einheit [12]. Darum ist auch die von Luther gebrauchte Aussage, "in" oder "unter" Brot sei der Leib, von ihm selbst als ungenau zurückgewiesen und nur als einfältige Redeweise zugestanden worden. Korrekt muß das Verhältnis bestimmt werden: Brot ist Leib [13]. Doch: "Uber worten wöllen wir nicht zancken, alleine das der synn da bleibe, das nicht schlecht brod sey, das wir ym abendmal essen, sondern der leib Christi"[14]. Mehr zu wissen und zu sprekulieren verlangt das Wort Gottes nicht. "Den einfeltigen ist gnug an den einfeltigen worten Christi"[15].

Im "Großen Bekenntnis vom Abendmahl" bestimmt Luther dann das Zueinander als unio sacramentalis. Gegen die Behauptung, die "praedicatio identica de diversis naturis" sei gegen die Schrift und die Vernunft [16], was bei den römischen Theologen zur Preisgabe des Brotes, bei Wicliff umgekehrt zur Preisgabe des Leibes Christi geführt habe [17], führt Luther aus, daß sowohl die Schrift wie auch die Sprache Identitätsaussagen von unterschiedlichen Wesen kennen [18].

---

[12] 10 III 207,16: "unum aliquod"; 18,186,27: "eyn ding oder miteynander". Das sagt nichts anderes als in "De captivitate", weshalb Dieckhoffs Urteil nicht zutrifft, daß sich hier ein großer Wandel vollzogen habe (aaO. 406). Vgl. auch J. Köstlin, Luthers Theologie I, 421.

[13] 6,511,20ff; 23,145,26ff; 26,265; 341; 447; "in" oder "unter" im Großen Katechismus (30 I 223,23), im Kleinen Katechismus (30 I 388 - vgl. auch dort die Anmerkung zur Stelle) und in den Schwabacher Artikeln (BSLK 65).

[14] 23,145,30.

[15] 26,341,30.

[16] 26,438f. Unter der Überschrift "De praedicatione identica" setzt sich Luther 26,437-445 vor allem mit der Eucharistielehre Wicliffs auseinander. Dazu und zur näheren Bezugsbestimmung des "hoc" in den Einsetzungsberichten siehe H. Hilgenfeld, Mittelalterlich-traditionelle Elemente 41-60.

[17] 26,439,16: Die Vernunft stößt sich an der Identitätsaussage: "Da schüttelt sie den kopff und spricht: Ey, Es kan und mag nicht sein, Das brod sol leib sein, Ists brod, so ists brod, Ists leib, so ists leib ... Hie haben nu die Sophisten den leib behalten und das brod lassen faren und sprechen: Das brod vergehe und verlasse sein wesen uber den worten, Und das wörtlin 'Das' zeige nicht auffs brod, sondern auff den leib Christi, da der text spricht 'Das ist mein leib'. Vigleph widderumb ficht dagegen und behelt brod und lest den leib faren, spricht, das wörtlin 'Das' zeige auffs brod und nicht auff den leib. Also haben sich diese spitze köpffe an einander gewetzt".

[18] 26,440ff.

In der Trinität spreche man von einem göttlichen Wesen trotz dreier unterschiedlicher Personen, weil eine "wesentliche einickeit" bestehe [19]. Ebenso könne man von Christus sagen: Dieser Mensch ist Gottes Sohn, weil hier
eine "personliche einickeit" besteht, denn obgleich "nicht einerley wesen
ist nach den naturen, so ists doch einerley wesen nach der person"[20].
Ebenso könne man "ym abendmal sagen 'Das ist mein leib', ob gleich brod
und leib zwey unterschiedliche wesen sind, und solch 'das' auffs brod deute.
Denn hie auch eine Einickeit aus zweyerley wesen ist worden, die wil ich
nennen Sacramentliche Einickeit, darumb das Christus leib und brod uns
alda zum sacrament werden gegeben, Denn es ist nicht eine natürlich odder
personliche einickeit wie ynn Gott und Christo"[21]. Wenn die Trinitäts-
und Christusaussage nicht gegen die Schrift sind, kann es auch die Sakramentsaussage nicht sein. Luther geht es nicht um einen Beweis, sondern
um die Abweisung des Einspruchs. Der Blick auf die Sprache hätte zeigen
müssen, daß eine unio zweier unterschiedlicher Wesen möglich ist, denn
wo die Sprache "die einickeit beider wesens ansihet, so redet sie auch von
beiden mit einer rede"[22]. Es geht dabei nicht nur um eine unio in der Sprache, sondern die Sprache faßt Wirklichkeit auf [23], wie Luther auch an der
jeder Sprache bekannten Redeform der Synekdoche klar macht [24].

---

[19] 440, 21ff.
[20] 26, 441, 1ff. Luther führt im Blick auf die Schrift außerdem noch die
     "werkliche einickeit" (Ps 104: "Er macht seine Engel zu Winde und
     seine Diener zu Feuerflammen") und eine "formliche einickeit" (Die
     Taube als Offenbarungs-Form des Hl. Geistes) an.
[21] 26, 442, 21ff.
[22] 26, 443, 16f.
[23] 443, 29: "Denn es ist auch ynn der warheit also, das solche unterschied-
     liche naturn so zu samen komen ynn eins, warhafftig ein new einig we-
     sen kriegen aus solcher zu samen fugung, nach welchem sie recht und
     wol einerley wesen heissen". Vgl. dazu auch H. Graß, Die Abendmahls-
     lehre 128.
[24] In 26, 444, 1 wird die Synekdoche bestimmt als eine Weise, "von unter-
     schiedlichen wesen als von einerley" zu reden, und als Beispiel u. a.
     der Geldbeutel angeführt, von dem man sagen könne: "das sind hundert
     Gulden", wobei sich das "Das" zunächst auf den Geldbeutel bezieht, da
     aber Beutel und Geld "etlicher masse ein wesen sind", das "Das" auch
     die Gulden betrifft. In dieser Bestimmung kann die Synekdoche auch auf
     die oben angeführten Beispiele aus der Schrift angewandt werden. An-
     ders ist es in 18, 187f, wo die Synekdoche als jene Redefigur bestimmt
     wird, die "eyn gantzes nennet und doch nur eyn teyl meynet". Das "Hoc"
     der Einsetzungsberichte bezieht sich gemäß den angeführten Beispielen
     dann nicht auf einen Teil des Ganzen - wie oben beim Geldbeutel - , son-
     dern auf das Ganze. Die Argumentation läuft darauf hinaus, daß Karl-
     stadt, hätte er die Aussage "Das ist mein Leib" als Synekdoche ver-
     standen, erkennen könnte, daß mit "Das" zwar das Ganze von Brot und
     Leib gemeint sei, Christus aber vor allem an der Aussage über seinen
     Leib gelegen sei, so daß Brot und Leib in dieser Aussage mit enthalten

Mit der Einführung der unio sacramentalis als Erklärung für das Verhältnis von Brot und Wein zu Leib und Blut ist das Zueinander noch enger gefaßt als im Stehenlassen eines Nebeneinanders. Es besteht "das Verhältnis einer Identitätsverknüpfung. Es ist ein Gleichheitszeichen zwischen dem Brot und Wein im Abendmahl und dem wahren Leib und Blut Christi zu setzen"[25] , denn Brot und Leib werden im Abendmahl ein "new gantz wesen"[26].

> "Denn es ist nu nicht mehr schlecht brod ym backofen, sondern fleischsbrod odder leibsbrod, das ist ein brod, so mit dem leibe Christi ein sacramentlich wesen und ein ding worden ist, Also auch vom wein ym becher 'Das ist mein blut' mit dem wörtlin 'Das' auff den wein gedeutet, Denn es ist nu nicht mehr schlechter wein ym keller, sondern Blutswein, das ist ein wein, der mit dem blut Christi ynn ein sacramentlich wesen komen ist"[27].

b) Die Möglichkeit der Realpräsenz - Ubiquität Christi

In einer zweiten Erklärungsreine antwortet Luther auf die Gegenargumente, daß es sich nicht reime und ein zu großes Wunder sei, wenn Christus im Abendmahl sei, zumal nach seiner Erhöhung zur Rechten des Vaters [28]. Luther wehrt ein solches Erklären-wollen vor dem Glauben an die Aussagen des Wortes Gottes als menschliche Überheblichkeit ab, weil damit nicht nur der Glaube an die Realpräsenz, sondern ebenso auch an die Menschwer-

---

sind. Die Synekdoche ist in 18,187f gegenüber den vorher (18,186) genannten Beispielen der "einfeltigen Sprache" als ein neuer Erklärungsversuch eingeführt, so daß beide Aussagereihen nicht miteinander ausgeglichen und harmonisiert werden müssen. Der Blick auf die unterschiedliche Verwendung der Synekdoche in 26,444 und 18,187 würde manche Schwierigkeiten, denen sich A. Dieckhoff, Die evangelische Abendmahlslehre 407ff, und H. Hilgenfeld, Mittelalterlich-traditionelle Elemente 419ff, gegenübersehen, beseitigen.

[25] P. Brunner, Vom heiligen Abendmahl 187.

[26] 26,445,4.

[27] 445,10ff. Es wird umstritten bleiben, ob man Luthers Konstruktion der unio sacramentalis als Konsubstantiation bezeichnen soll. Luther selbst hat den Begriff nie gebraucht - er kommt erst in den 60er Jahren des 16. Jhr. als reformierte (!) Bezeichnung für die lutherische Position auf (H. Hilgenfeld, aaO. 467ff) - und hat auch die mit der Geschichte des Begriffs verbundenen Implikationen (Impanation, Idiomenkommunikation - vgl. H. Hilgenfeld, aaO.; J. Betz, Artikel Konsubstantiation, in: LThK VII, 505f) nicht bedacht. Im Interesse Luthers und seines Desinteresses an philosophischer Begrifflichkeit wird es besser sein, beim Begriff unio sacramentalis als Ausdruck sui generis stehen zu bleiben.

[28] 19,486.

dung Gottes, die Jungfrauengeburt und das Kreuz Christi vor dem Forum menschlicher Vernunft beurteilt, und so die Sinnhaftigkeit des Glaubens bestimmt werde [29].

Der Glaube an die Realpräsenz ist für Luther leicht im Vergleich mit den vielen unerklärten Wundern der Schöpfung und der Heilsgeschichte Gottes [30]. Der Blick auf Gottes Allmacht läßt ihm die Tatsache der Realpräsenz zu keinem Problem werden [31]. "Zum Überfluß" will er aber auch auf das Argument von der Unmöglichkeit der Realpräsenz nach der Himmelfahrt Christi eingehen. Dabei entfaltet er besonders in den Schriften "Sermon von dem Sakrament des Leibes und Blutes Christi wider die Schwarmgeister"[33], "Daß diese Worte... noch feststehen"[34] und im "Großen Bekenntnis vom Abendmahl"[35] seine viel geschmähte und gerühmte Ubiquitätslehre [36]. Dabei geht es ihm darum, den Gegnern ihr Argument zu entreißen und zu zeigen, daß die Himmelfahrt gerade die Realpräsenz erst recht ermöglicht [37]. Es geht Luther um keinen Beweis, sondern um den Aufweis, daß es nicht gegen die Schrift und den Glauben sei, an die Realpräsenz zu glauben [38].

Indem er "Gottes Rechte" nicht als einen umgrenzten Ort deutet, sondern als die "almechtige gewalt Gotts, welche zu gleich nirgent sein kan und doch an allen orten sein mus"[39], und indem er Christus aufgrund des Glaubensartikels "Er sitzt zur Rechten Gottes"[40], oder aufgrund von Eph

---

[29] 19,486; 495; 23,265,13ff.
[30] 19,487f.
[31] 23,117,23; 153,12ff.
[32] 23,129,31.
[33] 19,491ff.
[34] 23,131-167.
[35] 26,317-349.
[36] A.v.Harnack, um den berühmtesten Kritiker zu nennen, beurteilt Luthers Ubiquitätslehre als eine entsetzliche Spekulation, die sich "auf den höchsten Höhen scholastischen Widersinns" bewege (Lehrbuch der Dogmengeschichte III, 875). Das Wort Ubiquität soll nach E. Bizer (Artikel Ubiquität, in: EKL III, 1530) eine abschätzige Prägung Melanchthons gewesen sein. Zum Folgenden siehe vor allem: E. Bizer, Artikel Ubiquität, in: EKL III, 1530ff; P.Gennrich, Die Christologie Luthers 140-146; H.Graß, Die Abendmahlslehre 57-86; H.Hilgenfeld, Mittelalterlich-traditionelle Elemente 343-369; E.Metzke, Sakrament und Metaphysik 191-197; A.Peters, Realpräsenz 67-86; R.Seeberg, Lehrbuch der Dogmengeschichte IV/1, 464-475; V.Vajta, Theologie des Gottesdienstes 157-168.
[37] 23,145.
[38] 23,129,30ff; 153,10ff.
[39] 23,133,19.
[40] 23,145.

1,20ff (Christi Herrschen über das All) [41], oder der hypostatischen Union [42] an dieser Omnipräsenz Gottes auch der Menschheit nach, mit Leib und Seele, teilhaben läßt, kann er e i n e Weise aufzeigen, welche die Aussage von der Glaubenswidrigkeit der Realpräsenz widerlegt. Luther hat seine Ubiquitätslehre immer als Auskunft über e i n e Verstehensweise verstanden, neben der es noch andere Weisen geben kann.

> "Nicht das ich hiemit Gotts gewalt also wolte, wie die schwermer thun, mit ellen messen und umbspannen, als hette er nicht auch wol mehr weise denn die ich itzt beweiset habe, einen leib an viel orten zu halten... Sondern habe solcher weise eine angezeigt, den schwermern das maul zu stopfen und unsern glauben zuverantworten"[43].

Die Gegner sind nicht damit im Recht, daß sie Luthers Lehre von der Ubiquität Christi von der Christologie her widerlegen, sie müßten beweisen, daß Gott keine Gewalt habe, Christus zugleich im Abendmahl und im Himmel mit Leib und Blut sein zu lassen [44].

Auf einen wichtigen Aspekt der Ubiquitätslehre ist noch hinzuweisen. Luther ist weit davon entfernt, die Gegenwart Gottes und Christi pantheistisch zu verstehen. Die Rechte Gottes ist an allen Enden und zugleich auch nirgends [45], sie läßt sich nicht ergreifen und einschließen, immer ist die Überlegenheit Gottes gewahrt. Er ist frei und ungebunden [46]. Wenn auch Christus aufgrund seiner Ubiquität im Brot des Abendmahls auch ohne die Konsekrationsworte da ist [47], so läßt er sich doch dort nicht fassen und

---

[41] 19,491; 18,206,19f.
[42] 23,141f; 26,332f.
[43] 23,153,15ff; vgl. auch 23,145f; 26,318,1ff; 326,33; 331,30; 336; 343,30.
[44] 26,319,7: "Er mus beweisen, das nicht alleine die selbigen weise unmüglich sey, sondern auch, das Gott selbs kein andere weise mehr wisse noch vermüge...Weil er das nicht thut, so sprechen wir, Gott ist allmechtig, vermag mehr denn wir sehen, drumb gleub ich seinen worten". Ähnlich: 23,117,29; 26,317,31; 331,21ff; 336f; 340; 415. E. Sommerlath, der die Ubiquitätslehre Luthers nur als "eine Hilfskonstruktion" beurteilt (Das Abendmahl bei Luther 120, mit Verweis auf eine ähnliche Beurteilung bei H. Gollwitzer, Coena Domini 116 Anm. 3) sagt: Luther "geht es darum, daß Christus auch leiblich überall sein könne. Er würde das auch ohne Ubiquitätslehre glauben und vertreten" (aaO. 120). So auch H. Gollwitzer, Zur Auslegung von Joh 6 bei Zwingli und Luther 157. Ganz anders beurteilt Fr. Heidler den Zusammenhang. Für ihn ist Luthers Ja zur Realpräsenz eine konsequente Folge (!) der Ubiquitätslehre (Fr. Heidler, Christi Gegenwart beim Abendmahl 9-15).
[45] 19,491f; 23,133; 151.
[46] 23,151,4.
[47] 23,145,13: "Wenn Christus ym abendmal diese wort 'Das ist mein leib' gleich nie hette gesagt noch gesetzt, so erzwingens doch diese wort 'Christus sitzt zur rechten Gotts', das sein leib und blut da müge sein wie an allen andern örtern".

"tappen". Er kann nicht "gefressen und gesoffen" werden "ynn allen wein-
heusern, aus allen schüsseln, glesern und kannen", wie die Gegner vielleicht annehmen möchten, wenn Christus überall sein soll [48]. Nur dort,
wo Christus sich anbindet durchs Wort, läßt er sich fassen [49]. Ist die
Ubiquitätsaussage für Luther der Aufweis für die Möglichkeit der Realpräsenz, so ermöglicht sie es ihm zugleich, einen wesentlichen Gesichtspunkt
seiner Abendmahlslehre herauszustellen. Durch sein Wort bescheidet uns
Christus an einen besonderen Tisch, dort bindet er sich an [50], dort läßt
er sich finden und greifen. "Wenn du nu das wort hast, so kanstu yhn gewislich greiffen und haben und sagen: Hie hab ich dich, wie du sagest"[51].
Christus ist nahe und nicht ferne [52], aber er läßt sich nur ergreifen, wo
er sich offenbart. Es ist nötig, daß Christus "sich dir anbinde und bescheide dich zu eim sonderlichen tisch durch sein wort und deute dir selbs das
brod durch sein wort, da du yhn essen solt, Welchs er denn thut ym abendmal und spricht: Das ist mein leib"[53].

Wie sehr für Luther die Ubiquitätslehre, obgleich sie ihm nie zweifelhaft
war, doch nur eine unter mehreren Möglichkeiten ist, die Glaubensgemäß-
heit der Realpräsenz zu erweisen, zeigt die Aufnahme spätscholastischer
Überlegungen über verschiedene Weisen des "Am-Ort-seins" im "Großen
Bekenntnis vom Abendmahl"[54]. Neben der Ubiquitätslehre, die deutlich
als eine mögliche Weise dargestellt wird, beruft sich Luther auf die Unterscheidung der Philosophen in ein esse circumscriptive, diffinitive und repletive.

Das esse circumscriptive oder lokale Am-Ort-sein kommt dem Menschen
und allen Körpern zu, das esse diffinitive den Engeln und Geistern, aber auch
Christus nach seiner Auferstehung. Diese Weise das Am-Ort-seins genügt
auch für die Realpräsenz [55]. Das esse repletive eignet allein Gott und aufgrund der Ubiquität auch Christus [56]. Ziel der sehr breiten Ausführungen

---

[48] 23,149,15. Christus läßt sich nicht nur nicht "tappen" und greifen, sondern auch nicht "fressen und sauffen", weil er sich "ausschälen" kann
   (151,12; gegen E. Bizers Interpretation der angeführten Stelle in: EKL
   III, 1531).
[49] 19,492; 23,151; 167,15; 26,317,9; 325,20; 331,25ff; 338,12.
[50] 19,493,1ff.
[51] 23,151,15f.
[52] 19,492; 23,147,24.
[53] 23,151,30ff.
[54] 26,327ff. Die Verwendung der Raumbegriffe in der Lehre von der Realpräsenz in der scholastischen Tradition und die Art ihrer Übernahme
   durch Luther ist ausführlich dargestellt bei H. Hilgenfeld, Mittelalterlich-traditionelle Elemente 183-232.
[55] 26,329,20ff; 336,5.
[56] 26,332; 336; 340. Die Ubiquitätslehre ist damit ein Teil der Christologie, aber nicht mehr der Abendmahlslehre. Zur Auseinandersetzung
   Luthers um die Christologie mit Zwingli vgl. H. Hilgenfeld, aaO. 348-
   368; H. Graß, Die Abendmahlslehre 68ff.

Luthers ist es, mit allen angeführten Beispielen zu zeigen, "das man sehe, das wol mehr weise sind, ein ding etwo zu sein denn die einige begreiffliche leibliche weise"[57]. Gott hat die Gewalt - "Und ist gegründet eigentlich ynn dem ersten artickel, da wir sagen: Ich gleube an Gott den vater allmechtigen schöpfer hymels und der erden"[58] -, Christi Leib und Blut dasein zu lassen, nicht nur auf die grobe lokale Art "wie Brot im Korb"[59]. Nachdem Luther diesen Aufweis zunächst mit der aus der Schrift erschlossenen Ubiquitätslehre versucht hat, greift er nach Zwinglis christologischem Einspruch auf die Unterscheidung der Philosophen zurück [60]. Im Marburger Gespräch beruft sich Luther allein auf die Einsetzungsworte, ohne auf die Ubiquitätslehre einzugehen [61]. Im "Kurzen Bekenntnis vom heiligen Sakrament" (1544) genügt ihm schließlich gegen die von den Gegnern ihm unterstellte "inclusio localis"[62] der Hinweis, "das Christus Leib nicht sey Localiter im Sacrament, sondern definitive, das ist, Er ist gewislich da, nicht wie stro im sack, Aber doch leiblich und wahrhafftig da"[63].

Letzter Grund aber für das Ja zur Realpräsenz bei allen gegnerischen Einwürfen bleibt der Hinweis auf "der gleichen sprüche: 'Was Gott redet, das kan er thun'. Item: 'Gott kann nicht liegen'..."[64].

c) Person oder Substanz

Es ist eine Streitfrage, ob Luther mit "Leib und Blut Christi" eine Gegenwart der Person Christi, des totus Christus oder nur der "himmlischen Substanzen" im Blick hatte [65]. H. Graß kommt zu dem Ergebnis, daß Luthers Ablehnung der Konkomitanzlehre und der enge Anschluß an den Wortlaut der Abendmahlsworte eine Substanzgegenwart [66], die christologische Begründung der Realpräsenz durch die Ubiquitätslehre aber eine Personge-

---

[57] 26,329,34.
[58] 23,153,12.
[59] 23,145,23; 26,340,5; 429,28.
[60] So H. Hilgenfeld, aaO. 225.
[61] 30 III 130f.
[62] 30 III 136ff; 54,153,10ff.
[63] 54,153,26ff.
[64] 54,157,20.
[65] Siehe dazu: H. Graß, Die Abendmahlslehre 45-86; E. Kinder, Realpräsenz und Repräsentation 886f; ders. ; Die Gegenwart Christi im Abendmahl 40ff; A. Peters, Realpräsenz 105-113; P. Althaus, Luthers Abendmahlslehre 28-42; ders. Die Christliche Wahrheit 582ff; E. Sommerlath, Das Abendmahl bei Luther 125-130; J. Grünewald, Zur Ontologie der Realpräsenz; U. Asendorf, Zur Frage der materia coelestis; S. Hausammann, Realpräsenz in Luthers Abendmahlslehre.
[66] Graß, aaO. 45-57.

genwart nahelege [67], und man deshalb von einem "eigentümlichen Hiatus" bei Luther sprechen müsse [68]. H. Gollwitzer betont gegen eine falsche Personalisierung der Abendmahlsgabe: "um Sachen geht es hier ... ein 'Es' wird gereicht, nicht eine 'Du' begegnet"[69].

Luther behauptet bis etwa 1521 trotz des Kampfes gegen die communio sub una specie ganz deutlich die Konkomitanz [70], lehnt dann aber Spekulationen darüber ab [71] und wendet sich schließlich gegen die Lehre der Konkomitanz, vor allem als einer theologischen Rechtfertigung der communio sub una [72]. Er kann aber daneben auch die Konkomitanzlehre zugestehen, wenngleich ihre Indienstnahme für die Unterdrückung des Laienkelches gegen Christi Befehl und Ordnung ist [73].

Die von H. Graß aus den Schriften des Abendmahlsstreites angeführten Stellen, die von "Stücken der Person" [74] in Gegenüberstellung zur Person Christi reden [75], dürfen nur sehr behutsam für unsere Fragestellung herangezogen werden. Mit dem Hinweis, daß Christus jeweils von Leib und Blut, also "gestücket"[76] rede, will Luther Karlstadt gegenüber klarlegen, daß die Abendmahlsberichte ein Essen und Trinken des Leibes und Blutes, nicht ein Bedenken Christi fordern, wofür eine Aufteilung in Leib und Blut nicht notwendig gewesen wäre [77]. Ebenso sei bei einer Interpretation von 1 Kor 10,16 auf eine geistliche Gemeinschaft eine Rede von Leib und Blut nicht nötig [78]. Ferner weist Luther darauf hin, daß eine Deutung von 1 Kor

---

[67] AaO. 57-86.
[68] AaO. 83.
[69] H. Gollwitzer, Die Abendmahlsfrage als Aufgabe kirchlicher Lehre 284; Ähnlich auch E. Bizer, Die Abendmahlslehre in den lutherischen Bekenntnisschriften 9f; E. Sommerlath, Das Abendmahl bei Luther 126; R. Prenter, Die Realpräsenz 308. Damit wird vor allem Position bezogen gegen eine Verdünnung der Realpräsenz Christi auf die "Anwesenheit seiner 'Persönlichkeit', von der sich die Kultteilnehmer in ihrer Phantasie ein mehr oder weniger lebendiges Bild machen" (R. Prenter, aaO. 308)
[70] 6,150ff; 7,608,26; vgl. Graß, aaO. 46f.
[71] WA Br 2,560; 11,449f.
[72] 26,606,33; 39 I 27,4; vgl. Graß, aaO. 51ff.
[73] 39 I 24,29; 25,21; 26,607,35; 50,242.
[74] 26,485,15.
[75] AaO. 51f; vgl. dazu besonders A. Peters, Realpräsenz 106f.
[76] 18,161,26.
[77] 18,161,3: "Was were es von nötten gewest, das Christus zwey mal auff sich weyset? eyn mal auff den leyb, das ander mal auffs blut. Es were gnug gewesen, das er hette gesagt: Ich byns". 161,30: "Nu ers aber scheydet, und eyns auff dem essen behellt und das ander auffs trincken sparet... mag man ja wol greyffen, Das es umb das essen und trincken dem HERRN zu thun ist".
[78] 26,495,34: "Auch wo man wolt reden von der geistlichen gemeinschafft, were nicht von nöten, das man die zwey stück, leib und blut Christi, nennet, Sondern were gnug Christum genennet".

11,27 auf ein Sündigwerden an Christus nicht richtig sein könne, da der Text von einem Sündigwerden an Leib und Blut rede [79]. Die Betonung der "Stücke der Person" steht ganz in der Linie der Beweisführung für die Realpräsenz und einer subtilen Widerlegung der gegnerischen Exegese und Argumentation [80]. Es ist also fraglich, ob sie für unsere Fragestellung herangezogen werden kann.

Daneben steht aber eine Vielzahl von Stellen, die deutlich zum Ausdruck bringen, daß im Abendmahl Christus selbst mit Fleisch und Blut gegeben werde [81], "totus Christus exhibetur" [82], daß alles, was Christus hat, dem Empfänger zu eigen werde [83], daß Christus Koch und Speise in einem sei [84].

Überblickt man beide Aussagereihen, so wird man keinen klaren Beleg dafür finden, daß mit Leib und Blut von der Person Christi zu trennende Substanzen gemeint seien. Für Luther ist im Abendmahl Christus mit Fleisch und Blut gegenwärtig, er läßt sich leiblich essen, nicht nur geistlich wie im Glauben. Für das Abendmahl legt Luther die Betonung auf Leib und Blut, aber nie so, daß diese von der Person Christi getrennt werden könnten. Eine solche Trennung, die letztlich einem verengten idealistischen Personverständnis entspringt [85], scheint überhaupt nicht in Luthers Denkhorizont

----

[79] 18,174,30: "Nu hats ja keynen schein noch grund, das man sich durch unwirdig essen am leybe des HERRN und durch unwirdig trincken am blut des HERRN sollt schuldig machen, wo nicht der leyb ym essen und das blut ym trincken were. Was war es not, das ers so eben teylet ynn zwey stuck...?" So auch 26,484f, wo es 485,7 heißt: "Denn Paulus hie nicht die person Christi, sondern den leib und blut Christi als stücke der person anzeucht", worauf Luther aber bezeichnenderweise dann aufzeigt, daß eine Verbindung mit "stücken der Person" enger ist als nur mit der Person: "Aber hie spricht S. Paulus, man sundigt an den stücken der person, als am leib und blut Christi, das ist neher und mehr denn an der maiestät odder regiment Christi" (485,15).
[80] Dies betont indirekt auch Graß, aaO. 56. Gleiches gilt für die dort ebenfalls angeführte Stelle 18,211f.
[81] 11,447,9: "Denn ich muß yhe bekennen, das Christus da dey, wenn seyn leyb und blutt da ist". Vgl. auch 11,431,11; 433,27; besonders 19,489ff; 503ff.
[82] 17 I 175f; vgl. 10 III 486f; 20,541,11.
[83] 12,485f. Siehe auch die Stellen, an denen davon die Rede ist, daß die Sakramentsempfänger "ein kuchen" mit Christus werden: unten S. 282 Anm. 27.
[84] 23,271,10.
[85] A. Peters, Realpräsenz 111; E. Kinder urteilt abschließend zu unserer Frage: "Es gibt eine gewisse Nervosität protestantischer Theologen allen ontischen Kategorien gegenüber und eine gewisse Geflissentlichkeit, bei allem immer sofort und um jeden Preis das Personale 'in Reinkultur' herauszustellen, die mehr philosophisch als biblisch begründet ist" (Die Gegenwart Christi im Abendmahl 43).

zu stehen [86]. Das Entweder-Oder gilt hier nicht, vielmehr die Einheit von Christi Gegenwart in Leib und Blut: "sub pane esse corpus Christi, sub vino sanguinem Christi viventis et regnantis"[87]. Mit Recht sagt A. Peters: "Der Opfertod Christi am Kreuzesstamm wie die Auferstehung betraf doch nicht nur die Person Christi, sondern zugleich seinen Leib; in diesem seinem geopferten wie verklärten Leibe ist er uns ... gegenwärtig"[88].

3. "Brot und Leib ins Wort gefaßt" - Wort und Realpräsenz

Grundlage und Maßstab für die Aussagen über die Realpräsenz sind für Luther die neutestamentlichen Abendmahlstexte, die aber selbst wieder in jeder Abendmahlsfeier in gegenwärtiger Verkündigung laut werden [1]. War bisher von den Abendmahlsworten in ihrer Bedeutung für die theologische Rede von Realpräsenz als Glaubensartikel ausgegangen worden, so müssen wir jetzt - zugleich in Überleitung zum nächsten Abschnitt, in dem die Realpräsenz im stiftungsgemäßen Kontext ihres Gebrauches zu betrachten sein wird - nach der Funktion der Abendmahlsworte innerhalb des Vollzugs der Sakramentsfeier fragen [2].

a) Das Wort als Konsekrationswort

In jeder Abendmahlsfeier werden die "göttliche, allmechtige, hymlische, heylige wort" gesprochen, "die Christus ym abentmal mit seynem heyligen munde selbst sprach und zu sprechen befalh"[3]. Es sind Gottes Worte, nicht Menschenworte, nicht "stinkender Odem"[4]. Sie bringen, wovon sie

---

[86] Von daher ist auch zu fragen, ob P. Althaus mit seiner dogmatischen Kritik an Luthers "substanzhaften" Verständnis (besonders: Die Christliche Wahrheit 582ff) diesem gerecht wird.

[87] WABr 2, 561, 64.

[88] A. Peters, aaO. 111. Ähnlich auch E. Schlink, Theologie der lutherischen Bekenntnisschriften 225; E. Kinder, Realpräsenz und Repräsentation 886ff; S. Hausammann, Realpräsenz in Luthers Abendmahlslehre 172.

[1] Aus den ihm wichtigen Momenten der biblischen Berichte hat Luther die Abendmahlsworte zusammengestellt, wie sie in den Katechismen angeführt werden: 30 I 222f und 389f. Ihr Verhältnis zu den biblischen Texten ist aufgeschlüsselt bei H. Chr. Schmidt-Lauber, Die Eucharistie als Entfaltung der Verba Testamenti 15-33.

[2] Zum Folgenden sei verwiesen auf: H. Hilgenfeld, Mittelalterlich-traditionelle Elemente 98ff; 108ff; J. Diestelmann, Konsekration (mit Quellenanhang); E. Kinder, Die Bedeutung der Einsetzungsworte; ders., Was geschieht im Heiligen Abendmahl?; E. Sommerlath, Das Abendmahl bei Luther 106ff; ders., Der Sinn des Abendmahls 101ff; H. Graß, Die Abendmahlslehre 86ff; V. Vajta, Theologie des Gottesdienstes 182ff.

[3] 18, 202, 8ff.

[4] 18, 206, 3.

künden [5]. "Denn wie Christus mund redet und spricht, also ist es, als
der nicht liegen noch triegen kann"[6]. Es sind Christi eigene Worte, die
er durch seine Diener spricht [7], denn er selbst hält mit uns das Abendmahl [8]. Wenn das Wort da ist, ist auch Christi Leib und Blut, er selbst,
als Inhalt dieses Wortes da [9]. "Prolatis verbis...fieret ex pane corpus
Christi"[10]. Erst beim Aussprechen, wenn das Abendmahlswort Ereignis
wird, kommt es an sein Ziel, nämlich die Gegenwart von Christi Leib und
Blut zu schaffen, von der es redet [11]. Die Funktion der Abendmahlsworte
als Konsekrationswort steht für Luther außer jedem Zweifel [12]. Durch
die Verkündigung des Wortes gibt sich Christus, wie bei der Verkündigung
durch den Engel in Mariens Schoß, so im Abendmahl in das Brot [13]. Und
wie er sich bei jeder Verkündigung durch das Wort geistlich in das Herz
des Menschen gibt, so gibt er sich im Abendmahl mit Leib und Blut leiblich
in Brot und Wein [14]. Die Worte schaffen nicht Christi Leib und Blut, sie
machen ihn gegenwärtig [15], oder - wie Luther dort, wo er von der Ubiquität Christi ausgeht, anders akzentuiert [16] -: sie offenbaren ihn, sie zeigen den Ort, wo Christus sich finden läßt, wo er sich mit Leib und Blut anbindet, um ergriffen werden zu können [17].

---

[5] 19,491,15f; 23,267,11f; 26,286,38.

[6] 30 I 224,11.

[7] 29,173f.

[8] 23,271,8.

[9] 19,490; 27,97,32: "ut sonant verba".

[10] 39 I 167,13.

[11] E. Sommerlath spricht von der "Ereignistendenz des Wortes": Das Wort
findet "im Sakrament seine Erfüllung und wird in ihm zur Tat. Das Sakrament ist das Ereignis, das das Wort meint und zu dem es drängt"
(Das Abendmahl bei Luther 110). Das Wort ist "sachbezogen" (Der Sinn
des Abendmahls 107).

[12] "Für Luther steht fest, daß das über den Elementen ausgesprochene
Wort Christi das Sakrament schafft und Leib und Blut Christi in den
Elementen wirklich gegenwärtig setzt" (J. Diestelmann, Konsekration 21
Zu Luthers Terminologie bezüglich der Konsekration vgl. V. Vajta,
Die Theologie des Gottesdienstes 185 Anm.93; für das Verständnis der
Konsekration in der früheren Periode siehe oben S.192 Anm.43. Zu
Melanchthons Leugnung der Konsekration siehe J. Diestelmann, aaO. 44f

[13] 19,490f.

[14] 19,493,1: Im Herzen ist Christus "mit dem Wort gegenwärtig, obwohl
nicht so wie hier im Sakrament, wo er seinen Leib und Blut mit dem
Wort im Brot und Wein anbindet, auch leiblich zu empfangen".

[15] 26,287 (in Aufnahme Biels, Can. Miss. Expos. 48 X). Das muß beachtet
werden, wenn man von der "schöpferischen Kraft des Wortes" spricht.
So z. B. E. Sommerlath, Der Sinn des Abendmahls 111.

[16] H. Graß, Die Abendmahlslehre 89.

[17] 23,151f; 19,492; 499; Siehe oben S. 264f.

Die Bedeutung des Wortes als Gegenwart Christi schaffendes wie auch offenbarendes umschreibt Luther seit seiner Arbeit am Katechismus mit Augustinus' Sakramentskanon: "Accedit verbum ad elementum et fit sacramentum"[18]. Das Wort, das zu Brot und Wein hinzutritt, können wir hier in einem ersten Schritt als die Verheißung "Das ist mein Leib" bestimmen[19]. Der weiteren inhaltlichen Auffächerung des Wortes werden wir im folgenden nachzugehen haben.

Tritt das Wort zum Brot, so faßt es, wie Luther wohl im Bild vom Ring[20] wiederholt sagt, das Brot zum Sakrament [21]; das Brot ist ins Wort gefaßt [22] und ist darum nicht mehr nur Brot, sondern, wie das Wort sagt, Leib Christi [23]. Damit ist nun aber Christi Leib nicht mehr bestätigendes Zeichen für die Verheißung der Sündenvergebung, die im Wort ergeht, sondern eben Inhalt des Wortes der Verkündigung selbst [24]. Weil das Brot in das Wort "Das ist mein Leib" gefaßt ist, sind Leib und Wort nicht zu trennen [25]. "Corpus Christi hat das Brot an"[26].

---

[18] Das Augustinuswort (In Ioann. Ev. 80, 3 - CChr 36, 529, 5) hatte Luther schon früher angeführt, war aber dabei vor allem an dessen Fortsetzung: "non quia dicitur, sed quia creditur" interessiert (Vgl. 2, 15, 28; 7, 102, 11; 325, 32; siehe dazu oben S. 99). Seit den Katechismusarbeiten wird es für das Zueinander von Wort und Element in Taufe und Abendmahl herangezogen: Abendmahl: 30 I 24, 5; 53, 13; 117, 14. 35; 223, 30; 30 III 121, 2; 38, 239, 16; 39 I 142, 4; 47, 219, 13; Taufe: 30 I 115, 12; 214, 15; 37, 634, 3; 50, 241, 11. Die Wertschätzung des Augustinuswortes spricht sich in Luthers Urteil aus: "Dieser spruch S. Augustin ist so eigentlich (=treffend) und wol gered, das er kaum ein bessern gesagt hat" (30 I 223, 32). Vgl. auch K. H. zur Mühlen, Zur Rezeption der Augustinischen Sakramentsformel.

[19] 29, 171f. Die Charakterisierung des Abendmahlswortes als "Verheißung der den Menschen angebotenen Gegenwart Christi durch das Wort" (V. Vajta, Die Theologie des Gottesdienstes 182) ist zu ungenau, weil darin die für Luther eindeutige Bezogenheit des Wortes auf das Element und den darin gegenwärtigen Leib Christi zu wenig zum Ausdruck kommt.

[20] E. Sommerlath, Der Sinn des Abendmahls 118.

[21] 26, 479, 3.

[22] 30 I 24; 122, 11ff; 223.

[23] 30 I 24, 11: "Itaque binde zu samen verbum ad elementum, tum fiet panis talis, und was die wort lauten, das wirds sein". 24, 22: "Sed panis mit dem wort gefasst ist nutz und ist nicht mher schlecht brod des worts halben".

[24] Vgl. dazu H. Graß, Die Abendmahlslehre 86ff; E. Sommerlath, Der Sinn des Abendmahls 101ff.

[25] 23, 267, 26; Wort und Glaube auf der einen, Realpräsenz auf der anderen Seite kann man nicht trennen, schreibt Luther an Gregor Casel: "Apud nos verbum et fides sine re, in qua nituntur, non sunt, cum ipsa verba involvant sententiam istam, an sit corpus et sanguis ibi" (WABr 3, 604, 24). Vgl. auch 30 I 122 Nachschrift N: "Eucharistia est Panis et vinum verbo coniunctum, mutatum (!) in corpus et sanguinem Christi".

[26] 30 I 53, 24.

Kraft der Worte ist das Brot Christi Leib [27], ohne Worte freilich ist es nur Brot. "Das ist wol war, wenn du das wort davon thuest odder on wort ansihest, so hastu nichts denn lauter brod und wein, wenn sie aber dabey bleiben, wie sie sollen und müssen, so ists lauts derselbigen warhafftig Christus leib und blut"[28].

b) Das Wort als Wiederholungsbefehl

Die Wirkkraft der Abendmahlsworte auf die Elemente Brot und Wein gründet nicht in der Gewalt des Spenders, es ist nicht menschliches Wort, sondern Christi Wort, das er zu sprechen befohlen hat [29]. Die Einsetzung des Abendmahles durch Christus, die fortwährende Ausführung seines Befehls zur Wiederholung und damit der "Stiftungszusammenhang"[30] heutiger Abendmahlsfeier mit dem Abendmahl Jesu begründen die Gegenwart Christi in der Feier der Kirche [31]. Nur der Gehorsam gegen Christi Befehl legitimiert zur Wiederholung der Abendmahlsworte. Erst der Wiederholungsauftrag bei Lukas und Paulus macht uns Heutige der Realpräsenz gewiß [32].

Hatte Zwingli für das Abendmahl Jesu noch die Möglichkeit einer Realpräsenz zugestanden, so lehnte er sie für die kirchliche Wiederholung ab [33]. Im Abendmahl Jesu war das Wort "Das ist mein Leib" zwar ein "thettel-(=Tat)wort", aber heute ist es nur noch Bericht, weil kein "heissel-(=Befehls)wort" vorliegt, "daß aus meinem Wort sein Leib werde"[34]. Luther wehrt sich dagegen, das Thettelwort "Das ist mein Leib" zu trennen von den Heisselworten "Nehmet, Esset, Das tut zu meinem Gedächtnis!". Vielmehr ist das Thettelwort ins Heisselwort "eingeleibet" und eingefaßt [35] und wird

[27] 19,491: "Denn sobald Christus spricht: "das ist mein Leib", so ist sein Leib da durch Wort und Kraft des heiligen Geistes". Ebenso 23,83,12; 30 I 224.
[28] 30 I 224,8; vgl. auch 19,491; 30 I 23,34; 117,7. Dahinter steht sicher das Augustinuswort "Detrahe verbum et quid est aqua nisi aqua" aus dem Anm. 18 angeführten Text.
[29] 18,202,10; 212,27; 167ff; 26,282ff; 30 I 223.
[30] E. Kinder, Die Bedeutung der Einsetzungsworte 11; P. Brunner, Vom heiligen Abendmahl 186.
[31] A. Peters, Realpräsenz 100: "Christi Einsetzung ist alleinige Norm für den Vollzug des Sakramentes, seine Einsetzung ist ausschließlicher Grund der Realpräsenz".
[32] 26,473,10: "wo nicht Lucas und Paulus weren, so künden wir dis sacrament nicht haben".
[33] So nach Luthers Referat 26,282ff. Zu Zwinglis Verständnis vgl. H. Hilgenfeld, Mittelalterlich-traditionelle Elemente 123ff.
[34] 26,282,25.
[35] 26,283,31: "Dazu obgleich diese wort 'Das ist mein leib' an yhn selbs thettel wort weren..., So sind sie dennoch eitel heisselwort, weil sie ynn heisselwort eingeleibet und gefasset werden. Denn ich hoffe war-

darum selbst zu einem Heisselwort, d.h., weil in Christi Befehl das Konsekrationswort gesprochen wird, schafft heutiges Abendmahlswort das gleiche
wie Christi Wort im Abendmahl.

> "Wenn wir seiner einsetzunge und heissen nach ym abendmal sagen
> 'das ist mein leib', So ists sein leib, nicht unsers sprechens odder
> thettel worts halben, sondern seines heissens halben, das er uns also
> zu sprechen und zu thun geheissen hat und sein heissen und thun an
> unser sprechen gebunden hat"[36].

Der Sakramentsspender spricht das Wort nicht aus eigener Vollmacht und
Kraft [37], sondern im Gehorsam gegen Befehl und Ordnung Christi [38].

> "Gehets doch auch jnn den Creaturn also zu, Das unser thun odder
> werck nichts schaffet sondern allein Gottes befelh und ordnung...
> Also gehets hie mit den Sacramenten auch: Wir thun wasser und
> wort zusammen, wie er uns gebeut, Aber solch unser thun machts
> nicht zur Tauffe Sondern Christus befelh und ordnung. Wir thun nach
> seinem gebott, brod und wein zum wort Christi, Aber solch unser
> thun wandlets nicht, Sondern Christus wort und ordnung"[39].

Der Spender ist nur der Mund Christi [40], er spricht an Christi statt. Darum hat er auch nicht mehr Gewalt als Maria oder die Heiligen [41], er
vollzieht nur den Dienst der Verkündigung des Wortes, das Gottes Wort ist.
"Minister bindet Gottes wort an das brot"[42]. Selbst ein Esel oder gar der
Teufel könnte Gottes Mund sein, es bleibt Gottes Wort [43]. Wo es im Vollzug seines Befehls nachgesprochen wird, ist Christi Leib und Blut da. "Das
brod und wein Christus leib und blut werde, ist nicht unsers thuns, spre-
chens noch wercks, viel weniger des Cresems (=Chrisam der Priesterweihe)
odder Weyhe schuld, sondern es ist Christus ordnung, befelh und einsetzung
schuld"[44]. Weil es Wort Gottes selbst ist, auf dem das Sakrament steht [45],

---

lich auch, Ja, ich weis fur war, das alle Christen schuldig sind aus der
einsetzunge und gebot Christi, solche wort ym abendmal zu sprechen".
284,1: "Wenn aber die thettel wort also ynn heissel wort gefasset sind,
So sinds nicht mehr schlechte thettelwort, sondern auch heissel wort,
denn es geschicht auch alles, was sie lauten, aus krafft der göttlichen
heisselwort, durch welche sie gesprochen werden".

[36] 26,285,14ff.
[37] 30 I 23,39; 24,7; 38,234; 238.
[38] 30 I 24,10; 29,171f.
[39] 38,242,4f.21ff.
[40] 29,176; 30 III 121f.
[41] 29,175; 38,234; 238; 240.
[42] 30 I 117,13.
[43] 29,174,1; 18,202,10; 38,240,35.
[44] 38,240,1ff.
[45] 29,174,9: "Deus hat sua sacramenta auff sich selbs et verbum suum
gegrundet und auff seine verheissung".

kann die Tatsache der Realpräsenz nicht abhängig gemacht werden von der
Heiligkeit oder dem Glauben des Spenders, noch von der Würdigkeit oder
dem Glauben des Empfängers. Gottes Wort garantiert die Tatsache der
Gegenwart Christi [46]. Immer wieder betont Luther die Objektivität der
Sakramentsgegenwart, unabhängig von jeder subjektiven Beschaffenheit
derer, die damit zu tun haben.

> "Daher ist nu leicht zuantworten auff allerley frage, damit man sich
> itzt bekümert, als diese ist, ob auch ein böser Priester künde das
> Sacrament handlen und geben, und was mehr des gleichen ist. Denn
> da schliessen wir und sagen: Ob gleich ein bube das Sacrament nimpt
> odder gibt, so nimpt er das rechte Sacrament, das ist Christus leib
> und blut, eben so wol als der es auffs aller wirdigst handlet. Denn
> es ist nicht gegründet auff menschen heiligkeit, sondern auff Gottes
> wort... Denn umb der person odder unglaubens willen wird das wort
> nicht falsch, dadurch es ein Sacrament worden und eingesetzt ist"[47].
> "Abusus endert nicht verbum dei"[48].

Wäre das Sakrament auf die Person des Spenders gestellt, so gäbe es keine
Gewißheit [49]. Die antidonatistische Erkenntnis von der Gültigkeit der Sakramente ex opere operato ist von Luther voll übernommen, wenn er auch
die Begrifflichkeit - weil falsch verstanden - ablehnt [50].

---

[46] 26,287f; 506,21ff.
[47] 30 I 224,13ff; Aus der Vielzahl der Stellen: 18,195,2; 26,287f; 506; 29,
173-177; 30 I 26,12ff; 118,2ff; 38,241ff; 267f. Zur Objektivität der Sakramentsgegenwart siehe E. Sommerlath, Der Sinn des Abendmahls
18-22; "Wenn irgendwo, so sah Luther die Befreiung vom Ich im Abendmahl erfüllt" (aaO. 18).
[48] 30 I 118,6; 38,235,12; 265,30.
[49] 26,288,17: "...denn solchs hat Christus alles ynn sein wort und nicht
ynn menschen heilickeit gestellet, auff das wir des worts und der sacrament sicher möchten sein".
[50] Ganz deutlich wird dies in der Beschreibung des opus operatum gegenüber der Wirksamkeit der Sakramente aus Kraft der Worte und des
Befehls Gottes in 38,238ff: Die Papisten geben vor, "als seien sie die
leute, so das Sacrament machen odder Wandlen, quasi ex opere operato,
das ist, Sie rhümen sich solcher gewalt, das aus krafft jres Cresems
odder Weyhe, durch jr sprechen, uber das brod und wein, als bald der
leib und blut Christi... da sein musse" (238,13); "Dieser befelh und
einsetzung, die thuts, die machen, das wasser und Wort eine Tauffe
ist, Unser werck odder thun ex opere operato thuts nicht" (239,20);
"Solche seine ordnung und nicht unser thun odder opus operatum macht
die Tauffe" (239,26); "Wir thun nach seinem gebott, brod und wein zum
wort Christi, Aber solch unser thun wandlets nicht, Sondern Christus
wort und ordnung" (242,24).

Das Wort, das zum Element tritt, beinhaltet nicht nur die Verheißung "Das ist mein Leib", sondern auch den Befehl: "Solches tut zu meinem Gedächtnis!". Das Wort ist promissio und praeceptum [51].

Um die Unabhängigkeit der Tatsache, nicht des heilshaften Gebrauchs [52] der Realpräsenz von jeder subjektiven Disposition des Menschen zu sichern, weil die Tatsache der Realpräsenz allein auf dem Wort und Befehl Gottes steht, genügt Luther nicht mehr jene frühere Aufnahme des Augustinussatzes: "Accedit verbum ad elementum et fit sacramentum, non quia fit, sed quia creditur". Solches gilt nur im Blick auf den Gebrauch, nicht auf die Gegebenheit der Realpräsenz: "Haec ratio est a posteriori. Nos habemus meliorem, scilicet a priori, non quod fit, sed quod sic est institutum a Christo Domino"[53]. Das im Gehorsam an und im Vollzug von Christi Befehl gesprochene Wort garantiert und ermöglicht die sakramentale Gegenwart Christi unabhängig vom Glauben des Spenders und des Empfängers.

c) Das Wort als Angabe des rechten usus

Die Aussage von der Objektivität der sakramentalen Gegenwart Christi erfährt aber eine Einschränkung und damit verbunden der Inhalt des Befehls Christi eine Ausweitung in Luthers Stellungnahme zur Tatsache der Realpräsenz in der römischen Winkel-(Privat)-Messe und in den Abendmahlsfeiern der Zwinglianer.

In der Schrift "Von der Winkelmesse und Pfaffenweihe" (1533) bekennt Luther seine Zweifel, ob in der Winkelmesse wirklich das Sakrament gereicht werde [54]. Die Priesterweihe geschah im Verständnis Luthers nicht zum Pfarramt, sondern nur zur Winkelmesse [55], diese aber ist gegen die Meinung und Ordnung Christi. Denn die Privatmesse ohne Beteiligung der Gläubigen, die Privatkommunion des Priesters ohne Austeilung des Sakramentes, an deren Stelle Opfer und Werk, sind gegen die Meinung Christi, die er mit der Einsetzung des Sakramentes verbunden hatte [56]. Die Privatmesse ist eine Erfindung des Antichrist [57]. Damit wurde dem Sakrament

---

[51] 29,173f; 30 I 24,31; 39 I 142; vgl. auch die Aussagen über den Wiederholungsbefehl generell: 26,287; 291f; 473; 38,244,17ff.

[52] 30 I 26,16ff.

[53] WATi 1,321 Nr. 677; ähnlich 39 II 160,4ff.

[54] 38,197ff: Disputation mit dem Teufel. Der geäußerte Zweifel brachte Luther den Vorwurf ein, er lehre zwinglianisch. Er verteidigt sich dagegen in "Brief D. M. Luthers von seinem Buch der Winkelmesse": 38,262-72. Vgl. ferner die Ablehnung der Realpräsenz in der Privatmesse in der Disputation "Contra missam privatam": 39 I 138,15; 142,9ff; 144,18ff.

[55] 38,221.

[56] 38,198f; 224f.

[57] 38,219,32: "Inn solcher Meinung der kirchen sind auch die Winckel messen auff komen, gehalten, umb geld verkaufft und mit geteilet als menschen werck und opffer. Aber wie sollen sie an jhenem tage bestehen,

seine Kraft genommen, wurde es verwüstet [58]. Hier hilft auch kein Rückgriff auf die Intention der Kirche, denn deren Intention kann nicht gegen die Intention Christi gerichtet sein [59].

Hier geht es nicht mehr nur um Mißbrauch, hier ist das Wesen des Sakramentes aufgehoben. "Ipsa substantia institutionis Christi sublata est, die wesentlich ordnung und einsetzung Christi nemen sie weg"[60]. Darum sind auch die Bezeichnung Messe und Sakrament weit auseinanderzuhalten: "Messe ist, wenn ich das Sacrament Gotte opffere fur mein und anderer sunde, als ein werck von menschen...Sacrament ist, wenn ich vom Priester empfahe den leib und blut unsers Herrn Jhesu Christi"[61]. Die Realpräsenz ist aber überall dort gegeben, wo das Abendmahl nach dem Befehl und in der von Christus intendierten Ordnung gefeiert wird. "Wenn er (= der Pfarrer) Messe helt, so mercke mit vleis diesen unterscheid: So fern er die ordnung und einsetzung Christi helt, da zu das Sacrament auch andern reicht und gibt, so wisse, das da gewis Christus leib und blut ist um Christus ordnunge willen"[62].

Zum Befehl und zur Ordnung Christi gehört also auch das "Nehmet, Esset, Trinket!". Luther hat das deutlich gemacht in einer undatierten Aufzeichnung über den Satz "Accedit verbum..."[63]. Gegen ein falsches Verständnis des Augustinuswortes, das nur auf die Konsekration, nicht aber darauf achtet, was mit den Sakramentsgaben stiftungsgemäß geschehen soll [64], betont er, daß Augustinus mit seinem Satz nicht nur das Promissiowort "Hoc est corpus meum", sondern ebenso das "mandatum de accipiendo et manducando pane" im Auge hatte [65]. Realpräsenz gibt es nur innerhalb dieses "legitimus usus iuxta Christi institutum"[66]. Nur wo das Abendmahl gefeiert wird mit der Absicht, das Sakrament auszuteilen und zu empfangen, ist der

wenn die heilige Kirche sich offenbarlich wird hören lassen, das sie von solcher Meinung nie nichts gewust habe, sondern sey eine lesterliche lügen des Endchrists?"

[58] 38,225; 245; 265f.
[59] 38,202f; 215ff.
[60] 38,235,17ff.
[61] 38,267,28.
[62] 38,244,8ff.
[63] WABr 12,399ff. Nach K.H. zur Mühlen, Zur Rezeption 72, am ehesten nach 1530 anzusetzen.
[64] Ein falsches Verständnis des Augustinuswortes habe zu dem Irrtum geführt: "quam primum sacrificulus praesentibus pane et vino verba coenae recitavit, statim oportet adesse corpus et sanguinem Christi. Porro ut debitus honor Christo tribuatur, includendus est ille panis in domum arctam, ne fiat esca vermium et murium, ac postea hominibus adorandus" (aaO. 400,5).
[65] "Ut igitur hi errores vitentur, sciamus Augustinum non tantum loqui de pronunciatione verborum Christi, Sed multo magis amplecti mandatum de accipiendo et manducando pane" (aaO. 400,12).
[66] 400,25.

volle Befehl Christi gewahrt [67]. In Folge davon hat Luther auch nie den wirklichen Empfang von Christi Leib und Blut in der katholischen Messe bestritten, sofern sie innerhalb der Ordnung Christi gefeiert wird [68]. Wird aber die Konsekration in der Messe nur zu dem Zweck vollzogen, die konsekrierten Elemente in Prozessionen umherzutragen oder im Tabernakel anzubeten, so verstößt dies gegen den "legitimus usus iuxta Christi institutum". Eine Realpräsenz in Sakramentsprozessionen und im Tabernakel lehnt Luther deshalb, weil "extra usum", ab [69].

"Extra usum" heißt aber für ihn nicht "extra sumptionem", so daß Realpräsenz nur zum Zeitpunkt des Empfangs oder gar nur kraft desselben bestände [70]. Die Dauer der Realpräsenz [71] reicht nach Luthers eindeutigen Zeugnissen von der Konsekration [72] bis zum vollständigen Verzehr der sakramentalen Speise. Innerhalb dieser Zeit ist auch die Elevation [73] und eine Anbetung wenn auch nicht geboten so doch sinnvoll und zugelassen [74]. Reichen die konsekrierten Elemente bei der Austeilung nicht aus, so ist eine Nachkonsekration erforderlich [75]; bleiben Elemente übrig, so sollen sie vollständig verzehrt oder bei Ungenießbarkeit verbrannt werden, um "ängstliche und gefährliche Fragen" über die Dauer der Realpräsenz gar nicht erst aufkommen zu lassen [76]. Eine Krankenkommunion will Luther damit nicht ausgeschlossen haben [77].

Luther tadelt aufs schärfste die Praxis, die reliquiae sacramenti zu den

---

[67] Im gleichen Sinn auch die Konkordienformel: BSLK 1001.
[68] Vgl. H. Graß, Die Abendmahlslehre 114.
[69] 39 II 147,29: "Quandocumque sacramentum transfertur ad usum alium extra institutum, non est sacramentum".
[70] Vgl. dazu H. Graß, Die Abendmahlslehre 114; E. Kinder, Was geschieht im Heiligen Abendmahl 168; Zum Verständnis Melanchthons siehe J. Diestelmann, Konsekration 44-51.
[71] Die Frage nach der Dauer der Realpräsenz und der Behandlung der reliquiae sacramenti kann hier nur kurz angesprochen werden. Ausführlichere Darstellungen mit weiteren Belegen bei: H. Graß, Die Abendmahlslehre 112-121; J. Diestelmann, Konsekration 31-36; 52-56; E. Kinder, Was geschieht im Heiligen Abendmahl 167ff; ders., Die Bedeutung der Einsetzungsworte 22ff; W. Schanze, Die Konsekrationspraxis, bes. 36-44; A. Peters, Realpräsenz 92ff; H. Meyer, Luther und die Messe 344ff; 371ff.
[72] 30 I 53,23; 19,491,13.
[73] Siehe oben S. 181.
[74] 11,449,27f; 39 I 170,1; 54,164,13ff; WATi 5 Nr. 5665; vgl. dazu A. Peters, aaO. 93f. In der These 15 gegen die Löwener Artikel spricht Luther aber vom "sacramentum venerabile et adorabile" (54,426).
[75] WABr 10 Nr. 3762.
[76] WABr 10 Nr. 3888.
[77] 10 II 31; WATi 5 Nr. 5314; J. Diestelmann, aaO. 36; C. Wislöff, Abendmahl und Messe 150 Anm. 22; 154 Anm. 37.

unkonsekrierten Elementen zurückzugeben [78]. Über ihn selbst werden Verhaltensweisen gegenüber verschüttetem Wein berichtet [79], die in aller Deutlichkeit sein "massiv realistisches Verständnis der Realpräsenz"[80] bekunden.

Realpräsenz Christi ist überall dort gegeben, wo das Abendmahl innerhalb des rechten usus, des Stiftungswillens Christi vollzogen wird. Diesen geben die Abendmahlsworte: "Nehmet" und "Esset/Trinket" an. Das Wort, das zum Element hinzutreten muß, sehen wir nun in dreifacher Bedeutung: Es ist die promissio "Das ist mein Leib" und der zweifache Befehl "Nehmet, Esset" und "Solches tut"[81].

Wie bei der Winkelmesse die grundverkehrte Ordnung die Substanz des Sakramentes zerstört, so im Abendmahl der Zwinglianer der falsche Glaube. "Apud Schwermeros Satan non solum usum aufert Sacramenti sed totum Sacramentum"[82]. Das scheint im klaren Widerspruch zu stehen zu Luthers sonstiger Behauptung der Realpräsenz unabhängig vom Glauben des Spenders. Für Luther gehört aber zum Gehorsam gegen Christi Befehl auch jene "fides historica"[83] an die Realpräsenz, welche die römische Kirche immer festgehalten hat. Bei den Schwärmern aber wird mit der grundsätzlichen Leugnung der Realpräsenz dem Sakrament jeder Grund entzogen. "Nu aber die schwermer gleuben, Es sey eytel brod und wein da, so ists gewislich also, wie sie gleuben, so haben sie es"[84]. Weil bei den Schwärmern kein Sakrament ist, muß man sich von ihnen trennen, wenn man um ihre Lehre weiß, oder sie zwingen, ihre Lehre klar zu bekennen, wie Luther im offenen "Brief an Die zu Frankfurt" (1533) fordert [85].

---

[78] Es geht um die Fälle des Eislebener Pfarrer Wolferinus und des Kaplans Besserer aus Weida. Siehe dazu vor allem J. Diestelmann, Konsekration 32ff; 54f; G. Kawerau, Der Streit über die Reliquiae Sacramenti in Eisleben 1543.

[79] Siehe H. Graß, Die Abendmahlslehre 120 Anm. 1; W. Schanze, Die Konsekrationspraxis 31; A. Peters, Realpräsenz 92; H. B. Meyer, Luther und die Messe 373f.

[80] H. Graß, aaO. 118.

[81] Ab 1529 wird dann in dem "Hoc facite" vor allem die Aufforderung zum Sakramentsempfang als Gebot Gottes gesehen: z. B. 30 I 228, 7-10.

[82] 27, 99, 7.

[83] 17 I 175, 17.

[84] 23, 254, 9ff; vgl. auch 30 III 559 und die weiteren Belege bei A. Peters, Realpräsenz 102.

[85] 30 III 560ff; A. Peters, aaO. 103f, führt zwei "seelsorgerliche" Aussagen Luthers an, in denen er auch für eine Realpräsenz bei offenkundiger Abendmahlshäresie des Spenders eintritt, wovon aber der gläubige Empfänger nichts wisse: Der Glaube setze die Realpräsenz: WATi 4, 703, 5 und WABr 11, 259, 10. Doch steht solchen Stellen Luthers klare Aussage gegenüber: "Ein gülde (=Gulden) bleibt ein gülde auch jnn des diebes und reubers hand, wenn er selbs nur ein rechter gülde ist, nach des Kö-

d) Das Wort als Zusage

Abschließend ist noch auf eine vierte inhaltliche Bestimmung des Wortes, das zum Element tritt, hinzuweisen. Das Wort als promissio verkündet nicht nur "Das ist mein Leib", sondern - was Luther immer das Wichtigste war - [86] ebenso "der für euch hingegeben wird zur Vergebung der Sünden". "Duo autem in his verbis nos docet: 1. Hic esse corpus et sanguinem Christi etc. 2. illa nobis donata"[87]. Im Großen Katechismus heißt es von Leib und Blut Christi als dem Schatz des Abendmahles: "Doch wie gros der schatz fur sich selbs ist, so mus er ynn das wort gefasset und uns gereicht werden, sonst würden wirs nicht können wissen noch suchen"[88]. Die promissio "für euch" ist Luther zeitlebens das Hauptstück gewesen, denn erst der Glaube, der sich dieser Verheißung verdankt, und der den gegenwärtigen Leib als Geschenk annimmt, wie ihn das Austeilungswort "für euch" anbietet, ermöglicht den heilsamen Sakramentsempfang. Davon wird im nächsten Abschnitt ausführlicher zu reden sein. Hier geht es darum, die vierfache Funktion des Sakramentswortes deutlich zu sehen. Die Verheißung "Das ist mein Leib" bezieht sich mehr auf das Element, bezeichnet den terminus a quo, die Verheißung "für euch" spricht zum Empfänger, bezeichnet den terminus ad quem [89], zeigt die "dienstbezogene"[90] Verbindung von Brot und Christi Leib. Erst im Empfang der Sakramentsgaben kommt das Wort in seinem vollen Inhalt ans Ziel. Das Wort ist Konsekrationswort und Zusagewort [91], es bringt das, wovon es redet, dem zum Heil, der sich dem Wort glaubend öffnet. Das Wort als Zusage "für euch" faßt den Leib Christi wie ein Ring ein. "Da stehen Gotts wort 'Das ist mein leib', die fassen, begreiffen und geben uns den Leib Christi" [92]. Erst wo der Leib Christi in das Wort "für euch" gefaßt uns vorgetragen wird, kann es zum heilsamen Nutzen im glaubenden Empfang kommen. "Ym abendmal wird uns das wort gegeben, da Christus leib, fur uns gecreutzigt, wird eingefasst,

---

niges oder Fürsten müntze geschlagen, Ist er aber ein falscher gülde, wider des Königes ordnung geschlagen, so wird er nimer mehr kein rechter gülde, wenn gleich der König selbs oder gleich der Engel Gabriel damit keuffen wolt" (38,266,12ff). Vgl. dazu auch H. Graß, Die Abendmahlslehre 114, und H. Hilgenfeld, Mittelalterlich-traditionelle Elemente 139ff.

[86] 12,476ff; 17 I 171; 173ff; 19,503f; 27,97,33 ("praecipua pars"); 30 I 224ff.

[87] 17 I 173,10.

[88] 30 I 225,33; vgl. 30 I 53,23.

[89] E. Kinder, Die Bedeutung der Einsetzungsworte 22ff.

[90] E. Kinder, Was geschieht im Heiligen Abendmahl 161.

[91] J. Diestelmann, Konsekration 42; E. Kinder, Was geschieht im Heiligen Abendmahl 166; H. Graß, Die Abendmahlslehre 101: "Das Wort ... konstituiert und appliziert die Realpräsenz".

[92] 23,259,12ff.

das er da sein sol leiblich zu essen, Und sol solch essen nützen zur vergebung der sunden, wie die wort lauten"[93].

Der Doppelfunktion des Wortes als promissio entspricht eine Doppelfunktion
als Befehl. Das "Solches tut" ermöglicht die wiederholte Feier des Abendmahles und bindet Christi eigene Worte an unser Sprechen. Das "Nehmet,
Esset" stellt die heutige Abendmahlsfeier in den vollen Stiftungszusammenhang mit seiner Einsetzung. Nur innerhalb der stiftungsgemäßen Ordnung
wird der Befehl Christi im rechten Gehorsam ausgeführt.

So läßt sich das Wort, das zum Element hinzutritt, aufgliedern in:

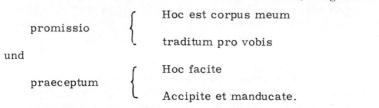

Gottes Wort, das der Sakramentsspender an das Brot bindet, faßt das Brot
zum Leib Christi und bietet diesen, wiederum ins Wort gefaßt, dem Empfän-
ger "für dich" an. Dieses Wort ist nochmals eingefaßt in das Stiftungswort
"Nehmet und esset" und "Solches tut" kraft dieses Befehls. Nicht immer
wird das Wort so differenziert ausgefächert, wie es hier dargestellt wurde.
Aber drei Dinge nennt Luther als für das Sakrament unerläßlich: Element
(Brot und Wein), Verheißungswort (Das ist mein Leib für euch) und Mandat
(Einsetzung und Befehl) [94].

II. Der heilsame Gebrauch des Sakramentes

In der antirömischen Auseinandersetzung hatte Luther immer wieder um
den rechten Gebrauch des Sakramentes gefochten. Nicht die Gegenwart von
Christi Leib und Blut an sich war Gegenstand des Interesses, sondern der
Glaube als der heilsame Gebrauch des Abendmahles. Gegen eine isolierte
Betrachtung der Realpräsenz (Anbetung, Fronleichnamsprozession), wie
gegen ihren Mißbrauch (Opfer des Menschen, gutes Werk) betonte Luther
den Glauben, der die in den Abendmahlsworten zugesagte Sündenvergebung
als Mitte und Ziel der Abendmahlsfeier empfangend entgegennimmt. Christi
Leib und Blut kam in dieser Phase vor allem die Rolle eines vergewissernden Pfandes zu.

Die antischwärmerische Front rückte die Realpräsenz selbst in den Mittelpunkt des Streites und des theologischen Interesses. Dennoch bleibt auch
in dieser Zeit der Gebrauch des Sakramentes das Hauptanliegen. Luther
geht es auch in dieser Zeit nie um eine isolierte Betrachtung der Realprä-

---

[93] 23,261,2 0ff; vgl. auch 30 I 225,33ff.
[94] 29,171f; 39 I 142.

senz, wenngleich die Beweisführung für die Tatsache der Realpräsenz in den Streitschriften den weitaus größeren Raum einnimmt. Aber auch dort und besonders in den Predigten und Katechismen verweist Luther immer wieder auf den Gebrauch. Es gnügt nicht, um das obiectum fidei zu wissen [1], an die Realpräsenz an sich zu glauben [2]. Es ist nötig zu wissen, warum und wozu Christus im Abendmahl da ist [3]. Gerade im Wissen um die "Dienstbezogenheit" der Realpräsenz [4] hat Luther diese gegen alle Versuche einer Abschwächung mit "fast an Fanatismus streifender Zähigkeit"[5] verteidigt.

Im Großen und Kleinen Katechismus behandelt er das Abendmahl in drei Punkten: was es sei, was es nütze, wer es empfangen soll [6]. Das Sakrament an sich selbst [7], sein Wesen [8] (substantia [9], natura [10]) ist "der ware leib und blut des Herrn Christi ynn und unter dem brod und wein durch Christus wort uns Christen befohlen zu essen und zu trincken"[11]. Die "Kraft und der Nutzen"[12] (virtus, utilitas) [13] des Sakramentes ist die Vergebung der Sünden, der rechte Gebrauch (usus) geschieht im Glauben [14]. Dazu kommt in manchen Predigten als vierter Punkt der Hinweis auf die Gemeinschaft der Sakramentsteilnehmer als "Frucht" des Sakramentes [15], ein Thema, das seit der Arbeit an den Katechismen zunehmend abgelöst wird von der "Vermahnung zum Sakrament"[16].

Im folgenden soll aufgezeigt werden, wie Luther den nutzvollen Gebrauch des Sakramentes sieht, welche Bedeutung dem Sakrament im Leben der Christen zukommt. Dabei wird zu fragen sein, welche Bedeutung der Realpräsenz bei der Zuteilung der Sündenvergebung zukommt, wie sich das Essen der Sakramentsgabe zum Glauben an das Abendmahlswort verhält, wie das Zueinander von Wort, Realpräsenz und Sündenvergebung gesehen wird.

---

[1] 19,482.
[2] Vgl. 12,476ff; 17 I 175.
[3] 19,501.
[4] E. Kinder, Was geschieht im Heiligen Abendmahl 161.
[5] K. Jäger, Luthers religiöses Interesse 1.
[6] 30 I 222; 314ff.
[7] 19,482.
[8] 30 I 224,32; 29,171,1.
[9] BSLK 711.
[10] 29,171,1.
[11] 30 I 224,33.
[12] 30 I 223,22.
[13] BSLK 711.
[14] 30 I 226f; 391f.
[15] 12,485ff; 15,497f; 19,509ff; 30 I 26,23ff; 56,1ff.
[16] Siehe dazu 30 I 388 Anm. 2.

1. Die Kraft und der Nutzen des Sakramentes

Kraft und Nutzen des Sakramentes sieht Luther ausgesprochen in den Abendmahlsworten "Das ist mein Leib und Blut, für Euch gegeben und vergossen zur Vergebung der Sünden" und er erklärt:

> "Das ist kürtzlich soviel gesagt: darumb gehen wir zum Sacrament, das wir da empfahen solchen schatz, durch und yn dem wir vergebunge der sunde uberkomen. Warumb das? Darumb das die wort da stehen und uns solchs geben. Denn darumb heisset er mich essen und trinkken, das es mein sey und mir nütze als ein gewis pfand und zeichen, ia eben das selbige gut, so fur mich gesetzt ist wider meine sunde, tod und alle unglück"[17].

Das Abendmahl ist von Christus eingesetzt, damit der Empfänger dort Vergebung der Sünden erhalte [18]. Vergebung der Sünden ist dabei freilich nur eine "Art Chiffre"[19] für das Gesamt des Heiles, das durch Christus gekommen ist. "Denn wo Vergebung der Sünde ist, da ist auch Leben und Seligkeit"[20]. Vergebung im Sakrament heißt auch: Gnade [21], Hl. Geist [22], ewiges Leben [23], Seligkeit [24], Freiheit von Tod und Hölle [25], Gotteskindschaft [26], oder zusammengefaßt: alles was Christi ist, das uns zuteil wird, wenn wir im Sakrament mit ihm ein "Kuchen" werden, wenn es zum "fröhlichen Wechsel" zwischen Christus und uns kommt, wenn er das unsere auf sich nimmt und uns seine Gerechtigkeit und Weisheit gibt, die Gemeinschaft seiner Güter [27].

Mit der Bestimmung der Sündenvergebung als des Nutzens des Sakramentes ist aber noch nicht ausgemacht, wodurch im Abendmahl die Vergebung gegeben wird. Vor dem Abendmahlsstreit war die Verkündigung der Vergebung die eigentliche Mitte des Abendmahles. Die Sündenvergebung wird im Abendmahlswort zugesagt und gegeben. Leib und Blut waren vergewissernde Zeichen zur Bekräftigung des Wortes. Nachdem im Streit mit den Gegnern einer Realpräsenz diese in den Mittelpunkt des Interesses und der theologischen Erklärung gerückt war, kommt jetzt dem Leib und Blut Christi eine

---

[17] 30 I 224f.
[18] Stellvertretend für viele Belege: 18,200,13ff. 20ff; 19,506; 23,261,22; 26,478f; 30 I 53,1.
[19] A. Peters, Realpräsenz 147.
[20] 30 I 390,7.
[21] 26,468; 478.
[22] 26,478.
[23] 18,207,14; 19,506; 26,478.
[24] 26,478.
[25] 19,506; 15,494,30.
[26] 19,506.
[27] Vgl. besonders 12,485ff; 17 I 175f. Weitere Stellen bei A. Peters, Realpräsenz 147 Anm. 33.

viel entscheidendere Bedeutung in der Zueignung der Vergebung zu. Leib
und Blut Christi sind nicht mehr Pfand und Siegel für das Zusagewort der
Vergebung, sondern sie sind selbst Träger der Vergebung, sie sind der
Schatz, in dem ich Vergebung habe, aber nur, wenn sie mir als Geschenk
dargeboten und als solche empfangen werden. Das aber geschieht durch das
austeilende Wort des Abendmahles und den Empfang im Glauben. Um den
hier beschriebenen komplexen Zusammenhang deutlich zu machen, müssen
wir in einzelne Phasen auseinanderlegen, was bei Luther auf den ersten
Blick oftmals nicht eindeutig zu bestimmen ist.

Das Abendmahlswort schafft die Gegenwart des corpus Christi, aber es deutet dieses auch sogleich als "pro vobis traditum"[28]. Gabe des Sakramentes ist der in den Tod gegebene Leib Christi [29]. Es ist der Kreuzesleib,
der Vergebung der Sünden erworben und verdient hat. Christi Leib und Blut
bleiben auch nach der Auferstehung und Himmelfahrt Leib und Blut des Ge-
kreuzigten [30]. Gegenwärtig ist im Abendmahl der Opferleib Christi und
mit ihm die Frucht seines Kreuzes, die Vergebung der Sünden als Inbegriff
der Heilstat. Wo immer auch Christi Leib ist, es ist der "für uns", uns zum
Heil in den Tod gegebene Leib des Herrn [31].

Darum ist der Leib Christi der Schatz des Abendmahles, weil in ihm Vergebung erworben und verdient wurde [32]. So ist nach Luthers Worten der
Leib "an ihm selbst" voll Leben und Seligkeit, voll Gott [33], es ist "Gotts-
fleisch"[34], Fleisch Christi, das an ihm selber heilig und nützlich ist [35].

Besonders in Auslegung von Lk 22, 20 [36] betont Luther, daß der Kelch
selbst das Neue Testament der Sündenvergebung ist aufgrund des Blutes,
das Vergebung erworben hat und nun im Kelch ist. "Soll nu der kilch eyn
newe Testament seyn, so mus etwas dryn und an yhm seyn, das so viel gell-
te, alls das newe Testament gillt... das blut, das blut Christi machts, das

---

[28] 30 I 53, 23: "Verba faciunt panem zum leib Christi traditum pro nobis".
     Vgl. 30 I 54, 5f.
[29] 18, 183, 19.
[30] 18, 205, 6ff; 19, 507; 26, 299, 17.
[31] 26, 281, 9: "Christus leib sey, wo er wolle, so ists der leib, der fur uns
     gegeben ist". E. Kinder, Realpräsenz und Repräsentation 885: "Im Abend-
     mahl ist Christus also gegenwärtig in seinem für uns dahingegebenen
     Leib und seinem für uns vergossenen Blut, d. h. als der für uns Geopfer-
     te, der sich für uns Hinopfernde und so sich uns Schenkende".
[32] 19, 507: "Wenn dir aber Christus geschenkt wird, so ist dir auch Ver-
     gebung der Sünden geschenkt und alles, was durch den Schatz erworben
     ist". Vgl. auch 30 I 225.
[33] 23, 259, 31; vgl. 267, 28.
[34] 23, 243, 36.
[35] 26, 355, 19.
[36] 18, 207f; 26, 463ff.

dieser kilch eyn new Testament sey"[37]. Wer daher den Becher trinkt, trinkt das Blut Christi und mit ihm das Neue Testament der Vergebung [38]. Becher, Blut und Vergebung (Neues Testament) sind ineinander gefaßt zu einem sakramentlichen Wesen:

> "Denn wie wol der becher ein leiblich ding ist, dennoch weil er ein sacramentlich ding wird mit dem blut Christi odder mit dem newen testament, so heist es billich ein newe testament odder das blut, das man drauff zeigen mag und sagen: Das ist ein newe testament, Das ist Christus blut"[39].
>
> "Denn das newe testament ist Euangelion, geist, vergebung der sunden ynn und durchs blut Christi und was des mehr ist, denn es ist alles ein ding und ynn ein hauffen odder wesen gefasset, alles ym blut, alles ym becher"[40].

Die die Gegenwart von Christi Leib schaffenden Abendmahlsworte verkünden diesen als "pro vobis traditum". Sie fassen, um ein Bild Luthers nochmals aufzugreifen, das Brot zum "für euch" (zur Vergebung der Sünden) am Kreuz hingegebenen Leib Christi. Aber damit ist die Funktion des Wortes noch nicht erschöpft. Es faßt auch den am Kreuz gegebenen Leib zum Geschenk "für euch" im Abendmahl. "Wie gros der schatz fur sich selbs ist, so mus er ynn das wort gefasset und uns gereicht werden"[41]. Das Wort gibt, übereignet, teilt aus und schenkt den Opferleib Christi. Durch das Wort wird der Leib Christi mit allem, was er hat, dem Sakramentsempfänger persönlich übereignet, wird ihm kundgetan, daß ihm hier dieser Leib geschenkt wird, der anwesende Schatz geöffnet wird. Und dieses zum Geschenk Gegebenwerden geschieht zur Vergebung der Sünden.

"Für euch gegeben zur Vergebung der Sünden" kann bei Luther ein zweifaches heißen: Der Leib ist für uns am Kreuz in den Tod gegeben zur Vergebung. Er ist das corpus traditum [42]. Es kann aber ebensooft heißen: Der im Abendmahl gegenwärtige Leib Christi wird jetzt dem Empfänger gegeben, damit er Vergebung der Sünde habe; so ganz deutlich im Sakramentssermon von 1526: "Er heißet dich seinen Leib und Blut nehmen... damit der Leib für dich gegeben und das Blut für dich vergossen wird"[43]. Beide Aussagereihen sind verbunden durch das Luther so wichtige "für euch". Beide Aussagereihen gehören engstens zusammen und sind nicht zu trennen [44].

---

[37] 18,208,3f.20.
[38] 18,207,12: "Denn wer den kilch also empfehet, das er da Christus blut, das fur uns vergossen ist, empfehet, der empfehet das newe Testament, das ist, vergebunge der sunden und ewigs leben". Ebenso 26,468,39ff.
[39] 26,468,34ff.
[40] 26,476,30ff.
[41] 30 I 225,33; vgl. auch den Text oben Anm. 17.
[42] 30 I 55,9ff.
[43] 19,503; vgl. auch 506.
[44] Vgl.das nicht trennbare Ineinander von Vergangenheit und Gegenwart in 18,195,33; 30 I 118f.

So sagt er in der Schrift gegen Karlstadt:

"Wer eyn böse gewissen hat von sunden, der solle zum Sacrament gehen und trost holen, Nicht am brod und weyn, Nicht am leybe und blut Christi, sondern am wort, das ym Sacrament myr den leyb und blut Christi alls fur mich gegeben und vergossen darbeut, schenckt und gibt"[45].

In "Daß diese Worte... noch festehen":

"Ym abendmal wird uns das wort gegeben, da Christus leib, fur uns gecreutzigt, wird eingefasset, das er da sein soll leiblich zu essen, Und sol solch essen nützen zur vergebung der sunden, wie die wort lauten"[46].

Im "Großen Bekenntnis vom Abendmahl":

"Ym abendmal sey vergebung der sunden nicht des essens halben, odder das Christus daselbs der sunden vergebunge verdiene odder erwerbe, sondern des worts halben, dadurch er solche erworbene vergebung unter uns austeilet und spricht: 'das ist mein leib, der fur euch gegeben wird', Hie hörestu, das wir den leib als fur uns gegeben essen und solchs hören und gleuben ym essen, drumb wird vergebunge der sunden da ausgeteilet, die am creutz doch erlanget ist"[47].

Und schließlich heißt es im Großen Katechismus:

Wir sagen, daß der Leib der Schatz sei, "dadurch solche vergebunge erworben ist. Nu wird es uns ia nicht anders denn yn den worten 'Fur euch gegeben und vergossen' gebracht und zu geeignet. Denn darin hastu beides, das es Christus leib und blut ist und das es dein ist als ein schatz und geschenke"[48].

Das Wort, das die Gegenwart des für uns gegebenen Leibes Christi schafft, spricht diesen auch dem Empfänger zu als Geschenk. Es stellt den Empfänger in die Schar derer, für die Christi Leib gegeben wurde [49], bringt den Leib in die "Gewalt" des Menschen. Würde das Wort nicht den Leib als Geschenk bringen, bliebe er außerhalb der "Verfügung" des Menschen, könnte er nicht ergriffen werden [50]. Die Funktion des Wortes, Christi Leib als

---

[45] 18,204,4ff.
[46] 23,261,19ff.
[47] 26,294,30ff.
[48] 30 I 225,28ff; vgl. 29,201,14ff. E.Schlink, Theologie der lutherischen Bekenntnisschriften 223: "...in dem Akt der Darreichung des Abendmahles ist das Kreuzesereignis gegenwärtige Wirklichkeit. Derselbe Christus, der einst auf Golgatha seinen Leib dahingab, gibt jetzt seinen Leib dahin im Abendmahl und macht uns seinem Kreuzestod gleichzeitig".
[49] 29,201,13; 17 I 174,7.
[50] 18,203,11: "Aber was hülffe mich das alles, wenn myr der selbige schatz nymer mehr geöffenet, gegeben und zubracht und ynn meyne gewallt,

Geschenk zuzusagen, ist Luther deshalb so wichtig, weil nur so das Kreuzesgeschehen an sein Ziel kommen kann, weil nur so der Bogen von Vergangenheit des Kreuzes und Gegenwart der Austeilung des am Kreuz erworbenen Heiles gespannt werden kann. Erst wo das Faktum der Vergangenheit
im Wort Gegenwart wird, kann es vom Menschen der Gegenwart, der vom
Faktum selbst getrennt ist, ergriffen werden zu seinem Nutzen [51].

Nun ist aber das Wort im Abendmahl nicht leeres, nacktes Wort, auch nicht
nur Wort der Vergebung, sondern bringt selbst den Leib des in den Tod gegebenen Christus, bringt den "Wirker und sein Wirken selbst" mit sich [52]
und übereignet beide dem Empfänger als Geschenk, das ergriffen werden
kann. Wo das Geschenk "pro me" ergriffen wird, wo der Glaube da ist, daß
dieser Leib "pro me" gegeben ist und jetzt gegeben wird, ist das glaubende
Essen des Christusleibes zur Vergebung der Sünden heilsam [53].

Zur Verdeutlichung mußte die nicht eindeutige deutsche Aussage "für euch
gegeben zur Vergebung der Sünden" aufgefaltet werden in die Sätze: "corpus
traditum est in remissionem", und: "corpus traditur in remissionem". Beide Sätze sind zusammengehalten und ineinandergefaßt durch das Abendmahlswort, das den am Kreuz gegebenen Leib im Abendmahl dem Empfänger gibt.

---

uberantwortet würde"? 203,21: Von Karlstadt sagt Luther: "Er gibts
aber nicht, thuts nicht auff und lesst es nicht unser eygen seyn... Das
'fur euch' ist yhm eyne gifft und der bitter tod. Es ist aber unser trost
und leben, Denn es thut den schatz auff und uberantwortet yhn uns zu
eygen".

[51] 18,202f; 26,294ff; 30 I 226.
[52] E. Kinder, Realpräsenz und Repräsentation 889: "Die ganze reiche Frucht
des einmal für allemal vollbrachten Heilswerkes Jesu Christi wird uns
im Abendmahl zugebracht und zugeeignet, aber hier eben so, daß dabei
das, worin und wodurch Christus es erwirkte, sein Leib und sein Blut,
selbst gegenwärtig ist, und nicht die bloße Wirkung, während der Wirker und sein Wirken selbst - zeitlich oder metaphysisch - abwesend
sind". In diesem Aufsatz befaßt sich Kinder mit der durch den Streit
zwischen P. Brunner und E. Bizer erneut gestellten Frage: Handelt es
sich in Luthers Abendmahlslehre "um gegenwärtiges Wirksamwerden
des Kreuzestodes Jesu Christi s e l b s t, oder nur um die Zueignung der
F r u c h t dessen, was dort vollbracht wurde"? H. Graß, Die Arnoldshainer Thesen 142, hält allerdings den Versuch Kinders, eine Repräsentation des Kreuzesopfers bei Luther zu belegen für nicht gelungen. Vgl.
dazu auch die oben S. 219 Anm. 69 angeführte Literatur.
[53] 29,202,8: "Ideo dico, quod ad sacramentum pertinet talis fides, quod
corpus, sanguis sit tuus cibus, donatus ad remissionem peccatorum,
et quando acquiris corpus et sanguinem, acquiris schatz et donum quod
pro tuis peccatis datum, quando edis, so crede, quod sit corpus tibi
datum ad remissionem peccatorum". 29,197,6: "Haec est vera unica
Christiana fides quae non solum dicit Christum dominum, sed meum...
wens 'mein' dazu kompt, est alia fides quam absque 'mein' ".

Das Ineinander gründet in dem Zueinander von Erwerb und Austeilung (meritum und distributio) der Vergebung [54]. Erworben hat sie Christus am Kreuz, ausgeteilt wird sie im Wort. Denn das Kreuzesgeschehen bliebe für sich, ohne Nutzen, wenn es nicht in seiner Bedeutung und Heilskraft dem heutigen Menschen zugeeignet würde [55]. "Denn Christus leiden ist wol nur ein mal am creutz geschehen, Aber wem were das nütz, wo es nicht ausgeteilet, angelegt und ynn brauch bracht würde"? [56] "Denn ob Christus tausentmal fur uns gegeben und gecreutzigt würde, were es alles umb sonst, wenn nicht das wort Gottes keme, und teylets aus und schencket myrs und spreche, das soll deyn seyn, nym hyn und habe dyrs"[57].

Das Wort, das das factum passionis ins Heute bringt, damit es zum usus passionis kommen kann [58], ist das Predigtwort in der Kirche, durch das das Heil des Kreuzes verkündet und zugeteilt wird [59]. Im Abendmahl ist es auch das Wort, das Abendmahlswort, aber dieses hat die Besonderheit, auch den Leib, der Vergebung erworben hat, mit sich zu bringen [60]. Wenn Luther im Großen Katechismus sagt: "Denn obgleich das werck am creutz geschehen und die vergebung der sund erworben ist, so kan sie doch nicht anders denn durchs wort zu uns kommen"[61], so ist dabei mitzusehen, daß dieses Wort der Vergebung "in das Sakrament gesteckt und uns vorgelegt ist"[62]. Im Abendmahl sind Wort und Leib nicht zu trennen [63]. Darum geschieht im Abendmahl die Austeilung der Vergebung durch den Leib Christi, der durch das Wort zum Geschenk gegeben wird [64].

---

[54] Vgl. dazu besonders 18,203ff; 26,294ff; 30 I 226; 29,199f.
[55] 29,199,4: "Si remissio nicht weiter reicht quam in cruce, so ists an einem tag ausgericht, so ist uns nicht utilis eius passio".
[56] 26,296,32.
[57] 18,202,38ff.
[58] 26,197,13.
[59] 29,199,9: "Remissio peccatorum annunciatur per verbum quod loquitur de opere quod in cruce factum".
[60] In Fortführung des Textes der vorhergehenden Anmerkung heißt es 29, 200f: "Ideo hoc opus in cruce perpetratum mus ins wort gefast werden und den leuten angepoten per verbum...Haec verba Christi in coena dicuntur uber dem altar. Das ist so wol ein Euangelium...Nonne hoc Euangelium? Nur schlecht hin uber gelaufen uber das wort et nolunt videre, quod verbum naturale Euangelium sit. Non volunt videre, quod suum Euangelium ist an wein und brod gebunden. Verba sunt Euangelii quae loquuntur de corpore et offerunt nobis Christi corpus et sanguinem ...hoc verbum offert eis corpus pro ipsis datum et praedicat eis in cruce corpus pro eis etc. Ex hoc fundamento dicimus in sacramento esse remissionem peccatorum, trost et fortitudinem fidei".
[61] 30 I 226,2ff.
[62] AaO. 226,10. Darum ist auch die Randbemerkung in WA zur Stelle: "Vergebung der sund krigt man allein durchs wort" mißverständlich.
[63] 23,257,15; 267,26.
[64] Siehe vor allem die Texte der Anmerkungen 45ff.

Weil der Erwerb der Sündenvergebung erst in der Austeilung an sein Ziel kommt, geschieht nach Luthers eigenen Worten auch heute noch die Hingabe von Christi Leib und Blut: "Denn myr wirds vergossen, wenn myrs ausgeteylet und zugeteylet wird, das fur mich vergossen sey, wilchs noch teglich gehet und gehen mus"[65]. Weil das "für euch gegeben" Vergangenheit und Gegenwart zusammenschließt, bleibt es für Luther letztlich gleichgültig, ob die Relativsätze "der für euch gegeben wird" und "das für euch vergossen wird" auf das Kreuz oder auf die Austeilung im Abendmahl zu beziehen sind, denn: "Christus heißet hodie et heri"[66]. Das ist nicht "Ausdruck eines Schwankens"[67], sondern Ausdruck des Glaubens Luthers, daß im Abendmahl Vergebung geschieht durch den präsenten Opferleib Christi, sofern der Glaubende ihn sich schenken läßt und ihn als Geschenk ergreift mit Mund und Herz [68].

Die Unterscheidung der Funktion der Worte, einmal den am Kreuz hingegebenen Leib Christi an das Brot zu binden und zum andern diesen dem Sakramentsteilnehmer als Geschenk anzubieten, damit die am Kreuz erworbene Vergebung ans Ziel kommen kann, ermöglicht es, das Zueinander von Wort, Realpräsenz und Sündenvergebung genauer zu bestimmen.

---

[65] 18,205,26ff; vgl. auch 19,503 und den Hinweis auf die Kirchenväter in 26,471.

[66] WATi 1 Nr. 649: "Quaeritur primum in eucharistiae verbis, an 'datur' intelligatur de praesenti exhibitione, qua dividitur sacramentum, an de exhibitione in cruce? Respondeo: De praesenti datione mihi placet accipi. Tamen potest etiam accipi de illa in cruce... quia Christus heißet hodie et heri". Vgl. dazu Luthers Ausführungen 18,198f und 26,470ff. Karlstadt hat die Lesart in 1 Kor 11,24: "der für euch gebrochen wird" eingeführt, um sie (in der Deutung des 'Brechens' auf den Tod am Kreuz als Beweis gegen eine Realpräsenz im Abendmahl anzuführen (18,198). Indem Luther aber das 'Brechen' im Blick auf 1 Kor 10,16 als Austeilen deutet, ist ihm diese Lesart (wie auch die mögliche Beziehung von 'vergießen' auf den Becher in Lk 22,20 und damit auf das Austeilen (26, 470)) immer ein willkommener Beweis für die Realpräsenz in der Feier der Kirche gewesen.

[67] H. Graß, Die Abendmahlslehre 98.

[68] Es ist nicht, wie H. Graß, aaO. 104, meint, "ein allerdings unfreiwilliges Eingeständnis der Entbehrlichkeit von Leib und Blut für den Nutzen des Abendmahls ..., daß Luther hypothetisch dem Genuß gleichgültiger, ja Ekel erregender Dinge, sofern sie nur in Gottes Wort gefaßt sind und ihr Genuß geboten ist, dieselbe Heilswirkung zuschreibt, wie dem Genuß von Leib und Blut Christi". Gemeint sind Luthers Aussagen von der Heilskraft des Mist-Essens oder Strohalm-Aufhebens. An diesen Stellen geht es Luther aber um den unbedingten Gehorsam dem Wort Gottes gegenüber, dem auch dann zu gehorchen wäre, oder das auch dann nutzvoll wäre, wenn es nicht den Leib Christi in sich faßte.

P. Althaus sieht auch nach dem Abendmahlsstreit die eigentliche Gabe des Abendmahles in der Vergebung der Sünden: Leib und Blut sind Pfand und Zeichen [69]. Noch deutlicher spricht sich E. Bizer für die Sündenvergebung als der eigentlichen Sakramentsgabe aus, die aber allein durch das Wort gegeben wird [70]. Leib und Blut Christi hätten auch jetzt noch die Rolle des Pfandes und Siegels für die Gewißheit der Worte [71]. H. Graß konstatiert zumindest für den Großen Katechismus eine "eigentümliche Zwiespältigkeit", weil einmal der Leib Christi und einmal die Sündenvergebung als Schatz des Abendmahles bezeichnet würden [72]. Fr. Graebke bestimmt als res sacramenti, als Gabe des Sakramentes, eindeutig Leib und Blut Christi als Vehikel der Sündenvergebung [73]. Durch das Wort sei die Vergebung in Leib und Blut so "immanent", daß sich die "Annahme einer mechanischen Mitteilung der Vergebung an alle..., die Leib und Blut genießen, auch die Unwürdigen"[74], nahelege. Luther lasse aber wohl die Realpräsenz unabhängig vom Glauben zustande kommen, nicht aber den heilsamen Gebrauch, was letztlich einen Widerspruch gegen die betonte objektive Wirksamkeit des Wortes bedeute [75].

Obgleich Luthers Aussagen nicht immer eindeutig zu fassen sind, lassen sich doch die hier aufgezeigten Interpretationsschwierigkeiten leichter beheben, wenn man genauer auf die unterschiedliche Funktion der Abendmahlsworte achtet.

Das Wort bringt den Leib und das Blut Christi, es faßt in sich das corpus traditum und mit ihm das Kreuzesgeschehen und seine Frucht, die Vergebung der Sünden, weil sie am Kreuz erworben ist. Der Schatz, die Gabe des Abendmahles, ist der Opferleib Christi und mit ihm der Erwerb der Sündenvergebung. Ist dieser Schatz da, so ist das Wort mit seiner Aufgabe, die Gegenwart zu schaffen, ans Ziel gekommen, hat seine Funktion erfüllt. In diesem Sinn dient das Wort der Realpräsenz [76]. Aber die Gegenwart des Schatzes allein ist noch nicht von Nutzen, er muß dem Empfänger als Ge-

---

[69] Die Theologie Luthers 337.

[70] Lutherische Abendmahlslehre? 11; Die Abendmahlslehre in den lutherischen Bekenntnisschriften 9.

[71] Lutherische Abendmahlslehre? 10; Die Abendmahlslehre 9.

[72] Die Abendmahlslehre 91; ähnlich H. Gollwitzer, Coena Domini 64. Dabei läßt sich gar nicht so eindeutig, wie es bei Graß und Gollwitzer scheint, bestimmen, ob in 30 I 226,1ff mit "Schatz" überhaupt die Vergebung oder nicht doch auch der Leib Christi gemeint ist.

[73] Die Konstruktion 56ff.

[74] AaO. 73.

[75] AaO. 74. So auch H. Gollwitzer, Coena Domini 60ff, der die unterschiedliche Bedeutsamkeit des Glaubens für das Zustandekommen von Realpräsenz einerseits und Vergebung der Sünden andererseits auf eine angeblich falsche Trennung von Leib und Vergebung, als zwei verschiedene Gaben, bei Luther zurückführt.

[76] H. Graß, aaO. 90; Fr. Graebke, aaO. 72.

schenk übereignet werden. Das Wort gibt den Leib Christi und verheißt dem, der sich ihn als Geschenk geben läßt und ihn im Glauben ißt, Vergebung der Sünden [77]. Das Ankommen, das Wirksamwerden der am Kreuz erworbenen Vergebung geschieht im Gebrauch der gegenwärtigen Gabe [78]. Der rechte Gebrauch aber wird erst durch das zusprechende Wort ermöglicht. Die Vergebung ist nicht die Gabe, sondern der Nutzen des rechten Gebrauchs der Gabe. Nicht der Leib Christi an sich läßt die Vergebung, die er mit sich bringt, ankommen, sondern das Wort, das den Leib als Geschenk zur Vergebung der Sünden zuspricht, ermöglicht die glaubende Annahme des Leibes Christi zur Vergebung. "Der schatz ist wol auffgethan und yderman fur die thür, ia auff den tisch gelegt, es gehört aber dazu, das du dich auch sein annemest und gewislich dafur haltest, wie dir die wort geben"[79].

Hier behält das Wort seine bleibende Bedeutung der Realpräsenz gegenüber: Es bietet das Geschenk an und ermöglicht und fordert den Glauben, der sich Christi Leib geschenkt sein läßt. Die Zusage der Vergebung geschieht im Wort, ergriffen aber wird sie im Glauben an das Wort, das den Leib als Geschenk anbietet, und im Essen des durch das Wort geschenkten und zur Vergebung der Sünden als nützlich verheißenen Leibes Christi. "Das Essen des Leibes Christi kann nützlich sein, weil die Verheißung der Vergebung der Sünden damit verknüpft ist... Daß dieser so nützliche Leib mir zum Essen angeboten wird, genügt mir"[80].

Gewiß geschieht alles durch das Wort, aber das Wort bringt mit sich, gibt und sagt den Leib zur Vergebung zu. Das Abendmahl läßt sich für Luther nicht auflösen in ein reines Wortgeschehen, so daß Vergebung durch das Wort mitgeteilt und allein im Glauben an das Wort ergriffen würde, wobei dem Leib und Blut nur die Funktion eines Pfandes zukäme [81]. Wenn Luther im Großen Katechismus vom Pfand und Zeichen redet, so ergänzt er

---

[77] Im Blick auf Luthers klare Aussagen ist Gollwitzers Interpretation unverständlich: "Eben dieses Zuteilen" (sc. durch das Wort) "ist wieder in Frage gestellt, da das Wort den Leib zunächst nicht sowohl zum Empfänger als vielmehr zu den Elementen bringt; samt diesen wird er aber dem Empfänger gegeben nicht durch das Wort, sondern von dem austeilenden Priester" (Coena Domini 62). Der Priester teilt zwar aus, aber nicht aus Eigenmächtigkeit, sondern als Diener und Mund des Wortes, das eben den Leib in sich faßt und zum Essen zur Vergebung anbietet.
[78] 26,296,32ff; 29,198,1ff.
[79] 30 I 226,30ff.
[80] So Luther in Marburg nach W. Köhler, Das Marburger Religionsgespräch, Rekonstruktion 27f.
[81] "Luther sieht wohl das ganze Abendmahl... durch die promissio-fides-Relation bestimmt, aber er sieht hier diese Relation doch nicht 'nackt' wirken, sondern... 'gefüllt' und wir haben kein Recht, diese von Gott gegebene 'Füllung' in irgendeiner Weise zu eliminieren, um uns mit der 'nackten' Relation zu begnügen - es wird uns dann diese Relation selbst in ihrer Lebendigkeit und Wirkmächtigkeit entgehen, und wir werden sie leicht mit einem bloßen Prinzip eingetauscht haben" (E. Kinder, Real-

das sofort durch die Fortführung: "ja eben das selbige gut, so fur mich gesetzt ist"[82]. Auch muß hier Pfand nicht in dem Sinn verstanden werden, Vergewisserung des Wortes zu sein, sondern der Leib Christi ist das Pfand der Heilstat Gottes, gibt Anrecht und Gewißheit, daß das Kreuzesgeschehen im heutigen Menschen wirken kann [83].

Zwar ist durch das Wort der Leib Christi und damit Vergebung da, aber auch nicht so, daß das Essen des Leibes an sich schon die Vergebung brächte. Die Entscheidung, ob die gegenwärtige und angebotene Vergebung beim Menschen ankommt, liegt beim Glauben, der die Verheißung des Wortes ergreift, daß der Leib als Geschenk zur Vergebung gegeben wird [84]. Luther spricht im "Großen Bekenntnis vom Abendmahl" von Verheißungen, in die der Glaube miteingebunden ist, die nur ankommen, wo sie im Glauben ergriffen werden. Die Verheißung "Das ist mein Leib" wird Wirklichkeit auch ohne Glauben des Empfängers [85], die Verheißung "für euch gegeben" aber fordert, wie es im Großen Katechismus heißt, den Glauben. "Und weil er Vergebung der sunde anbeutet und verheisset, kan es nicht anders denn durch den glauben empfangen werden. Solchen glauben foddert er selbs ynn dem wort, als er spricht: 'Fur euch gegeben und fur euch vergossen'"[86].

Die Gabe des Abendmahles, die Gegenwart von Christi Leib und Blut, ist unabhängig vom menschlichen Glauben, nicht aber der rechte Gebrauch und damit der Nutzen des Sakramentes, der nur ergriffen werden kann im glaubenden Essen. So faßt der Mund zwar den Leib Christi an sich, daß dieser aber Geschenk ist, faßt der Mund nicht, kann nicht mit der Faust ergriffen werden, sondern nur mit einem Herzen, das dem Wort glaubt [87]. Sehr schön hat Luther das Ineinander von Wort, Realpräsenz und Sündenvergebung beschrieben:

"Sihe, welch ein schön, gros, wunderlich ding es ist, wie es alles ynn einander henget und ein sacramentlich wesen ist. Die wort sind das erste, Denn on die wort were der becher und brod nichts, Weiter, on brod und becher were der leib und blut Christi nicht da, On leib und blut Christi were das newe testament nicht da. On das newe

---

präsenz und Repräsentation 894; vgl. auch 884).
[82] 30 I 225, 5.
[83] So schon in den S. 186 f genannten Texten.
[84] Damit ist doch wohl die Gefahr eines "magischen" Wirkens gebannt, die H. Gollwitzer bei Luther gegeben sieht: "Der Leib Christi ist für Luther selbsttätig wirksam; er bringt das Heil nicht auf Grund von Entschluß, sondern auf Grund seines naturhaften Seins; ... Die Wirkung des Leibes Christi... ist die automatische Wirkung einer vom Empfänger zu seinem eigenen Nutzen oder Schaden gut oder böse behandelten Sache" (Coena Domini 63; ähnlich auch: Zur Auslegung von Joh 6 bei Luther und Zwingli 166).
[85] 26, 287f.
[86] 30 I 226, 23ff.
[87] 30 I 226, 34ff; 227, 1f.

testament were vergebung der sunden nicht da, On vergebung der
sunden were das leben und seligkeit nicht da... Sihe, das alles reichen und geben uns die wort des abendmals, und wir fassens mit dem
glauben"[88].

Durch das Wort ist Christi Leib da und mit ihm Vergebung und Leben. Er
ist da, aber er wird durch das Wort auch geschenkt. Das Wort ermöglicht
so erst den rechten Gebrauch und die Entscheidung darüber, ob die Vergebung ans Ziel kommen kann.

2. Der Gebrauch des Abendmahls - manducatio oralis, cordalis und impiorum

An einer isolierten Betrachtung der Realpräsenz war Luther nie gelegen,
wenngleich er im Abendmahlsstreit zunächst auf die Behauptung der Tatsächlichkeit der Realpräsenz festgelegt wurde. Aber es ging ihm dabei gerade um die Hauptsache, nämlich den Gebrauch des Sakramentes, der jedoch ohne Inhalt sinnlos wäre [1]. Die Bestimmung von Christi Leib und
Blut als Gabe, nicht nur als wundersame Tatsache, schließt in sich schon
den Verweis auf den Gebrauch, das Annehmen eben dieser Gabe, mit ein.
Weil im Sakrament Leib und Blut Christi zur Vergebung der Sünden gegeben werden, läßt sich von Christi Gegenwart nur sinnvoll reden, wo zugleich
der rechte Gebrauch in den Blick genommen wird. Christus "ist nicht darumb
ym Sacrament, das wir yhn da sollen haben ligen, sundern das wir seyn bruchen"[2]. Allen Predigten, Ermahnungen und Streitschriften über das Abendmahl liegt das Anliegen zugrunde: "ut Sacramentum vere agnoscatis und euch
ynn den rechten brauch schicket"[3].

Der rechte Gebrauch, die glaubende Annahme der Sakramentsgabe hängt
aber wesentlich am Wort, das den Leib zur Vergebung gibt. Weil sowohl
Papisten wie Schwärmer das Wort nicht geachtet haben, haben sie den heilsamen Nutzen des Sakramentes verloren [4]. Die Papisten haben das Abendmahlswort geheim gehalten und nicht laut werden lassen, so daß man die
Realpräsenz als Gabe Gottes "für euch" nicht gesehen, sondern vielmehr
ein Werk und Opfer des Menschen daraus gemacht hat. Die Schwärmer haben das Wort von der Tatsächlichkeit der Realpräsenz verachtet und damit
das Sakrament selbst und seinen Nutzen verloren.

---

[88] 26,478,37ff.

[1] WATi 3 Nr. 3330: "cum usus sine re sit figmentum".
[2] 12,483 B,13; vgl. dazu besonders E. Kinder, Was geschieht im Heiligen
    Abendmahl 165ff; ders., Die Bedeutung der Einsetzungsworte 16ff;
    ders., Die Gegenwart Christi im Abendmahl 56ff.
[3] 34 I 211,7.
[4] 17 I 171,14; 30 I 117,6ff: "wenn du die wort verlorn hast, amisisti Sacra-
    mentum. Schwermeri reissen die wort hinweg. Sic et Papa, quia occuluit
    ea".

Wie aber bestimmt Luther näher die glaubende Annahme? Zunächst gehört dazu das leibliche Essen und Trinken des Leibes und Blutes Christi, wie die Abendmahlsworte ganz klar fordern: "Nehmet, esset, trinket!"[5] Zwar hat Luther keine unbedingte Heilsnotwendigkeit des Abendmahls gelehrt, aber wo das Abendmahl gefeiert wird - aufgrund des Stiftungsauftrages muß es gefeiert werden - , genügt nicht allein der Glaube, sondern verlangt die Stiftung Jesu das Essen und Trinken der Sakramentsgaben. Andererseits hat Luther mit Entschiedenheit den Vorwurf zurückgewiesen, er lehre, daß das leibliche Essen allein nützlich sei und Sünden vergebe [6]. Der Nutzen des Sakramentes ist nur dort gegeben, wo zum leiblichen Essen das geistliche Essen, der Glaube, hinzukommt. Wie aber verhalten sich in diesem "Zusammen" Essen und Glaube, was geschieht dort, wo das Essen ohne Glaube bleibt? Näherhin muß gefragt werden nach der Struktur der manducatio piorum und impiorum.

Im Anschluß an Joh 6 bezeichnet Luther den Christusglauben als geistliches Essen. So heißt es in der Predigtreihe über das 6. Kapitel des Johannesevangeliums, das durchwegs auf den Glauben, nicht auf das Abendmahl bezogen wird: "Der Glaube ist der Esser, der do isset und gläubet an Christum". Und: "Wenn nicht das Maul voll ist von Speise oder von Bier und Wein, so heißts nicht essen oder trinken. Also auch... mein Herz muß den Christum fassen und greifen und an sein Fleisch und Blut mich hängen"[7].

Die im Glauben, im geistlichen Essen mit Christus erlangte Verbindung ist mehr als nur ein geistiges Gedenken, sie ist reale Gegenwart Christi und Vereinigung, wie Luther in der Tradition der Mystik immer wieder aufzeigt. Dem Glaubenden ist der Herr gegenwärtig. A. Peters hat diese bei Luther unabhängig vom Abendmahlsempfang gemachten Aussagen über die reale unio zwischen Christus und Glaubenden eingehend dargestellt [8]. Doch werden in einem methodisch fragwürdigen Vorgehen [9] alle diese Aussagen in Verbindung mit Luthers Ubiquitätslehre gebracht und auf das geistliche Essen im Sakrament übertragen, so daß Peters für das Zueinander von leiblichem und geistlichem Essen im Abendmahl zu dem Ergebnis kommt, daß das Herz durch das Hangen am Wort ebenso Christus ißt wie der Mund durch das Essen des Brotes [10]. Denn Christus sei aufgrund der Ubiquität dem Wort ebenso (!) gegenwärtig wie den Elementen [11].

---

[5] In Marburg sagt Luther: "Es steht geschrieben: 'Nehmet, esset, das ist mein Leib', also muß man es aller Dinge tun und glauben. Man muß es tun, man muß es tun" (Nach W. Köhler, Das Marburger Religionsgespräch 13; vgl. 30 III 116).
[6] 18,193,34ff; 23,179f; 26,292ff; 355.
[7] 33,178,21 und 199,5ff.
[8] A. Peters, Realpräsenz 115ff.
[9] Vgl. aaO. 115.
[10] AaO. 122-129 und 194.
[11] AaO. 120.

Diese Interpretation trifft Luthers Aussagen nicht. Zwar kann er sagen, daß Christus "ganz mit Fleisch und Blut in der Gläubigen Herzen sei"[12], doch wird diese Aussage für die Beweisführung einer möglichen Gegenwart im Brot herangezogen. Es mag auch sein, daß jene Stellen in der Schrift "Daß diese Worte... noch feststehen", die gegen den Vorwurf, Luther lehre den Nutzen des leiblichen Essens allein, auf die Verbindung von leiblichem und geistlichem Essen abheben, im genannten Sinn verstanden werden können;[13] so wenn es heißt: "Ist doch einerley leib Christi, den beide mund und hertz isset, ein iglichs auff seine masse und weise, Das hertz kans nicht leiblich essen, so kans der mund nicht geistlich essen. So machts nu Gott gleich, das der mund fur das hertze leiblich und das hertze fur den mund geistlich esse"[14]. Nun zeigen aber die dort von Luther angeführten Beispiele für das Zueinander von leiblichem und geistlichem Tun - Maria empfängt und gebiert ihren Sohn leiblich und geistlich, die Hirten sehen das Kind in der Krippe leiblich und geistlich, Nächstenliebe geschieht leiblich und geistlich, wobei das geistliche Tun jeweils als Glaube an das verkündigte Wort gesehen wird -, daß es dabei weniger um einen Parallelvorgang von leiblichem und geistlichem Tun geht. Vielmehr will Luther zeigen, daß das äußere Tun keinen Nutzen bringt, wo das geistliche Ergreifen des äußeren Tuns nicht miteinhergeht [15]. Das geistliche Tun aber hängt am Wort: "Denn also thut Gott mit uns, das er uns beyderley furlegt: Sein Werck und sein Wort. Das werck sol der leib thun, Das wort sol die seele fassen. Denn wo das Werck on wort würde furgelegt, were es niemand kein nütze"[16].

Nirgends zieht Luther in den Abendmahlsschriften jene Konsequenz, die Peters zieht: "Das Herz... nimmt in dem Hören auf das Verheißungswort den in diesem Worte gegenwärtigen Herrn selbst in sich auf, es isset für den Mund geistlich"[17]. Das geistliche Essen des Herzens begreift Luther vielmehr als den Glauben, daß der im Sakrament gegenwärtige Leib als Geschenk gegeben wird, als "leib für uns"[18], zur Vergebung der Sünden, als den Glauben, daß das leibliche Essen nützlich sei zur Vergebung, als den Glauben, der die Verheißung der Vergebung, die mit dem Auftrag zum Essen verbunden ist, ergreift. So sagt Luther einleitend zu dem Abschnitt über das leibliche und geistliche Essen in der Schrift "Daß diese Worte... noch feststehen": "Ich wil seinen leib mit dem brod leiblich essen und ym hertzen dennoch zu gleich gleuben, das es sey der leib, der fur mich gegeben wird zur vergebung der sunden, wie die wort lauten"[19]. Und: "Wir aber, so da gleuben, wissen, das der leib uns nütze ist, wo er auch ist. Ist

[12] 19,499,34.
[13] So auch Fr. Graebke, Die Konstruktion 69ff.
[14] 23,191,18f.
[15] 23,185,17.26.31; 189,16.18.25ff.
[16] 23,189,23ff.
[17] AaO. 124.
[18] 23,179,29.
[19] 23,179,10ff.

er ym brod und wird mit glauben leiblich geessen, so stercket er die seele damit, das sie gleubt, es sey Christus leib, das der mund isset, und hafftet also der glaube an dem leibe, der ym brod ist"[20].

Der Mund begreift nicht, was er ißt, aber das Herz erfaßt im Hangen an das deutende und austeilende Wort, daß es der am Kreuz zur Vergebung hinge-gebene und im Abendmahl als Geschenk zur Vergebung dargebotene Leib Christi ist [21]. Das Wort bringt den Leib Christi ins Element, aber das allein wäre noch nicht von Nutzen, wenn es nicht auch den Leib austeilen und schenken würde: "Das soll deyn seyn, nym hyn und habe dyrs"[22]. Es liegt alles an dem "für euch", was Karlstadt "eyne gifft und der bitter tod ist. Es ist aber unser trost und leben, Denn es thut den schatz auff und uberantwortet yhn uns zu eygen"[23]. Darum gewinnt man Vergebung der Sünden nicht am Leib Christi an sich, sondern "am wort, das ym Sacra-ment myr den leyb und blut Christi alls fur mich gegeben und vergossen darbeut, schenckt und gibt"[24].

Den rechten Gebrauch des Sakramentes beschreibt Luther dementsprechend: "Du sollst glauben, nicht allein daß Christum mit Leib und Blut da sei, son-dern auch, daß er dir da geschenkt sei"[25]. Nur der Glaube, nicht der Mund, kann das verkündete "für euch" ergreifen, nur der Glaube an das Wort kann sich den Leib als Geschenk zur Vergebung schenken lassen [26]. "Darum denke und bringe dich auch in das "Euch", daß er nicht umsonst mit dir re-de"[27]. Der rechte Gebrauch ist das Essen zusammen mit dem Glauben an das "für euch"[28], mit dem Glauben, daß der Schatz des Sakramentes "mein Schatz" ist [29], mit dem Glauben, daß er hier zur Vergebung der Sünden gegeben wird [30].

Das Ganze ist von ungeheurer Spannkraft. Luthers Sicht des rechten Abend-mahlgebrauchs läßt sich nicht aufteilen in zwei, wenn auch aufs engste mit-einander verbundene "Essen", sondern es geht um einen komplexen, letzt-lich nicht mehr aufteilbaren Vorgang. Das Wort bringt den Leib Christi ins

---

[20] 23,257f.
[21] 23,179,29f.
[22] 18,203,1; vgl. auch 195,35ff.
[23] 18,203,24f.
[24] 18,204,6ff; vgl. für weitere Belege oben S. 284f.
[25] 19,503; vgl. auch 506.
[26] Es ist erstaunlich, daß bei A. Peters, aaO. 113-134, die Funktion des Wortes, das "für euch" zu verkünden, die für Luthers Denken als zen-tral aufgezeigt werden konnte, überhaupt nicht in Blick genommen wird, sondern von der Parallelkonstruktion: Gegenwart Christi im Wort und Gegenwart im Element ganz überdeckt wird.
[27] 30 I 230; 30 II 616.
[28] 30 I 119ff.
[29] 29,197,5ff; 17 I 174; 12,482ff.
[30] 29,200ff; 27,98.

Brot, es verkündet ihn als "zur Vergebung der Sünden gegeben", es befiehlt, ihn zu essen, es teilt ihn zum Essen zur Vergebung der Sünden aus, es verkündet, daß dieses Essen Vergebung bringt. Der Mensch und zwar in seiner Ganzheit antwortet mit Leib und Herz. Er ißt mit dem Mund den Leib Christi, und glaubt mit dem Herzen an das, was die Worte sagen. Hier sind manducatio oralis und manducatio cordalis einander weder vor- noch nachgeordnet, sondern verwoben zu einem Ganzen, zu einer unlöslichen Einheit. Der Mensch begegnet dem Wort, das den Leib Christi mit sich bringt, und nimmt in seiner Totalität das Geschenk, den ins Wort gefaßten Leib Christi, entgegen. Was aber geschieht nun dort, wo das Sakrament ohne Glauben empfangen wird?

Luther hat im Anschluß an 1 Kor 11, 27 von Anfang an mit der Möglichkeit des unwürdigen Gebrauchs des Sakramentes, der zum Gericht führt, des Sündigwerdens an Leib und Blut des Herrn gerechnet [31]. Die Möglichkeit des Empfanges zum Gericht war ihm ein wichtiges Argument in der Beweisführung für die Tatsache der Realpräsenz: 1 Kor 11, 27ff kann nur sinnvoll sein bei der Annahme der leiblichen Gegenwart Christi im Sakrament [32], ebenso wie 1 Kor 10, 16 im Blick auf die Möglichkeit des heillosen Empfanges nicht als geistliche Gemeinschaft, sondern nur als sakramentliche Gemeinschaft verstanden werden kann [33]. Aus gleichem Grunde lehnte Luther für Joh 6, 51ff, dem Evangelium des Fronleichnamsfestes, einen Bezug zur Eucharistie ab, weil nach Joh 6, 54 das "Fleisch Essen" Leben gibt, was aber beim unwürdigen Sakramentsempfang nicht gegeben ist [34].

Nachdem Luther die Tatsache der Realpräsenz aufgrund des Wortes Gottes, unabhängig von jeder subjektiven Beschaffenheit des Empfängers, unabhängig von Glauben oder Mißbrauch aufseiten der Menschen, mit aller Entschiedenheit betont hatte, wurde ihm die Formel von der manducatio impiorum zum feststehenden Bekenntnis zur Realpräsenz [35]. Die Stellung zur manducatio impiorum wurde zum Prüfstein beim Marburger Religionsgespräch [36], in den Verhandlungen mit den Oberdeutschen, die Luther in der Wittenberger Konkordie (1536) zu diesem Bekenntnis gezwungen zu haben glaubte [37]. Die Butzer so wichtige Unterscheidung von impii und indigni scheint für Luther keine Bedeutung gehabt zu haben, denn an der Frage, was vollkommen Gottlose empfangen, hatte er kein Interesse [38]. Ihm ging es

---

[31] 1, 332; 1, 256; 1, 264; 57 III 169f; 2, 750; 7, 387, 5ff; 6, 526, 9.

[32] 18, 172ff; 26, 481ff.

[33] 11, 440, 15; 18, 166ff; 26, 490ff.

[34] 11, 126, 1ff; 12, 581, 1ff; 33, 182; 6, 502, 7ff; 6, 80, 14; siehe auch oben S. 252 Anm. 12.

[35] 26, 288, 13; 506, 21; 30 I 26, 16; 118, 2ff; 224, 13ff; 38, 265, 5; 54, 153, 3ff; 426, 13ff; BSLK 451, 2.14.

[36] "im artickel vom Sacrament bliebs stecken" (54, 142, 20; vgl. W. Köhler, Das Religionsgespräch 30ff).

[37] Vgl. dazu besonders H. Graß, Die Abendmahlslehre 129-165; E. Bizer, Studien zur Geschichte des Abendmahlsstreits 11-130.

[38] Vgl. A. Peters, Realpräsenz 130 Anm. 75.

um den Gebrauch derer, die innerhalb des Christentums stehen, Abendmahl feiern und das Wort Gottes haben. In diesem Rahmen empfangen auch alle, die ohne den nötigen Glauben, den sie haben könnten, zum Sakrament gehen, den wahren Leib und das wahre Blut Christi mit dem Mund.

Freilich, dieser Empfang ist ohne Nutzen [39], er gereicht zum Schaden und zur Verdammnis, er ist Gift und Tod [40]. Das "Gift" liegt nicht im Leib Christi [41], sondern in der Verweigerung des Menschen dem angebotenen Gut gegenüber. So bestimmt Luther in jenen Schriften, in denen er sich gegen eine falsche, selbstsichere Vorbereitung zum Sakrament wendet, die zum Gericht führende Verweigerung als das falsche Vertrauen auf eigene Würdigkeit [42]; in denen er die Gabe des Abendmahls in der communio sieht, als Verstoß gegen die Gemeinschaft [43]; gegenüber den Schwärmern als fehlenden Glauben an die Tatsache der Realpräsenz [44].

Wir haben gesehen, daß sich für ihn die entscheidende Haltung dem Sakrament gegenüber im Glauben an das Geschenktsein des Leibes Christi dokumentiert. Hat Luther den Vorgang des unwürdigen Gebrauchs, des un-gläubigen Sich-verschließens der Gabe gegenüber, auch nicht ausführlich dargelegt, so läßt er sich doch als die Kehrseite des heilshaften Sakramentsgebrauchs verstehen [45]. Die "ohne Wort, ohne Herz"[46] das Sakrament empfangen, sind die, die dem Wort nicht glauben, daß im Sakrament Christus ge - schenkt wird [47], die vor dem Schatz stehen bleiben, ohne in sich zu-

---

[39] 12,483 B,10; 18,194,30; 23,183,8; 30 I 26,16.
[40] 15,496,31; 23,179,36; 251,25; 181,34; 26,293,17; 353,28; 30 III 128,9.
[41] 30 I 121,9: "An im selber non est venenum".
[42] 1,332; 256; 264; 57 III 169f; 7,387,5ff.
[43] 2,750; 1,332.
[44] 18,177,15; 26,486,13; 30 II 622; 17 I 176.
[45] Für A.Peters wird "der eigentlich theologisch qualifizierbare Vorgang des Sich-Verschließens dem Wort gegenüber" nicht deutlich (Realpräsenz 132). Das liegt aber m.E. an der Interpretation der manducatio cordalis als Essen des im Wort gegenwärtigen Leibes Christi. Bei dieser Interpretation, die aber Luther nicht trifft, ist es verständlich, daß keine Stelle zu finden ist, "wo Luther die manducatio indignorum mit der manducatio cordalis des in seinem Opferleibe im Wort anwesenden Herrn verbindet. Hierin schießt die manducatio oralis gleichsam über" (aaO. 132). Wird dagegen die manducatio cordalis bestimmt als Glaube an das Wort, das den Leib als Geschenk "für euch" gibt, dann kann der heillose Gebrauch als Kehrseite des heilshaften verstanden werden und ist dann auch deutlich bestimmbar. Dann fällt aber auch die manducatio impiorum nicht aus "der reformatorischen Korrelation von Wort, Geist und Glauben", wie H.Gollwitzer bei Luther zu sehen glaubt (Luthers Abendmahlslehre 114; Coena Domini 64).
[46] 23,181,34.
[47] 17 I 176,7: "Indigne sumit, qui fidem hanc non adfert, das er ein kuch wird mit Christo". 174,7: "Omnino ergo opus est, ut quisque credat se illum esse hominem, pro quo hoc corpus datum et sanguis effusus

eignen zu lassen [48], die nicht glauben, daß der Leib zur Vergebung gegeben wird [49], die sich nicht in das "für euch" bringen lassen wollen. Gerade dem Mißbrauch gegenüber hat Luther darauf hingewiesen: Der Glaube an die Gegenwart des Leibes Christi genügt nicht, wenn nicht geglaubt wird, "daß er dir da geschenkt sei"[50]. Mit der Gegenwart von Christi Leib kann der Mißbrauch eigener Werkgerechtigkeit im guten Werk und Opfer [51], in der Erfüllung des kirchlichen Sakramentsgebotes [52] getrieben werden. Solcher Mißbrauch erkennt nicht, daß im Abendmahl der Leib gegeben wird zur Vergebung der Sünden ohne eigenes Verdienst, daß er ausgeteilt und empfangen werden soll als Geschenk Gottes an uns und nicht umgekehrt [53]. Der falsche Gebrauch, der sich gegen das Abendmahlswort und den Stiftungswillen Jesu richtet - nehmet, esset, trinket den Kelch, zur Vergebung der Sünden - ist der unwürdige Gebrauch zum Gericht. In diesem falschen Gebrauch verschließt sich der Mensch dem Wort des Sakramentes, er will es nicht glauben, er will sich den Leib nicht schenken lassen zur Vergebung, sondern eigene Wege der Rechtfertigung gehen oder das Geschenk Gottes ausschlagen.

Wie der heilshafte Gebrauch, so entscheidet sich auch der Gebrauch zum Gericht an der Antwort des Menschen auf das Wort im Abendmahl, das den Leib Christi bringt, deutet, schenkt, zum Essen austeilt, und das Glauben fordert [54].

3. Das Abendmahl im Leben der Christen

Luthers leidenschaftliches Ringen um das Abendmahl ist nur verständlich aus der Hochschätzung, die er selbst diesem Sakrament entgegengebracht hat. Er sieht in ihm einen Ort, wo dem einzelnen Menschen ganz persönlich, individueller als in der allgemeinen Predigt, das Heil Christi zugesprochen und zugeteilt wird [1]. Durch die Übergabe von Christi Leib und Blut, verbunden mit dem auf den einzelnen Empfänger gerichteten Zusagewort: "Das ist mein Leib zur Vergebung der Sünden", empfängt der Einzelne

---

est in remissionem peccatorum, hanc fidem adfer ad sumptionem huius sacramenti, sine hac fide nemo accedat".

[48] 30 I 226,28.
[49] Darum geht auch unwürdig zum Sakrament, wer verstockt in seinen Sünden bleibt: 37,378; 29,209,15.
[50] 19,503; vgl. auch 12,476ff; 17 I 174,1ff.
[51] Stellvertretend für viele Belege sei hier nur hingewiesen auf die 3. Predigt der Karwoche 1529 (29,178-191) und die Gründonnerstagspredigt von 1538 (46,271ff).
[52] 19,502f; 12,478.
[53] 12,479 B, 5ff.
[54] Ähnlich bestimmt die Funktion des Wortes auch E. Sommerlath, Das Abendmahl 107.

[1] 12,485,23; 29,216,6.

all das, was Christus erworben hat, wird er ein "Kuchen" mit ihm, kommt
es zum "fröhlichen Wechsel" zwischen der Gerechtigkeit Christi und der
Sündigkeit des Menschen [2]. Im Abendmahl wirkt Gott das Heil nicht nur in
der Zusage des Wortes, sondern auch in der Übereignung des Leibes und
Blutes Christi in Brot und Wein.

Weil die ganze Kraft des Kreuzes Christi in dieses Sakrament gesteckt ist
und so dem Menschen geschenkt wird [3], kämpft Luther gegen den Mißbrauch des Sakramentes als gutes Werk und Opfer, als Winkelmesse ohne
Zuteilung der Sakramentsgabe, gegen die stiftungswidrige Isolierung der
sakramentalen Gaben im eucharistischen Kult der Anbetung und Prozessionen.
Der Mißbrauch hat für ihn den Geschenkcharakter des Sakramentes verdeckt [4]. Er kämpft gegen den Zwang, das Sakrament empfangen zu müssen, weil solcher Zwang nur zur Werkgerechtigkeit und zu keiner echten,
aus hungrigem Bedürfnis kommender Begegnung mit dem Sakrament führt [5].
Deshalb kämpft er gegen die Forderung einer "würdigen Vorbereitung", die
nur zu skrupelhafter Angst oder zu überheblicher Selbstsicherheit dem Sakrament gegenüber führt und vergessen läßt, daß im Sakrament Vergebung
und Heil geschenkt werden ohne eigenes Verdienst [6]. Und deshalb kämpft
er auch mit aller Entschiedenheit für die Realpräsenz selbst, weil mit ihrer
Preisgabe nicht nur der heilsame Gebrauch, sondern das Sakrament selbst
in seiner Substanz zerstört würde.

Nun mußte Luther aber feststellen, daß sein Kampf gegen den Mißbrauch
der Messe und den Zwang zum Sakrament zu einem erschrecklichen Rückgang des Kommunionempfanges geführt hatte [7]. Dem zu wehren dienen die
großen Vermahnungen zum Sakrament, die ein einziges Lob auf das Sakrament darstellen. Die Gründonnerstagspredigt 1529 [8], die Vermahnung im
Großen Katechismus [9], die "Vermahnung zum Sakrament des Leibes und
Blutes Christi" 1530 [10], und auch die Predigt vom Mittwoch nach Ostern
1534 [11] beweisen lebendiger als die theologischen Streitschriften Luthers
Schätzung des Abendmahles.

Christus hat mit dem "Hoc facite" den Empfang des Sakramentes geboten [12],

---

[2] 12,486f.
[3] 18,200,15.
[4] Mit Recht sagt C. Wislöff, Abendmahl und Messe 147: "Wir sehen hier
    unsere These bestätigt: Luthers Kampf gegen das Meßopfer ist zugleich
    ein Kampf für die Realpräsenz".
[5] 7,692,9ff; 10 III 70,18f; 15,481f; 37,374.
[6] 7,694,19ff; 696,9ff; 37,374; 19,502; 34 I 210; 509.
[7] 30 I 227; 36,156; 30 II 596ff; vgl.dazu H. B. Meyer, Luther und die Mes-
    se 363f.
[8] 29,204-218.
[9] 30 I 227-233.
[10] 30 II 595-626.
[11] 37,374-379.
[12] 30 I 228f; 29,205ff.

und wer ein Christ sein will, muß diesem Gebot gehorchen [13]. Es ist
nicht Menschengebot, sondern Gebot Gottes, so daß man bei Luther zwar
nicht von einer absoluten Heilsnotwendigkeit des Sakramentes [14], aber
von einer necessitas ex praecepto sprechen kann und muß [15]. Das Gebot
läßt nur noch eine eingeschränkte Freiheit [16]. Aber das Gebot Gottes ergeht zum Heil des Menschen, weil es mit der Verheißung eines Schatzes
verbunden ist [17], weil hier eine Arznei [18], nicht ein Gift [19] dem Menschen in seinen vielfältigen Nöten angeboten wird.

Luther weiß um die Anfechtungen, denen der Mensch - zwar in der Taufe
zum neuen Menschen geworden - zeit seines Lebens ausgesetzt bleibt. Der
"vetus Adam bleibt wütend"[20], und Tod, Teufel, Sünde, Welt und Fleisch
kämpfen im Menschen um die Vorherrschaft [21]. Der Glaubende bleibt
der angefochtene Christ, ist in seiner Ganzheit, mit Leib und Seele, mit
seiner Existenz in diesen Kampf hineingezogen. Im Abendmahl empfängt er
für diesen Kampf Stärkung, Trost, Hilfe, Unterstützung, Hoffnung für Seele und Leib [22].

In der "Vermahnung zum Sakrament" beschreibt Luther das "Königsheer"
der vier Gesellen Fleisch, Welt, Tod und Teufel und sagt: Mit dem Sakrament hat Gott uns ein Zeichen seiner liebenden Hilfe in diesem Kampf gegeben:

> "Und wie kan er hoher liebe und tieffer barmhertzigkeit erzeigen,
> denn das er uns warhafftig da gibt sein eigen leib und blut zur spei-
> se? Das nicht allein ein gnediges zeichen, Sondern auch eine spei-
> se sein sol, als damit wir uns laben und stercken sollen, alle die

---

[13] 30 I 228, 31.
[14] 12, 171, 21: "Eucharistia non est sub periculum salutis necessaria".
Vgl. 11, 433, 18; 18, 135, 15; 6, 79, 32.
[15] Luther kommt damit zu einem ähnlichen Ergebnis wie etwa G. Biel,
Coll. IV d. 9 q. 1 Vgl. dazu H. Hilgenfeld, Mittelalterlich-traditionelle
Elemente 459-466.
[16] 30 I 228; 29, 206f.
[17] 30 I 230f.
[18] 30 I 230, 39.
[19] 15, 496; 30 I 121, 4; 37, 349.
[20] 30 I 25, 5ff.
[21] 30 I 25; 231ff; 29, 213ff; 30 II 615ff.
[22] 30 I 230, 37: "Man mus yhe das Sacrament nicht ansehen als ein sched-
lich ding, das man darfur lauffen solle, sondern als eitel heilsame,
tröstliche ertzney, die dir helffe und das leben gebe beide an seele und
leib. Denn wo die seele genesen ist, da ist dem leib auch geholffen".
Auf eine Darstellung der oftmals gerühmten und gescholtenen Aussagen Luthers über die Wirkung des Abendmahles für den Leib (pharmakon
athanasias) ist im Rahmen dieser Arbeit bewußt verzichtet worden. A.
Peters ist dieser Frage eingehend nachgegangen (Realpräsenz 140-153.
Dort auch verschiedene Stellungnahmen zu den Aussagen Luthers).

jnn seinem heer mit jhm zu felde liegen, Und ist eigentlich der sold und provant, damit er sein heer und kriegs volck besoldet und speiset, bis sie endlich obligen und das feld behalten mit jhm. O es ist gute muntz, kostlich rot gold und rein weis silber, niedlich, schon brod und guter susser wein, Und des alles die fulle und reichlich vol auff, das gar lieblich ist jnn dieser heerfart zu sein"[23].

Verachtung des Sakramentes wäre Verachtung Gottes, der dieses wunderbare Sakrament zum Heil des Menschen gegeben hat [24]. Ohne Sakramentsempfang wird der Mensch kalt und roh, wie Luther von sich selbst aus eigener Erfahrung bekennt [25]. Darum soll zum Sakrament gehen, wer um seine Anfechtung weiß, wer an seiner Schwachheit leidet [26], denn es ist Speise für die Schwachen (Mt 11,28) [27]. Dazu braucht, wer als Christ lebt, nicht gezwungen zu werden, er geht mit Fröhlichkeit, aus eigenem Bedürfnis. Er pocht nicht auf seine eigene Würdigkeit, sondern weil er sich selbst unwürdig weiß, soll er das Geschenk des Sakramentes empfangen [28].

Fasten, Beichten und Gebet vor dem Sakrament sind nicht zu verwerfen, aber sie dürfen nicht als Leistung des Menschen gesehen werden, mit denen man sich das Geschenk des Sakramentes verdient zu haben meint [29]. Öffentliche Sünder aber, die verstockt in ihren Sünden bleiben, dürfen nicht zum Sakrament zugelassen werden [30].

Wer das Sakrament empfangen hat, kann dem Teufel in der Anfechtung des Lebens und des Todes trotzen [31], kann dessen Einrede gegenüber immer darauf hinweisen:

"ich hab das sacrament empfangen, ynn welchem mir meyn herr Christus durch seyn wort trostlich zusaget, das sein leib unnd blut meyn sey, ... das mir alles geschenckt sey, was die wort ynn sich haben. Darumb setz ich disen glauben wider dich unnd all unglück und stehe vest uff den worten, die werden mir nit liegen, den es synd Gottis wort unnd Gottis zeichen"[32].

Aber nicht nur für den Einzelnen ist das Sakrament von Bedeutung, sondern es führt auch zur Gemeinschaft mit dem Nächsten [33]. In der Frühzeit hatte

---

[23] 30 II 621,25ff.
[24] 30 I 227,21ff; 30 II 599ff; 30 II 624ff droht Luther mit drastischen Strafen Gottes, wenn das Sakrament verachtet wird.
[25] 30 I 229,10; 30 II 617; 37,379,18.
[26] 15,495; 30 I 231,7; 30 II 615ff.
[27] 17 I 172,6ff; 30 I 230,32.
[28] 15,496; 30 I 230,10ff; 231,20; 37,378,23ff.
[29] 29,193; 30 I 226,36; 391,5.
[30] 7,692,1; 30 I 229f; 29,209; 37,378,27ff.
[31] 15,496; 27,98,27ff.
[32] 12,482 B,5ff.
[33] Vgl. dazu A. Peters, Realpräsenz 156ff.

Luther die communio mit allen Heiligen und Christen als die Mitte des Sakramentes bezeichnet, als die Gabe, die durch die Symbole Brot und Wein zugesagt wurde. Nach der Entdeckung des Abendmahlswortes in seiner ganzen Realität, das allein in seiner Eindeutigkeit den Glauben stark machen und stabilisieren kann, erkennt er, daß die Symbole, die Gleichnisse, diesen Halt nicht geben können [34]. Die significatio sacramenti ist nicht der Inhalt, die Gabe des Sakramentes, wohl aber seine Frucht [35].

Wie Christus im Sakrament uns angenommen hat, so sollen wir uns der anderen annehmen [36]. Christus hat dies durch sein Beispiel und Wort vorgelebt und verkündet, im Gleichnis von den Körnern und Trauben, die ihre Gestalt verlieren und zu einem Brot und Wein werden, wird es abgebildet [37]. Das Sakrament lebt weiter in der tätigen Liebe zum Nächsten.

---

[34] 30 I 55f; "die wort treiben auff den glauben, die gleichnis nicht" (56, 9).
[35] 30 I 26f.
[36] 12, 488ff; 15, 498ff.
[37] 11, 441, 10ff; 12, 488ff; 15, 503ff; 19, 510; 30 I 26f; 55ff; 37, 376.

4. KAPITEL: DIE TAUFE

Im vorhergehenden Kapitel wurde dargestellt, wie Luther von seinem Verständnis des Bußsakramentes im Frühjahr 1520 zu der neuen Sicht der
Messe von dem in ihr ergehenden Zusagewort her gelangt und wie diese
neue Theologie in den folgenden Jahren beibehalten und verändert wird.
In diesem Kapitel ist zu zeigen, wie - ganz parallel dazu - auch die Taufe
zunächst von der Relation promissio - fides her interpretiert und wie dieser neue Ansatz in der Auseinandersetzung der 20iger Jahre durchgehalten
aber auch modifiziert wird zu den Taufaussagen aus der Zeit der Katechismen. Dabei ist nicht eine vollständige Beschreibung der Tauftheologie Luthers angestrebt, vielmehr gilt es, die wesentlichen Elemente für die Bestimmung der Taufe als Sakrament herauszustellen.

A. Die Taufaussagen um 1519/20

1. Der "Sermon von der Taufe" (1519)

Im "Sermon von dem Sakrament des Leichnams Christi"[1] und in dem gleichzeitig - gegen Ende 1519 - verfaßten "Sermon von dem Sakrament der Taufe"[2], versucht Luther die bei der Beschäftigung mit dem Bußsakrament
gewonnenen Erkenntnisse, wie sie in dem ebenfalls gleichzeitigen Bußsermon in abschließender Deutlichkeit niedergelegt sind [3], auf Abendmahl
und Taufe anzuwenden. Wie im Abendmahlssermon werden auch im Taufsermon als die konstitutiven Elemente des Sakramentes Zeichen, Bedeutung und Glaube angegeben [4]. Im Zeichen wird die Gabe des Sakramentes angezeigt - "bedeutet" - und der so gezeigte, in den Blick kommende
Inhalt dem Glauben auf dem Weg einer signifikativen Zusage angeboten.

Gleich dem Abendmahlssermon liegt auch im Taufsermon der Akzent der
Ausführungen auf der Verlebendigung des Sakramentsgebrauchs, wie er
sich aus der "Bedeutung" des Sakramentes ableiten läßt. Beim immer neu
im kirchlichen Leben vollzogenen Altarsakrament ist es der stets zu üben-
de rechte Gebrauch des "bedeuteten" Sakramentsinhaltes, nämlich der als
Gabe und Aufgabe mit den Sakramentszeichen Brot und Wein zeichenhaft

---

[1] 2, 742-758. Siehe dazu oben S. 162ff.
[2] 2, 727-737. Siehe dazu: O. Bayer, Promissio 254-259; E. Bizer, Die
Entdeckung des Sakraments 75f; M. Ferel, Gepredigte Taufe 28-35; E.
Sommerlath, Rechtfertigung und Taufe; C. Stange, Der Todesgedanke
in Luthers Tauflehre 362-397.
[3] 2, 714-723. Siehe dazu oben S.126ff.
[4] Vgl. die beiden Gliederungsangaben 2, 727,23: "Darumb müßen wir drey
dingk yn dem heyligen Sacrament ansehen, das zeychen, die bedeutung
unnd den glauben". 2, 742,5: "Das heylige Sacrament des altars...hat
auch drey dingk", nämlich Zeichen, Bedeutung, Glaube.

vermittelten communio. Der Wiederholbarkeit des Altarsakramentes steht jedoch die Einmaligkeit des Taufgeschehens gegenüber. Luther ist genötigt, die im längst vergangenen Taufzeichen angezeigte "Bedeutung" der Taufe für das Leben des schon Getauften fruchtbar zu machen.

Damit verbunden weist er jene falsche Sicht der Taufe zurück, die meint, mit der Taufe sei ein für allemal jegliche Sünde aus dem Leben des Christen getilgt, was notwendig zu Sorglosigkeit und Faulheit im Kampf gegen die Sünde führt [5]. Diese Polemik durchzieht als roter Faden den Taufsermon [6], und der Aufruf zum stets nötigen Kampf gegen die Sünde leitet die Aussagen über das Wesen der Taufe und ihre Bedeutung [7].

a) Das Zeichen der Taufe

Das Zeichen der Taufe sieht Luther im Vorgang des Untertauchens und Aus-dem-Wasser-Hebens, begleitet vom Sprechen der Taufformel [8]. Der auch von der Wortbedeutung (Taufe = Tiefe) ableitbaren Vollform des Zeichens gibt er den Vorzug gegenüber einer Infusionstaufe, vor allem im Blick auf die nur im vollen Zeichen sichtbar werdende, anzeigbare Bedeutung der Taufe [9].

b) Die Bedeutung der Taufe

Im Vollzug des "Ins-Wasser-Stoßens" und "Wieder-Heraushebens" wird als Inhalt der Taufe "bedeutet": "eyn seliglich sterbenn der sund und aufferstheung yn gnaden gottis, das der alt mensch, der yn sunden empfangen wirt und geporen, do erseufft wirt, und ein newer mensch erauß geht und auff steht, yn gnaden geporen"[10]. In der Taufe geschieht gemäß Tit 3,5 und Joh 3,3ff die neue Geburt des sündigen Menschen [11].

---

[5] 729,19: "Darauß folget, das woll war ist, Eynn mensch, ßo es auß der tauff kumpt, sey reyn und an sund gantz unschuldig, aber es wirt von vielen nit recht vorstanden, die meynen, es sey gar keyn sund mehr da, und werden faull und hynlessig, die sundlich natur zu todten". 732,33: "Darumb ist das eynn großer yrthum, die do meynen, sie seyen durch die Tauff gantz reyn worden, und ynn yhrem unvorstand gehn sie hynn und todten yhr sund nit".
[6] 729,19ff; 730,3ff; 730,18f; 731,18ff; 732,9ff; 732,33ff; 735,12ff.
[7] Ganz ähnlich bestimmt auch im Abendmahlssermon der Kampf gegen die "falsche Bruderschaft" die Wesensbestimmung des Sakramentes unter dem Gesichtspunkt der communio. Siehe oben S. 162ff.
[8] 727,25: "Das tzeychen stett darynnen, das man den menschen yn dem namen des Vatters und des Suns und des heyligen Geystes stöst ynß wasser, aber man lest yhn nit drynnen, sondern hebt yhn widder erauß".
[9] 727,4-19.
[10] 727,30ff; vgl. auch 727,15ff.
[11] 727,33ff; 729,35.

Doch Luther verweilt kaum bei dem in der Vergangenheit liegenden Geschehen und seiner Wirkung, vielmehr weist er sofort auf die bleibende Gültigkeit des im Zeichen "Bedeuteten": Der Tod der Sünde sowie das neue Leben der Gnade vollziehen sich endgültig erst im leiblichen Tod des Menschen bzw. am Jüngsten Tage, wenn der Mensch ohne Sünde in Gerechtigkeit ganz neu geschaffen wird [12]. So "bedeutet" das Taufzeichen das Werk Gottes am Jüngsten Tag [13], erst dort kommt das Werk der Taufe an sein Ende [14].

Nach der Taufe, "wenn der Mensch zu seinen Jahren kommt", gibt es im Leben des Christen immer wieder Sünde [15], deren Ab-sterben erst im Tod des Menschen vollendet ist. Darum ist die Taufe eine Verurteilung zum leiblichen Tod [16], ein Begrabenwerden mit Christus zum Tod [17], weil erst dort das in der Taufe "Bedeutete" voll wirksam wird. Das Leben des Christen ist von der Taufe bis zu seinem Tod und zum Jüngsten Tag ein "geystlich tauffen an unterlaß biß ynn denn todt"[18], d.h. ein ständiger Prozeß der "erseuffung der sund"[19]. Im Kampf gegen ein falsches Verständnis der Sündelosigkeit des Getauften - als gäbe es im christlichen Leben kein Fallen in Sünde mehr - legt Luther den Akzent viel stärker auf den ständigen Prozeß des der Sünde Sterbens als auf den ebenfalls in der Taufe "bedeuteten" Prozeß des neuen Lebens. Weil der Christ auch nach der Taufe noch unter dem Fluch des sündigen Fleisches und seiner Begierde lebt und in

---

[12] 728,10: "Die bedeutung, und sterben odder ersauffen der sund, geschicht nit volnkomen, yn dißem leben, biß der mensch auch leyplich sterb und gantz vorweße zu pulver... die bedeutung, die geystliche tauff, die erseuffung der sund, weret die weyl wir leben, und wirt aller erst ym tod volnbracht". 728,30: "Desselben gleychen, auß der tauff heben geschicht auch behend, Aber die bedeutung, die geystlich geburt, die mehrung der gnaden und gerechtigkeit, hebt woll an yn der tauff, weret aber auch biß yn den tod, ya biß an jungsten tag. Da wirt aller erst volnbracht, das die tauffhebung bedeut".
[13] 729,33; 730,13; 730,25; 732,3.
[14] Die Neuschöpfung durch Gott beginnt in der Taufe, "die den todt und aufferstehung am Jungsten Tag bedeutt, wye gesagt ist. Und darumb als vill die bedeutung odder das tzeychen des sacraments ist, ßo seynd die sund mit dem menschen schon tod unnd er aufferstandenn, und ist alßo das sacrament geschehen, aber das werck des sacraments ist noch nit gar geschehen, das ist, der todt unnd auffersthung am Jungsten tag ist noch vorhanden" (729,33ff). Die Taufe wird erst im Tod bzw. am Jüngsten Tag vollbracht: 728,15.23.33; 729,2; 730,8.
[15] 730,10ff; vgl. 728,23ff; 729,21ff.
[16] 728,17: "Und wer getaufft wirt, der wirt tzum tod vorurteylt, als sprech der priester, wan er tauffet 'sich, du bist ein sundigs fleysch, drumb erseuff ich dich yn gottis namen, unnd urteyll dich tzum tod yn dem selben namen, das mit dir all deyne sund sterben und unter gehen'".
[17] 728,21.
[18] 728,16.
[19] 728,14.

Sünden fällt, ist der nach Meinung Luthers mißverständliche Satz: "Eyn mensch, ßo es auß der tauff kumpt, sey reyn und an sund gantz unschuldig"[20], so zu verstehen, daß für die nach der Taufe begangenen Sünden im Zeichen der einmal empfangenen Taufe "bedeutet", angezeigt wird, daß sie im leiblichen Tod und bei der Auferstehung am Jüngsten Tag "erseufft" werden [21].

Wenn es im Sermon heißt:

> "Alßo ist der mensch gantz reyn unnd unschuldig sacramentlich, das
> ist nit anderß gesagt, dan er hatt das tzeychen gottis, die Tauffe,
> da mit angetzeygt wirt, seynn sund sollen alle tod seyn, und er yn
> gnaden auch sterben und am Jüngsten tag auffersteen, reyn an sund
> unschuldig ewiglich zu leben. Alßo ists des sacraments halben war,
> das er an sund unschuldig sey. Aber die weyll nu das noch nit vollnbracht ist und er noch lebt ym sundlichen fleysch, ßo ist er nit an
> sund noch reyn aller dinger, ßondern angefangen, reyn und unschuldig zu werden"[22],

so darf das nicht so verstanden werden, als lehre Luther, daß im Taufakt der Tod der vor der Taufe liegenden Sünden nur "bedeutet" werde. Die Vergebung dieser Sünden in der Taufe steht für ihn fest [23], ihn interessiert aber fast ausschließlich das Verhältnis von Taufakt und Sünden nach der Taufe [24], und hier gilt: Der Christ steht zeitlebens unter dem Zeichen der Taufe, d. h. unter der zeichenhaft vermittelten Zusage, daß seine Sünden am Jüngsten Tag tot sein werden und er in Gerechtigkeit auferstehen wird. In diesem Sinn ist er "sacramentlich" d. h. zeichenhaft rein, weil ihm durch das Taufzeichen die endgültige Vernichtung der Sünde am Jüngsten Tag angezeigt ist.

Mit dem in den §§ 1-8 des Sermons Ausgeführten ist es Luther zunächst gelungen, den in der Vergangenheit liegenden Taufakt für das Leben des schon Getauften fruchtbar zu machen. Früher hatte er in der vergangenen Taufe nur ein Anfangsdatum gesehen für das nach Röm 6 mit der Taufe begonnene Zusammenwachsen des Christen mit dem Weg Jesu: durch Tod zum Leben. Der Christ ist mit der Taufe auf den Weg des täglichen Sterbens geschickt, wobei ihn die Hoffnung leitet, wie Christus auf diesem Weg zum Leben zu kommen. Die Taufe selbst war nur Anfang und bleibt immer neu zu überholender Anfang [25].

---

[20] 729,19.
[21] 730,10: "Darumb wen der mensch zu seynen jaren kompt, ßo regen sich die natürlichen sundlichen begirden, zorns, unkeuschheit, lieb, geytz, hoffart, und der gleychen, Der keyne nit were, ßo die sund ym sacrament alle erseufft und tod weren. Nu seyn sie nur bedeutet, zu erseuffen durch den todt und auferstung am jungsten tag".
[22] 730, 3ff.
[23] Vgl. Anm. 11.
[24] Vgl. 728,10ff; 729,19ff; 730,10; 731,5.18ff; 732,13.31; 733,7ff.
[25] Vgl. oben S. 57ff.

Jetzt sieht Luther in der Taufe ein Zeichen der Zusage und Hoffnung gegeben, daß Gott am Ende des Lebens sein in der Taufe begonnenes Werk
vollenden wird. Mehr als daß im Zeichen der Taufe das Werk des Jüngsten
Tages "bedeutet" wird, ist freilich in den §§ 1-8 nicht gesagt. Eine effek-
tive und nicht nur signifikative Bedeutsamkeit für das Leben des Getauften
erhält die Taufe erst durch den von Luther im Fortgang des Sermons einge-
führten Bundesgedanken.

c) Der Taufbund

In der Taufe - so ergänzt und vertieft Luther seine Ausführungen über die
im Zeichen offenbar werdende Bedeutung der Taufe - wird zwischen Gott
und Mensch ein Bund geschlossen [26]. Der Täufling ergibt sich dem angezeigten "Werk" der Taufe, er begehrt, "mit den sunden zu sterben und am
jungsten tag new gemacht werden, nach antzeygung des sacraments"[27],
und verspricht, mehr und mehr die Sünde zu töten durch die Übung guter
Werke und die Bereitschaft zum Leiden, um so der Taufe und ihrem Werk
Genüge zu tun [28]. Gott aber verspricht in diesem Bund, die nach der Taufe geschehenden Sünden nicht anzurechnen, er begnügt sich damit, daß der
Mensch in steter Übung gegen die Sünde angeht [29].

Weil das Versprechen Gottes an die Taufe gebunden bleibt, kann der Christ,
wenn er in Sünde gefallen ist, wieder in den Taufbund eintreten, und seine
Sünden sind dann "ynn kraft des sacraments und vorpundtniß schon dahynn"[30].
Die Taufe ist aufgrund des Bundes Gottes ein über das Leben des Christen
aufgerichtetes Gnaden- und Barmherzigkeitsurteil [31], und der Christ kann
"an seyn tauff gedencken und sich der selben frölich trösten, das gott sich
da vorpunden hatt, yhm seyn sund zu tödten und nit zur verdamnuß rechen,

---

[26] 730,18: "Szo sprichstu 'Was hilfft mich dan die Tauff, wan sie nit til-
get und ablegt die sund gantz und gar?' Hie kompt nu der recht vor-
stand und erkentniß des sacraments der tauff. Das hilfft dir das hochwirdig sacrament der tauff, das sich gott daselbs mit dyr vorpindet und
mit dyr eyns wird eyns gnedigen trostlichen bunds".
[27] 730,24.
[28] 730,30ff.
[29] 731,3: "Die weyl nu solch deyn vorpinden mit got steet, thut dyr gott
widder die gnad, unnd vorpindet sich dyr, er wolle dyr die sund nit
zurechnen, die nach der Tauffe ynn deyner natur seyn, will sie nit
ansehen noch dich drumb vordammen, leßt yhm dran gnugen, und hatt
eyn wolgefallen, das du ynn steter ubung und begirden seyest, die selben zu todten, und mit deynem sterben yhr loß zu werden".
[30] 731,10.
[31] 731,20: "Drumb ist kein grösser trost auff erden, dan die tauf, durch
wilch wir yn der gnaden und barmhertzigkeit urteyll treten, die die
sund nit richtet, sondern mit vielen ubungen auß treybt".

ßo er nit drein williget odder nit drynen bleybt" [32].

Der hier eingeführte Bundesgedanke ist sichtlich geprägt von einem Verständnis der Gegenseitigkeit. Die non-imputatio vonseiten Gottes hat zur Voraussetzung und Bedingung, daß der Mensch bereit ist, durch seine Anstrengung die Sünde aus seinem Leben auszutreiben, sich in den im Taufzeichen "bedeuteten" Tod der Sünde einzuüben [33]. Wo das geschieht, kann er sich auf die Einhaltung des Bundes durch Gott verlassen.

d) Der Glaube

Als drittes Stück des Taufsakramentes nennt der Sermon den Glauben [34]. Dieser richtet sich nun aber nicht nur auf die im Taufzeichen erkennbare "Bedeutung", nämlich Tod und Auferstehung am Jüngsten Tage, sondern entsprechend der Ergänzung, die das Schema Zeichen - Bedeutung durch den Bundesgedanken erfahren hat, vornehmlich auf den in der Taufe gegebenen Bundesschluß, "das wir wollen biß ynn den tod die sund todten und widder sie streyten, und her widderumb unß wolle zu gute halten und gnedig mit uns handelnn, nit richten nach der scherpfe, das wyr an sund nit seyn ynn dissem leben, biß das wyr reyn werden durch den todt"[35]. In der Taufe ist nicht nur ein Hoffnungszeichen für die endgültige Vernichtung der Sünde gegeben, sondern in ihr kann der Christ auch den Bund mit Gott ergreifen [36], den dieser jetzt schon erfüllt, indem er die "nachstellige (= nach

---

[32] 731,30.
[33] Das Handeln Gottes setzt die menschliche Bereitschaft voraus (vgl. 730,23 und 30 mit 731,3; 732,5: "das wir wollen... und her widderumb unß wolle") und bleibt an die Bundeserfüllung durch den Menschen gebunden (731,13: "ßo sie nit folgen und vorwilligen"; 731,32: "ßo er nit drein williget odder nit drynen bleybt"; 733,18: "ßo er widder sie fechten will biß yn den tod"). Ähnlich urteilen O. Bayer, Promissio 255 Anm. 15, und C. Stange, Der Todesgedanke 373; anders E. Sommerlath, Rechtfertigung und Taufe 356f: "Fast klingt es wie eine Bedingung... Freilich wie eine Bedingung der Gnade Gottes klingt das alles nur, ist es aber nicht".
[34] 732ff.
[35] 732,5ff. Vorausgeht: "Hie ist nu das dritte stuck des sacraments zu handeln, das ist der glaub, das ist, das man diß alles festiglich glaub, das das sacrament nit allein bedeut den todt unnd auffersteeung am Jungsten tag, durch wilche der mensch new werd ewiglich an sund zu leben, ßondern das es auch gewißlich dasselb anhebe und wirck und unß mit gott vorpyndet, das wir..." (732,1ff).
[36] Heißt es 730,4 noch, daß die Taufe ein Zeichen sei für Gottes Tat am Jüngsten Tag, so 732,12, daß der Mensch in der Taufe für seine Reinheit ein Zeichen und einen Bund hat, rein zu werden. Dieser Bund aber wirkt bereits im Leben des Getauften.

der Taufe gegebene) unreynickeyt nit rechnen will"[37]. So kann und muß der Christ "gar keck und frey an die tauff sich halten und sie halten gegen alle sund und erschreckenn des gewißen, und sagen demutiglich 'ich weyß gar wol, das ich keyn reynß werck nit hab, Aber ich byn yhe taufft, durch wilch myr gott, der nit ligen kan, sich vorpunden hatt, meyn sund myr nit zu rechnen, ßondern zu todten und vortilgen' "[38].

Die Erfüllung des Bundes durch Gott sieht Luther zunächst noch abhängig von der Bereitschaft des Menschen, gegen die Sünde in seinem Leben zu kämpfen: "wie sich gott daselb mit yhm vorpunden hatt, alle sund zuvorgeben, ßo er widder sie fechten will biß yn den tod"[39]. Die Zweiseitigkeit des Bundes nach Art eines "do ut des" erfährt jedoch eine entscheidende Veränderung in den §§ 14 und 15 des Taufsermons.

Lag Luthers Interesse zunächst daran, die zweiseitige Bundesverpflichtung in Abwehr einer falschen Sicherheit und Sorglosigkeit der Getauften ihren Sünden gegenüber hervorzuheben, so tritt nun mit dem Stichwort Glaube jene für die weitere Entfaltung der Tauftheologie Luthers entscheidende Gegenposition in den Blick, die glaubt, die Taufe werde durch den Rückfall des Getauften in die Sünde zunichte, und der nun gewiesene Weg ins erneute Heil sei der Weg der Buße und anderer frommer Werke [40]. Gegen diesen neuen Weg der Werke betont Luther jetzt den Glauben an die Wahrheit der Bundesverheißung Gottes, an seine in der Taufe zugesagte Barmherzigkeit.

"Ist yemant yn sund gefallen, ßo gedenck er am stercksten an seyn tauff, wie sich gott daselb mit yhm vorpunden hatt, alle sund zuvorgeben, ßo er widder sie fechten will biß yn den tod. Auff die selbige warheit und vorpindung gottis muß man sich frölich erwegen: ßo geht die tauff widder yn yhrem werck und crafft, ßo wirt das hertz widder zu friden unnd frölich, nit yn seyne werck odder gnugthuung, sondern yn gottis barmhertzickeit, die yhm yn der tauff zu gesagt ist, ewiglich zu halten, und an dem glauben muß man alßo fest halten, das, ob auch alle creature und alle sund eynen ubirfielen, er dennoch dran hange, angesehen, das, wer sich davon lest dringen, der macht gott zu eynem lugner yn seynem vorpinden an dem sacrament der tauff"[41].

In der Frontstellung gegen den Heilsweg der Werke muß der Hinweis auf die

---

[37] 732,13; vgl. 733,2; 733,17.
[38] 732,20ff.
[39] 733,17; vgl. auch Anm. 33.
[40] 733,11: Sie meinen, "ettwas anders zu finden, die sund zuvortilgen, nemlich die werck, unnd machen alßo yhn selb und allen andern böß erschrokkene unsichere gewissen, vortzagung am todt, und wissen nit wie sie mit gott dran seynd, achtens, die tauff sey nu durch die sund verloren und nit mehr nutz". Das später dafür verantwortlich gemachte Hieronymuswort von der Buße als der "secunda tabula post naufragium" taucht hier noch nicht auf.
[41] 733,16-26.

Anstrengung des Menschen, auf den Kampf gegen die Sünde als Bundesbedingung zurücktreten zugunsten der vor-laufenden Bundesverheißung und
ihrer Erfüllung durch Gott. In der Taufe geschieht die Zusage der Barmherzigkeit und Vergebung Gottes [42]. Daß in der Taufe jener beschriebene
Bundesschluß vollzogen wird, kann jedoch nicht aus einem in der Taufe gesprochenen oder mit ihr verbundenen Verheissungswort erhoben und auch
nicht aus dem Taufzeichen abgeleitet werden, sondern ist eine freigewählte
theologische Interpretation Luthers. So bleibt die Behauptung, Gott habe in
der Taufe die Vergebung der Sünden "zugesagt", sich dazu "verbunden"[43],
insofern in der Schwebe, als kein greifbares Verheißungswort angegeben
wird, auf das der Getaufte sich glaubend stützen könnte.

Dennoch bricht hier die unabhängig von der Besinnung auf die Taufe gewonnene Erkenntnis vom Heilshandeln Gottes in hörbarer, greifbarer promissio
und antwortendem Glauben durch. Zwei Momente scheinen dafür bestimmend
gewesen zu sein: die Einführung des Bundesgedankens und die Betonung des
Glaubens gegenüber dem Versuch, durch Werke Vergebung zu erlangen. In
den gleichzeitigen Genesispredigten hat Luther das Bundeshandeln Gottes
(pactum, foedus) als ein Handeln in Verheißungen (mit versichernden Zeichen), die allein im Glauben aufgenommen werden, zu interpretieren gelernt [44]. Nachdem er nun die Taufe als - zunächst noch zweiseitigen - Bundesschluß gedeutet und den Glauben als Gegenposition zur Werkgerechtigkeit
ins Spiel gebracht hat, dürften ihn die Stichworte Bund und Glaube dazu geführt haben, die Beziehung Zusage - Glaube zumindest tastend auf das Taufsakrament zu übertragen, wie er es schon beim Bußsakrament getan hatte.

Wie sehr gerade der Blick auf das Bußsakrament die beabsichtigte Beschreibung der Taufe nach dem Schema: Zeichen - Bedeutung - Glaube aufgebro-
chen hat zu jener in "De captivitate" allein vorgenommenen Interpretation
durch promissio und fides, zeigt die in § 15 ausgesprochene Deutung des
Bußsakramentes als Erneuerung der Taufe: "als sprech der priester yn der
absolution 'Sich, gott hatt dir deyn sund itzt vorgeben, wie er dir vorhin
yn der tauff zugesagt und mir itzt befolen, yn crafft der schlussell, und
kumpst nu widder yn der tauffe werck unnd weßen'. Gleubstu, ßo hastu. Zweyf-
felstu, ßo bistu vorloren"[45]. Über den Umweg, im Bußsakrament einen
Ort für den hörbaren Zuspruch der non-imputatio als Erfüllung des Taufbundes gefunden zu haben, bahnt hier sich die Möglichkeit an, die Taufe
selbst als promissio Gottes zu verstehen, die der Glaube ergreift. Richtet

---

[42] 733,22: "yn der tauff zu gesagt ist"; 30: "denen gott zugesagt hat sund
vorgeben".
[43] 733,17.22.25.
[44] Siehe oben S. 177.
[45] 733,32ff; vorausgeht: "Dann auch das sacrament der Puß... seynen
grund, an dißem sacrament hatt, Die weyll alleyn denen die sund vorgeben werden, die getaufft seyn, das ist, denen gott zugesagt hat sund
vorgeben, alßo das der puß sacrament ernewert und widder antzeugt der
tauff sacrament".

sich der Glaube auf ein greifbares Wort der Vergebungszusage Gottes, dann rückt die Pflicht des Menschen, die Sünde zu töten, eindeutig in das zweite Glied. Die Durchführung dieses Programms gelingt im Sermon von 1519 noch nicht [46]. Doch differenziert Luther auch hier schon deutlich: Es ist "eyn ander ding, die sund vorgeben und die sund abzulegen odder auß zu treyben"[47]. Der Glaube erlangt die Vergebung, indem er an Gottes Bundeserfüllung der non-imputatio der Sünde glaubt. Danach erst folgt der Kampf gegen die Sünde, der das Leben des Getauften weiterhin bestimmt [48]. Damit tritt das ethische Interesse, das zunächst den Sermon prägte, zurück hinter die Betonung des Glaubens an das Handeln Gottes infolge seines in der Taufe eingegangenen Bundes. Für den Bund Gottes, für die in der Taufe ergehende Verheißung der non-imputatio wird im Sermon noch kein greifbares, Sicherheit gebendes Promissiowort angegeben. Doch im Umkreis der Polemik gegen jenen unsicheren und widergöttlichen Versuch, durch Werke den nach der Taufe verlorenen Heilsstand wieder zu erlangen, tritt der Glaube an das vorausgehende Handeln Gottes in den Vordergrund, und im Blick auf die Absolution als Erneuerung des Taufbundes kommt das in "De captivitate" entfaltete Taufverständnis zum Durchbruch. Das in den §§ 14 und 15 Ausgeführte sprengt die beabsichtigte Taufinterpretation in dem Dreierschema: Zeichen - Bedeutung - Glaube [49]. Folgerichtig greift Luther in "De captivitate" nur noch auf diese Abschnitte zurück.

2. Der Taufabschnitt in "De captivitate Babylonica" (1520)

Das Taufkapitel in der Sakramentsschrift "De captivitate Babylonica" belegt in eindrucksvoller Weise jene Tauftheologie, wie sie Luther um 1520 parallel zu seinen Anschauungen über das Sakrament der Buße und das Altarsakraentfaltet hat [1]. Hier wird erstmals ganz konsequent die Relation promissiofides, wie sie zunächst am Bußsakrament entwickelt und dann unter Einbeziehung des signums als des dritten konstitutiven Elements beim Altarsakra-

---

[46] O. Bayer, Promissio 200f und 257, konnte aufzeigen, daß in dem "Gleustu, ßo hastu" Luthers Fassung von Mk 16,16 (in "De captivitate" die eigentliche Taufpromissio) vorliegt. Doch wird diese Verheißung hier nicht auf die Taufe, sondern allein auf die Absolution bezogen.
[47] 734,1.
[48] 734,7: "Dan die weyl ich glaub, das mir gott die sund nit rechnen will, ßo ist die tauf crefftig, und sein die sund vorgeben, ab sie wol noch da bleyben eyns grössen teyls. Darnach folget das außtreyben durch leyden und sterben etc.".
[49] Die neue Sicht ist aber auch nach den §§ 14 und 15 noch nicht durchgehalten, wie die Ausführungen über die Stände und die Gelübde zeigen (734ff).
[1] 6,527-543. Siehe dazu vor allem: O. Bayer, Promissio 260-273; E. Bizer, Die Entdeckung des Sakraments 87f; M. Ferel, Gepredigte Taufe 38-47; L. Grönvik, Die Taufe 101ff; 114ff; C. Stange, Der Todesgedanke 397-420.

ment erprobt wurde, auf die Taufe übertragen.
Vor einer Analyse des Taufabschnitts empfiehlt es sich, die von Luther angezielte Gegenposition deutlich zu machen, um seine Aussagen richtig ein-
ordnen zu können.

a) Die angezielte Gegenposition

Luther wendet sich dem Titel seiner Schrift entsprechend gegen die Gefangenschaft der Taufe, d. h. ihre völlige Bedeutungslosigkeit im Leben der
Getauften [2] und die Taufvergessenheit (oblivio baptismi) der Zeit [3]. Zwar
sei sie in ihrem Vollzug als Kindertaufe verschont geblieben von den sonst
so beklagenswerten Mißbräuchen [4], aber ihre bleibende Kraft sei verloren gegangen und in Vergessenheit geraten [5]. Es geht Luther in erster
Linie um den sakramentsgemäßen Gebrauch der Taufe bei schon Getauften
und alle Aussagen über die Taufe als Sakrament erfolgen im Blick auf den
rechten Gebrauch [6].

Daß die Taufe im Leben der Christen keine Bedeutung mehr hat, daß sie in
Vergessenheit geraten ist, sieht Luther darin begründet, daß an ihre Stelle jener Pomp der Werke, jene "anderen Wege" zur Vergebung der Sünden
getreten sind [7]. Statt auf seine Taufe wird der Christ auf eine Vielzahl
von Bußwerken verwiesen, will er ins Heil kommen [8]. Begünstigt wurde
die Meinung durch jenes "verbum periculosum" des Hieronymus, das die
Buße als "secunda tabula post naufragium" bezeichnet, nachdem die Taufe,

---

[2] 530,2: "sacramentum baptismi, in quo stat prima gloria conscientiae
      nostrae, funditus extinguunt nedum captivant". Ebenso 533,28 und in
      der Einleitung 526f.
[3] 539,13; 537,36.
[4] 526,35-527,8; "Deus...hoc unicum sacramentum servavit in Ecclesia
      sua illibatum et incontaminatum a constitutionibus hominum, liberum-
      que fecit omnibus gentibus omniumque hominum ordinibus, nec passus
      est et ipsum teterrimis quaestus et impiissimis superstitionum portentis
      opprimi" (526,36ff).
[5] 527,9ff.
[6] So auch L. Grönvik, Die Taufe 103: "Aus dem Aufbau von De captivitate
      ist aber vor allem zu bemerken, daß die Diskussionsfrage nicht so sehr
      die Taufe selbst ist, sondern vielmehr, wie man in dem christlichen
      Leben von der Taufe recht Gebrauch machen soll".
[7] 527,11: "tot repertis aliis viis remittendorum peccatorum et in coelum
      veniendi" (vgl. auch 535,3); 527,17: "Nata sunt votorum, religionum,
      operum, satisfactionum, peregrinationum, indulgentiarum, sectarum
      infinita illa onera"; 527,35: "universis pompis operum" etc. (vgl. auch
      530,11). Vgl. auch die beiden Abschnitte über die Libertas baptismi
      (535,27-538,3) und über die Gelübde (538,26-543,3), die die Taufe ver-
      gessen ließen.
[8] 527,15; 529,17ff; 530,4.

die "prima tabula" oder das Schiff, durch spätere Sünden zunichte geworden ist [9]. Die Buße wird dabei von Luther eindeutig auf die Seite menschlicher Werke gestellt [10]. Die angezielte Position ist nun nicht mehr wie im Taufsermon von 1519 die Sorglosigkeit der Getauften gegenüber der auch nach der Taufe noch gegebenen Sündhaftigkeit, sondern jene im Taufsermon nur kurz anvisierte (aber gerade auch zur Überwindung der dort vorgelegten Konzeption führende) Meinung, dem in Sünde gefallenen Christen bleibe nur noch der Weg vielfältiger Bußanstrengungen, um wieder ins Heil zu kommen [11]. Das Wort des Hieronymus ist für Luther seit "De captivitate" Chiffre für diese die bleibende Bedeutung des Taufsakramentes verdeckende Anschauung [12]. Dem Vertrauen auf die Werke setzt er den Glauben an die promissio der Taufe entgegen, um so die bleibende Kraft des Taufsakramentes aufzuzeigen.

Einen weiteren, sehr wichtigen Hintergrund für das Taufkapitel bildet die scholastische Sakramentenlehre, mit der sich Luther in keinem anderen Abschnitt seiner Schrift so auseinandersetzt wie hier. Dazu kann er die Ergebnisse verschiedener Vorarbeiten zu "De captivitate" aufnehmen[13].

---

[9] 527,12: "prebuit his opinionibus occasionem verbum illud periculosum divi Hieronymi, sive male positum sive male intellectum, quo poenitentiam appellat secundam post naufragium tabulam, quasi baptismus non sit poenitentia. Hinc enim, ubi in peccatum lapsi fuerint, de prima tabula seu nave desperantes velut amissa, secundae tantum incipiunt niti et fidere tabulae, id est, poenitentiae" (Vgl. auch 529,22ff). Das Hieronymuswort wird hier erstmals von Luther angeführt, nachdem er die damit gekennzeichnete Position im Taufsermon noch ohne Nennung dieses in der Bußtheologie der Scholastik immer wieder gebrauchten Zitates beschrieben hat (2,733,12ff). Hieronymus, Ep. 130 ad Demetriadem: "Illa quasi secunda post naufragium miseris tabula" (CSEL 56,189); ebenso Ep. 122; Ep. 147; Comment. in Jes. cap. 3,8f (PL 24,65). Zu dem bei Tertullian gebrauchten Bild von der Taufe als Schiff und dem Sündenfall danach als Schiffbruch siehe A. Ziegenaus, Umkehr, Versöhnung, Friede 37ff. Zum Gebrauch des Wortes in der theologischen Tradition sei nur auf P. Lombardus, Sent. IV d. 14 nr. 1 und G. Biel, Coll. IV d. 4 q. 2 a. 2 concl. 4 verwiesen.

[10] 529,17ff.

[11] Vgl. oben S. 309.

[12] So z. B. 8,595,30 ; 30 I 22,33; 221,32; 34 I 91,8; 36,98,4; 46,171,4; 195,11; 47,643,18.

[13] Zur Kritik an der scholastischen Sakramentenlehre siehe die Abschnitte 529,35 - 530,10 und 530,19 - 531,25, besonders aber 531,31 - 533,28. Eine intensive Beschäftigung Luthers mit der traditionellen Sakramentenlehre dokumentieren die in zeitlicher Nähe zu "De captivitate" entstandenen Thesenreihen, deren Aussagen besonders im Taufkapitel deutlich aufgenommen sind:

(1) Thesen und Erläuterungen zur Disputation "De fide infusa et acquisita" (6, 85. 88-98).

Die Kritik an der scholastischen Lehre steht in engem Zusammenhang mit dem Kampf gegen den "neuen Weg" der Bußanstrengungen. Weil die scholastische Theologie beim Sakrament der Taufe nicht auf die promissio Gottes und die fides des Menschen geachtet hat, ist sie im Urteil Luthers nicht fähig gewesen, die bleibende Bedeutung der Taufe zu erkennen [14]. In Unkenntnis der für die Taufe wesentlichen Relation promissio-fides haben die vielfältigen Abhandlungen über Materie, Form und Spender die Taufe selbst zu einem menschlichen Werk und Ritus werden lassen [15]. Das gilt besonders für die in einem längeren Abschnitt kritisierte Definition der Sakramente als "signa efficatia gratiae"[16], eine Definition, die nach Luthers Ansicht aus Unkenntnis der göttlichen Verheißung zur Verwerfung des Glaubens führte [17] und infolgedessen das Sakrament selbst und seinen Gebrauch nur als Werk des Menschen verstehen ließ [18]. Darauf wird noch näher einzugehen sein. Hier sollte nur darauf hingewiesen werden, daß Luthers Einspruch ge-

---

(2) "Quaestio circularis de signis gratiae" (6,471).

(3) "Disputatio de baptismate legis, Johannis et Christi habita" (6,473).

(4) "Disputatio in Distinctionem 2. Libri 4. Sententiarum" (9,313).
In diesem Zusammenhang könnten auch Luthers Randbemerkungen zum 4. Buch von G. Biels Collectorium (Hrsg. von H. Degering, Festgabe 18f) entstanden sein. Als Abfassungszeit der Randbemerkungen wird zwar meist 1515/16 angegeben (Degering, aaO. VIIf; L. Grane, Contra Gabrielem 367), doch hat H. Volz, Luthers Randbemerkungen 214ff, aufgrund verschiedener Schriftgrößen in den Randbemerkungen für eine zweimalige Bearbeitung von Biels Sentenzenkommentar durch Luther plädiert und die Anmerkungen zum 4. Buch einer späteren Zeit (Ende der dreißiger Jahre, aaO. 217) zugewiesen. Da der Inhalt der Anmerkungen zum 4. Buch ganz auf der Linie der Sakramentstheologie von 1520 liegt und für 1515/16 vollkommen singulär wäre, könnte eine zweite Bearbeitung durch Luther aber auch für die Zeit um 1520 (im Zuge seiner intensiven Beschäftigung mit der scholastischen Sakramentenlehre) angenommen werden (So auch O. Bayer, Promissio 260).

[14] Vgl. besonders 529,22-34; 533,24-28.

[15] "Quid ergo prodest de baptismo tam multa scribere et hanc fidem promissionis non docere? ... Esto ergo prudens lector, immo contemptor Magistri sententiarum libro quarto cum omnibus suis scribentibus, qui tantum de materia et forma sacramentorum scribunt, dum optime scribunt, id est, mortuam et occidentem literam sacramentorum tractant, caeterum spiritum, vitam et usum, id est, promissionis divinae veritatem et nostram fidem prorsus intactas relinquunt" (529,35f; 530,5ff).
"Istas et similes disputationum et quaestionum angustias fecerunt nobis ii, qui fidei nihil, operibus autem ritibusque omnia tribuerunt" (531,22).

[16] 531,31-533,28.

[17] 533,15: "Haec enim omnia dicuntur in iacturam fidei ex ignorantia promissionis divinae".

[18] 533,20-28.

gen Sätze der scholastischen Sakramentenlehre aufs engste verknüpft sind
mit seiner Absicht, promissio und fides als die Elemente der Taufe herauszustellen, die gegenüber dem neuen Weg der Werke die bleibende Kraft der
Taufe aufzeigen und ihren rechten Gebrauch im Leben der schon Getauften
ermöglichen können.

Die angezielten Gegenpositionen und ihre Verschränkung muß man im Auge
behalten, will man die Aussagen des Taufabschnitts sachgerecht interpretieren.

b) promissio und fides

Gegen die Taufvergessenheit infolge der dem Getauften allein verbleiben-
den Bußanstrengung betont Luther die bleibende Kraft der Taufe, indem er
promissio und fides als die konstitutiven Elemente der Taufe herausstellt:

> "Itaque (!) in Baptismo observanda est divina promissio, quae dicit:
> Qui crediderit et baptisatus fuerit, salvus erit. Quae promissio
> praeferenda est incomparabiliter universis pompis operum, votorum,
> religionum et quicquid humanitus est introductum. Nam in hac pendet
> universa salus nostra: sic autem est observanda, ut fidem exercea-
> mus in ea, prorsus non dubitantes, nos esse salvos, postquam su-
> mus baptisati"[19].

Die Taufverheißung wird mit Mk 16,16 angegeben: "Wer glaubt und getauft
wird, wird selig werden". Diese Verheißung bleibt als Verheißung und Wahrheit Gottes, der nicht lügen kann [20], stets über dem Getauften aufgerichtet: perseverat [21], semper manet [22], sie ist das sichere und unbesiegte
Schiff auf der Fahrt zum Hafen des Heiles. Sie wird nicht, wie das Hieronymuswort irrtümlich annimmt, durch die Sünde des Getauften ihrer Geltung
beraubt [25].
Mit der Benennung der Taufpromissio durch Mk 16,16 hat Luther erstmals
auch die Taufe allein vom Verheißungswort her gedeutet wie schon vorher
das Buß- und Altarsakrament. In den §§ 14 und 15 des Taufsermons, die der
Konzeption von "De captivitate" am nächsten kommen, richtet sich der Glaube auf eine nicht in einem konkreten Verheißungswort greifbare Bundesver-

---

[19] 527,33-38.
[20] 528,26ff; 529,16.
[21] 528,11.
[22] 528,16; 529,31.
[23] 528,26.
[24] 529,31: "promissio dei stabilis".
[25] 529,22: "Simul vides, quam periculosum, immo falsum sit opinari,
poenitentiam esse secundam tabulam post naufragium, et quam perniciosus sit error putare, per peccatum excidisse vim baptismi et navem
hanc esse illisam. Manet illa una, solida et invicta navis, nec unquam
dissolvitur in ullas tabulas, in qua omnes vehuntur, qui ad portum salutis vehuntur, quae est veritas dei in sacramentis promittens".

pflichtung Gottes. Jetzt wird von Luther ein Wort Christi angegeben, das die Taufe als eine Verheißung Gottes qualifiziert. Dabei ist aber zu beachten, daß mit Mk 16,16 nicht auf ein im Vollzug der Taufe ergehendes und dort greifbares Sakramentswort verwiesen wird wie für das Altarsakrament und die Absolution, sondern auf ein in der Schrift niedergelegtes, auf die Taufe bezogenes Wort der Verheißung. Zwar spricht Luther wiederholt davon, daß die Taufpromissio einmal in der Taufe ergangen und aufgerichtet worden sei [26], macht aber keine Angaben darüber, wie in der Taufe diese Verheißung öffentlich und hörbar ergeht [27]. Das zeigt, wie wenig es Luther um eine Bestimmung des Taufaktes, des Sakramentes an sich geht, sondern vielmehr um den bleibenden Gebrauch der Taufe im Glauben an eine mit ihr verbundene Verheißung. Weil Gott dem Getauftsein und dem Glauben an die Verheißung Heil versprochen hat, kann nur der Glaube, nicht das Vertrauen auf eigene Werke die dem Handeln Gottes angemessene Antwort sein.

Die Taufformel "Ego te baptizo in nomine..." wird von Luther nicht als Taufpromissio angesehen, wohl aber in Abhebung von der scholastischen Lehre als Proklamation der eigentlichen Autorschaft der Taufspendung [28]. Die Taufformel sprechen heißt nicht: Gott anrufen, sondern stellvertretend für ihn - in seinem Namen - als den eigentlichen Urheber die Taufe als sein Werk vollziehen. Gott selbst ist der Spender der Taufe, der Priester nur

---

[26] 528,10.13.16.26; 529,14.26; 530,30.

[27] Daher ist es ungenau, wenn O. Bayer, Promissio 260, sagt, Luther gehe "1520 von der hörbaren promissio" aus.

[28] 531,1: "Sic enim ego arbitror, 'In nomine' referre personam autoris, ut non tantum sit nomen domini praetendere et invocare in opere sed ipsum opus tanquam alienum alterius nomine et vice implere". Bei P. Lombardus, Sent. IV d. 3 nr. 4 heißt es: "Invocatur enim ibi tota Trinitas, ut invisibiliter ibi operetur per se, sicut extra visibiliter per ministrum". Das 'invocatur' wie die Gegenüberstellung 'visibiliter - invisibiliter' weist Sent. IV d. 3 nr. 2-4 und seine nachfolgende Bearbeitung (vgl. Thomas v.A., Sent. IV d. 3 a. 2 q. 1; S. theol. III q. 66 a. 5; G. Biel, Coll. IV d. 3 q. un.) als Hintergrund für den Abschnitt 530,19-531,25 aus: "externum- internum"; Interpretation des "in nomine"; "illa ociosa contentio... de forma baptismi". Dieser Hintergrund ist bei L. Grönvik, Die Taufe 124ff, nicht gesehen, weshalb der Abschnitt überinterpretiert wird im Blick auf spätere Probleme der Tauftheologie Luthers. Die Interpretation des Taufkapitels in "De captivitate" bei Grönvik, aaO. 114-129, ist zusehr vom Vergleich mit den Aussagen der Katechismen geprägt, als daß die eigenartige und eigenständige Gestalt der Tauftheologie Luthers um 1520 deutlich würde. Anders als in "De captivitate" bestimmt Luther die Taufformel selbst als Taufpromissio in "Ein Sermon vom Neuen Testament": "ist heylig wort und zusagung gottis" (6,362,34), und in "De fide infusa": "In omni Sacramento est verbum Dei promittens homini aliquid, ut 'Baptiso te in nomine Patris, etc.'." (6,89,5).

Diener und Instrument: "...dominus in coelo sedens te in aquam suis manibus propriis mergit et remissionem peccatorum primittit in terris voce hominis tibi loquens per os ministri sui"[29].

Mit der Interpretation der Taufformel als Proklamation des eigentlichen Taufspenders könnte, obgleich Luther selbst es nicht ausdrücklich tut, eine Verbindung zwischen Taufpromissio und hörbarer Taufformel hergestellt werden: Die promissio geht auf den zurück, der selbst in der Taufe wirkt[30]. Weil der Christ nicht von einem Menschen, "sed ab ipsa trinitate per hominem" getauft ist, kann er sich im Glauben auf die promissio divina, die der Taufe zugeordnet ist, verlassen [31].

Die nicht in der Taufe selbst ergehende, sondern ihr nur zugeordnete, wohl aber in der Eindeutigkeit eines Schriftwortes greifbare promissio Gottes kann nur vom Glauben angenommen werden. Der Glaube verdankt sich allein der göttlichen Verheißung [32], und ohne glaubende Annahme der Verheißung kann diese ihr Ziel nicht erreichen, bleibt die Taufe ohne Nutzen [33]. Unglaube macht Gott in seinen Verheißungen zum Lügner und ist so die größte Sünde [34].

Auch hier ist Luther nur wenig am Glauben während der Taufspendung interessiert, sondern an jenem Glauben, der auf die einmal ergangene promissio ausgerichtet ist. Er ist der bleibende Gebrauch der Taufe [35]. Der Christ ist, wenn er wieder in Sünden gefallen ist, nicht auf den Weg der Bußanstrengung mit vielen Werken gewiesen - solches Vertrauen auf Werke gäbe

---

[29] 530,29ff.

[30] Die Bestimmung der Taufformel als Zusage Gottes bei O. Bayer, Promissio 263f, geht m. E. über Luther hinaus: "Als assertorische Zusage Gottes an den Empfänger der Taufe ist das Wort 'Ego te baptiso...' die konkrete Ausführung von Mk 16,16, dessen Vollzugswort - so wie mit 'Ego te absolvo...' Mt 16,19 in Anspruch genommen ist"(aaO. 264). Für das Bußsakrament fordert Luther den Glauben an das sakramentale Absolutionswort aufgrund Mt 16,19, für die Taufe den Glauben an die Verheißung Mk 16,16 selbst. Dieser Unterschied ist zu beachten vor allem im Blick auf Luthers spätere (!) Auffassung, daß die Taufformel als Ausführung des Taufbefehls Mt 28,19 das hörbare Sakramentswort ist.

[31] 531,7: "Hanc sententiam ego libentissime sequor, quod sit plenissimum solacii et efficax fidei adiutorium, nosse se esse baptisatum non ab homine sed ab ipsa trinitate per hominem".

[32] 529,9: "fides pendet in veritate dei promittentis"; vgl. Anm.49.

[33] 527,38: "Nam nisi haec assit aut paretur fides, nihil prodest baptismus, immo obest non solum tum cum suscipitur, sed toto post tempore vitae".

[34] 528,1ff; 529,11ff; vgl. auch 6,89,3ff; 91,37; 92,14.21.

[35] 527,37: "ut fidem exerceamus in ea" (= promissione); 528,11: "fides in eandem...debet...usque ad mortem ali et roborari"; 529,36: "sacramenta ad fidem alendam sunt instituta".

keine Sicherheit und führte nur zur Verzweiflung [36] -, sondern auf die von Gott aufrechterhaltene, nicht wiederrufene Taufpromissio. Die einmal ergangene promissio muß in "perpetua memoria" stets neu ergriffen werden[37] Das geschieht am geeignetsten im Sakrament des Altares und im Bußsakrament [38]. In dieser memoria, im immer neuen Ergreifen der Verheißung im Glauben, kehrt der Christi zu seiner Taufe zurück [39]. Das Schiff der Taufe ist durch die Sünde des Getauften nicht zerbrochen, es bleibt die rettende tabula prima, weil Gott seiner Verheißung nicht untreu wird [40]. In Sünde und Anfechtung kann daher der Getaufte, statt auf eigene Werke der Buße bauen zu müssen, immer wieder die bleibende Verheißung Gottes aus der Taufe ergreifen, und die Taufe behält so ihre Kraft zur Vergebung der Sünden [41]. Der Verweis auf die Taufe, das "Christianus sum", [42] ist das mächtigste Panier im Kampf gegen die Anfechtungen des Teufels: "Deus est verax in promissionibus suis, cuius signum in baptismo suscepi. Si deus pro me, quis contra me?"[43].

In der Bestimmung der Buße als stets neuer Rückkehr zur Taufe [44] findet die Übertragung der Relation promissio-fides auf die Taufe ihr eigentliches seelsorgerliches Ziel:

"Haec erat praedicatio sedulo inculcanda populo, assidue recantanda ista promissio, semper repetendus baptismus, iugiter excitanda fovendaque fides. Sicut enim semel super nos lata divina hac promissione usque ad mortem veritas eius perseverat, ita fides in eandem nunquam debet intermitti, sed usque ad mortem ali et roborari, perpetua memoria promissionis eiusdem in baptismo nobis factae. Quare dum a peccatis resurgimus sive poenitemus, non faciamus aliud quam quod ad baptismi virtutem et fidem, unde cecideramus,

---

[36] 529,17: "Contritio autem et peccatorum confessio, deinde et satisfactio et omnia illa hominum excogitata studia subito te deserent et infoeliciorem reddent, si oblitus veritatis huius divinae in ipsis tete distenderis".

[37] 528,12; 528,20ff; 529,2.

[38] 529,4ff. M. Ferel, Gepredigte Taufe 45: "in der Predigt ist die Taufe ständig zu wiederholen". Er stützt sich dabei auf den Satz: "Haec erat praedicatio sedulo inculcanda populo..." (S. unten Anm. 45). Luther meint aber damit, daß in der Volksunterweisung immer darauf hingewiesen werden müßte, daß die Taufe eine promissio Gottes hat. Als Ort des immer neuen Ergreifens dieser promissio nennt er ausdrücklich die Sakramente, in denen ebenfalls Gottes Verheißung ergeht, nich aber die Predigt.

[39] 528,13ff; 528,20ff; 529,22ff.

[40] 529,22-34.

[41] 529,11-21; 528,30-35.

[42] 529,8.

[43] 528,33ff.

[44] 572,16: "Viam ac reditum ad baptismum".

revertimur et ad promissionem tunc factam redimus, quam per peccatum deserueramus. Semper enim manet veritas promissionis semel factae, nos extenta manu susceptura reversos"[45].

Das "semper repetendus baptismus" meint nun nicht mehr wie früher, das Geschehen der Taufe sei in stets neuer mortificatio zu überholen, sondern vielmehr, die Taufe habe einen nicht mehr überbietbaren Anfang gesetzt, zu dem immer wieder zurückgekehrt werden könne. Gott hat in der Taufe dem Christen seine Zusage des Heiles gegeben und hält sie aufrecht bis ans Ende. Nicht die Sünden, nur der Unglaube kann das wirksame Ankommen der Zusage verhindern [46].

Luther wirft den Theologen vor, sie hätten im Sakrament promissio und fides nicht beachtet und nur von Materie und Form gesprochen, deshalb den Trost des Taufsakramentes, seine Heilsgewißheit stiftende Zusage nicht erfaßt und statt dessen den Weg der Werke nach der Taufe eröffnet [47]. Eine Definition der Sakramente ohne promissio und fides erniedrigt diese zu einem Ritus und Werk in der Hand des Spenders [48]. Allein promissio und fides, die einander notwendig zugeordnet sind, garantieren die Wirksamkeit der Sakramente [49].

Mit der in "De captivitate" in die Mitte gerückten Definition der Taufe durch promissio und fides hat Luther die schon am Buß- und Altarsakrament durchgeführte Konzeption auch auf die Taufe übertragen. Im Vordergrund steht dabei - entsprechend der kritisierten Gefangenschaft der Taufe durch die im Hieronymuswort sich dokumentierende Taufvergessenheit - der Aufruf zum rechten Gebrauch der Taufe nach ihrem Empfang. In der Verfolgung dieses Zieles kann Luther verzichten, auf ein in der Taufe selbst ergehendes Verheißungswort hinzuweisen. Wo er von der Struktur des Taufsakramentes selbst spricht, übernimmt er dann ganz selbstverständlich den Begriff promissio, ohne sich über das in der Taufe ergehende Sakra-

---

[45] 528, 8-17.
[46] 529, 13.
[47] 529, 35ff: Weil die Theologen die gewisse Verheißung Gottes, die im Glauben ergriffen werden kann, nicht gesehen haben, lehrten sie: "non debere hominem esse certum de remissione peccatorum seu gratia sacramentorum, qua impietate orbem totum dementant et sacramentum baptismi, in quo stat prima gloria conscientiae nostrae, funditus extinguunt nedum captivant, interim insanientes in miseras animas suis contritionibus, anxiis confessionibus, circunstantiis, satisfactionibus, operibus et id genus infinitis nugis".
[48] So das Argumentationsziel im Abschnitt 530, 19-531, 25.
[49] 533, 30: "ubicunque est promissio divina, ibi requiri fidem, esseque utrunque tam necessarium, ut neutrum sine utro efficax esse possit. Neque enim credi potest, nisi assit promissio, nec promissio stabilitur, nisi credatur. ambae vero si mutuae sint, faciunt veram et certissimam efficatiam sacramentis". Vgl. 6, 88, 31ff; 94, 32; 7, 101, 23ff.

mentswort Rechenschaft zu geben: so in dem noch zu besprechenden Abschnitt über das Zeichen der Taufe und bei dem kurzen Hinweis auf den Glauben der Kinder bei der Taufe. Hier geht Luther ganz selbstverständlich davon aus, daß die Kinder die Verheißung Gottes ergreifen müssen. Der dazu notwendige Glaube wird von Gott gegeben (fides infusa): auf den Glauben der betenden und die Kinder zur Taufe bringenden Kirche und ihrer Glieder hin [50].

c) Das signum der Taufe

Neben promissio und fides gehört das signum als drittes Element zur Taufe. Luther überträgt hier wie schon bei der Beschreibung des Altarsakramentes die in den Genesispredigten niedergelegte Erkenntnis vom Handeln Gottes in Verheißungen und dazugegebenen Zeichen auch auf die Taufe [51]. Das Zeichen der Taufe ist wie im Taufsermon der Vorgang des Untertauchens [52]. Bevor er auf die Bedeutung des Zeichens zu sprechen kommt, benutzt er das Stichwort signum zu einer generellen Auseinandersetzung mit der scholastischen Sakramentenlehre [53].

Luther sieht das scholastische Sakramentsverständnis wesentlich am Begriff des signums ausgerichtet. Die Sakramente sind Zeichen, die als solche die Verleihung der Gnade bewirken: "sacramentum efficaciter significat", "sacramenta esse efficatia signa gratiae"[54]. Dabei spielt die Differenz zwischen der thomistischen Annahme einer "virtus occulta spiritualis" im Sakrament und der franziskanischen Ansicht von der göttlichen Assistenz beim Vollzug des Sakramente (Deus "assistit ex pacto sacramentis a se institutis") nur eine untergeordnete Rolle [55]. Beiden ist nach Luther gemeinsam, daß das Wesen des Sakramentes allein vom Begriff des wirksamen Zeichens her bestimmt wird [56], nicht aber durch promissio und fides

---

[50] 538, 4-18. Aus der Tatsache, daß Luther als Beispiel für diese Hilfestellung der fides aliena die Geschichte von der Heilung des Gichtbrüchigen anführt, schließt E. Roth, Aporien in Luthers Tauflehre 99ff, daß die fides aliena nicht nur fürbittend, sondern stellvertretend zu verstehen sei; anders K. Brinkel, Die Lehre Luthers von der fides infantium 34ff. (Seite 9ff ein Überblick über verschiedene Interpretationen dieser Stelle.) Die Annahme eines Kinderglaubens als fides propria ist zumindest für 1525 klar bezeugt in Luthers Fastenpostille von 1525 (17 II 79ff).
[51] 531, 28: "iuxta promissiones divinas dari et signa".
[52] 531, 26.
[53] 531, 31-534, 2.
[54] 531, 30. 35.
[55] Die Charakterisierung der beiden Erklärungsversuche in 531, 31ff deckt sich mit G. Biel, Coll. IV d. 1 q. 1 a. 1 not. 2.
[56] 531, 34.

als den konstitutiven Elementen [57]. In Luthers Ausführungen ist dabei auf eine terminologische Ungenauigkeit zu achten, da er einmal sacramentum mit signum gleichsetzt, so vor allem wenn er die scholastische Lehre charakterisiert, andererseits sacramentum als Oberbegriff für das durch promissio und signum konstituierte Ganze gebraucht [58].

Daß die scholastische Theologie die Wirksamkeit der Sakramente allein im Bereich des signums ansiedelte, hat nach Luther seinen Grund darin, daß sie nur so den Unterschied zwischen alt- und neutestamentlichen Sakramenten aufzeigen zu können glaubte, da den alttestamentlichen Sakramenten zwar eine Zeichenfunktion, aber keine wirksame zukomme, die Überlegenheit der neutestamentlichen Sakramente aber darin bestehe, daß sie als vollzogene Zeichen die Gnade wirksam verleihen. Vom Empfänger wird allein ein "non ponere obicem" verlangt [59]. Eine solche Sicht läßt aber keinen Platz

---

[57] 533,24: "nihil sacramenta intellecta sunt sententionariis Theologis, quod nec fidei nec promissionis ullam in sacramentis rationem habuerint, tantum in signo et usu signi herentes". Vgl. auch die Anmerkungen Luthers zu G. Biel, Coll. IV: (1) "Haec disputant non attendentes verbum vocale in sacramentis esse verbum ipsius Dei". (2) "Et quando aliquando etiam de fide in sacramento. Semper de effectu sacramenti". (3) "Vides deesse promissionum scientiam et fidei notitiam" (H. Degering, Festgabe 18f).

[58] Vgl. etwa 531,26; 532,24 mit 532,4; 533,23.

[59] 531,35: "hoc unico moventur argumento, non videri alioqui qua ratione novae legis sacramenta praestarent vetustis, si solum significarent. Et hinc impulsi sunt tantum tribuere sacramentis novae legis, ut prodesse ea statuerent etiam iis, qui in peccatis mortalibus sunt, nec requiri fidem aut gratiam, sed sufficere non posuisse obicem". Als ergänzender Kommentar muß hierzu das in 6,88f ("Disputatio de fide infusa", These 1) Gesagte herangezogen werden. Dort sieht Luther den Fehler des Satzes "Sacramenta novae legis causantur gratiam" wie schon früher darin, daß für die neutestamentlichen Sakramente kein bonus motus, sondern allein das non ponere obicem verlangt werde gegenüber den alttestamentlichen Sakramenten, die Gnade geben, "si quis motu bono cordis in fide suscepisset". Es wurde schon darauf hingewiesen, daß der Kampf für die Notwendigkeit des Glaubens gegen das Genügen des non ponere obicem Luther die eigentliche Absicht der scholastischen Unterscheidung nicht sehen ließ, die die neutestamentlichen Sakramente unabhängig machen wollte von jeder menschlichen Leistung, wozu der bonus motus in fide gerechnet wurde. In "De captivitate" wird die Gegenüberstellung non ponere obicem - fides verbunden mit der von signum - promissio. Beide gehören zusammen und ergänzen sich. Wie die promissio in den Sakramenten konsequent zur Notwendigkeit des Glaubens beim Empfänger führt, so folgt für Luther aus dem Fehlen des Glaubens und dem Genügen des non ponere obicem notwendig die Beschränkung auf das signum des Sakramentes.

für promissio und fides im Sakrament und gründet folgerichtig dessen Wirksamkeit auf den Vollzug des von Gott gebotenen Zeichens.

Um dies nachzuweisen, umgeht Luther eine aus dem Vergleich mit den alttestamentlichen Sakramenten folgende Definition der neutestamentlichen als signa efficacia, indem er für beide als grundlegende Struktur promissio - fides - signum herausstellt. Die alttestamentlichen Sakramente - dazu rechnet er wie schon in den Predigten zu Gen 9,9 jene Handlungen Gottes in Zeichen, die mit einer Verheißung verbunden sind [60] - stehen auf einer Seite mit den neutestamentlichen Sakramenten, weil beide die gleiche Struktur haben: "At nostra et patrum signa seu sacramenta habent annexum verbum promissionis, quod fidem exigit et nullo opere alio impleri potest: ideo sunt signa seu sacramenta iustificationis, quia sunt signa seu sacramenta iustificantis fidei et non operis"[61].

Die wahren alttestamentlichen Sakramente hebt er scharf ab von den "figurae legales", denen keine Verheißung beigegeben ist und die nur Kraft haben aufgrund ihres Vollzugs, also aufgrund des Werkes, nicht des Glaubens, der sich auf eine Verheißung bezieht [62].

Werden, und darauf läuft Luthers Argumentation hinaus, in den Sakramenten nicht promissio und fides als das Eigentliche erkannt, dann können auch die neutestamentlichen Sakramente nur im Werk vollzogen werden und sind damit keine "sacramenta iustificationis". Zeichen, denen keine Verheißung beigegeben ist, werden vollzogen im Werk, Zeichen mit einer Verheißung allein im Glauben. Rechtfertigende Sakramente aber können nur solche sein, die im Glauben an die in ihnen ergehende Verheißung vollzogen werden [63]. Denn, so greift er ein schon früher gebrauchtes Wort wieder auf, "non sacramentum, sed fides sacramenti iustificat"[64]. Nicht das Zeichen, sondern der Glaube beim Vollzug des Sakramentes rechtfertigt, so muß im Blick auf den Zusammenhang übersetzt werden.

Weil die scholastische Theologie schon für die alttestamentlichen Sakramente das Handeln Gottes in promissio und signum nicht beachtet hat, hat sie

---

[60] Vgl. die Zusammenstellung solcher Handlungen Gottes in 9,348f mit 6,532,6-18.

[61] 532,24. Vgl. dazu auch die vorbereitenden Arbeiten: "Quaestio de signis gratiae" (6,471) und die "Disputatio de sacramentis" (9,313, bes. Thesen 3f).

[62] 532,19: "legales figurae non habent annexum verbum promissionis, quod fidem exigat, unde non sunt signa iustificationis, quia non sunt sacramenta fidei, quae sola iustificant, sed sunt sacramenta operis tantum. Tota enim eorum vis et natura erat opus, non fides. Qui enim ea faciebat, implebat ea, etiam sine fide operans".

[63] Siehe außer der vorigen Anm. auch 6,471,17ff.

[64] 532,29. Dazu kommt 533,12 das ebenfalls schon bekannte, Augustinus entlehnte Wort: "Sacramenta non implentur, dum fiunt, sed dum creduntur". Vgl. auch 6,471,15.

erst recht die neutestamentlichen Sakramente zu Werken degradiert, die
allein im Gehorsam gegen Gottes Befehl vollzogen werden. Damit hat sie
aber deren Wirksamkeit auf menschliches Tun und Werk und nicht auf Gottes Verheißung und den diese empfangenden Glauben abgestellt.

> "Adeo ex sacramento praeceptum, ex fide opus facere moliti sunt.
> Nam si dat gratiam mihi sacramentum, quia suscipio, iam vere
> ex opere meo, non ex fide gratiam obtineo, nec promissionem in
> sacramento apprehendo, sed solum signum institutum et praecep-
> tum a deo. ita clare vides, quam nihil sacramenta intellecta sunt
> sententionariis Theologis, quod nec fidei nec promissionis ullam
> in sacramentis rationem habuerint, tantum in signo et usu signi
> herentes et ex fide in opus, ex verbo in signum nos rapientes, qua
> re sacramenta non modo captivaverunt, sed penitus quod in eis fuit
> aboleverunt"[65].

Wenn Luther den Satz "sacramenta esse efficatia signa gratiae" ablehnt,
geschieht das nicht deswegen, weil darin den neutestamentlichen Sakramenten zuviel Kraft zugeschrieben würde, sondern im Gegenteil zuwenig, weil
dem Zeichen im Sakrament zuviel, der Verheißung und dem Glauben aber
keine Bedeutung beigemessen wird [66]. Die Wirksamkeit der Sakramente
vom menschlichen Werk und nicht von der in ihnen ergehenden Verheißung
abhängig machen heißt aber, ihnen jede Bedeutung als Mittel der Rechtfertigung abzusprechen. "Quare efficatiam sacramenti citra promissionem et
fidem querere est frustra niti et damnationem invenire"[67].

Weder die thomistische noch die franziskanische Erklärung der Wirksamkeit der Sakramente haben promissio und fides in den Blick gerückt, sondern ein Wirken unabhängig vom Glauben an die Verheißung angenommen.
Weil nun aber nach dem Verständnis Luthers die Sakramente durch die in
ihnen ergehende Verheißung bestimmt sind, kann nur der Glaube und nicht
das Werk die entsprechende Antwort sein. Eine Sicht der Sakramente, die
dem Glauben keinen Platz läßt, sondern allein ein non ponere obicem fordert, verkennt das Wesen der Sakramente als Heilshandeln Gottes und macht
aus ihnen in Verkehrung der göttlichen Ordnung menschliche Werke. Ist
aber der Glaube als Annahme der im Sakrament ergehenden Heilszusage
nicht ausgeschlossen, dann stimmt Luther dem Satz voll zu, daß die Sakramente "certissime et efficacissime" Gnade verleihen [68].

Der Exkurs zum scholastischen Sakramentsverständnis ist nicht nur für Luthers allgemeine Sakramentenlehre von Interesse, sondern auch für sein
Taufverständnis. Die vorgebrachte Kritik steht ganz im Dienst der Betonung der Taufpromissio, auf die sich der Getaufte immer wieder im Glau-

---

[65] 533,20-28.
[66] 533,15: "Haec enim omnia dicuntur in iacturam fidei ex ignorantia promissionis divinae".
[67] 533,34f.
[68] 533,17.

ben stützen kann. Nicht das Zeichen, sondern das Wort der Taufe, nicht
das Werk, sondern der Glaube machen die Taufe wirksam und lassen sie
zu einem bleibenden Trost im Leben des Christen werden. So ist der Satz
zu verstehen: "Ita baptismus neminem iustificat nec ulli prodest, sed fides
in verbum promissionis, cui additur baptismus"[69]. Daher fordert Luther
dazu auf: "Nos ergo aperientes oculum discamus magis verbum quam signum
magis fidem quam opus seu usum signi observare"[70]. Wie aber sieht Luther nun das Zeichen der Taufe und welche Bedeutung mißt er ihm neben
promissio und fides bei?

Das Zeichen der Taufe [71] ist das Ins-Wasser-Tauchen und Wieder-Her-
ausheben. Dieses Zeichen versteht Luther im Gefolge des Taufsermons als
hinweisendes Zeichen und nicht, wie es die strenge Durchführung des Schemas promissio-signum erwarten ließe, als ein die Verheißung bekräftigen-
des Zeichen [72]. Das Taufzeichen weist nicht nur allegorisch auf die Vernichtung der Sünde und die Zuteilung der Gnade im Vollzug des Taufaktes
hin [73], sondern darüber hinaus auf das damit in Gang gesetzte, ständig
im Glauben zu vollziehende "der Welt Absterben und Gott Leben", also auf
jene geistliche Taufe, die das Leben des Christen prägt bis zu seinem
Tod [74]. Erst dort kommt die Taufe zum Abschluß, so daß mit dem Zeichen der Taufe auch und gerade auf den leiblichen Tod und die leibliche Auferstehung hingewiesen wird [75]. Was in der Taufe zeichenhaft dargestellt
wird, dauert bis zum Jüngsten Tag.

> "Ita semel es baptisatus sacramentaliter, sed semper baptisandus
> fide, semper moriendum semperque vivendum"[76]. "Semper su-
> mus baptisandi magis ac magis, donec signum perfecte impleamus
> in novissimo die"[77].

Das "semper baptisandus" bleibt an der vergangenen Taufe orientiert, ist
nicht mehr wie früher eine Überholung der Taufe im Sinne tropologischer
Aneignung der im Taufzeichen gemäß Röm 6 angezeigten Schicksalsgemein-
schaft mit Christus.

---

[69] 532,36.
[70] 533,29.
[71] 534,3-535,26.
[72] Nur in kurzen allgemeinen Bemerkungen klingt die erwartete Zuordnung des signum zur promissio an: 6,518,13; 528,33; 531,29; deutlich
aber 12,561,2-11 (Predigt über Mk 16,14ff vom 14.5.1523).
[73] So ist wohl der Satz zu deuten: "non oportet allegorice tantum intelligi
de morte peccati et vita gratiae, sicut multi solent, sed de vera morte
et resurrectione. Non enim baptismus significatio ficta est" (534,10ff).
[74] 534,15ff.
[75] 534,34ff.
[76] 535,10.
[77] 535,15.

Nicht nur die promissio, auch das signum der Taufe bleibt über dem Le-
ben des Christen aufgerichtet [78]. Alles was der Christ nach der Taufe an
Werken der Abtötung und Buße tut, ist Erfüllung des Taufzeichens, nicht
ein neuer Weg zum Heil [79]. Damit konnte Luther auch die Bußwerke in
die Einmaligkeit der empfangenen Taufe einbinden. Aber das im Zeichen
Bedeutete ist nicht mehr wie in der Grundkonzeption des Taufsermons der
Inhalt der Taufe, sondern die nachträgliche Erfüllung des Taufzeichens.
Das Geschenk der Taufe ergeht durch die Taufverheißung, sie ist der bleibende Zuspruch des Heiles für den Glaubenden. Danach erst, infolge des
im Glauben angenommenen Geschenkes, ist der Mensch zu seinem Tun aufgerufen: "fidem sequentur opera"[80]. Auch das Werk, die Ethik also, ist
an das Handeln Gottes in der Taufe gebunden und empfängt von dort her
seine Qualifikation als dankbare Antwort auf das Geschenk Gottes.

B. Die ausgebildete Tauftheologie ab etwa 1528

1. Die veränderte Diskussionslage

Für eine sachgerechte Beurteilung von Luthers Tauftheologie in den Jahren 1519/20 erweist es sich als unerläßlich, das leitende Interesse deutlich im Auge zu behalten: die Wiedergewinnung der Taufe in ihrer bleibenden Bedeutung für das christliche Leben. Nicht so sehr das Wesen des
Taufsakramentes steht zur Diskussion, als vielmehr sein Gebrauch im Leben des Getauften. Und alle Aussagen über das Wesen und die Struktur des
Sakramentes sind hingeordnet auf das beherrschende Anliegen, die Taufvergessenheit zu überwinden und einen rechten Gebrauch zu ermöglichen.

In den folgenden Jahren verschiebt sich jedoch - parallel zur Entwicklung
in der Abendmahlsfrage - der Schwerpunkt nicht unwesentlich. Neue Gegner und damit neugeschaffene Fronten lassen die Frage nach dem Taufgebrauch hinter die Darstellung des Wesens und der Struktur des Taufsakramentes zurücktreten [1]. Die neue Lage bringt es mit sich, daß dort, wo
das Wesen des Sakramentes in Frage steht, manche mißverständlichen,
weil ganz unter dem Blickpunkt des rechten Gebrauchs formulierten Aus-

---

[78] 534,31: "Hic iterum vides, Baptismi sacramentum etiam quo ad signum
    non esse momentaneum aliquod negotium sed perpetuum. Licet enim
    usus eius subito transeat, tamen res ipsa significata durat usque ad
    mortem".
[79] 535,17: "Intelligis ergo, quicquid in hac vita gerimus, quod ad mortifica-
    tionem carnis et vivificationem spiritus valet, ad baptismum pertinere".
[80] 530,13.

[1] L. Grönvik, Die Taufe 102: "Im Jahre 1520 war für Luther die Hauptfra-
    ge der Diskussion, wie man vom Sakrament den rechten Gebrauch ma-
    chen sollte. Im Jahre 1525 und später ist er ... veranlaßt, als wichtig-
    sten Punkt der Diskussion die Frage aufzunehmen, was das Sakrament
    sei".

sagen der ersten Phase präzisiert oder relativiert werden. Was Luther 1526 von seiner Beschäftigung mit dem Abendmahl berichtet, gilt uneingeschränkt von der Taufe: Er habe bisher nur vom Gebrauch des Sakramentes geredet, jetzt müsse er vom Wesen reden, weil dieses angefochten werde [2]. Die neue Diskussionslage entstand durch eine keineswegs einheitliche Front neuer Gegner [3].

Zunächst waren es die "Zwickauer Propheten", die während ihres Aufenthaltes in Wittenberg (1521/22) die Kindertaufe abschaffen wollten mit dem im Blick auf "De captivitate" nicht überraschenden Argument, daß Kinder jenen Glauben nicht hätten, wie ihn die Relation promissio - fides erfordere [4]. Dagegen richten sich Luthers - besonders in den frühen 20er Jahren im Vordergrund stehenden - Versuche, die Möglichkeit eines eigenen Kinderglaubens aufgrund des gläubigen Gebetes derer, die die Kinder zur Taufe bringen, aufzuweisen [5].

Ein anderes Aussehen erhält die Kritik an der Taufe durch die Verbindung mit spiritualistischem Gedankengut, wie es etwa bei Andreas Karlstadt [6], Thomas Müntzer [7] und Caspar Schwenckfeld [8] greifbar wird. Zur allge-

---

[2] 19,482,15ff.

[3] Im folgenden kann nur eine grobe Skizze gegeben werden, auf eine differenzierte Darstellung der einzelnen Bewegungen und der sie prägenden Gestalten muß hier verzichtet werden. Die Argumente gegen die Taufe wurden unter verschiedenen Gesichtspunkten wiederholt vorgebracht und die Abhängigkeit und gegenseitige Beeinflußung der einzelnen Strömungen lassen sich nicht eindeutig bestimmen. Hinzu kommt, daß sich Luther kaum um eine gerechte Beurteilung seiner Gegner bemühte, in ihnen allen vielmehr Sakramentsfeinde, Schwärmer und Rottengeister sah. Einen Überblick über Gemeinsamkeiten und Verschiedenheit der einzelnen Richtungen gibt B. Lohse, Die Stellung der "Schwärmer" und Täufer in der Reformationsgeschichte.

[4] Luther wird auf der Wartburg durch Melanchthon darüber informiert und antwortet in Briefen an diesen (13.1.1522 - WABr 2, 24-27) und an Spalatin (29.5.1522-WABr 2,545ff). Vgl. dazu J.Köstlin, Luthers Theologie I, 393f; 406ff; E.Iserloh, Die Protestantische Reformation 90f; R.Stupperich, Die Reformation in Deutschland 57ff.

[5] WABr 2,424ff; 545ff; WA 10 III 306ff; 15,696ff; 17 II 78ff; weitere Belege sowie eine genauere Darstellung bei K.Brinkel, Luthers Lehre 37-48.

[6] Vgl. dazu den Brief der Straßburger an Luther (WABr 3,381) und Luthers Antwort vom 15.12.1524 (WA 15,391ff), sowie die kurzen Hinweise in Luthers Abendmahlsschrift gegen Karlstadt (18,136f; 204); ferner Fr. Kriechbaum, Die Grundzüge der Theologie Karlstadts; J.Köstlin, Luthers Theologie I, 390ff; E.Iserloh, Die Protestantische Reformation 120-130; R.Stupperich, Die Reformation in Deutschland 57ff.

[7] Vgl. Luthers Brief an die Fürsten zu Sachsen gegen Müntzer (WA 15, 216f); E.Iserloh, Die Protestantische Reformation 130-139 (Literatur aaO.119).

[8] Über Schwenckfelds Tauf- und Sakramentsverständnis informieren ein-

meinen Charakterisierung sei auf die Ausführungen zu Karlstadts Abend-mahlslehre verwiesen [9]. Für diese Gruppe ist das Taufgeschehen, gleich ob Kinder- oder Erwachsenentaufe, etwas Äußerliches, das keine wirksa-me Bedeutung hat für das eigentliche, innere Geschehen der neuen Geburt, die allein durch ein unmittelbares, nicht über den Weg äußerer Gnadenmit-tel sich ereignendes Handeln Gottes gewirkt wird. Nachdem Luther dieser mystischen Theologie schon grundsätzlich in der Schrift "Wider die himmli-schen Propheten" eine Absage erteilt und seine Sicht von der Bindung Gottes an äußere Mittel als dem von Gott selbst gewählten Heilsweg dargelegt hat-te [10], trat ab 1528 auch in den Taufaussagen immer mehr die Argumenta-tion gegen eine spiritualistische Verachtung der äußeren Taufe als "eytel wasser" in den Vordergrund. Dabei wird stärker auf das äußere Element abgehoben und betont, daß das Wasser in Gottes Wort gefaßt ist und darum nicht mehr nur als natürliches Wasser angesehen werden kann. Eine solche Verachtung der Taufe entspringt nach Luther einer Verachtung des Wortes Gottes bei der Taufe.

Nochmal anders wird die Taufe in Frage gestellt durch die von Zürich aus-gehende Täuferbewegung [11]. Die Täufer lehnten nicht nur die Kindertaufe ab, sondern lehrten und praktizierten auch die sog. Glaubenstaufe, d.h. sie erkannten nur eine Taufe an, die auf das Glaubensbekenntnis eines mündi-gen Täuflings hin gespendet wurde und praktizierten infolgedessen die Mün-digentaufe als Initiationsritus der Täuferbewegung, was damals einer Wie-dertaufe gleichkam und ihnen den Namen "Wiedertäufer" einbrachte. Ihnen gegenüber kämpft Luther um die Freiheit der Taufe von jeder subjektiven Bedingung und betont, daß die Taufe nicht auf den Glauben des Menschen, sondern allein auf den Befehl und die Anordnung Gottes zu gründen sei. Im

---

gehender: H. Urner, Die Taufe bei Caspar Schwenckfeld; E. Hirsch, Schwenckfeld und Luther; W. Knoke, Schwenckfelds Sakramentsver-ständnis. Bei aller Eigenständigkeit ist Schwenckfeld doch der schwär-merischen Richtung zuzuordnen, mit der er seine Ablehnung der äuße-ren Sakramentshandlungen zugunsten des inneren vorgängigen Geistge-geschehens teilt, wobei er sich nach E. Hirsch (aaO. bes. 36f) mit Vor-liebe auf Luthers frühe Position von dem im innerlichen, "heimlichen Einraunen" erfahrbaren Zuspruch der Sündenvergebung bezieht.

[9] Sieh oben S. 238ff.
[10] 18,135-139.
[11] Hauptquelle für Luthers Auseinandersetzung mit den Täufern ist seine Schrift "Von der Wiedertaufe" von 1528 (26,144-174) und die dazugehöri-gen Predigten (27, 32ff; 41ff; 49ff; 55ff). Zur Täuferbewegung siehe: M. Brecht, Herkunft und Eigenart der Taufanschauung der Züricher Täufer; H. Fast, Bemerkungen zur Taufanschauung der Täufer; B. Loh-se, Die Stellung der "Schwärmer" und Täufer in der Reformationsge-schichte; G. Mecenseffy, Das Verständnis der Taufe bei den süddeut-schen Täufern; ders., Probleme der Täuferforschung; E. Iserloh, Die Protestantische Reformation 181-194 (Lit.); R. Stupperich, Die Refor-mation in Deutschland 85ff.

Rahmen dieser Argumentation treten sowohl die Hervorhebung des Glaubens (die Mitte der Tauftheologie in "De captivitate") wie auch der Aufweis
einer fides infantium zugunsten einer Konzentration auf das Wesen des Taufsakramentes zurück, das unabhängig vom gläubigen oder ungläubigen Gebrauch gültig ist. Der Glaube gehört nicht zum Wesen des Sakramentes,
sondern ist dessen heilsamer Gebrauch.

Daneben bleibt die Auseinandersetzung mit den "papistischen" Gegnern, der
Protest gegen die Entwertung der Taufe durch den Weg der Werke. Taufvergessenheit und Taufverachtung äußern sich für Luther weiterhin in der
Einschätzung der Buße als secunda tabula und gipfeln in der sog. "Mönchstaufe" - wie Luther den Eintritt in einen Orden apostrophiert -, weil diese
als eine neue, die erste überragende Taufe gesehen werde [12].

Nachdem die Frage nach dem Kinderglauben ihre anfängliche Bedeutung verloren hatte, waren drei Gegenpositionen für die Ausbildung von Luthers Tauflehre ab etwa 1528 maßgebend: die Schwärmer mit ihrer Verachtung der
Taufe als bloßes Wasser, die Wiedertäufer, welche die Taufe auf menschlichen Glauben gründen und so die Taufe als Ordnung und Werk Gottes miß-
achten, und die Papisten, bei denen die bleibende Kraft der Taufe durch
neue Bußanstrengungen verdeckt wird [13]. Allen drei Gegenpositionen
stellt Luther seine Definition der Taufe als "Wasser in Gottes Wort gefaßt" gegenüber, eine Aussage, deren nähere Erläuterung im folgenden versucht werden soll.

Der Steit um die Taufe tritt, zumindest soweit er literarisch faßbar wird,
eindeutig hinter den Abendmahlsstreit zurück. Eine Darstellung von Luthers
Tauftheologie dieser Periode kann sich vornehmlich auf die Schrift "Von
der Wiedertaufe an zwei Pfarrherrn" (1528) [14] und auf die entsprechenden Abschnitte in den Katechismen [15] als ursprüngliche Lutherschriften
stützen. Ergänzungen können aus den Nachschriften von Predigten gewonnen werden, unter denen die Katechismuspredigten [16] und die Taufpredigt-

---

[12] Besonders seit der Schrift "De votis monasticis" (1521-8, 573-669) ist
dies ein beliebter Ausdruck für die Abwertung der Taufe durch den Eintritt in einen Orden, wobei die Anklänge der Profeßliturgie an die Tauf-
liturgie im Hintergrund stehen. Vgl. dazu H. Denifle, Luther und Luthertum I, 227ff; 245ff; W. Jetter, Die Taufe 110 Anm. 4; B. Lohse,
Mönchtum und Reformation 43-159 (Mönchsideal des Mittelalters);
356ff (zur genannten Schrift Luthers); B. Neunheuser, Mönchsgelübde
als zweite Taufe.
[13] Vgl. die prägnante Zusammenfassung der drei Gegner in der Predigt
vom 8.12.1534 (37, 288, 24-28).
[14] 26, 144-174 und die dazugehörigen Predigten: 27, 32ff; 41ff; 49ff; 55ff.
[15] 30 I 212-222; 379-383.
[16] 30 I 18ff; 50ff; 109ff.

reihen von 1534 [17], 1538 [18] und 1539 [19] herausragen [20].

2. "Wasser in Gottes Wort gefaßt" - Das Wesen der Taufe

Auf die Frage, was die Taufe sei, geben die Katechismen die Antwort: "Das
sie nicht ein blos schlecht wasser ist sondern ein wasser ynn Gottes wort
und gepot gefasset"[1]. "Die Tauffe ist nicht allein schlecht wasser, Sondern sie ist das Wasser jnn Gottes gebot gefasset und mit Gottes wort verbunden"[2]. Die Einheit von Wasser und Wort ist charakteristisch für Luthers Wesenbestimmung der Taufe, wozu er - wie schon bei der Bestimmung des Abendmahls - öfter das Augustinuswort zitiert: "Accedit verbum
ad elementum et fit sacramentum"[3].

Wie aber ist das Verhältnis von Wasser und Wort genauer zu bestimmen?
Die überragende Bedeutung des Promissiowortes Mk 16,16 prägt die Tauftheologie in "De captivitate" und führt dort in Konfrontation mit der scholastischen Sakramentenlehre zu einer Abwertung des äußeren Zeichens.
Ist auch jetzt noch das Wort das Eigentliche, so daß dem äußeren Zeichen
des Wassers keine besondere Bedeutung zukommt? Läßt sich der Inhalt
des Wortes, in das das Wasser gefaßt ist, auch jetzt noch mit dem Verheißungswort Mk 16,16 angeben?

Das Ergebnis kurz vorwegnehmend kann zur Begründung der folgenden Dar-
stellungsschritte gesagt werden: Das Wort bleibt auch weiterhin das bestimmende Moment der Taufe: "Denn wo man das wort davon sondert, so
ists nicht ander wasser denn damit die magd kochet, und mag wol ein bader
Tauffe heissen, aber wenn es dabey ist wie es Gott geordnet hat, so ists
ein Sacrament und heisset Christus Tauffe"[4]. Das Wort, das zum Element
hinzutritt, ist zunächst Mt 28,19 als Stiftungs- und Befehlswort, womit die
Wassertaufe der Heilsordnung Gottes zugewiesen wird. Sodann ist es die
Taufformel, d.h. der im Taufvollzug an das Wasser gebundene Name des

[17] 37,258ff; 263ff; 270ff; 288ff; 299ff. In einem nicht von Luther besorg-
ten Druck sind diese Predigten 1535 erschienen (37,627-672).
[18] 46,145ff; 151ff; 167ff; 174ff; 179ff; 194ff.
[19] 47,640-659.
[20] Vgl. außerdem die Taufpredigten vom 15.1.1531 (34 I 87-98), vom
Frühjahr 1532 (36,96-117; 126-134), vom 8.8.1532 (36,228-232) und
vom April 1540 (49,111-135). Luthers Tauftheologie, wie sie in seinen
Taufpredigten niedergelegt ist, hat M. Ferel, Gepredigte Taufe. Eine
homiletische Untersuchung zur Taufpredigt bei Luther, ausführlich dargestellt. AaO. 81-101 ist ein guter Überblick über Luthers Taufpredigten zwischen 1525 und 1546 gegeben.

[1] 30 I 213,29.
[2] 30 I 379,5.
[3] 30 I 115,12; 214,15; 37,260,21; 261,14 (= 634,3.19; 636,22); 50,241,7.
[4] 30 I 214,36ff; 30 I 381,9 (Kl. Kat.): "Denn on Gottes wort ist das wasser schlecht wasser und keine Tauffe".

dreifaltigen Gottes. Damit verbunden läßt sich auch die Verheißung Mk 16,16 als Inhalt des Wortes angeben, weil es ein die Taufbedeutung anzeigendes Verheißungswort Gottes ist, der die Taufe gestiftet und angeordnet hat. Taufbefehl, Taufformel und Taufverheißung stehen in enger Beziehung zu einander, üben aber unterschiedliche Funktionen aus.

Mit der Bestimmung des Wortes als Stifungswort und Taufformel erhält auch das äußere Element des Wassers eine größere Bedeutung zugesprochen, weil es mit eben diesem Wort selbst in den Blick genommen und verbunden ist. Dabei ist zu beachten, daß jetzt das Wasser, nicht mehr der Vorgang des Tauchens durch das Wort bestimmt wird, was die noch im Taufsermon von 1519 im Vordergrund stehende significatio des Zeichens weiter zurücktreten läßt.

Damit ist der Rahmen abgesteckt für die folgenden Ausführungen über das Wort - in seiner Dreigliedrigkeit als Taufbefehl, Taufformel und Taufverheißung - und seine Funktion in Verbindung mit dem Wasser, das in dieses Wort gefaßt ist.

a) Der Taufbefehl

Als grundlegende Texte für eine Tauftheologie nennt der Große Katechismus den Missions- und Taufbefehl Mt 28,19 zusammen mit Mk 16,16 [5] und erläutert sogleich:

"In diesen worten soltu zum ersten mercken, das hie stehet Gottes gebot und einsetzung, das man nicht zweivele, die Tauffe sey ein Götlich ding, nicht von menschen erdacht noch erfunden..., sondern von Gott selbs eingesetzt, darzu ernstlich und streng geboten, das wir uns müssen teuffen lassen odder sollen nicht selig werden"[6].

In Mt 28,19 wie auch in Mk 16,16 sieht Luther zunächst die Proklamation der Taufe als Stiftung Gottes [7]. Sie ist nicht eine von Menschen erdachte kirchliche Zeremonie, sondern gründet ausschließlich im Willen Gottes.

---

[5] 30 I 212,13: "Auffs erste mus man fur allen dingen die wort wol wissen, darauff die Tauffe gegründet ist und dahyn alles gehet, was darvon zusagen ist", folgt Mt 28,19 und Mk 16,16.
[6] 212,22ff. 27ff.
[7] Der Kleine Katechismus zitiert Mt 28,19 als Text für das Taufgebot und Mk 16,16 als Kundgabe des Nutzens der Taufe (30 I 379ff). Die Katechismuspredigten beginnen alle mit dem Hinweis auf den Taufbefehl in Form von Mt 28,19 und/oder Mk 16,15, wo ja ebenfalls ein Taufbefehl der Taufverheißung vorausgeht (30 I 18,21; 50,30; 109,27). Aber auch schon Mk 16,16 für sich ist ein strenges Gebot, weil darin die Gebundenheit des Heiles an die Taufe ausgesprochen ist: 30 I 110,3ff; siehe auch Text von Anm.2. Vgl. ferner 27,33,15; 37,261,5; 46,167; 47,648, 17.

Er wollte einen Bund mit den Menschen eingehen und hat zum Bundeszeichen die Wassertaufe eingesetzt [8]. Daß es die Taufe gibt, entspringt einzig und allein dem Heilswillen Gottes, sie gehört zu seiner Heilsordnung und ist sein Werk. Die Taufe läßt sich für Luther ebensowenig wie das Abendmahl aus einem übergeordneten Prinzip, etwa der Inkarnation oder Kondeszendenz Gottes ableiten, sie gründet jeder rationalen Begründung oder Analogie voraus allein im Ratschluß Gottes: Er hat es gwollt [9]. Allen Versuchen, die in der Kirche von Anfang an [10] geübte und gespendete Taufe wegen fehlenden Glaubens (Wiedertäufer) oder wegen ihrer Äußerlichkeit (Schwärmer) zu verwerfen, stellt Luther unermüdlich den Hinweis auf die "institutio" Gottes entgegen: instituit, ordinavit, iussit, mandavit, praecepit, Gott hat sie eingesetzt, geboten und befohlen, die Taufe ist institutio, ordinatio, creatura, praeceptum, voluntas, verbum, mandatum, Stiftung und Befehl Gottes [11]. Für das Gestiftetsein der Taufe durch Gott und für seinen Willen zur Taufspendung sind der klare Taufbefehl Jesu (Mt 28, 19 und Mk 16, 15) und das Wort von der Bindung des Heiles an die Taufe (Mk 16, 16) "Brief und Siegel"[12].

Das Ja Gottes zur Taufe findet Luther aber auch in der Taufe Jesu am Jordan ausgedrückt. Durch das Handeln des dreifaltigen Gottes in dieser Taufe ist die kirchliche Taufe bekräftigt worden: "Denn meinestu, das ein schertz war, da sich Christus Teuffen lies, der hymel sich auffthete, der Heilige geist sichtiglich erab fur?"[13]. In der Epiphaniezeit hat Luther in den 30er Jahren öfter über Mt 3, 13ff gepredigt und dabei die Bedeutung der Taufe Jesu für unsere Taufe immer klarer herausgestellt [14], am eindrucksvollsten

---

[8] 26, 164, 28; 169, 20; 27, 33, 15ff.
[9] Damit ist nicht gesagt, daß Taufe und Abendmahl nicht eingeordnet wären in den größeren Rahmen von Gottes Handeln in der Geschichte. Aber dieser Rahmen geht nicht der theologischen Bestimmung der Sakramente voraus, sondern ist Ergebnis der Besinnung auf die einzelnen Sakramente als Fakten der Heilsordnung Gottes. Vgl. zum größeren Rahmen, in dem die Taufe bei Luther steht: L. Grönvik, Die Taufe 12-54.
[10] Mit dem Hinweis auf die von Anfang an geübte Taufe als Kindertaufe versucht Luther die Gott-Gefälligkeit dieser Praxis aufzuweisen: 26, 160ff; 30 I 218.
[11] Auf einen Einzelnachweis der genannten Termini kann hier verzichtet werden, weil jeder beliebige Luthertext zur Taufe Beleg genug sein kann. Man nehme nur 27, 33, wo auf knappsten Raum eine Fülle der genannten Termini wiederkehrt.
[12] 30 I 213, 5ff.
[13] 30 I 214, 32ff. Vgl. auch in Luthers Taufbüchlein das Gebet zu Gott, der "durch die Taufe... unsers Herrn Jesu Christi, den Jordan und alle Wasser zur seligen Sintflut und reichlicher Abwaschung der Sunden geheiliget und eingesetzt" (BSLK 539, 11 = WA 19, 539).
[14] Schon 1531 (34 I 21-31; 42-50; 87-98), dann deutlich 1532 (36, 102, 21ff), 1534 (37, 249ff, bes. 258ff), 1538 (46, 145ff) und 1539 (47, 640ff). M. Ferel, Gepredigte Taufe 168: "die Taufe Jesu wird immer stärker Einsetzung unserer Taufe".

in der Predigt vom 1.2.1534 [15]: Christus ließ sich taufen, um unsere Taufe zu heiligen: "Aqua felix, quae tetigit hoc corpus et personam"[16]. Die
sichtbare Anwesenheit des dreieinigen Gottes am Jordan lebt fort in seiner
unsichtbaren Gegenwart im Namen Gottes, der in der Taufe ausgesprochen
wird [17]. Gerade dieser Hinweis auf die Taufe Jesu beeinflußte die Aussagen Luthers über die Taufformel entscheidend.

Ist die Taufe von Gott geordnet und befohlen, dann ist ihre Verachtung eine
Verachtung der Ordnung Gottes. Die Wiedertäufer verwerfen die Kindertaufe, obgleich sie keinen Beweis erbringen können, daß Kinder vom allgemeinen Taufbefehl ausgenommen sind [18]. Sie gründen ihre gegen die
ganze christliche Tradition neu geschaffene Taufe nicht auf einen Befehl
Gottes, sondern auf den Glauben des Täuflings, über den es keine Gewißheit
gibt, während der Taufbefehl gewiß und eindeutig ist.

> "Ideo Anabaptistae dupliciter peccant:
> 1. quod primum baptismum damnant... quod certum baptismum aufe-
> runt und lestern und schenden.
> 2. pro certo dant incertum, grundens nicht auff Gotts werk, sed
> humanum"[19].

Zwar ist der Glaube zum heilsamen Empfang der von Gott befohlenen Taufe
notwendig [20], aber die Gültigkeit der Taufe darf nicht abhängig gemacht
werden vom Glauben oder Unglauben des Täuflings, sondern wird allein
durch die klare Anordnung Gottes begründet: "Darnach sagen wir weiter,
das uns nicht die grösste macht daran ligt, ob, der da getaufft wird, gleube odder nicht gleube, denn darumb wird die Tauffe nicht unrecht, Sondern
an Gottes wort und gepot ligt es alles"[21].

Seit der Schrift "Von der Wiedertaufe" stellt Luther den Befehl Gottes zur
Taufe immer wieder vor den Glauben des Empfängers: "Denn ob ich gleich
keines Glaubens nimmermehr gewiß würde, so bin ich dennoch des Gebots
gewiß, da Gott die Taufe gebietet, weil ers öffentlich vor aller Welt hat
ausgehen lassen. Hier kann ich nicht fehlgehen, denn Gottes Gebot kann
nicht trügen"[22]. Die Unabhängigkeit der im Befehl Gottes gespendeten Taufe von ihrem Gebrauch, sei er recht oder falsch, hat Luther im Kampf ge-

---

[15] 37, 270ff.
[16] 37, 271, 17.
[17] 37, 272, 7ff. 12ff; vgl. 37, 647.
[18] 26, 158 und 169.
[19] 37, 281, 5ff.
[20] 26, 164f; 30 I 216.
[21] 30 I 218, 24ff; 219, 22: "Das kind tragen wir erzu der meinung und hoff-
     nung das es gleube, und bitten das yhm Gott den glauben gebe, aber dar-
     auff teuffen wir nicht, sondern allein darauff, das Gott befohlen hat.
     Warumb das? Darumb das wir wissen das Gott nicht leugt". Vgl. auch
     30 I 115.
[22] 26, 164, 34ff (hier LD 4, 120).

gen die Wiedertäufer von Anfang an herausgestellt: Der Glaube ist Gebrauch der Taufe, Mißbrauch ändert aber nicht das Wesen. Darauf wird im Abschnitt über den Taufgebrauch noch einzugehen sein. Hier genüge der Hinweis, daß Luther in der Praxis der Wiedertäufer einen klaren Verstoß gegen die Ordnung Gottes sieht, weil sie nicht auf Gottes Befehl und Einsetzung ihre Taufe gründen, sondern sie abhängig machen vom Glauben des Menschen. "Miserrimi volunt dei ordinationem invertere propter abusum"[23].

In diesem Zusammenhang findet sich in der Taufpredigt von 1534 eine Bemerkung, die interessant ist für Luthers Verständnis des Augustinuswortes: "Accedit verbum ad elementum...". Zwar, so sagt er, würden dies die Wiedertäufer anerkennen, folgerten aber aus dem augustinischen Zusatz: non quia dicitur, sed quia creditur, "das wort und wasser sey ein Sacrament, so fern die, so sie empfahen, den glauben haben"[24]. Er weist ein solches Verständnis mit dem Hinweis zurück, "das sie das dritte stück, so zur Tauffe gehöret, und wol das erste heissen möchte, nicht warnemen und davon scheiden, welchs heisst Gottes ordnung und befehl"[25]. Luther hat früher selbst gerne auf die Fortführung des Augustinuswortes hingewiesen, um zu einem heilsamen Gebrauch der Sakramente im Glauben aufzurufen. Er verbessert aber später in einer schon zitierten Tischrede das "sed quia creditur" in ein "sed quod sic est institutum a Christo Domino"[26]. Das deckt sich mit der angeführten Ergänzung des Augustinuswortes in der erwähnten Predigt: Das Wort, das zum Element hinzutritt, ist zu allererst das Befehlswort [27].

Noch schwerwiegender verstoßen die Schwärmer gegen die Ordnung Gottes, weil sie die Taufe für etwas nur Äußeres halten, das nichts nützen kann, denn "der Geist muß es thun"[28]. "Sollte eine Handvoll wasser der Seele helfen?"[28].

Gegen die Geringschätzung des Wassers als "blos schlecht wasser"[30] verweist Luther stets darauf, daß dieses so verachtete Wasser in Gottes Gebot gefaßt ist. "Was aber Gott einsetzt und gebeut, mus nicht vergeblich sondern eitel köstlich ding sein, wenn es auch dem ansehen nach geringer denn ein strohalm were"[31]. Der Blick auf den unmißverständlichen Be-

---

[23] 27,38,14; vgl. dazu ausführlicher 26,159ff; 27,33ff.

[24] 37,634,23ff.

[25] 37,635,25ff.

[26] WATi 1 Nr. 677.

[27] Die Druckausgabe der Predigt von 1534 ist hier deutlicher als die Predigtnachschrift (37,260f), kann aber als korrekte Erklärung gelten.

[28] Anstelle vieler Belege sei nur auf 27,55-60 verwiesen; vgl. auch schon 18,136,32.

[29] 18,136,31 (gegen Karlstadt); dann: 26,170; 30 I 213,36; 37,258,26; 631, 27; 639,18 u.a. mehr.

[30] So in der diese Meinung ablehnenden Formulierung des Großen und Kleinen Katechismus (30 I 213,30; 379,5).

[31] 30 I 213,3-5.

fehl Gottes verwehrt von vornherein jede Frage nach dem Nutzen äußerer
Dinge für das Heil des Menschen: "Denn wir wissen, das er eben durchs
wort und Sacrament und nicht auff ander weise mit uns wircken wil"[32].
Der Spiritualismus der Schwärmer verstößt in seiner Verachtung der Bindung Gottes an äußere Mittel gegen den Heilswillen Gottes und seine gewoll-
te Ordnung. Weil die Schwärmer das eindeutige Gotteswort von der Stiftung
und Anordnung der Taufe nicht sehen wollen, verachten sie die Taufe als
"bloßes Wasser", verachten aber damit grundsätzlich die Heilsordnung, wol
len Gott vorschreiben, wie er zu handeln hat: Sie weisen ins "Schlaraffen-
land" anstatt auf Gottes Wort [33], welches das Ja Gottes zur Taufe, seine
Bindung an die äußere Taufe bezeugt.

> "Summa: was Gott ynn uns thuet und wircket, wil er durch solch eus-
> serliche ordnung wircken. Wo er nu redet, ia wohyn odder wodurch
> er redet, da sol der glaube hynsehen und sich daran halten. Nu ha-
> ben wir hie die wort: Wer da gleubt und getaufft wird, der wird selig.
> Worauff sind sie geredt anders denn auff die Tauffe, das ist das was-
> ser yn Gottes ordnung gefasset? Darumb folget, das wer die Tauffe
> verwirfft, der verwirfft Gottes wort, den glauben und Christum, der
> uns dahyn weiset und an die Tauffe bindet"[34].

Die Mißachtung der Taufe als einer Einrichtung, durch die Gott das Heil des
Menschen wirken will, steht nach Luther auch hinter der Erfindung des neue
Heilsweges der Werke. Er wirft der Kirche vor, sie habe anstelle der von
Gott geordneten und deshalb unverrückbar feststehenden Taufe von Mensche
erfundene Werke in den Vordergrund geschoben, welche die Bedeutung der
Taufe und ihre bleibende Kraft verdunkelt hätten [35]. Versteht man die Tau
fe nur als kirchlichen Ritus, dann kann man sie durch die Sünde des Men-
schen für ausgelöscht halten. Aber sie kann nicht zunichte werden, "weil
es Gottes ordnung und nicht unser ding ist"[36]. Die Betonung der Taufe als
Stiftung Gottes entspricht dem Grundanliegen Luthers, in Fragen des Heiles
Gewißheit zu haben. Aufgrund des klar bezeugten Wortes Gottes kann der
Mensch gewiß sein, daß Gott durch die Taufe Heil schaffen will. Der von
Luther kritisierte Heilsweg der Werke ist von Menschen erfunden und kann
keine Gewißheit geben. In der Grundfrage nach dem Heil darf man aber nich
auf Menschen, sondern muß allein auf Gott bauen [37].

---

[32] 37,640,16f; vgl. auch 30 I 18,36: "Quod autem Ille instituit et ordinat,
     oportet esse non vilem, sed preciosam rem".
[33] 37,643,15.
[34] 30 I 215f; vgl. auch 214,18ff.
[35] So vor allem in den Predigtreihen von 1538 und 1539 (besonders 46,170
     179f; 47,641ff).
[36] 30 I 222,2f.
[37] 47,648,6: "Salus animae mus stehen auff dem verace, vivo, aeterno De
     ut certus sim, quod ipse baptisarit me, absolverit, docuerit". Die Pre
     digtreihe von 1539 (47,640ff) zielt darauf ab, der "Heiligkeit", mit der
     der Papst aus eigener Erfindung die "kirchen vol gemacht hat" (641,25

Zu den Heilswegen, welche die Bedeutung der Taufe verdrängt haben, rechnet Luther auch die Sakramentalien, die Vielzahl von Weihen: Weihwasser, Mönchskappen (Mönchstaufe!), Blasiuslicht und dergleichen mehr [38]. In diesem Zusammenhang präzisiert Luther nochmals das zitierte Augustinuswort: Weil bei den verschiedenen Weihen und Segnungen ganz nach Augustinus Wort und Element zusammenkommen [39], glaubt man, diese dem Taufsakrament gleichstellen zu dürfen [40]. Sie haben aber keinen Befehl Gottes für sich [41], ihnen fehlt, was die Taufe auszeichnet: "Ich Gott habs geheissen"[42]. Wort und Element allein machen also noch kein Sakrament, es muß der Auftrag Gottes dazukommen [43]. Anders verblieben Einsetzung und Wirksamkeit der Sakramente in der Verfügung des Menschen [44]. Die Kritik an einem falschen Verständnis des augustinischen Sakramentskanons zeigt abermals die Bedeutung des Befehlswortes für Luthers Tauftheologie auf.

Mit dem Taufbefehl ist sowohl das Wasser als Materie der Taufe, wie auch der Name des dreifaltigen Gottes als Taufformel klar benannt und jeder Veränderung entzogen [45]. Erst das Befehlswort berechtigt darüber hinaus den Taufspender, Wort und Wasser zusammenzubringen [46], macht aus Wasser und Wort ein Sakrament: "Unser Herr Gott heist uns nhemen wasser und wort, hoc facimus et iussu dei, ergo baptismus verus"[47]. Handelt der Spender nicht aus eigener Vollmacht, sondern allein im Befehl Gottes [48], so hat die Taufe ihre Kraft ganz aus der Einsetzung, Stiftung und dem Befehl Gottes [49].

---

vgl. 652,8), die von Gott gestiftete Heiligkeit des Hl. Geistes gegenüberzustellen, der in Wort, Taufe, Abendmahl, Schlüssel und Amt wirkt: 641,27ff.
[38] Siehe dazu 37,261; 634ff; 47,646ff.
[39] 37,261,13ff; 636,20ff.
[40] 47,646,17.
[41] 47,647,5; "Dei befelh ist nicht da". Vgl. 37,261; 636f.
[42] 37,261,23.
[43] 47,647,16: "Sed ad baptismum 1. pertinet, quod scio Deum mandasse"; 649,23: "Ideo vide... an prima pars adsit, scilicet mandatum Dei"; 37,261,22: Wort, Element und Befehl sind die "Dreieinigkeit" des Sakraments; 261,31: "Elementum vel creatura et verbum dei gehorn ad Sacramentum. Sed 3. etiam, das dichs Gott geheissen hat"; vgl. auch 37,265,38ff; 37,636.
[44] 37,261,24; 636,12.
[45] 37,262f; 637f ("Summa: du solt ym weder wort noch creatur selbs welen noch stimmen und nichts uberal aus eigenem fürnemen thun noch lassen, Sondern sein befel und ordnung sol dir beide, wort und creatur, setzen, die soltu gantz und unverruckt halten"); 47,648,14ff.
[46] 37,261,9: "quis iussit te haec verba und wort zusamen thun? das heissen und einsetzen und befelh thuts". Vgl. auch 262f; 636ff.
[47] 37,262,7f.
[48] 37,634,6ff.
[49] 46,174,17: Es ist zu halten, "quod iste baptismus a deo ordinatus, non

Das Wort, in das das Wasser der Taufe gefaßt ist, ist also zunächst das göttliche Stiftungs- und Befehlswort. Als solches ist es nicht das Wort, das in der Taufspendung gesprochen wird, sondern jenes Wort, aufgrund dessen Taufspendung und Sprechen des Taufwortes überhaupt erst legitimiert werden und Kraft erhalten [50]. Den Taufbefehl stellt Luther betont in den Vordergrund gegen alle Versuche, die Taufe geringzuachten.

b) Das Taufwort

In Mt 28,19 ist aber nicht nur der Befehl zur Taufe ausgesprochen, sondern der Taufvollzug selbst konkretisiert als ein "Taufen im Namen Gottes". Der Taufbefehl Mt 28,19 gibt den göttlichen Ursprung der Taufe als Heilszeichen an, berechtigt zum Vollzug, proklamiert Gott als den eigentlich Handelnden im Vollzug der Taufe, die in seinem Namen geschieht, und benennt auch das Taufwort selbst: den Namen des dreifaltigen Gottes. Das alles beinhaltet das Wort, weshalb im Großen Katechismus keine starre Grenze zwischen der Funktion des Wortes als Stiftungswort einerseits und Taufwort andererseits gezogen wird [51]: Die Taufe ist unabhängig vom konkreten Vollzug in Gottes Stiftungswort gefaßt, aber gerade im gehorsamen Vollzug des Taufbefehls ist Gottes Wort als Gottes Name im Wasser [52]. Es ist derselbe Gott, der die Taufe eingesetzt und befohlen hat, in dessen Namen sie gespendet wird und dessen Name bei der Taufe ausgesprochen wird. Die Taufe ist dort, wo sie gespendet wird, mit "Gottes Wort und Ordnung vereinigt und sein Name klebet darin"[53]. Beim Taufvollzug wird das

---

ut tantum sit verbum et aqua, sed habet virtutem, propter quam institutus"; 30 I 19,4: "Sed tu cave, ne ab aqua et verbis dei adimas ordinationem dei vel Christi"; 47,646,3: "Si Deus non mandasset baptismum, esset ut aqua lustralis".

[50] 37,635,35ff.

[51] Es ist nicht immer auszumachen, welches der beiden in Mt 28,19 in Einheit gegebenen Momente Luther in 30 I 213ff jeweils im Blick hat, wenn er den Begriff "Wort" gebraucht: Der Ausdruck "wort und gepot/ ordnung" kann einmal ein und dasselbe bezeichnen (213,3), besonders wenn der Name Gottes eigens hinzugefügt wird (214,5; 215,28), kann aber auch auf die beiden genannten Momente hinweisen, wobei dann "wort" dem Namen Gottes in der Taufformel entspräche (213,30.35). Wird "wort" allein gebraucht, ist damit sicher sowohl Taufbefehl wie Taufwort gemeint (214,16.36). Die Taufpredigt von 1534 hat dann die klare Unterscheidung: Wasser, Wort und Befehl: "Est aqua cum verbo dei mit seim befelh geordnet" (37,262,18).

[52] Gottes Name ist "darynne" (30 I 215,16), "dran und drinnen" (19,36), "klebet daryn" (215,29).

[53] 30 I 215,28. Wenn es 214,9 heißt, daß "Gott selbs sein ehre hynan setzet sein krafft und macht daran legt", so gilt dies für Einsetzung und Vollzug der Taufe.

Ja Gottes zur Taufe gegenwärtig im Aussprechen seines Namens. "Wo aber Gottes name ist, da mus auch leben und seligkeit sein, das es wol ein Göttlich, selig, fruchtbarlich und gnadenreich wasser heisset. Denn durchs wort kriegt sie die krafft, das sie ein bad der widdergeburt ist"[54]. Ja, wo Gottes Name ist, ist Gott selbst gegenwärtig als Vater, Sohn und Geist[55].

Das Wort, das zum Wasser kommt und es zum Sakrament macht, ist das Taufwort - der Name Gottes -, das selbst wieder in das Stiftungswort Gottes eingefaßt ist. "Denn das ist der kern ynn dem wasser: Gottes wort oder gepot und Gottes namen, welcher schatz grösser und edler ist denn hymel und erde"[56].

Die Gegenwart des dreieinigen Gottes in der Taufe vermöge des Taufwortes hat Luther in den Katechismen noch zurückhaltend beschrieben. In den Predigtreihen über die Taufe tritt dieser Gedanke stärker in den Vordergrund[57]. Dabei gewinnt die Taufe Jesu für die Sicht der kirchlichen Taufe immer größere Bedeutung[58]. Zunächst wird gegen den Vorwurf, bloßes Wasser solle Heil schaffen, auf die unvergleichlich neue Qualität hingewiesen, die das Wasser erhält, wo es mit dem Namen Gottes verbunden ist[59]: Weil Gottes Name mit dem Wasser im Taufvollzug eine Einheit wird [60], ist das Wasser "durchgottet"[61], "durchgeistet"[62], "mit Gottes Namen gemen-

---

[54] 215,16ff; ebenso 30 I 20,9f.
[55] 30 I 19,19: "Si pater adest suo nomine, adest et filius et spiritus sanctus. Nam ubi nomen dei, ibi est ipse deus, spiritus eius et omnia divina".
[56] 30 I 214,4.
[57] Siehe vor allem aus der Predigtreihe von 1534 die Abschnitte 37,263ff; 270ff (mit den Parallelen im Druck), und die Predigtreihen von 1538 (46,145ff) und 1539 (47,640ff). Vgl. zum Folgenden: L. Grönvik, Die Taufe 87f; 173-208; O. Hof, Taufe und Heilswerk Christi 227ff; M. Ferel, Gepredigte Taufe 168-191.
[58] M. Ferel, aaO. 153: "Die Predigten über die Taufe Jesu bieten für Luthers Taufverständnis bedeutsames Quellenmaterial; ohne sie erfährt das Gesamtbild eine durch nichts zu rechtfertigende Verkürzung". In den Predigten über die Taufe Jesu von 1526 (20,217-231) und 1531 (34 I 21-31; 42-50) kommt die kirchliche Taufe noch gar nicht zur Sprache. Ab 1532 (36,126ff) tritt dann die Verklammerung immer stärker hervor. Vgl. dazu M. Ferel, aaO. 153ff und 168ff.
[59] 37,264,19: "Et tamen dicunt nos spiritum non praedicare, sed tantum aquam...Sed sic praedicamus de baptismo, ut etiam hin einsteckst gottes namen..., Cum in aqua est nomen dei vel mit im verbunden und ein ding draus werden".
[60] Zum Bild vom "feurigen Eisen", das Luther hier heranzieht, siehe weiter unten.
[61] 37,264,27; 265,24.
[62] 37,265,10.24.

get"[63], "durchnamet"[64] und "durchbeißet"[65], "durchzuckert"[66]. Im Namen Gottes "steckt" Gottes Kraft, und so ist Gottes Geist im Wasser und macht es zu einem heilschaffenden, lebendigen Wasser [67].

Der Name Gottes in der Taufe läßt sich aber nicht nur als Gegenwart einer Gotteskraft verstehen, sondern noch dichter als Anwesenheit der Trinität selbst, "quia nomen et ipse non weit von einander. Ideo non aqualis aqua, sed divina, celestis, in qua deitas ipsa est"[68]. Die sichtbare Anwesenheit der Trinität bei der Taufe Jesu am Jordan deutet Luther als ein Gemälde, welches das Geschehen der kirchlichen Taufe beschreibt [69], ja sie lebt fort in der unsichtbaren Gegenwart im "Namen Gottes" bei der Taufe: "Illic heists in praesentia patris, filii, spiritus sancti, hic in nomine patris. Illic visibiliter, Ibi invisibiliter"[70]. Die Taufe vollzieht der dreifaltige Gott selbst [71], er ist der Täufer als Vater, Sohn und Geist: Der Vater ist gegenwärtig in schöpferischem Handeln, der Sohn mit seinem erlösenden Blut und der Geist mit seinen vielfältigen Gaben [72].

Das Wasser der Taufe ist, weil in ganz besonderer Weise der Sohn Gottes und sein heilschaffendes Blut [73], ja sein Heilswerk selbst anwesend

[63] 37,264,30.
[64] 37,264,33.
[65] 37,265,1.
[66] 37,642,33.
[67] 37,265,1: "Ideo non so ein schlecht ding umb Tauffe, quia ubi dei nomen, facit omnia sancta, mundat, recreat, Est in ea almechtig krafft. Nam dei nomen nihil alius quam Gotskrafft. Est ewig heil, leben, reinickeit, num ideo non sanctificat, vivificat, purificat et non tantum corpus, sed etiam animam? Ista facit non, quia aqua, sed quia in ea est Gottes krafft" 265,22: "Ideo lugner, blindenleiter, nescientes, quid spiritus, quem deus ins wort gesteckt, iubet me alibi quaerere, propter nomen et verbum fit divina aqua, celestis, viva, durchgottet, durchgeistet wasser".
[68] 37,264,27.
[69] Sehr eindrucksvoll 37,271ff (vgl. 37,645ff): Die Taufe Jesu geschah unseretwegen, um die Herrlichkeit und Bedeutung der Taufe herauszustellen: "Es gilt im nicht, non opus habet, sed nobis, quod trit in hanc aquam et vult eam benedicere per suum corpus, per spiritum sanctum in specie columbae et patris voce. Et hoc semel factum, semper fit usque ad finem mundi. Ibi baptismus est so herlich, himelisch, quod Iesus Christus, spiritus sanctus et pater adsit in baptismo"(271,31ff).
[70] 37,272,13.
[71] 30 I 213,12ff; 37,264,25; 273; 46,168f; 47,649.
[72] 37,272f (= 649f); 273,5: "nomen est dei patris, filii et spiritus sancti, Gott et maiestatis nomen, quae dicit: In nomine meo i.e. quando baptisatis, non debetis aliter inspicere, quasi pater, filius et spiritus sanctus per potentiam, sanguinem et spiritum et dona sua baptiset".
[73] 46,176,8: "Sic stick in baptismum totam Trinitatem et praecipue Christum cum suo sanguine"; 47,651,22: "Das bad ist gesegenet und gemenget mit dem blut Christi"; vgl. ferner 46,183f; 195; 20,776ff (Predigt über 1Joh 5,6ff).

sind [74], Gottes-Wasser [75], vom Heilsblut "gerötetes" Wasser [76]. "Christus sua morte, passione, sanguine et meritis in baptismo"[77]. Die Gegenwart Christi in der Taufe ist nach Luthers Worten nicht "metaphysice", sondern "effective et praesentialiter"[78]. Das Handeln Gottes in der Taufe konkretisiert sich nach O. Hof gerade darin, daß Gott "in der Taufe das Heilswerk gegenwärtig setzt, das sein Zentrum hat in Christi Tod und Auferstehung... Somit ist in ihr das Heilsgeschehen effektiv-realpräsent, und wir stehen in der Taufe an dem Ort, an dem der gnädige Gott, der Erbarmer der Angefochtenen sich angebunden hat!"[79] Gegenwart und Handeln Gottes garantieren die Kraft der Taufe, lassen sie ein Bad der Wiedergeburt sein, das Leben, Heil und Vergebung schenkt. Was Mk 16,16 für die Taufe verheißt, erfüllt und bewirkt sie deshalb, weil in ihr Gott selbst am Handeln, im Taufwort selbst gegenwärtig ist und im Aussprechen des Gottesnamens der dreieinige Gott die Taufe vollzieht [80]: "Baptismus facit homines iustos,

---

[74] P. Brunner, Die evangelisch-lutherische Lehre von der Taufe, spricht
von der "sakramentalen Gegenwart von Christi Tod und Auferstehung
im baptismus" (aaO. 154), denn: "Der dreieinige Gott setzt kraft seiner Stiftung und vermöge seines Wortes durch den Vollzug der Taufhandlung das eine unwiederholbare Heilswerk Jesu Christi mit seiner rettenden Kraft in pneumatisch-sakramentaler Weise im Taufwasser als ein handelndes agens gegenwärtig, auf daß es am Täufling sich ereigne und ihn so erlöse und heilige" (aaO. 147). O. Hof, Taufe und Heilswerk Christi, hat die These Brunners mit weiterem Material eindrucksvoll belegt und gegen die Kritik verteidigt. Zur Gegenwart des Heilswerks Christi in der Taufe vgl. auch L. Grönvik, Die Taufe 187ff.

[75] 30 I 213, 31.

[76] 47, 652, 18.

[77] 46, 175, 15; vgl. 46, 195, 3: "Ideo sol man baptismum so herrlich halten als Christi sanguinem. Verbum Christi bringt in baptismum krafft leidens Christi. Eandem vim non habet aqua lustralis". Vgl. auch Luthers Tauflied: 35, 468ff.

[78] 37, 272, 29. O. Hof, Taufe und Heilswerk Christi 236ff, analysiert diesen Text näher und urteilt abschließend: "Luther spricht von der Gegenwart Christi in der Taufe als von seiner personhaften Anwesenheit, seiner tätigen effektiven, wirksam das Heil des Menschen schaffenden Präsenz - dies der Sinn der Bestimmung "effective et praesentialiter". Die Klausel "non metaphysice" warnt davor, im Stil des Trennungsdenkens die personhafte und wirkende Gegenwart Christi in der Taufe auf eine reine Personalpräsenz zu reduzieren... Vielmehr ist... Christus in der Taufe in der Weise gegenwärtig, daß er seinen Tod und seine Auferstehung, das vergossene Blut, mit dem er für uns das Heil erwarb, mit in die Taufe bringt und also sein Heilswerk, die Heilsereignisse in ihr gegenwärtig setzt. "

[79] AaO. 229.

[80] Vgl. besonders die Texte, in denen die Erfüllung der in Mk 16,16 gegebenen Verheißung mit der Gegenwart Gottes in seinem Namen erklärt wird: 37, 273, 15ff; 47, 651f; aber auch 30 I 215, 15ff.

quia pater, filius et spiritus sanctus baptisat. Die haben krafft gnug in digitis"[81].

Da Luther in den Taufpredigten die Gegenwart Gottes bei der Taufe am Jordan in Verbindung brachte mit jener bei der kirchlichen Taufe, war es ihm möglich, der Taufformel, dem Wort Gottes in der Taufe selbst, eine Bedeutung zuzuschreiben, die es in "De captivitate" noch nicht hatte. Dort war es die mit dem Taufvollzug nur gedanklich verbundene promissio Mk 16,16, die der Glaube ergreift und im glaubenden Ergreifen deren Verheißungsgut empfängt, jetzt ist das die Taufe konstituierende Wort die Taufformel, der Name Gottes, der auf Gottes Stiftungswort hin in der Taufspendung ausgesprochen wird, und aufgrund dessen Gott selbst handelnd gegenwärtig ist und Heil schafft [82].

Das Wort, welches das Wasser im Taufvollzug zum Sakrament macht, läßt sich nun näher bestimmen als das Taufwort, der Name Gottes, der im Wasser "klebet"[83], eingebunden in das Stiftungswort, das vor jeder konkreten Taufspendung die Taufe zu einer Heils-Einrichtung Gottes macht. Die Betonung des Gottesnamens als innersten Grundes der Heilskraft der Taufe ermöglicht es Luther, zu den verschiedenen Einsprüchen gegen die Taufe Stellung zu nehmen.

Die Verachtung der Taufe als "bloßes Wasser" entlarvt er als Verachtung des Namens Gottes im Wasser, der das Wasser mit der neuen Qualität erfüllt, Gottes-Wasser zu sein, womit der Frage, wie Wasser Heil schaffen könne, jede Berechtigung genommen ist [84].

Die Anwesenheit Gottes macht die Taufe zu einem Werk Gottes und sichert damit ihre Kraft und Geltung unabhängig von der subjektiven Beschaffenheit des Spenders (Donatismus) oder des Empfängers (Widertäufer): Gott handelt durch menschliche Spender, wie immer diese disponiert sind, wenn sie nur die Ordnung Gottes einhalten [85]. Der Gebrauch der Gottes-Taufe im Glauben oder Unglauben gehört nicht zum Wesen der Taufe, er stellt nicht die allein in Gottes Handeln gründende Kraft der Taufe in Frage, sondern entscheidet allein über das Ankommen der Taufgabe im Empfänger [86].

---

[81] 37,273,21.
[82] Vgl. etwa 47,648f: "Ite, baptisate, Das ist mandatum... Baptismus an ir selb nach irem wesen zu reden, quid sit, Est aqua et verba: In nomine etc. Et diese 2 stück sind so, das man sie nicht trennen, sed bey einander lassen...Sed in nomine patris i. e. an stat der gantzen Trinität, ut scias, quod Deus pater, filius et Spiritus sanctus te baptiset".
[83] 30 I 215,29.
[84] Vgl. dazu besonders 30 I 214, 34ff; 37,264f; 271ff.
[85] 37,273,12: "Modo fit nach seim befelh, ordnung et verbum, es thus, wer wolle. Nos damus quidem aquam, sed baptismum non damus".
[86] Vgl. besonders 37,278ff; 46,151ff.

Die Anwesenheit Gottes in der Taufe garantiert für Luther aber auch die bleibende Geltung der Taufe über jede Sünde des Getauften hinaus. Die Erfindung neuer Rekonziliationsversuche durch menschliche Werke verkennt die bleibende Heilsbedeutung der Gottes-Taufe und entlarvt sich als ein dem Handeln Christi in der Taufe widerstrebendes Wirken des Anti-Christ, "qui se opponit contra dei ordinationem et aufert eum (= baptismum) Christianis, quibus deus dedit"[87].

Die Erkenntnis der schöpferischen Kraft des Taufwortes [88] - weil Medium für die Anwesenheit Gottes in der Taufe - leitet auch die Kritik Luthers an der thomistischen und scotistischen Erklärung der Wirksamkeit der Sakramente. In den Schmalkaldischen Artikeln von 1537 heißt es dazu:

"Darumb halten wir's nicht mit Thoma und den Predigermonchen, die des Worts (Gottes Einsetzung) vergessen und sagen, Gott habe eine geistliche Kraft ins Wasser gelegt, welche die Sunde durchs Wasser abwasche, auch nit mit Scoto und den Barfußenmonchen, die da lehren, daß die Taufe die Sunde abwasche aus Beistehen gottliches Willens, also daß diese Abwaschung geschicht allein durch Gottes Willen, gar nicht durchs Wort oder Wasser"[89].

Eine gleichlautende Kritik findet sich auch in der Taufpredigt vom 10.2. 1538, die zur Verdeutlichung heranzuziehen ist [90]: Die thomistische Konzeption von der Einwohnung einer "heimlichen göttlichen krafft"[91] im Wasser bleibt für Luther "dunckelt gered"[92], weil sie die Anwesenheit Gottes in seinem Wort, das sein Name ist, nicht anzugeben vermag. Der scotistische Erklärungsversuch mit dem Beistandspakt Gottes [93] verkennt die Bin-

---

[87] 37,274,22; vgl. auch 37,2 73f; 46,169ff; 195ff.
[88] Vgl. die Parallelisierung mit Gottes Schöpferwort: 46,155; 37,270,23; 45,172; 49,128,16.
[89] BSLK 449f (WA 50,241,7ff). Die Formulierung "des Worts (Gottes Einsetzung)" ist wohl nach der lateinischen Fassung aufzulösen in "verbi et institutionis dei" (aaO. 450). Vgl. zum folgenden auch L. Grönvik, Die Taufe 90ff.
[90] 46,167f, mit der Präzisierung des "Wortes" als Taufformel: "Verbum est: 'In nomine'. Hoc facit baptismum et sine eo nihil baptismus" (167, 23). Blickt man von dieser Predigt, die bei L. Grönvik, aaO., leider übersehen wurde, auf den Text der Schmalk. Artikel, so wird die dort an Thomas geübte Kritik sogleich verständlich. Eine gleichlautende Kritik an der thomistischen "Kraft" findet sich auch 45,184,23: "Non dicimus ein krefftlin blieben in aqua per tactum dei, sed aqua habet in se patrem, filium, spiritum sanctum et benedictionem per gratiam Christi. Die sind drin personlich gegenwertig, non ut rosenkrefftlin in aqua"; ferner 51,122,25ff.
[91] 46,168,9.
[92] 46,168,11.
[93] Siehe Anm. 89 und 46,168,14: "quod deus da bey stehe und wil teuffen per spiritum sanctum".

dung Gottes an Taufwort und Wasser, trennt so das Handeln Gottes von seiner Einwohnung im Wasser durch das Wort [94]. Luthers Kritik an beiden Konzeptionen richtet sich also nicht gegen eine Überschätzung des Sakraments, sondern gegen eine Unterschätzung, weil beide die Anwesenheit Gottes in der Wassertaufe mittels seines Wortes übersehen.

> "Nu si habes dei verbum, est illud omnipotens, das teufft aqua animam und badet so, ut purificetur a peccatis omnibus, morte und wird new geporen. Unde ista vis? quia pater, filius et spiritus sanctus me baptisant. Ob die auch mochten ein krafft haben, quam ego ignoro, ut sunde waschen? Si non, abiice baptismum. Si autem, quare non audis eius verbum? Da her est bad renovationis, quod novum hominem facit"[95].

c) Die Taufverheißung

Gott hat die Taufe befohlen, er ist selbst in ihr durch das Wort seines Namens handelnd anwesend, er hat an sie aber auch eine klare Verheißung gebunden: "Wer glaubt und getauft wird, wird selig werden" (Mk 16,16). Diese Taufverheißung ist in der Tauftheologie von "De captivitate" die tragende Mitte für eine Wesensbestimmung der Taufe: "Primum observanda est divina promissio"[96]. Der Glaube richtet sich auf diese promissio und erhält so das darin zugesagte Heil. Auf die Schwäche dieser Konzeption wurde schon hingewiesen: Die Zusage ergeht nicht im Taufvollzug selbst, sondern ist mit ihm nur gedanklich verbunden. Der Glaube ergreift nicht ein Wort in der Taufe, sondern ein Zusagewort von der Taufe. In den Katechismen und Taufpredigten hat Luther dann das Taufwort, den Namen Gottes, als das eigentliche Wort im Taufvollzug - umfaßt vom Stiftungswort - angegeben. Befehl und Taufwort sind das Wort, in welches das Wasser gefaßt ist [97]. Läßt sich das Verheißungswort Mk 16,16 als eine dritte Seite,

---

[94] BSLK 450: "allein durch Gottes Willen, garnicht durchs Wort oder Wasser". P. Brunner, Die evangelisch-lutherische Lehre von der Taufe 146: "Ein solcher okkasionistischer Parallelismus würde den instrumentalen und exhibitiven Charakter der Taufe beseitigen, selbst wenn der Setzung des Taufzeichens eine auslösende Funktion im Blick auf das unvermittelte Handeln Gottes am Täufling zukommen sollte". Vgl. auch L. Grönvik, Die Taufe 90f.

[95] 46,168,21ff.

[96] 6,527,33.

[97] Damit hat Luther indirekt die Kritik aufgenommen, die etwa Bellarmin an seiner früheren Konzeption geübt hat: "quod promissio debeat esse annexa signo divina ordinatione, falsa est. Nam verbum, quod divina ordinatione annectitur, et quasi vestitur signo, ut inde fiat Sacramentum, numquam est promissorium, sed assertorium, vel deprecatorium. Cum enim aqua aspergitur in Baptismo, non dicitur: 'Qui crediderit, et baptizatus fuerit, salvus erit', quam adversarii promissionem appellant;

eine weitere Funktion jenes Wortes verstehen, das für die Wesensbestimmung der Taufe als "Wasser in Gottes Wort gefaßt" entscheidend ist? Die
Antwort darauf kann nicht mit Eindeutigkeit gegeben werden.

Im Kleinen Katechismus wird auf die Frage nach dem Wesen der Taufe die
schon bekannte Antwort gegeben: "Wasser jnn Gottes gebot gefasset und mit
Gottes wort verbunden"[98]. Der zur Begründung folgende Verweis auf Mt
28,19 bestimmt eindeutig Befehl und Taufformel als die Funktionen des konstitutiven "Wortes". Auf die Frage nach dem Nutzen der Taufe wird dann
mit Hinweis auf Mk 16,16 geantwortet: "Sie wirckt vergebung der sunden,
erlöset vom tod und teuffel und gibt die ewigen seligkeit allen die es gleuben"[99]. Auf die dritte Frage: "Wie kan wasser solche grosse dinge thun?"
lautet die Antwort: "Wasser thuts freilich nicht, Sondern das wort Gottes,
so mit und bey dem Wasser ist, und der glaube, so solchem wort Gottes
jm wasser trawet"[100]. Das Wort, das mit, bei und im Wasser ist, muß
dem Zusammenhang nach als Befehlswort, Taufwort und Verheißungswort
verstanden werden. Das Wort in der Einheit seiner drei Funktionen qualifiziert das Wasser der Taufe als heilschaffendes Element.

Im Großen Katechismus sind die Grenzen ebenfalls fließend. Die Definition
der Taufe als "wasser ynn Gottes wort und gepot gefasset"[101] muß so verstanden werden, daß Befehl und Taufwort das Wesen der Taufe konstituieren. Der Nutzen der Taufe wird dann mit Mk 16,16 angegeben [102] und dazu erklärt: "lauter wasser künde solchs nicht thuen, aber das wort thuets",
womit Mk 16,16 gemeint ist. Luther fügt dann aber gleichsam korrigierend
hinzu: "und das Gottes namen darynne ist. Wo aber Gottes name ist, da mus
auch leben und seligkeit sein"[103]. Hier zeigt sich nun doch, wie die immer stärkere Betonung des Namens Gottes in der Taufe diesen jene Funktion
übernehmen läßt, die in "De captivitate" das mit der Taufe verbundene Verheißungswort inne hatte: Ort und Sprachgestalt der Heilszusage in der Taufe
zu sein [104].

---

sed dicitur: 'Ego te baptizo...', quae verba non sunt promissoria" (Bellarmin, De controversiis fidei, Octava controversia generalis De sacramentis in genere, Liber I, Caput XIV).
[98] 30 I 379,5.
[99] 380,7.
[100] 381,5ff.
[101] 30 I 213,30.
[102] 215,3ff.
[103] 215,15ff.
[104] Die Terminologie in den Katechismuspredigten ist ebenfalls schwankend.
In der ersten Reihe wird "Wort" bei der Taufe als Befehls- und Taufwort
verstanden, aufgrund dessen Mk 16,16 erfüllt wird (30 I 20,8ff). In der
zweiten Reihe wird die Taufe als Einheit von Wasser und Verheißungswort gesehen, wobei in Mk 16,16 auch das mandatum mit angegeben ist
(30 I 50ff). Die dritte Reihe benennt nur Mk 16,16, sowohl als Befehlswort
wie als Taufverheißung. Der Name Gottes in der Taufe wird überhaupt
nicht erwähnt (30 I 109ff).

Für eine präzise Analyse der Sakramentsstruktur im Verständnis Luthers ist es wichtig zu sehen, daß er das <u>Wesen</u> der Taufe definiert durch die Dreiheit Wasser, Befehl Gottes und Taufwort und nicht mehr durch die Zweiheit Wort der Verheißung und beigegebenes Zeichen. Klarer als die Katechismen bringt das die Taufpredigt von 1534 zum Ausdruck: Wasser, Befehl und Taufwort konstituieren das Taufsakrament: "Est aqua cum verbo dei mit seim befelh geordnet... Ex isto befelh nheme wasser und wort et dic: In nomine patris"[105]. Dabei wird auch terminologisch genauer unterschieden zwischen "Befehl" und "Wort Gottes in der Taufe", womit in den Predigten dieser Jahre immer das Taufwort, der Name Gottes, gemeint ist [106]. Mit dieser Definition ist das Unerläßliche, das Nötigste für die Wesensbestimmung der Taufe genannt: "Tantum loquor substantialiter i. e. quid sit wesentlich baptismus, wenn Gotts wort und namen darzu kompt. Iam scitis, quod dei ordinatio et verbum est in aqua"[107].

Auf das Promissiowort Mk 16,16 wird zurückgegriffen, um die Taufgabe, den <u>Nutzen</u> der Taufe zu erläutern [108]. Als auf die Taufe bezogenes Verheißungswort ist es so in einem weiteren Sinn, die Grenzen enger Definition übersteigend, mit der Taufe verbunden, ist die Taufe auch in das Verheißungswort gefaßt, wie auch in alle anderen Worte Gottes über die Taufe, wie sie die Hl. Schrift kennt [109]. Das Verheißungswort Mk 16,16 gehört zur Taufe, aber es ist in Luthers Theologie nicht mehr wie in "De captivitate" das entscheidende, "sakramentale", die Sakramentsgabe vermittelnde Wort. Das Wort, das die Struktur der Taufe in ihrem Vollzug konstituiert, ist das Wort in der Taufe, die Taufformel, der Name Gottes. Das Wort, das nach Augustinus zum Element hinzutritt, worin das Wasser gefaßt ist, ist der Name Gottes, wie er im Taufbefehl klar benannt und im gehorsamen Vollzug des Befehls bei Anwendung des Wassers auszusprechen ist.

Im Taufbefehl und Taufwort ist freilich auch das Verheißungswort mit eingeschlossen. Einmal, weil Luther in Mk 16,16 nicht nur eine Verheißung, sondern auch die Proklamation der Einsetzung sieht, zum andern, weil der verheißende Gott selbst in der Taufe gegenwärtig ist. Das Wort, das mit dem Wasser verbunden ist, muß in seinen verschiedenen Funktionen gesehen werden: Als Befehlswort kennzeichnet es die Taufe als Stiftung und Werk Gottes und berechtigt zum Taufvollzug; als Verheißungswort verkündet es

---

[105] 37,262,16ff; vgl. auch die Definitionen in 37,263,30; 265,33; 266,1; 270,26; 299,23 und 37,630,17: "Die Tauffe teilen wir inn drey unterschiedliche stuck, welche sind Wasser, Wort und Gottes befelh odder ordnung".
[106] 37,262,16ff; 263,30; 266,3; 270ff; 46,155; 167,24ff; 47,648,19ff.
[107] 37,260,17ff. Für eine solche Wesenbestimmung läßt Luther auch die Terminologie "materia et forma" zu (47,648,13f).
[108] 30 I 112,27; 215,3; 380,7; 37,266,12; 46,174; 47,650.
[109] 46,167,13 nennt Joh 3,5; 1Joh 5,8; Tit 3,5 und Eph 5,26. Besonders Tit 3,5 hat die Funktion eines Verheißungswortes (vgl. 37,266; M. Ferel, Gepredigte Taufe 199ff).

das Geschenk der Taufe; als Taufwort wird es im konkreten Taufvollzug hörbar, läßt es Gott wirkend anwesend sein als den, der die Taufe eingesetzt und an sie das Heil gebunden hat. Was die Taufe zum Sakrament macht - die Herzmitte der Taufe -, ist Gottes Wort in der Taufe, das der Glaube an eben diesem Ort ergreifen kann.

Gottes Anwesenheit in seinem Namen garantiert die Taufgabe, der Taufe "krafft, werck, nutz, frucht und ende"[110]. Mk 16,16 nennt als Taufgabe das Heil, Tit 3,5 bezeichnet die Taufe als Bad der neuen Geburt, nach Röm 6 bewirkt sie den Tod des alten und die Neuheit des von Tod und Sünde befreiten Menschen [111].

In diesen Worten sieht Luther die Taufgabe benannt: Neuheit des Lebens, Befreiung von Sünde, Tod und Teufel, Teilhabe an Christus und seinem Reich, ewiges Leben für Seele und Leib, Hoffnung auf einen gnädigen Gott [112]. Prägnant hat es der Druck der Taufpredigten von 1534 so ausgedrückt:

> "Sol der mensch Selig werden, so mus das zuvor gehen, das er von sunden rein und gerecht werde, Sintemal niemand wird selig, denn wer zuvor gerecht und heilig ist, Item, sol er selig werden, so mus er auch vom tod erlöst und das leben haben, Dazu fur der helle und verdammnis gesichert und endlich allerley jamer, unglück und betrübnis, furcht und schrecken weggenommen und zu ewigem frieden und freude bracht werden, Solch alles (sage ich) bringt uns die Tauffe, nicht daher, das es wasser ist, sondern das Gottes namen und krafft darin ist"[113].

d) Das Wasser in der Taufe

Das in der Taufe wirkende Wort darf nicht isoliert und so absolut gesehen werden, als habe daneben das Wasser keine Bedeutung. Gottes Wort "steckt"

---

[110] 30 I 215,8.
[111] Röm 6 wird zwar von Luther meist als Paränese, als Ruf zur täglichen mortificatio bis zur eschatologischen Vollendung, herangezogen (so vor allem in den Katechismen: 30 I 220 und 283). Dies hat ihm den Vorwurf eingebracht, er habe den paulinischen Indikativ zu einem Imperativ umgebogen (P. Althaus, Die Theologie Luthers 306f; E. Schlink, Theologie der lutherischen Bekenntnisschriften 402f; 416f). Doch zeigen die vorhandenen Predigten Luthers über Röm 6, 1ff sehr wohl, daß er darin eine Aussage über die perfektische Wirkung der Taufe sieht. Vgl. dazu O. Hof, Taufe und Heilswerk Christi 224-227; M. Ferel, Gepredigte Taufe 202-217 (bes. 207 Anm. 59 zu P. Althaus).
[112] Siehe dazu 30 I 215; 217; 46,174; 47,651, und ausführlich L. Grönvik, Die Taufe 214-223.
[113] 37,659,32ff; vgl. auch 37,644f und 266f.

im Wasser, der Name Gottes ist an das Ausgießen des Wassers gebunden.
Gott hat nicht nur das Taufwort, sondern auch das Wasser als Teil der Taufe benannt [114]. Das Wort in der Taufe und die Bindung Gottes an die Wassertaufe qualifizieren das Wasser ganz neu. Dadurch ist es dem kreatürlichen Bereich entnommen, "nicht ein blos schlecht wasser"[115], wie es von Mensch und Tier gebraucht wird [116], sondern vielmehr Gottes Wasser, himmlisches Wasser [117]. Es ist von Gott in Dienst genommen und damit eignet ihm eine neue Würde: "Gott selbs sein ehre hynan setzet, sein krafft und macht daran legt. Darumb ist es nicht allein ein natürlich wasser, sondern ein Götlich, hymlisch, heilig und selig wasser, und wie mans mehr loben kan, alles umb des worts willen"[118]. Die neue Würde hat das Wasser nicht aus sich, aus seinem Wesen, sondern allein aufgrund des Wortes Gottes, mit dem es verbunden ist [119].

Wasser und Wort gehören zusammen. Die Schwärmer sehen in der Taufe nur Wasser, weil sie Gottes Namen im Taufakt und die Botschaft von seiner Bindung an die Taufe nicht beachten [120]. Umgekehrt bleibt das Wasser überall dort, wo es ohne Taufwort, oder zwar mit ihm, aber außerhalb der von Gott befohlenen Ordnung benutzt wird, eben nur Wasser [121]. Es liegt alle Macht am Wort, aber das Wort ist an das Wasser gebunden [122].

---

[114] 37,262,1: "Deus hat mich heissen sein wort und Element nemen und hat mir sein Element und wort deutlich genennet". Vgl. 37,637f.

[115] 30 I 213,30; "nicht allein ein natürlich wasser" (214,10); "nicht allein schlecht wasser" (379,5). Diese Formulierungen sind nicht bejahend im Sinne von "nicht nur - sondern auch", vielmehr soll damit eine Sicht der Taufe als "nur Wasser" grundsätzlich ausgeschlossen werden. Vgl. 30 I 379 Anm. 2 und L. Grönvik, Die Taufe 81ff.

[116] 30 I 213,36: "das man aus dem brunnen schepfet"; 214,37: "damit die magd kochet"; 37,260,11: "quam bibit vacca".

[117] 30 I 213,31; 214,11; 381,10; 37,264f.

[118] 30 I 214,9f.

[119] 30 I 213,32: "nicht das das wasser an yhm selbs edler sey denn ander wasser sondern das Gottes wort und gepot dazu kömpt". Ebenso 214,8; 215,27; 381,7.

[120] 30 I 213,33; "Darumb ists ein lauter buben stück und des Teuffels gespotte, das itzt unsere newe Geister, die Tauffe zulestern, Gottes wort und ordnung davon lassen und nicht anders ansehen denn das wasser".

[121] 30 I 214,36: "Denn wo man das wort davon sondert, so ists nicht ander wasser denn damit die magd kochet..., wenn es dabey ist wie es Gott geordnet hat, so ists ein Sacrament". Ebenso 214,1; 381,9. Ohne Wort ist die Taufe ein "verhumpeltes" Sakrament (37,264,13). Die Besprengung mit Weihwasser geht nicht auf einen ausdrücklichen Gottesbefehl zurück, ist deshalb zumindest nicht auf eine Stufe mit der Taufe zu stellen: 47,646ff.

[122] Mit Recht sagt L. Grönvik, Die Taufe 66: "Für das Verständnis der Taufauffassung genügt es... nicht, dass die Bedeutung des Wortes

Das Wort bleibt nicht allein, es tritt zum Element hinzu und aus beiden wird das Sakrament [123].

Weder Wasser noch Wort für sich allein machen die Taufe aus, sondern erst die untrennbare Einheit beider. Luther beschreibt diese Einheit sehr drastisch: Wasser und Wort sind "verleibet"[124], Gottes Name "klebet" am Wasser [125], Wasser und Wort sind "zusammengefügt"[126], "vermischt"[127], in eins gefaßt [128], ein Ding geworden [129]. Dabei kann er wie beim Abendmahl das Bild vom Feuereisen gebrauchen, um die innige Verbindung zwischen Wort und Wasser zu verdeutlichen, ohne dabei an eine "Konsekration" des Taufwassers zu denken [130]. Weil Wasser und Wort untrennbar zusammengehören, darf man sie nicht trennen, weder in der theologischen Betrachtung der Taufe noch im konkreten Taufvollzug [131].

Der Glaube richtet sich auf das Wort, aber nicht am Wasser vorbei. Gerade weil er sich auf das Wort richtet, "hanget nu der glaube am wasser und gleubt, das die Taufe sey, daryn eitel seligkeit und leben ist, nicht durchs wasser, sondern dadurch, das mit Gottes wort und ordnung verleibet ist"[132].

Die Hervorhebung des Wortes hat nicht zur Verachtung des Sakramentalen geführt, sondern im Gegenteil: Die Hochschätzung des Wortes als Gnadenmittel führte zur Betonung des Zeichens, des "sakramentalen" Elements im Sakrament, das durch eben dieses Wort benannt, an welches das Wort

---

fundamental ist. Dass für Luther alles daran hängt, ist richtig und auch, dass das neue reformatorische Sakramentsverständnis vom Wort herkommt. Aber es muss festgestellt werden, nicht dass dem Wort die zentrale Funktion zukommt, sondern wie es diese Funktion ausübt".

[123] 30 I 214,4.38; 381,10.
[124] 30 I 215,28.
[125] 215,29.
[126] 30 I 50,36.
[127] 37,270,29.
[128] 30 I 112,4.
[129] 30 I 112,13; 37,264,25; 632,12.
[130] 37,264,30; 265,24 (= 37,642,22). E. Roth, Aporien in Luthers Tauflehre 117-124, sieht in der Beschreibung der Einheit von Wasser und Wort "ungeschützte und mißverständliche Formulierungen", die gegen das Mißverständnis "einer magisch wirkenden Kraft des Wassers", im Sinne einer Konsekration oder Transsubstantiation, nicht gefeit seien, betont aber zugleich: "... es ist mehr die Terminologie als die Sache, die hier zu Bedenken Anlaß gibt". K. Barth, Die kirchliche Lehre von der Taufe 13f, lehnt Luthers "eigentümlichen Überschwang" ab, denn: "An Jesus Christus und an ein durch seine Gegenwart konsekriertes Wasser zu glauben, ist eine gefährliche und aus keinem notwendigen Zusammenhang zu begründende Sache".
[131] 30 I 214,4.34; 47,648,20.
[132] 30 I 215,26ff. Vgl. 30 I 19,28ff.

nach Gottes Wille und Ordnung gebunden ist. Eine Verwerfung der göttlichen Heilsordnung, wie sie Luther in Gestalt der mystischen Theologie der Schwärmer entgegentrat, entspringt für ihn der Verachtung des Gotteswortes, sowohl als Weg des Gottesgeistes zum Menschen wie auch als theologische Aussagen begründendes Schriftwort: Die Wassertaufe ist von Gott geordnet und als Heilsweg befohlen. Damit ist sie der menschlichen Freiheit entzogen. "Was Gott ynn uns thuet und wircket, wil er durch solch eusserliche ordnung wircken"[133]. Die Taufe gehört zur Heilsordnung Gottes, zu den "brucken, weg und steg..., dadurch der geyst zu dyr kommen soll"[134].

3. Taufe und Glaube - Der Gebrauch der Taufe

a) Der Glaube bei der Taufe

Ist die Taufe Werk Gottes, sowohl hinsichtlich der Einsetzung und Stiftung als auch des konkreten Vollzugs, dann kann ihre Gültigkeit nicht von der subjektiven Beschaffenheit des Spenders oder des Empfängers abhängig gemacht werden.

Die schon im Ketzertaufstreit und im Donatismus vertretene Meinung, die Taufe eines "unheiligen" Spenders gelte nichts, sieht Luther bei den Täufern erneuert, sofern sie die in der Papstkirche gespendete Taufe ablehnten [1]. Die Meinung wird als häretischer Irrtum verurteilt [2], weil damit die Gültigkeit der Taufe auf des Menschen Heiligkeit statt auf Gottes Gebot und Wort gegründet wird [3]. Der Spender, mag er gut oder schlecht, gläubig oder ungläubig sein, ist nur ausführende Hand Gottes, der selbst der Täufer ist [4]. "Es sey umb die person dantis et accipientis, wie es sey ... Est verus divinus baptismus et opus"[5]. Wo in Gottes Befehl rechtmäßig getauft wird, ist Gottes Taufe gegeben und ist sie gültig [6]. Die Taufe auf Menschenglauben zu gründen, hieße sie auf Ungewisses gründen [7],

---

[133] 30 I 215,36.
[134] 18,137,13.

[1] 26,146ff; 163f; 27,42ff; 37,278f; 37,365; 665f; 46,151ff.
[2] 46,152,20: "Ideo est heresis, quando abiicitur baptismus propter personam". Vgl. 37,278,26.
[3] 26,163,17f.
[4] 30 I 20,27: "Dominus baptisat et utitur tamen ad hoc manu vel ministerio hominis. 'In nomine' etc. macht, das wir die person nicht sind, quae baptisat, quia baptisamus nomine alterius, scilicet Christi". Vgl. 26, 163f; 37,274,1.
[5] 46,152,25ff.
[6] 27,42,23: "Et sub papa certissimus est baptismus, habet Euangelium, scripturam, habet verbum et aquam et baptizat, ut verba sonant. Drumb est verus baptismus".
[7] 26,164; 27,42f; 37,665f.

weil das Wissen um die Rechtmäßigkeit der Taufe immer dem Zweifel am Glauben des Spenders untworfen wäre. "Wie weißt du, daß du nun recht getauft bist? Willst du hier antworten, daß dein Täufer gläubig sei? So frage ich: Wie weißt du es? hast du sein Herz gesehen? So stehest du denn wie Butter an der Sonne"[8]. Was die Taufe aber gewiß macht, "hoc est verbum dei qui fidelis est nec seducit me. Tum possum dicere: ego baptizatus auff gots wort, ideo rectus baptismus"[9].

Sowenig der Unglaube des Spenders die Gültigkeit der ordnungsgemäß gespendeten Taufe in Abrede stellen kann, sowenig auch der Unglaube des Empfängers [10]. Wohl gehört der Glaube zum heilsamen Empfang der Taufe - "on glauben ist es nichts nütz"[11] -, ja er ist der einzig mögliche Gebrauch des Sakramentes - "nichts ynn uns thuet denn der glaube"[12] -, aber die Taufe an sich ist unabhängig vom Glauben, ist "an yhm selbs ein Göttlicher überschwenglicher schatz"[13]. Der Glaube gehört nicht zum Wesen der Taufe, sondern auf die Seite des Taufgebrauchs [14].

Im Großen Katechismus sagt Luther:

"Darnach sagen wir weiter, das uns nicht die grösste macht daran ligt, ob, der da getaufft wird, gleube odder nicht gleube, denn darumb wird die Tauffe nicht unrecht, Sondern an Gottes wort und gepot ligt es alles. Das ist nu wol ein wenig scharff, stehet aber gar darauff, das ich gesagt habe, das die Tauffe nichts anders ist denn wasser und Gottes wort bey und mit einander, das ist: wenn das wort bey dem wasser ist, so ist die Tauffe recht, ob schon der glaube nicht dazu kömpt. Denn mein glaube machet nicht die Tauffe sondern empfehet die Tauffe"[15].

Noch drastischer formuliert der - allerdings nicht autorisierte - Druck der Taufpredigt von 1534:

"Summa: Diese zwey (sage ich), Tauffe und Glaube sol man scheiden,

---

[8] 26,164,2 0ff (LD 4,119f); vgl. 37,665,26ff.
[9] 27,42,37ff; 26,164,37: "Hie kan ich nicht feilen, Denn Gottes gepot kan nicht triegen".
[10] Die wichtigsten Texte zum Verhältnis von Taufe und Unglaube des Empfängers sind: 26,154f;159ff;164ff;171ff; 27,33-38;44f; 30 I 218ff; 37,266; 279ff; 37,634;640f; 664-668; 46,153ff.
[11] 30 I 216,13.
[12] 30 I 215,23.
[13] 30 I 216,14; 26,171,13: "die tauffe an yhr selbs ein heilig, selig, herrlich, hymelisch ding ist".
[14] 37,641,14: "Denn man kan der Tauffe (wie ander Sacrament und ordnung Gottes) wol zu schaden und verterben brauchen, Also, das einer selig, der ander verdampt werde durch einerley Tauffe. Aber das gehört nicht zum wesen, sondern zur krafft und brauch der Tauffe, Und ist viel ein anders, wenn man sagt, was die Tauffe an jr selbs ist".
[15] 30 I 218,24ff.

so weit als himel und erden, Gott und mensch von einander gescheiden sind"[16].

Stellt man dem die Aussagen aus "De captivitate" entgegen: "Tota sacramentorum efficatia est ipsa fides"[17] - "Sacramenta non implentur dum fiunt, sed dum creduntur"[18], so könnte man auf den ersten Blick einen klaren Widerspruch feststellen. Doch sind diese Aussagen ganz vom Aufruf zum rechten Taufgebrauch geprägt. Luther hat sie auch nicht zurückgenommen - daß die Taufe nur dem Glauben nützt, blieb außer jedem Zweifel -, aber er mußte im Kampf gegen die Täufer viel stärker auf das Wesen der Taufe hinweisen. Wo nicht nur der Nutzen, sondern auch die Gültigkeit der empfangenen Taufe vom Vorhandensein des Glaubens im Empfänger abhängig gemacht und nur getauft wird auf Glauben hin, steht das Wesen der Taufe als Werk Gottes in Frage. Die Täufer sündigen zweifach: sie verwerfen die Gültigkeit der Kindern gespendeten Taufe und damit Gottes Werk; sie gründen zum andern die Gültigkeit ihrer neuen Taufe auf ungewissen, nicht feststellbaren menschlichen Glauben, anstatt auf Gottes Befehl zur Taufe und sein wirksames Wort in der Taufe [19]. Mit Blick auf die Möglichkeit eines unrechten, nutzlosen Gebrauchs wollen sie das Wesen der Taufe ändern, "heißen es um der Menschen Unrecht oder Mißbrauchs willen unrechte Taufe"[20]. Demgegenüber betont Luther, daß nur mißbraucht werden könne, was in sich recht und gültig ist [21], und demnach gelte: "Abusus non tollit sed confirmat substantiam, Misbrauch nympt nicht hynweg das wesen sondern bestetigts"[22].

Nach Luther ist also klar zu scheiden zwischen Substanz und Wesen einerseits und Gebrauch und Nutzen der Taufe andererseits [23], zwischen Wesen und Kraft [24], zwischen rechter Taufe und rechtem, heilvollem Taufgebrauch [25], zwischen "die rechte Taufe empfangen" und "die Taufe recht empfangen"[26], zwischen "den Glauben haben" und "sich auf den Glauben verlassen"[27]. Die Taufe ist Werk Gottes, allein von ihm erhält sie ihre

---

[16] 37,665,4ff.

[17] 6,532,27.

[18] 6,533,12; und das dazugehörige Sprichwort: "Non sacramentum sed fides sacramenti iustificat" (6,533,29).

[19] 37,281,5ff.

[20] 26,161,33; 27,38,14: "Miserrimi volunt dei ordinationem invertere propter abusum".

[21] 30 I 219,33ff.

[22] 30 I 219,36; ebenso 30 I 115,20; 26,159,36; 161,24; 27,35,20ff.

[23] 27,35,24ff; 37,641,14ff.

[24] Der Große Katechismus behandelt im ersten Abschnitt "Wesen und Würde des Sakramentes" (30 I 215,1) und dann in einem zweiten Abschnitt "der Taufe Kraft, Werk, Nutz, Frucht und Ende" (215,8); ebenso der Kleine Katechismus (30 I 379f).

[25] 26,165,7ff; vgl. 27,33ff; 37,266;279f.

[26] 37,663,33.

[27] 26,165,1.

Heilskraft. Damit ihre Wirkung beim Empfänger ankommt, ist der Glaube nötig: aber Unglaube und Mißbrauch machen sie nicht zunichte [28], denn das hieße, daß menschliche Sünde, menschlicher Mißbrauch Gottes Ordnung und Werk verändern könnten [29]. Daß die Taufe tatsächlich mißbraucht wird, ist nicht "der Taufe Schuld"[30]. Nicht ihr Wesen sei deshalb zu ändern, sagt Luther zu den Täufern, sondern ihr Gebrauch, nicht Wiedertaufe, sondern Wiederglaube: "Denn die Taufe ist Gottes Wort und Ordnung und bedarf keines Wiederwerdens oder Anderswerdens, der Glaube aber bedarf wohl eines Anderswerdens, wenn er nicht da gewesen ist"[31].

Wo gegen die schon einmal empfangene Taufe nochmals getauft wird, wird Gottes Werk in der ersten Taufe verachtet [32] und darüberhinaus in der zweiten auf den Glauben des Menschen, d. h. aber auf Ungewißheit hin getauft [33]. "Ein ewiges Taufen und kein Aufhören würde daraus"[34], weil der Glaube des Menschen kein fester Grund ist, weil er nicht gewiß sein kann. Für Luther bliebe damit die Taufe in jener quälenden Ungewißheit, die auch die alte Beichtpraxis geprägt hat: "da wir immer eine Absolution nach der andern, einen Beichtvater über den andern suchten ohne alle Ruhe und Aufhören, deshalb weil wir uns auf unser Beichten gründen wollten"[35]. Gewißheit kann aber allein Gottes Wort und Befehl geben: "Dei veritas est certior corde meo et verbum eius certius mea fide"[36]. Auf dieses Wort hin wird getauft und solches Taufen ist echt, gewiß und gültig. "Ich kome her ynn meinem glauben und auch der andern, noch kan ich nicht drauff bawen..., sondern darauff bawe ich, das es dein wort und befehl ist"[37].

---

[28] 30 I 218, 31: "Nu wird die Tauffe davon nicht unrecht, ob sie gleich nicht recht empfangen oder gebraucht wird, als die nicht an unsern glauben sondern an das wort gebunden ist".
[29] 30 I 220, 1ff; 26, 160, 16ff.
[30] 26, 171, 16; 37, 266, 23.
[31] 26, 172f (LD 4, 130); vgl. 30 I 219, 12ff.
[32] 30 I 219, 9: "Denn das hiesse das Sacrament auffs höchst gelestert und geschendet. Wie kemen wir dazu, das Gottes wort und ordnung darumb solt unrecht sein und nichts gelten, das wirs unrecht brauchen?"
[33] Vgl. 26, 154ff.
[34] 26, 155, 6; vgl. dazu O. Hof, Luthers Unterscheidung, bes. 307ff.
[35] 26, 155, 3ff (LD 4, 106); ähnlich 27, 44, 33-45, 11.
[36] 27, 45, 11.
[37] 30 I 219, 15ff; vgl. auch 26, 165: "Ich will getauft sein auf Gottes Gebot, der es von mir haben will, auf solch Gebot wage ichs, mit der Zeit mag mein Glaube werden, wie er kann. Wenn ich auf sein Gebot getauft bin, so weiß ich, daß ich getauft bin... Mein Glaube und ich wagen etwas. Glaube ich, so ist mir die Taufe von Nutzen; glaube ich nicht, so ist sie mir nicht von Nutzen. Aber die Taufe ist deshalb nicht unrecht oder sicher, steht auch nicht auf gut Glück, sondern auf dem zuverlässigen Wort und Gebot Gottes" (LD 4, 121).

Die Gültigkeit der Taufe sieht Luther durch Gottes Wort "bei und mit dem Wasser" garantiert [38], vor jeder Entscheidung darüber, ob sie auch zum Heil angenommen wird. "An der Taufe fehlet nichts, am Glauben fehlets immerdar"[39]. Fehlender Glaube beim Empfang kann nachgeholt werden, denn er ist Gebrauch des immer feststehenden, nie erneuerungsbedürftigen Handelns Gottes in der Taufe [40]. Luthers klare Trennung zwischen Taufe an sich, baptismus verus et rectus [41], und heilsamem rechten Gebrauch ist ein eindeutiges Ergebnis der Auseinandersetzung mit den Täufern. Diese Klarheit mangelt der Taufanschauung in "De captivitate", weil der Streitpunkt dort ein anderer ist.

Sowenig der Glaube des Empfängers die Wirksamkeit der Taufe - als "überschwenglichen Schatz an sich" - [42] begründen oder in Abrede stellen kann, so notwendig ist er andererseits, um den "yn der Tauffe ydermann umb sonst fur die thür"[43] gebrachten Schatz zum Heil empfangen und ergreifen zu können. Gottes Werk in der Taufe fordert den Glauben [44], und "der Glaube macht die person allein wirdig, das heylsame Göttliche wasser nützlich zu empfahen. Denn weil solchs alhie ynn den worten bey und mit dem wasser furgetragen und verheissen wird, kan es nicht anders empfangen werden, denn das wir solchs von hertzen gleuben"[45]. Zwar kann man die Taufe ohne Glauben empfangen, sie wäre auch dann "recht und sicher", aber sie wäre ohne Nutzen [46]. Daß die Taufe nur im Glauben heilsam empfangen wird, ergibt sich für Luther klar aus der Taufverheißung Mk 16,16 [47

Der Glaube richtet sich auf die Taufe, er "hängt am Wasser"[48] und am Wort der Taufe, er glaubt, daß in der Taufe "eitel Seligkeit und Leben ist", weil mit dem Wasser "Gottes wort und ordnung verleibet ist und sein name

---

[38] 30 I 216,11; 218,28f.
[39] 26,166,2; 27,44,23.
[40] 30 I 219,12: "Darumb sage ich: hastu nicht gegleubt, so gleube noch und sprich also: Die Tauffe ist wol recht gewesen, ich hab sie aber leider nicht recht empfangen". 26,162,9ff: "sintemal dasselbe Wort Gottes in der ersten Taufe, einmal gesprochen, noch immer bleibt und stehet, daß sie hernach glauben können, wenn sie wollen, und das Wasser (ist) über sie gegossen, daß sie es auch hernach im Glauben fassen können, wenn sie wollen" (LD 4,116).
[41] 37,266,28ff; 280f; 27,34ff; 30 I 114f.
[42] 30 I 216,14.
[43] 30 I 217,24.
[44] 30 I 216,24: "Gottes werck aber sind heilsam und not zur seligkeit und schliessen nicht aus sondern fodern den glauben, denn on glauben künde man sie nicht fassen" (fodern = fordern).
[45] 30 I 216,10ff.
[46] 26,165,7ff ("Nütze ist sie wol nicht dem unglewbigen teufflinge umb seines unglawbens willen, Aber drumb ist sie nicht unrecht, ungewis odder nichts" - 165,9).
[47] 30 I 216,6ff; 30 I 380f; 37,266f; 663,24ff.
[48] 30 I 215,26.

daryn klebet"[49]. Hängt der Glaube am Wort "bei und mit dem Wasser"[50], so hängt er sich an Gott, "der sein Wort darein gegeben und gepflantzt hat"[51]. Will man also die Taufe recht empfangen, so muß man glauben, aber sich nicht "auf den Glauben verlassen und so sich darauf taufen lassen"[52], sondern im Glauben sich auf Gottes Wort im Wasser verlassen, auf jenes Wort, das die göttliche Urheberschaft der Taufe und Gottes Willen zur Taufe als Heils-Mittel kundgibt; auf jenes Wort, das als Name Gottes wirkend im Wasser "steckt"; auf jenes Wort, das als Heilsverheißung an die Taufe gebunden ist [53]. Der Unglaube verschließt sich dem Handeln Gottes in der Taufe und läßt so das Werk der Taufe "vor der Tür", läßt es nicht ankommen [54]. Glaube als Annahme der Gabe Gottes schließt jedes Vertrauen aus, durch menschliche Werke "seligkeit zu erlangen und zu verdienen"[55]. Er ist nicht menschliche Leistung, sondern Gabe Gottes, von Gottes Angebot provozierte Haltung des vertrauenden Empfangens [56].

Ist der Glaube die notwendige Antwort des Menschen auf das Handeln Gottes in der Taufe, so stellt sich die Frage nach der Berechtigung der Kindertaufe, d.h. nach Sinn und Nutzen einer Taufe, die Menschen gespendet wird, welche aufgrund ihres Bewußtseins Gottes Wort und Handeln in der Taufe nicht begreifen und ergreifen können. Schon in "De captivitate" sieht Luther in dieser Frage einen möglichen Einwand gegen die behauptete Notwendigkeit des Glaubens: "aut non requiri fidem aut parvulos frustra baptisari"[57]. Er antwortet auf diesen Einwurf mit der Behauptung einer fides infantium, einer fides propria der Kinder, die Gott aufgrund der fides aliena, der fides der Eltern und Paten, schenke [58]. Luther hält seitdem immer

---

[49] 30 I 215,28.
[50] 30 I 216,11.
[51] 30 I 215,30f.
[52] 26,165,1.
[53] 30 I 216,27: "Aber davon wird sie dir nutze, wenn du dich der meinung lesst teuffen als aus Gottes befehl und ordnung, darzu yn Gottes namen, auff das du ynn dem wasser die verheissene seligkeit empfahest". 217,9: "Nu ist nicht allein das gepot und befehl da sondern auch die verheissung".
[54] 37,266,28: "Sic corda infidelia accipiunt verum baptismum, ubi dei nomen et celestis aqua. Sed quia vertunt corda et confidunt in operibus, vertunt dorsum baptismo, non oculos. Non est culpa baptismi, qui est rectus, sed baptizatus non aperuit os, cor, ideo non credit".
[55] 30 I 216,15ff.
[56] 37,266,31: "Qui vero credit et audit, quod deus jnn der Taufe bestelt bad regenerationis, 'qui crediderit' etc. is, qui sic credit, quod ista aqua sua die seel badet, ille aperit cor, et cor fit novum, novum hominem, filium dei ex diaboli et ex mortuo vivum". Vgl. 30 I 215f.
[57] 6,538,6.
[58] 6,538,6-11.

an der Möglichkeit eines solchen Kinderglaubens fest und rechnet für seine Person mit der Tatsächlichkeit dieses Glaubens. Seine Lehre von der fides infantium braucht nicht weiter dargestellt zu werden; es kann auf Karl Brinkels eingehende Untersuchung verwiesen werden [59]. Letztlich gründet Luthers Ja zum Kinderglauben in seinem Vertrauen auf Gottes grenzenlose Möglichkeiten, die allen "Bewußtseinsanlagen unseres menschlichen Geistes" überlegen sind [60] und jede Erklärbarkeit transzendieren [61].

Das Bestehen auf der Möglichkeit einer fides infantium steht bei Luthers Argumentation gegen die schwärmerische Verwerfung der Kindertaufe im Vordergrund [62]. Im Kampf gegen die Täufer, welche die Gültigkeit der Taufe mit dem Glauben des Empfängers begründen, tritt aber der andere Gesichtspunkt nach vorne, daß auch unabhängig von der Beweisbarkeit des Kinderglaubens die Kindertaufe im Recht bleibe, da ihre Gültigkeit nicht im menschlichen Glauben, sondern in Gottes Anordnung und Handeln gründe [63]. Der Glaube, d. h. der rechte Taufgebrauch, könne unter Umständen auch erst später hinzukommen [64]. Das Recht zur Kindertaufe könne nur in Abrede gestellt werden durch klare Beweise, daß sie Gottes Willen widerspreche. Doch schließe weder der Taufbefehl die Kinder aus [65], noch hätte die Kirche bisher Bestand haben können und gäbe es auch heute geistbegabte Christen, wenn Gott an der Praxis der Kindertaufe keinen Gefallen

---

[59] K. Brinkel, Die Lehre Luthers von der fides infantium bei der Kindertaufe; vgl. ferner: P. Althaus, Martin Luther über die Kindertaufe (= Die Theologie Luthers 307-315); P. Brunner, Taufe und Glaube - Kindertaufe und Kinderglaube; L. Grönvik, Die Taufe 154-172; R. Hermann, Die Kindertaufe bei Luther; P. Molwitz, Luthers Lehre von der Kindertaufe.

[60] P. Brunner beurteilt Luthers Lehre vom Kinderglauben "als eine überaus trostreiche Einsicht in die pneumatische Ganzheit des geistgewirkten Glaubens und als ein Lobpreis seiner siegreichen Überlegenheit über alle Bewußtseinsanlagen unseres menschlichen Geistes" (Taufe und Glaube 181).

[61] Karl Brinkel vergleicht Luthers Ja zum Kinderglauben mit der besonders von Schleiermacher·beeinflußten Kritik daran: "Luther setzt bei seinem Glaubensbegriff ausschließlich bei Gott und seinem Wort an den von Gott geschaffenen Menschen ein und vermag daher auch einen Kinderglauben zu lehren, da ja dieses Wort das allein im Menschen Wirkende ist. Schleiermacher aber setzt beim Menschen, genauer gesagt beim Bewußtsein des Menschen, ein und versteht Glauben als eine Beziehung dieses Bewußtseins auf Gott und sein Wort. Da dieses Bewußtsein sich im kleinen Kind erst entwickeln muß, kann es folglich im kleinen Kind bei der Kindertaufe noch keinen Glauben geben".

[62] K. Brinkel, aaO. 37-48.

[63] 26,159ff; 30 I 218ff.

[64] 26,159f.

[65] 26,158f; 164; 30 I 218.

hätte [66]. Damit ist für Luther das Recht zur Kindertaufe klar erwiesen. Sie ist Gottes Wille und Gebot. Die Frage nach dem Glauben der Kinder hat dahinter zurückzutreten [67]. Die fides infantium ist für ihn also keineswegs der alles entscheidende Beweis für das Recht der Kindertaufe. Sie erhält ihre Rechtfertigung allein durch Gottes Willen [68]. Das dokumentiert nochmals Luthers Sicht der Taufe als Werk Gottes, der die Taufe als Heils-Mittel eingesetzt hat und in ihr das Heil des Menschen wirken will. Im Glauben spricht der Mensch sein Ja dazu, entscheidet damit aber nicht über die Gültigkeit, wohl aber über die heilbringende Wirksamkeit der Taufe.

b) Leben aus der Taufe

Der rechte Gebrauch des Taufsakramentes beschränkt sich für Luther nicht auf das einmalige Geschehen, sondern erstreckt sich über das ganze Leben des Christen. Der Gedanke des heilsamen Taufgebrauchs durch den erwachsenen Christen stand in der ersten Phase von Luthers Taufaussagen im Vordergrund, aber auch zur Zeit der Auseinandersetzung um das Wesen der Taufe tritt dieser Gedanke nicht ganz zurück.

Im Großen Katechismus behandelt freilich erst der 5. Abschnitt [69], im Kleinen Katechismus die 4. Frage [70] die Fortdauer der Taufe. Dazu greift Luther auf das Zeichen der Taufe zurück, den Vorgang des Unter- und Auftauchens [71]. Dieses Zeichen "bedeutet" die "tödtung des alten Adams, darnach die aufferstehung des newen menschens, welche beyde unser leben lang ynn uns gehen sollen, also das ein Christlich leben nichts anders ist denn eine tegliche Tauffe, ein mal angefangen und ymmer daryn gegangen"[72]. "Es bedeut, das der alte Adam jnn uns durch tegliche rew und busse sol erseufft werden und sterben mit allen sunden und bösen lüsten, Und widderumb teglich eraus komen und aufferstehen Ein newer mensch, der jnn gerechtigkeit und reinigkeit für Gott ewiglich lebe"[73]. "Bedeutet" muß verstanden werden im Sinne von "deuten, anzeigen, verkünden"[74]. Das Zeichen der Taufe hat signifikative Funktion. Es verweist auf den rechten Gebrauch der

---

[66] 26,166ff; 30 I 218.
[67] 30 I 219,22ff.
[68] P. Althaus, Die Theologie Luthers 213: "Niemals hat Luther das Recht der Kindertaufe auf das Vorhandensein des Kinderglaubens gegründet. Vielmehr umgekehrt: er erschließt den Kinderglauben... aus der Einsetzung und damit aus der Gültigkeit der Kindertaufe".
[69] 30 I 220,14-222,20.
[70] 30 I 382,6ff.
[71] 30 I 220,16ff.
[72] 30 I 220,20ff.
[73] 30 I 382,8ff.
[74] Das zeigt schon der Wechsel zwischen "bedeuten" (220,14.32) und "deuten" (220,19; 221,9.10.12.17.24). Vgl. auch 30 I 220 Anm. 2; BSLK 704 Anm. 8; 705 Anm. 1 und 6.

Taufe, nämlich auf die Bereitschaft, im Prozeß des Absterbens und Neu-
werdens, der in der Taufe begonnen hat, zu leben, ständig gegen den alten
Menschen anzugehen, damit der neue immer mehr hervorkomme [75].

> "Das heisset recht ynn die Tauffe gekrochen und teglich widder erfür
> komen. Also ist das eusserliche zeichen gestellet, nicht allein das
> es solle krefftiglich wircken sondern auch etwas deuten. Wo nu der
> glaube gehet mit seinen früchten, da ists nicht ein lose deutung son-
> dern das werck dabey. Wo aber der glaube nicht ist, da bleibt es
> ein blos unfruchtbar zeichen"[76].

Dieser Text bedarf einer genaueren Erklärung. Das Zeichen wird hier in
zweifacher Funktion gesehen: Einmal hat es die Aufgabe, "krefftiglich zu
wircken", es ist signum efficax, und diese Aufgabe - so ist zu interpretieren - erfüllt es bei der Taufspendung [77]. Darüber hinaus hat es die
Aufgabe, "etwas zu deuten", es ist signum significans [78], und als solches
richtet es sich an den Getauften das ganze Leben hindurch. Nur auf diese
zweite Funktion des Zeichens, die Signifikation, bezieht sich die dann folgende Aussage: Wo der Glaube mit seinen Früchten da ist, d. h. wo im
Glauben an die Taufe und ihre Gabe gegen den alten Menschen angegangen
wird, dort bleibt das signum significans nicht "lose deutung", unerfülltes
Zeichen, sondern es hat sein Werk, nämlich die Tötung des alten Menschen,
bei sich [79]. Wo solch erfüllter Glaube nicht ist, bleibt das signum significans unerfüllt, erreicht es nicht seine Absicht, bleibt es ein "unfruchtbar
zeichen". Es geht hier nicht um das Verhältnis von Taufe (signum) und Glau-

---

[75] 30 I 220, 31 ff.

[76] 30 I 221, 6-11.

[77] Eine solche Interpretation legt auch der lateinische Text des Großen
Katechismus nahe: "Itaque hoc consilio externum signum nobis propositum est non tantum, ut efficaciter operetur, verum etiam, ut aliquid
significet" (BSLK 705, 37 ff). "Signum efficax" ist terminus technicus
der scholastischen Sakramentenlehre, die Luther in "De captivitate"
(6, 511 ff) scharf kritisiert hatte. Eine Kritik, die aber hier nach der Betonung des Wassers der Taufe zumindest teilweise zurückgenommen ist,
wobei freilich bestehen bleibt, daß nicht das Zeichen an sich, sondern
die Einheit von Wort und Wasser das Sakrament als wirksames Geschehen bestimmt.

[78] BSLK 705, 40: "ut aliquid significet"; vgl. auch 30 I 22, 18: "Ita dominus
instituit baptismum, ut non solum potenter operetur, sed etiam significatio eius videatur".

[79] Daß die mortificatio das Werk des Taufzeichens als signum significans
ist, legt nicht nur der Zusammenhang der Stelle nahe, sondern neben
der lateinischen Fassung (BSLK 705, 41: "ubicumque fides fructibus
foecunda viget, hic baptismus non tantum inanem significationem reprae-
sentat, sed mortificandae carnis opera conjuncta habet") auch 37, 282 ff,
wo als Leben aus der Taufe die mortificatio angegeben wird.

be/Unglaube des Empfängers im Taufakt - als wollte Luther hier doch die Taufe vom Glauben abhängig machen, als nennte er die Taufe ein "unfruchtbar zeichen", wenn der Glaube fehle -, sondern es geht hier um das Ans-Ziel-Kommen der Taufe als "deutendes" Zeichen (signum significans) in einem Leben aus der Taufe [80].

Die Taufe wirkt in das Leben des Christen hinein, indem sie zum ständigen Kampf gegen die Sünde aufruft. Die Fähigkeit, den im Taufzeichen "bedeuteten" Kampf zu bestehen, gibt sie in ihrer "Kraft", "denn daryn wird geben gnade, geist und krafft den alten menschen zu unterdrücken, das der newe erfurkome und starck werde"[81]. Daß der Vorgang des ständigen Absterbens im christlichen Leben wirksam geschieht, ist also selbst wieder ✱ Werk, Kraft und Frucht der einmal empfangenen Taufe, "welche solch newes leben nicht allein deutet sondern auch wirckt"[82]. Sie wirkt in das Leben des Christen hinein, indem sie zu einem Leben aus der Taufe aufruft und dieses Leben auch ständig am Leben erhält. Sie bewirkt das "bedeutete" Absterben und das daraus folgende Neuwerden, die Einheit des in der Taufe "bedeuteten" Prozesses [83]. Damit ist für Luther die Buße - als Tugend und Sakrament [84] - Ausfluß der Taufe, sowohl ihrer "Kraft", d.h. ihrer Wirkung, als auch ihrer "Deutung", d.h. ihrer exhortativen Signifikation.

"Und hie sihestu, das die Tauffe beyde mit yhrer krafft und deutunge begreifft auch das dritte Sacrament, welchs man genennet hat die Busse, als die eigentlich nicht anders ist denn die Tauffe. Denn was heisset busse anders denn den alten menschen mit ernst angreifen

---

[80] Das wird bei L. Grönvik, Die Taufe 108ff, nicht beachtet. Dort wird die gegen die schwärmerische Meinung (Taufe sei nur ein äußeres Malzeichen) formulierte Aussage, die Taufe sei nicht ein "blos ledig zeichen", sondern wirksames Zeichen auch ohne Glauben (30 I 220, 1-13), der oben angeführten Aussage gegenübergestellt, die Taufe sei ohne Glauben ein "blos unfruchtbar zeichen". Aus dem so gefundenen Gegensatz wird auf eine Doppelseitigkeit bei Luther in Bezug auf Taufe und Glaube geschlossen (aaO. 108). Beide Sätze dürfen aber nicht auf gleiche Ebene gestellt und miteinander verglichen werden, weil mit "zeichen" zwei ganz verschiedene Dinge gemeint sind: Im ersten, gegen die Schwärmer gerichteten Satz meint "zeichen" ein äußeres Erkennungszeichen (ein "blos ledig zeichen"), im zweiten Satz ist das signum als signum significans angesprochen, wie es der Taufritus ist. Dieses Zeichen braucht, um seine Deutungsaufgabe zu erfüllen, ein Leben aus dem Glauben.

[81] 30 I 221, 18f.

[82] 30 I 221, 17f.

[83] Damit dürfte das zunächst überraschende Gegeneinander der beiden Sätze interpretiert sein: "nicht allein das es solle krefftiglich wircken, sondern auch etwas deuten" (Anm. 76), und: "nicht allein deutet sondern auch wirckt" (Anm. 82).

[84] L. Klein, Das Taufbewußtsein bei Luther 86.

und yn ein newes leben tretten? Also ist die busse nicht anders denn ein widdergang und zutretten zur Tauffe, das man das widder holet und treibt, so man zuvor angefangen und doch davon gelassen hat"[85].

Alle Werke der Buße sind taufgewirkte Werke, Früchte des Glaubens an die Taufe und nicht Bußleistungen des Menschen, aufgrund derer er sich das Heil neu erwirken müßte, als sei die Taufe durch die Sünde unwirksam geworden. Der große Irrtum der Papstkirche, den er ebenso scharf bekämpft [86] wie den der Schwärmer und Täufer, liegt nach Luther im Glauben, die Taufe sei nur so lange wirksam, bis der Christ wieder in Sünde falle [87]. Dann sei das Schiff der Taufe zerbrochen und dem Christen bleibe dann (nach dem berühmten Wort des Hieronymus) nur die poenitentia als "secunda tabula post naufragium"[88]. In diesem "gefährlichen" Wort sieht Luther den Grund für die Erfindung neuer Heilswege nach der Taufe: Eintritt ins Kloster (Mönchstaufe), Wallfahrten, Fasten, Meßopfer und all die anderen Werke der Rechtfertigung [89]. Solche Versuche der Selbstrechtfertigung widerstreiten aber dem allein erlösenden Heilswerk Christi, das in der Taufe gegenwärtig ist, verkennen also die Taufe und ihre bleibende Kraft [90].

Luther kämpfte mit Entschiedenheit gegen eine solche Verachtung der Taufe: Sie bleibt zeitlebens bestehen [91], das Schiff zerbricht nicht [92], der Gnadenstuhl Christi bleibt und wankt nicht [93], in der Taufe ist ein ewiger Heilsbund von Gott für den Menschen aufgerichtet [94]. Zwar kann der Christ

---

[85] 30 I 221,12-16.25-27.

[86] Vgl. besonders: 30 I 221f; 36,98ff; 37,273f; 46,170ff; 195ff; 47,643f; 651f.

[87] 30 I 221,29: "...die Taufe were nu hyn, das man yhr nicht mehr brauchen künde, nach dem wir widder yn sunde gefallen sind; das macht, das mans nicht weiter ansihet denn nach dem werck, so einmal geschehen ist".

[88] 30 I 221,32ff; 30 I 22,33; 34 I 91,8; 36,98,4; 46,171,4; 195,11; 47, 643,18.

[89] 46,171,11: "Ex hoc abusus und misverstand ortus, quod Papa sic praedicavit: quando puer 7 annorum fit malus, deinde cadit in peccata, Is non habet baptismi efficaciam. Ideo wird geweist auff sein eigen opera. Daraus ist mher in die gantz welt komen, quod homo post peccatum deberet sibiipsi mederi. Hinc peregrinationes, purgatorium et omnes cultus". Vgl. ferner die Anm. 86 genannten Texte.

[90] 46,196,2: "Quomodo salvor? in tabula. Das ist gangen und hat den verstand in Ecclesiam bracht, quod peccatum faciat baptismum inutilem, und mussen uns halten zur busse".198,9: "Ibi schalck furt mich von Christo und bund, non solum ad opera, sed etiam ut Christo rebellis sim". 198,15: "Christi passio ist hin, et baptismus nihil."

[91] 30 I 221,20; 46,170ff;195ff.

[92] 30 I 222,2; 46,199,4; 47,97.

[93] 30 I 222,15.

[94] 46,172,12: "Ideo baptismus est eternum bund, quia, qui suscipit eum hac conditione, quod velit in eo manere et pugnare contra peccatum,

aus der Taufe herausfallen und in Sünde leben, damit wird aber Gottes Zusage, sein Bundesangebot, nicht zurückgenommen [95]. Der Christ kann
immer wieder zur Taufe und ihrer Gabe zurückkehren [96]. Umkehr, Reue
und Werke der Abtötung sind nichts anderes als Rückkehr zu dem Anfang,
der in der Taufe gemacht ist, sind selbst von der Kraft der Taufe umfan-
gen und bewirkt [97]. Wiederaufnahme in den Taufbund, Vergebung, Absolution sind Ausfluß der einen Taufgabe: Vergebung und Heil. Was im Bußsakrament, in der Absolution geschieht, ist nichts anderes als Erneuerung des
Taufgeschehens [98]. Die Taufe als Werk Gottes, als Gegenwart des Heils-
geschehens Christi, bleibt unverrückt und unwandelbar über dem Leben des
Christen aufgerichtet [99].

Gott hat in der Taufe dem Menschen das in Christus gewirkte Heil angeboten und geschenkt und mit ihr das Christsein begründet. Das Taufsakrament
ist Anfang und bleibender Grund des Christseins, eines Lebens von und in
der Taufe bis hin zur eschatologischen Vollendung, wenn die Sünde ganz getilgt und das neue Leben in Fülle gegeben wird. In dieser sakramentalen
Begründung christlichen Lebens liegt für Luther die unübertreffbare Bedeutung der Taufe.

"Also siehet man, wie ein hoch trefflich ding es ist umb die Tauffe,
so uns den Teuffel aus dem hals reisset, Gott zu eigen macht, die

---

diabolum. Si excidimus, helff uns Gott wider hin". Ebenso 46,171,19;
besonders 196ff; 37,288,27f.
[95] 30 I 222,18ff; 46,197,7ff.
[96] 30 I 222,3: "Aber das geschicht wol, das wir gleiten und eraus fallen,
fellet aber ymand eraus, der sehe das er widder hynzu schwymme und
sich dran halte, bis er widder hynein kome Und daryn gehe, wie vor-
hyn angefangen". Vgl. auch 34 I 96f; 46,170ff; 195ff. Die in der Taufe
gemachte Zusage bleibt immer bestehen, und der Glaube hat daran ein
Leben lang sich zu üben: 30 I 217,15ff.
[97] 30 I 221,18f;222,4f.
[98] Das Fortwirken der Taufe in der Absolution ist im Großen Katechismus nicht ausdrücklich vermerkt. Es hat vielmehr den Anschein, als
solle die Taufe vor allem in den Bußübungen fortwirken. Doch heißt es
am Ende: "Wie nu ein mal ynn der Tauffe vergebunge der sunden uber
komen ist, so bleibt sie noch teglich, so lang wir leben, das ist den
alten menschen am hals tragen" (30 I 222,18ff). Vergebung der Sünden
wird aber ganz besonders in der Absolution erteilt. Deutlicher wird die
Absolution als Rückkehr zur Taufe bezeichnet: 46,172,1;197,25.
[99] 46,196,19: "Ideo praedicandum, quod baptismus non cesset. Quando
baptisatus, trist in bund cum Christo, quod debet esse ineternum Episco-
pus animae. Der bund hort nicht auff, donec sitzt et vivus". In der un-
zerstörbaren Dauer der Taufe wäre nach Luther der "character indelebi-
lis" der Taufe zu sehen (34 I 97).

sund dempfft und weg nympt, darnach teglich den newen menschen stercket Und ymmer gehet und bleibt, bis wir aus diesem elend zur ewigen herlickeit komen"[100].

Alle Auseinandersetzungen um das Wesen der Taufe sind getragen vom Ringen um eine unverkürzte Sicht der Taufe als Heilshandeln Gottes: Die schwärmerische Verachtung der Taufe als eines nur äußeren, unwirksamen Geschehens, die Bindung der Gültigkeit der Taufe an menschlichen Glauben bei den Täufern und die Verkennung der bleibenden Kraft der Taufe in der Papstkirche stellen das eine in Abrede: Gott schenkt gemäß seiner Ordnung durch das Sakramentsgeschehen in Wasser und Wort dem Menschen unverdient das Heil, das in der dauernden Gültigkeit eines Gnadenbundes über dem Leben des Getauften aufgerichtet bleibt. Luthers Gegner kommen alle darin überein, daß sie den in Gottes Handeln gründenden Geschenk- und damit Trostcharakter der Taufe verkennen [101]. Gottes bleibende Bindung an das Taufsakrament aber gibt dem im Kampf gegen die Sünde Angefochtenen den einzigartigen Trost: "Ich bin getauft"[102]. Luthers Tauftheologie kann gegenüber praktizierter Taufvergessenheit gewiß als eine "Wiederentdeckung der Taufe"[103] bezeichnet werden. "O magnum donum baptizatum esse"[104].

4. Die Frage nach der Einheitlichkeit von Luthers Tauftheologie

Vergleicht man Luthers Tauftheologie im Umkreis der Katechismen mit der in "De captivitate" vorgetragenen, so sind Unterschiede nicht zu übersehen. Die Tauftheologie von 1520 ist bestimmt von der Relation promissiofides, d. h. die Taufe wird durch die Taufpromissio Mk 16, 16 interpretiert, die als fixierter Gottesspruch in bleibender Gültigkeit die in ihr verheißene Taufgabe anbietet und dem sich ihr ausliefernden Glauben zueignet. Das Taufzeichen spielt im Taufakt selbst keine Rolle, nur für das Leben aus der Taufe kommt dem Zeichen exhortative Funktion zu. Die Taufaussagen in "De captivitate" stehen aber ganz unter dem Blickpunkt des Taufgebrauchs, weshalb es an detaillierten Aussagen über das Wesen der Taufe mangelt, wobei Luther das Fehlen eines in der Taufe selbst hörbaren Taufwortes, wie es für eine Beschreibung des Sakramentes in der Relation promissio-

---

[100] 30 I 222, 7ff.
[101] Wie Luther die Gemeinsamkeit unter seinen Gegnern sieht, ist ausführlicher aufgezeigt bei L. Grönvik, Die Taufe 146-154.
[102] 27, 43, 1; 36, 231f; 30 I 217, 26: "Also mus man die Tauffe ansehen und uns nütze machen, das wir uns des stercken und trösten, wenn uns unser sund oder gewissen beschweret, und sagen: Ich bin dennoch getaufft, bin ich aber getaufft, so ist mir zugesagt, ich solle selig sein und das ewige leben haben beide an seel und leib". 47, 651, 10: "Si vis Christianus esse, ziehe dein Tauff erfur und stos Diabolo unter nasen".
[103] H. Echternach, Die Wiederentdeckung des Taufsakraments durch Luther.
[104] WATi 2 Nr. 2315a.

fides erforderlich wäre, nicht zu bemerken scheint.

Zur Zeit der Katechismen ist die Taufpromissio nicht unterdrückt, aber sie ist eingeordnet in den Oberbegriff "Wort Gottes", das nun nicht mehr nur als Verheißung, sondern vorrangig als Stiftungs-/Befehlswort und als Taufwort (Taufformel, Name Gottes) auftritt. Entsprechend richtet sich der Glaube nicht mehr ausschließlich auf die Taufverheißung, sondern in besonderer Weise auf den in der Taufe selbst verkündeten Namen Gottes als dem eigentlich sakramentalen Wort. Die exhortative Funktion des Tauf- zeichens bleibt, es tritt aber - was in "De captivitate" keinerlei Entspre- chung hat - die Betonung des Wassers, das in Gottes Wort gefaßt ist, hinzu. Mit Taufbefehl, Taufwort und Wasser ist das Wesen der Taufe bestimmt. Davon wird der Gebrauch der Taufe eigens abgehoben, während in "De captivitate" der glaubende Gebrauch ganz im Vordergrund steht.

Die Vorordnung der Wesensbestimmung der Taufe vor die Beschreibung des Taufgebrauchs bringt es mit sich, daß in der zweiten Phase von Lu- thers Tauftheologie Gesichtspunkte in den Vordergrund treten, die in der ersten Phase gar nicht oder ohne jede Akzentuierung vorkommen. Solche neuen Gesichtspunkte sind:

a) Die Taufe als Stiftung Gottes wird stark hervorgehoben, wobei dem Tauf- befehl Mt 28,19 eine zentrale Bedeutung zukommt.
b) Die Taufformel (Name Gottes) rückt als das eigentlich sakramentale Wort in die Mitte der Sakramentsdefinition. Der Name Gottes garantiert die Anwesenheit der Trinität und ihr Wirken in der Taufe.
c) Das Wesen der Taufe wird vom Taufgebrauch abgehoben und die objekti- ve Gültigkeit der Taufe jeder Entscheidung über rechten oder unrechten Gebrauch vorausgestellt.
d) Als Ergebnis der Auseinandersetzung mit den Schwärmern wird die Heils- ordnung Gottes stark betont, daß nämlich äußere Dinge, wie hörbares Wort und Wasser, Wege Gottes zum Menschen sind.
e) Ohne jede Entsprechung in "De captivitate" wird auf das Wasser als kon- stitutives Element der Taufe Wert gelegt, was die völlig neue Definition "Wasser in Gottes Wort gefaßt" zur Folge hat, wobei dem augustinischen Kanon "Accedit verbum ad elementum" eine nicht geringe Rolle zukommt.

Die damit angezeigte Differenz zur Tauftheologie von "De captivitate" ist augenfällig und sollte auch nicht geleugnet werden. L. Grönvik hat in seiner Arbeit über die Tauftheologie Luthers versucht, die angeführten Punkte auch für "De captivitate" nachzuweisen oder zumindest als Hintergrund zu erschließen [1]. Aber selbst wenn die unter a), b) und c) genannten Gesichts- punkte 1520 implizit vorhanden sind - die unter d) und e) genannten bezeich- net auch Grönvik als neu gegenüber 1520 - [2], so ist doch nicht zu überse-

---

[1] L. Grönvik, Die Taufe in der Theologie Martin Luthers 101-129. Grön- vik stellt sich in seiner Untersuchung die Aufgabe, "die Taufauffassung Luthers in ihrer Struktur und mit besonderer Berücksichtigung der Frage nach ihrer Einheitlichkeit zu untersuchen" (aaO. 7).
[2] AaO. 127f.

hen, daß sie dort nicht Gegenstand ausdrücklicher Erörterung sind und so im Zentrum stehen wie später. Die Tatsache, "dass Luther in De captivitate nicht um des Glaubens und der Verheissung willen die Bedeutung des äußeren Zeichens verneint hat und ebenso, dass er später nicht um des äusseren Zeichens willen die Bedeutung der Verheissung und des Glaubens im Sakrament übersehen oder versäumt hat"[3], beweist - auch bei Berücksichtigung der veränderten Diskussionslage - noch nicht die Einheitlichkeit von Luthers Tauftheologie, es ist vielmehr darauf zu achten, welchen Stellenwert Verheißung, Glaube, Taufzeichen und Wasser in der Beschreibung der Taufe jeweils besitzen.

Trotz des aufgezeigten Unterschieds besteht aber eine durchgehende Entwicklungslinie, die es ermöglicht, von einer Kontinuität in Luthers Tauftheologie zu sprechen. Die überragende Bedeutung des Wortes für die Taufe und die Betonung des Glaubens als ihres einzig heilsamen Gebrauchs verbinden beide Phasen. Dabei ist ähnlich wie in der Abendmahlstheologie die Hervorhebung des Wortes die treibende Kraft, die von "De captivitate" in Konfrontation mit neuen Gegnern zur Theologie der Katechismen führt.

Stellt Luther gegen die Taufvergessenheit und einen falschen Taufgebrauch das Wort der Verheißung als Mitte der Taufe heraus, so im Kampf um die rechte Wesensbestimmung das Wort von der göttlichen Einsetzung. Gleich bleibt die zentrale Stellung des Wortes. Die Ablösung des Verheißungswortes durch das Stiftungswort läßt die im Stiftungswort genannten Taufformel und Taufwasser als Wesenselemente der Taufe hervortreten. Damit ist es weitaus besser als in "De captivitate" gelungen, das Sakrament vom Wort her zu beschreiben, wobei das Wort aber als Wort im Sakrament unlöslich mit diesem verbunden ist und das Taufwasser mit beinhaltet, so daß eine Trennung von Wort und Sakrament nicht mehr möglich ist.

Eine interessante Interpretation der Tauftheologie Luthers hat H. Kasten in seiner Arbeit "Taufe und Rechtfertigung bei Thomas von Aquin und Martin Luther" vorgelegt:

Luther versteht infolge seiner Rechtfertigungslehre das Sakrament als sichtbares Wort, weil Zeichen, das etwas bedeutet. Wie das Wort bewirkt auch das sprechende Zeichen Glauben, und dieser Glaube ist die Wiedergeburt, die Rechtfertigung des Menschen [4]. Die reformatorische Rechtfertigungslehre ist aber getragen vom Grundsatz der Freiheit des Gottesgeistes gegenüber Wort und Sakrament als den Mitteln, derer er sich bedient, wie er will. Deshalb könnten in der Linie reformatorischer Rechtfertigungslehre Glaube und Wiedergeburt nicht automatisch aus der Taufe folgen [5]. Dazu aber hat sich Luther nicht bekannt, da er das traditionelle Verständnis von der Zueignung der Wiedergebut durch die Taufe übernommen hat, es freilich, um sich gegen eine automatische Wirkung des Sakraments zu sichern, mit dem

---

[3] AaO. 105.
[4] H. Kasten, aaO. 247-256.
[5] AaO. 264-268.

Satz von der Rechtfertigung "sola fide" addiert und in Konsequenz daraus den Kinderglauben als notwendige Folge der Taufspendung postuliert hat [6]. Diese Synthese ist Luther zerbrochen, als er die Taufe auf die Möglichkeit eines ungläubigen Empfanges hin bedacht und zugestanden hat, daß die Wiedergeburt der Taufspendung zeitlich erst später folgen könne, wenn der Glaube des Empfängers hinzukomme [7]. Dabei hätte Luther die Taufe in der Linie seiner Rechtfertigungslehre neu konzipieren können: als ein Zeichen für das durch das "Wort" bewirkte "Zum-Glauben-Kommen", so daß die Taufe ausdrücke, was im Glauben an das Wort schon geschehen sei, nämlich Wiedergeburt, Taufe also nur dort sinnvoll sei, wo der Glaube vorausgehe, dessen Wirklichkeit die Taufe zum Ausdruck bringe [8]. Luther ist aber im Bann des überkommenen Sakramentsverständnis geblieben und hat, um die Geltung einmal empfangener Taufe im Falle des Unglaubens aufrechterhalten zu können, das Wort in der Taufe nicht mehr als Verkündigungswort, sondern als Konsekrationswort verstanden, so daß damit dem ungläubigen Taufempfänger für immer die Möglichkeit gegeben sei, im später aufkommenden Glauben die in der einmaligen Taufe "latenten Kräfte" zu entbinden [9].

Bei Luther laufen also zwei Taufkonzeptionen parallel: eine von der Rechtfertigungslehre her, welche die Taufe als ein Zeichen für das durchs Wort bewirkte "Zum-Glauben-Kommen" versteht, Taufe also Ausdruck, nicht Grund der neuen Wirklichkeit ist, und zum andern eine Konzeption von der traditionellen Sakramententheologie her, welche die Taufe als Wirkprinzip der Wiedergeburt versteht. Die zweite Linie ist für Luther die wesentliche, so daß sich urteilen läßt: "Luther denkt in seiner Rechtfertigungslehre reformatorisch und zugleich neben ihr in seiner Sakramentstheologie... im überkommenen Sinn vorreformatorisch"[10].

Als Motiv für die Aufnahme des traditionellen Verständnisses nennt H. Kasten Luthers Erkenntnis: "Notwendigkeit und Heilswirksamkeit der Taufe gründe im Bund Gottes ... Gott selbst hat sich an diesen Weg gebunden"[11].

Mit dem genannten Motiv ist m. E. auch der grundlegende Einwand gegen Kastens Interpretation angesprochen [12]. Luther hat, mit Ausnahme des Sermons von 1519, die Taufe nicht als Zeichen, sondern als in ihr ergehendes Wort von der Verheißung des Heiles durch die Taufe verstanden. In

---

[6] AaO. 268-272.
[7] AaO. 273-278.
[8] AaO. 280-285.
[9] AaO. 285-289.
[10] AaO. 280.
[11] AaO. 292.
[12] Eine umfassende Antwort auf H. Kastens Darlegung kann hier nicht erfolgen. Es sei nur generell angemerkt, daß dort entgegen der oben beschriebenen Entwicklung von Luthers Tauftheologie dem Sermon von 1519 zuviel Bedeutung beigemessen und nicht auf seinen vorläufigen Charakter hingewiesen wird.

diesem Sakramentswort ergeht Gottes Zusage, die im Glauben ergriffen werden kann. Glaube ist nicht Frucht des Sakramentes, sondern Ergreifen der Gabe, und als Glaube, der diese Gabe ergriffen hat und von ihr her lebt, erfüllt er, was das Taufzeichen anzeigt: Absterben und Neuwerden. Das Taufzeichen ist nicht Zeichen für das, was ist, sondern was sein soll. Luther hat, soweit ich sehe, nirgends den Glauben als zwingende Folge des Handelns Gottes im Sakrament bezeichnet - die Möglichkeit menschlicher Zustimmung oder Ablehnung bleibt immer in der unerklärbaren Freiheit Gottes -, andererseits hat er aber gerade in seiner Rechtfertigungslehre betont, daß Gott sich an sein Wort hält, daß er sich an seine Zusage gebunden hat und der Mensch im Glauben an das unwandelbare Wort Gottes des Heilszuspruchs gewiß sein darf. Das Wort Gottes in der Taufe, sei es nun Mk 16,16 oder Gottes Gegenwart garantierender Name in der Taufformel, bekunden gerade seine Bindung an die Taufe. An die bleibende Zusage Gottes und sein nicht widerrufenes Handeln in der Taufe, nicht aber an ein konsekriertes Taufwasser ist der Christ gewiesen und kann dorthin immer wieder zurückkehren. Gerade von der "reformatorischen" Entdeckung der greifbaren Taufpromissio her ist Luther zur Bestimmung der Taufe als eines von Gott selbst genannten Ortes seines Heilshandelns gekommen, das jedem menschlichen Glauben voraus als Angebot und bleibende Tat über dem Leben des Christen aufgerichtet bleibt.

5. KAPITEL: LUTHERS THEOLOGIE VOM SAKRAMENT

Bisher wurde Luthers Theologie des Bußsakramentes, des Abendmahls und
der Taufe in ihrer jeweiligen Entwicklung dargestellt. Die wichtigsten Ergebnisse und schon mehrfach angesprochene Querverbindungen und gemeinsame Entwicklungstendenzen sollen abschließend nochmals zusammengefaßt werden. Darüberhinaus müssen in diesem Kapitel bisher ausgeklammerte
Themen einer "allgemeinen" Sakramentenlehre Luthers behandelt werden.

1. Die historische Entwicklung

Die Sakramente finden in Luthers Theologie der ersten Jahre keine besondere Beachtung, sie bleiben ganz im Rahmen der frühen Humilitastheologie. Das Kreuz Christi offenbart die Sündigkeit des Menschen und verurteilt
alle Versuche einer Selbstrechtfertigung durch Werke als Widerspruch gegen Gottes Willen, das Heil als reines Geschenk zu geben, worauf der
Mensch nicht den geringsten Anspruch besitzt. Die Botschaft Gottes, das
Evangelium, ergeht als Gerichtswort und ent-deckt die Nichtigkeit des Sünders, der im Glauben dieses Gerichtsurteil annimmt und in Demut, im Bekenntnis seiner Sünde und in der Bitte um Gnade auf Gottes Heil wartet. Im
Blick auf das Kreuz Christi und im Vertrauen auf Gottes Bundesverheißung,
den Demütigen, den Selbstanklägern und Bittenden die Gnade zu schenken,
hofft er gerechtfertigt zu werden. Gewißheit darüber kann und darf es um
der Dauer der Buße willen nicht geben.

Die Taufe setzt den Anfang der Kreuzesnachfolge, die in einem Leben be-
ständiger Buße und in der tropologischen Aneignung des Meßopfers stets
neu vollzogen wird. Taufverheißung, Absolution und Proklamation der Sündenvergebung im Abendmahl bleiben noch ganz außer Betracht. Einige für
Luthers spätere Sakramententheologie wesentliche Momente sind aber hier
schon grundgelegt: die Beschreibung der christlichen Existenz als einer
Existenz unter dem Wort, die Betonung der Externität der Gnade, sowie der
Gedanke eines in Schriftworten bezeugten Bundes Gottes als Grund der Hoffnung.

Die Ablaßpraxis, mit der er ab 1517 in besonderer Weise konfrontiert wird,
verhindert nach Luther ein Leben echter Buße und begünstigt ein selbst-
sicheres Vertrauen auf eigene Leistung. Mit dem Ablaßstreit rücken päpstliche Schlüsselgewalt und Beichtsakrament in den Blick. Die Übernahme der
Deklarationstheorie ermöglicht es ihm, einerseits an der Humilitastheologie
(Vergebung aufgrund der Buße) festzuhalten, andererseits die priesterliche
Schlüsselgewalt auf eine rein deklaratorische Funktion zu beschränken. Je
mehr dabei das Wort Mt 16,19 in den Vordergrund tritt, umso mehr überwindet Luther die übernommene Deklarationstheorie bis hin zur Entdeckung
der priesterlichen Absolution als öffentlich ergehender Zusage des Verge-
bungsurteils Gottes aufgrund einer biblisch bezeugten Verheißung. Im Bußsakrament findet er einen Ort, an dem von außen her, den Zirkel der Re-

flexion auf innere Befindlichkeit sprengend, den Sünder das Gnadenurteil Gottes trifft, und an dem die befreiende Botschaft "habes propicium deum"[1] gehört und ergriffen werden kann. Die Verkündigung göttlicher Wahrheit in der Absolution erfordert als Antwort den Glauben, der das zugesprochene Urteil ergreift und damit Gewißheit über die zugesagte Vergebung erhält. Der Glaube an die Absolution befreit vom Vertrauen auf eigene Leistung, das keine Gewißheit schenken kann. Jedes Pochen auf die Vollkommenheit eigener Reue entlarvt sich angesichts des Urteils Gottes als Selbstverweigerung und ängstlicher Unglaube.

Die Entdeckung des Absolutionswortes als Gnadenmittel - mag damit das Datum des "Turmerlebnisses" oder der reformatorischen Wende angegeben werden oder nicht - bewirkt einen deutlichen Umschwung in Luthers Theologie und ist zugleich die Entdeckung des Sakramentes. Im Bußsakrament ergeht das Evangelium als hörbarer Zuspruch des Heils, der die Glaubensexistenz unter dem Heilswort ermöglicht, von jeder Art des Vertrauens auf Eigenleistung, und sei es das Schauen auf die eigene Demut, befreit und Gewißheit über Gottes Gnade vermittelt, weil diese in einem hörbaren und damit angebbaren Wort assertorisch zugesagt und gegeben wird. Am Bußsakrament macht Luther die entscheidende Entdeckung, daß der Sünder im Ringen um Gottes Erbarmen aus jeder Art der Selbstreflexion befreit ist zum Glaubendürfen an das Gnadenurteil Gottes. Bei der Begegnung mit Cajetan verteidigt er die Notwendigkeit des Glaubens, was dieser jedoch als eine dem Gnadenhandeln Gottes widersprechende, übertriebene Forderung menschlicher Bußleistung mißversteht, während Luther die Ablehnung des Glaubens wiederum als Verachtung der Zusage Gottes in der Absolution und als Verweis auf die Bußleistung des Menschen deutet.

Luther überträgt die 1518 für das Bußsakrament als wesentlich erkannte Beziehung von Zusage und empfangenem Glauben nicht sofort auf die anderen Sakramente. Erst 1520 werden auch Abendmahl und Taufe von der in ihnen ergehenden promissio her beschrieben. In der Messe geschieht die Verkündigung der Sündenvergebung, zu deren Versicherung Leib und Blut Christi gegeben werden. Die Messe ist ein Ort, an dem Gott dem Menschen entgegenkommt und sein Heil anbietet, das im Glauben angenommen werden darf. Ist der Glaube der rechte Gebrauch des Sakramentes als einer Gottesgabe, dann muß das Vertrauen auf vorher zu erbringende Würdigkeit ebenso als ungläubige Verachtung des Sakramentes zurückgewiesen werden wie der Versuch, das Geschenk als meritorisches Werk Gott zurückzugeben, um ihn zu versöhnen oder andere zu retten. Mit der Kennzeichnung der Messe als Zusage der Sündenvergebung will Luther den Glauben als einzig legitimen Gebrauch der Messe ermöglichen. Der Kampf um den rechten Sakramentsgebrauch bestimmt auch Luthers Tauftheologie. Die Übertragung der Relation promissio - fides auf die Taufe ermöglicht es ihm, das Taufsakrament als Ort, an den Gottes Heilszusage gebunden ist, zu bestimmen und

---

[1] 37,174,26.

den Glauben an diese nie zurückgenommene Zusage als rechten Gebrauch herauszustellen. Damit sollte die Bedeutungslosigkeit der Taufe überwunden werden, zu der es gekommen ist, weil der Sünder statt an seine Taufe an Bußwerke verwiesen wurde, um erneut ins Heil zu gelangen.

1520 interpretiert Luther Abendmahl und Taufe ganz vom Verheißungswort her, das entweder im Sakrament selbst verkündet wird (wie beim Abendmahl) oder ihm zugeordnet ist (wie bei der Taufe). In beiden Sakramenten ist darüberhinaus dem Wort ein vergewisserndes Zeichen beigegeben, das aber in seiner Funktion ganz dem Wort untergeordnet bleibt. Mit der Bestimmung der Sakramente vom Verheißungswort her überträgt Luther die am Bußsakrament gemachte Entdeckung des Wortes als Gnadenmittel auf Abendmahl und Taufe.

Absolution, Abendmahl und Taufe sind somit Orte, an denen Gott dem Menschen entgegentritt, an denen das Heil in assertorischer Zusage vermittelt wird. Die Zusage tritt von außen an den Menschen heran, kann gehört und damit als Garant für Gottes Urteil ergriffen werden. Weil aufgrund der biblisch bezeugten Verheißungen Christi durch menschlichen Mund göttliche Wahrheit verkündet wird, ist die zugesagte Vergebung wahr, gibt es Gewißheit und bleibenden Trost. Gott selbst garantiert die Wahrheit der Zusage; er kann nicht lügen.

Für Bußsakrament, Abendmahl und Taufe können eindeutige Verheißungsworte Christi angegeben werden, so daß sie Gnadenmittel sind, die mit Gewißheit Gottes Heil vermitteln, aber nur, wenn sie im Glauben angenommen werden. Der Glaube bejaht die Zusage, er anerkennt, daß Gott darin sein Heil schenkt, er nimmt das Geschenk entgegen. Weil der Glaube sich ganz auf die Zusage verläßt, von ihr her in seinem Sichloslassen ermöglicht wird, verzichtet er auf das Vertrauen in eigene Werke beim Sakramentsempfang.

Nur dort, wo die Sakramente im Glauben empfangen werden, können sie als Gnadenmittel wirken. Werden sie nicht im Glauben empfangen, dann wird die Heilszusage nicht angenommen, wird das Geschenk der Sakramente nicht ergriffen, vertraut der Mensch also nicht auf Gottes Werk, sondern auf eigenes, verweigert er sich dem zugesagten Geschenk und verliert damit die Gewißheit des Heiles, weil das Vertrauen auf eigene Leistung niemals jene Gewißheit geben kann, die der Glaube an Gottes Wahrheit erlangt. Das Vertrauen auf das eigene Werk ist Auflehnung gegen Gottes zuvorkommendes Gnadenhandeln. Nur wenn das Zusagewort, welches das Geschenk anbietet, beachtet wird, ist glaubender Empfang möglich, nur wenn der Glaube vom austeilenden Wort her und auf es hin ermöglicht wird, geschieht die Befreiung vom Vertrauen auf eigene Leistung, und nur wenn auf dieses Vertrauen verzichtet wird, kann das Sakrament als reines Gottesgeschenk erkannt werden.

Man versteht Luthers Ringen um das Sakrament nicht, wenn man darin nicht seinen Kampf f ü r das Sakrament sieht, für die Befreiung des Sakramentes als Geschenk Gottes aus der Verkehrung in ein meritorisches Mittel in der Hand des Menschen. Die Befreiung des Sakramentes ist zugleich Befreiung des Menschen von sich weg auf Gott hin. Das schien Luther nur durch eine Interpretation des Sakramentes von dem in ihm ergehenden Zusagewort her, dem der Glaube antwortet, möglich zu sein.

Ging es bei der Kritik an der kirchlichen Sakramentenpraxis und an der nach Auffassung Luthers sie deckenden Theologie um den rechten Gebrauch, so im Kampf mit den innerreformatorischen Gegnern um das Wesen der Sakramente.

Ab 1523 tritt die Auseinandersetzung um die Realpräsenz in den Vordergrund und hier kam dem Streit mit Karlstadt eine zentrale Bedeutung zu. Die Ablehnung des "est" der Abendmahlsworte versteht Luther als Ablehnung des Wortes als Gnadenmittel, als Verweigerung dem Wort Gottes gegenüber: Der Wortlaut des Sakramentswortes wird von der menschlichen Vernunft her beurteilt und ihrer Kritik unterzogen, das Wort als Gnadenmittel wird verworfen, weil eigenmächtige Spekulationen über die Heilsordnung Gottes dessen Bindung an das äußere Wort als Weg zu den Menschen nicht zulassen wollen. Solche Spekulationen können sich nicht auf Gott berufen, sie sind Eigenentwürfe des Menschen, der damit in der alles entscheidenden Frage nach dem Heil sich nicht an Gott, sondern an eigener "Träumerei"[2] ausrichtet. Prägnant formuliert es eine Tischrede Luthers von 1538: "Definiunt verbum non secundum dicentem Deum, sed secundum recipientem hominem"[3]. Statt sich der Mächtigkeit des Wortes Gottes auszuliefern, verbleiben die Schwärmer bei der Eigenmächtigkeit ihrer Spekulationen und ihrer Vernunft. Diese Verweigerung im Vertrauen auf Vernunft ist nur eine Spielart der Verweigerung im Vertrauen auf Verdienstwerke. In beiden Fällen ist nicht Gott, sondern der Mensch Urheber und Garant des Heiles. Das aber verkennt die Gnadenhaftigkeit des Heiles und läßt auch keine Gewißheit zu, weil nicht in der Anerkennung der göttlichen Wahrheit, sondern im Vertrauen auf menschliche und darum zweifelhafte Leistung die Gewißheit gesucht wird. Bei den Schwärmern sieht Luther das Sakrament als Geschenk Gottes ebenso entleert und der Verfügung des Menschen unterworfen wie in der Kirche des Papstes.

Wie die Ablehnung der Realpräsenz entspringt auch die Verachtung der Wassertaufe einer Verachtung des Wortes. Daher betont Luther gegen die Schwärmer mit Nachdruck die Stiftung der Sakramente durch Gott. Er hat Abendmahl und Taufe als Mittel seines Heilshandelns gewollt und seinen Willen in einem klar bezeugten Stiftungs- und Befehlswort zum Ausdruck gebracht. Das Stiftungswort wird nun zur leitenden Idee in der Bestimmung des Sakramentes. Wieder ist es das Wort, welches das Sakrament charakterisiert, dieses Wort beinhaltet aber doch den Hinweis auf das äußere, stoffliche Element. Brot und Wein sind ins Wort "gefaßt", ebenso das Wasser der Taufe. Die Betonung des Wortes impliziert die Bejahung des "Sakramentalen", des äußeren Zeichens. Luther greift für die Bestimmung

[2] 18,203.
[3] WATi 3,669.

des Sakramentes nicht mehr auf die Begriffe promissio und vergewisserndes signum zurück, die nur eine sehr lockere Zuordnung ausdrücken, sondern er beschreibt das Sakrament als "Element ins Wort gefaßt", was eine
viel engere Verbindung zwischen Wort und äußerem Ding ermöglicht [4].
Das Wort tritt nicht ohne eine in ihm schon angelegte Beziehung zum Element hinzu, sondern es weist als Stiftungswort bereits auf das äußere Element hin. Weil das Wort im Sakrament das Wesentliche ist, kann es nicht
ohne das in ihm schon benannte äußere Element sein.

Weil das Sakrament Stiftung Gottes ist, dessen Zusage in ihm ergeht, gründet seine Wirksamkeit allein im Tun Gottes, ist also unabhängig vom Glauben oder Unglauben des Empfängers oder Spenders; es entfaltet aber seine
Kraft nur im heilsamen Gebrauch im Glauben. Gerade um einen rechten
Gebrauch zu ermöglichen, betont Luther die Objektivität des Sakramentes
und die Integrität seines Wesens, weil nur ein Glaube, der sich nicht auf
sich selbst, sondern auf ein sicheres, vorgegebenes obiectum stützt, sich
auf das Sakrament als Gottes Gabe verlassen kann. Der Kampf um das
Sakrament gegen die Schwärmer, Schweizer und Wiedertäufer, um seine
Objektivität und Äußerlichkeit ist kein Rückfall Luthers hinter seine genuin
"reformatorische" Phase um 1520 [5], die dann nur eine "Episode in... seinem Wirken" gewesen wäre, "in der er über seine eigenen Grenzen hinaus
gehoben worden ist"[6]. Wer so mit A. v. Harnack die spätere Phase von
Luthers Sakramententheologie als Rückfall oder unverständliche Entgleisung
charakterisiert [7], hat nicht begriffen, worum es Luther in seinem Ringen
um das Sakrament ging [8]. Er kämpfte um die Befreiung des Sakramentes
aus der Verfügungsgewalt des Menschen, um die Befreiung des Menschen
aus seiner Verweigerung gegenüber dem Gnadenhandeln Gottes im Sakrament.
Diese Verweigerung äußert sich im Vertrauen auf eigenes Verdienst ebenso
wie im Vertrauen auf die Mächtigkeit eigenen Denkens und Glaubens. In jedem Fall sperrt sich der Mensch im Blick auf das Eigene gegen das von
außen an ihn herankommende Handeln Gottes, welches ihn aus sich heraus-
reißt, ihn ganz auf Gott bauen läßt und ihm nur so Heilsgewißheit geben kann,
weil Gottes unveränderliche Wahrheit seine Zusage garantiert. In beiden
Phasen von Luthers Sakramententheologie wirkt sich eine innere Systematik

---

[4] Vgl. die prägnante Definition der Taufe in 37, 262, 18: "Est aqua cum
    verbo dei mit seim befelh geordnet".
[5] A. v. Harnack, Lehrbuch der Dogmengeschichte III, 880; 891.
[6] AaO. 864.
[7] F. Graebke, Die Konstruktion 105f; K. Jäger, Luthers religiöses Interes-
    se 29f; weitere Belege bei A. Peters, Realpräsenz 11; E. Sommerlath,
    Der Sinn des Abendmahls 1-6. Den Vorwurf des Rückfalls in die Scho-
    lastik hat schon Zwingli gegen Luther erhoben (W. Köhler, Das Mar-
    burger Religionsgespräch. Versuch einer Rekonstruktion 20). Gegen
    die Rückfalltheorie sprechen sich aus: W. Joest, Ontologie der Person
    397; E. Seeberg, Luthers Theologie in ihren Grundzügen 151; P. Genn-
    rich, Die Christologie Luthers 4; R. Prenter, Spiritus Creator 134.
[8] So G. Steck, Luther für Katholiken 25.

aus, die zwar verschiedenartige, auf die jeweiligen Streitpunkte bezogene
Aussagen zur Folge hat, die so aber auch die unterschiedlichen Gesichtspunkte als gegenseitige Ergänzung und Korrektur möglicher Fehlinterpre-
tationen verstehen läßt. Man muß beide Phasen in Luthers Sakramententheologie in ihrer jeweiligen Eigenart beachten, wird aber gerade dann die
treibende innere Tendenz erkennen können.

Der Blick auf die gerade in unterschiedlichen Aussagen durchgehaltene
Grundtendenz bewahrt vor einer übereilten Harmonisierung beider oder
einer willkürlichen Verabsolutierung einer der beiden Phasen. Luthers
Ringen um das Sakrament ist letztlich nicht ein Kampf an zwei Fronten, sondern der eine Kampf um die Geltung des Evangeliums vom Zugehen Gottes
auf den Menschen, bevor der Mensch sich auf den Weg zu Gott macht [9].
Weil der Versuch des Menschen, den ersten Schritt zu tun, sich unterschiedlich äußert, muß auch die Beschreibung des Vor-gehens Gottes unterschiedliche Akzente tragen.

2. Sakramentsbegriff und Zählung der Sakramente

Eine Zählung der Sakramente ist nur möglich aufgrund eines deutlichen Sa-
kramentsbegriffes, der sich aber nicht apriorisch gewinnen läßt, sondern
nur im nachträglichen Bedenken einer schon vorgegebenen, wenn auch nicht
festgelegten Anzahl von Handlungen, die unter einen Begriff gefaßt und damit gekennzeichnet werden sollen. Diese Wechselseitigkeit führte in einem
langen Prozeß zur Festlegung der Siebenzahl in der Mitte des 12. Jahrhunderts [1]. Das Fehlen eines klaren Begriffs bedingt die Schwierigkeiten heutiger evangelischer Theologie, zu einer Aussa   über die Zahl der Sakramente zu gelangen [2]. Gibt es bei Luther einen eindeutigen Sakramentsbegriff, von dem aus sich die Zahl der Sakramente bestimmen läßt [3]?

Luther begann die Entfaltung seiner Sakramententheologie nicht von einem
schon vorher erarbeiteten neuen Sakramentsbegriff, der dann an die sieben
traditionellen Sakramente angelegt worden wäre, vielmehr lernte er zunächs⌐
am Bußsakrament die in der Absolution verkündete Zusage der Vergebung
als die Mitte dieses Sakramentes verstehen. Die Absolution wirkt mit Gewißheit die Vergebung, weil es ein neutestamentlich bezeugtes Verheißungswort Christi von der Bindung Gottes an das priesterliche Absolutionswort

---

[9] R. Prenter, Spiritus Creator 294; W. Joest, Ontologie der Person 415.

[1] Vgl. dazu J. Finkenzeller, Die Zählung und die Zahl der Sakramente;
     ders. Art. Sakrament, in: LThK IX, 280ff.
[2] Vgl. E. Jüngel, Das Sakrament 11-35.
[3] Vgl. dazu P. Schorlemmer, Die Zahl der Sakramente; K. Ramge, We-
     sen und Zahl der Sakramente 20-28; J. Finkenzeller, Die Zählung und
     die Zahl der Sakramente 1028f.

gibt. Soll ein Sakrament Geschenk Gottes an den Menschen sein, muß es eine von Christus ausgesprochene Verheißung haben. Damit ist ein erstes Kriterium zur Bestimmung der Zahl der Sakramente genannt. Jedes Sakrament muß durch die Einsetzung von Christus legitimiert sein. Daraufhin befragt Luther die anderen sechs kirchlichen Sakramente und kann nur noch für Taufe und Abendmahl ein klar bezeugtes Verheißungswort finden.

Taufe und Abendmahl weisen aber anders als die Absolution nicht nur ein Verheißungswort auf, sondern ebenso ein äußeres Zeichen. In den Genesispredigten von 1519 erkennt Luther als die bleibende Struktur des Handelns Gottes die Zweiheit: Verheißung und vergewisserndes äußeres Zeichen. Als Gotteshandlungen des Neuen Bundes führt er an: "verbum Euangelii, Baptismum, eucharistian" und erklärt: "Matrimonium, unctio, Confirmatio non sunt sacramentalia signa, quae non habent annexam promissionem. Ordo figmentum est"[4]. Von der Absolution ist nicht die Rede, wenn sie nicht im "verbum Euangelii" mitgemeint ist. Ein erstes authentisches Zeugnis für Luthers Zählung der Sakramente ist ein Brief an Spalatin vom 18.12. 1519 [5]. Darin erklärt er, daß außer den drei eben verfaßten Sermonen über Beichte, Abendmahl und Taufe keine weiteren zu erwarten wären, da er kein anderes Sakrament mehr kenne, "quod sacramentum non sit, nisi ubi expressa detur promissio divina, que fidem exerceat, cum sine verbo promittentis et fide suscipientis nihil possit nobis esse cum Deo negotii". Er kündigt ferner an, demnächst zur angeblichen Siebenzahl Stellung zu nehmen. In diesem Brief wird das signum noch nicht als Kriterium in eine Sakramentsdefinition aufgenommen, dementsprechend die Absolution als Sakrament gezählt. Eine Disputationsthese aus der ersten Hälfte des Jahres 1520 definiert erstmals in prägnanter Kürze: "Nos arbitramur sacramenta nove legis constare ex promissione dei et signo visibili" und bezeichnet Taufe, Eucharistie und Buße (!) als die "tria proprie sacramenta nove legis"[6]. In der Sakramentsschrift "De captivitate Babylonica" trägt Luther - erstmals für eine breite Öffentlichkeit sichtbar - die Ablehnung der Siebenzahl vor: "Principio neganda mihi sunt septem sacramenta et tantum tria pro tempore ponenda, Baptismus Poenitentia, Panis"[7]. Er rechnet zu Beginn seiner Schrift die Beichte zu den Sakramenten und behandelt sie auch in der weiteren Darlegung als solches. Erst am Ende der Schrift wirkt sich die strenge Durchführung der Definition durch promissio und signum aus:

"Proprie tamen ea sacramenta vocari visum est, quae annexis signis promissa sunt. Caetera, quia signis alligata non sunt, nuda pro-

[4] 9,349,2ff ("eucharistian" ist im Original griechisch geschrieben); vgl. auch die Parallele bei Melanchthon (CR 21,41f).
[5] WABr 1,594. Der Hinweis in 2,754,1 auf die "zwei furnemliche sacrament" Taufe und Abendmahl bedeutet noch keine Ablehnung der übrigen Sakramente, wie B.Hareide, Die Konfirmation 30, interpretiert.
[6] 9,313; vgl. auch 6,572,10.
[7] 6,501,33.

missa sunt. Quo fit, ut, si rigide loqui volumus, tantum duo sunt in Ecclesia dei sacramenta, Baptismus et panis, cum in his solis et institutum divinitus signum et promissionem remissionis peccatorum videamus"[8].

Die Beichte scheidet bei dieser strengen ("rigide") Definition aus dem Kreis der Sakramente aus, "nam... signo visibili et divinitus instituto caret"[9]. Sie hat zwar eine göttliche Verheißung aber kein äußeres Zeichen, außerdem ist sie "via ac reditus ad baptismum"[10].

Den anderen bisher als Sakramente bezeichneten kirchlichen Handlungen spricht Luther in "De captivitate" diese Eigenschaft ab:
a) Der biblisch bezeugten Handauflegung, wie sie in der Firmung [11] üblich ist, ist keine Verheißung zugeordnet. Luther will die Firmung als "ritus Ecclesiasticus" oder als "ceremonia sacramentalis" gelten lassen, spricht ihr aber die Bezeichnung "sacramentum fidei" ab, weil ohne promissio kein Sakramentsglaube möglich ist.
b) Die Ehe [12] hat weder eine Verheißung - Eph 5, 31 läßt Luther in diesem Zusammenhang nicht gelten - noch ein äußeres Zeichen; auch ist sie keine Einrichtung des Neuen Bundes, sondern bestand schon vor Christus und ist deshalb kein "sacramentum novae legis".
c) Die Krankenölung [13] hat zwar ein äußeres Zeichen und eine Verheißung, doch stammen diese nicht von Christus, sondern vom Apostel Jakobus. Es liegt jedoch nicht in der Macht eines Apostels, "sua autoritate sacramentum instituere, id est, divinam promissionem cum adiuncto signo dare".
d) Die Priesterweihe [14] lehnt Luther als Erfindung des Papstes ab. Dahinter verbirgt sich seine vielschichtige Polemik gegen den "Priesterstand" seiner Zeit. Er sieht in der Priesterweihe nur ein Instrument, um ungerechtfertigte Unterschiede unter den Christen herzustellen, einen eigenen Herrschaftsstand, nicht ein Dienstamt zu schaffen und Männer zu Gebets- und Opferpriestern zu weihen, die nur zu ihrer eigenen Rechtfertigung das Meßopfer darbringen. Die Polemik gegen das Meßopferpriestertum erlaubt es Luther nicht, die Möglichkeit einer sakramentalen Einsetzung in das Dienstamt an Wort und Sakrament, das er ja zu den "notae ecclesiae" rechnet, nur in Betracht zu ziehen, wie das Melanchthon getan hat [15].

Für 1520 ist somit Luthers Ablehnung der Sakramentalität von Firmung, Ehe, Krankenölung und Ordo klar bezeugt. Daran hat sich nichts mehr geändert. Ebenso ist für diese Zeit die Zweizahl der Sakramente (Taufe und

---

[8] 6, 572, 10ff.
[9] 6, 572, 15.
[10] 6, 572, 16.
[11] 6, 549f.
[12] 6, 550ff.
[13] 6, 567-571.
[14] 6, 560-567.
[15] Apologia Conf. Aug. XIII, 9: "Si autem ordo de ministerio verbi intelligatur, non gravatim vocaverimus ordinem sacramentum" (BSLK 293).

Abendmahl) bezeugt, wie auch das Schwanken bezüglich der Absolution. Bei einer Sakramentsdefinition in den Begriffen promissio und signum muß die Absolution aus dem Kreis der Sakramente ausscheiden. Luther hat jedoch später diese Definition nicht mehr durchgehalten, sondern Taufe und Abendmahl vorwiegend von der Einsetzung Christi her interpretiert. Die Einsetzung der Schlüsselgewalt ist aber ebenso klar bezeugt. Gibt das Stiftungswort den Kanon für die Bestimmung des Sakramentes an, dann ist nicht einzusehen, warum nicht auch die Absolution zu den Sakramenten zu rechnen sei. Ob ein äußeres Zeichen vorhanden sein muß, bestimmt dann nicht mehr eine systematisierende Definition (promissio/signum), sondern allein das biblische Stiftungswort. Für Taufe und Abendmahl fordert eben dieses Stiftungswort ein äußeres Element, für die Absolution nicht. Zwar hat Luther diese mögliche Folgerung so deutlich nicht gezogen - hier hat doch das Gewicht des Begriffes signum und der augustinischen Formel "accedit verbum ad elementum" durchgeschlagen. Man wird jedoch im Blick auf die spätere Phase seiner Sakramententheologie auch in seinem Sinn die Absolution zu den Sakramenten rechnen können [16].

Im Großen Katechismus bezeichnet er, wenn auch mehr im Vorübergehen, die Absolution als Sakrament [17] und erklärt 1545:

"Penitentiam cum virtute clavium absolventium sacramentum libenter confitemur. Habet enim promissionem et fidem remissionis peccatorum propter Christum"[18].

Luthers Schwanken bezüglich des sakramentalen Charakters der Absolution macht auf einige wichtige Gesichtspunkte aufmerksam. Zunächst kann darin ein Hinweis gesehen werden für die große Bedeutung, welche die Absolution in seiner Sakramententheologie hatte. An ihr hat er ja das Handeln Gottes im hörbaren Zusagewort zuerst verstehen gelernt und damit zur Entdeckung der Sakramente gefunden. Die Absolution verlor für ihn nicht an Bedeutung, als die strenge Durchführung der Definition von 1520 sie aus dem engeren Kreis der Sakramente ausgeschieden hatte. Sie steht für ihn immer neben Taufe und Abendmahl. Daß er die Absolution später auch wieder als Sakrament bezeichnen konnte, weil sie von der Stiftung Christi her legitimiert ist, zeigt auch, daß die Definition von 1520 nicht als Luthers letztgültige angesehen werden kann. Mit der Bestimmung der Sakramente als vergewisserndes Zeichen, als Pfand und Siegel für das Wort oder als Gewißheitsfaktoren trifft man nur einen begrenzten Ausschnitt aus Luthers reicher Darstellung. Schließlich zeigt das Schwanken bezüglich der Absolution, daß man die Frage, was das Sakrament nach Luther sei, nicht mit einer eindeutigen Definition oder einem feststehenden Sakramentsbegriff beantworten

---

[16] Vgl. E. Sommerlath, Der sakramentale Chrakter der Absolution; E. Roth, Die Privatbeichte 71-101; L. Klein, Evangelisch-lutherische Beichte 50-57.
[17] 30 I 221, 13.
[18] 54, 427, 26.

kann. Es gibt bei ihm keine allgemeine Sakramentenlehre, sondern nur eine Theologie der Taufe, des Abendmahls und der Absolution, die in ihrer jeweiligen Selbständigkeit einer nachträglichen Systematisierung Grenzen setzen [19].

Das steht allerdings fest: Ein Sakrament muß von Christus eingesetzt sein und dies muß ebenso wie das an diese Stiftung gebundene Verheißungswort aus der Schrift erhoben werden können. Was für Luther das Sakrament ist, läßt sich weniger aus Definitionen als vielmehr daraus erheben, welchen Platz er den eindeutig bezeugten Stiftungen Christi: Taufe, Abendmahl und Absolution im Heilshandeln Gottes am Menschen zuweist [20].

3. Gottes Handeln in Wort und Sakrament

Der Schrift "Vom Abendmahl Christi" (1528) fügte Luther ein "Bekenntnis der Artikel des Glaubens" an, in dem er testamentarisch die wesentlichen Punkte seiner Theologie niedergelegt hat [1]. In einem heilsgeschichtlichen Aufriß beschreibt er das Wirken Gottes: die Schöpfung durch den Vater, die Erlösungstat des Sohnes und das Heiligungswerk des Geistes. Vom Wirken des Hl. Geistes heißt es:

"Weil aber solche gnade (= der Erlösung Christi) niemand nütze were, wo sie so heymlich verborgen bliebe, und zu uns nicht komen kündte, So kompt der heilige geist und gibt sich auch uns gantz und gar, der leret uns solche wolthat Christi, uns erzeigt, erkennen, hilfft sie empfahen und behalten, nützlich brauchen und austeilen, mehren und foddern, Und thut dasselbige beide, ynnerlich und eusserlich: Ynnerlich durch den glauben und ander geistlich gaben. Eusserlich aber durchs Euangelion, durch die tauffe und sacrament des altars, durch welche er als durch drey mittel odder weise zu uns kompt und das leiden Christi ynn uns ubet und zu nutz bringet der seligkeit"[2].

---

[19] Vgl. E. Kinder, Zur Sakramentslehre 166ff. Dabei ist allerdings zu beachten, daß erst eine bestimmte theologische Konzeption des Bußsakramentes eine Reduktion der sieben traditionellen Sakramente auf zwei oder drei ermöglichte.

[20] Was P. Brunner vom Abendmahl sagt, gilt auch für Taufe und Absolution: "Was das Abendmahl ist, kann also nie aus einem vorgeordneten oder gar übergeordneten Sakramentsbegriff abgeleitet oder auch nur begrenzt werden, sondern muß allein aus der apostolischen Bezeugung der konkreten Stiftung Christi erkannt werden. Die Besonderheit und Einzigartigkeit des Abendmahls hat nur einen Grund - die Vollmacht des Stifters" (Vom heiligen Abendmahl 188).

[1] 26,499-509.
[2] 26,506,3-12.

Wort, Taufe und Abendmahl werden als "Werkzeuge des Hl. Geistes"[3] in einen heilsgeschichtlichen Zusammenhang, in die "Totalität des göttlichen Heilswerkes" gestellt [4], in ihnen wird die Erlösungstat Christi den Menschen aller Zeiten übereignet. Sie sind die Wege, auf denen der Hl. Geist heilschaffend zum Menschen kommt [5]. Wort, Taufe und Abendmahl werden auch sonst meist in einem angeführt als die drei "Gottes Gestifft", die sichtbaren Zeichen des Heiles [6]. Das Wort kann dabei aufgefächert werden in Verkündigung, Absolution und Predigtamt. So heißt es in den Schmalkaldischen Artikeln:

> Das Evangelium "gibt nicht einerleiweise Rat und Hulf wider die Sunde; denn Gott ist reich in seiner Gnade: erstlich durchs mundlich Wort, darin gepredigt wird Vergebung der Sunde in alle Welt, welchs ist das eigentliche Ampt des Evangelii, zum andern durch die Taufe, zum dritten durchs heilig Sakrament des Altars, zum vierden durch die Kraft der Schlussel und auch per mutuum colloquium et consolationem fratrum"[7].

In den Schriften "Von der Winkelmesse und Pfaffenweihe" (1533), "Von den Konziliis und Kirchen" (1539) und "Wider Hans Worst" (1541) wird ausführlich von Verkündigung, Taufe, Abendmahl, Absolution und Amt als den "notae ecclesiae" gehandelt, an denen die Kirche erkannt und durch welche sie von Gott geheiligt wird [8].

Die Verkündigung des Wortes und die Spendung der Sakramente stehen zusammen mit Menschwerdung und Kreuzestod Christi in einer Linie, weil in ihnen Gott durch die Zeiten hindurch das Werk der neuen Schöpfung heraufführen will. Dabei gehört es zum ordo salutis, daß Gottes Geist nur wirkt über den Weg äußerer, hörbarer und sichtbarer Mittel. In der Auseinandersetzung mit dem Spiritualismus der Schwärmer hat Luther immer wieder auf die Äußerlichkeit des "mündlichen" Wortes und der "leiblichen" Zeichen der Sakramente verwiesen, am eindrucksvollsten in der Schrift gegen Karlstadt:

> "So nu Gott seyn heyliges Euangelion hat auslassen gehen, handelt er mit uns auff zweyerley weyse. Eyn mal eusserlich, das ander mal ynnerlich. Eusserlich handelt er mit uns durchs mündliche wort des Euangelij und durch leypliche zeychen, alls do ist Tauffe und Sacrament. Ynnerlich handelt er mit uns durch den heyligen geyst und glauben sampt andern gaben. Aber das alles, der massen und der ordenung, das die eusserlichen stucke sollen und müssen vorgehen. Und die ynnerlichen hernach und durch die eusserlichen komen,

---

[3] R. Prenter, Spiritus Creator 107-172.
[4] R. Prenter, aaO. 144. Vgl. dazu auch L. Grönvik, Die Taufe 12-54.
[5] 18,137,13.
[6] Vgl. besonders 37,175ff; 46,145ff.
[7] BSLK 449.
[8] 38,224-251; 50,628-634; 51,479ff; vgl. auch 7,720; 26,168.

also das ers beschlossen hat, keinem menschen die ynnerlichen stuck zu geben on durch die eusserlichen stucke, Denn er will niemant den geyst noch glauben geben on das eusserliche wort und zeychen''[9].

Hl. Geist, Glaube und Gnade sind zwar innere, geistliche Gaben, aber sie werden nicht unvermittelt gegeben, der Mensch steht nicht unmittelbar zu Gott, er erfährt Gott nicht in seiner Innerlichkeit, in der Erfahrung mystischen Innewerdens, im Rückzug von den äußerlichen, kreatürlichen Dingen auf sich, er erfährt ihn nicht in sich, sondern außer sich. Gott hat es beschlossen, nur auf dem Weg über äußere Mittel zum Menschen zu kommen. Dem spiritualistischen ''Nulla externa res prodest ad salutem'' stellt Luther die Umkehrung entgegen: ''Sine externa re nulla salus contingit''[10]. Für die Externität des Handelns Gottes gibt es nur einen Grund: ''Sic ordinavit, quod nolit dare spiritum suum sine signis et externa re aliqua''[11]. Daher beantwortet Luther die Frage nach dem Warum der Sakramente auch immer nur mit dem Hinweis auf ihre göttliche Einsetzung. Gott hat sie gewollt und er will durch sie sein Heil wirken.

Luthers Betonung der Externität des Handelns Gottes in Wort und Sakrament läßt sich nicht allein als Erbe eines franziskanischen Positivismus verstehen [12], auch nicht als Ableitung aus einem vorausliegenden theologischen Entwurf, etwa einem besonderen Verständnis von Schöpfung, Inkarnation oder Christologie. Ohne Zweifel bekundet sich in Luthers Beharren auf dem ''Äußeren'' sein Ja zur Schöpfungswirklichkeit [13], sein Denken über das Leiblich-Materielle [14], ergeben sich darin Verbindungslinien zur Menschwerdung Gottes im Gott-Menschen Jesus Christus [15], aber die Bindung Gottes an

---

[9] 18,136,9-18; vgl. auch 14,681f. Großer Katechismus: ''Summa was Gott ynn uns thuet und wircket, wil er durch solch eusserliche ordnung wircken. Wo er nu redet, ia wohyn odder wodurch er redet, da sol der glaube hynsehen und sich daran halten'' (30 I 215,36); Schmalkald. Artikel: ''...müssen wir darauf beharren, daß Gott nicht will mit uns Menschen handlen denn durch sein äußerlich Wort und Sakrament'' (BSLK 456). Ebenso 43,187.

[10] 25,157,24f.

[11] 25,157,19.

[12] So R.Seeberg, Dogmengeschichte IV/1,384; vgl. dazu R.Prenter, Spiritus Creator 249ff. Auch O.H. Pesch, Besinnung auf die Sakramente 289f, spricht davon, daß Luther sich in ''eine Art Positivismus'' gerettet habe, womit die Sakramente erstmals in der Geschichte als Forderung hingestellt worden seien.

[13] Vgl. L.Grane, Erwägungen zur Ontologie Luthers.

[14] Vgl. dazu die ausführliche Studie von E. Metzke, Sakrament und Metaphysik. Eine Lutherstudie über das Verhältnis des christlichen Denkens zum Leiblich-Materiellen.

[15] Vgl. P.Gennrich, Die Christologie Luthers 129-156; E.Sommerlath, Der Sinn des Abendmahls 23-62; L. Grönvik, Die Taufe 34-45; R. Prenter, Spiritus Creator 264-284.

äußere Mittel wird daraus nicht abgeleitet, sondern im Blick auf Gottes Geschichte mit den Menschen als freie Setzung erkannt [16]. Er will sichtbar handeln in der Person Jesu und ebenso in äußeren Dingen wie Wort und Zeichen. Hinter diesem heilsgeschichtlichen Positivismus verbirgt sich für Luther ein bedeutsames soteriologisches Moment, das ihm die erkannte Heilsordnung so wichtig sein läßt. In der Verwiesenheit an das "Äußere" wird der Mensch von sich weggeführt, wird er vom Streben und Suchen nach Gott befreit und an einen Ort gewiesen, an dem Gott auf ihn zugeht. Luther versteht Karlstadts Umkehrung der Heilsordnung als ein Abreißen der "brucken, steg und weg, leytter und alles..., dadurch der geyst zu dyr kommen soll"[17], und damit als Preisgabe des "Apriori des göttlichen Werkes"[18] zugunsten einer Priorität menschlicher Vorleistung: Er "will dich leren, nicht wie der geyst zu dyr, sondern wie du zum geyst kommen sollt"[19].

Zeigt Gott selbst die Wege, auf denen er zum Menschen kommen will, dann ist dieser von jenem "Enthusiasmus" bewahrt, den Luther sowohl bei den Spiritualisten wie auch in der Papstkirche vorhanden sieht [20]. Beide Seiten beurteilen die Heilsordnung nach "ihrem Geist und Herzen" und wollen aus "eigen Dünkel" eine andere Ordnung aufrichten, worin Luther nur das Wirken des Teufels von Adam an sehen kann:

> "Summa: der Enthusiasmus sticket in Adam und seinen Kindern von Anfang bis zu Ende der Welt, von dem alten Trachen in sie gestiftet... Darumb sollen und müssen wir darauf beharren, daß Gott nicht will mit uns Menschen handeln denn durch sein äußerlich Wort und Sakrament"[21].

Der Enthusiasmus nimmt zwar bei den Schwärmern und in der Papstkirche verschiedene Gestalt an, entspringt aber der gemeinsamen Ablehnung des Heilsweges Gottes zu den Menschen, es handelt sich um "an den Schwänzen zusammengebundene Füchse mit unterschiedlichen Gesichtern"[22].

Die Verachtung der äußeren Wege Gottes zum Menschen und die daraus folgende Verwiesenheit an selbstgewählte Wege zu Gott verleugnet nicht nur die Priorität und Ungeschuldetheit der Gnade, sondern verliert zugleich den Ort, an dem Gott sich finden läßt. In Wort und Sakrament hat er sich ange-

---

[16] Auf die Kontingenz des Abendmahls vor jeder christologischen Ableitung hat besonders H. Gollwitzer (Luthers Abendmahlslehre 101; Zur Auslegung von Joh 6,165) hingewiesen.
[17] 18,137,13.
[18] K. Barth, Die Lehre von den Sakramenten 429.
[19] 18,137,15.
[20] So besonders in den Schmalkald. Artikeln (BSLK 454f); vgl. dazu K.H. zur Mühlen, Nos extra nos 262ff.
[21] BSLK 455f; vgl. Luthers Bemerkung (37,175f), daß der Glaube bei Zwingli, Karlstadt, Türken und Papst ein von Adam an angeborener Lügenglaube sei, weil er nicht an Gottes Wort gebunden ist.
[22] 40 I 36,19ff.

bunden, läßt er sich finden. Das war Luther bei den Ausführungen über die Ubiquität Christi besonders wichtig: Obwohl Christus überall ist, kann er doch nur gefunden und ergriffen werden, wo er sich finden läßt, wohin er den Menschen in einem deutlichen Wort ruft [23].

In Wort und Sakrament begegnet der "Schöpfer Himmels und der Erde" dem Menschen [24], sie sind seine Erscheinungsformen und Kleider auf Erden [25]. Hier will Gott sich sichtbar, wenn auch verhüllt [26] finden lassen [27], an diesen angebbaren Orten will er dem Menschen nachlaufen [28]. Hierin zeigt sich der entscheidende Vorteil der Bindung Gottes an das "Äußere". Es kann ein Ort angegeben werden, wo Gott zu finden ist. Er hat sich an die Verkündigung des Wortes gebunden, an die Spendung der Taufe, an die Übergabe von Leib und Blut Christi, an den Zuspruch der Absolution. In aller Deutlichkeit hat Luther diese Gedanken in der Predigt über Mt 9, 1ff vom 19.10.1533 [29] und in der Taufpredigt vom 20.1.1538 [30] zum Ausdruck gebracht: Mit Taufe, Abendmahl, Absolution und Kanzel kann ein Datum und ein sichtbarer Ort für Gottes Handeln angegeben werden.

> "Tu vero dic: deus hat remissionem peccatorum gesteckt jnn die Taufe, auff den predigstuel, Einem iglichen Christen jnn seinen munde"[31].

> "Ich sol sprechen: hoc dicit deus in baptismo et Sacramento et auff der Cantzel, da sol ich gleuben, quod deus est propicius, ut verbum annunciat, da finde ich denn remissionem peccatorum"[32].

> "Ein panir gesteckt auff den altar, Tauff. Item videbis me corporaliter praedicantem, baptisantem, absolventem. Ibi certe dicere potes: Hic deus. Sed non video? Satis est visiblis, quod tecum loquitur in ministerio, baptismo, Eucharistia, Absolutione"[33].

> "Bone deus, satis apparet verbum tuum, giessen und baden dei, quia tu instituisti. Ego habeo in ministerio tuum signum, non audio hominem, sed te"[34].

---

[23] 23, 149f.
[24] WATi 4 Nr. 4812.
[25] WATi 4 Nr. 4775; Ti 5 Nr. 5871; WA 39 I 217, 9; 244, 11; 25, 127, 41: "Im Neuen Testament sind die Taufe und das Abendmahl gleichsam Gottes Kleider, in welchen sich Gott uns zeigt und mit uns handelt".
[26] 25, 128, 17; 39 I 217.
[27] Vgl. besonders 16, 210; 30 I 215; 46, 145ff.
[28] 46, 147, 26; 37, 177, 6: "Ich wil mich zu dir herunder finden".
[29] 37, 174-179; auch in der Hauspostille Dietrichs (52, 497ff) und Poachs (LD 8, 384ff).
[30] 46, 145-151.
[31] 37, 177, 35.
[32] 37, 178, 24.
[33] 46, 149, 14.
[34] 46, 150, 14.

"Voluit deus leiblich zu dir komen und sein heiliges leiden dir an hals hengen"[35].

In der Verwiesenheit an äußere Mittel ist der Mensch befreit von allem schwankenden Umherirren in eigenen Spekulationen und im Erfinden neuer Heilswege [36]. Er muß nicht Gott in den Himmel nachlaufen [37], nicht zum Himmel schauen und warten, ob ihm von dort eine Offenbarung zuteil werde [38], er ist nicht mehr auf geistliche Erlebnisse angewiesen, er braucht nicht nach Rom oder an andere heilige Stätten zu gehen, um das Heil zu finden [39]. Wort und Sakrament sind der Ort für Gottes Wirken. Des öfteren wird darauf hingewiesen, Luther habe mit der Betonung der Externität der Heilsordnung das Christentum vor einer Auflösung in subjektivistische Innerlichkeit und Ekstase bewahrt [40]. Für ihn lag darin aber vor allem die Entdeckung der Heilsgewißheit. Solange der Mensch auf eigene Spekulationen und Gedanken verwiesen ist, kann es keine Gewißheit geben. Diese ergibt sich aber dort, wo Gott sich selbst angebunden hat, wohin er den Menschen "bescheidet"[41]. Wort und Sakrament schenken Gewißheit, weil Gott sich in seiner Verheißung daran gebunden hat [42]. Hierin liegt letztlich der ei-

---

[35] 46,150,19.
[36] 9,448,34: Gott wollte in Zeichen handeln, "ut humana natura certius comprehenderet deum et ad unum aliquod signum defigeretur, quo comprehenderet deum, nec vagaretur aut fluctuaret in speculationibus".
[37] 46,147,23: "Sed Christus...: Ego pro te mortuus. Sed wils hinder mir lassen et dare signa, quae potes videre et audire, noli mir nachkommen in himel, ne quaerat Romae, Compostellae nec in cenobio".
[38] 37,177,4: "Ich sol nicht jm winckel sitzen et dicere: Remitte mihi peccata, o pater, et ghen himmel gaffen, donec angelus veniat". Vgl. auch 46,149f.
[39] Fortsetzung des Textes von Anm. 37: "Sed ich wil dir nachlauffen".
[40] Vgl. R. Seeberg, Dogmengeschichte IV/1, 380f; E. Metzke, Sakrament und Metaphysik 169-180.
[41] 23,151f: "Es sey denn, das er sich dir anbinde und bescheide dich zu eim sonderlichen tissch durch sein wort... Warumb? Darumb das ich mich hie wil mit meim wort hefften, auff das du nicht mussest schwermen und mich wollen suchen an allen orten".
[42] Dagegen sieht R. Prenter bei Luther eine nicht auflösbare Spannung zwischen der Bindung des Geistes an Wort und Sakrament und der Souveränität des Geistes gegeben (Spiritus Creator 109ff; 161ff; 256ff). Die Betonung der Freiheit des Geistes bei aller Bindung an äußere Mittel habe Luther davor bewahrt, "irgendeine rationale Lehre von den Gnadenmitteln aufzustellen", ihn vielmehr "am Realismus des Glaubens mit seinen unvermeidlichen Spannungen" festhalten lassen (aaO. 132). Ob damit das Moment der Gewißheit genügend beachtet ist? Vgl. die Kritik bei K. H. zur Mühlen, Nox extra nos 258 Anm. 387.

gentliche Grund für Luthers Ringen um die Vormachtstellung des Wortes und seiner Wörtlichkeit gegen alle Auflösung in unsichere Allegorien [43], und damit auch für das Ringen um das Sakrament, das vom Wort Gottes als seine Stiftung ausgewiesen wird. Im Kommentar zum Galaterbrief hat Luther es prägnant formuliert:

> "Nostra theologia est certa, quia ponit n o s e x t r a n o s : non debeo niti in conscientia mea, sensuali persona, opere, sed in promissione divina, veritate, quae non potest fallere"[44].

Die Verachtung der Sakramente, sei es im Namen der Geistigkeit des Menschen oder seiner Selbstbehauptung, ist eine Verachtung der Wahrheit Gottes, der Wort und Sakrament als Wege seines Kommens zum Menschen bestimmt hat, und damit Verlust der Sicherheit. "Das ist Dei Weise, quod suum populum regiert im Wort und äußerlichen Zeichen, daß er uns nicht lasse pampeln und schweben ut Papa et omnes Rottae"[45].

Bisher war ohne Unterschied von Wort und Sakrament die Rede. Die angeführten Belege zeigen, wie selbstverständlich und unproblematisch für Luther die enge Zuordnung beider war. Erst eine spätere Zeit hat darin ein Problem gesehen und seine Entdeckung des Wortes als Durchbrechen des mittelalterlichen Sakramentalismus gedeutet, als Überwindung einer dinglichen Sakramentsreligion auf eine geistige Religiosität hin [46]. Die Auflösung des Sakramentes ins Wort wurde als die historische Leistung gefeiert [47]. R. Prenter hat diese neuprotestantische Fehlinterpretation entschieden zurückgewiesen und sie als moderne Form des von Luther bekämpften Spiritualismus angesehen, die dann folgerichtig dessen energisches Festhalten an Realpräsenz und Wassertaufe nur als Rückfall in scholastisches Gedankengut verstehen konnte [48].

Die Entwicklung seiner Sakramententheologie zeigt, daß die Entdeckung des Wortes konsequent zur Entdeckung des Sakramentes selbst geführt hat. Von

---

[43] Vgl. den Hinweis auf die Notwendigkeit eines klaren Wortlautes: "Monebo ut Christianus lector primam operam navet quaerendo sensui illi, ut vocant literali, qui solus tota est fidei et theologiae Christianae substantia, qui in tribulatione et tentatione solus subsistit... Allegoria vero sepius incerta est et ad fulciendam fidem infidelis et minime tuta, ut quae saepius pendeat ab humana coniectura et opinione" (14, 560, 13ff).
[44] 40 I 589, 8; vgl. dazu K. H. zur Mühlen, Nos extra nos 220ff. Nur in der Bindung an das Wort Gottes erlangt der Glaube Gewißheit, die er aus sich selbst nicht haben kann: "Dei veritas est certior corde meo et verbum eius certius mea fide" (27, 45, 9).
[45] 49, 75, 5.
[46] A. v. Harnack, Lehrbuch der Dogmengeschichte III, 851; K. Holl, Gesammelte Aufsätze zur Kirchengeschichte I, 34f.
[47] A. v. Harnack, aaO. 851; K. Holl, aaO. 292 Anm. 6.
[48] R. Prenter, Spiritus Creator 133-172.

dem 1519 formulierten "solum verbum est vehiculum gratiae dei"[49] führt durch manche Klärungsprozesse hindurch ein Weg zum unaufgebbaren Festhalten an Christi Leib im Abendmahl und an dem Wasser der Taufe, weil beide ins Wort "gefaßt" sind [50]. Gewiß ist das Wort für Luther d a s Gnadenmittel; aber statt von einer Auflösung des Sakramentes ins Wort könnte man mit mehr Recht von einer "Sakramentalisierung" der Wortverkündigung sprechen [51]. Die Tatsache, daß das Wort Gnadenmittel ist, schließt für Luther - anders als bei Calvin und Zwingli - das Sakrament als Gnadenmittel nicht aus, sondern läßt es gleichwertig neben dem Wort bestehen [52]. Gerade das Ernstnehmen des Wortes bewahrt ihn vor einem reinen "Verbismus"[53]. Zweifelsohne hat das Wort im Sakrament die Führung - was wären Abendmahl und Taufe ohne das sie stiftende und im Vollzug konstituierende Wort - [54], aber es verdrängt das Sakrament nicht oder steht zu ihm in Konkurrenz. Deshalb ist alle Vorsicht geboten gegenüber einer Beschreibung von Luthers Stellung zum Sakrament, bei der in einem ängstlichen Konkurrenzdenken dieses dem Wort möglichst untergeordnet wird als "nur besondere" oder "nur andere" Form des Wortes [55]. Auch die vielfach gebrauchte Bestimmung des Sakramentes als "verbum actuale"[56] läuft Gefahr, das Sakrament seiner von Luther niemals als problematisch empfundenen Eigenständigkeit zu berauben. Nach ihm sind Wort u n d Sakrament die Mittel, die von Gott zu seinem Heilswerk eingesetzt sind. Im Sakrament wirkt in besonderer Weise das Wort, aber eben in der Form des Sakramentes.

[49] 2,509,14.
[50] "Also soll man das Wort unnd die Sacrament nit scheyden. Denn Christus hat die Sacrament auch in das Wort gefasset" (52,274,22).
[51] R. Prenter, aaO. 107-132; C. Wislöff, Abendmahl und Messe 40 Anm. 37.
[52] Vgl. dazu E. Kinder, Zur Sakramentslehre 153-166.
[53] E. Kinder, aaO. 159; ders., "Realpräsenz" und "Repräsentation" 891ff.
[54] 47,33: "Im gantzen Christentumb haben wir nichts hohers noch grossers denn das wortt..., als in der Tauffe, da ist das wortt das Heubtstucke ... und ohne das wort ist die Tauffe nichts. Denn was kan wasser ohne das wortt gottes thun? Also auch im abendmal ist das brodt und der wein nichts ohn das wortt". Vgl. aus dem Großen Katechismus: 30 I 214,29ff und 223,22ff.
[55] H. Bornkamm, Luthers geistige Welt 110; G. Ebeling, RGG IV,504. O. Fricke, Die Sakramente in der Protestantischen Kirche 40, charakterisiert die Sakramente als "Anhängsel, appendices verbi Dei", folgert aber daraus: "Die protestantische Kirche ist die Kirche des Wortes, d.h. immer: sie ist die Kirche des Wortes und des Sakramentes".
[56] F. Brunstädt, Theologie der lutherischen Bekenntnisschriften 139; P. Althaus, Die Christliche Wahrheit 538; O.H. Pesch, Die Theologie der Rechtfertigung 331. Die von Melanchthon (Apol.XIII, 5) aufgegriffene augustinische Formel "verbum visibile" kennt Luther nicht (E. Sommerlath, Der Sinn des Abendmahls 105).

Mit Recht hat E. Kinder deshalb dafür plädiert, nicht konkurrierend von Wort und Sakrament zu sprechen, sondern vom Wirken des Evangeliums, der Heilstat Gottes, in Wortverkündigung und Sakramentshandlung, so daß beide, Verkündigung und Sakramentsspendung, als je eigene Wirkgestalten des einen Evangeliums zu begreifen sind [57]. Wort und Sakrament sind für Luther kirchliche Handlungen, an die Gott sein Heilswirken gebunden hat.

Läßt sich bei Luther die Eigenart des Sakramentes gegenüber dem Wort näher bestimmen? Die Antwort muß zuallererst heißen: Die Eigenart des Sakramentes ist seine Existenz. Das Stiftungswort weist Abendmahl und Taufe als Gnadenmittel Gottes aus, bei denen anders als bei der Wortverkündigung ein äußeres, sichtbares Moment mitgegeben ist. Darüberhinaus erwähnt Luther, daß Abendmahl, Taufe und Absolution den einzelnen viel konkreter ansprechen als die allgemeine Predigt, und ihm so auch Gottes Heil individueller und damit mit größerer persönlicher Gewißheit vermitteln [58]. Abendmahl und Taufe sprechen zudem den ganzen Menschen - mit Leib und Seele an [59]. Doch gehen solche Hinweise über knappe Andeutungen nicht hinaus. Das zeigt, wie wenig er es für nötig erachtete, die Eigenart der Sakramente besonders hervorzuheben. Sie sind zusammen mit dem Wort Orte des Heilshandelns Gottes und bedürfen aufgrund ihrer Faktizität keiner weiteren Rechtfertigung.

4. Sakrament und Glaube

In katholischen Darstellungen wird Luther häufig vorgeworfen, er habe die Sakramente ihrer Funktion als Gnadenmittel beraubt und sie eigentlich überflüssig gemacht [1]. Die Beibehaltung von Taufe und Abendmahl als Sakramente sei letztlich eine Inkonsequenz, denn er leugne eine objektive Wirksamkeit ex opere operato, d. h. die Sakramente wirkten nach ihm nur kraft des empfangenden Glaubens, ja sie seien nur gegeben, um zum Glauben zu reizen. Als an-sprechende Zeichen ermöglichten sie den Fiduzialglauben, der in einem Ausgreifen nach Gott die Gnade empfange. Luther verstehe darüber hinaus, so wird des öfteren interpretiert, den Glauben als subjektive Anstrengung, weshalb man bei ihm von einer subjektiven Wirksamkeit der Sakramente ex opere operantis sprechen müsse. A. Hasler hat die katholischen Dogmatikbücher auf diese Frage hin untersucht und festgestellt: Es

[57] Vgl. besonders: Das Evangelium Gottes; außerdem: ders., Was bedeutet Wort Gottes 24; ders., Zur Sakramentslehre 157ff.
[58] 29,216,6: "In confessione, sacramento et baptismo wirds wort sonderlich auff uns gericht". Weitere Belege bei A. Peters, Realpräsenz 136.
[59] 30 I 217,26ff; 230,37ff; weitere Belege bei A. Peters, Realpräsenz 136 140-156; L. Grönvik, Die Taufe 219f. Das Sakrament spricht noch mehr als das Wort die Sinne des Menschen an: "Sed quia voluit esse manifestum signum, quod potuit videri et audiri 5 sensibus, et ipse non potest videri, hat er menschen hend zu zeugen" (46,148,18).

[1] Vgl. dazu A. Hasler, Luther in der katholischen Dogmatik 98-109.

"wird allgemein der Subjektivität von Luthers Sakramentenlehre die Objektivität der katholischen Lehre gegenübergestellt"[2].

Nach den vorausgegangenen Darlegungen bedarf es keines Beweises, daß eine solche Beurteilung der Lehre Luthers nicht gerecht wird, sondern einem Mißverständnis unterliegt, das allerdings bis in die Anfänge der Reformation zurückreicht. Die Bulle "Exsurge Domine" verurteilte bereits 1520 Luthers Behauptung, es sei eine Häresie anzunehmen, "sacramenta novae legis iustificantem gratiam illis dare, qui non ponunt obicem"[3]. In verschärfter Form fand dieser Satz Aufnahme in die Irrtumsliste, die der Generalkongregation des Trienter Konzils im Januar 1547 vorgelegt wurde: "Sacramenta novae legis non conferre gratiam, etiam non ponenti obicem"[4].

Unter den aufgeführten Irrtümern werden ferner genannt:

> "Sacramenta non esse necessaria, et sine eis ac eorum voto per solam fidem homines a Deo gratiam adipisci".

> "Sacramenta numquam gratiam aut remissionem peccatorum dedidisse, sed solam fidem sacramenti".

> "Sacramenta ob solam fidem nutriendam esse instituta"[5].

Die verabschiedeten "Canones de sacramentis in genere" lassen als Luther zugeschriebene Lehre, obgleich er nicht ausdrücklich als Urheber genannt wird, erkennen:

> "Sacramenta propter solam fidem nutriendam instituta fuisse".

> "Sacramenta non continere gratiam..., aut gratiam non ponentibus obicem non conferre".

> "Per sacramenta ex opere operato non conferri gratiam, sed solam fidem divinae promissionis ad gratiam consequendam sufficere"[6].

Die Trienter Entscheidungen waren für die katholische Beurteilung Luthers in der Folgezeit bestimmend [7]. Es wäre ungerecht und historisch gesehen falsch, wollte man den katholischen Gegnern Luthers eine böswillige Verfälschung seiner Lehre unterstellen. Er hat die inkriminierten Sätze so oder ähnlich gesagt, womit nicht behauptet ist, er habe sie so verstanden, wie sie ihm zugeschrieben wurden. Er verwarf die Behauptung, die Sakramente gäben die rechtfertigende Gnade denen, die keinen Riegel vorschieben, als einen häretischen Irrtum, weil ein non ponere obicem beim Sakramentsempfang nicht genüge, sondern der Glaube erforderlich sei [8]. Wiederholt führte er das Sprichwort an: "Non sacramentum, sed fides sacramenti iustificat"[9]; er erklärte in Entgegnung auf die Bulle "Exsurge Domine":

---

[2] AaO. 101.
[3] DS 1451.
[4] CT V, 836.
[5] CT V, 835f.
[6] DS 1605; 1606; 1608.
[7] A. Hasler, aaO. 271ff.
[8] 1,286,20; 324,8; 544,37; 632,32; 6,88ff; 532f; 7,101f; 317ff; 57 III 170,5.
[9] 1,286,17; 324,16; 544,40; 595,33; 2,15,28; 715,35; 6,532,29; 7,102,9;

"Scriptura sic dicit... 'Iustus ex fide sua vivet', non dicit 'Iustus ex sacramentis vivet'"[10]. Mit Verweis auf Augustinus behauptete er des öfteren, das Sakrament wirke nicht, "quia fit, sed quia creditur"[11], oder: "sacramenta non implentur, dum fiunt, sed dum creduntur"[12]. Es wurde bereits aufgezeigt, daß er eine Wirksamkeit der Sakramente ex opere operato verwarf; [13] ebenso findet sich bei ihm der Satz: "omnia sacramenta ad fidem alendam instituta sunt"[14].

Haben also Luthers Kritiker nicht doch recht, wenn sie ihm vorwerfen, er lehre keine objektive, sondern eine subjektive Wirksamkeit der Sakramente, d.h.: sie wirkten nur aufgrund des Glaubens und seien nur Reizmittel zum Glauben? Eine Antwort darauf kann nur gegeben werden, wenn klar ist, was Luther unter den angeführten Sätzen verstand und was mit ihnen abgelehnt werden sollte.

In den Ablaßthesen vertrat Luther im Anschluß an G. Biel die Deklarationstheorie. Dieser hatte die Bußlehre des Duns Scotus fälschlicherweise so gedeutet, als genüge zum Empfang des Bußsakramentes ein non ponere obicem, als sei kein bonus motus cordis erforderlich. Demgegenüber hatte er eine contritio verbunden mit dem votum sacramenti gefordert, aufgrund derer die Sünde vergeben werde, was in der priesterlichen Absolution dem Beichtenden mitgeteilt werde. Eck und Tetzel hatten sodann gegen Luthers deklaratorisches Verständnis der Absolution deren instrumental-effektive Wirksamkeit - sofern kein obex gesetzt wird - betont [15]. Inzwischen hatte aber Luther in den Erklärungen der Ablaßthesen seine Ansicht abgeändert: In der Absolution wird nicht nur die schon gewirkte Vergebung deklariert, sondern werden auch die Gewißheit darüber und der Friede des Gewissens als integrale Bestandteile der Vergebung effektiv zugesagt und gegeben. Die Zusage ergeht aufgrund der Verheißung Mt 16,19 und erfordert als Antwort den Glauben, der das Zugesagte annimmt.

Wegen der Notwendigkeit des Glaubens versteht Luther daraufhin die ihm - bzw. seiner schon überholten Deklarationstheorie - entgegengehaltene Behauptung einer effektiven Wirksamkeit der Absolution bei denen, die keinen Riegel vorschieben, als jenen "scotistischen Traum"[16], nach dem ein non ponere obicem genüge und kein bonus motus erforderlich sei, die Notwendigkeit des Glaubens also gerade ausgeschlossen werden sollte. Nachdem er dann die Absolution als Angebot und Zusage der Sündenvergebung selbst

---

57 III 170,2. Außerdem 6,471,15: "Neque enim Sacramenta unquam gratiam aut remissionem peccatorum dederunt, sed sola fides sacramenti".
[10] 7,101,13; 321,1ff.
[11] 1,286,18; 324,16; 595,5; 2,15,28; 715,36; 57 III 170,2.
[12] 6,533,12.
[13] S. oben S.202ff.
[14] 6,529,36.
[15] S. oben S. 89f.
[16] 1,286,15ff; 544,35ff; vgl. auch 7,102,18.

begriffen hat, die geglaubt werden muß und geglaubt werden darf gegen alle Verwiesenheit auf die Vollkommenheit der eigenen contritio als Grund und Maßstab der Vergebung, wurde ihm das behauptete Genügen eines non ponere obicem erst recht zu einer Leugnung und Unterdrückung des befreienden Glaubens. Wer leugnet, daß die in der Absolution wie in jedem Sakrament ergehende promissio geglaubt werden muß und darf, macht Gott zum Lügner, will die Verkündigung: Deine Sünden sind dir vergeben! nicht als wahr annehmen, sondern erwartet weiterhin die Vergebung von seiner contritio [17]. Über deren ausreichende Vollkommenheit besteht aber keine Gewißheit, daher auch keine Gewißheit der Vergebung, während das Wort der Absolution diese als wirklich gegeben verkündet und damit Gewißheit schenken kann.

Durch die Entdeckung der promissio Gottes in Absolution, Abendmahl und Taufe lernte Luther das Sakrament als reines Gnadengeschenk verstehen, als einen Ort, an dem Gott auf den Menschen zugeht und ihm das Heil zusagt. Der Mensch muß die Zusage des Sakramentes annehmen in einem Glauben, der von der Sakramentspromissio her ermöglicht und auf diese bezogen ist. Der Glaube ist keine menschliche Leistung, sondern passives Sich-öffnen auf die Wahrheit Gottes hin, von Gott selbst gewirkt [18]. Weil ihm soviel am Glauben beim Sakramentsempfang lag, der alles Vertrauen auf eigene Verdienstlichkeit zurücklassen kann und im Vertrauen auf Gottes Wahrheit der geschenkten Vergebung gewiß werden darf, lehnte er es ab, eine Wirksamkeit der Sakramente anzunehmen, bei der dieser Glaube nicht nötig wäre. Der Satz "Non sacramentum, sed fides sacramenti iustificat" ist nicht so zu verstehen, als wirke das Sakrament nichts, jedoch alles der Glaube, womöglich noch am Sakrament vorbei. Vielmehr meint Luther damit, daß der Vollzug des Sakramentes als äußeres Zeichen nicht genügt, sondern der Glaube an die Verheißung des Sakramentes nötig ist [19]. Der Glaube richtet sich auf ein konkretes Zusagewort, wird also nicht vom Sakrament nur geweckt, um sich dann am Sakrament vorbei auf Gott auszurichten, sondern er bleibt am Sakramentswort ausgerichtet, er bleibt fides sacramenti. Gerade die Sakramente sind Geschehnisse, bei denen ein konkretes Zusagewort an den Glauben ergeht [20]. In ihnen wird durch die promissio

---

[17] 9, 415f; 37, 174.
[18] Das ist prägnant dargestellt in den Erklärungen zu den Thesen "De fide infusa" (6, 88ff).
[19] Luther lehnt an den Anm. 8 genannten Stellen nicht generell eine Wirksamkeit der Sakramente ab, sondern eine aufgrund des Vollzugs, d. h. ohne Glauben (beachte das wiederholte sic und ita an diesen Stellen).
[20] Interessant ist in diesem Zusammenhang die Auslegung von Gal 4, 1ff in der Kirchenpostille (10 I/1, 331f). Der fides historica stellt Luther die fides pro me gegenüber und erwähnt dabei sogleich die Sakramente als Orte, an die solcher Glaube gebunden ist: "eynem menschen nit gnug ist, ßo er Christen seyn will, das er glewb, es sey allis war, was von Christo gesagt ist..., ßondern er muß nit dran tzweyffelln noch wancken, er sey eyner von denen, den solch gnade und barmhertzickeyt geben sey unnd hab sie gewißlich durch die tauff oder sacrament erlangt...Und wo

die Gnade angeboten und gegeben, wenn der Glaube die Verheißung annimmt:

"In omni sacramento est verbum promissionis divinae, quod affir-
mative promittit et exhibet gratiam dei ei, qui suscipit sacramentum. Ubicunque autem deus promittit, ibi exigitur fides audientis,
ne deum faciat mendacem sua incredulitate, quare in sacramentis
suscipiendis necessaria est fides suscipientis, quae credat id, quod
promittitur"[21].

Bejaht der Glaube die Zusage und empfängt so das Zugesagte, dann ist der
Unglaube ein Sichverweigern gegenüber der im Sakrament verkündeten Wahrheit. Das aber heißt, der Unglaube will das Geschenk Gottes nicht haben,
sondern weiterhin auf seine Werke vertrauen. Er macht die Vergebung der
Sünde von der Vollkommenheit seiner Reue abhängig, vertraut nicht auf die
Verheißung Gottes in der Taufe, sondern auf seine Werke nach der Taufe,
nimmt das Abendmahl nicht als Geschenk an, sondern will mit der Messe
ein gutes Werk und Opfer verrichten. Luther lehnt, entgegen einer weitver-
breiteten Meinung, nicht so sehr eine magische Wirkung der Sakramente ab,
vielmehr verbirgt sich hinter der Kritik an der scholastischen Lehre, bei
den Sakramenten sei kein bonus motus und daher auch kein Glaube erforderlich, der Vorwurf eines meritorischen Sakramentsverständnisses [22]. Denn
wird der Glaube beim Sakrament abgewiesen, dann wird der Mensch auf
seine Werke zurückgeworfen und das Sakrament als Geschenk Gottes nicht
erkannt, weil seine promissio, die Gottes Heil ohne Rücksicht auf Verdienste anbietet, nicht gesehen wird.

Das wird besonders deutlich an Luthers Kritik der scholastischen Definition
der Sakramente als signa efficacia gratiae [23]. Eine solche Definition läßt
keinen Raum für promissio und fides und verlegt die Wirksamkeit der Sakramente in ihren Vollzug. Eine Theologie, die nur auf das signum, nicht
auf die promissio achtet, verführt dazu, die Gnade des Sakramentes aufgrund des Vollzugs, d.h. für Luther, aufgrund eines menschlichen Werkes
und nicht der Verheißung Gottes erlangen zu wollen. Damit bleibt das Sakrament eine Handlung in der Hand des Menschen, die keinen tröstenden,
in der Anfechtung stärkenden Gebrauch ermöglicht.

"Ita clare vides, quam nihil sacramenta intellecta sunt sententionariis
Theologis, quod nec fidei nec promissionis ullam in sacramentis

---

er daran tzweyffelt, thett er seyner tauff und sacrament die hochsten un-
ehre und lügenstraffet gottis wort und gnaden ynn den sacramenten".
[21] 7,101,23ff; ganz ähnlich 6,88,31ff.
[22] Das wird an den Anm. 8 genannten Stellen deutlich. Luther wendet sich
mit der Kritik am Genügen des non ponere obicem nicht gegen eine Überschätzung der Wirksamkeit der Sakramente, sondern gegen eine ver-
ächtliche Unterschätzung - "sacramenta illudens" (1,286,20) -, die dort
gegeben ist, wo der Glaube an das Sakramentswort das Sakramentsge-
schenk nicht annehmen will.
[23] 6,531ff.

rationem habuerint, tantum in signo et usu signi herentes et ex fide in opus, ex verbo in signum nos rapientes, qua re sacramenta non modo captivaverunt, sed penitus quod in eis fuit aboleverunt"[24].

Luther wirft den Theologen nicht vor, sie hätten dem Sakrament zuviel, sondern zuwenig Kraft zugeschrieben. Weil der Glaube an die Verheißung des Sakramentes nicht zugelassen werde, bleibe der Mensch an seine Werke verwiesen. Mit der Herausstellung des Glaubens als des rechten Sakramentsgebrauches will er gerade den Gnadencharakter des Sakramentes sicherstellen. Indem der Glaube alles eigene Werk zurückläßt und sich ganz dem Geschenk des Sakramentes ausliefert, erkennt er an, daß Gott im Sakrament sein Heil schenkt aus reiner Gnade, ohne menschliches Verdienst. Daß für Luther das Sakrament nicht kraft des Glaubens wirkt, wohl aber nur im Glauben seine Kraft entfalten kann, hat er im Kampf um Abendmahl und Taufe mit aller Deutlichkeit gezeigt [25]. In der Zeit, als er für den Glauben als dem rechten Sakramentsgebrauch stritt, hat er sich allerdings einiger Aussagen bedient, die in ihrer Ausschließlichkeit mißverstanden werden mußten. Die kirchliche Reaktion hat sich fast ausschließlich auf Sätze aus dieser Zeit bezogen.

Kaum anderswo ist das Mißverständnis zwischen Luther und den katholischen Gegnern so groß wie in der Frage nach dem Verhältnis von Sakrament und Glaube. Luther versteht das Genügen des non ponere obicem - durch Biels Scotusinterpretation verleitet - als Abweisung jeden bonus motus des Empfängers. Er versteht Cajetans Ablehnung des Glaubens an die Sakramentszusage als eine Verweigerung des Menschen gegenüber der Zusage Gottes und als Verpflichtung zum verdienstlichen Werk. Cajetan versteht Luthers Glauben als übermenschliche Anstrengung, die er um des Gnadencharakters des Sakramentes willen zurückweisen muß. Beide wollen - von ihrem jeweiligen Ansatz her - das Sakrament als Gnadengeschenk Gottes an den Menschen herausstellen, beide werfen sich gegenseitig die Geringschätzung des Sakramentes und dessen Wirksamkeit ex opere operantis vor. Man muß sich durch die oft vielschichtigen Stränge der Mißverständnisse arbeiten, wird dann aber überrascht mehr Gemeinsamkeiten entdecken, als eine Gegenüberstellung der von ihrem historisch-theologischen Hintergrund abgelösten Formeln vermuten läßt.

Das gilt auch bei der Frage nach der Wirksamkeit ex opere operato. Es konnte gezeigt werden, wie Luther auf dem Hintergrund der Suffragienlehre das opus operatum als ein von Menschen zu leistendes verdienstliches Werk falsch verstand [26]. Die entsprechenden Abschnitte in "De captivitate"[27] und in der Schrift "Von der Winkelmesse und Pfaffenweihe"[28] lassen daran

---

[24] 6,533,24ff.
[25] Die wichtigsten Stellen sind zusammengestellt bei H. Hennig, Die Lehre vom opus operatum 130-135.
[26] S. oben S.194ff.
[27] 6,520ff.
[28] 38,238ff.

keinen Zweifel. Der scholastische Verweis auf die Wirksamkeit ex opere operato - sowohl in der allgemeinen Sakramenten- wie in der Suffragienlehre - wollte aber gerade die Gnadenhaftigkeit der Sakramente und ihre Unabhängigkeit vom Verdienst des Menschen zum Ausdruck bringen. Um nichts anderes ging es Luther, sowohl im Kampf um den Glauben als rechten Sakramentsgebrauch wie auch in der Auseinandersetzung um die Objektivität des Sakramentes. Dessen Unabhängigkeit vom Glauben des Empfängers hat Luther deutlich gemacht mit der Beibehaltung der Kindertaufe, der Behauptung der manducatio impiorum und der Verteidigung der Gültigkeit der Taufe bei fehlendem Glauben. Weil die Wirksamkeit der Sakramente allein vom Wirken Gottes in seinem Sakramentswort abhängt, ist die Taufe unabhängig von ihrem Gebrauch gültig, ist der Leib Christi im Abendmahl und wird er auch von Ungläubigen gegessen. Luther behauptet sachlich eine Wirksamkeit ex opere operato. Das wird heute vielfach anerkannt [29]. Stellvertretend sei nur O. Bayer zitiert: "Die Gültigkeit und Unfehlbarkeit des ... Sakraments ex opere operato hält Luther in der Fassung: ex verbo dicto energischer fest, als es je vor ihm geschehen ist, wovor man meist (auf protestantischer nicht weniger als - nicht ohne Schuld des Neuprotestantismus - auf katholischer Seite) die Augen verschließt"[30]. Luther behauptet die Wirksamkeit ex opere operato gerade damit, daß er diese Formel ablehnt, weil er sie falsch versteht.

Nicht erst Melanchthon, wie H. Hennig annimmt, sondern bereits Luther hat die Formel ex opere operato falsch interpretiert [31]. Sieht man, in welchem Sinn er sie verstanden hat, dann wird auch hier deutlich, daß er sich damit nicht gegen ein magisches, sondern ein meritorisches Verständnis der Wirksamkeit der Sakramente wandte. Die bei Melanchthon übliche Beschreibung der scholastischen Sakramentenlehre - "quod Sacramenta non ponenti obicem conferant gratiam ex opere operato sine bono motu utentis" - [32] gibt das Verständnis Luthers korrekt wieder, wenngleich sich bei ihm noch nicht die Zusammenfassung der beiden Aussagereihen "non ponere obicem" und "ex opere operato" findet [33]. Melanchthons Interpre-

[29] K. Barth, Die Lehre von den Sakramenten 450ff; H. Hennig, Die Lehre vom opus operatum 130ff; B. Ritter, Die Lehre vom opus operatum 37; Fr. Heyer, Die Lutheraner und das ex opere operato 316; H. Fagerberg, Die Theologie der lutherischen Bekenntnisschriften 177f; W. Joest, Ontologie der Person 400ff; H. Kasten, Taufe und Rechtfertigung 279; L. Bouyer, Wort, Kirche, Sakrament 85.
[30] O. Bayer, Promissio 186.
[31] H. Hennig, aaO. 130. Dagegen hat schon Fr. Heyer, aaO. 317, auf Luther hingewiesen.
[32] Apologia Conf. Aug. XIII, 18 (BSLK 295); vgl. dazu V. Pfnür, Einig in der Rechtfertigungslehre 45ff; 77ff. Weitere Belege für Melanchthon bei H. Hennig, aaO. 124ff.
[33] Beide Aussagereihen stehen bei Luther in einem je eigenen Kontext, sind aber durch den Begriff bonus motus verbunden. Die Kritik am Genügen des non ponere obicem richtet sich gegen die "scotistische" Mei-

tation ist von Luthers Verständnis her zu deuten. Dabei ist auf die Mißverständnisse zu achten, denen er erlegen ist, ebenso wie auf Mißverständnisse auf römischer Seite.

In der Verhältnisbestimmung von Sakrament und Glaube sollten auf beiden Seiten der Konfessionen fest verwurzelte Behauptungen nicht mehr kritiklos, d.h. ohne ernsthaftes Befragen der jeweils anderen Position, weitertradiert werden. Die "Kontroverse ist offenbar auf beiden Seiten mit schwerwiegenden Mißverständnissen belastet. Eine behutsame Klärung wird hier dringend notwendig sein"[34].

---

nung, beim Sakrament, besonders beim Bußsakrament sei kein bonus motus erforderlich wobei Scotus aber an einen motus meritorius (!) dachte (s. oben S. 82). Die Ablehnung des ex opere operato kritisiert in einem falschen Verständnis der Formel die Annahme, die Messe sei ein verdienstliches Werk. In den scholastischen Erläuterungen zur Wirkweise der neutestamentlichen Sakramente wird mit dem Hinweis auf das ex opere operato ebenfalls ein bonus motus, wiederum als meritorius, für nicht notwendig erklärt (s. o. S. 196). Ebenso wird in der Lehre über die Wirkweise der Suffragien ein motus meritorius des Priesters als unwesentlich für die Gültigkeit - ex opere operato - eines Suffragienwerkes angesehen (s. o. S. 198 ff). Luther versteht beide Aussagereihen so, daß nicht ein meritorischer, sondern grundsätzlich jeder bonus motus abgewiesen werden soll. Das Fehlen eines so verstandenen bonus motus in beiden Aussagereihen dürfte das Bindeglied gewesen sein für eine Zusammenstellung beider zu der Form, wie sie sich bei Melanchthon findet.

[34] P. Brunner, Die evangelisch-lutherische Lehre von der Taufe 157.

LITERATURVERZEICHNIS

A. Quellen und Hilfsmittel

LUTHER, Martin, Werke. Kritische Gesamtausgabe (Weimarer Ausgabe) Weimar 1883ff.

- Luther Deutsch. Die Werke Martin Luthers in neuer Auswahl für die Gegenwart (hrsg. v. K. Aland) Stuttgart-Göttingen 1957ff.

- Luthers Werke in Auswahl (Clemen Ausgabe) Berlin 1912ff.

- Luthers Großer Katechismus. Textausgabe mit Kennzeichnung seiner Predigtgrundlagen (hrsg. v. J. Meyer) Leipzig 1914 (Neudruck Darmstadt 1968).

- Luthers Randbemerkungen zu Gabriel Biels Collectorium in quatuor libros sententiarum und zu dessen Sacri canonis missae expositio (Festgabe der Kommission zur Herausgabe der Werke Martin Luthers, hrsg. v. H. Degering) Weimar 1933.

- Luthers Vorlesung über den Hebräerbrief nach der vatikanischen Handschrift (hrsg. v. E. Hirsch u. H. Rückert) Berlin 1929.

- Deutsche Übersetzung von Luthers Hebräerbriefvorlesung (hrsg. v. E. Vogelsang) Berlin 1930.

ALTENSTAIG, Johannes, Vocabularius theologiae, Hagenau 1517 (in der Ausgabe von J. Tytz, Köln 1619 - Neudruck Hildesheim 1974).

AUGUSTINUS, Aurelius, in Ioannis Evangelium tractatus (CChr 36; deutsch: BKV I 8; 11; 19).

- De Trinitate (CChr 50; deutsch: BKV II 13f).

Die BEKENNTNISSCHRIFTEN der evangelisch-lutherischen Kirche, Göttingen [6]1967.

BELLARMIN, Robert, Disputationes de controversiis Christianae fidei (Opera omnia, Bde. 1 - 6, Paris 1870 - Neudruck Frankfurt 1965).

BERNHARD V. CLAIRVAUX, Sermo in festo annuntiationis Beatae Mariae Virginis (PL 183, 383-398).

BIEL, Gabriel, Collectorium circa quatuor sententiarum Libros, Tübingen 1501 (Neudruck Frankfurt/M. 1965). Von der Neuausgabe sind bisher erschienen: Band I: Prologus et Liber primus (Tübingen 1973) und Band IV/1: Libri quarti pars prima (Tübingen 1975).

- Canonis Misse Expositio (hrsg. v. H. A. Oberman und W. J. Courtenay) 4 Bde. , Wiesbaden 1963ff (Band und Seitenzahl dieser Ausgabe ist jeweils in Klammern angegeben).

CAJETAN, Thomas de Vio, Opuscula omnia, Lugduni 1580.

CHRYSOSTOMUS, Johannes, Homiliae in Epistolam ad Hebraeos (PG 63, 9-256; in der Übersetzung Mutians: 257-456).

COCHLÄUS, Johannes, Ein nötig und christlich bedenken (CCath 18, 1-64).

CONCILIUM TRIDENTINUM. Diariorum, Actorum, Epistolarum, Tractatum nova Collectio (hrsg. v. der Görresgesellschaft) Freiburg 1901ff.

Die älteste DEUTSCHE GESAMTAUSLEGUNG der Messe, Erstausgabe ca. 1480 (CCath 29).

EMSER, Hieronymus, Schriften zur Verteidigung der Messe (CCath 28).

ENCHIRIDION Symbolorum (hrsg. v. H. Denzinger u. A. Schönmetzer) Freiburg - Rom ^{32}1963.

GLOSSA ordinaria (PL 113f; in der erweiterten Fassung des P. Lombardus: PL 191f).

MELANCHTHON, Philipp, Opera (CR - Halle 1834ff).

- Werke in Auswahl (hrsg. v. R. Stupperich) Gütersloh 1951ff.

PETRUS LOMBARDUS, Sententiarum Libri IV (Text nach der Ausgabe des Kommentars von Thomas v. Aquin).

THOMAS VON AQUIN, Scriptum super Sententiis (Ed. Mandonnet-Moos, Paris 1947ff).

- Summa Theologica (Ed. Marietti, Turin 1922).

THOMAS VON KEMPEN, Nachfolge Christi (übersetzt v. H. Endrös) Frankfurt 1957.

ALAND, K., Hilfsbuch zum Lutherstudium, Witten ^{3}1970.

- Lutherlexikon (Ergänzungsband III zu Luther Deutsch) Stuttgart 1957.

DOKUMENTE zum Ablaßstreit 1517 (hrsg. v. W. Köhler) Tübingen ^{2}1934.

DOKUMENTE zu Luthers Entwicklung (hrsg. v. O. Scheel) Tübingen ^{2}1929.

SCHOTTENLOHER, K., Bibliographie zu Martin Luther, in: Bibliographie zur deutschen Geschichte im Zeitalter der Glaubensspaltung 1517-1585. Bd. 1 (Leipzig 1933 u. Stuttgart 1956) 458-629; Bd. 5 (Leipzig 1939 u. Stuttgart 1958) 158-183; Bd. 7 (bearb. v. U. Thürauf, Stuttgart 1963) 114-161.

B. Sekundärliteratur

AARTS, J. , Die Lehre Martin Luthers über das Amt in der Kirche, Helsinki 1972.

ADAM, A. , Lehrbuch der Dogmengeschichte II, Gütersloh 1968.

AHLBRECHT, A. , Neuere katholische Versuche zur Würdigung der theologischen Anliegen Luthers, in: Una Sancta 18 (1963) 174-183.

ALAND, K. , Der Weg zur Reformation (Theologische Existenz, N. F. 123) München 1965.

ALGERMISSEN, K. , Konfessionskunde, Paderborn [8]1969.

ALTHAUS, P. , Arnoldshain und das Neue Testament, in: Um die Wahrheit des Evangeliums, Stuttgart 1962, 207-223.

- Communio Sanctorum, München 1929.

- Die christliche Wahrheit, Gütersloh [8]1969.

- Die lutherische Abendmahlslehre in der Gegenwart, München 1931.

- Die Theologie Martin Luthers, Gütersloh [3]1972.

- Luthers Abendmahlslehre, in: LuJ 11 (1929) 2-42.

- Martin Luther über die Kindertaufe, in: ThLZ 73 (1948) 705-714.

ANDREAS, W. , Deutschland vor der Reformation, Stuttgart [5]1948.

ARNOLD, Fr. X. , Vorgeschichte und Einfluß des Trienter Meßopferdekrets auf die Behandlung des eucharistischen Geheimnisses in der Glaubensverkündigung der Neuzeit, in: Seelsorge aus der Mitte der Heilsgeschichte, Freiburg 1956, 64-111.

ASENDORF, U. , Zur Frage der materia coelestis in der lutherischen Abendmahlslehre, in: Lutherische Abendmahlslehre heute (hrsg. v. H. Wenschkewitz) Göttingen 1960, 21-30.

ASMUSSEN, H. , Abendmahlsgemeinschaft?, in: Abendmahlsgemeinschaft? (Beiheft 3 z. EvTh) München 1937, 5-35.

- - Sartory, Th. , Gespräch zwischen den Konfessionen, Frankfurt 1959.

- Glaube und Sakrament. Zwei Abschnitte aus "De captivitate Babylonica", in: Begegnung der Christen (Festschrift f. O. Karrer, hrsg. v. M. Roesle u. O. Cullmann) Stuttgart 1959, 161-178.

AUER, J. , Art. Rechtfertigung, in: LThK VIII, 1037-1042.

BÄUMER, R. , Die Diskussion um Luthers Thesenanschlag, in: Um Reform und Reformation (hrsg. v. A. Franzen) Münster 1968, 53-95.

- Martin Luther und der Papst, Münster 1970.

BAUER, K. , Das Entstehungsjahr von Luthers Sermo de indulgentiis pridie Dedicationis, in: ZKG 43 (1924) 174-179.

- Die Wittenberger Universitätstheologie und die Anfänge der Reformation, Tübingen 1928.

BARTH, K. , Ansatz und Absicht in Luthers Abendmahlslehre, in: ZwdZ 1 (1923) Heft 4, 17-51.

- Die kirchliche Lehre von der Taufe (Theologische Existenz 4) München 1947.

- Die Lehre von den Sakramenten, in: ZwdZ 7 (1929) 427-460.

BARUZI, J. , Le commentaire de Luther à l'Epître aux Hébreux, in: Revue d'histoire et de philosophie religieuses 11 (1931) 461-498.

BAYER, O. , Besprechung von U. Mauser, Der junge Luther über die Häresie, in: ZKG 82 (1971) 412-415.

- Die reformatorische Wende in Luthers Theologie, in: ZThK 66 (1969) 115-150.

- Promissio. Geschichte der reformatorischen Wende in Luthers Theologie, Göttingen 1971.

BECKER, K. J. , Wesen und Vollmachten des Priestertums nach dem Lehramt (Der priesterliche Dienst II) Freiburg 1970.

BEINTKER, H. , Glaube und Handeln in Luthers Verständnis des Römerbriefes, in: LuJ 28 (1961) 52-85.

- Neues Material über die Beziehungen Luthers zum mittelalterlichen Augustinismus, in: ZKG 68 (1957) 144-148.

BETZ, J. , Art. Konsubstantiation, in: LThK VII, 505f.

- Wort und Sakrament. Versuch einer dogmatischen Verhältnisbestimmung, in: Verkündigung und Glaube (Festschrift f. Fr.X. Arnold, hrsg. v. Th. Filthaut u. J.A. Jungmann) Freiburg 1958, 76-99.

BEUMER, J. , Die Opposition gegen das lutherische Schriftprinzip in der Assertio septem sacramentorum Heinrichs VIII. von England, in: Gregorianum 17 (1961) 97-106.

BEYNA, W. , Das moderne katholische Lutherbild, Essen 1969.

BIZER, E. , Art. Ubiquität, in: EKL III, 1530-1532.

- Besprechung v. W. Jetter, Die Taufe beim jungen Luther, in: ZKG 67 (1955/56) 341-344.

- Die Abendmahlslehre in den lutherischen Bekenntnisschriften, in: E. Bizer - W. Kreck, Die Abendmahlslehre in den reformatorischen Bekenntnisschriften, München 1955, 3-42.

- Die Entdeckung des Sakraments durch Luther, in: EvTh 17 (1957) 64-90.

- Fides ex auditu, Neukirchen [3]1966.

- Lutherische Abendmahlslehre?, in: EvTh 16 (1956) 1-18.

- Luther und der Papst (Theologische Existenz, N. F. 69) München 1958.

- Neue Darstellungen der Theologie Luthers, in: ThR 31 (1965/66) 316-349.

- Römisch-katholische Messe und evangelisches Abendmahl, in: Ecclesia semper reformanda (Sonderheft der EvTh z. 50. Geburtstag v. E. Wolf) München 1952, 17-40.

- Studien zur Geschichte des Abendmahlsstreites im 16. Jahrhundert, Gütersloh 1940 (Neudruck Darmstadt 1962).

BODEM, A. , Das Wesen der Kirche nach Kardinal Cajetan, Trier 1971.

BOECKL, K. , Die Eucharistielehre der deutschen Mystiker des Mittelalters, Freiburg 1924.

BOEHMER, H. , Der junge Luther, Stuttgart ⁵1962.

BOGDAHN, M. , Die Rechtfertigungslehre Luthers im Urteil der neueren katholischen Theologie, Göttingen 1971.

BORNKAMM, H. , Art. Luther, in: RGG IV, 480-495.

- Das Wort Gottes bei Luther, München 1933.

- Luthers geistige Welt, Gütersloh ⁴1960.

- Probleme der Lutherbiographie, in: Lutherforschung heute (hrsg. v. V. Vajta) Berlin 1958, 15-23.

- Zur Frage der Iustitia Dei beim jungen Luther, in: ARG 52 (1961) 16-29; 53 (1962) 1-60.

BOUYER, L. , Wort, Kirche, Sakrament in evangelischer und katholischer Sicht, Mainz 1961.

BRANDENBURG, A. , Auf dem Weg zu einem ökumenischen Lutherverständnis, in: Martin Luther gegenwärtig, Paderborn 1969, 43-62.

- Gericht und Evangelium. Zur Worttheologie in Luthers erster Psalmenvorlesung, Paderborn 1960.

- Solae aures sunt organa Christiani hominis. Zu Luthers Exegese von Hebr. 10,5 f. , in: Martin Luther gegenwärtig, Paderborn 1969, 37-42.

- Thesen zur theologischen Begründung der Rechtfertigungslehre Luthers, in: Martin Luther gegenwärtig, Paderborn 1969, 17-22.

BRECHT, M. , Herkunft und Eigenart der Taufanschauung der Züricher Täufer, in: ARG 64 (1973) 147-165.

BRIEGER, Th. , Kritische Erörterungen zur neuen Lutherausgabe, in: ZKG 11 (1890) 101-154.

BRINKEL, K. , Die Lehre Luthers von der fides infantium bei der Kindertaufe, Berlin 1958.

BROWE, P. , Die Verehrung der Eucharistie im Mittelalter, München 1933.

BRUNNER, P., Die evangelisch-lutherische Lehre von der Taufe, in: Pro ecclesia I, Berlin 1962, 138-164.

- Die Rechtfertigungslehre des Konzils von Trient, in: Pro ecclesia II, Berlin 1966, 141-169.

- Taufe und Glaube - Kindertaufe und Kinderglaube, in: Pro ecclesia I, Berlin 1962, 165-182.

- Vom heiligen Abendmahl, in: Pro ecclesia I, Berlin 1962, 183-202.

- Zur Lehre vom Gottesdienst der im Namen Jesu versammelten Gemeinde, in: Leiturgia I, Kassel 1954, 83-361.

BRUNSTÄD, F., Theologie der lutherischen Bekenntnisschriften, Gütersloh 1951.

CAMPENHAUSEN, H. v., Reformatorisches Selbstbewußtsein und reformatorisches Geschichtsbewußtsein bei Luther, in: ARG 37 (1940) 128-150.

CONGAR, Y., Das Verhältnis zwischen Kult oder Sakrament und Verkündigung des Wortes, in: Conc 4 (1968) 176-181.

DAMERAU, R., Die Abendmahlslehre des Nominalismus, insbesondere die des Gabriel Biel, Gießen o. J.

DENIFLE, H., Luther und Luthertum, 2 Bde., Mainz 1904 ff.

DETTLOFF, W., Das Gottesbild und die Rechtfertigung in der Schultheologie zwischen Duns Scotus und Luther, in: WiWei 27 (1964) 197-210.

- Die antipelagianische Grundstruktur der scotischen Rechtfertigungslehre, in: FStud 48 (1966) 266-270.

- Die Entwicklung der Akzeptations- und Verdienstlehre von Duns Scotus bis Luther, Münster 1963.

DIECKHOFF, A. W., Die evangelische Abendmahlslehre im Reformationszeitalter, Göttingen 1854.

DIEM, H., Zum Verständnis der Taufe bei Luther, in: EvTh 2 (1935) 403-420.

DIESTELMANN, J., Konsekration (Luthertum Heft 22) Berlin 1960.

EBELING, G., Art. Luther II, in: RGG IV, 495-520.

- Die Anfänge von Luthers Hermeneutik, in: Lutherstudien I, Tübingen 1971, 1-68.

- Erwägungen zum evangelischen Sakramentsverständnis, in: Wort Gottes und Tradition, Göttingen 1964, 217-226.

- Evangelische Evangelienauslegung, München 1942 (Neudruck Darmstadt 1962).

- Luther.Einführung in sein Denken, Tübingen 1964.

- Luthers Auslegung des 14.(15.) Psalms, in: Lutherstudien I, Tübingen 1971, 132-195.

-   Luthers Psalterdruck vom Jahre 1513, in: Lutherstudien I, Tübingen 1971, 69-131.

-   Worthafte und sakramentale Existenz, in: Wort Gottes und Tradition, Göttingen 1964, 197-216.

ECHTERNACH, H., Die Wiederentdeckung des Taufsakraments durch Luther, in: Mensch und Menschensohn (Festschrift f. K. Witte, hrsg. v. H. Sierig) Hamburg 1963, 58-80.

ELZE, M., Das Verständnis der Passion Jesu im ausgehenden Mittelalter und bei Luther, in: Geist und Geschichte der Reformation (Festgabe f. H. Rückert, hrsg. v. H. Liebig und K. Scholder) Berlin 1966, 127-151.

FAGERBERG, H., Die Kirche in Luthers Psalmenvorlesung 1513-1515, in: Gedenkschrift für W. Elert (hrsg. v. Fr. Hübner) Berlin 1955, 109-118.

-   Die Theologie der lutherischen Bekenntnisschriften, Göttingen 1965.

FAST, H., Art. Täufer, in: RGG VI, 601-604.

-   Bemerkungen zur Taufanschauung der Täufer, in: ARG 57 (1966) 131-151.

FAUSEL, H., D. Martin Luther. Leben und Werk, 2 Bde., München 1966.

FELD, H., Martin Luthers und Wendelin Steinbachs Vorlesungen über den Hebräerbrief, Wiesbaden 1971.

FENDT, L., Luthers Reformation der Beichte, in: Luther 24 (1953) 121-137.

FEREL, M., Gepredigte Taufe, Eine homiletische Untersuchung zur Taufpredigt bei Luther, Tübingen 1969.

FICKER, J., Luthers Vorlesung über den Römerbrief, Leipzig 1906.

FINKENZELLER, J., Art. Sakrament, in: LThK IX, 220-225.

-   Die Zählung und die Zahl der Sakramente, in: Wahrheit und Verkündigung (Festschrift f. M. Schmaus, hrsg. v. L. Scheffczyk, W. Dettloff, R. Heinzmann) Paderborn 1967, 1005-1033.

FLÖRKEN, N., Ein Beitrag zur Datierung von Luthers Sermo de indulgentiis pridie Dedicationis, in: ZKG 82 (1971) 344-350.

FRAENKEL, P., Besprechung von G. Hennig, Cajetan und Luther, in: ThLZ 94 (1969) 54-56.

FRANZ, A., Die Messe im deutschen Mittelalter, Freiburg 1902 (Neudruck Darmstadt 1963).

FRANZEN, A. (Hrsg), Um Reform und Reformation, Münster 1968.

FREUDENBERGER, Th., Zur Benützung des reformatorischen Schrifttums im Konzil von Trient, in: Von Konstanz nach Trient (Festgabe f. A. Franzen, hrsg. v. R. Bäumer) Paderborn 1972, 577-601.

FRICKE, O., Die Sakramente in der protestantischen Kirche, Tübingen 1929

FRIES, H., Die Grundanliegen der Theologie Luthers in der Sicht der katholischen Theologie der Gegenwart, in: Wandlungen des Lutherbildes (Studien und Berichte der Kath. Akademie in Bayern, Heft 36, hrsg. v. K. Forster) Würzburg 1966, 157-191.

GENNRICH, P. W., Die Christologie Luthers im Abendmahlsstreit 1524-152 Königsberg 1929.

GERKEN, A., Theologie der Eucharistie, München 1973.

GÖTTLER, J., Der hl. Thomas von Aquin und die vortridentinischen Thomisten über die Wirkung des Bußsakramentes, Freiburg 1904.

GOLLWITZER, H., Coena Domini. Die altlutherische Abendmahlslehre in ihrer Auseinandersetzung mit dem Calvinismus dargestellt an der luth. Frühorthodoxie, München 1937.

- Die Abendmahlsfrage als Aufgabe kirchlicher Lehre, in: Theologische Aufsätze für Karl Barth, München 1936, 275-298.

- Luthers Abendmahlslehre, in: Abendmahlsgemeinschaft? (Beiheft 3 z. EvTh) München 1937, 94-121.

- Zur Auslegung von Joh. 6 bei Luther und Zwingli, in: In memoriam Ernst Lohmeier, Stuttgart 1951, 143-168.

GRABMANN, M., Geschichte der katholischen Theologie, Freiburg 1933.

GRAEBKE, F., Die Konstruktion der Abendmahlslehre Luthers in ihrer Entwicklung dargestellt, Leipzig 1908.

GRANE, L., Contra Gabrielem. Luthers Auseinandersetzung mit Gabriel Biel in der Disputatio contra scholasticam theologiam 1517, Gyldendal 1962.

- Die Anfänge von Luthers Auseinandersetzung mit dem Thomismus, in: ThLZ 95 (1970) 241-250.

- Erwägungen zur Ontologie Luthers, in: NZSTh 13 (1971) 188-198.

GRAß, H., Art. Abendmahl, in: RGG I, 21-34.

- Die Abendmahlslehre bei Luther und Calvin, Gütersloh [2]1954.

- Die Arnoldshainer Thesen und die lutherische Abendmahlslehre, in: Lehrgespräch über das Heilige Abendmahl (hrsg. v. G. Niemeier) München 1961, 127-151.

GRISAR, H., Luther, 3 Bde., Freiburg [3]1924 - 25.

GRÖNVICK, L., Die Taufe in der Theologie Martin Luthers, Göttingen 196

GRÜNEWALD, J., Zur Ontologie der Realpräsenz, in: Lutherische Abendmahlslehre heute (hrsg. v. H. Wenschkewitz) Göttingen 1960, 12-21.

GYLLENKROK, A., Rechtfertigung und Heiligung in der frühen evangelisch Theologie Luthers, Wiesbaden 1952.

HACKER, P., Das Ich im Glauben bei Martin Luther, Graz 1966.

HÄGGLUND, B., Voraussetzungen der Rechtfertigungslehre Luthers in der spätmittelalterlichen Theologie, in: LR 11 (1961) 28-55.

HAGEN, K., The Problem of Testament in Luther's Lectures on Hebrews, in: HThR 63 (1970) 61-90.

HAHN, G. L., Die Lehre von den Sakramenten in ihrer geschichtlichen Entwicklung innerhalb der abendländischen Kirche bis zum Konzil von Trient, Breslau 1864.

HALMER, N., Der literarische Kampf Luthers und Melanchthons gegen das Opfer der heiligen Messe, in: DTh 21 (1943) 63-78.

- Die Meßopferspekulation von Kardinal Cajetan und Ruard Tapper, in: DTh 21 (1943) 187-212.

HAREIDE, B., Die Konfirmation in der Reformationszeit, Göttingen 1971.

HARNACK, A. v., Lehrbuch der Dogmengeschichte III, Tübingen [4]1910 (Neudruck Darmstadt 1964).

HARTOG, H., Die Privatbeichte und die Schlüsselgewalt in der Theologie der Reformatoren, in: Monatsschrift f. Pastoraltheologie 46 (1957) 360-364.

HASLER, A., Luther in der katholischen Dogmatik. Darstellung seiner Rechtfertigungslehre in den katholischen Dogmatikbüchern, München 1968.

HAUSAMMANN, S., Realpräsenz in Luthers Abendmahlslehre, in: Studien zur Geschichte und Theologie der Reformation (Festschrift f. E. Bizer, hrsg. v. Abramowski u. J. Goeters) Neukirchen 1969, 157-173.

HEIDLER, Fr., Christi Gegenwart beim Abendmahl, Berlin [2]1949.

HENNIG, G., Cajetan und Luther. Ein historischer Beitrag zur Begegnung von Thomismus und Reformation, Stuttgart 1966.

HENNIG, H., Die Lehre vom opus operatum in den lutherischen Bekenntnisschriften, in: Una Sancta 13 (1958) 121-135.

HERMANN, R., Die Kindertaufe bei Luther, in: Lutherische Monatshefte 1 (1962) 67-73.

HERTE, A., Das katholische Lutherbild im Bann der Lutherkommentare des Cochläus, 3 Bde., Münster 1943.

HEYER, Fr., Die Lutheraner und das ex opere operato, in: Una Sancta 14 (1959) 316-318.

HEYNCK, V., Attritio sufficiens, in: FStud 31 (1949) 76-134.

- Besprechung von H. A. Oberman, Spätscholastik und Reformation, in: FStud 48 (1966) 190-194.

HILDEBRANDT, Fr., Est. Das lutherische Prinzip, Göttingen 1931.

HILGENFELD, H., Mittelalterlich-traditionelle Elemente in Luthers Abendmahlsschriften, Zürich 1971.

HIRSCH, E., Initium theologiae Lutheri, in: Lutherstudien II, Gütersloh 1954, 9-35.

- Schwenckfeld und Luther, in: Lutherstudien II, Gütersloh 1954, 35-67.

HÖDL, L., Die Geschichte der scholastischen Literatur und der Theologie der Schlüsselgewalt, Teil 1, Münster 1960.

HOF, O., Luthers Unterscheidung zwischen dem Glauben und der Reflexion auf den Glauben, in: KuD 18 (1972) 294-324.

- Taufe und Heilswerk Christi bei Luther, in: Zur Auferbauung des Leibes Christi (Festgabe f. P. Brunner, hrsg. v. E. Schlink u. A. Peters) Kassel 1965, 223-244.

HOLL, K., Gesammelte Aufsätze zur Kirchengeschichte, Band 1: Luther, Tübingen [6]1932.

HOPF, Fr. W., Die Abendmahlslehre der evangelisch-lutherischen Kirche, in: Abendmahlsgemeinschaft? (Beiheft 3 z. EvTh) München 1937, 122-163.

HORST, U., Der Streit um die Heilige Schrift zwischen Kardinal Cajetan und Ambrosius Catharinus, in: Wahrheit und Verkündigung (Festschrift f. M. Schmaus, hrsg. v. L. Scheffczyk, W. Dettloff, R. Heinzmann) München 1967, 551-577.

ISERLOH, E., Abendmahl und Opfer in katholischer Sicht, in: P. Meinhold-E. Iserloh. Abendmahl und Opfer, Stuttgart 1960, 75-109.

- Der Kampf um die Messe in den ersten Jahren der Auseinandersetzung mit Luther, Münster 1952.

- Der Wert der Messe in der Diskussion der Theologen vom Mittelalter bis zum 16. Jahrhundert, in: ZkTh 83 (1961) 44-79.

- Die Eucharistie in der Darstellung des Johannes Eck. Ein Beitrag zur vortridentinischen Kontroverstheologie über das Meßopfer, Münster 195

- Die Kirchenfrömmigkeit in der "Imitatio Christi", in: Sentire Ecclesiam (Festschrift f. H. Rahner, hrsg. v. J. Danielou u. H. Vorgrimler) Freiburg 1961, 251-267.

- Die Protestantische Reformation, in: Handbuch der Kirchengeschichte IV (hrsg. v. H. Jedin) Freiburg 1967, 3-446.

- "Existentiale Interpretation" in Luthers erster Psalmenvorlesung?, in: ThRv 59 (1963) 73-84.

- Gnade und Eucharistie in der philosophischen Theologie des Wilhelm von Ockham, Wiesbaden 1956.

- Gratia und Donum, Rechtfertigung und Heiligung nach Luthers Schrift "Wider den Löwener Theologen Latomus" (1521), in: Studien zur Geschichte und Theologie (Festschrift f. E. Bizer, hrsg. v. L. Abramowski u. J. Goeters) Neukirchen 1969, 141-156.

- Luthers Stellung in der theologischen Tradition, in: Wandlungen des Lutherbildes (Studien und Berichte der Kath. Akademie in Bayern, Heft 36, hrsg. v. K. Forster) Würzburg 1966, 15-47.

- Luther zwischen Reform und Reformation. Der Thesenanschlag fand nicht statt, Münster ³1968.

- Sacramentum et exemplum. Ein augustinisches Thema lutherischer Theologie, in: Reformata Reformanda I (Festgabe f. H. Jedin, hrsg. v. E. Iserloh u. K. Repgen) Münster 1965, 247-264.

- -Pfnür, V., Die Kirchen reformatorischer Prägung, in: K. Algermissen, Konfessionskunde, Paderborn ⁸1969, 279-462.

JÄGER, K., Luthers religiöses Interesse an seiner Lehre von der Realpräsenz, Giessen 1900.

JEDIN, H., Art. Luther, in: LThK VI, 1223-1230.

- Geschichte des Konzils von Trient, Freiburg 1949 ff.

- Luthers Turmerlebnis in neuer Sicht. Bericht über E. Bizer, Fides ex auditu (1958), in: Cath 12 (1958) 129-138.

- Wandlungen des Lutherbildes in der katholischen Kirchengeschichtsschreibung, in: Wandlungen des Lutherbildes (Studien und Berichte der Kath. Akademie in Bayern, Heft 36, hrsg. v. K. Forster) Würzburg 1966, 79-101.

- Wo sah die vortridentinische Kirche die Lehrdifferenzen mit Luther?, in: Cath 21 (1967) 85-100.

JETTER, W., Die Taufe beim jungen Luther, Tübingen 1954.

- Drei Neujahrs-Sermone Gabriel Biels als Beispiel spätmittelalterlicher Lehrpredigt, in: Geist und Geschichte der Reformation (Festgabe f. H. Rückert, hrsg. v. H. Liebig u. K. Scholder) Berlin 1966, 86-126.

JOEST, W., Ontologie der Person bei Luther, Göttingen 1967.

JOSEFSON, R., Wort und Zeichen. Luther und Barth über die Taufe, in: KuD 2 (1956) 218-227.

JÜNGEL, E., Das Sakrament - was ist das?, in: E. Jüngel - K. Rahner, Was ist ein Sakrament?, Freiburg 1971, 11-61.

JUNGHANS, H., Besprechung von L. Braeckmans, Confession et communion au moyen âge et au concile de Trente, Gembloux 1971, in: ThLZ 97 (1972) 290-292.

- Das Wort Gottes bei Luther während seiner ersten Psalmenvorlesung, in: ThLZ 100 (1975) 161-174.

JUNGMANN, J. A., Der Stand des liturgischen Lebens am Vorabend der Reformation, in: Liturgisches Erbe und pastorale Gegenwart, Innsbruck 1960, 87-107.

- Missarum Sollemnia, 2 Bde., Freiburg [5]1962.

KANTZENBACH, W., Lutherforschung als kontroverstheologisches Problem, in: Wandlungen des Lutherbildes (Studien und Berichte der Kath. Akademie in Bayern, Heft 36, hrsg. v. K. Forster) Würzburg 1966, 105-129.

KARRER, O., Die Eucharistie im Gespräch der Konfessionen, in: Die Eucharistie im Verständnis der Konfessionen (hrsg. v. Th. Sartory) Recklinghausen 1961, 255-383.

KASPER, W., Wort und Sakrament, in: Martyria - Leiturgia - Diakonia (Festschrift f. H. Volk, hrsg. v. O. Semmelroth) Mainz 1968, 260-285.

KASTEN, H., Taufe und Rechtfertigung bei Thomas von Aquin und Martin Luther, München 1970.

KATTENBUSCH, F., Art. Sakrament, in: RE XVII, 349-381.

KAWERAU, G., Der Streit über die Reliquiae Sacramenti in Eisleben 1543, in: ZKG 33 (1912) 286-308.

KAWERAU, P., Luther. Leben - Schriften - Denken, Marburg 1969.

KINDER, E., Art. Rechtfertigung, in: RGG V, 834-840.

- Art. Reformation II, in: HThGB II, 409-414.

- Beichte und Absolution nach den lutherischen Bekenntnisschriften, in: ThLZ 77 (1952) 543-550.

- Das Evangelium Gottes = Verkündigung und Sakramentshandlungen, in: ThLZ 94 (1969) 17-24.

- Die Bedeutung der Einsetzungsworte beim Abendmahl nach lutherischem Verständnis, in: Luthertum Heft 25 (Berlin 1961) 7-26.

- Die Gegenwart Christi im Abendmahl nach lutherischem Verständnis, in: Gegenwart Christi (hrsg. v. P. Jakobs, E. Kinder, F. Viering) Göttingen 1959, 33-65.

- "Realpräsenz" und "Repräsentation". Feststellungen zu Luthers Abendmahlslehre, in: ThLZ 84 (1959) 881-894.

- Was bedeutet "Wort Gottes" nach dem Verständnis der Reformation?, in: KuD 12 (1966) 14-26.

- Was geschah mit uns in der Taufe?, in: Zeitwende 34 (1963) 163-175.

- Was geschieht im Heiligen Abendmahl? Wirklichkeit und Dauer der Realpräsenz nach Luther und den Bekenntnisschriften, in: Zeitwende 30 (1959) 161-172.

- Zur Sakramentslehre, in: NZSTh 3 (1961) 141-174.

KLEIN, L., Das Taufbewußtsein bei Luther, in: Liturgie und Mönchtum Heft 33/34, Maria Laach 1963/64, 82-87.

- Evangelisch-lutherische Beichte, Paderborn 1961.

KLEINEIDAM, E., Die Universität Erfurt in den Jahren 1501 - 1505, in: Reformata Reformanda I (Festgabe für H. Jedin, hrsg. v. E. Iserloh u. K. Repgen) Münster 1965, 142-195.

KNOKE, W., Schwenkfelds Sakramentsverständnis, in: ZRGG 11 (1959) 314-327.

KOCH, O., Gegenwart oder Vergegenwärtigung Christi im Abendmahl? Zum Problem der Repräsentatio in der Theologie der Gegenwart, München 1965.

KOCH, R., Erbe und Auftrag. Das Abendmahlsgespräch in der Theologie des 20. Jahrhunderts, München 1957.

KOEHLER, W., Das Marburger Religionsgespräch 1529. Versuch einer Rekonstruktion, Leipzig 1929.

- Das Religionsgespräch zu Marburg, Tübingen 1929.

KÖHNLEIN, M., Was bringt das Sakrament? Disputation mit Karl Rahner, Göttingen 1971.

KÖSTERS, R., Die Lehre von der Rechtfertigung unter besonderer Berücksichtigung der Formel Simul iustus et peccator, in: ZkTh 90 (1968) 309-324.

- Luthers These "Gerecht und Sünder zugleich". Zu dem gleichnamigen Buch von Rudolf Hermann, in: Cath 18 (1964) 48-77; 193-217; 19 (1965) 136-160; 210-224.

- Zur Theorie der Kontroverstheologie, in: ZkTh 88 (1966) 121-162.

KÖSTLIN, J., Luthers Theologie in ihrer geschichtlichen Entwicklung und in ihrem inneren Zusammenhang dargestellt, 2 Bde., Stuttgart ²1901 (Neudruck Darmstadt 1968).

KOMPOSCH, E., Die Messe als Opfer der Kirche. Die Lehre Kaspar Schatzgeyers OFM über das eucharistische Opfer, Augsburg 1965.

KRIECHBAUM, Fr., Grundzüge der Theologie Karlstadts, Hamburg 1967.

KROEGER, M., Rechtfertigung und Gesetz, Göttingen 1968.

KRUSE, L., Der Sakramentsbegriff des Konzils von Trient und die heutige Sakramentstheologie, in: ThGl 45 (1955) 401-412.

- Glaube und Sakrament auf dem Konzil von Trient, in: Cath 13 (1959) 200-211.

KÜHN, U., Ist Luther Anlaß zum Wandel des katholischen Selbstverständnisses? Zur jüngsten Phase katholischer Bemühung um Luther, in: ThLZ 93 (1968) 881-898.

KURZ, A., Die Heilsgewißheit bei Luther, Gütersloh 1933.

LAEMMER, H., Die vortridentinisch-katholische Theologie des Reformationszeitalters, Berlin 1858.

LAMPEN, W. , De causalitate sacramentorum iuxta scholam Franciscanam, Bonn 1931.

LANDGRAF, A. M. , Das Axiom "facientibus quod est in se Deus non denegat gratiam", in: Dogmengeschichte der Frühscholastik I/1, Regensburg 1952, 249-264.

-   Das Begriffpaar opus operans und opus operatum, in: Dogmengeschichte der Frühscholastik III/1, Regensburg 1954, 145-159.

-   Die Intention des Spenders der Sakramente, in: Dogmengeschichte der Frühscholastik III/1, Regensburg 1954, 119-145.

-   Grundlagen für ein Verständnis der Bußlehre der Früh- und Hochscholastik, in: ZkTh 51 (1927) 171-194.

LAU, F. , Luthers Worttheologie in katholischer Sicht, in: LuJ 28 (1961) 110-116.

LAUCHERT, F. , Die italienischen literarischen Gegner Luthers, Freiburg 1912 (Neudruck Nieuwkoop 1972).

LAURENT, M. H. , La causalité sacrementaire d'après le commentaire de Cajetan sur les sentences, in: Rev. de science phil. et theol. 20 (1931) 77-82.

LEEUW, G. van der, Sakramentales Denken. Erscheinungsformen und Wesen der außerchristlichen und christlichen Sakramente, Kassel 1959.

LINK, W. , Das Ringen Luthers um die Freiheit der Theologie von der Philosophie, München [2]1955.

LOEWENICH, W. von, Lutherforschung in Deutschland, in: Lutherforschung heute (hrsg. v. V. Vajta) Berlin 1958, 150-171.

-   Lutherforschung in Deutschland seit dem zweiten Weltkrieg, in: ThLZ 81 (1956) 705-716.

-   Luther und der Neuprotestantismus, Witten 1963.

-   Luthers theologia crucis, München [5]1967.

LOHSE, B. , Die Bedeutung Augustins für den jungen Luther, in: KuD 11 (1965) 116-135.

-   Die Privatbeichte bei Luther, in: KuD 14 (1968) 207-228.

-   Die Stellung der "Schwärmer" und Täufer in der Reformationsgeschichte, in: ARG 60 (1969) 5-26.

-   Luthers Christologie im Ablaßstreit, in: LuJ 27 (1960) 51-63.

-   Mönchtum und Reformation. Luthers Auseinandersetzung mit dem Mönchsideal des Mittelalters, Göttingen 1963.

LORTZ, J. , Die Reformation in Deutschland, 2 Bde. , Freiburg [4]1962.

-   - Iserloh, E. , Kleine Reformationsgeschichte, Freiburg 1969.

- Luthers Römerbriefvorlesung, in: TThZ 71 (1962) 129-153; 216-247.

- Martin Luther, Grundzüge seiner geistigen Struktur, in: Reformata Reformanda I (Festgabe f. H. Jedin, hrsg. v. E. Iserloh u. K. Repgen) Münster 1965, 214-246.

- Sakramentales Denken beim jungen Luther, in: LuJ 36 (1969) 9-40.

- Wert und Grenzen der katholischen Kontroverstheologie in der ersten Hälfte des 16. Jahrhunderts, in: Um Reform und Reformation (hrsg. v. A. Franzen) Münster 1968, 9-32.

- Zur Problematik der kirchlichen Mißstände im Spätmittelalter, in: TThZ 58 (1949) 1-26; 212-227; 257-279; 347-357.

LUBAC, H. de, Corpus mysticum. Kirche und Eucharistie im Mittelalter, Einsiedeln 1969.

LUTTERJOHANN, R., Die Stellung Luthers zur Kindertaufe, in: ZSTh 11 (1934) 188-224.

MANN, Fr., Das Abendmahl beim jungen Luther, München 1971.

MANNS, P., Amt und Eucharistie in der Theologie Martin Luthers, in: P. Bläser, Amt und Eucharistie, Paderborn 1973, 68-173.

- Lutherforschung heute. Krise und Aufbruch, Wiesbaden 1967.

Mc SORLEY, H., Der zum Bußsakrament erforderte Glaube nach der Auffassung Luthers und des Tridentinums, in: Conc 7 (1971) 43-48.

- Luthers Lehre vom unfreien Willen, München 1967.

- Was Gabriel Biel a Semipelagian?, in: Wahrheit und Verkündigung (Festschrift f. M. Schmaus, hrsg. v. L. Scheffczyk, W. Dettloff, R. Heinzmann) Paderborn 1967, 1109-1120.

MAU, R., Zur Frage der Begründung von Heilsgewißheit beim jungen Luther, in: ThLZ 92 (1967) 741-748.

MAURER, W., Die Anfänge von Luthers Theologie. Eine Frage an die lutherische Kirche, in: ThLZ 77 (1952) 1-12.

- Der junge Melanchthon zwischen Humanismus und Reformation II, Göttingen 1969.

- Die Einheit der Theologie Luthers, in: ThLZ 75 (1950) 245-252.

- Kirche und Geschichte nach Luthers Dictata super Psalterium, in: Lutherforschung heute (hrsg. v. V. Vajta) Berlin 1959, 85-101.

- Luther und die Schwärmer, in: Schriften des Theol. Konvents Augsburgischen Bekenntnisses Heft 6 (1952) 7-37.

- Zur Komposition der Loci Melanchthons von 1521, in: LuJ 25 (1958) 146-180.

MECENSEFFY, G., Das Verständnis der Taufe bei den süddeutschen Täufern, in: Antwort. Karl Barth zum 70. Geburtstag (hrsg. v. E. Wolf, Ch. Kirsch baum und R. Frey) Zürich 1956, 642-646.

- Probleme der Täuferforschung, in: ThLZ 92 (1967) 641-648.

MEINHOLD, P. , Abendmahl und Opfer nach Luther, in: P. Meinhold - E. Iserloh, Abendmahl und Opfer, Stuttgart 1960, 35-73.

MEISSINGER, K. A. , Der katholische Luther, München 1952.

MEYER, H. B. , Die Elevation im deutschen Mittelalter und bei Luther, in: ZkTh 85 (1963) 162-217.

- Luther und die Messe, Paderborn 1965.

MEYER, J. , Luthers Großer Katechismus. Textausgabe mit Kennzeichnung seiner Predigtgrundlagen und Einleitung, Leipzig 1914 (Neudruck Darm- stadt 1968).

METZKE, E. , Sakrament und Metaphysik. Eine Lutherstudie über das Ver- hältnis des christlichen Denkens zum Leiblich-Materiellen, in: Coinci- dentia oppositorum, Witten 1961, 158-204.

MICHEL, A. , Art. Sacrement, in: DThC XIV/1, 485-644.

MOLLWITZ, P. , Luthers Lehre von der Kindertaufe, in: NKZ 28 (1917) 359-372.

MÜLLER, G. , Die römische Kurie und die Anfänge der Reformation, in: ZRGG 19 (1967) 1-32.

- Neuere Literatur zur Theologie des jungen Luther, in: KuD 11 (1965) 325-357.

MÜLLER, H. M. , Luthers Kreuzesmeditation und die Christuspredigt der Kirche, in: KuD 15 (1969) 35-49.

MUMM, R. , Evangelische Einzelbeichte, in: ThLZ 85 (1960) 507-512.

NEUNHEUSER, B. , Die Taufe beim jungen Luther, in: MThZ 8 (1957) 135- 138.

- Eucharistie in Mittelalter und Neuzeit (Handbuch der Dogmengeschichte IV, 4b) Freiburg 1963.

- Mönchsgelübde als zweite Taufe und unser theologisches Gewissen, in: Liturgie und Mönchtum Heft 33/34, Maria Laach 1963/64, 63-69.

NIEMEIER, G. (Hrsg.), Lehrgespräch über das Heilige Abendmahl. Stim- men und Studien zu den Arnoldshainer Thesen der Kommission für das Abendmahlsgespräch der EKD, München 1961.

NIESEL, W. , Literarkritischer Vergleich von Luthers "Sermon von dem Neuen Testament" mit dem über die Messe handelnden Abschnitt aus "De captivitate Babylonica ecclesiae praeludium", in: NKZ 35 (1924) 478-481.

OBERMAN, H. A. , Facientibus quod in se est Deus non denegat gratiam. Ro- bert Holcot O. P. and the Beginnings of Luther's Theology, in: HThR 55 (1962) 317-342.

- Forschungen zur spätmittelalterlichen Theologie, in: ThLZ 91 (1966)
  401-416.

- "Iustitia Christi" und "Iustitia Dei": Luther und die scholastischen Lehren von der Rechtfertigung, in: Der Durchbruch der reformatorischen
  Erkenntnis bei Luther (hrsg. v. B. Lohse) Darmstadt 1968, 413-444.

- Spätscholastik und Reformation. Der Herbst der mittelalterlichen Theologie, Zürich 1965.

- Von Ockham zu Luther. Neueste Untersuchungen, in: Conc 2 (1966) 536-
  541; 3 (1967) 580-584.

- Wir sein pettler. Hoc est verum. Bund und Gnade in der Theologie des
  Mittelalters und der Reformation, in: ZKG 78 (1967) 232-252.

PEDERSEN, Th. , Lutherforschung in Skandinavien, in: Lutherforschung
heute (hrsg. v. V. Vajta) Berlin 1958, 121-128.

PESCH, O. H. , Abenteuer Lutherforschung. Wandlungen des Lutherbildes
in katholischer Theologie, in: Die Neue Ordnung 20 (1966) 417-430.

- Aus der Lutherforschung. 453 Jahre Reformation, in: ThQ 150 (1970)
  417-432.

- Besinnung auf die Sakramente, in: Freiburger Zeitschrift f. Philosophie
  und Theologie 18 (1971) 266-321.

- "Das heißt eine neue Kirche bauen!" Luther und Cajetan in Augsburg,
  in: Begegnung (Festschrift f. H. Fries, hrsg. v. M. Seckler, O. H. Pesch,
  u. a.) Graz 1972, 645-661.

- Besprechung von P. Hacker, Das Ich im Glauben bei Martin Luther, in:
  ThRv 64 (1968) 51-56.

- Existentielle und sapientiale Theologie. Hermeneutische Erwägungen zur
  systematisch-theologischen Konfrontation zwischen Luther und Thomas
  von Aquin, in: ThLZ 92 (1967) 731-742.

- Die Theologie der Rechtfertigung bei Martin Luther und Thomas von
  Aquin, Mainz 1967.

- Zur Frage nach Luthers reformatorischer Wende. Ergebnisse und Probleme der Diskussion um Ernst Bizer, Fides ex auditu, in: Der Durchbruch der reformatorischen Erkenntnis bei Luther (hrsg. v. B. Lohse)
  Darmstadt 1968, 445-505.

- Zwanzig Jahre katholische Lutherforschung, in: LR 16 (1966) 392-406.

PETERS, A. , Die Grenzen zwischen einer sachgemäßen und einer zu verwer-
fenden Lehre von den Sakramenten nach Luther, in: Lutherische Nach-
richten 10 (1961) 1-20.

- Glaube und Werk. Luthers Rechtfertigungslehre im Lichte der Heiligen
  Schrift, Berlin 1967.

- Realpräsenz. Luthers Zeugnis von Christi Gegenwart im Abendmahl, Berlin ²1966.

PFNÜR, V., Einig in der Rechtfertigungslehre? Die Rechtfertigungslehre der Confessio Augustana (1530) und die Stellungnahmen der kath. Kontroverstheologen zwischen 1530 und 1535, Wiesbaden 1970.

PFÜRTNER, St., Heilsgewißheit nach Luther und die Hoffnungsgewißheit nach Thomas von Aquin, in: Cath 13 (1959) 182-199.

- Luther und Thomas im Gespräch. Unser Heil zwischen Gewißheit und Gefährdung, Heidelberg 1961.

POSCHMANN, B., Buße und Letzte Ölung (Handbuch der Dogmengeschichte IV, 3) Freiburg 1951.

PRATZNER, F., Messe und Kreuzesopfer. Die Krise der sakramentalen Idee bei Luther und in der mittelalterlichen Scholastik, Wien 1970.

PRENTER, R., Das Augsburgische Bekenntnis und die römische Meßopferlehre, in: KuD 1 (1955) 42-58.

- Die Realpräsenz als Mitte des christlichen Gottesdienstes, in: Gedenkschrift für Werner Elert (hrsg. v. Fr. Hübner) Berlin 1955, 307-319.

- Luthers Lehre von der Heiligung, in: Lutherforschung heute (hrsg. v. V. Vajta) Berlin 1958, 64-74.

- Spiritus Creator. Studien zu Luthers Theologie, München 1954.

RAMGE, K., Wesen und Zahl der Sakramente bei Luther und im Luthertum, in: Die Hochkirche 15 (1933) 20-37.

RATZINGER, J., Ist die Eucharistie ein Opfer?, in: Conc 3 (1967) 299-304.

REICHERT, F. R., Die Meßfrömmigkeit der ältesten deutschen Gesamtauslegung der Messe (ca. 1480), in: TThZ 72 (1963) 178-185.

RITTER, K. B., Zur Lehre vom opus operatum, in: Una Sancta 14 (1959) 34-39.

ROOS, H., Art. Exsurge Domine, in: LThK III, 1319.

- Die Quellen der Bulle "Exsurge Domine" (15.6.1520), in: Theologie in Geschichte und Gegenwart (Festschrift f. M. Schmaus, hrsg. v. J. Auer u. H. Volk) München 1957, 909-926.

ROST, G., Der Gedanke der Gleichförmigkeit mit dem leidenden Christus in der Frömmigkeit des jungen Luther, in: LRB 11 (1963) 2-12.

ROTH, E., Aporien in Luthers Tauflehre, in: ZSTh 22 (1953) 99-124.

- Die Privatbeichte und Schlüsselgewalt in der Theologie der Reformation, Gütersloh 1952.

- Sakrament nach Luther, Berlin 1952.

RÜCKERT, H., Die Weimarer Lutherausgabe: Stand, Aufgaben und Probleme, in: Lutherforschung heute (hrsg. v. V. Vajta) Berlin 1958, 111-120.

SARTORY, Th. (Hrsg.), Die Eucharistie im Verständnis der Konfessionen, Recklinghausen 1961.

- Martin Luther in katholischer Sicht, in: Una Sancta 16 (1961) 38-54.

SASSE, H., Das Abendmahl in der katholischen Messe, in: Vom Sakrament des Altars (hrsg. v. H. Sasse) Leipzig 1941, 79-94.

SEEBERG, E., Luthers Theologie in ihren Grundzügen, Stuttgart 1940.

SEEBERG, R., Lehrbuch der Dogmengeschichte, Darmstadt [6]1959 ff.

SELGE, K. V., Die Augsburger Begegnung von Luther und Kardinal Cajetan im Oktober 1518, in: Jahrbuch der hessischen kirchengeschichtl. Vereinigung 20 (1969) 37-54.

SEMMELROTH, O., Art. opus operatum - opus operantis, in: LThK VII, 1184-1186.

SKOWRONEK, A., Sakrament in der Evangelischen Theologie der Gegenwart, Paderborn 1971.

SOMMERLATH, E., Art. Abendmahl, in: RGG I, 34-37.

- Auf dem Wege zur Einheit? Kritische Anmerkungen zu den Arnoldhainer Abendmahlsthesen, in: Lehrgespräch über das Heilige Abendmahl (hrsg. v. G. Niemeier) München 1961, 75-89.

- Das Abendmahl bei Luther, in: Vom Sakrament des Altars (hrsg. v. H. Sasse) Leipzig 1941, 95-132.

- Der sakramentale Charakter der Absolution nach Luthers Schrift "Von den Schlüsseln" (1530), in: Die Leibhaftigkeit des Wortes (Festschrift f. A. Köberle, hrsg. v. O. Michel u. U. Mann) Hamburg 1958, 210-232.

- Der Sinn des Abendmahls nach Luthers Gedanken über das Abendmahl 1527/29, Leipzig 1930.

- Rechtfertigung und Taufe, Gedanken zu Luthers Taufsermon 1519, in: Vierhundertfünfzig Jahre lutherische Reformation (Festschrift f. Fr. Lau, hrsg. v. H. Junghans, J. Ludolphy und K. Meier) Göttingen 1967, 352-366.

- Sakrament und Gegenwart. Gedanken zu Luthers Katechismussätzen über Taufe und Abendmahl, Leipzig 1930.

SCHÄZLER, C. V., Die Lehre von der Wirksamkeit der Sakramente ex opere operato in ihrer Entwicklung innerhalb der Scholastik und ihrer Bedeutung für die christliche Heilslehre dargestellt, München 1860.

SCHANZE, W., Die Konsekrationspraxis in der lutherischen Kirche, in: Luthertum Heft 25 (Berlin 1961) 27-48.

SCHEEL, O., Martin Luther. Vom Katholizismus zur Reformation, 2 Bde., Tübingen [3]1921/30.

SCHEMPP, P., Das Abendmahl bei Luther, in: Gesammelte Aufsätze (hrsg. v. E. Bizer) München 1960, 88-106.

SCHIERSE, Fr. J., Das Trienter Konzil und die Frage nach der christlichen Gewißheit, in: Das Weltkonzil von Trient I (hrsg. v. G. Schreiber) Freiburg 1951, 145-167.

SCHINZER, R., Die doppelte Verdienstlehre des Spätmittelalters und Luthers reformatorische Entdeckung, München 1971.

SCHLETTE, H. R., Die Lehre von der geistlichen Kommunion bei Bonaventura, Albert dem Großen und Thomas von Aquin, München 1959.

SCHLINK, E., Theologie der lutherischen Bekenntnisschriften, München ^{3}1948.

SCHLÜTER, R., Thomas und Luther als Gesprächspartner über die Taufe, in: Cath 25 (1971) 67-71.

SCHMIDT - LAUBER, H. Chr., Die Eucharistie als Entfaltung der verba testamenti, Kassel 1957.

SCHNÜBBE, O., Die lutherische Abendmahlslehre im Lichte des geschichtlichen Denkens, in: Lutherische Abendmahlslehre heute (hrsg. v. H. Wenschkewitz) Göttingen 1960, 30-49.

SCHOENE, J., Luthers Bekenntnis vom Altarsakrament, Berlin 1970.

SCHORLEMER, P., Die Zahl der Sakramente nach den ev. -luth. Bekenntnissen, in: Die Hochkirche 15 (1933) 15-20.

SCHUBERT, H. v. - Meissinger, K., Zu Luthers Vorlesungstätigkeit, Heidelberg 1920.

SCHULTE, R., Die Messe als Opfer der Kirche, Münster 1959.

SCHWARZ, R., Fides, spes und caritas beim jungen Luther, Berlin 1962.

-   Vorgeschichte der reformatorischen Bußtheologie, Berlin 1968.

STAKEMEIER, A., Das Konzil von Trient über die Heilsgewißheit, Heidelberg 1947.

STAKEMEIER, E., Trienter Lehrentscheidungen und reformatorisches Anliegen, in: Das Weltkonzil von Trient I (hrsg. v. G. Schreiber) Freiburg 1951, 77-116.

STANGE, C., Der Todesgedanke in Luthers Tauflehre, in: Studien zu Luthers Theologie I, Gütersloh 1928, 348-434.

STECK, K. G., Luther für Katholiken, München 1969.

STEGMÜLLER, Fr., Literargeschichtliches zu Gabriel Biel, in: Theologie in Geschichte und Gegenwart (Festschrift f. M. Schmaus, hrsg. v. J. Auer u. H. Volk) München 1957, 309-316.

STEIN, W., Das kirchliche Amt bei Luther, Wiesbaden 1974.

STUPPERICH, R., Geschichte der Reformation, München 1967.

THIMME, K., Entwicklung und Bedeutung der Sakramentslehre Luthers, in: NKZ 12 (1901) 749-774; 876-903.

TRÜTSCH, J., Facienti quod in se est, in: LThK III, 1336f.

TÜCHLE, H., Reformation und Gegenreformation (Geschichte der Kirche III, hrsg. v. L. J. Rogier, R. Aubert, M. D. Knowles) Einsiedeln 1965.

URNER, H., Die Taufe bei Caspar Schwenkfeld, in: ThLZ 73 (1948) 329-342.

-   Evangelische Einzelbeichte?, in: ThLZ 84 (1959) 647-652.

VAJTA, V. (Hrsg.), Lutherforschung heute (Referate und Berichte des 1. Internationalen Lutherforschungskongresses Aarhus 1956) Berlin 1958.

-   Theologie des Gottesdienstes bei Luther, Göttingen ^{3}1958.

VERCRUYSSE, J., Fidelis Populus, Wiesbaden 1968.

VOGELSANG, E., Die Anfänge von Luthers Christologie nach der ersten Psalmenvorlesung, Berlin 1929.

-   Die Bedeutung der neu veröffentlichten Hebräer-Vorlesung Luthers, Tübingen 1930.

VOLZ, H., Art. Lutherausgaben, in: RGG IV, 520-523.

-   Luthers Randbemerkungen zu zwei Schriften Gabriel Biels. Kritische Anmerkungen zu Hermann Degerings Publikation, in: ZKG 81 (1971) 207-219.

WAGNER, W., Die Kirche als corpus Christi mysticum beim jungen Luther, in: ZkTh 61 (1937) 29-98.

WALZ, A., Von Cajetans Gedanken über Kirche und Papst, in: Volk Gottes (Festschrift f. J. Höfer, hrsg. v. R. Bäumer u. H. Dolch) Freiburg 1967, 336-360.

WARNACH, V., Das Meßopfer als ökumenisches Anliegen, in: Liturgie und Mönchtum 18 (1955) 65-90.

WEHRUNG, G., Fides specialis, in: ThLZ 77 (1952) 193-200.

WISLÖFF, C., Abendmahl und Messe. Die Kritik Luthers am Meßopfer, Berlin 1969.

WOLF, E., Art. Luther, in: EKL II, 1162-1176.

-   Johannes von Staupitz und die theologischen Anfänge Luthers, in: LuJ 11 (1929) 43-86.

ZIEGENAUS, A., Umkehr, Versöhnung, Friede, Freiburg 1975.

ZUMKELLER, A., Das Ungenügen der menschlichen Werke bei den deutschen Predigern des Spätmittelalters, in: ZkTh 81 (1959) 265-305.

ZUR MÜHLEN, K. H., Nos extra nos. Luthers Theologie zwischen Mystik und Scholastik, Tübingen 1972.

-   Zur Rezeption der Augustinischen Sakramentsformel "Accedit verbum ad elementum et fit sacramentum" in der Theologie Luthers, in: ZThK 70 (1973) 50-76.

ABKÜRZUNGEN

ARG	Archiv für Reformationsgeschichte, (Leipzig) Gütersloh 1903ff.
BKV	Bibliothek der Kirchenväter, Kempten [2]1911ff (Reihe I: Bde. 1-63; Reihe II: Bde. 1-20).
BSLK	Die Bekenntnisschriften der evangelisch-lutherischen Kirche, Göttingen [6]1967.
Cath	Catholica, (Paderborn) Münster 1932ff.
CCath	Corpus Catholicorum, begr. v. J. Greving, Münster 1919ff.
CChr	Corpus Christianorum seu nova Patrum collectio, Turnhout - Paris 1953ff.
Cl	Luthers Werke in Auswahl (Clemen Ausgabe) Berlin 1912ff.
Conc	Concilium, Einsiedeln - Mainz 1965ff.
CR	Corpus Reformatorum, Berlin 1834ff, Leipzig 1906ff.
CSEL	Corpus scriptorum ecclesiasticorum latinorum, Wien 1866ff.
CT	Concilium Tridentinum, Freiburg 1901ff.
DS	Denzinger, H. - Schönmetzer, A., Enchiridion Symbolorum, Freiburg - Rom [32]1963.
DTh	Divus Thomas, Fribourg 1914ff.
DThC	Dictionnaire de théologie catholique, Paris 1930ff.
EKL	Evangelisches Kirchenlexikon, Göttingen [2]1961.
EvTh	Evangelische Theologie, München 1934ff.
FStud	Franziskanische Studien, (Münster) Werl 1914ff.
Gl	Glosse
HThGB	Handbuch Theologischer Grundbegriffe, hrsg. v. H. Fries, München 1962.
HThR	The Harvard Theological Review, Cambridge, Mass., 1908ff.
KuD	Kerygma und Dogma, Göttingen 1955ff.
LD	Luther Deutsch (hrsg. v. K. Aland) Stuttgart-Göttingen 1957ff.
LThK	Lexikon für Theologie und Kirche, Freiburg [2]1957ff.
LR	Lutherische Rundschau, Hamburg 1951ff.
LRB	Lutherischer Rundblick, Wiesbaden 1953ff.
LuJ	Luther-Jahrbuch, Jahrbuch der Luthergesellschaft, (Wittenberg) München 1919ff.

MThZ	Münchner Theologische Zeitschrift, München 1950ff.
NKZ	Neue Kirchliche Zeitschrift, Leipzig 1890ff.
NZSTh	Neue Zeitschrift für systematische Theologie, Berlin 1959.
PG	Patrologia Graeca, hrsg. v. J. P. Migne, Paris 1857ff.
PL	Patrologia Latina, hrsg. v. J. P. Migne, Paris 1878ff.
RE	Realencyklopädie für protestantische Theologie und Kirche, Leipzig ³1896ff.
RGG	Die Religion in Geschichte und Gegenwart, Tübingen ³1956ff.
RGl	Randglosse
Schol	Scholion
ThGl	Theologie und Glaube, Paderborn 1909ff.
ThLZ	Theologische Literaturzeitschrift, Leipzig 1878ff.
ThQ	Theologische Quartalschrift, Tübingen 1819ff.
ThR	Theologische Rundschau, Tübingen 1897ff.
ThRv	Theologische Revue, Münster 1902ff.
ThZ	Theologische Zeitschrift, Basel 1945ff.
TThZ	Trierer Theologische Zeitschrift, Trier 1888ff.
WA	Martin Luther, Werke, Weimarer Ausgabe.
WABr	Weimarer Ausgabe, Abteilung Briefe.
WATi	Weimarer Ausgabe, Abteilung Tischreden.
WiWei	Wissenschaft und Weisheit, Düsseldorf 1934ff.
ZGl	Zeilenglosse.
ZKG	Zeitschrift für Kirchengeschichte, (Gotha) Stuttgart 1876ff.
ZkTh	Zeitschrift für katholische Theologie, (Innsbruck) Wien 1877ff.
ZRGG	Zeitschrift für Religions- und Geistesgeschichte, Marburg 1948ff.
z. St.	zur Stelle
ZSTh	Zeitschrift für systematische Theologie, (Gütersloh) Berlin 1923f
ZThK	Zeitschrift für Theologie und Kirche, Tübingen 1891ff.
ZwdZ	Zwischen den Zeiten, München 1923ff.

Die bloßen Zahlenangaben beziehen sich auf Band, Seite und Zeile von WA.